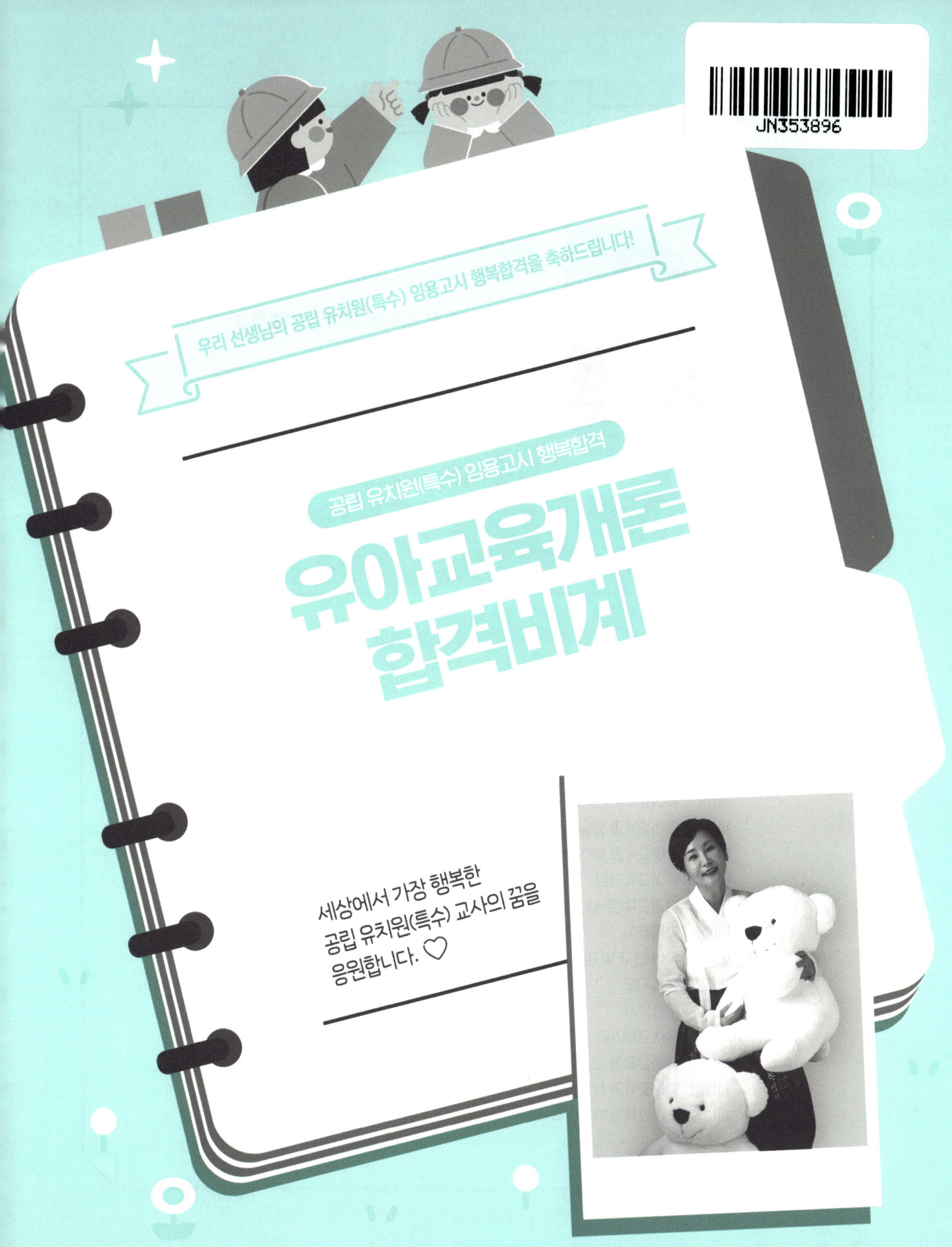

머리말

공립유치원(특수)
행복합격 유아리 유아

세상에서 가장 행복한 공립유치원(특수)
교사의 꿈과 함께합니다! ♡

안녕하세요. 유아리입니다.
공립 유치원 임용고시를 준비하시는
유치원, 유치원 특수 선생님들께
임용합격 저서 「유아교육개론 합격비계」를
소개해 드립니다.

① 목차 구성

| 유아교육개론 전 영역 - ★ : 다(多) 출제 영역 |

제1장　유아교육사상사(★)
제2장　유아교육과 발달(★)
제3장　유아교육과 놀이(★)
제4장　유아교육과정
제5장　교과교육론(★)
제6장　교육공학
제7장　유아 연구 및 평가(★)
제8장　생활지도
제9장　아동복지
제10장　유아교육기관 운영관리
제11장　유아교육과 교사(★)
제12장　유아교육과 부모(★)
제13장　유아교육과 특수교육

머리말

② **내용 구성**

제1장 유아교육사상사(★) : 장별 합격목차와 합격내용으로 구성

Ⅰ. 유아교육사상사 합격목차
Ⅱ. 유아교육사상사 합격내용

Ⅰ. 유아교육사상사 합격목차 : 장별 합격목차 구성
– 29년간(2025학년도-1997학년도) '다(多) 출제 중핵이론' 목차 –

1. 코메니우스(J. A. Comenius)의 유아교육사상
2. 로크(J. Locke)의 유아교육사상
3. 루소(J. J. Rousseau)의 유아교육사상
   … 중략 …
13. 아동잡지 「어린이」

Ⅱ. 유아교육사상사 합격내용 : 장별 합격내용 구성
– 29년간(2025학년도-1997학년도) '다(多) 출제 중핵내용' 정리 –

1. 코메니우스(J.A. Comenius)의 유아교육사상
   1) 코메니우스의 유아교육사상 합격단어 : 암기해야 할 중핵단어 정리
      - 감각적 실학주의 대표자, 17세기 최대의 교육사상가, 범지학에 기초한 교육관
      … 중략 …
   2) 코메니우스의 유아교육사상 합격내용 : 이해해야 할 중핵내용 정리

구분		내용
	범지학	
교육원리	합자연의 원리	
	직관의 원리	
	조기교육	
	부모교육	

   3) 코메니우스의 유아교육사상 합격기출 : 적용해야 할 중핵기출 정리
      - (①)는 어머니 무릎 학교, 모국어 학교, 라틴어 학교, 대학 등으로 학교교육 단계를 제시한 저서 (② 「　」)을/를 집필하였다.

※ 장별 합격기출 정답 제시

머리말

③ 합격 공부

합격 단어	합격 내용	합격 기출
• 반복 읽기 • 반복 암기	• 3회 이상 정독(精讀) • 10회 이상 속독(速讀)	• 문제 풀고, 정답 확인 • 10회 이상 속독(速讀)

④ 합격 저서

★함께 공부하면 합격을 돕는 저서★

- 유아리 저, 「유아교육개론 합격족보」, 배움, 2026.
- 유아리 저, 「유아교육개론 합격기출」, 배움, 2026.

이탈리아의 유아교육가
몬테소리(M. Montessori)

"어린이는 스펀지와 같다."

세상에서 가장 행복한
공립 유치원, 유치원 특수 교사가 되실
우리 선생님을 응원합니다.

예비 공립 유치원(특수) 교사의 꿈과 함께하는
유아리 합격마음 올림.

차례

CHAPTER 1
유아교육사상사 합격비계

Ⅰ. 유아교육사상사 합격목차 … 13
Ⅱ. 유아교육사상사 합격내용 … 14

1. 코메니우스(J.A. Comenius)의 유아교육사상 … 14
2. 로크(J. Locke)의 유아교육사상 … 18
3. 루소(J.J. Rousseau)의 유아교육사상 … 22
4. 페스탈로치(J.H. Pestalozzi)의 유아교육사상 … 27
5. 프뢰벨(F. Fröbel)의 유아교육사상 … 32
6. 몬테소리(M. Montesori)의 유아교육사상 … 37
7. 듀이(J. Dewey)의 유아교육사상 … 43
8. 슈타이너(R. Steiner)의 유아교육사상 … 48
9. 니일(A.S. Neil)의 유아교육사상 … 53
10. 방정환(方定煥)의 유아교육사상 … 57
11. 마해송(馬海松)의 유아교육사상 … 61
12. 색동회 … 63
13. 아동잡지「어린이」… 64

유아교육사상사 합격기출 정답 … 66

CHAPTER 2
유아교육과 발달 합격비계

Ⅰ. 유아교육과 발달 합격목차 … 73
Ⅱ. 유아교육과 발달 합격내용 … 74

1. 프로이드(S. Freud)의 정신분석이론(심리성적 성격발달이론) … 74
2. 에릭슨(E. Erikson)의 정신분석이론(심리사회적 성격발달이론) … 78
3. 스키너(B.F. Skinner)의 행동주의이론(조작적 조건형성이론) … 80
4. 반두라(A. Bandura)의 사회학습이론 … 83
5. 피아제(J. Piaget)의 인지발달이론 … 86
6. 비고츠키(L.S. Vygotsky)의 인지발달이론 … 93
7. 브론펜브레너(U. Brofenbrenner)의 생태학적 체계이론 … 99

유아교육과 발달 합격기출 정답 … 103

차례

CHAPTER 3
유아교육과 놀이 합격비계

Ⅰ. 유아교육과 놀이 합격목차 … 107
Ⅱ. 유아교육과 놀이 합격내용 … 108

1. 놀이 이론 … 108
2. 인지적 놀이 발달이론 … 113
3. 피아제(J. Piaget)의 놀이 발달이론 … 116
4. 비고츠키(L.S. Vygotsky)의 놀이 발달이론 … 118
5. 파튼(M. Parten)의 놀이 발달이론 … 120
6. 스밀란스키(S. Smilansky)의 놀이 발달이론 … 123
7. 상징놀이 … 125
8. 사회극놀이 … 127
9. 유아 놀이에의 교사 개입 유형 … 132

유아교육과 놀이 합격기출 정답 … 136

CHAPTER 4
유아교육과정 합격비계

Ⅰ. 유아교육과정 합격목차 … 141
Ⅱ. 유아교육과정 합격내용 … 142

1. 영유아교육과정의 유형 … 142
2. 영유아교육과정의 교육목표 … 144
3. 영유아교육과정의 교육내용 선정과 조직 … 146
4. 영유아교육과정의 교육계획안 … 150
5. 유치원교육과정의 통합적 접근 … 154
6. 유치원교육과정의 수준별 교육내용 … 163
7. 유치원의 일과 계획 및 운영 … 164
8. 종일반(방과후 과정)의 일과 계획 및 운영 … 167
9. 혼합연령학급의 일과 계획 및 운영 … 173
10. 유치원의 환경구성 … 178
11. 유아교육 프로그램 유형 … 184
12. 우리나라 유치원교육과정의 변천 … 187

유아교육과정 합격기출 정답 … 193

차례

CHAPTER 5·6 교과교육론 + 교육공학 합격비계

Ⅰ. 교과교육론 + 교육공학 합격목차 … 199
Ⅱ. 교과교육론 + 교육공학 합격내용 … 200

1. 유아 교수-학습의 기본 원리 … 200
2. 브레드캠(Bredekamp)과 로즈그란트(Rosegrant)의 유아 교사의 교수 행동 … 205
3. 브레드캠(Bredekamp)과 로즈그란트(Rosegrant)의 유아의 학습 행동 … 207
4. 유아를 위한 교수-학습 방법 … 209
5. 가드너(H. Gardner)의 다중지능이론 … 211
6. 브루너(J.S Bruner)의 표상 양식 및 데일(E. Dale)의 경험의 원추 … 214

교과교육론 + 교육공학 합격기출 정답 … 217

CHAPTER 7 유아 연구 및 평가 합격비계

Ⅰ. 유아 연구 및 평가 합격목차 … 221
Ⅱ. 유아 연구 및 평가 합격내용 … 222

1. 표본기록법(=지속적 관찰기록법) … 222
2. 일화기록법 … 224
3. 행동목록법(=체크리스트법) … 227
4. 평정척도법 … 231
5. 시간표집법 … 237
6. 사건표집법 … 241
7. 수행평가 및 포트폴리오 평가 … 245
8. 유아 연구 방법 … 248
9. 사회성 측정법 … 250
10. 표준화 검사 … 252
11. 유치원 평가 … 254
12. 유아 평가 결과 기술 및 활용 방안 … 265

유아 연구 및 평가 합격기출 정답 … 267

차례

CHAPTER 8
유아 생활지도 합격비계

Ⅰ. 유아 생활지도 합격목차	273
Ⅱ. 유아 생활지도 합격내용	274
1. 로저스(C. Rogers)의 인간중심 상담이론	274
2. 유아 생활지도 기법(행동수정 원리)	276
유아 생활지도 합격기출 정답	278

CHAPTER 9
유아교육기관 운영관리 합격비계

Ⅰ. 유아교육기관 운영관리 합격목차	281
Ⅱ. 유아교육기관 운영관리 합격내용	282
1. 유치원생활기록부 기재 요령	282
유아교육기관 운영관리 합격기출 정답	304

차례

CHAPTER 10 아동복지 합격비계

Ⅰ. 아동복지 합격목차   **307**

Ⅱ. 아동복지 합격내용   **308**

1. 국제연합(UN) 아동권리협약   308
2. 우리나라 아동권리 선언   310
3. 아동학대   312
4. 카두신(Kadushin)의 아동복지 서비스의 유형   335

아동복지 합격기출 정답   **337**

CHAPTER 11 유아교육과 교사 합격비계

Ⅰ. 유아교육과 교사 합격목차   **341**

Ⅱ. 유아교육과 교사 합격내용   **342**

1. 교사 발달   342
2. 교사의 반성적 사고   346
3. 교사의 실천적 지식   350
4. 원내 자율 장학   351
5. 자기장학   352
6. 동료장학   354
7. 수업장학   357
8. 멘토링   358
9. 컨설팅 장학   361
10. 교사의 자질과 의무   364
11. 교사의 역할   368
12. 교사의 신념   372
13. 유아를 위한 교수-학습의 원리   374

유아교육과 교사 합격기출 정답   **376**

차례

CHAPTER 12 유아교육과 부모 합격비계

Ⅰ. 유아교육과 부모 합격목차 … 381
Ⅱ. 유아교육과 부모 합격내용 … 382

1. 드라이커스(R. Dreikurs)의 민주적 부모교육이론 … 382
2. 기노트(H. Ginott)의 인본주의 부모교육이론 … 386
3. 번(E. Berne)의 상호교류 분석이론
   (T.A : Transactional Analysis) … 389
4. 고든(T. Gordon)의 부모효율성 훈련이론
   (P.E.T : Parent Effectiveness Training) … 393
5. 행동수정이론 … 398
6. 제6차·2007개정 유치원교육과정 지도서 총론에서
   제시한 부모교육론 … 400

유아교육과 부모 합격기출 정답 … 407

CHAPTER 13 유아교육과 특수교육 합격비계

Ⅰ. 유아교육과 특수교육 합격목차 … 411
Ⅱ. 유아교육과 특수교육 합격내용 … 412

1. 통합교육 및 개별화 교육 … 412
2. 장애인 등에 대한 특수교육법 … 419

유아교육과 특수교육 합격기출 정답 … 430

합격다짐

CHAPTER 1

유아교육사상사 합격비계

I. 유아교육사상사 합격목차
II. 유아교육사상사 합격내용

Ⅰ. 유아교육사상사 합격목차

1. 코메니우스(J.A. Comenius)의 유아교육사상
2. 로크(J. Locke)의 유아교육사상
3. 루소(J.J. Rousseau)의 유아교육사상
4. 페스탈로치(J.H. Pestalozzi)의 유아교육사상
5. 프뢰벨(F. Fröbel)의 유아교육사상
6. 몬테소리(M. Montesori)의 유아교육사상
7. 듀이(J. Dewey)의 유아교육사상
8. 슈타이너(R. Steiner)의 유아교육사상
9. 니일(A.S. Neil)의 유아교육사상
10. 방정환(方定煥)의 유아교육사상
11. 마해송(馬海松)의 유아교육사상
12. 색동회
13. 아동잡지 「어린이」

Ⅱ. 유아교육사상사 합격내용

01 코메니우스(J.A. Comenius)의 유아교육사상

1) 코메니우스의 유아교육사상 합격단어
2) 코메니우스의 유아교육사상 합격내용
3) 코메니우스의 유아교육사상 합격기출

근대교육의 아버지, 시청각교육의 선구자라고 불리는 존 아모스 코메니우스(Johann Amos Comenius, 1592년~1670년)는 1592년 보헤미아의 모라비아 형제교단의 가정에서 태어났다. 어려서 부모를 잃어 백모의 가정에서 자랐다. 16세 때 라틴어 학교에 입학하였고 목사가 되기 위해 헤르본 대학과 하이델베르크 대학을 다녀 신학, 라틴어, 그리스어 철학을 공부하였다. 대학 졸업 후 고향으로 돌아와 교사와 교회 지도자로 활동하다가 24세에 모라비아 형제단의 성직자가 되어 폴넥에서 목회를 하였다. 1618년에 시작된 30년 전쟁(1618~1648)으로 합스부르크 왕가가 보헤미아를 지배하고 페르디난드 2세가 카톨릭으로 개종시키려 하자 다른 성직자들과 함께 망명하였다. 오랜 망명생활 후 1628년에 동포교단 사람들과 폴란드의 레슈노에 정착하여 성직자와 저술가로 활동하였다. 코메니우스는 교육을 통한 사회개혁을 열망하였다. 30년 전쟁 초기에 현실 부정 사상으로 정치, 학문, 종교를 부정하였으나, 인간과 사회 원리를 새롭게 포착하고 청소년 교육과 민중계몽의 방법을 '범지학(pansophia)'으로 체계화하였다. 1642년 스웨덴 정부의 초청을 받아 교육개혁 운동에 참여한 후 1648 폴란드로 돌아가 모라비아 교단의 주교가 되어 저술 및 교회 활동에 전념하다가 1670년 11월 세상을 떠났다. 주요 저서로 1632년 교육을 체계적으로 서술한 「대교수학(didactica magna)」과 1658년 유아의 감각발달과 라틴어 교육을 목적으로 한 「세계도회」가 있다.

*사진 및 자료 출처 – http://terms.naver.com/entry.nhn?docId=458144&cid=42876&categoryId=42876

1) 코메니우스의 유아교육사상 합격단어

- 감각적 실학주의 대표자, 17세기 최대의 교육사상가, 범지학에 기초한 교육관 주장, 유아관[자연의 법칙에 비유, 금과 은에 비교, 묘목에 비교, 인성형성이 필요한 시기, 어른들의 교사요 모범이며 귀감이 되는 존재, 요람에서(조기교육)부터의 교육 강조], 교육목적[신(神)과 더불어 영원한 행복을 누리는 것], 유아교육의 목적(인간과 하나님과의 합일 상태에 이르게 하는 것), 교육원리[기독교적 세계관에 기초, 감각적 직관 및 실물을 통한 감각교육 중시(언어보다 사실을 강조, 규칙보다 사례를 강조), 조기교육 강조, 부모교육 강조, 서민교육 강조], 교육내용(종교교육, 도덕교육, 지식교육, 건강교육, 놀이 강조), 교육단계설(모친학교, 모국어학교, 라틴어학교, 대학), 교육방법(자연·사물·감각·그림책·놀이를 통한 교육방법 강조, 합자연의 원리, 직관의 원리, 집단 훈육 강조), 저서(세계도회, 대교수학, 어학입문, 범지학, 유아학교), 교육사적 의의(시청각 교육의 선구자, 근대교육방법의 창시자, 세계 최초로 체계적인 교육학 저서 저술)

2) 코메니우스의 유아교육사상 합격내용

구분		내용
범지학		• 범지학은 '모든 사람에게 모든 것을 모든 방법으로'라는 것으로, 이를 통해 우리 주변에 존재하는 실재를 파악하는 것이다. • 코메니우스의 범지학은 범교육을 지향한다. 인종, 성별, 사회 계층, 국적, 신체적 장애 등을 불문하고 모든 인간이 자유로운 교육과 교육을 받을 균등한 기회가 있다. 그리고 교육은 지혜에 도달하는 수단이므로 모든 사람들이 지혜에 도달할 수 있다.
교육원리	합자연의 원리	• 합자연의 원리란 자연의 질서에 따른 교육을 실시해야 하고, 최소한의 외적 자극을 주어서 자연성을 보다 발전시켜야 한다는 원리를 의미한다.
	직관의 원리	• 직관의 원리란 교육의 실제에 있어서 실물에 의한 교육 또한 직접적인 사물을 통한 교육을 해야 한다는 원리를 의미한다. • 유아기에는 감각에 의해 지성에 이르므로 감각적 직관 및 실물을 통한 감각교육을 중시하여 언어보다 사실을, 규칙보다 사례를 강조하였다.
	조기교육	• 코메니우스는 조기교육을 강조하면서 인생의 초기에 이루어지는 교육을 중요하게 취급하였다. • 잘못 교육된 사람이 이전 상태로 되돌아가는 것이 어려우며, 유아기에 흡수한 것은 지속적이므로 유아기의 교육은 중요하다.
	부모교육	• 유아교육의 책임자는 부모라고 강조하였다. • 가정은 교육의 장(場)이어야 하고, 가족 공동체는 교육의 중요한 모델이어야 한다. • 자녀를 어머니가 모유로 직접 키울 것을 주장하였다.
	서민교육	• 서민교육에 관심을 가지고 될 수 있는 한 모든 사람이 함께 교육을 받아서 서로 자극과 격려를 줄 수 있어야 된다고 생각하여 학교는 모든 계급의 남녀아동을 동일한 학교에서 교육해야 한다고 주장하였다.
유아관		• 자연의 법칙에 비유 - 어린 초목일 때에는 다양하게 변화될 수 있지만 큰 나무가 되면 변화가 불가능하므로 어릴 때의 교육이 중요함을 강조하였다. • 금과 은에 비교 - 유아들의 가치를 금과 은의 유추를 통해 표현("금과 은은 생명이 없고 유아는 살아 역사하시는 하나님의 살아 있는 형상이다.") • 유아는 어른들의 교사요 모범이며 귀감이 되는 존재가치를 지니고 어른들에게 미덕을 가르치는 교사로서의 역할을 하는 존재이다.

	• 묘목에 비유 - 도덕과 신앙이 그 속에 접목되어야 할 것과 어린 시절 나무가 잘못 굽어 버리면 나중에 곧게 펴는 일이 불가능하므로, 6세 이전의 유아교육의 중요성을 강조하였다.
교육목적	• 신(神)과 더불어 영원한 행복을 누리는 것
교육내용	• 종교교육 - 유아에게 가장 중요한 것이 영혼의 교육이며, 신을 알게 하는 것이라고 하였다. • 도덕교육 - 좋은 습관과 미덕은 전향력이 높은 유아기에 형성되어야 하는데 유아기는 모방하려는 경향이 강하므로 유아의 집에서는 덕에 반대되는 행동이 보이지 않도록 관심을 기울여야 한다. • 지식교육(건전한 학습) - 유아를 위한 지식교육은 사물을 알기(To know), 사물을 행하기(To do), 사물에 대하여 말하기(To say)로 세분된다. • 건강교육 - 유아의 건강교육을 위해서 부모 자신들이 건강하고 활기찬 삶을 사는 것이 무엇보다도 중요하며 어머니는 유아의 잉태 시점부터 건강에 대해 유의해야 하고 생명경외 사상이 기본이 된다. • 놀이 - 놀이의 중요성을 주장, 행함으로써의 학습을 주장하고, "활동적인 생활이 참다운 생활이다. 우리들은 활동하기 위해 태어났다."라고 하였다.
교육단계설	• 모친학교(유아기, 1~6세) - 가정교육기, 무릎학교(모국어 초등의무교육화 주장) • 모국어학교(아동기, 7~12세) - 3R's, 역사, 지리 • 라틴어학교(소년기, 13~18세) - 7자유과, 어학, 물리, 수학 • 대학(청년기, 19~24세) - 전공과목
교육방법	• 자연을 통한 교육방법 강조 - 자연을 통한 교육은 유아에게 흥미를 주고 유아의 마음을 자극하므로 유아교육의 방법은 자연에 따른 것이어야 한다. 자연 질서의 몇 가지 원리(Heidebrecht, 1987)는 내부에서 외부로의 원리, 일반에서 특수로의 원리, 쉬운 것에서 어려운 것으로의 원리, 단계적 학습의 원리, 발달의 원리이다. • 실물을 통한 교육방법 강조 - 사물에 대한 인식은 감각기관을 통해 직접적이고 능동적으로 사물 자체를 지각하여 이루어지므로 실물을 통한 교육은 중요하다. • 감각을 통한 교육방법 강조 - 유아기의 지적 발달은 감각기관을 통해 사물 자체의 감각을 느끼는 것으로 출발한다고 하였다. 실물을 통한 감각교육은 모든 교육의 기초이며 학습은 감각을 통하여 가장 잘 성취된다. 유아에게 놓여있는 것은 실물이지 실물의 그림자는 아니므로 감각적 직관을 바탕으로 하는 직접적인 감각체험의 학습 방법은 중요하다. 감각적 직관을 중시하고, "감각에 존재하지 않고 지성에 존재하는 것은 하나도 없다."고 주장하여 학습이 감각적인 것을 통해 가장 잘 성취된다고 하였으며, 감각교육은 모든 학습에 기초가 된다고 하였다. 따라서 어린이에게 제공되는 교구는 실물이어야 하며 실물의 그림자이어서는 안 된다고 하였다. • 그림책을 통한 교육방법 강조 - 그림책은 유아에게 사물의 모양을 마음에 새기는데 도움이 되며, 유아에게 책이 재미있는 것이라는 생각을 가지게 하고, 그림책을 통해 유아가 자연스럽게 책을 읽도록 하기 때문에 효과적이다. 이러한 생각 때문에 코메니우스는 「세계도회」를 저술하였다. • 놀이를 통한 교육방법 강조 - 놀이는 유아의 내면 정신을 발달시키는 첫 단계이며, 놀이를 통해 유아의 내적 충동을 옳은 방향으로 나아가게 한다. 팔과 다리 등과 같은 신체를 움직여서 정신과 언어를 발달시키는 유아들에게 움직임을 제공하는 것은 중요한 교육의 방법이다.
세계도회 (1658)	• 세계 최초의 그림이 든 교과서, 감각적 직관교육 강조 • 세계 최초의 그림을 이용한 교수방법을 적용한 저서 • 감각을 통해서 지식을 얻고 이해할 수 있다는 교육신념을 반영한 것으로 현대 시청각 교육의 효시로 평가 • 사물과 언어를 통합하여 짧은 시간에 흥미 있고 정확한 지식을 감각에 의해 얻도록 많은 사물의 그림을 포함함 • 유아들이 그림을 좋아하고, 그림으로 제시된 것을 보며 즐거워한다는 것과 지식이 감각이나 실물에 의한 방법으로 이루어진다는 것을 보여준 세계 최초의 그림책이다.

대교수학 (1632)	• 세계 최초의 체계적인 교육학서 • 교육목적론, 학교론, 일반교수론, 종교·도덕교육론, 훈련론, 학교제도론 수록 • 인간의 발달단계에 따른 적절한 교수방법과 유아교육에서부터 대학교육에 이르는 교육제도에 대해 언급
어학입문 (1631)	• 심리학에 기초한 라틴어 교과서
범지학	• 세계평화, 백과전서적 지식체계
유아학교	• 여러 단계의 교육을 담당하는 교사들을 위한 안내서

3) 코메니우스의 유아교육사상 합격기출

- (①   )는 어머니 무릎 학교, 모국어 학교, 라틴어 학교, 대학 등으로 학교교육 단계를 제시한 저서 (②「   」)을/를 집필하였다.

- 유아는 단계적으로 발달하면서 감각을 통해 모든 것을 받아들이잖아요. "감각에 의하지 않고 지성을 따르는 것은 하나도 없다."라고 한 (③   )의 주장은 유아교육의 중요성을 잘 드러내 주는 것 같아요. 그 사상가는 유아들을 위한 세계 최초의 그림책도 만들었지요.

- 위의 학자가 제시한 교육원리 중 '사람은 자연의 일부이기 때문에 교구를 활용할 때도 자연의 순서에 따라 서두르지 말고, 쉬운 것에서 어려운 것으로, 연령에 적합한 내용과 방법으로 교육해야 한다.'와 관련 있는 것은 (④   )의 원리이다.

- 코메니우스는 "만약 우리가 어린이들의 마음속에서 사물에 대한 참되고 확실한 지식이 자라게 되기를 원한다면 실제적인 관찰과 (⑤   )적 지각에 의하여 모든 사물들을 배울 수 있도록 그들에게 특별한 관심을 기울여야 한다."라고 하여 지식은 먼저 (⑥   )에서 시작하여 기억으로 가기 때문에 (⑦   )교육이 모든 학습의 기초가 된다고 보았다.

- 코메니우스는 자연의 법칙과 질서에 따르는 '(⑧   )의 원리'를 교육의 근본 원리로 삼았으며, 교육의 단계를 유아기를 위한 (⑨   ) 학교, 아동기를 위한 (⑩   ) 학교, 소년기를 위한 라틴어 학교, 청년기를 위한 대학으로 구분하였다.

- 코메니우스는 세계 최초의 그림책인 「(⑪   )」를 창안하여 감각적 교수매체를 이용한 교육의 가능성을 열었다.

CHAPTER 1

02 로크(J. Locke)의 유아교육사상

1) 로크의 유아교육사상 합격단어
2) 로크의 유아교육사상 합격내용
3) 로크의 유아교육사상 합격기출

존 로크(John Locke, 1632년~1704년)는 영국의 철학자, 영국 경험론 철학의 시조로, 그는 영국의 명예혁명(1688)에 의한 왕정복고기에 활동했으며, 그 투쟁에 철학자, 경제학자, 정치가로서 참가했다. 그의 인식론에서는, 모든 지식은 관념(ideas)의 복합이며, 관념은 경험에 의해 백지 상태인 마음(라틴어 tabula rasa)에 써넣어진다. 신, 실체 등 생득관념이라고 하는 것은 존재하지 않는다. 관념 속에는 물체의 연장, 형태, 고체성(固體性) 등 물체 고유의 성질에 정확히 대응하고 있는 '제1성질'의 관념과, 이것에 대해 색, 향 등 정확한 대응의 보증이 없는 주관적인 '제2성질'의 관념이 있다.

관념을 낳는 경험에는 외관(外官)의 지각인 감각과 내관의 지각인 반성(反省)이 있는데, 지식의 진리성은 오로지 관념 상호의 직관적(我의 존재 등) 또는 논증적(論證的 : 신의 존재나 논리적 명제 등) 일치인 것이고, 이것에 비해 감각적 지식은 논리성이 부족한 것이라고 한다. 유물론의 반영론(反映論)적 사고방식이 아니라, 불가지론에 기울고 있다. 이와 같은 그의 불철저성으로부터 서로 모순 하는 두 개의 길, 즉 버클리, 흄의 주관적 관념론과 프랑스 유물론이 분리되어 나왔다.

정치론에서는 영국 명예혁명의 대변자로서 제한된 왕권(王權)과 부르주아 의회의 조화를 꾀하는 입장에서 사회계약설을 제시하며, 인간의 자연 상태를 질서 있는 상호부조의 상태라고 했던 점 및 노동 투자에 의한 소유권의 성립을 자연권 속에서 열거하고 있는 점에서, 선행자인 홉스와는 달리 부르주아적 소유에 대한 옹호가 명확히 내세워지고 있으며, 또 일정 한도 내의 혁명권을 인정하고 있다. 그의 사상은 계몽적 영향이 크며 프랑스 인권선언이나 미국 독립선언 속에 살아 있다.

17세기 영국의 철학자이며 정치가이자 교육 사상가 로크는 경험을 중시하는 입장에서 그의 교육론을 전개하였으며 사회적 인간관계를 통한 교육을 중시한 사회적 실학주의 교육을 중시하였다. 로크는 베이컨, 데카르트, 홉스 등의 저서를 읽고 영향을 많이 받았으며, 대표적인 저서에는 「인간오성론」, 「교육에 관한 고찰」, 「교육에 관한 의견」, 「교육사상」, 「정부론 2편」, 「기독교의 합리성」 등이 있다. 1693년 「교육사」라는 유명한 저술을 남겼다. 그는 아기가 태어날 때 백지로 태어난다고 주장했던 사람으로 이 견해는 지금도 그 맥을 유지한다. 백지로 태어나므로 훈육과 환경에 따라 크게 달라질 수 있다.

*사진 및 자료 출처 - http://terms.naver.com/entry.nhn?docId=389139&cid=41978&categoryId=41985

1) 로크의 유아교육사상 합격단어

- 사회적 실학주의 대표자, 경험론의 시조, 계몽주의 대표자, 교육사상("건전한 신체에 건전한 정신이 깃든다.", 훈육 중시, 유아의 자주성 존중), 환경 중시, 교육목적(체·덕·지를 갖춘 교양 있는 신사 양성), 교육내용(경험주의 지식론, 무용과 수영 등을 통한 신체 발달 도모, 덕육 중시, 지육 중시), 교육방법(건강교육 강조, 실학주의, 감각적 훈련 통한 학습 중시, 습관 형성 중시, 칭찬과 존중 중시, 부끄러움과 수치심 활용, 구체적인 경험 강조, 인간의 자연적 본성에 따른 교육 강조), 심의백지설(Tabula Rasa) 주장, 교육만능론 입장, 형식도야설(=능력도야설) 주장, 저서(인간오성론, 교육에 관한 고찰, 사회계약설), 교육적 의의(인간을 생생한 현실 속에서 파악한 점, 풍부한 경험의 실재를 통해서 교육현상을 설명한 점), 시사점(학교교육보다 가정교육을 더 중시, 조기교육 강조, 아동 존중 관점 보임, 신체적 훈련 강조, 지·덕·체의 조화로운 발달 강조, 주로 상류계급을 위한 교육 강조, 학교 교육을 좋지 않게 간주함)

2) 로크의 유아교육사상 합격내용

구분	내용
교육이론	• 백지설은 인간의 마음은 마치 백지와 같고 깨끗하게 닦여진 칠판과 같으므로, 이 백지 위에 새겨져 가는 아동의 경험 하나하나는 그의 인간 형성에 중요한 요소가 된다는 것으로 조기교육의 중요성을 강조하는 이론이다. • 형식도야설은 어떤 내용을 대상으로 하는 사고 훈련에 의하여 얻어진 사고양식이 다른 내용을 대상으로 취급하는 경우에도 전이될 수 있고 활용될 수 있도록 사고를 습관화 한다는 학습이론 이다. • 신사 양성과 습관 형성 강조 - 교육의 궁극적인 목적은 신사 양성이다. 로크는 '건전한 정신은 건전한 신체로부터 나온다.'라는 주베라르의 고어를 인용하여 건강을 통한 교육의 중요성을 강조하였다. 신사는 어릴 때부터 길러져야 하며 자기 극복과 자제의 힘이 없는 성인은 이것을 키워주지 않은 부모의 책임이라고 하였다. • 체육, 덕육, 지육 강조 - 습관 형성을 통한 신사의 양성은 궁극적으로는 신체적(체력), 도덕적, 지적 요소를 구비한 인간으로서의 발달을 의미하는데 이는 각각 체육, 덕육, 지육을 말한다. 체육은 건강한 신체의 형성이고, 덕육은 자신의 욕망을 억제하고 이성에 따라 행동하는 정신을 기르는 것이며, 지육은 감각적 경험을 통해 이루어진다. 로크는 체육을 우선으로 강조하였고 다음으로 덕육과 지육의 순서를 강조하면서 체, 덕, 지의 조화로운 교육을 통한 신사의 양성을 역설하였다. • 환경의 영향 중시 - 로크는 신사 양성의 방법으로 유아의 주변 인물을 강조하였다. 특히 아버지의 역할을 강조하여 아버지가 유아를 가르치는 것을 주장하였다. 부모는 유아의 좋은 습관 형성을 위해 가정에서 언행을 조심하여 유아에게 모범을 보여야 한다. • 인간관과 아동관 - 인간의 본성은 환경에 따라 이렇게도 저렇게도 쓰일 수 있는 '백지설'을 주장하였다. 훌륭한 가정교사 밑에서 좋은 교육을 받으면 유덕하고 교양이 있는 인물로 키울 수 있다고 하여 학교교육보다 가정교육을 중시하였다. 가정을 단순한 생활공간으로 보지 않고 교육의 참다운 장소라고 보고 인간발달의 기본적인 틀은 가정교육을 통해 결정되며 신체발달과 정신건강, 지적인 발달, 정서발달의 기초는 가정교육을 통해 이루어진다.
교육목적	• 교육의 궁극적인 목적은 신사 양성이다. • 신사가 갖추어야 할 자격 네 가지는 덕성, 실천적 지식(착한 성질과 마음, 경험을 조화시킨 산물로서, 생활을 유능하게 하기 위해 아이들이 도달해야 할 덕목), 예의(타인에게 폐를 끼치지 않는 마음자세와 자기기질을 유쾌하고 수용될 수 있는 방법으로 표현하는 것), 학예(지육은 그 자체만을 목적으로 하는 교육을 잘못된 것으로 보고 덕을 쌓고 사색을 깊게 하는 데 필요한 수단임)이다.

교육내용 및 교육방법	• 경험주의 지식론에 근거 - 인간의 의식은 관념에 근거하기보다 경험으로 각인된다고 생각하였으며 지식도 경험으로부터 얻어진다. • 강건한 신체를 위한 교육내용 - 무용, 수영, 승마와 펜싱, 레크리에이션 등 • 덕육을 위한 교육내용 - 실제, 실천을 통한 학습과 작업, 유희 등 • 지육 - 감각적 경험을 통한 지식의 축적, 감각을 통한 학습이 지식의 통로이며 이를 위한 교육내용은 읽기, 쓰기, 모국어, 외국어 등 • 체육론 - '건전한 신체에 건전한 정신', 단련주의 교육 주장(체>덕>지)(=우리나라 이기의 「일부벽파론」) • 덕육론 - 의지의 도야(욕망을 억제하고 이성에 따라 행동)를 목적으로 하며, 성격형성의 중요성을 강조함 • 지육론 - 지식은 오직 덕을 높일 수 있는 수단으로 신사에게 필요한 교양(미덕·지행품행)을 의미함, 체육과 덕육을 위한 2차적인 것 • 교육내용 - 모국어 읽기·쓰기 강조, 백과전서적인 학과목(형식도야설 입장 : 수학 중시) • 교육방법 - 흥미중심, 주지주의 배척, 구체적·경험적 방법, 논리적 사고과정 중시, 발표와 응용 강조 등 • 로크의 교육은 과학적 방법을 통해 교육하는 실학주의를 표방하며, 감각적 실학주의라고 한다. • 감각적 훈련을 통해 유아들의 감각 개발 - 읽기, 맛보기, 냄새 맡기, 만져보기 등의 감각훈련 방법을 교육 방법으로 제시한다. • 습관은 제2의 삶을 결정하기 때문에 엄격한 규율을 통한 습관 형성 훈련은 어려서부터 일찍 시작되어야 한다. 특히 어릴 때부터 유아가 훌륭한 습관을 형성할 수 있도록 가정에서부터 주의를 기울일 것을 강조하였다. • 유아들에게 열등의식을 갖게 하는 체벌보다는 칭찬이나 존중을 통한 학습을 강조, 칭찬과 존중은 유아들로 하여금 습관을 효과적으로 형성하는 데 필요한 방법이다. • 부끄러움이나 수치심을 학습 방법으로 강조 - 유아가 나쁜 행동을 하였을 때 야단치기보다는 그것이 나빴다고 유아가 뉘우치고 깨닫게 하는 방법을 사용하는 것이 좋다. • 구체적인 경험을 통한 학습 방법 중시 - 이미 만들어진 물건을 제공하기보다는 주변에 있는 것을 작은 돌, 종이 등으로 사물을 직접 만들어보게 하는 것이 더 필요하다. • 인간의 자연적 본성에 따른 학습 강조 - 유아들이 하고 싶지 않을 때에 하라고 하기보다는 마음에 의욕이 있거나 그런 마음이 일어났을 때 하게 하면 효과가 있다.
「인간오성론」	• 인간은 상상 이상으로 무슨 일이든 할 수 있는 능력을 갖고 태어나며, 이 능력은 반복적인 연습을 통해 발휘될 수 있다.

3) 로크의 유아교육사상 합격기출

- 로크(J. Locke)는 인간 형성의 기초로서 (①   ) 교육을 강조하였다. 로크는 "신체의 (②   )이/가 일과 행복에 얼마나 필요한지, 난관과 고통을 견뎌 낼 수 있게 하는 강한 체질이 세상에 유의미한 사람이 되기 위해 얼마나 필수불가결한 요소인지는 너무 자명해서 따로 증명할 필요가 없을 것 같다."라고 하였다. 또한 그는 아이의 (③   )을/를 관리하기 위한 몇 가지 규칙으로, "바깥 공기를 충분히 마시게 하고, 운동을 시키고, 잠은 충분히 재우고, 식사는 검소하게 하며, … (중략) … 너무 따뜻하거나 꽉 끼이는 옷은 입히지 말고, 특히 머리와 발은 차게 유지하고 … (중략) … 습관을 들이라는 것이다. … (중략) … 어떤 경우에도 이성적 동물인 인간으로서 존엄과 덕성에 어울리지 않는 행위는 하지 않도록 아이에게 올바른 정신을 심어 주어야 한다."라고 하였다.

- (④   )은/는 18세기 후반에 일어난, 구습(舊習)의 사상을 타파하려던 혁신적 사상 운동이다. (⑤   )을/를 대표하는 로크와 루소는 교육을 강조하였는데, 이는 교육을 통해 사회개혁과 발전이 이루어질 수 있다고 믿었기 때문이다. 이들의 철학은 이성을 통해 사회의 무지를 타파하고 상식, 경험, 과학을 강조하는 사상 운동에 영향을 주었다. 이러한 사상 운동은 전통적 관습, 의례, 도덕에 대한 비판적 사고를 핵심으로 하며, 인간의 존엄과 평등, 자유권을 강조한다.

- 로크는 대표적인 저서인 「(⑥   )」에서 인간의 본성을 과학적으로 규명하고자 하였다. 그의 기본 가정은 인간의 본성이 출생 때는 (⑦   ) 상태와 같다는 것이다.

03 루소(J.J. Rousseau)의 유아교육사상

1) 루소의 유아교육사상 합격단어
2) 루소의 유아교육사상 합격내용
3) 루소의 유아교육사상 합격기출

18세기 계몽사상의 대표적인 인물인 장 자크 루소(Jean Jacques Rousseau, 1712년~1778년)는 교육목적을 사회 속에서의 '자연인'을 양성하는 데 두었으며, 「에밀」을 통해 아동은 학습과정에서 능동적 주체이며 교육의 중심이 되어야 한다는 아동 중심 교육론을 펼쳤다. 루소는 스위스 제네바에서 가난한 시계공의 아들로 태어났다. 생후 열흘 만에 어머니와 사별하고 10세 때 아버지마저 고향인 제네바를 떠나게 되어 루소는 어린 시절을 속박과 천대 속에서 자랐으며, 16세 때 드디어 제네바를 떠나 여러 곳을 방랑생활로 떠돌아다니던 중 한 신부의 소개로 바랑부인의 집에 기식하게 되었다. 그 후 그는 다시 방랑생활을 하다가 21세의 청년이 되어 다시 바랑부인을 만나게 되었다. 1742년 그녀의 곁을 떠날 때 까지 약10년 동안, 루소는 많은 지식을 독학하였다.

1750년 38세 때에 디종 아카데미에서 모집한 현상논문에 응모, 그의 '학문예술론'이 당선되어 처음으로 그의 명성이 높아졌다. 루소는 1753년에 「인간 불평등 기원론」을 저술하여 디종 아카데미에 당선되었다. 이 논문에서 루소는 인간의 불평등을 인위적 불평등과 자연적 불평등으로 나누고 인위적 불평등은 사유재산으로 인해 나타난다고 하여 당시 사회의 구조적인 문제와 부정을 비판하였다.

1755년에는 디드로가 편집을 맡고 있던 「백과전서」에 '정치경제론'을 기고하여 일반 대중의 의지를 중요하게 생각하는 정치론을 주장하였다. 1756년에 데삐네 부인의 권유로 파리 근교의 에르미타쥬에서 전원생활을 하면서 집필 활동을 하였다. 그러나 1756년 말경 인근의 몽모랑으로 옮기면서 데삐네 부인 및 당시 계몽 사상가들과의 만남을 끊고 사상적으로 독립하게 된다.

1762년 「사회계약론」과 「에밀」을 출판하였다. 「사회계약론」에서 루소는 인간 불평등이 잘못된 계약 때문이라고 생각하여 올바른 계약을 통해 자유를 되찾을 수 있다는 신념을 나타내었다. 「에밀」에서는 계시나 교리에 얽매이지 않는 개인 종교를 제시하였다. 루소의 이러한 내용은 프랑스 정부로부터 박해를 받는 계기가 되었고 「에밀」은 금서(禁書)가 되어 불태워졌다. 이로 인해 루소는 스위스로 도망하였지만 스위스에서도 「사회계약론」을 문제 삼고 금지처분을 내려 다른 나라로 떠돌았다. 이 과정에서 흄(David Hume, 1711~1776)의 도움을 받았으나 영국인들이 자신을 조롱하고 있다고 느껴 정신분열 증세를 보이기도 하였다.

그러나 1776년 이후 박해 망상에서 벗어나 체념 속에서 자연의 관상에 깊이 빠지게 된다. 루소는 자서전 「참회록」을 통해 자신에 대한 탐구와 자기 분석에 의한 인간성의 진실 탐구를 보여 근대 소설의 발전에 영향을 미치기도 하였으며, 1778년 7월 2일 66세로 파리에서 약간 떨어진 에머논 빌에서 생을 마감하였다.

*사진 및 자료 출처 - http://terms.naver.com/entry.nhn?docId=389144&cid=41978&categoryId=41985

1) 루소의 유아교육사상 합격단어

- 18세기 계몽주의 대표자, 자연주의 대표자, 교육사상(자연주의, 합리주의, 자유주의), 교육사상 특징(자유주의 교육 주장, 심리적 개성존중, 주체적 자기활동 장려, 수공업 작업 중시, 실학적 직관주의 채택, 감정적 도야 중시, 보편적 일반도야 주장, 자유방임주의에의 편중, 사회교육과 학교교육 경시, 국가와 사회·문화를 위악추시하고 원시적 자연에 복귀시키려고 한 점), 아동관(완성된 아동의 개념 도입), 교육목적(자연인 양성), 교육내용(자연, 사물, 인간, 강인한 체력교육 중시, 감각교육 강조, 노작교육 중시, 지식교육 내용 제공, 자연 그대로의 진실을 알려주는 교육 중시, 자연적이며 감각적인 교육 중시), 교육방법[경험과 감각을 통한 학습중시(실물교육, 직관주의적 교육), 아동중심주의 교육, 합자연의 원리, 전통적 교육의 경쟁 지양, 자기 자신과의 경쟁은 인정, 소극교육(인위적으로 학습을 서둘러서는 안 된다.), 교사는 간단하고 정확한 말을 사용할 것], 교육방법과 원리(합자연의 원리, 실제적 감각교육, 실물관찰을 통한 교육, 소극적 교육, 흥미 위주의 자발성의 원리), 교육단계 제시(에밀 : 유아기, 아동기, 소년기, 청년기, 성년기), 가정교육 중시, 교사교육론 주장, 저서(과학예술론, 인간불평등 기원론, 사회계약설, 에밀), 현대교육에 미치는 영향[현대 유아교육에서의 발달에 적합한 실제(DAP), 아동 중심적인 교육 등의 이론과 실제의 형성에 직접 및 간접적으로 영향을 미침], 교육사적 의의(범애주의·현대의 아동중심사상·노작교육·자유교육에 영향, 사상가 바제도우·페스탈로치·프뢰벨·칸트·파커·듀이·엘렌 케이·톨스토이 등에게 영향 미침)

2) 루소의 유아교육사상 합격내용

구분	내용
교육사상	• 자연주의 교육 - 자연주의 교육은 자연의 상태에서 자연인을 교육하는 것이고, 발달 단계에 근거한 교육을 의미한다. • 소극적 교육 - 소극적 교육에서 '소극적'이라는 말의 의미는 아동에게 미치는 직접적인 영향을 최소화하자는 것이지 결코 방임적 교육과 같은 것은 아니다. 오히려 루소의 소극적이라는 용어는 자연에 대한 '인간의 태도'를 의미한다고 할 수 있을 것이다. 루소의 소극적 교육론에서 강조하고자 하는 방법적인 의미는 부모로부터 주입된 인식의 습관에 길들이지 않은 교육, 자유와 독립성을 기르는 교육, 기다려 줄 수 있는 교육이다.
아동관	• '아동의 진정한 발견자'로 명명 - 아동이 성인의 축소판이 아니라고 밝힌 최초의 인물 • '완성된 아동(mature child)'의 개념 도입 - 아동은 나름의 관찰하고 생각하고 느끼는 고유한 방식을 가지고 있다. • 아동기가 완성되지 않고서는 성숙한 성인이 계발될 수 없고, 궁극적인 교육의 목적은 성숙한 인간을 산출해 내는 데 있다. • 아동 초기의 성향, 즉 최초의 능력이 처음으로 싹틀 때가 교육에 있어서 어느 때보다 중요하다.

	- 인간의 선천적 능력은 개인에 따라 각각 다르기 때문에 비슷한 연령의 아동에게도 획일적인 사고와 행동을 요구해서는 안 된다. - 개인차를 존중하여 아동의 선천적 능력과 성향을 정확하게 파악하고, 그 아동에게 맞는 적절한 방법으로 교육해야 한다. - 아동들 각자의 자율성과 적절한 민주적 가치를 증진시키기 위해서도 교육이 개인에 따라 달라져야 한다. - 아동을 감각적인 존재로 인식 - 아동은 이성적 존재로서 성인의 축소판이 될 수밖에 없기 때문에 아동을 비이성적인 존재로 간주 - 아동기 - 아동은 어른들이 갖고 있는 생각들과는 다르며, 아동기는 성인기와도 다르다. 아동기와 성인기는 '제2의 탄생'을 통해 구분된다. '에밀'이 아동기를 지나 새로운 삶을 살아가게 되는데, 아동기와 청소년기 내지는 성인기로 구분되며 이 시기의 삶의 원리들도 다르다. - 아동기의 특성 - 선함과 명료함, 현재성과 자족함, 자유와 독립
교육목적	- 유아교육의 목적은 어른들의 일방적인 간섭이나 구속에 의한 인위적인 것이 아니라 인간의 본래적 신성이 그대로 내재된 자연인을 기르는 것이다. - 저서 「에밀」 본문 첫 줄에 명시된 "조물주의 손에서 나올 때 모든 것은 선하였으나, 인간의 손에 들어갈 때 타락한다."라는 말을 통해 어린이의 천성을 자연성으로 파악한 루소의 자연주의 교육관이 나타난다. - 자연의 질서에 순응하는 교육을 강조하며 자연을 대신하여 무엇을 시도하려는 교육은 오히려 자연의 일을 방해하는 결과를 초래한다는 것이다. - 루소의 아동교육의 목적은 참다운 아동을 완성하여 조화로운 시민을 양성하는 것에 그 기초를 두고 있다.

교육내용	- 사람은 자연에 의한 교육, 사물에 의한 교육, 인간에 의한 교육에 의해서 교육된다.
	  - 자연에 의한 교육이란 인간의 내부에 천성으로 갖추어진 각 기관과 능력이 자연스럽게 내면적으로 발달함을 의미한다.
	  - 사물에 의한 교육은 사람이 외부세계의 사물과 접촉하여 감각기관을 통해 획득되는 것이다.
	  - 인간에 의한 교육은 자연·사물·인간에 의한 교육이 잘 조화되어 동일한 도달점, 동일한 목적에 일치할 때만 참된 인간 교육이 가능하다는 것이다.
	- 건강한 정신을 기르고 신체 발육을 위한 강인한 체력교육 강조
	- 인간이 최초로 느끼는 자연적인 충동, 주위에 있는 모든 것과 자신을 비교, 측정해 보는 감각교육 강조
	- 지적 목적을 위한 수단으로 활용되는 것보다 건강과 창조적 능력의 계발을 통한 교육적 가치를 지닌 노작교육 제공
	- 지식교육의 내용은 아동에게 직접적인 영향을 미칠 수 있는 것, 즉 사실적인 성질을 시험할 수 있는 것이어야 한다고 강조
	- 아동들이 즐겨 읽고 있는 우화에 대해서도 어른에게는 교훈이 될 수 있지만 아이들의 나이에는 적당하지 않다고 주장, 아이에게는 자연 그대로의 진실을 이야기해야 한다는 것이다.
	- 대화와 토론의 중요성 강조 - 이상적인 대화와 토론은 합리적인 정신이 없이는 무의미한 것이므로 가장 늦게 발달하는 이성의 능력을 어린이에게 기대한다는 것은 교육을 거꾸로 하는 일과 같다고 하였다.
	- 자연적이며 감각적인 교육 중시 - 생활 그 자체가 바로 교육이기 때문에, 교과서를 이용하는 학습이 아닌 자연적인 생활 모습에서 찾을 것을 강조한다.

교육방법 및 원리	• 합자연의 원리
	  - 합자연의 원리란 자연, 사물, 인간, 이 세 가지 교육의 조화는 인간의 자유의지에 따라서 달성 될 수는 없으며 자연에 의한 교육이 핵심이 되고 다른 두 교육은 이 자연의 원리를 존중하면서 이루어져야 한다는 것이다.
	  - 자연의 법칙에 순응하고 자연성에 근거한 교육을 하는 것은 학습자에게 외적인 것을 적극적으로 주입하는 것이 아니라 자연의 교육, 사물의 교육, 인간의 교육이 서로 조화를 이루어 인간의 자연적 발달 단계에 맞는 교육을 강조하였다.
	  - 자연의 교육은 인간의 능력과 기관의 내부적인 발달을 말하고 사물의 교육은 인간의 외부에 존재하는 사물에서 감각을 자극 받고 인간이 경험으로 획득하는 경험교육을 의미한다. 그리고 인간의 교육은 인간의 능력과 기관의 내부적인 발달을 어떻게 활용하는가를 가르치는 교육이다.
	• 실제적 감각교육 - 자연에 근거한 생활 그 자체의 경험을 통한 교육과 감각훈련을 통해 느끼고 깨달아 가는 방법으로 교육하는 것으로, 주지주의(主知主義) 교육이 아니라 주정주의(主情主義) 교육을 의미한다.
	• 실물관찰을 통한 교육 - 실물을 통한 시청각 방법을 활용한 직관주의적 교육 방법 강조, 책을 통하여 교육시키기보다는 사물을 통해 직접 경험하고 느끼고 만져보는 등의 실제 감각을 이용한 교육 방법이다.
	• 소극적 교육 - 학습을 사회의 목표에 맞추어 인위적으로 이끌어가기보다는 자연적 발달 단계에 따르는 것으로, 유아의 흥미와 호기심에 근거하므로 교사의 적극적인 개입은 없다.
	• 흥미 위주의 자발성의 원리 - 유아의 자연성을 키우기 위해 유아가 가지고 있는 내적 흥미 위주의 자발성을 존중하고 특히 개성을 존중할 필요가 있다는 것이다.

교육단계 (「에밀」)	• 제1기 유아기(0~5세) - 감각을 의식하기 이전의 단계, 아이의 발육을 억압하거나 왜곡하지 않아야 함, 유아기는 출생 후 말을 시작할 때까지의 기간임, 교육방법(자연에서 자신의 신체를 자유롭게 사용하여 심신을 단련하도록 함, 언어학습 준비, 도덕성에 관심을 둘 것) • 제2기 아동기(5~12세) - 제1기의 자연적 성향인 쾌락의 원칙에 의해 행동하는 시기, 섣부른 지식보다는 사물에 대한 관찰과 경험을 통한 깨달음이 필요한 시기, 교육에 있어서 중요한 것은 서둘지 말라는 것, 교육방법(스스로 읽기를 원할 때 읽기를 가르치는 언어교육, 감각훈련, 도덕적 교훈이나 명령 그리고 이성적 설명을 통해서가 아니라 실제 경험을 통한 교육, 계획적인 수업, 문학, 과학 그리고 예술교육은 고려하지 않음), 교육에 있어서 가장 위험한 단계로 만일 이 시기에 인간의 본성이 스스로 발현되도록 하지 않는다면 그 이후의 교육은 아무 소용이 없다고 봄, 소극적 교육이 행해져야 함, 이 시기의 특징으로는 감각훈련을 통한 각 기능의 정상적인 발달을 들 수 있음 • 제3기 소년기(12~15세) - 제2의 자연적 성향인 유동성의 원칙에 따라 지적 능력이 개발되는 시기, 감각에 이성을 더한 훈련을 더해야 하는 시기, 학문을 가르쳐야 할 시기, 교육내용으로 물리학, 천문학, 지리 수업, 수공업 기술을 가르침 • 제4기 청년기(15~20세) - 제3의 자연적 성향인 이성적 판단에 따라 독립적으로 행동하는 시기, 인간으로서는 제2의 탄생기, 어린 시기를 벗어나 성인으로서의 남성과 여성의 역할을 익히고 어린 시절의 자기애적 삶에서 벗어나 사회적 관계에 관심을 갖는 시기, 사회적이고 도덕적 존재로서의 필요한 자질 쌓기, 모든 면에서 적극적인 교육 실시, 역사 수업과 종교 수업 • 제5기 성년기(20세~결혼까지) - 개인적으로 성숙한 남녀가 만나 사랑과 이성적 판단을 기반으로 하여 가정을 이루는 단계, 성년기에 이른 에밀이 배우자를 찾아가는 과정, 소피와의 관계를 통해 결혼이란 무엇이며 남녀가 할 일이란 무엇인지 그 역할과 책임에 대해 이야기 함, 부부 사이의 윤리 언급
가정교육론	• 가정은 사회의 근본이며 사회의 질서를 배우는 기관이다. • 가정은 자녀들이 부모와의 사랑을 통해 스스로의 능력을 자연스럽게 발달시키는 인격 형성의 장(場)이고 교육의 장(場)이다. 가정교육을 소홀히 하면 자연의 교육을 벗어난다.

	• 가정에서의 양육과 교육에 대한 부모의 역할을 강조한다. • 부모는 자연적인 교사이며 최초의 교사이자 영원한 교사이다. • 어머니가 양육을 담당하고, 아버지가 교육을 담당하는 것이 좋다. • 어머니가 교육을 잘하는 것이 아버지도 교육을 잘하는 근본이 된다. 가정에서 어머니가 없으면 아이도 없다고 하면서 어머니의 존재 가치를 강조한다.
교사교육론	• 교사의 본질적인 역할은 아동을 지도하고 협력하며, 장애를 제거하는 데 있다. 아동의 선행 경험을 확장하고 해석하며, 그 경험에 큰 의미를 부여하고 그 가능성을 펼치는 것이 교육자의 임무이다. • 교사와 학생이 서로 신뢰하고 존중하는 관계, 즉 성실한 관계일 때에만 교육이 성공할 수 있다. • 가능한 한 체벌과 명령을 자제해야 하고, 학생에게 어떤 것을 하라고 강제로 명령해서는 결코 안 되며, 교사가 스스로 권위를 갖고 있다고 여겨서도 안 된다. • 교사는 아동의 이성을 발전시킬 수는 없어도 장애를 제거함으로써 이성의 진보를 쉽게 할 수 있는 학습의 촉진자, 안내자, 협력자이다.
「사회계약론」 과 「에밀」 (1762년)	• 「사회계약론」에서 루소는 인간 불평등이 잘못된 계약 때문이라고 생각하여 올바른 계약을 통해 자유를 되찾을 수 있다는 신념을 주장하였다. • 「에밀」에서는 계시나 교리에 얽매이지 않는 개인 종교를 제시하였다.

3) 루소의 유아교육사상 합격기출

- 루소(J.J. Rousseau)는 "우리는 모든 것이 결핍된 상태로 태어나므로 도움이 필요하며, 우둔한 상태로 태어나므로 판단력이 필요하다. 어른이 되면 필요하겠지만 태어나면서 가지지 못한 모든 것은 교육을 통해 우리에게 주어진다. 그 교육은 자연이나 (①   ) 또는 인간의 소산이다. 우리의 능력과 기관들의 내적인 성장은 자연의 교육이다. 반면 그 성장을 이용하도록 우리에게 가르치는 것은 인간의 교육이다. 그리고 우리와 접촉하는 대상들에 대한 경험 획득은 (②   )의 교육이다. 그러므로 우리는 세 종류의 선생을 통해 교육 받는다."라고 하였다.

- (③   )은/는 18세기 후반에 일어난, 구습(舊習)의 사상을 타파하려던 혁신적 사상 운동이다. (④   ) 을/를 대표하는 로크와 루소는 교육을 강조하였는데, 이는 교육을 통해 사회개혁과 발전이 이루어질 수 있다고 믿었기 때문이다. 이들의 철학은 이성을 통해 사회의 무지를 타파하고 상식, 경험, 과학을 강조하는 사상 운동에 영향을 주었다. 이러한 사상 운동은 전통적 관습, 의례, 도덕에 대한 비판적 사고를 핵심으로 하며, 인간의 존엄과 평등, 자유권을 강조한다.

- 루소는 "교육의 근원은 (⑤   )과 (⑥   )과 (⑦   )이다. 우리의 능력과 기관의 내적발달은 (⑧   )의 교육이고, 이 발달을 어떻게 이용할 것인지를 가르쳐 주는 것은 (⑨   )의 교육이다. 그리고 우리에게 영향을 미치는 대상들에 대한 우리 자신의 경험으로부터 얻는 것은 (⑩   )의 교육이다."라고 하였다. 또한 성선설에 근거하여 자연적인 성향과 조화를 이루며 (⑪   )의 원리를 따르는 교육을 주장하였다.

- 루소는 "교육은 (⑫   )이나 (⑬   ) 또는 (⑭   )의 소산이다. 우리의 능력과 기관들의 내적인 성장은 (⑮   )의 교육이다."라고 하여 자연 속에서의 (⑯   )을 통한 교육을 주장하였다.

- 루소는 자연주의 사상가로, 인간의 재능과 독창성의 회복을 강조하고, 성악설을 부정하며 인간의 본성은 선하다는 (⑰   )을 주장하였다. 대표적인 저서로는 「사회계약론」을 들 수 있다.

04 페스탈로치(J.H. Pestalozzi)의 유아교육사상

1) 페스탈로치의 유아교육사상 합격단어
2) 페스탈로치의 유아교육사상 합격내용
3) 페스탈로치의 유아교육사상 합격기출

스위스의 교육자이며 사회비평가인 페스탈로치(Johann Heinrich Pestalozzi, 1746년~1827년)는 루소의 주장처럼 농촌에 들어가 농촌 계몽사업을 하기로 결심하고 1767년 농사일을 배우기 시작했다. 페스탈로치는 8살 연상인 안나 슐테스와 1769년 9월 30일 결혼하고 노이호프에 농장을 만들었다. 그러나 악천후와 트랍 재배 농사 기술의 미숙으로 농장 경영에 실패하게 된다. 1770년 8월 13일 아들 한스 야콥이 태어난다. 페스탈로치는 4년 동안 야콥의 발달 과정을 관찰한 육아 일기를 썼는데 이 때 여러 가지의 교육원리를 발견하게 된다.

페스탈로치는 농장경영 실패로 경제적 어려움이 지속되었다. 그러나 빈민 아동들의 육체와 정신이 핍박받는 것을 보고 1773년 말에 빈민 아동들을 노이호프 농장에 수용하기 시작했다. 1774년 말 그는 빈민 아동에게 교육과 일자리를 제공하는 빈민 구호시설을 열어 노작교육을 통한 인간교육에 힘썼다. 1778년 2월에는 빈민 구호 시설에 네 살부터 열일곱 살까지 37명의 아이들이 있었다. 그러나 1779년 국가 보조가 중단되었고, 수공업 기술을 습득한 아이들이 이곳을 위해 일하려고 하지 않았기 때문에 빈민 구호시설은 문을 닫게 되었다.

1780년 초부터 노이호프에서 외롭게 지내면서 약 10년간 저작활동을 하였다. 「은둔자의 황혼(1780)」, 1781년에는 「린하르트와 게르트루트」 1권을 썼으며 지방민과 도시의 세습 귀족층 사이의 정치적 대립에 대한 입장을 밝히기도 했다. 자신의 사회 정치적 관심을 「나의 ABC 책 또는 내 사상의 출발을 위한 도안(1797)」과 페스탈로치의 철학 저서인 「인간발달에 있어서 자연의 길에 대한 나의 탐구」(1797)를 썼다.

1798년 12월 5일 정부는 슈탄스에 빈민 고아 구호 시설을 세우기로 결정했다. 페스탈로치는 슈탄스의 이 시설을 맡아 일하면서 자신의 교육이념을 실험해 보았고, 슈탄스에서 보낸 편지인 '슈탄스 통신'은 그의 '교육방법론'의 기초가 되었다. 슈탄스 빈민 구호 시설은 야전 병원으로 내어 줘야 했기 때문에 5개월 만에 문을 닫게 되었다.

그 이후에 1799년 7월 23일 후원자의 도움으로 부르크도르프의 교사 양성소가 있는 학교에서 일을 하게 되었다. 이곳은 서민 초등학교였는데 종래의 수업 방식과는 다른 새로운 교수법으로 아이들을 가르쳤으나 교사와 학부모의 반대에 부딪혀 같은 지역의 중산층의 자녀들이 다니는 시민학교로 옮기게 되었다. 이곳에서는 새로운 교육 방법의 시도로 시의 교육위원회로부터 주목을 받았다. 「교육방법론(1800)」과 「게르트루트는 자녀를 어떻게 가르치는가(1801)」는 교육방법에 관한 대표작으로 어머니들을 위한 교육 지침서로 집필되었다.

1805년 페스탈로치는 이페르텐에 학원을 세워 21년간 교육 사업에 전념했다. 이페르텐 학원은 기숙학교였다. 학교의 효과는 이에 상응하는 교사 교육이 가장 중요하다고 생각하여 교사 교육에 자신의 학교 가능성을 두었다. 1809년 11월에 학교에 기숙하는 학생은 166명에 이르렀고, 프러시아 등 각국에서 많은 사람들이 그의 새로운 교수법을 배우러 이곳을 방문했다. 그러나 페스탈로치의 교육이념, 즉 빈민교육과 민중교육을 통한 사회개혁이라는 꿈과는 달리 각국의 부유층 자제들이 이 학교로 모여 들면서 명성을 떨치게 되었고, 그의 이념을 나름대로 발전시켜 공명을 세우려는 교사들 간의 갈등이 빚어지는 상황이 초래되었다. 이러한 이유로 그는 자신의 이념에 맞는 빈민학교를 열기위해 1818년 클린디에 빈민 구호시설을 설립하였다. 그러나 결국 1년쯤 지나 이페르텐 학교로 합쳐졌다. 영국인 그리브스에게 「유아교육 서한」을 보내 말년에 유아교육에 대한 자신의 견해를 피력했다.

1825년 자신이 저서인 「백조의 노래」를 저술하고 1827년 2월 17일 부르크에서 세상을 떠났고, 그의 희망대로 동네 학교 옆에 있는 비어의 공동묘지에 묻혔다.

*사진 및 자료 출처 - http://terms.naver.com/entry.nhn?docId=389688&cid=41978&categoryId=41985

1) 페스탈로치의 유아교육사상 합격단어

- 스위스의 교육사상가, 교육실천가, '교성(教聖)', 루소(J.J. Rousseau)의 영향을 받아 자연교육 옹호·선성(善性) 계발 중시, 교육사상(인간평등 주장, 자연에 따른 교육, 합자연에 의한 가정교육의 방법 원리, 지적교육의 주요원리, 자발성의 원리), 교육사상의 특징(교육이론의 핵심개념인 인간성, 사회개혁가로서의 신조인 평등, 평등한 인간이 교육신조, 자율적 교육·발달단계에 따른 교육 강조, 도덕교육을 지적교육보다 더 강조), 인간관과 아동관(평등, 인간성=동물적·사회적·도덕적 상태 포함, 어린이=성스러운 인간성이 있는 존재, 교육=인간성 계발), 교육원리(조화와 균형의 원리, 직관의 원리, 방법의 원리, 자기 활동의 원리, 생활공동체의 원리), 교육목적(3H의 조화로운 발달, 인간개혁을 통한 사회개혁), 교육내용[수(數 : 계산·수학), 형(形 : 도화·습자·측량), 어(語 : 읽기·말하기·문법), 삼육론(三育論), 가정교육론, 인간성의 삼단층론, 사회교육론, 체벌 교육론], 교육방법[합자연의 원리, 자발성의 원리, 방법의 원리, 조화적 발전의 원리, 사회의 원리, 직관의 원리, 노작교육의 원리, 감각적 직관(관찰) 중시, 아동의 개성 존중, 애정 어린 훈육 실시], 저서(「숨은 이의 저녁 때」, 「린하르트와 게르트루트」, 「직관의 ABC」, 「어머니 책」, 「게르트루트는 그의 어린아이를 어떻게 가르치는가」, 「백조의 노래」, 「나의 운명」), 현대교육에 미친 영향[자연주의 교육의 실용화, 아동중심주의 교육의 정착, 현대 교육원리의 확산(자발성의 원리는 자기 활동, 노작활동, 목적의식 있는 활동 등의 직접 경험활동을 유도하는 동기 부여 / 직관의 원리는 현실접근, 체험심화, 표상 명료의 기능을 가지고 현대의 시청각 교육으로 발전 / 사회화의 원리를 통해 지역사회의 특성과 자연적 방법에 일치되는 교육으로 연계시키고 개인적 소질을 개발·육성함으로써 사회활동에 적극 참여, 이는 곧 진보와 개혁에 공헌하여 민주주의 발전, 교육을 실현하여 마침내 현대산업사회 가속화)]

2) 페스탈로치의 유아교육사상 합격내용

구분	내용
인간관과 아동관	• 저서 「은둔자의 황혼」 - "인간은 옥좌(玉座)에 앉으나 초가의 그늘에 누워 있으나 모두 평등하다."고 주장 : 인간은 누구나 본성은 다 평등하다. • 인간성 안에는 이기적인 면과 이타적인 면을 함께 가지고 있는 자연 상태인 동물적(자연적) 상태, 이기심에서 비롯된 인간의 폭력적 행위를 법으로 규제하는 상태인 사회적 상태, 인간의 동물적인 욕구의 충족이나 사회적 관계에 만족하지 못하고 자신의 내면적 순화를 갈구하는 힘이 개인적인 행위를 결정하는 상태인 도덕적 상태가 있다. • 인간은 내면적인 상태에 이르러 비로소 참된 인간이 되며, 교육은 인간을 도덕인이 되게 하는 일이다. 그러므로 인간교육이란 동물적·사회적 상태를 거쳐 자신의 내면적 순화를 기하게 하는 인간의 선천적·내면적 소질의 조화로운 발달이다. • 모든 어린이에게 하나님이 주신 성스러운 인간성의 힘이 깃들어 있다고 하면서, 교육이란 그러한 인간성을 계발하는 것으로 인간의 내적 능력을 끌어내어 잘 키워 주는 것이다. 즉, 교육은 인간의 도덕적·신체적·지적인 능력을 조화롭게 성장하도록 도와주는 일이다.

교육목적	• 인간이 본래 가진 3H(Head, Heart : 가장 중시함, Hand)의 조화로운 발달
	• 인간개혁을 통한 사회개혁
	• 인간 본성의 능력 3가지
	  - 지적 능력(Head) : 지적 능력 도야는 직관을 통해 지성과 사물에 대해 올바로 인식하는 방법을 도야하는 것이다. 페스탈로치는 지적 능력 도야를 위해 수, 형, 어라는 사물에 대한 기본 인식 도구를 제시하였다.
	  - 도덕적 능력(Heart) : 도덕력 도야는 오늘날 도덕교육, 교양교육, 종교교육을 포함하는 개념이라고 할 수 있다. 도덕교육이야 말로 인간교육의 궁극적인 목표라고 설명하였다.
	  - 기능적 능력(Hand) : 기능력 도야는 신체, 기술, 직업, 예술 등을 포함한다. 기능력 도야는 인간 생활에 필요한 기본 기능을 연습하고 훈련하여 몸에 익히는 것이다.

교육내용	• 삼육론(三育論)
	  - 페스탈로치가 생각하는 교육의 본질은 머리, 가슴, 손을 고루 도야하여 하나의 인격으로 키워내는 것이다. 지육, 덕육, 체육의 조화적 발전을 기하는 인격도야의 과정, 그것을 교육으로 삼는 것이다.
	  - 삼육론에서는 삼각형의 밑변이 덕육에 속하며, 이 밑변(덕육)이 넓어야 삼각형이 안정되듯, 덕육이 굳게 다져져야 나머지 지육과 체육이 비로소 조화적으로 존립할 수 있다는 것이다.
	  - 이 이론은 좀 더 다듬어져 기초 도야의 이념(基礎陶冶의 理念)으로 발전해 삼위일체론이 되는데, 세 가지 삼위일체 중의 첫째는 머리, 가슴, 몸의 삼위일체이고, 둘째는 수(數), 형(形), 어(語)의 삼위일체이다. 이것은 교육내용 중에서 가장 기본이 되는 것을 논리적 사고력을 익히는 수의 교수, 직관과 공간에 대한 감각을 키워주는 도형의 교수, 사고하고 느낀 것을 올바르게 표현하는 언어의 교수, 이렇게 셋을 고루 배워야 한다는 논리이다. 셋째는 직관, 언어, 사고의 삼위일체이다. 이것은 우리의 인식의 과정을 자연스럽게 도입한 교수의 방법이다.
	• 가정교육론 - 어머니와 자녀 사이의 사랑의 대화를 통한 교육을 교육 중에서 가장 중요한 단계인 교육으로 보았다. 어머니야 말로 천성적인 교사이며, 이 어머니를 통한 자녀의 내재된 능력의 교육이 인격형성에 중요하다.
	• 인간성의 삼단층론 - 인간의 본성을 자연적 상태, 사회적 상태, 그리고 도덕적 상태라는 세 가지 상태의 단층으로 이루어진 복합체임을 밝히고 있다.
	• 사회교육론 - 인간은 환경과의 상호작용을 통해 성장한다고 보았고, 교육받은 자만이 환경에 영향을 줄 수 있다고 보며 교육을 사회개혁의 수단으로 보았다.

	- 체벌 교육론 - 페스탈로치는 체벌 찬성론자였다. 그의 저작이나 편지, 특히 학부모와 주고받은 편지 속에 체벌에 관한 내용이 많이 발견되는데, 그 대표적인 것이 '스케이트와 체벌에 관하여'라는 논설조의 편지이다. 체벌은 결코 일반적으로 좋은 방법은 아니고 되도록 억제해야 하겠지만 그것이 꼭 필요하고 효과적인 경우도 있다고 주장한다.

교육방법 및 교육원리	• 교육방법의 일반원리 - 자연의 방법에 따라 교육이 행해져야 함, 언어는 항상 실물 또는 내용과 결부되어야 함, 학습지도의 기초는 감각적 직관(관찰)임, 교수는 가장 단순한 요소에서 출발하여 점진적으로 촉진, 직관에서 시작하여 개념으로 나아갈 것, 노작교육 강조
	• 합자연의 원리(P. Natrop가 분석·발전)
	  - 자발성의 원리 : 교육의 중심은 아동의 능력을 내부로부터 발전시켜야 한다(주입교육 배척, 계발교육 주장), 「백조의 노래」에서 "인생은 스스로 가르친다."고 주장
	  - 방법의 원리 : 인간성의 자기발전은 일정한 질서 있는 단계에 따라 교육이 행해져야 한다.
	  - 조화적 발전의 원리 : 도덕적 기능(Heart)을 중심으로 3H의 조화적 발전, 페스탈로치의 교육이상의 기초사상이며 교육방법 지도원리임
	  - 사회화의 원리 : "환경은 사람을 만들고, 사람은 환경을 만든다.", 교육소설 「린하르트와 게르트루트」에 구체화시킴, 교육은 사회개혁의 수단이다.
	  - 직관의 원리 : 직관은 모든 인식의 절대적 기초로서 개개의 인식은 반드시 직관에서 출발하는 것, 직관의 기본요소(수·형·어)의 인식과 노작교육과 관련 있음 주장
	• 자기활동의 원리란 교육의 중심은 아동의 능력을 내면에서부터 발전시켜야 한다는 것이다.
	• 방법의 원리란 자기발전은 질서있는 일정한 단계를 거쳐서 이루어지므로 교육은 이러한 단계에 따라서 이루어져야 한다는 것이다.
	• 직관의 원리란 직관을 모든 인식의 절대적인 기초로 생각하고 교육의 본질을 직관에서 찾아야 한다는 원리이다.
	• 조화와 균형의 원리란 인간이 가지고 있는 선천적 기능은 지적(Head), 도덕적(Heart), 기능적(Hand)인 것인 바, 그 중에서도 도덕적 기능을 중심으로 하는 제 능력(3H)의 조화적 발전을 교육의 이상으로 하는 것이다.
	• 생활공동체의 원리란 가정과 가정에서의 어머니의 역할을 강조하는 것으로, 가족 집단이 가지고 있는 상호작용을 통한 자녀의 애정과 신뢰감 형성에 어머니와 자녀 사이의 인간관계를 강조한다. 이를 바탕으로 사회 시민으로서의 자질이 높아지고 시민으로서의 자각정신이 강화된다고 보았다.

주요 저서 및 교육사상 보급운동	• 「숨은 이의 저녁때」(=「은자의 황혼」, 1780)
	  - 교육사상을 요약한 저서, 인간평등에 관한 주장
	  - 자연에 따른 교육, 가정의 안정은 인간행복의 기초라는 기본이론의 윤곽 제시
	• 「린하르트와 게르트루트」(1781)
	  - 인간계발과 사회개조를 설명한 교육소설
	  - '민중'을 위해 쓴 저서, 독일의 전원생활을 사실적으로 묘사한 최초의 작품
	  - 합자연에 의한 가정교육의 방법 원리
	    ① 가정에는 질서와 순서가 있어야 한다.
	    ② 자연도 순서가 있으므로 아동의식 발달단계를 고려해서 알맞도록 가르친다.
	    ③ 아동이 수동적인 존재가 아닌 스스로 사고하는 주체가 되도록 유의한다.
	    ④ 아동의 욕구와 충동, 흥미를 존중하고 아동의 감정을 중시하고 인식에 기초를 두어 인간성을 조화, 통합하도록 한다.
	    ⑤ 가정은 순수한 감정(사랑, 믿음, 순종)이 길러지는 도덕교육의 터전이다.
	  - 「게르트루트는 그의 어린아이를 어떻게 가르치는가」(1801) - 지적교육의 주요원리를 담고 있는 저서

- 「백조의 노래」: "인생은 스스로 가르친다."(합자연의 원리 중 자발성의 원리와 관련)
- 「직관의 ABC」, 「어머니의 책」, 「나의 운명」 등
• 페스탈로치 교육사상 보급 운동
- 오스웨고 운동(Oswego movement) : 주창자 셸던(E.A. Sheldon), 페스탈로치(J.H. Pestalozzi)주의 보급 운동
- 퀸시 운동(Quincy movement) : 대표자 파커(F.W. Parker), 페스탈로치(J.H. Pestalozzi)의 교육사상 실천 운동, 프뢰벨(F. Fröbel)사상, 신교육운동(New education movement)의 기초

3) 페스탈로치의 유아교육사상 합격기출

• 페스탈로치는 자연스러운 교육방법을 지향한 루소의 교육사상을 실천하려고 노력했으며, 손발의 노동을 통한 도덕성 함양과 정신의 단련을 강조한 교육원리인 (①   )의 원리를 주장하였다.

• 페스탈찌(J. Pestalozzi)는 "자녀들은 인간 본성의 모든 능력을 부여 받았으나 아직 미해결로 남아 있습니다. 그것은 자녀들의 (②   ) 능력, (③   ) 능력, (④   ) 능력이 어떻게 사용되어야 할 것인가에 대한 물음입니다. 자녀들이 부여 받은 정신적 능력이 발현되기 위해서는 교육을 받아야 합니다. ……(중략)…… 그러면 어떤 방법으로 교육을 받아야 할까요? 인간의 (②   ) 능력, (③   ) 능력, (④   ) 능력의 모든 능력이 조화롭게 결합이 되면 이 숭고한 사업이 성공할 것입니다. ……(중략)…… (⑤   )교육이나 (⑥   )교육처럼 아동의 직접 경험 또는 직접 체험을 (⑦   )을 통해 가르쳐야 합니다."라고 하였다. (⑧   )은 감각기관을 통해 외계의 인상을 받아들이는 것을 말하며, (⑨   )은 자신의 마음의 눈으로 세계의 본질을 체험하는 것을 말한다.

• 페스탈찌는 (⑩   )·(⑪   )·(⑫   )의 조화로운 발달을 통한 전인적인 성장을 강조하였고 사물을 인식하는 수단으로 (⑬   )·(⑭   )·(⑮   )를, 중요한 교육 방법으로 (⑯   )의 원리, (⑰   )교육의 원리 등을 제시하였다.

• 페스탈찌의 (⑱   )교육론은 코메니우스의 (⑲   )교육과 루소의 (⑳   )교육을 확대·발전시킨 이론이다. 또한 페스탈찌는 학교가 애정과 정서로 가득찬 (㉑   )적 분위기를 제공해야 한다고 주장하였다.

05 프뢰벨(F. Fröbel)의 유아교육사상

1) 프뢰벨의 유아교육사상 합격단어
2) 프뢰벨의 유아교육사상 합격내용
3) 프뢰벨의 유아교육사상 합격기출

독일의 교육가이며 유치원의 창시자인 프리드리히 프뢰벨(Friedrich Wilhelm August -Fröbel, 1782년~1852년)은 튀링겐(Thüringen)에서 목사의 아들로 태어나 예나(Jena) 대학을 중퇴하고 우연한 기회에 자신의 생애를 교육에 바칠 것을 결심, 1808~1809년 페스탈로치(J.H. Pestalozzi)의 학교에서 일하였다. 1811년 괴팅겐 대학에 들어가 어학과 자연과학을 연구하다가 1812년 베를린으로 이주하여 프라만 학교의 교사가 되었으며 얀(Jahn)과 사귀게 되었다. 1813년에는 얀과 함께 류초의 의용군에 들어갔고(37세), 그 기간에 뒷날의 협력자가 된 랑게텔(Langethel)과 미덴도르프(Middendorff)를 만나게 되었다. 1814년부터는 베를린에서 신교육 실시를 결심, 1816년 그리스 임에서 고아들의 교육을 시작하였다. 청년시절부터 자연을 제2의 고향이라고 사모한 그는 자연에서 세계관과 인생관을 형성하는데 많은 영향을 받았다. 1811년 8월에 괴팅겐 대학에서 연구하던 중 어느 날 밤 하늘을 쳐다보고, '군성(群星) 그 자체들은 구상(球狀)을 유지하면서 그 위치를 잡고 일정한 법칙에 따라 보다 큰 원으로 통일되어 있다.'는 것을 깨닫고, '자연과 인생도 개개의 완전한 조화와 통일을 보유하면서 보다 큰 원으로 통일되며, 특히 신과의 관계에 있어서 조화를 보유하고 있다.'고 하는 '구(球)의 원리'에 착안하게 되었다. 그는 놀이를 자연 놀이와 조직된 놀이로 나누어, 자연 놀이는 물·모래·점토 등과 같이 자유로이 조작할 수 있는 것을 가지고 행하는 것이라고 했고, 조직적 놀이는 운동·놀이·원예 등으로 구분했다. 그리고 운동·놀이 중에서 특히 '원형 놀이'를 중요시했다. 그는 원형 놀이를 '구의 법칙'의 상징이라고 생각하고 아이들이 서로 손을 잡고 자기가 전체의 일부라는 것을 체험시킴과 동시에 막연하나마 그렇게 하는 사이에 세계와 인생, 전체(全體)와 지체(肢體)와의 '생의 결합'을 인지시키는 유효한 운동이라고 보았다. 브루그도르프 시대에는 아돌프 슈피스(Adolf Spiess)와 친교를 맺고 서로 영향을 주었다. 그의 체육관은 슈피스의 영향을 받았는데, 1851년 8월, 사회주의자·무신론자라는 오해를 받고, 프로이센(Preussen)에서의 일체의 유치원 설립을 금지 당하였다. 이 금지령은 1861년에 해제되었으나 그는 그에 앞서서 1852년에 세상을 떠났다. 주요 저서에는 「인간교육 (Menschenerziehung ; 1826)」, 「어머니의 노래와 사랑의 노래(Mutterund- koselieder ; 1844)」, 「유치원의 교육학(Die Pädagogik des Kindergartens ; 1874)」, 「유희의 이론(Theorie des Spiels Ⅰ·Ⅱ·Ⅲ 2. Auflage ; 1947)」 등이 있다.

*사진 및 자료 출처 - http://terms.naver.com/entry.nhn?docId=2164890&cid=44412&categoryId=44412
- http://terms.naver.com/entry.nhn?docId=458186&cid=42876&categoryId=42876

1) 프뢰벨의 유아교육사상 합격단어

- 이상주의, 유치원 창시자, 페스탈로치(J.H. Pestalozzi)의 영향을 받은 19세기 신인문주의(계발주의) 교육사상가, 교육사상(만유내재신론), 교육사상 특징[교육은 자기발전의 과정(「인간의 교육」), 행동교육론 주장, 사회화의 의의 최초 인정, 유희를 통한 통일 강조, 인간교육을 식물의 성장에 비유, 놀이의 교육적 가치 인정], 교육원리(통일성의 원리, 자기 활동의 원리, 놀이의 원리, 노작의 원리, 인본주의의 원리), 유아관[자주적 존재, 유아중심적인 유아관, 유아관은 무력함·자기의지(자조능력)·몰두하는 행위의 삼위일체관], 교육목적[인간 속에 내재한 신성(神性)의 계발], 교육내용(은물, 작업, 게임과 노래, 자연학과 언어, 수 교육, 유희·수공·노래·언어·운동·도화 등), 교육방법(통일의 원리, 연속적 자기활동의 원리, 은물을 통한 유희의 원리, 발달 순응적 교육과 명령적 교육방법의 공존 주장), 저서[「인간의 교육」(1826), 「어머니의 노래와 사랑의 노래」(1844) 등], 유아교육기관 및 교육 프로그램[여성교육·신성의 발달·놀이와 교구 중시·평등한 유아교육을 위한 유치원 설립, 체계적인 유아교육과정과 훈련받은 교사에 의한 교육 실시, 핵심 교육과정(10종의 은물과 11종의 작업), 놀이 강조, 자연적 개화개념, 가정교육 중시(「어머니의 노래와 사랑의 노래」), 정원활동, 안내자로서의 교사, 교사와 유아 간 신뢰 형성 중시], 교육사적 의의[유치원의 교육내용과 교수방법 체계화, 유아교육에 있어서 어머니와 보모의 중요성 강조, 놀이와 게임의 중요성 인정, 전인교육 바탕 마련, 현대교육의 바탕(자기활동·연속발전·개성화·사회화·직관·노작·생활경험 등), 여교사 양성과 보모 양성을 위한 교육기관 발달]

2) 프뢰벨의 유아교육사상 합격내용

구분	내용

교육사상	• 신, 자연, 인간은 불가분의 관계에 있다. 신은 만물의 근원이고 만물 가운데 존재하며 만물은 신에 의해 존재한다. 인간은 신에 의해 창조되어 생명을 부여 받은 존재이므로 인간 내부에 신성(神性)이 들어있다. 따라서 인간은 신적 원리에 자발적으로 순응해야 하며 내적 성장을 위해 신성을 성장시켜야 한다.
	• 교육은 인간 내부의 신성을 자연스럽고 충실하게 펼치는 것이다.
	• 만유내재신론(萬有內在神論)
	  - 만유내재신론이란 신은 만물 중에 존재함과 동시에 만물은 신 가운데 존재하고 있다는 프뢰벨의 입장이다.
	  - "신은 만물의 유일한 근원이며 만물 중에 존재해 있으며 만물을 소생시키며 또 만물을 지배한다. 만물은 신 가운데, 또 신에 의해 존재하며 신에 의해 생명을 부여받고 또 거기에 그 본질을 간직하고 있다."
	  - 교육의 의무는 유아의 내적인 창조적 자기 활동성을 충분히 현재화하여 발휘시키는 것이며, 이러한 것은 자기 생활 속에 실현시키도록 하는 것으로 보았다. 이때 자기활동을 유발하는 흥미와 요구를 교육의 출발점이라고 생각했다. 이것은 교육과정에서 뿐만 아니라 모든 학문과 종교와의 관계에 있어서도 똑같은 것이다.
	  - "만물에는 영원한 법칙이 깃들어 있으며 만물을 움직이며 작용하고 지배하고 있다. 이 법칙은 내부에 있는 정신이 자연에 의해 내부로 드러난다. 그러면서도 이 둘은 하나로 일치하고 있다. 또 생명에도 이 둘이 함께 있다. … 이러한 모든 법칙의 근저에는 모든 것을 움직이고, 스스로 분명하고, 생명력이 있으며, 자신에 대해 분명하게 알고 있는 그런 영원히 존재하는 통일자가 있다. … 이러한 통일자가 곧 신이다. … 만물에는 신이 깃들어 있으며 신은 만물을 움직이며 지배하고 있다. 모든 것은 만물 안에 작용하는 신에 의해서만 존재한다. 각각의 사물에 작용하는 신은 만물의 본질인 것이다."(프뢰벨, 1995 : 15~16)

교육원리	• 통일성의 원리 - 신, 인간, 자연의 통일을 의미하며 인간의 마음에 신의 마음이 들어 있고, 자연 속에 신의 섭리가 내재되어 있음을 보여주는 원리이다. 통일의 원리란 신, 인간, 자연의 통합을 추구하는 것으로, 프뢰벨은 신성에 그 중심점을 둔다.

	• 자기활동의 원리 – 페스탈로치의 직관의 원리에서 나온 교육의 중심 원리이다. 신성을 본성으로 하는 인간은 태어나면서부터 활동, 표현, 창조 등의 행동을 보여준다. 이러한 행동은 인간 내부에 존재하는 자기 활동의 표현이다. 이러한 표현은 자신의 흥미로부터 생기는 것이며 자기 자신의 힘에 의해서 표현되는 활동이고 자기 활동 이다. 교육이란 인간의 내부에 들어있는 자기 활동의 표현을 도와주는 것이다. • 놀이의 원리 – 프뢰벨은 인간의 신성(神聖)은 활동, 창조, 노동이지만, 유아의 신성(神聖)은 놀이를 통하여 나타난다고 보았다. 놀이는 유아의 내적 자아발달의 법칙을 발견하는 수단으로, 놀이는 유아의 자발적 활동이나 내적 힘을 발현하는 하나의 수단이다. 이러한 자기 표현과 자기 형성은 유아의 자연스러운 발달의 가장 중요한 모습이므로 놀이 그 자체가 교육이다. 프뢰벨은 놀이의 교육적 가치를 인정하였다. 따라서 그의 유치원 교육과정에서 놀이는 중요하며, 유아의 창조력을 길러주고 이상적인 발달을 펼치는데 놀이가 적합하여 유아들에게 놀이를 주고자 은물(gifts)을 만들었다. 은물은 부분과 전체의 특징을 잘 나타내고 통일성, 전체성, 우주의 본질 등을 이해하도록 고안되었다. 은물은 형체에서 평면으로, 평면에서 직선으로, 직선에서 점으로 나아가도록 구성되어 있다. 프뢰벨은 은물을 통해 3차원(형체), 2차원(면), 1차원(선) 등과 같은 세계를 감각을 통해 관찰하는 정신을 기르도록 하고 있고, 점은 이들의 통일점으로 이념의 세계에 해당한다. • 노작의 원리 – 노작은 인간의 본질, 즉 신성의 표현을 직접적인 목적으로 한다. 또 그의 노작은 인간의 생명의 창조적이며 자발적인 활동인 것이다. 프뢰벨은 노작을 놀이처럼 인간의 신성을 표현하는 창조적 활동이고 자발적인 활동이며, 노작 그 자체가 활동의 목적이라고 주장한다. 노작은 유아들의 의식 발전의 원리이기도 하다. 즉, 인간의 내부에 숨어 있는 신성이 노작을 통해 표현되어진다. 노작을 통해 인간은 자신의 내적 본질과 자신의 신성을 밖으로 표출하며, 이것은 생명 발전의 과정이다. 노작교육은 인간을 교육하는 것이고 생명을 발전시키는 하나의 과정이다. • 인본주의의 원리 – 프뢰벨은 가정을 공동체 의식 형성의 장(場)으로 간주하여 조화로운 발달을 추진하였다. 조화로운 가정생활에서 인간은 안정과 풍요를 느낄 수 있으며 유아는 여러 가지를 학습하게 된다. 따라서 가정은 선하고 도덕적이고 고귀한 것을 제공해야 한다.
유아관	• 유아중심적인 유아관 – 유아는 부모에게서 태어났지만 독립적이고 자주적인 존재이다. • 유아의 자기활동을 '몰두한다.'라고 표현 – 이러한 몰두 상태는 작업충동이 되도록 하는 길밖에 없다. • 무력함과 자기의지(자조능력) 및 몰두하는 행위의 삼위일체관 주장, 유아는 자신의 내적인 동기를 기초로 자기의 흥미와 힘에 의해 끊임없이 다음 단계로 창조적으로 진전하는 존재로 여김
유아교육의 원리(저서 「인간교육」)	• 유아의 타고난 본성을 중시, 유아는 발전가능성을 지님, 유아는 발달 단계를 거치면서 나선형으로 성장함, 유아는 발달하기 위해서 발달과업으로 요구되는 것을 이루려고 함, 부모와 성인은 유아의 발달을 지원하는 인적 환경의 역할을 함, 유아는 수학을 통해서 우주 법칙의 논리를 배워야 함
교육목적	• 교육목적은 신성(神性) 계발, 즉 신성을 충실히 표현하는 것이다.
교육내용	• 교육에서 가르치는 중요한 다섯 가지 교수내용(인간이 갖추어야할 가장 기본적인 것) – 종교, 자연, 수학, 언어, 예술 • 다섯 가지 교수내용은, 첫째, 자기 내면적인 생명을 지향하는 욕구(의식), 둘째, 외계 및 외계의 본질을 자기 속에 넣으려고 하는 욕구(인식), 셋째, 내면적인 것을 직접 나타내는 욕구(표현)를 통해 도야해야 한다.
교육방법	• 루소의 '소극적 교육'이라는 개념을 '발달 순응적 교육'이라는 개념으로 전개 • 자연법칙에 따라 발달 순응적으로 교육하는 교육방법론 주장 • 어린이의 본성을 꺾으면서 교육함으로써 부자연스러운 성품을 지닌 인간으로 성장하게 되는 것을 방지하고, 어린이가 아름답게 개화하여 전인적으로 조화롭게 발달할 수 있도록 해야 한다. • 발달 순응적 교육의 당위성 주장 – "어린이가 어떠한 표현을 하려고 하여도 그것이 내적인 것에 따르고 있지 않으면 그 외적인 표현으로 나타낸 것에 대해서 참된 교사는 어떠한 가치도 부여하지 않아야 하며 반대로 내적인 발전이 충분히 이루어져 이것이 행위로 표현된다면 어린이는 조화로운 발달을 하고 있는 것으로 보아야 한다."

	• 발달 순응적이어야 하지만, 주의와 보호를 첨가할 필요가 있다는 조건을 제시함으로써 명령적 교육의 필요성을 어느 정도 인정
유아 교육기관 및 교육 프로그램	• 유치원의 설립목적 - 여성교육, 신성의 발달, 놀이와 교구 중시, 평등한 유아교육 • 유치원 교육과정 - 체계적인 유아교육과정과 훈련받은 교사에 의해 교육 진행, 유치원에서의 핵심 교육과정은 '은물'과 '작업' 중심의 교육활동, 노래, 이야기, 동시, 율동, 게임, 정원 가꾸기, 동물 돌보기, 산책 등의 교육활동을 포함, 유치원 교육과정의 원리(신, 자연, 어린이가 조화를 이루는 가운데 전인 발달, 자기표현 욕구에 의해 동기가 유발되어 놀이 활동이 자발적으로 일어나므로 내적 성장, 어린이의 자연적 발달 능력 및 발달에 순응한 교육) • 프뢰벨 프로그램의 교육원리 - 유아교육의 중요한 핵심내용으로 놀이 강조, 교육이론의 기본개념 '자연적 개화 개념', 은물, 작업, 노래, 교육적 게임으로 구성된 교육과정 • 놀이(유희)교육 강조 - "놀이는 유아기의 가장 순수한 정신적 산물이며 인간 생활 전체의 모범이다. 모든 선의 원천은 놀이 속에 있고 놀이로부터 나온다.", 유아를 놀게 하면서 지도하고 즐겁게 하면서 '창조적인 충동'을 발달시킬 것을 강조 • 은물(Spielgaben) - 신으로부터의 선물, 유아의 '창조적인 자기활동'을 가르치기 위해 고안, 자연물로 자연을 형상화하여 신의 섭리와 우주의 원리를 깨달을 수 있도록 구성, 수학을 기초로 모두 형체, 면, 선, 점의 네 가지 영역과 재구성이라는 종합의 영역을 추가, 구형의 공(=인간의 통일성을 나타내는 완전한 상징)이 교육에서 가장 중요한 역할을 담당, 단순한 것에서 복잡한 것으로, 구체적인 것에서 추상적인 것으로, 가벼운 것에서 무거운 것으로, 잘 알려진 것에서 덜 알려진 것으로 나아감, 은물의 조건(어린이의 창조적 충동을 고무시켜 무엇인가를 만들어 낼 수 있는 것, 기본적 요소와 형태를 가지고 있으면서 그 단일함 속에서 다양성을 추구, 논리적·수학적 요소 포함), 은물의 종류[제1은물(색), 제2은물(형), 제3은물(수), 제4은물(넓이), 제5은물(균형), 제6은물(비례), 제7은물, 제8은물, 제9은물, 제10은물] • 11종의 작업 - 감각 운동적 기능 개발을 목적으로 함, 작업의 종류[제1작업(구멍 뚫기), 제2작업(바느질하기), 제3작업(그리기), 제4작업(색칠하기), 제5작업(종이 말이 잇기), 제6작업(매트 짜기), 제7작업(종이 접기), 제8작업(오리기, 찢어 붙이기, 음영그림 만들기), 제9작업(콩으로 만들기), 제10작업(상자 만들기), 제11작업(찰흙놀이)] • 노래와 게임 - 유아의 최초의 교육장소인 가정에서의 교육을 중시, 어머니에게 교육적 기능을 강화시키기 위한 부모교육서인 「어머니의 노래와 사랑의 노래」를 발간 • 정원 활동 - 이상적인 정원은 각 어린이를 위하여 꾸며 놓은 작은 터 및 꽃과 야채를 위하여 배정된 구역이 있는 평범한 곳, 어린이는 식물 생육의 필수적인 원리 및 전체와 부분의 관계를 배움, 정원 가꾸기는 어린이가 볼 수 없는 힘의 작용을 관찰할 수 있는 방법의 하나이며 또한 책임감을 갖게 하는 방법임 • 교사의 역할 - 안내자의 역할을 수행, 유아와 신뢰를 형성해야 함, "전통적인 프뢰벨 유치원의 교사 역할이란 유아의 창의적인 과정을 방해하지 않고, 관찰하며 친절하게 안내하는 것이다."(피바디 주장)
「인간교육」	• "우리들을 어린이와 더불어 살게 하라. 그러면 그들의 생활이 우리의 생활을 평화와 환희로 환하게 하고 우리들은 비로소 총명하게 된다."고 주장하고 있다.
「어머니의 노래와 사랑의 노래」	• 프뢰벨의 교육사상을 간결하고 명확하게 묘사한 저서 • 어머니에게 교육적 기능을 강화시키기 위한 부모교육서 • 「어머니의 노래와 사랑의 노래」 주요 내용 - 첫 번째 범주의 노래와 게임 : 신체를 통해 느끼고 생각하게 하며, 생각한 것을 행동으로 옮길 수 있게 하는 것이 목적이다. - 두 번째 범주의 노래와 게임 : 아동이 성장해 가면서 경험을 넓히고 주위 세계를 더 잘 알게 하는 것이 목적이다. - 세 번째 범주의 노래와 게임 : 천체, 빛, 동물, 노동의 귀중함을 느끼게 하는 것이 목적이다. - 네 번째 범주의 노래와 게임 : 노래를 배우는 동안 유아가 자신을 사회의 일원으로 느끼게 하고 보다 도덕적으로 생각하게 하고, 어머니와의 애정적인 관계, 하나님과 일체가 되는 느낌을 갖게 하는 것이 목적이다.

3) 프뢰벨의 유아교육사상 합격기출

- 페스탈로치의 영향을 받은 사상가 중 (①   )은/는 유아의 본성을 신성으로 간주하고, 신의 뜻과 우주의 진리를 깨닫는 수단으로 이상적인 놀잇감인 (②   )을/를 고안하였다.

- 프뢰벨의 최초의 (③   )에서는 은물과 작업을 활용해서 교육하였다.

- 프뢰벨은 "만물에는 영원불멸의 법칙이 살아 지배한다. 모든 것을 지배하고 있는 이 영원불멸의 법칙은 필연적으로 모든 사물에 퍼져 있고, 강하고, 생동적이고 내재적인 영원한 (④   )에 기초하고 있다. ……(중략)…… 학교 본연의 임무는 만물에 항상 존재하는 (④   )에 중요한 가치를 두는 것임을 잊지 말아야 한다. 아동은 자기 자신의 (④   )이 있는 자아를 다양성을 통해 표현하고 또 다양한 자아도 다양하게 표현한다."라고 하였다.

- 프뢰벨은 "(⑤   )의 형태와 자료는 어린이의 통찰력을 기르고자 하는 우주법칙에 의해, 그리고 (⑤   )이 의도하고자 하는 아동발달의 조건에 의해 결정된다."라고 하여 (⑥   )의 중요성을 강조하였다.

- 프뢰벨은 구멍 뚫기, 바느질하기, 색칠하기, 콩 끼우기 등 10여 종의 활동을 고안하였으며, 이를 사용하여 유아의 내면세계를 표현하도록 하였다. 이 활동을 포괄적으로 (⑦   )이라고 명명하였다.

- 프뢰벨은 "만물에는 영원불멸의 법칙이 살아 지배한다. ……<중략>…… 이 영원불멸의 법칙은 필연적으로 모든 사물에 퍼져 있고, 강하고, 생동적이고 내재적인 영원한 (⑧   )에 기초하고 있다. …… <중략> …… 만물은 그들 안에 존재하는 (⑨   )을 밖으로 발현함으로써 존재한다. 하나하나의 사물에 존재하는 (⑨   )의 발현이 바로 그 사물의 본질이다."라고 하였다.

- 인간 발달은 선행 발달 단계에 기초하여 (⑩   )을 갖고 이루어진다.

- (⑪   )는 어린이 내면으로부터의 필요한 욕구에서 표출되는 내적 표현이다.

- 교육은 규정적이거나 명확하게 범주화하거나 간섭하는 것이어서는 안 되고 자유로운 (⑫   )이어야 한다.

- 프뢰벨은 신성의 개념에서 출발하여 신, 인간, 자연이 하나 되는 (⑬   )의 원리를 교육사상으로 삼았으며, 유아를 위해 (⑭   )을 고안·제작하여 교육적 경험을 할 수 있도록 하였다.

- 프뢰벨의 교육사상은 (⑮   )이고, 교육원리에는 자기활동의 원리와 통일의 원리가 있으며, 교육내용으로는 은물, 작업, 게임과 노래를 들 수 있다.

- 프뢰벨은 20세기 초 (⑯   )자들과 이론적 갈등을 빚었으며, 통일의 원리와 자기활동의 원리 및 계속성의 원리를 강조하였고, (⑰   )적 교구를 고안하였다.

06 몬테소리(M. Montesori)의 유아교육사상

1) 몬테소리의 유아교육사상 합격단어
2) 몬테소리의 유아교육사상 합격내용
3) 몬테소리의 유아교육사상 합격기출

이탈리아의 유아교육가이며 1907년 로마의 슬럼가에 아이들의 집(Casa dei Bambini)을 창설한 마리아 몬테소리(Maria Montessori, 1870년~1952년)는 1970년 8월 31일 이탈리아의 캬라빌레에서 군인 출신의 보수적인 아버지 알레산드로 몬테소리와 어머니 레닐데 스토파니 사이의 무남독녀로 태어났다.

1896년 11월 10일, 우수한 성적으로 로마대학 의학부를 졸업하고 이탈리아 최초의 여의사가 된 몬테소리는 그 해 11월 졸업 직후 로마대학 부속 정신병원 수련의로 임명되었다. 그녀의 임무는 치료 대상이 될 환자를 뽑기 위해 로마시내에 있는 정신이상자 수용시설을 돌아다니는 것이었다.

정신장애와의 접촉이 많아지면서 이런 어린이들을 구제하겠다는 결심을 하게 된 몬테소리는 정신적인 결함이라는 것이 의학적인 문제라기보다는 교육학적인 문제라고 확신하고 이에 관한 자료를 수집하기 시작했다. 특히, 프랑스의 정신과 의사로서 정신적 결함을 지닌 아동을 위한 교육방법을 발달시키는 데 개척자였던 쎄겡과 역시 농아를 위한 교육방법을 발달시키는 데 일생을 바쳤던 이따르에게 관심을 가지게 되었다. 쎄겡은 정신지체아만이 아니고 정상아에게도 생리 및 심리적 현상을 개별적으로 분석하여 개개인에게 맞는 교육방법을 적용시키는 것에 대한 견해를 피력하였다. 쎄겡과 이따르, 이 두 교육자의 교육방법은 그녀의 교육원리와 교구개발에 많은 영향을 주었다.

1907년 자신의 이론을 정상아에게 적용하고 싶다는 몬테소리의 희망이 이루어졌다. 로마의 주택개량협회가 산 로렌쪼라는 빈민가에 새롭게 큰 공동주택을 건립하였는데 이 건물을 유지하고, 또 양친이 일터로 나간 사이에 어린이들을 보호하고 교육하기 위하여 그 공동주택의 한 구석에 교육시설을 설치하여 그 지도를 몬테소리에게 의뢰했던 것이다. 이 교육시설을 몬테소리는 어린이집이라고 명명했으며, 1907년 1월 6일에 문을 열었다. 그 후 첫 '어린이집'에 이어 두 번째, 세 번째 어린이집이 세워졌는데 처음 것은 빈곤가정의 자녀를 대상으로, 그 후의 것은 중류, 상류가정의 자녀를 대상으로 한 것이었다. 그녀는 어린이들과 함께 작업하면서 자신이 만든 교구들이 매우 유용하게 쓰이는 것을 발견하였다. 그녀의 교육방법은 성공적으로 어린이들에게 적용되었고, 교구들은 어린이들의 관심을 고양시켰으며 어린이들은 자발적으로 교구를 선택하여 작업을 하게 되었다.

1914년에는 「몬테소리 자신의 핸드북」이라는 책을 저술하였다. 1992년 몬테소리는 이탈리아정부의 학교감독관에 임명되었다. 이 때 미국의 킬패트릭에 의해 몬테소리는 많은 비난을 받게 되었고 미국에서는 이런 분위기가 40년 이상 계속되었다. 그녀가 나찌와 파시스트독재를 반대했기 때문에 몬테소리학교들은 1934년 일시적으로 문을 닫게 되었다.

1929년 Association Montessori Internationale(AMI), 즉 국제몬테소리협회를 창립하였으며 이어 1929년 헬싱키에서 제 1회 국제몬테소리대회를 열고, 1932년 니스에서 2차 대회를, 1933년 암스테르담에서 3차 대회를 1934년 로마에서 4차 대회, 1936년 옥스퍼드에서 5차 대회, 1937년 코펜하겐에서 6차 대회, 1938년 에딘버러에서 7차 대회, 1949년 산레모에서 8차대회, 1951년 런던에서 9차 대회를 개최했다.

1936년 「아동의 비밀」을 저술하였으며, 1939년에는 유럽을 떠나 7년간 인디아에서 인도몬테소리운동을 불러일으키기도 하였다. 1947년에는 첫 번째 어린이집을 창립을 기념하는 몬테소리 40주년 기념대회를 가졌다. 1949년 「흡수정신」이라는 유명한 책을 펴냈다. 몬테소리는 생전에 세 번이나 노벨평화상 후보에 지명되었으나 자신보다 더 일을 많이 한 사람이 있을 것이라며 사양하였다.

1952년 5월 6일 홀랜드에서 유아교육사의 한 획을 남기고 몬테소리는 그녀의 거룩한 생을 마감하였다. 사망 후 5년이 지난 뒤 미국에서는 몬테소리교육이 되살아나기 시작하였다. 당시는 10여 년간 듀이의 이론과 실제가 교실을 지배하고 있었다. 미국에서는 많은 문맹인들이 쏟아져 나왔고 소련의 스푸트닉의 쇼크는 그들이 의존하였던 교육체계를 철저히 재검토하게 되었다. 미국인들은 교육에 대한 새로운 계획과 접근방식을 받아들이기 시작하였고 이로 인하여 몬테소리교육은 다시 부흥되기 시작했다. 또한 몬테소리교육이 부흥된 것은 1940년대와 1950년대의 다윈주의자들과 프로이드의 영향도 많았다.

*사진 및 자료 출처 - http://navercast.naver.com/contents.nhn?rid=75&contents_id=6785

1) 몬테소리의 유아교육사상 합격단어

- 아동의집(1907) 개설, 정신지체아 교육의 필요성 주장, 교육사상과 교육원리의 중요 용어(정상화, 민감기, 흡수정신, 준비된 환경, 자기수정적 교구, 자동교육, 자기활동의 원리), 유아관(과학적 관찰을 통해 '새로운 유아' 발견, 유아의 존엄성 인정, 무한한 가능성의 존재·능동적인 존재, 민감성을 나타내는 존재, 흡수정신을 소유한 지적인 존재·적극적이고 활동적인 탐구자), 교육목적(정상화), 교육내용(일상생활훈련, 감각교육, 수학교육, 언어교육, 문화교육), 교육방법[자동교육적 방법 주장, 개별교육, 3단계 교수법, 몬테소리 교구, 작업 중시, 자동교육(auto-education)], Montessori 교사의 교수법의 원칙(준비, 간결, 단순, 목적), 준비된 환경 강조, Montessori 교사의 역할(관찰, 준비된 환경 제공자, 유아와 환경을 연결하는 해설자 및 촉진자, 자유의 보장을 위한 학습권 옹호자, 부모와 지역사회에 대한 조력자, 안내자 혹은 지도자라는 용어를 사용, 체벌과 비난 지양, 관찰자·보호자·촉진자의 역할 수행), 저서[「몬테소리 자신의 핸드북」(1914), 「아동의 비밀」(1936), 「흡수정신」(1949)], 시사점(어린이를 존중하는 태도를 가진 점, 어린이를 자기 교수적인 존재로 보았다는 점)

2) 몬테소리의 유아교육사상 합격내용

구분	내용
아동관	• 유아들은 시간과 환경이 허용되면 스스로 할 수 있는 존재, 개별적인 존재(개인차 인정), 외부 환경과 접하면서 배우고 발전해나가는 능동적인 존재(준비된 환경 속에서 조용하게 자신의 일을 함), 축소된 성인이 아닌 스스로 능동적으로 끊임없이 자신을 창조해나가는 무한한 잠재능력을 가진 존재이다.
교육사상과 교육원리	• 민감기 - 민감기란 유아가 특정행동에 감수성이 예민하여 쉽게 배울 수 있는 시기로, 민감기가 나타나는 연령은 0~6세 사이이다. - 민감기는 특정한 시기에 두드러지게 나타나는 특성으로 환경으로부터 잘 받아들이고 잘 습득할 수 있는 시기를 의미한다. - 민감기 동안에 유아는 외부 환경으로부터의 인상, 정신, 의미를 흡수하여 자기의 것으로 만드는 능력이 가장 왕성하게 이루어진다. - 민감기의 구분 : 제1기 질서에 대한 민감성의 시기(질서에 대한 감각), 제2기 오관에 대한 민감성의 시기(손과 혀를 사용하여 환경을 탐구하려는 현상, 언어발달을 이룸), 제3기 걷기에 대한 민감성의 시기(두 번째 탄생시기, 독립된 존재로 세상에 나감, 자기 힘을 발달시켜 자기 존재 설정), 제4기 세부에 대한 민감성의 시기(작은 사물에 대해 흥미를 가지는 시기), 제5기 사회생활에 대한 민감성의 시기(타인과 공동의식을 갖고 타인의 권리 이해) • 흡수정신 - 흡수정신은 유아의 내부에 존재하는 자발적인 정신으로 환경으로부터 스스로 배우는 정신이다. - 흡수정신이란 유아가 자신의 내부에 잠재해 있는 흡수하는 정신능력을 통하여 환경을 받아들이며 스스로 경험하여 배우게 되는 유아의 특성을 의미한다. - 흡수정신은 무의식적이고 자발적이며 자신도 모르는 사이에 환경으로부터 많은 인상을 받아들이고 직접 경험하고자 하는 유아의 특성이다. - 흡수정신은 유아의 인격이나 정신을 형성해주는 것으로, 유아에게 다양한 환경을 제공하여 유아의 흡수정신을 자극할 필요가 있다. - 흡수정신의 단계 : 무의식적 단계(0세부터 3세까지, 감각을 발달시켜 모든 것을 흡수하는 시기) ⇨ 의식적 단계(3세부터 6세까지, 유아가 계획적으로 환경과 상호작용하여 좋아하는 것을 직접 경험하려는 의지가 나타나는 시기) • 준비된 환경 - 준비된 환경은 정상화를 위한 밑거름이다. - 준비된 환경이란 유아의 올바른 성장과 발달을 이끌 수 있는 자극을 줄 수 있는 교육적 환경, 즉 유아의 자기형성의 욕구를 충족시켜 주며, 그의 인격과 성장패턴을 노출시켜 주기 위해 계획되어진 환경이다. - 준비된 환경은 유아들의 주의력을 집중시키게 하고 그들의 소질이나 능력을 전개시킬 수 있는 환경을 의미한다. - 준비된 환경은 교육적인 수단이면서 유아를 위한 배려이다. 준비된 환경을 통해 유아들은 자유롭게 움직이고 활동하게 된다. - 준비된 환경은 유아들의 필요를 충족하는 교구가 있는 환경이며, 유아들의 자유정신을 자극하고 관심을 제공하는 환경이다. - 유아의 발달단계에 대한 교사의 세밀한 관찰을 바탕으로 유아에게 적절한 교구를 마련해주는 것이 필요하다. • 자동교육 - 자동교육은 준비된 환경 속에서 유아가 스스로 선택한 교구와의 상호작용을 통해 내면적인 정신 능력을 발전시켜 나가는 것을 의미한다.

	- 자동교육이란 준비된 환경 속에서 유아가 스스로 선택한 교구를 가지고 능동적으로 활동을 할 때 학습이 자연히 이루어지는 것을 뜻한다. - 유아들은 능동적 학습자로 준비된 환경 속에 있는 교구를 스스로 선택하여 활동해서 자신을 변화 및 발전시켜 나가는 존재이다. - 몬테소리 교구들은 자기수정적 특징이 있어서 교구들로 활동하다보면 오류가 무엇인지 깨닫는 학습이 자동적으로 일어나게 된다. 이 과정에서 유아들은 주위 환경의 자극으로부터 인지적 능력을 일깨워 나간다. 따라서 자동교육은 유아들의 선택과 활동을 장려하고 스스로 자신을 교육해나가는 과정을 의미한다. • **자기 활동의 원리** - 자기 활동의 원리는 유아가 능동적인 학습자임을 강조한다. - 유아는 스스로의 내면적인 에너지에 의해 학습하는 존재이고 스스로 학습 환경으로 들어가는 존재이다. 그러므로 유아는 능동적인 존재이며 준비된 환경 속에서 자기수정적인 특성을 지닌 교구와의 상호작용을 통해 스스로 오류를 수정하면서 성장하고 발전해 나간다.
교육목적	• 정상화 - 정상화는 유아의 육체적 및 정신적 에너지가 상호작용하여 내면적인 안정을 갖춘 조화로운 상태를 의미한다. • 정상화란 준비된 환경 내에서 아동이 자기 자신의 내면적인 발달 속도에 따라 환경을 접하여 그 의미를 파악하는 것을 의미한다. • 정상화란 준비된 환경, 아동의 활동을 방해하지 않는 소극적 교사, 과학적인 교구 등으로 아동이 자기의 발전법칙에 따라 발전하는 것을 의미한다. • 정상화의 단계 - 유아가 무엇을 해야 할지 모르는 단계 ⇨ 유아가 일시적으로 교구를 선택하지만 선택한 교구에 진정한 흥미를 느끼기보다는 교사가 제시한 방법대로 사용하는 단계 ⇨ 흥미를 가지고 교구를 스스로 선택하여 반복하고 집중하는 모습을 보여주는 단계
교육내용	• 일상생활훈련 - 실제 생활에서 경험하는 활동, 유아의 독립심과 올바른 인성을 기르는데 도움을 주는 교구들로 구성, 주요 활동은 기본 운동과 관련된 활동·환경과 관련된 활동·개인과 관련된 활동·사회적 관계와 관련된 활동으로 구성 • 감각교육 - 유아의 감각기관 발달과 형성 시기에 감각의 발달을 효과적으로 돕고 유아가 현재에 처해 있는 실제 생활 및 미래 시대에 적응하기 위해서 필요한 능력과 수단을 몸에 익히도록 하는 것, 다섯 가지 감각의 발달에 도움을 주도록 고안, 원기둥꽂이·분홍탑·갈색계단·빨간 막대·색깔 원기둥·색판·기하도형과 카드 등 16개의 감각교구 • 수학교육 - 유아의 모든 정신적·지능적 발달의 기초가 되는 교육으로 중요시함, 수학교육의 목적은 사고력을 필요로 하는 경험적 기회를 제공하여 사고의 가능성을 기르는 것 • 언어교육 - 목표는 유아의 의사소통 능력의 발달을 위해 풍부한 언어를 습득하도록 도와주고 의사소통을 할 때 언어를 효과적으로 사용할 수 있는 구체적 기술 발달을 도와주는 것임, 언어교육의 구체적인 훈련들은 풍부한 어휘를 확장하기 위한 노래 부르기, 계절에 대해 말하기, 질문하기 게임, 보고 말하기, 경험에 대해 이야기하기 등 및 읽기와 쓰기의 발달을 위한 종이글자, 알파벳, 언어카드 등의 교구 • 문화교육 - 목적은 유아가 사회 속의 한 인간으로 살아가는 데 필요한 여러 가지를 이해하게 하는 것임, 자연교육이나 종교교육·지리·역사 등의 내용을 포함
교육방법	• 자동교육 - 잠재력을 가진 유아가 자기 활동을 통해 스스로를 교수하는 것, 교구가 중요한 역할을 함, 몬테소리 교구는 자기수정적 특징을 가지고 있음 • 개별교육 - 유아 개개인에게 초점을 맞추고 있는 교육, 유아의 발달 속도나 단계에 맞는 교육 활동 강조, 자기 활동의 원리로 이어짐

	• 유아는 3단계 교수법의 과정을 통해 환경으로부터 개념을 능동적으로 학습한다.
	  - 1단계 : 명칭과 그 대상물을 일치시키는 것, 대상물의 특징이나 이름을 제시하고 이야기해 줌
	  - 2단계 : 1단계에서 얻어진 사물에 대한 개념이 구체적인 인상으로 연결되도록 대상물을 지적하고 인지하게 함
	  - 3단계 : 대상물의 명칭을 기억시키고 발음하게 하여 유아 스스로 사물의 명칭을 기억하고 언어화하게 함

교사의 역할	• 전통적 교사와 구별하기 위하여 교사라는 용어를 사용하지 않고 안내자, 혹은 지도자라는 용어를 사용함 • 교사와 유아의 관계를 주인과 하인의 관계에 비유 - 교사는 아동을 돕는 존재임 • 교사는 관찰자, 보호자, 촉진자의 역할을 수행한다. - 환경 정비 관리, 간단명료하고 정확하게 교구사용법 제시, 유아-환경 간 상호작용 시작 시에는 적극적으로 개입하고 시작 후에는 소극적인 개입, 유아가 스스로 할 수 있는 작업 도움 요청 시 유아 스스로 해보도록 안내, 교사를 찾을 때 즉각적으로 반응, 유아의 작업을 존중하고 도중에 중단하거나 질문하기 지양, 유아가 말할 때는 주의깊게 잘 듣기, 유아를 무리하게 부르거나 작업을 하도록 강요하지 않기, 유아가 범한 오류를 직접적으로 정정하지 않고 유아 스스로 깨닫도록 유도하기, 작업을 거부하는 유아나 잘 모르는 유아 및 오류를 범하고 있는 유아에 대하여 방심하지 않고 조심스럽게 올바른 작업으로 유도하기, 교사를 찾는 유아에게는 옆에 있음을 느끼게 하기, 교사를 부담스럽게 의식하고 있는 유아에게는 없는 것처럼 유아의 시야에서 모습을 감추기, 온 마음을 기울여 자신이 만족스럽게 작업을 끝마친 유아에게는 조용히 다가가 함께 만족한 표정을 지어주기

3) 몬테소리의 유아교육사상 합격기출

- (①   )를 통한 감각 훈련과 언어지도 및 기본생활습관 훈련을 철저하게 실시하였다.

- 교사는 유아가 교구와 상호작용하는 동안 관(②   ), 자극자의 역할을 수행하는 등 소극적으로 개입해야 한다.

- 유아는 스스로 성장할 수 있는 (③   )적 생명력을 지니고 있다.

- 유아 스스로 특정 과제를 숙달하고자 강하게 (④   )하는 현상이 나타난다.

- (⑤   )는 사용법이 정해져 있어 정해진 방법으로만 활용해야 한다.

- 몬테소리(M. Montessori)는 (⑥   ) 교구, 감각 교구, 언어 교구, 문화 교구, 수학 교구를 개발했다. 이 교구는 유아 스스로 자신의 실수나 오류를 발견할 수 있도록 고안되어서, 교사가 잘못을 수정해 주지 않아도 정정이 가능한 (⑦   )이 이루어지게 한다.

- 몬테소리는 "어른들의 의무는 어린이를 지혜롭게 대하고, 어린이가 생활에 필요한 지식을 받아들이도록 도와주는 협조자여야 한다."라고 하였다. 몬테소리는 '(⑧   )'를 교육목적으로 하고, 유아가 (⑨   )에서 교구를 활용하여 자기 스스로 오류를 정정해 나가는 (⑩   )을 주장하였다. 또한 환경을 받아들이며, 스스로 경험하여 배우게 되는 특성을 설명하는 개념인 (⑪   )을 제시하였다.

- 몬테소리는 유아의 (⑫   )을 강조하면서 (⑬   ) 속에서 (⑭   ) 활동을 통한 (⑮   )이 이루어지는 것을 중요시 하였다.

07 듀이(J. Dewey)의 유아교육사상

1) 듀이의 유아교육사상 합격단어
2) 듀이의 유아교육사상 합격내용
3) 듀이의 유아교육사상 합격기출

19세기말부터 20세기 초까지 미국의 교육을 주도한 존 듀이(John Dewey, 1859년~1952년)는 실용주의 교육 철학을 일종의 도구주의(Instrumentalism)로 보편화시켰다. 교육학적으로 듀이의 이론은 코메니우스의 직관교육, 실물교육론과 루소의 자연주의 교육관, 이후 페스탈로치, 프뢰벨, 헤르바르트 등의 심리적 개발주의 주창자들의 사상에 영향을 받는 것으로 본다. 듀이가 주장한 도구주의 철학은 보편적인 관념을 거부하고 종교적인 교리를 벗어난 일반적 삶의 관심을 상대주의적(Relativism)으로 표현한 것이다. 모든 유기체는 자신의 욕구를 환경에 적응시키고, 욕구를 환경에 적합하게 사용한다. 이러한 관점에서 보면 진리나 종교적 지식도 인간을 위한 것이며 인간 삶의 수단이다.

프래그머티즘을 도구주의로 보편화시킨 듀이의 철학은 객관적·공리적 교육이념에 대한 의문을 제기하고 주관적이며 인간본위의 교육론을 펼칠 기회를 제공한 것으로 평가된다. 듀이는 프래그머티즘을 바탕으로 도구주의적 실용주의적 교육학을 구성하고 진보주의 교육 사상을 체계화하였다.

실용주의 철학을 대표하는 사상가요, 철학자이며 교육자인 듀이는 미국 버몬트 주 버링턴에서 태어났다. 15세 때 고등학교를 졸업하고, 벌링턴시에 있었던 버몬트대학에 입학하여 이곳에서 그리스어, 라틴어, 수학, 자연과학을 배웠다. 생리학에서는 영국의 다윈주의자인 헉슬리의 교과서를 사용하였는데 이것은 그 후 듀이 사상에 커다란 영향을 미쳤다.

졸업 후 한동안 펜실베니아의 고등학교에서 라틴어, 자연과학 등을 가르쳤으며 또 초등학교 교사로도 있었다. 1882년에 존스 홉킨스 대학교의 대학원에 진학하여 여기서 저명한 교수들로부터 많은 것을 배웠는데 그것은 곧 그의 철학 및 교육 이론에 심대한 영향을 미쳤다. 스탠리 홀로부터는 심리학을, 허버트 아담스로부터는 역사를, 그리고 피어스와 모리스로부터는 철학을 배웠다.

1894년 35세 때 시카고 대학교 재임 10년간의 그의 교육상의 연구와 실험은 세계적인 명성을 얻게 하였다. 1896년에 그는 일부 학부형의 지원 하에 소규모의 초등학교를 대학 부속학교로 개발하였다. 이것이 유명한 <실험학교>로서 흔히 '듀이 스쿨'로 불렸다. 듀이 스쿨은 대학으로부터의 원조도 약간 있었으나 그보다도 보호자와 친구의 지원 하에 7년 반 동안 계속되었다. 이 학교의 지도를 통해서 얻은 경험은 그 후 듀이의 여러 저작에 지대한 영향을 미쳤다.

CHAPTER 1

그의 교육관의 특징은 상대주의적, 경험주의적, 구성주의적 특징이 있다. 듀이가 체계적으로 주창한 진보주의 교육관은 20세기 초 미국 교육개혁운동에 막대한 영향을 미쳤다. 1918년 진보주의교육협회(PEA : Progressive Education Association)가 창설되어 신교육운동을 일으킨 것이 그 대표적 예이다. 진보주의 교육관은 유아를 미성숙한 개체로 보고 교육을 통해 유아에게 필요한 기회와 환경을 만들 것을 주장하였다.

*사진 및 자료 출처 - http://terms.naver.com/entry.nhn?docId=389073&cid=41978&categoryId=41985

1) 듀이의 유아교육사상 합격단어

- 진보주의 교육사상 체계화, 신교육운동의 거두, 실용주의, 상대적 진리관, 경험주의 교육학설 주장, "아동은 성인의 축소판이 아니다.", 듀이가 주장한 교육의 본질(교육=생활, 성장, 계속적인 경험의 재구성, 사회적 과정, 사회적 과정이므로 사회의 모든 성격과 일로부터 분리될 수가 없음, 전인(全人)과 관련, 피교육자의 자발적인 활동과 적극적인 참여를 필요로 함), 교육관(교육=경험의 재구성을 통한 성장, 생활 그 자체의 교육 강조, 생활과 직결되는 교과 구성, 흥미 중시, 교육의 주체자=학습자, 학습자의 자발적 활동과 능동적 참여 중시, 행함으로써 배우는 교육과정 강조), 교육목적(지식을 가지고 규율을 지킬 수 있는 사람, 인간개조를 통한 사회개조, 교육을 통하여 올바른 민주주의 실현), 교육내용(생활경험에 필요한 가치 있는 교과 : 작업·유희·수학·자연과학·지리·역사 등), 교육방법[탐구학습과 반성적 사고에 의한 문제해결 학습(문제해결과정 5단계 : ①문제에 직면 ⇨ ②문제 명확하게 확인 ⇨ ③문제해결 계획세우기 ⇨ ④자료수집·계획전개 ⇨ ⑤결과검증·해결에 도달) 강조, 실험적·과학적 태도 중시, 행함으로써 배운다(learning by doing), 아동중심 교육과 숙고 및 훈련 중시, 아동의 흥미중심 교육 강조[4가지 흥미 제시 : 회화(會話)와 교류의 흥미, 사물을 탐구하고 발견하는 흥미, 물건을 제작·구성하는 흥미, 예술적 표현의 흥미], 생활 경험에서 시작되는 통합교육, 아동의 흥미를 존중하는 교육, 활동을 중시하는 교육, 교사의 적절한 안내를 통한 교육, 교사의 역할(관찰자, 유아와 세계를 연결시키는 매개체, 조력자, 안내자), 저서[「나의 교육신조」, 「학교와 사회」, 「우리는 무엇을 어떻게 생각해야 하나」, 「민주주의와 교육」, 「경험과 자연」(1925), 「경험과 교육」(1938) 등]

2) 듀이의 유아교육사상 합격내용

구분	내용
교육관	• 교육은 경험의 재구성을 통한 성장이며, 이때 성장은 생활 그 자체와 분리될 수 없다. • 교육은 하나의 경험이 다른 경험으로 대체되는 과정이 아니라, 기존의 경험이 지금까지의 삶을 세계를 바탕으로 재구성되고 재형성되는 것이다. • 교육은 곧 성장 - 성장은 지속성, 통합성, 가치지향, 후속 경험의 통제 가능성을 내포한다. • 생활의 준비나 대비로서의 교육이 아니라, 생활 그 자체의 교육을 강조한다. 현재 유아가 흥미를 가지고 필요로 하는 것을 교육한다. • 흥미 - 거리가 있는 두 가지의 사물을 연결하는 것으로 노력과 의무와 대립된 개념, 자발적인 관심에 의한 것, 학습자들은 흥미를 통하여 사람과 사람, 사람과 사물, 사물과 사물 사이, 행위와 결과 사이의 거리감을 감소시킬 수 있음, 「학교와 사회」(1899)에서 흥미를 4가지로 구분(대화와 의사소통의 흥미, 사물을 탐구하고 발견하는 흥미, 사물을 제작하고 구성하는 흥미, 예술적 경험의 흥미)

	• 교육의 주체는 학습자이며, 학습자의 자발적 활동과 능동적 참여가 교육의 기본 조건이다. • 생활 그 자체를 목적으로 보고, 생활과 직결되는 내용을 바탕으로 교과 구성을 하고, 흥미를 중시하여 행함으로써 배우는 교육과정을 주장하였다.

교육원리의
중요 용어
	• 경험이론
	  - 경험이론이란 인간의 삶은 경험으로 이루어지며 효율적인 삶은 경험의 성장, 즉 경험을 재구성하는 과정으로, 이러한 경험은 계속성과 상호작용의 원리에 의해 이루어진다고 보는 관점이다.
	  - 경험은 계속성과 상호작용의 원리에 의해 이루어진다(경험 통합 → 문제해결 → 반성적 사고력 신장).
	  - 연속성(계속성)과 상호작용은 서로 분리되어 있는 것이 아니다. 서로 융합되어 있다. 듀이는 상호 간 적극적으로 결합되어 있는 연속성과 상호작용이야말로 경험의 교육적 의의와 가치를 결정하는 척도가 된다고 보았다.
	• 상호작용의 원리
	  - 듀이는 "경험이란 언제나 개인과 그 당시 환경을 구성하는 요소들 사이에 일어나는 상호작용(transaction)으로 성립된다."고 말한다.
	  - 상호작용의 원리란 생활에 있어서 경험의 주체인 유기체와 경험의 객체인 환경이 서로 주고받는 작용을 함으로써 경험이 이루어진다는 것을 의미한다.
	• 계속성의 원리(= 연속성의 원리)
	  - 계속성의 원리는 경험이 유기체처럼 변화하며 발전한다는 의미이다.
	  - 연속성의 원리는 상호작용의 원리와 더불어 인간이 경험을 형성해 나가는 중요한 축이다.
	  - 경험 주체와 환경과의 관련성이 '상호작용의 원리'라면, 인간의식 내부의 경험들 간의 연결은 시간적 측면을 고려한 '연속성의 원리'로 설명 할 수 있다. 인간이란 환경에서 잠시도 벗어날 수 없는 존재이므로 외부 세계와 상호작용하는 과정은 일생 동안 계속 된다고 할 수 있다. 이것을 시간의 차원에서 보면 인간의 삶은 잠시도 정지하지 않고 '끊임없이 갱신해 나가는 과정'이라는 뜻이다. 경험도 이와 같은 과정을 밟는다.

교육목적	• 교육은 생활이다. - 교육은 생활 그 자체여야 한다. • 교육은 성장이다. - 성장이란 신체적·생리적·정신적 성장을 의미한다. 진정한 의미의 성장은 자아실현과 사회발전에 기여하는 것이다. • 교육은 경험의 끊임없는 재구성이다. - 경험의 재구성이란 외형적 행동과 내면적 행동·사상·감정·태도·의지 등을 포함한다. 그리고 경험을 통한 자아갱신이어야 한다. • 교육은 사회적 과정이다. - 교육은 사회생활의 유지·존속을 위한 수단이며 사회 개선의 과정이다. • 듀이의 교육목적을 실현할 유아교육은, 유아에게 능동적으로 자극을 주고 유아의 흥미와 습관을 잘 파악하여 학습장을 제공하는 것이다.

교육내용	• 교육내용의 선정 기준
	  - 교육내용의 출발점은 아동 자신이다. 그러나 이는 교과나 지식과 연결될 때 가치가 있다.
	  - 교육내용으로서의 경험은 중요하나 지적인 요소가 개입될 때 교육적 효과를 얻을 수 있다.
	  - 교육이란 사고하는 것을 배우는 것이기에 교육내용은 사고하는 것을 담아야 한다.
	  - 교육내용은 인간과 가정을 중심으로 한 아동의 사회적 초점에 맞추어야 한다.
	• 듀이는 교육내용 조직에 있어 연결성과 통합성을 강조한다.
	• 교육내용 조직의 원칙 - 학습자의 일상적 경험에서 학습 자료를 찾아야 함, 사고력과 의미가 점차 신장되도록 교육내용 조직, 계속성과 상화작용이 가능하도록 교육내용 구성, 아동의 심리적 요소를 고려하여 교육내용 구성
	• 프뢰벨의 상징주의를 비판하며, 유아교육에서 유아와 사회의 상호작용 및 문제해결을 강조하고, 듀이는 아동의 실제생활과 밀접한 경험을 교육과정으로 제공해야 한다고 보았으며, 프뢰벨 교육과정의 핵심요소에 해당하는 상징성, 놀이, 통합, 모방보다는 경험을 아동의 발달과 흥미에 맞게 재구성한 유아교육과정을 제안하고 있다.

교육방법	• 다양한 학습자의 필요와 흥미를 반영하여 유아를 교육의 주체로 인정하자는 것이다. 이러한 교육을 구체적으로 실행하기 위한 방법은 유아의 선한 본성을 존중하는 것 • 생활 경험에서 시작되는 통합교육 - 아동의 일상 경험을 학습 경험으로 자연스럽게 연결시킬 것을 강조 • 흥미를 존중하는 교육 - '흥미는 하나의 태도'이며, 중요한 것은 흥미를 통해서 아동이 자발적으로 노력하여 외부 목표를 실현할 수 있게 된다는 것 • 활동을 중시하는 교육 - 듀이는 경험 활동을 실행하는 효과적인 방법으로 작업을 제시함
교사의 역할	• 관찰자로서의 역할 - 교사는 개별 유아의 상황을 모두 고려하여 전인 발달을 이끌 수 있도록 섬세한 관찰을 통하여 각 유아를 이해해야 한다. 이때 관찰은 교육의 질을 결정하는 매우 중요한 요소이다. • 유아와 세계를 연결시키는 매개체로서의 역할 - 교사는 유아가 직면하는 대상과 사건을 유아의 인지구조와 연결하여 새로운 사고를 이끌어내는 매개체 역할을 담당한다. • 새로운 경험과 바람직한 경험에 접근하게 도와주는 조력자이자 안내자로서의 역할 - 교사는 유아가 직면할 새로운 상황과 그 상황에 구성되는 새로운 경험을 예측하고 유아 스스로에 의한 경험의 재구성을 도와주는 바람직한 방향을 안내하는 역할을 담당한다.
주요 저서	• 「나의 교육신조」(1897) - 교육사상을 처음 공포한 문헌 • 「학교와 사회」(1899) - 교육이념을 담은 책 • 「우리는 무엇을 어떻게 생각해야 하나」(1910) • 「민주주의와 교육」(1916) - 교육사상의 집대성 • 「경험과 자연」(1925), 「경험과 교육」(1938) 등

3) 듀이의 유아교육사상 합격기출

- 듀이(J. Dewey)는 "학생이 학습을 통하여 실현해야 하는 (①   )을/를 설정함에 있어서 학생이 이 일에 참여하여 능동적으로 협력하도록 만들지 못한 것이야말로 전통적인 교육이 범한 가장 커다란 잘못이며, …(중략)… (①   )을/를 설정할 때는 학생이 참여하는 것이 중요하고, (①   )은/는 수업을 받는 학생들이 활동하는 방법을 직접 시사할 수 있는 것이어야 한다."라고 하였다. …(중략)… 또한 듀이는 "(①   )이/가 교육적으로 중요하다는 점이 강조되면 될수록 (①   )(이)란 무엇이며, 그것이 경험 속에서 어떻게 형성되어 어떠한 기능을 수행하게 되는지를 이해하는 일이 더욱 중요한 문제로 부각된다."라고 하여 교육의 수단이자 (①   )(으)로서의 경험을 강조하였다.

- (②   )은/는 전통적 교육의 형식주의에 반대하여 어린이의 자유·경험·생활·창의 등을 존중할 것을 기본으로 한다. (②   )의 대표적인 교육자인 듀이는 교육을 실험적 과정으로 이해하고 학습자, 교육과정, 학교에 대한 새로운 관점을 제시하였다. 그의 사상은 전통적인 학교를 개혁하고자 하는 교육개혁운동으로 전개되었고, 이후 전통적 교육관에 대비되는 교육사조로 발전하였다.

- 듀이는 교육은 생활이고, 성장이며, 계속적인 (③   )의 재구성이고, (④   )적 과정이라고 한다. 그래서 듀이는 생활 중심, 경험 중심, 흥미 중심, 아동 중심, 활동 중심을 강조하는 교육철학자이다.

- 유아들이 생활 속에서 겪을 수 있는 비슷한 것끼리 모아서 쌓기, 언어, 역할, 과학, 음률 등으로 교실을 구분해 (⑤   ) 영역으로 배치하는 것도 듀이의 영향을 받은 것이다.

- 듀이(J. Dewey)는 "경험의 (⑥   ) 원리는 모든 경험에 대해 보편적으로 적용될 수 있는 것으로 지금 우리가 하고 있는 경험은 어느 정도 그리고 어떤 식으로든지 앞으로 올 경험의 객관적인 조건들을 구성하게 됩니다. 나아가 지금 하고 있는 경험이 앞으로 경험하게 될 외부적인 조건들을 구성하는 데 영향을 미칩니다. ……(중략)…… (⑦   )의 원리라는 말은 경험의 의미를 이해하는 데 필요한 두 번째 원리입니다. 여기에는 경험 속에서 함께 작용하는 두 가지 요소, 즉 객관적이고 외적인 요소와 주관적이고 내적인 요소가 함께 작용하고 있다는 것을 의미합니다."라고 하였다.

- 듀이는 "(⑧   )이라는 것은 능동적 요소와 수동적 요소의 특수한 결합으로 이루어졌다는 점에 착안하면 ……(중략)…… 능동적 측면에서 볼 때, (⑧   )은 해보는 것을 말한다. 해보는 것으로서의 (⑧   )은 변화를 가져온다." 라고 하여 실제적인 경험과 직접 활동하는 가운데 탐구하고 실험하면서 학습하는 것을 중요시 하였다.

- 듀이는 교육을 (⑨   )과 (⑩   )의 원리를 지닌 경험의 계속적인 성장으로 보고, 교육 내용이 학습자의 (⑪   )과 직결되어야 한다고 주장하였다.

- 유아의 (⑫   ) : 유아의 경험을 통합시켜주고 연결시켜 주며, 매일의 경험과 밀접한 관계를 가지면서 유아의 (⑬   )력을 길러주는 것으로써 이를 통해 발달이 이루어진다고 보았다.

- 교사의 역할 : 유아와 사회적 상호작용을 하며 놀이를 실행해 볼 수 있는 기회를 마련해 줌으로써 사회적 기능을 증가시켜 주는 (⑭   )의 역할을 한다.

- 교구 및 놀이감 : 미리 모든 것이 결정되어 있는 교과서가 아닌 (⑮   ) 속에서 유아가 (⑯   )를 가지면서 유목화할 수 있고, 조직할 수 있으며, 유아가 모은 정보를 의미화 시킬 수 있는 도구이다.

- 주제 선정 방법 : 유아의 (⑯   )를 끄는 주제를 선정하며, 가족·우리 집·우리 동네·경찰관·소방서 등과 같은 유아의 (⑮   )과 주변의 지역사회에 초점을 두었다.

- 듀이의 교육사상은 (⑰   )이고, 교육원리로는 경험에 있어서 계속성과 상호작용의 원리를 강조하며, 교육내용으로는 일상생활에서의 흥미로운 (⑱   )을 중시하며, 유아교육 방법으로 (⑲   )을 강조한다.

08 슈타이너(R. Steiner)의 유아교육사상

1) 슈타이너의 유아교육사상 합격단어
2) 슈타이너의 유아교육사상 합격내용
3) 슈타이너의 유아교육사상 합격기출

발도르프 학교의 창시자인 루돌프 슈타이너(Rudolf Steiner, 1861년~1925년)는 1902년부터 자신의 고유한 연구 결과들만 집대성하여 자신의 정신과학적 연구 방법으로 시종일관되게 사용하였으며, 그것을 인간의 참된 본질을 의식하도록 이끌어 준다는 의미로 '인지학(Anthroposophie)' 이라고 불렀다. 이 말은 그리스어 'Anthropos', 즉 '인간'과 'Sophia', 즉 '지혜'를 합성한 말로 '인간의 지혜'란 뜻이다. 이는 신지학에 대립되는 개념으로 일종의 인간중심 사고에 기초한 인간학이라 할 수 있다. 인간의 본질 속에 내재해 있는 정신현상을 인식할 수 있도록 하자는 것이다. 슈타이너는 1900년부터 1925년 3월 30일 죽을 때까지 수많은 저서들과 6000회 이상의 강연으로 인지학을 제시하였다. 1912년 베를린에 인지학협회가 결성되었고, 이어서 1913년에는 스위스 바젤 근교의 도나흐에 두 개의 돔이 있는 건물을 세웠는데, 그 건물에 괴테아눔이라는 이름을 붙였다. 괴테아눔은 예술 활동의 다양한 방법을 위한 공간으로써, 그리고 정신과학적인 연구와 인지학 운동을 위한 중심지로서 슈타이너가 직접 건축 설계를 하고 건물의 완성을 주도하였으며, 또 무엇보다도 예술적인 형상화에 몸소 관여하였다. 그는 4편의 신비극을 써서 연출하였고 소리의 질과 어조의 질이 몸짓을 통하여 표현되는 새로운 움직임의 예술, 다시 말해서 오이리트미를 창조해 내었다. 이러한 슈타이너의 독특한 인지학적 인간 이해에 기초하여 발도르프 학교의 교육사상을 정립하였다. 주요저서로「자유의 철학(Die philosophie der Freiheit)」(1894),「괴테의 세계관(Goethes eltanschauung)」(1897),「신지학(Theosophie)」(1904) 등이 있다.

*사진 및 자료 출처 - http://blog.naver.com/2015tungi/220318209174

1) 슈타이너의 유아교육사상 합격단어

- 발도르프 교육학, 인지학, 인간의 발달 단계[1기(0~7세) 물리적 신체의 탄생, 2기(7~14세) 생명체(에테르체)의 탄생, 3기(14~21세) 영혼육체·감정체(아스트랄체)의 탄생, 4기(21세 이후) 자아체의 탄생], 네 가지 인간 본질 구성체[물리적 신체, 에테르체(생명체), 아스트랄체(영혼육체 또는 감정체), 자아체(인간)], 발도르프학교(3~6세를 위한 유치원교육, 7~14세를 위한 1~8학년 교육, 14세 이후를 위한 9~13학년 교육으로 분류), 인간의 기질 4가지 구분(다혈질인, 담즙질인, 우울질인, 점액질인), 자유 발도르프학교 및 발도르프유치원의 설립과 발전, 유아교육 원리(리듬, 모방과 본보기, 질서, 상상력, 예술, 감각 놀이), 자유발도르프 유치원 교육의 실제[일반 교육원리(슈타이너의 인지학적 인간학에 기초, 교육목적 : 전인적인 인간교육, 인지 중심 교육 반대), 교육내용(자유놀이시간 : 예술활동, 서클활동 시간 : 노래·손가락놀이·이미지게임 등, 특색 있는 교육내용 : 예술활동, 이야기와 동화, 수채화 그리기), 환경 구성 및 놀이감(각이 없는 건물, 모두 곡선 구조, 자연물, 매일 실내와 실외 놀이 실시, 1주일에 1회 산책 실시, 놀잇감으로 완제품 사용 지양, 눈·코·입 등이 없는 수작업한 인형 제공), 교육방법(연령혼합집단 학급 구성, 개별화 교육 지향, 교사는 언제나 본보기로서 어린이들 앞에 서서 지도, 어떤 숨겨진 강요 없이 소규모 집단으로 행해지는 활동, 같은 선생님이 계속 맡는 담임교사제도 채택, 자기 반 교육은 담임교사가 전적으로 담당), 운영 및 학부모와의 관계(자유로운 사학, 교사들 간의 동료적인 경영체제에 의해 운영, 완전 평등한 교사 간 관계, 관리직이 없는 학교, 상하 계층적 구조가 없는 상태, 동일한 월급, 국가에 의해 규정된 교과과정이나 국가에 의한 진급규정 및 성취척도 등이 없음, 국가당국으로부터 경제적 지원 받을 수 있음, 교사와 학부모의 집중적인 공동협력, 생활의 일부 주도권은 학부형들로 구성된 학부모회 및 학부모와 교사의 연대협의회에서 나옴, 학급-학부모의 밤, 각 담임교사의 가정방문, 학부모를 위한 강좌 다양하게 제공, 반마다 1명의 교사가 있을 뿐 보조교사가 없음, 한 반 20~25명으로 구성, 교사와 어린이의 비율이 높은 편임, 토요일에도 교육을 하는 곳이 많음), 중요 교육용어[오이리트미, 포르맨(줄 그림), 에포크 수업(주의집중수업), 8년 담임, 라이겐], 일일교육시간계획[자유놀이(요리활동, 상상놀이, 수공예 작업, 목공예 작업), 정리시간, 손 씻기와 기름 바르기, 아침모임, 라이겐, 아침식사, 정원에서의 자유놀이, 동화모임]

2) 슈타이너의 유아교육사상 합격내용

구분	내용
네 가지 인간본질 구성체	• 물리적 신체 - 무기질과 자연의 요소로 구성되어 있으며, 정신을 뺀 나머지 육체를 말한다. 죽은 후에나 분해되며 살아서는 분해되지 않는다. 이는 물질적인 법칙에 지배를 받으며 과학에 종속되어 있다. • 에테르체(생명체) - 살아 있는 신체는 성장한다. 지각되는 않는 힘이 현세에 작용하고 있는데 이는 사람이 식물과 공통적으로 가지고 있는 특징적인 어떤 것이다. • 아스트랄체(영혼육체 또는 감정체) - 인간에게는 감각의 수레, 곧 고통, 즐거움, 충동, 열정, 싫어함 등이 있다. 이는 인간과 동물에게 있어서 공통적인 것이다. • 자아체(인간) - 동물과 구별되는 인간의 요소인 제4의 요소, 즉 '나'라는 의식을 가질 수 있는 힘을 '자아'라는 말로 표현한다. 인간은 자아가 있으므로 자연의 모든 것을 향상시킬 수 있다. 자아는 에테르체와 아스트랄체의 충동을 지시하고 통제한다.
인지학에서 제시한 인간의 발달 단계	• 제1기 물리적 신체의 탄생 - 0~7세, 오감의 반응 및 온몸에 의한 모방에 의하여 행해진 모방을 통하여 학습하는 시기이다. • 제2기 생명체(에테르체)의 탄생 - 7~14세, 이 시기는 예술에 대한 감각이 눈을 뜨게 되는데, 예술 중에도 생명체의 진동과 같은 음악에 대한 감각이 깨어나기 시작한다.

	• 제3기 영혼육체·감정체(아스트랄체)의 탄생 - 14~21세, 청소년은 개인의 관심과 취미를 발달시키는 능력과 인식문제에서 독립적인 판단을 얻으려 노력하며 영혼의 기초가 눈뜬다. • 제4기 자아체의 탄생 - 21세 이후, 인간은 자아가 있으므로 인간이 자연의 모든 것을 향상시킬 수 있다. 자아는 에테르체와 아스트랄체의 충동을 지시하고 통제한다.
인간의 기질 네 가지 분류	• 다혈질인 - 성격이 급하고 충동적이며 감동적이다. 이러한 기질을 보이는 아이에 대한 처방은 그의 에너지를 소모시키는 것이다. 올바른 이야기와 운동량을 제공해야 한다. • 담즙질인 - 매우 능동적인 리듬체계를 가지고 있다. 이러한 기질을 보이는 아이에 대한 처방은 흥미롭게 할 수 있는 많은 인상 깊은 것을 주는 것이다. • 우울질인 - 기분이 자기내면에 있고 감상적이다. 이러한 기질을 보이는 아이에게 흥이 나도록 만들려고 우스운 이야기를 하거나 그를 추켜세우는 것은 소용없는 일이며 사실 해로운 일이다. 다른 사람의 고통스러운 경험을 알게 해주는 것이 효과적이다. • 점액질인 - 기분의 움직임이 적고 침착 평안하다. 외부와 조화적이긴 하나 무관심하여 자기 속의 관심에만 잠긴다. 이러한 기질을 보이는 아이에게는 다른 사람에게 관심을 보일 때 오는 이익을 제시해준다. 반대로 교사가 점액질의 유형의 행위를 부과해 주면 그것은 어린이를 지루하게 만들어 깨어나게 할 수도 있다.
유아교육 원리	• 리듬의 원리 - 인간의 전체적인 삶은 신체적·정신적 리듬을 타고 이루어지므로 인간은 이러한 규칙적인 리듬을 통해 삶의 원리를 배운다. 리듬은 외적으로 보이는 행동뿐만 아니라 인간의 내면에도 전체적으로 영향을 미침으로써 인간의 삶 전체를 형성하는데 큰 역할을 한다. 즉, 일생생활뿐만 아니라 자고 깨어남, 식사와 소화 등 대조적인 것이 이상적인 방법으로 리듬을 타고 이루어지는 것이 바람직하다. 유아의 경우 아직 이러한 다양한 인간의 리듬을 스스로 만들 수가 없으므로 어린 유아를 위해서는 정리된 환경을 제공해야 하며 전체적으로 예측할 수 있는 반복적인 일상을 제공해 주어야 한다. 연간 교육과정에서는 계절과 절기의 리듬에 따라 일과가 구성되어야 하는데 이러한 일과는 함께 모여서 하는 활동(들숨 : 식사시간, 이야기 듣기, 낮잠 자는 시간 등)과 개별적으로 할 수 있는 활동(날숨 : 정리·정돈, 자유놀이, 바깥놀이, 나들이 시간 등)이 조화롭게 구성되어야 한다. 이러한 일과는 규정된 시간에 의하여 운영되기 보다는 유아의 내적 상태에 따라 유동성 있게 운영되고, 교육과정을 진행하면서 대화, 노래, 스토리텔링 등을 통하여 언어가 풍부히 사용된다. • 모방과 본보기의 원리 - 출생부터 7세까지의 유아는 직접적인 감각체험을 통해 모방함으로써 학습하므로 이 시기 유아의 기본적인 학습 형태는 본보기와 모방이라고 할 수 있다. 모방은 어른의 시범적인 행동을 따라하는 것을 의미하는 것이 아니라 어른과 유아의 내적인 유대를 의미한다. 어른과 유아는 모방과 본보기를 통하여 서로에게 영향을 주는 상호교류를 통해 만남을 이룬다. • 질서의 원리 - 발도르프 교육에서는 질서를 중요하게 여긴다. 유아는 질서를 통해 주위 환경에 있는 사물을 익히고 인간관계를 알아가면서 세상에 대한 안정감과 신뢰를 쌓는다. 질서의 유형에는 공간의 질서(유아는 정리된 공간에서 창의적인 활동에 몰두할 수 있는 여유를 가지므로 공간적 질서를 갖춘 환경은 교육과정을 운영하는 데 매우 중요하다.), 시간의 질서(시간에 대한 질서는 하루 일과, 일주일, 한 달, 일 년을 주기로 규칙적으로 운영되어야 한다.), 영혼의 질서(유아는 감정과 내면적으로 자기 세계를 형성하려는 동기 속에서 타인과의 평온한 만남을 통해 외부세계를 받아들이는데 긍정적인 역할을 하게 된다.)이 있다. • 상상력 - 어린이들의 행동 근거는 그들의 내면에 존재하는 상상력의 결과이며, 어린이들은 상상력으로 가득 차 있다. 상상력은 신체를 통제하고 조절하는 힘을 가지고 있다. • 예술 - 예술의 특성은 정신적인 것을 지각 가능한 세계로 나타내는 것이다. 교육 역시 예술과 마찬가지로 눈에 보이는 아이들 안에서 눈에 보이지는 않지만 아이들이 가지고 있는 신성한 정신성을 발견하고 그것을 일깨우면 아이들이 자기 고유의 내면세계를 발달시킴으로써 정신적인 것과 물질적인 것을 통합시키는 과정이다. • 감각 - 슈타이너는 인간의 감각을 12가지로 보았다. 인간의 감각 12가지 중 인간의 신체와 밀접한 관계가 있

- 는 네 가지 감각, 즉 생명감각, 균형 및 방향감각, 촉각, 고유 운동감각을 영·유아기 때 잘 보살펴주어야 한다고 설명한다.
- 놀이 - 놀이는 단순히 아동이 '바쁘게' 움직이는 것과는 전혀 다른 것이다. 모방이 자유놀이의 핵심을 이룬다. 아동은 놀이를 위한 여러 가지 진지한 준비를 하는 과정에서 진정한 의미의 '기쁨'을 느끼게 된다.

자유 발도르프 유치원 교육의 실제

- 일반적인 교육원리 - 슈타이너의 인지학적 인간학에 기초, 모든 단계의 교과과정에 전인 고려, 교육목적 : 전인적인 인간교육, 인지 중심으로 치우진 교육 반대하고 해당 내용-내면에 집중되어 있는 인간의 모든 가능성·행하여 얻는 경험·교육의 기본원리로서의 사랑·유아가 스스로 발전할 수 있는 시간과 공간의 필요성·놀이=진지한 작업·능숙한 손가락 놀림·교육의 중심은 아이의 자립적인 발달을 돕는 것-을 강조
- 유아교육원리로서 본보기와 모방 강조
  - 발도르프교육학에서 생각하는 약 7세까지의 어린이의 학습의 기본 형태는 본보기와 모방이다.
  - 모방은 어른의 시범적인 행동을 따라하는 것을 의미하는 것이 아니라, 내적인 유대를 말한다. 유아의 모방능력은 유아의 내면에 있는 자유의 표현이며, 이는 유아가 자기 주변의 인물들 속에서 비교될 수 있는 것을 인지한 경우에만 계발 될 수 있는 능력이다.
  - 유아는 어른에게 본보기를 보인다. 유아는 놀이를 통해서 자유를 실천하고자 한다. 유아가 자유로운 놀이를 통하여 보여줄 때 그것은 성인에게 영향을 미친다.
- 교육내용
  - 발도르프유치원 교육활동은 자유놀이(어린이들에게 다양한 예술적 활동을 할 수 있는 기회 제공)와 서클활동(노래, 손가락놀이, 이미지게임 등)의 형태로 이루어진다.
  - 예술활동 : 발도르프유치원에서의 활동은 예술적이고 실천적인 교육의 방향에 따라 구조화되어 있음, 예술활동을 중시하는 것은 두뇌적인 인간보다는 율동적인 인간, 손발을 가진 인간의 욕구를 만족시키고 형태화하려는 데에 있음, 예술교육은 전문가가 되기 위한 음악이나 회화가 아님, '몸을 움직이는 놀이' 시간, 즉 오이리트미는 슈타이너에 의하여 창조된 하나의 예술로서 '볼 수 있는 언어'이고, '볼 수 있는 노래'임, 발도르프교육의 가장 근본적인 목적들 중의 하나는 '혼이 있는 신체의 배양'인데, 오이리트미는 이 목적을 실현할 수 있는 가장 큰 가능성을 갖고 있음
  - 이야기와 동화 : 교사의 지도 하에 이야기와 동화모임이 매일 매일 이루어짐, 한 주제에 대한 이야기를 일주일 내내 반복함, 특히 해의 흐름 속에서 어린이들은 수많은 활동을 배우게 됨
  - 수채화 그리기 : 도화지를 물에 담근 후 일정시간 있다 꺼내어 천으로 물기를 닦아낸다. 물에 젖은 붓을 물감가루에 찍어 도화지에 그린다. 그러면 물감이 스며들면서 은은한 선을 만들며 각이 진 경계는 나타나지 않게 된다.
- 환경구성 및 놀이감 - 각이 없는 건물, 지붕도 교실도 복도도 모두 곡선 구조로 되어 있음, 유원장(잔디밭)에는 모래밭, 그리고 나무로 된 조그만 오막살이집, 뉘어져 있는 고목 등만 있음, 미끄럼틀·그네·정글짐 등은 없음, 유치원에는 TV와 컴퓨터 등 각종 전자 상품이 없음, 대부분 자연물로 꾸밈 없는 원형 그대로의 것들로 꾸며 어린이가 안정감을 느낄 수 있는 분위기를 제공함, 실내와 실외에서 놀이할 수 있는 기회가 매일 주어짐, 일주일에 한 번은 산책을 나가고 그곳에서 간단한 게임을 함, 놀잇감으로 가능한 한 완제품은 거의 사용하지 않음, 상품화된 것이 아니고 수작업으로 만든 눈·코·입 등이 없는 인형 제공, 놀잇감으로 어린이는 무한히 많은 일을 할 수 있음, 어린이의 놀이에서는 어떤 강제력도 행사되지 않음
- 교육방법 - 연령혼합집단으로 학급을 구성하여 어린이들이 서로 상호작용함으로써 형제와 자매 관계가 생김, 교사들 모두가 보다 취약한 학생들을 촉진시키기 위해 개별화 교육 실시, 교사는 언제나 본보기로서 어린이들 앞에 서서 지도함, 교사의 자극으로 시작되기는 하지만 어떤 숨겨진 강요 없이 소규모 집단으로 행하여지는 활동으로 이는 모든 어린이에게 효과적임, 어린이를 보다 깊이 이해하여 교육할 수 있도록 하기 위해서 같은 선생님이 계속 맡는 담임교사제도를 채택함, 자기 반 교육은 담임교사에게 전적으로 맡겨짐

- 발도르프 프로그램의 주요 교육 제도 및 방법
  - 오이리트미 : 음악이나 말을 몸의 움직임으로, 개인의 감정과 사상이 아닌 음악이나 말을 구성하는 음 리듬을 몸의 움직임을 통해서 시각적으로 표현하는 것이다.
  - 포르맨(줄 그림) : 직선, 곡선으로 된 수많은 도형을 그리는 것으로 완성된 도형보다는 그것을 그려 나가는 과정이 중요, 1~12학년까지 단계별로 가르친다.
  - 에포크 수업(주의집중수업) : 말, 음악, 동작이 갖는 리듬을 고려한 교육으로 신체 모든 부분이 활발하게 움직이는 아침시간에 집중하여 2시간 정도를 매일 같은 과목의 같은 주제를 3~5주 정도를 계속하여 수업을 한다.
  - 8년 담임 : 교사는 8년 간 아이들이 변화·발달해 가는 것을 지켜보면서 아이들의 하루 사이의 변화도 감지하고 그에 맞는 교육을 한다.
  - 라이겐 : 아침기도가 끝나면 교사들과 유아들이 원의 형태를 계속 그리며 라이겐을 하게 된다. 라이겐은 '주제가 있는 움직임'이라고 할 수 있다.
- 가정에서의 유아교육 - 식사 시간은 좋은 교육의 장임, 질문에 대한 잘못된 대답은 유아 발달을 저해함, 가능하면 TV를 적게 보게 함, 일상생활 진행 과정에서 리듬이 매우 중요함, 간섭을 최대한으로 줄이기, 자연이 가장 좋은 환경임, 명령이나 훈계를 하지 말기

3) 슈타이너의 유아교육사상 합격기출

- 슈타이너는 (①   )의 창시자로, 인간의 발달에 대해 '(②   )'이라는 용어를 사용하였으며, 인간은 의지, 감정, 사고 발달의 3단계를 거쳐 자유로운 인간이 된다고 하였다. (③   ) 유치원은 이 철학자의 사상에 기초하고 있다.

09 니일(A.S. Neil)의 유아교육사상

1) 니일의 유아교육사상 합격단어
2) 니일의 유아교육사상 합격내용
3) 니일의 유아교육사상 합격기출

서머힐(영국 서포크)

니일(Alexander Sutherland Neil, 1883년~1973년)은 1883년 영국 스코틀랜드의 에든버러시 북방 동해안 지방인 포오파(Forfar)읍에서 광부 집안의 아들로 태어났다. 제1차 세계대전이 치열하던 1917년 34세에 니일은 군대에 입대하였다. 이 군복무 기간에 호머 레인을 알게 되었고 레인이 경영하던 불량아들을 위한 교화시설인 'The Little Commonwealth'를 자주 찾아가 자유와 자치, 어린이 편이 되어주는 것이야말로 불량행위를 고치는 최선의 길이라는 그의 사상과 교육의 실제를 배우게 되었다. 1918년 전쟁이 끝난 후, 니일은 독일의 노이슈태너 박사 부처 등의 도움으로 1921년 독일 드레스덴의 교외 헬레라우에 국제학교를 설립하고 자신의 교육관을 실천하였다(하지만 은행 파산 등의 이유로 문을 닫게 됨). 1924년 영국의 도오세트(Dorset)의 라임 레지스(Lyme Regis)에다 집 한 채를 빌려 학교를 다시 시작하였다. 이 집은 언덕 위에 서 있어 섬머힐(Summerhill : 여름동산이란 뜻)이라 불리었다. 1945년 두 번째 결혼한 부인과 조우이라는 딸을 낳았고 자기 자신의 아이를 갖게 된 그는 그동안에 못했던 만5세 이하의 어린이에 대한 교육도 실제 관찰을 토대로 생각할 수 있게 되었으며 이로써 니일의 교육사상이 한층 폭넓고 충실하게 되었다. 니일은 세계 10여개 국어로 번역된 19권의 저서와 섬머힐 학교라는 50여 년에 걸친 교육 실험의 위대한 업적을 남기고 1973년 90세를 일기로 세상을 떠났다.

*사진 및 자료 출처 - http://blog.naver.com/jjhlovecome/120191470836

1) 니일의 유아교육사상 합격단어

- 아동관(성선설에 기초, 이기심, 자연적인 창조력, 능동적인 존재, 자유), 자유관(자유 중시, 방종과 구분, 진정한 자유=자기통제, 진정한 자유인), 교육관(종교교육과 도덕교육 지양, 개인적 흥미와 사회적 흥미, 성교육의 필요성 주장, 무엇인가를 어린이에게 주려는 교사가 좋은 교사임), 섬머힐 학교에서의 교육실천[자유를 허용하는 학교 섬머힐, 교육목적(행복, 성실, 조화, 사회성 등), 교육내용(주로 오전 중 들어가고 싶은 시간을 골라 수업을 받음, 오후에는 자유 시간을 제공함, 어린이 스스로 무엇인가를 배우거나 행하고자 하는 모든 것을 교육내용으로 삼음), 교육방법[대전제 : 어린이 자신이 스스로 그렇게 할 생각에 이르기 전까지는 누구에 의해서나, 어떤 일도 억지로 시켜서는 안 된다는 것, 전교자치회(민주적 자치형태인 사회적 방법)과 개인지도(어린이에 대한 심리적 방법, 자유로이 이야기하

는 형식), 각종의 창조적 활동을 조장하는 일], 우리나라 교육에의 시사점(한국의 교육현실에 아동 자유의 중요성과 의미를 새롭게 부각시킴, 어린이를 선천적인 의지가 작용해서 발전할 수 있는 최대한도까지 발전할 수 있는 능동적인 존재로 파악함, 정서교육을 동시에 강조함으로써 인간 성장의 균형과 조화가 이루어져야 함을 시사함, 놀이에 대한 시사점)

2) 니일의 유아교육사상 합격내용

구분	내용
아동관	• 비록 어린이가 선한 본성을 지니고 있다 하더라도 그 이면에는 이기심이 도사리고 있다. • 이기심이란 주지 않는 태도를 의미하는 것으로 자아를 충족시키기 위해서는 필요한 과정이다. • 어린이가 이기심을 자유롭게 발현하여서 내적 욕구를 충족했을 때, 이 이기심은 발전하여 다른 사람에 대해서 자연스러운 관심을 쏟고 배려하게 되는 이타심으로 발전하게 된다. • 어린이에게는 자연적인 창조력이 있는데 이 창조력을 가두어 놓으면 파괴로 변형된다. • 어린이=어른과는 다른 고유한 존재, 어린이에 대한 이해의 틀이나 수준은 어른들과 달라야 한다고 주장 • 프로이드 등의 학자들로부터 영향을 받아 인간의 행동이 의식보다는 무의식에 의해 지배된다는 것을 발견 • 무의식을 본능에 해당하는 비인격적 무의식과 환경으로부터 획득한 인격적 무의식으로 구분, 인격적 무의식이 어린이의 자연적 욕구로서가 아니라 강요받을 때 갈등을 일으켜 문제 행동을 하게 하는 것으로 이해 • 어린이=타고나는 선성(善性)에 근거하여 자기가 발전할 수 있는 최대한도에까지 발전할 수 있는 능동적 존재 • 어린이에게 잠재해 있는 능력을 실현시킬 수 있는 방법으로 '자유'의 개념 도입
자유관	• '자유란 남의 자유를 침해하지 않는 한에 있어서 하고 싶은 것을 할 수 있고, 또 하도록 내버려두는 것'이라고 정의 • 니일은 자유를 개인적 자유와 사회적 자유의 둘로 나누고 모든 사람이 개인적인 자유를 누려야 하지만 남의 권리, 즉 다른 사람의 자유도 존중해야 하기 때문에 사회적 자유는 완전히 가지지 못하는 법이라고 주장하였다. • 모든 사람이 개인적인 자유를 누려야 하지만 다른 사람의 자유도 존중해야 하기 때문에 사회적 자유는 완전히 가지지 못하는 법이라고 주장하며 절대적인 자유는 존재하지 않는다고 함 • '방종'은 남의 자유를 침해하는 것이라고 규정하면서 자유가 지나치게 되면 방종이 된다고 함, 자유와 정반대되는 것이라고 구별 • 진정한 자유는 서로 주고받는 상호작용적인 것이어야 하며 자기통제(=다른 사람들의 일을 생각하는 능력, 다른 사람들의 권리를 존중하는 능력)를 의미한다. • 자유관과 아동관과의 관계 - 참다운 자유 속에서 자라나는 어린이는 자기의 자유의지에 의해 자신의 행동을 잘 통제할 줄 아는 자율적인 어린이가 된다. • 진정한 자유인의 개념 - 자유에 의해 무의식 속의 것을 더 잘 의식하게 되므로 자기 자신의 성품을 잘 발전시킴, 남에게 쉽사리 영향을 받지 않는 개성적인 인물이 됨, 공격성을 보이는 일이 훨씬 적음 • 자유는 정상적인 어린이들을 올바로 자라게 할 뿐만 아니라 문제아들도 선량하고 행복한 정상아로 되돌아오게 하는 데 필수적이다.
교육관	• 종교교육과 도덕교육 모두 지양 • 어린이 자신의 흥미에 따라 살도록 하고 어린이들의 개인적 흥미와 사회적 흥미가 충돌할 때에는 개인적 흥미를 먼저 허용하여 그들의 정신을 개방시켜 주어야 한다. • 어린이에게 보다 많은 자유와 창작활동을 할 수 있도록 할 것을 강조 • 어려서부터 성에 대한 올바른 자세를 갖기 위한 성교육의 필요성을 역설

	• 좋은 교사 - 지식만 가르치는 것이 아니며, 어린이로부터 무엇인가를 끌어내려고 하는 교사도 아닌, 무엇인가를 어린이들에게 주려는 교사
섬머힐 학교 에서의 교육실천	• 교육목적 - 모든 규율과 훈련, 지시 및 도덕교육, 종교교육 지양, 섬머힐 학교의 목표는 행복·성실·조화·사회성 등에 있지 결코 학업 성적을 올리는데 있지 않다. - 노는 것도 공부하는 것도 자유에 맡기고 어린이들 자신에 의한 자치와 도덕적인 틀을 강요하는 일이 없는 교육을 통해 도덕적 용기와 행복, 자비를 갖추고 제도의 틀에 맞추어지거나 선동에 동요되지 않는 균형 잡힌 인물을 양성하는 것 - 교육목적은 현대의 고도로 발달된 물질 문명에서 지성과 감성의 격차가 심해 행복을 찾는데 어려움을 느끼게 하는 시대에, 어린이들로 하여금 먼저 자신을 찾고 자유 의사로서 자신의 생의 목적인 행복을 찾는 방법을 모색하게 하는 것 • 교육내용 - 주로 오전 중 들어가고 싶은 시간을 골라 수업을 받음 - 학과목 : 영어, 프랑스어, 독일어, 사회생태학, 과학, 생물학, 수학, 목공과 금속공예, 도자기 제조, 미술과 수공예, 음악 등 - 오후에는 자유시간이어서 각자 자기가 하고 싶은 일을 하고 밤에는 영화 관람이나 댄스, 연극공연이 있으며 특히 토요일 밤에는 전교자치회가 열리는 가장 중요한 날로 회의가 끝나면 흔히 댄스를 한다. - 어린이 스스로 무엇인가를 배우거나 행하고자 하는 모든 것을 교육내용으로 삼는다. • 교육방법 - 비강제적 교육 : 어린이 자신이 스스로 그렇게 할 생각에 이르기 전까지는 누구에 의해서나, 어떤 일도 억지로 시켜서는 안 된다는 것이 교육방법의 대전제이다. - 교육방법의 대전제 : 어린이 자신이 스스로 그렇게 할 생각에 이르기 전까지는 누구에 의해서나, 어떤 일도 억지로 시켜서는 안 된다. - 독특한 교육방법 : 전교자치회라는 민주적 자치형태인 사회적 방법, 개인지도라는 어린이에 대한 심리적 방법, 각종의 창조적 활동을 조장하는 일 - 전교자치회 : 학교의 모든 규칙과 사회적인 위반행위에 대한 여러 가지 제재가 민주주의적인 투표에 의해 결정된다. - 개인 지도 : 어린이 자신이 원할 때, 정신적인 장애로 괴로움을 받고 있는 어린이에 한하여 공포와 설교 등에 의해 생기는 콤플렉스를 제거해주고, 보다 빨리 자유로운 생활에 적응시키는데 그 목적이 있으며 자유로이 이야기하는 형식으로 행해진다. - 어린이의 개인 지도라는 심리적 교육방법 : 어린이들이 문제를 일으키는 것은 나쁜 줄 알면서도 그 행동을 하지 않을 수 없게 만드는 무의식적 동기가 있기 때문이라고 보고 이런 무의식 속에 자리 잡고 있는 것을 해결하고자 하는 방법, 공포와 설교 등에 의해 생기는 콤플렉스를 제거해주고, 보다 빨리 자유로운 생활에 적응시키는데 그 목적이 있으며 자유로이 이야기하는 형식으로 행해짐 • 섬머힐 학교에 대한 평가 - 어린이에 대한 이해와 사랑·자유·인정·존경·성실성의 정신 강조, 교육에의 인간미 부여 등의 긍정적인 측면과 지적 요소를 경시한 점, 어린이들에게 지나치게 용인적이라는 점 등의 부정적인 측면을 지님 • 섬머힐 학교의 영향 - 많은 진보적인 학교를 탄생시킴, 자유학교운동을 선구적인 입장에서 주도함

3) 니일의 유아교육사상 합격기출

- (①   ) 학교를 설립한 니일은 "내가 기대하는 것은 학생들이 삶의 이유를 찾든 못 찾든 간에 그 결정의 (②   )를 학생들에게 줄 수 있는 교육방법을 마련하자는 것이다. 이는 가능한 일이다. 그것은 (③   )를 통해서만, 그리고 (④   )를 사랑하는 (⑤   )에 의해서만 가능하다."라고 하였다.
- 니일은 학생들이 (⑥   )한 삶을 영위하는 것을 교육의 목적으로 보았으며, 학교운영에서도 교사나 성인이 간섭하지 않고 (⑦   )를 통해 자신의 (⑧   )능력을 익히도록 하였다.

10 방정환(方定煥)의 유아교육사상

1) 방정환의 유아교육사상 합격단어
2) 방정환의 유아교육사상 합격내용
3) 방정환의 유아교육사상 합격기출

소파(小波) 방정환(方定煥, 1899~1931)은 서울 출생으로 선린상업학교를 중퇴하고 보성전문을 마친 후 도요대학에서 철학을 수학했다. 그는 1924년 아동운동에 전념하기 위해 일본에서 귀국하여 본격적으로 출간운동과 아동문화운동을 시작한다. 그는 암울한 일제 시대 억압되었던 아동의 가치를 높게 평가하고 최초로 아동문화운동을 실시하였다. 소파는 해방 이후 서양의 진보주의 교육관이 우리나라로 유입되기 전에 이미 아동 중심 교육 사상을 주장하지 않고 순수하게 우리나라에서 태동된 자생적 교육운동을 실시하였다. 그는 교육운동을 담당한 단체로 색동회, 청년구락부, 소년운동협의회 등을 조직하였다. 출판을 통한 아동문학운동도 실시하여 그가 편집을 맡은 한국 최초의 순수 아동잡지 「어린이」(1923)를 창간하고 「신청년(新靑年)」, 「신여성(新女性)」, 「별건곤(別乾坤)」 등의 잡지를 편집·발간하였다. 그는 출판문화운동, 예술문화운동, 소년단체운동 등의 아동운동을 실시하였고, 구체적으로 동화대회, 소년 문제 강연회, 아동예술 강습회, 소년 지도자 대회 등을 주재하여 아동문화운동을 선도하였다. 창작동화뿐만 아니라 많은 번역·번안 동화와 평론을 통해 아동문학의 보급에 힘썼고 아동보호운동도 실시하였다. 일제 강점기 유아교육의 큰 흐름 중 하나는 '색동회'의 발족과 '어린이 날'의 제정, '어린이'의 발간 등을 특징으로 하는 '어린이 문화운동'이다. 일제 강점기 어린이 문화운동을 주도한 인사들은 대부분 아동문학가와 음악가들로 1980년 최남선에 의해 「소년」지가 창간되었고, 이후 「붉은 저고리」(1913), 「아이들 보이」(1913), 「새별」(1913) 등의 아동 잡지가 발간되었다. 방정환과 '천도교 소년회'는 1922년 5월 1일 '어린이 날' 행사를 개회하고 1923년 매년 5월 5일을 '어린이 날'로 제정하기로 결정하였다. 또한 방정환을 중심으로 창간한 잡지 「어린이」(1923)는 1934년까지 12년 동안 통권 122호까지 출간되어 일제 강점기 아동문학을 대표하였다. 초기 별다른 주목을 받지 못했으나 1930년 7월호(통권76호) 이후부터 평균 3만부 이상이 출판될 만큼 그 영향력이 증대하였다. 「어린이」의 보급을 통하여 어린이 문화운동이 펼쳐졌고, 아동 존중의식과 민족주의적 소양을 증진시키는 통로 역할을 담당하기도 하였다.

1) 방정환의 유아교육사상 합격단어

- 아동문화운동가, 천도교 사상(인내천, 사인여천), 아동관(성선설적 입장, 아동 중심적, 아동=한울님, 아동 존중의 관점, 훌륭한 한 사람으로 태어나는 존재, 하나의 완전한 인격체, 아동의 어림과 미성숙=잠재 가능성과 성장가능성), 아동교육이념(민족구원, 아동해방), 교육목적(지적 교육과 정의적 교육의 조화 강조), 교육내용[예술(세계 아동 예술 전람회 개최, 자유화 대회 개최, 동요보급운동 등), 문학(번안서 「사랑의 선물」 출간, 「어린이」지), 소년운동단체(천도교소년회, 색동회, 조선소년운동협회, 소년지도자대회, 어린이날, 어린이날 노래)], 교육방법상의 원리(흥미의 원리, 표현의 원리, 환경의 중요성 강조), 소파 방정환의 어린이 운동[출판운동(천도교의 출판 운동과 함께 「개벽」 중심 진행, 「사랑의 선물」, 「어린이」), 예술문화 운동(「어린이」지 중심 진행, 동화구연, 동극, 사진 등), 소년운동 단체를 통한 교육운동(소년 운동의 교육적 의의 : 어린이의 해방, 색동회, 어린이날)

2) 방정환의 유아교육사상 합격내용

구분	내용
교육사상의 기초 - 천도교 사상	• 천도교 사상의 핵심 - 인내천(人乃天)과 사인여천(事人如天) • 아동교육사상의 배경인 천도교 사상의 핵심인 인내천(人乃天)과 사인여천(事人如天)의 개념 - 인내천이란 사람이 곧 하느님이며 만물이 모두 하느님이라고 보는 천도교(天道教)의 중심 교리이다. - 사인여천이란 사람마다 한울님(하느님)을 모시고 있기 때문에 사람 여기기를 한울님과 같이 여겨야 한다는 것이다. • 어린 아이도 곧 하늘이라고 하는 아동존중사상, 민주주의 사상, 민족주의 사상 • 천도교 사상 - 소파에게 인간존중에 기인한 아동해방사상과 민족주의 정신을 갖게 하는 배경
아동관	• 성선설적 입장에서 아동 중심적이며 아동을 한울님과 동일시하는 아동 존중의 관점 • 어린이는 이상 세계인 하늘나라의 성품을 가진 존재이다. • 기성세대인 우리의 할 일 두 가지 - 착한 어린이의 성품을 그대로 보존해야 하고(더럽히지 말아야 할 것), 또 확충해야 하는(우리의 나라를 넓혀가는 것) 것 • 아동은 성인의 축소판이나 부모의 예속물이 아니고, '훌륭한 한 사람으로 태어나는 존재' 즉, 아동은 하나의 완전한 인격체이다. • 아동의 본성은 잠재적이고 자율적인 성장 가능성인 '싹'이 있으며 우리는 이 싹을 보존하고 키워주어야 한다.
아동 교육이념	• 민족구원 - 3.1운동 청년 운동가였던 소파는 3.1운동이 실패로 돌아간 후 무력 앞에 맨손으로는 어떤 투쟁도 승리할 수 없음을 깨닫고, 민족구원의 의지를 아이들을 위한 운동, 아이들을 바르고 아름답게 기르는 운동, 아이들을 부모의 소유물처럼 생각하는 관념을 버리고 아이들의 인격을 존중해 주는 운동, 이 불행한 나라를 짊어지고 나갈 제2세 국민을 건실한 인간이 되게 하는 운동, 바로 이런 일이 민족을 구원하는 일이라고 생각했다. • 아동해방 - 소파의 소년운동은 결국 어린이의 인격존중이었다. 어릴 때부터 어떤 예속된 생활을 하지 않고 뚜렷한 인권을 가진 인간으로 길러서 독립정신이 강한 인간이 되게 하자는 것이다.
아동 교육목적	• 교육이란 아동이 스스로 자율성에 따라 삶을 살아갈 수 있도록 도와주는 일이다. • 전통적 교육목적관인 입신출세 위주의 성인 중심적 관점을 단호히 반대 • 지적 교육과 정의적 교육의 조화 강조 - 완전한 사람은 바로 지적인 면과 정의적인 면을 골고루 갖춘 조화로운 인물이다.

아동 교육내용 및 활동	• 예술 - 예술 : 어린이운동을 하면서 계몽내용으로 삼았던 것 - 예술운동의 주된 내용 : 세계 아동 예술 전람회 개최, 자유화 대회 개최, 동요보급운동(「어린이」지가 주요 발표 무대) 등 - 예술교육에서의 일관된 원리 : '자신의 생활을 있는 그대로 자연스레 표현하라'는 것, 동요를 지을 때도 '어른의 꾀는 아주 못 쓸 것'이라 했으며, 그림을 그릴 때도 '눈에 보이는 대로, 생각되는 대로' 그릴 것을 힘주어 말함으로써, 흥미와 직관의 원리를 크게 고려했음 • 문학 - 아동문화운동가 소파의 문학 활동은 1922년 어린이를 위한 마음으로 세계명작동화 10가지를 번안한 「사랑의 선물」서부터 시작 - 본격적으로 아동문학을 시작한 것은 1923년 3월 1일에 창간된 월간 「어린이」의 주간을 맡고부터 였다. - 1924년 「신 여성」에 실린 수필 <어린이 찬미>는 소파의 아동관을 잘 나타내고 있으며 장래의 어머니가 될, 또는 이미 어린이의 어머니가 된 여성을 대상으로 쓴 글이라고 할 수 있다. - 소파의 문학은 그 대상이 어린이를 주 대상으로 했다는 특색이 있으며, 일제 하의 민족운동이라는 큰 흐름에서 아동의 올바른 성장을 추구했던 것이다. • 소년운동단체 - 아동운동이 민족구원이라고 보았던 소파는 이런 신념을 실천하기 위하여 여러 소년단체를 만들어 다양한 활동을 펼쳤다. - 천도교소년회(1922년 5월 1일 우리나라 최초의 '어린이 날'로 지정 및 행사 거행), 색동회, 조선소년운동협회, 소년지도자대회가 그 예이다. - 색동회는 1923년 동경에서 창립된 소년문제연구회이다. 당시 소파는 '천도교소년회'를 중심으로 소년운동을 전개하고 있었으나 소년운동을 이렇게 한 단체만을 배경으로 해서는 안 된다고 생각하고 이것을 전국적인 운동으로 승화, 확대시키려는 생각에서 뜻이 같은 동지들을 찾았던 것이다. - 색동회는 1923년 여름방학을 이용하여 아동문제 및 아동예술 강연회를 개최하였다. 이는 전국 어린이 지도자 70명을 모아 천도교 강당에서 일주일 동안 강습회를 연 것인데 색동회 회원들이 연사로 나와 훈화, 역사이야기, 동화, 동극, 동요 등을 강연하였다. - 소파의 어린이운동은 어린이를 직접 대상으로 한 것도 많지만, 어린이운동 지도자나 부모를 대상으로 한 것도 많았다. 1923년 일주일 간 '어린이'사와 '색동회'의 공동주최로 열린 '전선소년지도자대회'가 그 대표적이다. - 소파의 소년운동은 어린 혼의 구원, 즉 어린이 해방을 목표로 하였고, 그러한 구원이나 해방은 성인들이 자신의 생각을 강제로 집어넣어 주어서 이루어지는 것이 아니고 다만 어린이의 잠재능력을 북돋아주고 나쁜 환경으로부터 보호해 줌으로써 가능하다고 보았다. - 소파가 생각하는 소년운동은 성인을 위한 성인의 운동이 아니라, 어린이를 위한 어린이의 운동이며, 이러한 운동은 곧 어린이의 성장과 발달을 목표로 하는 교육운동이었던 것이다.
아동 교육방법	• 학교교육과 같은 전형적인 틀에 의해 이루어진 것이 아니고, 「어린이」와 같은 출판물이나 색동회, 천도교소년회와 같은 소년단체를 통하는 등의 여러 가지 형식으로 이루어짐 • 소파의 구체적인 교육방법상의 원리 - 흥미의 원리는 지식, 도덕, 예술 교육 모두를 감정의 동화에서 자연스럽게 우러나오는 그런 기쁨인 흥미에 따라 교육해야 한다는 원리이다. - 표현의 원리 : 예술교육에서 강조한 원리로, 아동이 자신의 생각이나 현실을 꾸밈없이 느낀 대로 표현해야 됨을 강조하는 원리, 칭찬 강조 및 존댓말 사용 주장

	- 환경의 중요성 강조 : 환경적 측면에서 어린이의 선천적 잠재 가능성 못지않게 후천적 환경의 영향을 중시하여 좋은 환경은 제공하고 나쁜 환경은 제거하라고 함
아동권리 공약 3장	• 소파는 1923년 장유유서를 강조하는 유교적 가족 중심의 전통적인 가부장적 차별 질서 하에서의 억압받고 소외당해 온 아동들에게 권리를 찾아 주자는 아동권리운동을 전개하며 아동권리공약 3장을 발표하였다. • 아동권리공약 3장의 중핵 내용 - 제1항 : 아동의 인격적인 독립 선언, 제2항 : 아동의 노동금지, 제3항 : 문화적인 권리 표방
아동교육 사상의 의의 및 현대적 시사점	• 소파의 아동중심 교육사상은 우리나라에서의 아동중심교육이 자생적으로 생겨난 특징을 보여줌, 아동을 독립성·자율성·가능성의 존재로서 파악, 개성도 없고 창의성도 없는 도구적 교육관을 정면으로 거부, 아동으로 하여금 아동 면모를 그대로 살리어 동심의 세계를 활짝 피우게 하고 그들 본연의 심성을 갖는 자유스러움을 느끼어 정신적으로 행복감을 느끼게 하는 것이 아동해방이 주는 진정한 의미임

3) 방정환의 유아교육사상 합격기출

- 방정환은 "어렸을 때의 생활이 그렇듯이 심한 것은 마치 일생의 어린 싹이 차고 아린 서리를 맞는 것입니다. 아무 것 보다도 두렵고 슬픈 일입니다. ……(중략)…… 부인은 아이를 때리지 마라. 아이를 때리는 것은 한울(하늘)을 때리는 것이니 한울(하늘)이 싫어하고 기운을 상하게 하는 것이다."라고 하여 (①   )사상을 주창하였다.

- 방정환이 아동교육운동을 전개하는 데 있어 주된 배경이 된 우리나라의 사상은 (②   ) 사상이다.

- 우리들의 희망은 오직 한 가지, (③   )를 잘 키우는 데 있을 뿐입니다. ……(중략)…… (④   )는 어른보다 더 새로운 사람입니다. 내 아들놈, 내 딸년 하고 자기의 물건같이 알지 말고, 자기보다 한결 더 새로운 시대의 새 인물인 것을 알아야 합니다. 자기 마음대로 굴리려 하지 말고 반드시 (⑤   )의 뜻을 존중하도록 하여야 합니다.

- 방정환의 호는 '(⑥   )'이고, 번안서인 「(⑦   )」을 출간하였고, '(⑧   )'을 제정하는 데 주도적으로 참여하였으며, 잡지 「(⑨   )」를 만드는 데 주도적으로 참여하였다.

11 마해송(馬海松, 1905년~1966년)의 유아교육사상

1) 마해송의 유아교육사상 합격단어
2) 마해송의 유아교육사상 합격내용
3) 마해송의 유아교육사상 합격기출

1) 마해송의 유아교육사상 합격단어

- 본명은 상규(湘圭), 아명은 창록(昌祿), 호는 해송(海松), 최초의 '어린이헌장비' 건립 진력, 1957년 <대한민국 어린이헌장>을 기초하여 발표, 색동회 가입, 「어린이」지를 통하여 많은 동화를 발표한 작가, 저서 [창작동화 「바위나리와 아기별」・「어머님의 선물」・「복남이와 네 동무」, 풍자적인 동화 「토끼와 원숭이」, 장편동화 「앙그리께」・「멍멍 나그네」・「모래알 고금」 등

2) 마해송의 유아교육사상 합격내용

구분	내용
개요	• 아동문학가로 수필가로 유명한 마해송[1905~1966, 본명 상규(湘圭)]은 '색동회'를 중심으로 한 어린이운동에도 적극 참여하였다. • 1919년 개성 제일공립보통학교를 졸업하고 개성간이상업학교를 거쳐 서울의 중앙고등보통학교를 다니다 중퇴하고 보성고등보통학교로 옮겼으나 1920년 동맹휴학사건으로 퇴학하였다. • 1921년 일본으로 건너가 일본대학 예술과에서 수학, 졸업하자 곧 일본의 종합교양지 <문예춘추(文藝春秋)>의 초대 편집장을 거쳐 1930년에는 <모던니혼>지를 발행하다가 광복 후 귀국, 1945년 송도학술연구회 위원장, 1950년 국방부 한국문화연구소장을 역임하였다. 6·25 중에는 국방부정훈국 편집실 고문, 승리일보사 고문을 지내면서 평안북도 영변까지 종군하였다. 그 뒤 마을문고 보급회장, 대한소년단 이사 등을 지냈고, 1962년에는 서울특별시 시민헌장을 기초하기도 하였다. • 그는 중앙고등보통학교 재학 중에 잡지 <여광(麗光)>의 동인이 되었고, 일본 유학 중에는 '일본유학생동우회극단'의 일원으로 국내 각지 순회공연을 하였으며, 1922년에는 문학클럽 '녹파회(綠波會)'를 공진항(孔鎭恒)・김영보(金泳俌)・고한승(高漢承)・진장섭(秦長燮) 등과 조직함으로써 본격적인 문학 활동을 시작하였다.
주요 활동	• 1923년에는 「새별」지에 최초의 탐미적 창작동화 <바위나리와 아기별>・<어머님의 선물>・<복남이와 네 동무> 등을 발표하는 한편, '송도소녀 가극단'을 도와 지방 순회를 하면서 자작동화를 구연하였다. • 1924년 '색동회'에 가입하여 어린이를 위한 문화 활동을 계속하면서 「어린이」지를 통하여 많은 동화를 발표하였다. 동화 창작은 1935년까지 꾸준히 계속하였다. • 풍자적인 <토끼와 원숭이> 등의 중편과 많은 단편을 발표하였고, 광복 후에는 장편동화에 주력하여 <앙그리께>(1954)・<멍멍 나그네>(1959)・<모래알 고금>(1957~1961) 등을 발표하였다. • 아동문화운동에도 크게 관심을 가져 천주교에 귀의하기 전해인 1957년에는 <대한민국 어린이헌장>을 기초하여 발표하였고, 또한 1958년 최초의 '어린이헌장비'를 대구에 건립하는 데 진력하였다. • 1959년에 <모래알 고금>으로 제6회 자유문학상을, 1964년에는 <떡배 단배>로 제1회 한국문학상을 각각 수상하였고, 같은 해에 '고마우신 선생님'으로 추대되었다.

3) 마해송의 유아교육사상 합격기출

- (①   )는 '바위나리와 아기별'을 창작하였다.

12 색동회

1) 색동회의 유아교육사상 합격단어
2) 색동회의 유아교육사상 합격내용
3) 색동회의 유아교육사상 합격기출

1) 색동회의 유아교육사상 합격단어

- 색동회, 방정환, 윤극영, 마해송, 어린이날, 어린이운동, 독립정신 고취, 천도교, 아동문제강연회, 아동예술강습회, 가극공연, 강연회, 동화회, 동요회, 민속공연, 「어린이」지, 어린이헌장, 전국어머니동화구연대회, 색동어머니회, 전국어린이동화구연대회, 레고상

2) 색동회의 유아교육사상 합격내용

구분	내용
참가자	• 창립준비회에 참가한 사람 - 방정환, 강영호(姜英鎬)·손진태(孫晉泰)·고한승(高漢承)·정순철(鄭順哲)·조준기(趙俊基)·진장섭(秦長燮)·정병기(丁炳基) 등 8명이었고, 그 뒤 윤극영(尹克榮)·조재호(曺在鎬)·최진순(崔晉淳)·마해송(馬海松)·정인섭(鄭寅燮) 등이 가담하였다.
연도별 운영 및 활약상	• 1923년 매년 5월 1일을 어린이날로 확대, 정착시켜 어린이운동을 통해서 독립정신을 고취하였다. • 1923년 7월 23일 천도교 대강당에서 색동회 주최로 아동문제강연회 및 아동예술강습회를 개최하였다. • 1924년의 어린이날에는 가극공연·강연회·동화회·동요회 및 민속공연 등 다채로운 행사를 가졌다. • 광복 후 조풍연(趙豊衍)의 주선으로 흩어졌던 회원들이 다시 모여 「어린이」지를 복간하는 한편, 어린이날도 '메이데이'와의 중복을 피해 5월 5일로 변경하여 여러 가지 행사를 벌이면서 1957년 '어린이헌장' 제정 선포에 앞장섰다. • 1967년 어린이날을 기하여 새 출발을 다짐하고, 1971년 7월 23일 남산에 방정환의 동상을 건립하였다. • 1976년 11월 제1회 전국어머니동화구연대회를 개최한 이래 매년 계속되며, 여기 입선한 사람들이 '색동어머니회'를 조직하여 전국어린이동화구연대회를 개최하였다. • 1999년 방정환 탄생 100주년을 앞두고 기념관 건립사업계획을 추진하였다. • 1995년 그간의 어린이를 위하여 펼친 공적이 인정되어 레고그룹에서 수여하는 '레고상'을 수상한 바 있다.

3) 색동회의 유아교육사상 합격기출

- 색동회의 회원으로는 바위나리와 아기별을 창작한 (①   )와/과 번안서인 「사랑의 선물」을 출간한 (②   )이 있다.

13 아동잡지 「어린이」

1) 아동잡지 「어린이」의 유아교육사상 합격단어
2) 아동잡지 「어린이」의 유아교육사상 합격내용
3) 아동잡지 「어린이」의 유아교육사상 합격기출

1) 아동잡지 「어린이」의 유아교육사상 합격단어

- 아동잡지 「어린이」, 소년소녀잡지, 민족정신, 소파 방정환, 마해송, 윤극영, 버들쇠(유지영)

2) 아동잡지 「어린이」의 유아교육사상 합격내용

구분	내용
개요	• 1923년 3월 20일자 창간된 아동잡지, 아동문학가이자 어린이 운동의 선구자인 소파 방정환(小波 方定煥 1899~1931)이 주재(主宰), 제8호부터 표지 : 소년소녀잡지라고 박음 • 「어린이」는 요즘같이 어린이에게 놀잇거리나 주고 지능개발이나 하는 그런 잡지가 아니었다. 그 보다는 나라 없는 소년소녀들에게 민족정신을 심어주면서, 일제(日帝)를 왜 미워해야 하고 왜 물리쳐야 하는가를 가르쳐주었다. 그 때문에 소년잡지이면서도 삭제 압수 발매금지, 편집자 구금 등의 매서운 탄압을 받아야 했다. 그러다가 경영난에 빠져 폐간하고 말았다. • 1931년 소파가 세상을 떠난 후에는 이정호·신형철·최영주 등이 편집을 주간했고, 1933년부터는 윤석중이 그 자리를 맡았다. '어린이'라는 말을 널리 쓰게 된 것은 이 잡지가 탄생한 후부터였다.
소파가 「어린이」지에 쓴 〈처음에〉라는 창간사의 내용	• "새와 같이 꽃과 같이 앵도 같은 어린 입술로, 천진난만하게 부르는 노래, 그것은 고대로 자연의 소리이며, 고대로 하늘의 소리입니다. 비둘기와 같이 토끼와 같이 부드러운 머리를 바람에 날리면서 뛰노는 모양 고대로가 자연의 자태이고 고대로가 하늘의 그림자입니다. 거기에는 어른들과 같은 욕심도 있지 아니하고 욕심스런 계획도 있지 아니합니다. 죄없고 허물없는 평화롭고 자유로운 하늘나라! 그것은 우리의 어린이의 나라입니다. 우리는 어느 때까지든지 이 하늘나라를 더럽히지 말아야 할 것이며, 이 세상에 사는 사람사람이 모두, 이 깨끗한 나라에서 살게 되도록 우리의 나라를 넓혀가야 할 것입니다. 이 두 가지 일을 위하는 생각에서 넘쳐 나오는 모든 깨끗한 것을 거두어 모아 내는 것이 이 「어린이」입니다.〈하략〉"
주요 필진	• 주요필진은 동화에 방정환, 마해송(馬海松), 고한승(高漢承), 진장섭(秦長燮), 연성흠(延星欽), 최병화(崔秉和), 이정호, 동요에 한정동(韓晶東), 방정환, 유도순(劉道順), 동요 작곡에 홍난파(洪蘭坡), 윤극영(尹克榮), 정순철(鄭淳哲), 박태준(朴泰俊), 동극에 정인섭(鄭寅燮), 신고송(申孤松), 일반 교양물에 차상찬(車相瓚), 박달성(朴達成), 손진태(孫晋泰), 조재호(曺在浩), 이헌구(李軒求) 등이었고, 또 '글뽑기'에서 나온 작가로는 윤석중(尹石重), 이원수(李元壽), 서덕출(徐德出), 윤복진(尹福鎭), 박목월(朴木月) 등이 유명하다.
수록 내용	• 수록 - 소파가 기명·무기명으로 쓴 안데르센의 〈성냥팔이 소녀〉, 〈눈 오는 북쪽나라 아라사의 어린이〉, 동화극 〈노래주머니〉(1막 3장) 등 흥미를 주는 읽을거리들, 유지영(버들쇠)의 동요 〈봄이 오면〉, 버들쇠는 다름 아닌 「어린이」 제13호(1924. 2)에 "고드름 고드름 수정 고드름"의 〈고드름〉과 "까치 까치 설날은 어저께구요"의 〈설날〉이 윤극영 작곡으로, 한꺼번에 실려 우리 어린이들에게 처음으로 아름다운 우리 동요를 부르게 해 준 바로 그 시인이다.

3) 아동잡지「어린이」의 유아교육사상 합격기출

- 우리들의 희망은 오직 한 가지, (①   )를 잘 키우는 데 있을 뿐입니다. ……(중략)…… (①   )는 어른보다 더 새로운 사람입니다. 내 아들놈, 내 딸년 하고 자기의 물건같이 알지 말고, 자기보다 한결 더 새로운 시대의 새 인물인 것을 알아야 합니다. 자기 마음대로 굴리려 하지 말고 반드시 (①   )의 뜻을 존중하도록 하여야 합니다.

- 방정환의 호는 '(②   )'이고, 번안서인 「(③   )」을 출간하였고, '(④   )'을 제정하는 데 주도적으로 참여하였으며, 잡지 「(⑤   )」를 만드는 데 주도적으로 참여하였다.

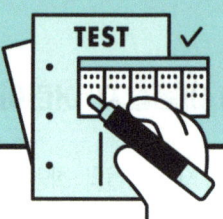

유아교육사상사 합격기출 정답

01 코메니우스(J.A. Comenius)의 유아교육사상

정답

①	②	③	④	⑤
코메니우스	대교수학	코메니우스	합 자연	감각
⑥	⑦	⑧	⑨	⑩
감각	감각	합 자연	모친(=무릎)	모국어
⑪				
세계도회				

02 로크(J. Locke)의 유아교육사상

정답

①	②	③	④	⑤
건강	건강	건강	계몽주의	계몽주의
⑥	⑦			
인간오성론	백지			

03 루소(J.J. Rousseau)의 유아교육사상

정답

①	②	③	④	⑤
사물	사물	계몽주의	계몽주의	자연
⑥	⑦	⑧	⑨	⑩
사물	인간	자연	인간	사물
⑪	⑫	⑬	⑭	⑮
자연	자연	사물	인간	자연
⑯	⑰	\multicolumn{3}{c}{}		
경험	성선설	※ ⑤⑥⑦ - 각 정답 순서 무관, ⑫⑬⑭ - 각 정답 순서 무관		

04 페스탈로치(J.H. Pestalozzi)의 유아교육사상

정답

①	②	③	④	⑤
노작교육	지적	도덕적	기능적	실물
⑥	⑦	⑧	⑨	⑩
노작	직관	외적 직관	내적 직관	지
⑪	⑫	⑬	⑭	⑮
덕	체	수	형	어
⑯	⑰	⑱	⑲	⑳
직관	노작	직관	실물	감각
㉑				
가족				

CHAPTER 1

05 프뢰벨(F. Fröbel)의 유아교육사상

정답

①	②	③	④	⑤
프뢰벨	은물	유치원	통일성	은물
⑥	⑦	⑧	⑨	⑩
놀이	작업	통일성	신성	연속성
⑪	⑫	⑬	⑭	⑮
놀이	자기활동	통일	놀잇감(기출문장)	이상주의
⑯	⑰			
진보주의	상징			

06 몬테소리(M. Montesori)의 유아교육사상

정답

①	②	③	④	⑤
교구	찰자	내	집중	교구
⑥	⑦	⑧	⑨	⑩
일상생활	자동교육	정상화	준비된 환경	자동교육
⑪	⑫	⑬	⑭	⑮
흡수정신	흡수정신	준비된 환경	교구	자동교육

07 듀이(J. Dewey)의 유아교육사상

정답

①	②	③	④	⑤
목적	진보주의	경험	사회	흥미
⑥	⑦	⑧	⑨	⑩
계속성	상호작용	경험	계속성	상호작용
⑪	⑫	⑬	⑭	⑮
실생활	놀이	문제해결	안내자	일상생활
⑯	⑰	⑱	⑲	
흥미	실용주의	경험	문제해결활동	

08 슈타이너(R. Steiner)의 유아교육사상

정답

①	②	③
인지학	탄생	발도르프

09 니일(A.S. Neil)의 유아교육사상

정답

①	②	③	④	⑤
섬머힐	자유	자유	자유	교사
⑥	⑦	⑧		
행복	자치회 (=전교자치회)	의사결정		

CHAPTER 1

10 방정환(方定煥)의 유아교육사상

정답

①	②	③	④	⑤
아동존중	천도교	어린이	어린이	어린이
⑥	⑦	⑧	⑨	
소파	사랑의 선물	어린이날	어린이	

11 마해송(馬海松, 1905년~1966년)의 유아교육사상

정답

①				
마해송				

12 색동회

정답

①	②			
마해송	방정환			

13 아동잡지 「어린이」

정답

①	②	③	④	⑤
어린이	소파	사랑의 선물	어린이날	어린이

합격다짐

CHAPTER 2

유아교육과 발달 합격비계

Ⅰ. 유아교육과 발달 합격목차
Ⅱ. 유아교육과 발달 합격내용

Ⅰ. 유아교육과 발달 합격목차

1. 프로이드(S. Freud)의 정신분석이론(심리성적 성격발달이론)
2. 에릭슨(E. Erikson)의 정신분석이론(심리사회적 성격발달이론)
3. 스키너(B.F. Skinner)의 행동주의이론(조작적 조건형성이론)
4. 반두라(A. Bandura)의 사회학습이론
5. 피아제(J. Piaget)의 인지발달이론
6. 비고츠키(L.S. Vygotsky)의 인지발달이론
7. 브론펜브레너(U. Brofenbrenner)의 생태학적 체계이론

II. 유아교육과 발달 합격내용

01 프로이드(S. Freud)의 정신분석이론(심리성적 성격발달이론)

1) 프로이드의 정신분석이론(심리성적 성격발달이론) 합격단어
2) 프로이드의 정신분석이론(심리성적 성격발달이론) 합격내용
3) 프로이드의 정신분석이론(심리성적 성격발달이론) 합격기출

1) 프로이드의 정신분석이론(심리성적 성격발달이론) 합격단어

- 프로이드, 정신분석이론, 심리성적 성격발달이론, 의식구조(인간의 정신=빙산, 3수준 제시 : 의식, 전의식, 무의식), 성격구조[원초아(id), 자아(ego), 초자아(superego)], 구강기(0~1세), 항문기(1~3세), 배변훈련, 남근기(3~6세), 오이디푸스 콤플렉스, 일렉트라 콤플렉스, 남근선망, 동일시), 잠복기(6~12세), 생식기(청소년기, 제2차 성징), 불안의 종류(신경증적 불안, 현실적 불안, 도덕적 불안), 적응기제의 유형(방어기제, 도피기제, 공격기제), 방어기제의 유형[억압, 부정, 투사, 동일시, 퇴행, 반동형성, 전위(=전이, 치환), 합리화, 승화, 수동-공격성, 신체화], 도피기제의 유형(고립, 퇴행, 억압, 백일몽, 고착), 공격기제의 종류(직접 공격기제, 간접 공격기제)

2) 프로이드의 정신분석이론(심리성적 성격발달이론) 합격내용

구분	내용
의식구조	• 인간의 정신 - 빙산에 비유하여 3가지의 수준으로 구분 : 의식, 전의식, 무의식 • 의식 - 수면 위에 튀어나온 작은 부분에 비유, 어떤 순간에 우리가 알거나 느낄 수 있는 모든 감각과 경험으로 특정 시점에 인식하는 모든 것 • 전의식 - 수면 바로 아래의 부분으로서 물 위와 아래를 왔다 갔다 하는 수면의 경계부분으로, 의식과 무의식의 중간 부분으로 조금만 주의를 기울이면 의식으로 표출될 수 있는 정신의 한 부분 • 무의식 - 빙산의 대부분을 차지하는 것, 가장 중요하게 생각했던 영역으로 인간행동을 결정하는 주 원인으로 보았으며 우리가 자각하지 못하는 경험과 기억으로 구성

성격구조	• 상호독립적이며 독특한 특징을 가지고 있는 세 부분, 즉 원초아(id), 자아(ego), 초자아(superego)가 상호작용하여 인간의 성격을 구성한다는 구조적 모형을 제시하였다.
	  - 원초아 : 무의식적이며, 본능과 충동의 원천으로서 정신에너지의 저장고
	  - 자아 : 원초아에 담긴 내부의 본능적 욕구들과 외부의 현실세계를 중재하는 일
	  - 초자아 : 양심과 자아 이상으로 이루어진 정신구조의 최고 단계로 도덕이나 가치에 위배되는 원초아의 충돌들을 견제

심리성적 성격 발달단계	• 리비도(Libido)가 집중된 부위에 따라 인간의 발달단계를 구강기, 항문기, 남근기, 잠복기, 생식기의 다섯 단계로 구분 • 발달단계에 있어서 특정단계에서 다음 단계로의 진행이 방해를 받으면 특정단계에 고착될 수 있고, 이러한 고착이 성인기 성격에 직접적인 영향을 미치게 된다. 고착의 강도가 강할수록 그 시기로의 퇴행이 일어난다고 하였다. • 각 단계별 특징 | 단계	특징
구강기 (출생에서 약 18개월까지)	• 젖먹이 시기로 구강에 의한 쾌감의 획득기 • 이 단계의 수유경험은 후기 발달에 중요한 역할을 함 • 이 시기에 고착되면 손가락 빨기, 손톱 깨물기, 과음 등의 행동이 나타날 수 있음
항문기 (18개월에서 약 3세까지)	• 리비도의 방향이 항문으로 이동하는 단계 • 배변훈련을 통하여 만족을 증대시키는 방법을 배움 • 이 시기에 부모의 거칠거나 강압적인 배변훈련에 의해서 항문보유적 시기가 될 수도 있음 • 이 시기에 고착되면 결벽증이나 인색함 등이 나타날 수 있음
남근기 (약 3~6세까지)	• 자신의 성기를 만지고 자극하는 데서 쾌감을 느끼는 시기 • 남아는 오이디푸스 콤플렉스, 여아는 남근선망을 경험 • 아동은 부모와의 동일시 및 적절한 역할습득을 통해 양심과 자아이상을 발달시키며 이 과정에서 초자아가 성립
잠복기 (약 6~12세까지)	• 성적인 관심이 약해지는 시기 • 리비도의 대상은 동성친구로 향함 • 심리성적 에너지가 학업과 동성의 또래와의 놀이와 같은 사회적으로 용인될 수 있는 활동에 돌려지는 조용한 시기
생식기 (청소년기)	• 이성에 대한 관심과 인식이 증가하며 성적, 그리고 공격적 충동이 다시 나타나는 시기 • 이 시기에 2차 성징이 나타남	
불안의 종류	• 신경증적 불안 – id의 욕구가 충족될 수 없을 때 발생되는 불안이다. 신경증적 불안은 전에 벌을 받은 경험이 있는 본능의 충동이 표현될 때 이로 인해서 발생하게 될 재난·처벌·위험 등에 대해서 지니게 되는 두려움이다. • 현실적 불안 – 외부 세계의 위험 요소를 감지함으로써 발생되는 불안이다. 생명이 위태로운 상태에 처한 것과 같이 현실적으로 주변환경 내에 존재하는 위험이나 위협에 대해서 자아가 실제적으로 느끼는 불안이다. • 도덕적 불안 – 도덕적 불안은 도덕적 행위의 규준에 비추어 볼 때 어긋나는 행동을 하거나 그 규준에 맞추어 행동하지 못했을 때 초자아가 가하는 벌에 대해 가지는 두려움을 가리키는 개념으로서 죄책감이나 수치감 같은 것을 지칭한다.

적응기제	• 적응기제란 인간이 행동적응 과정에서 목표에 도달하지 못하고 문제사태에 부딪혔을 때 갈등이나 욕구불만 상태에 있게 되는데, 이런 부적응 상태에서 목표를 수정하거나 문제사태를 우회 내지 대리적 목표를 설정하고 긴장이나 불안을 해소하려고 하는 방법이나 반응 혹은 행동양식을 말한다.
	• 적응기제의 유형
	  – 방어기제 : 어려운 현실에 당면하여 문제의 직접적 해결을 시도하지 않고 현실을 왜곡시켜 체면을 유지하고 심리적 평형을 되찾아 자기를 보존하려고 하는 기제
	  – 도피기제 : 욕구불만에 의하여 발생된 정서적 긴장이나 불안감을 해소하기 위하여 비합리적인 행동으로 당면하고 있는 현장이나 또는 비현실적 세계로 벗어나 정서적 안정을 추구하려고 하는 기제
	  – 공격기제 : 욕구충족의 과정이 방해되었을 때 방해요인에 대해 공격함으로써 정서적 긴장을 해소하려고 하는 기제

방어기제의 종류	• 억압 - 불쾌한 생각, 감정 등을 눌러서 의식 밑바닥에 가라앉게 하는 기제(예 교통사고와 같이 큰 사건의 당사자가 막상 그 사건을 기억하지 못하는 것) • 부정 - 특정한 일이나 생각, 느낌을 있는 그대로 받아들이는 것이 고통스럽기 때문에 인정하지 않으려 하는 기제 • 투사 - 자신이 받아들일 수 없는 생각이나 욕망 등을 자신이 아닌 다른 사람이나 외부 환경적인 이유 때문이라고 생각하는 기제(예 실제로는 내가 타인을 증오하는데, 이 감정을 타인에게 투사함으로써 오히려 타인이 나를 증오한다고 생각하는 것) • 동일시 - 자신이 생각하는 중요한 인물을 닮는 것, 자신의 자존감을 높이는 기능을 함(예 무서운 아버지 밑에서 양육된 아들이 아버지와 닮아 가는 것), 방어적인 동일시(따를 수 없는 욕망을 억제하고 외부의 요구를 내면화하여 자아를 변형시키는 것)와 발달적인 동일시(경험을 바탕으로 스스로 자아를 바꿔 나가 자율성을 획득해 가는 것)가 있음 • 퇴행 - 미성숙한 상태로 돌아가는 것으로, 스스로 자신이 없거나 실패할 가능성이 높은 행동 등을 해야 하는 상황에서 어린 시절로 되돌아감으로써 불안을 감소하는 방법(예 동생이 태어나기 전에는 정상적이었다가 동생이 태어난 후에 침대에 오줌을 싸는 등 더 어린 시절의 모습으로 돌아가는 것) • 반동 형성 - 금지된 충동을 억제하기 위해 그와 반대되는 사고와 행동을 강조하는 것(예 반감을 가지고 있는 직장 상사가 있는데, 그 상사에게 반감을 표출할 수 없기 때문에 그와 반대되는 공손한 태도를 지나치게 보이는 경우, 동성애 성향을 무의식적으로 감추고 있는 사람이 겉으로는 동성애에 대한 강한 혐오를 드러내며 동성애자들을 공격하는 경우), 반동 형성은 억압과 반대 행동 표현의 두 단계로 이루어짐 • 전위(= 전이, 치환) - 내적인 충동이나 욕망을 관련된 대상이 아닌 다른 대상에게 분출하는 것, 대상이 자신에게 위협적인 대상이기 때문에 그보다 덜 위협적인 다른 대상에게로 충동을 옮김(예 종로에서 뺨 맞고 한강에서 눈 흘긴다, 회사에서 직장 상사에게 호되게 지적당한 후 애인에게 화풀이하는 등의 행동) • 합리화 - 자책감이나 죄책감을 느끼지 않기 위해 현실을 왜곡하는 것, 원하는 행동을 하지 못했거나 원하는 결과를 얻지 못했을 때 그럴듯한 이유를 찾아내 자아가 상처 받는 것을 방지하는 것(예 이솝 우화에 나오는 '여우와 신 포도' 이야기), 합리화는 거짓말이나 변명과 같은 의식적인 행동과는 다르게 무의식적인 작용임 • 승화 - 사회적으로 허용되지 않는 충동을 허용되는 행위로 전환하는 것, 욕구의 대상을 사회적으로 인정되는 것으로 바꿈으로써 억압의 필요성을 제거하는 것(예 공격적인 충동을 지닌 사람이 격투기 등의 운동 선수가 되어 그 충동을 충족시키는 경우), 방어 기제 중에 성숙하고 건설적인 책략임 • 수동-공격성 - 적대감을 직접적으로 표현하지 못할 때 수동적인 태도로 적대감이나 공격적인 감정을 표현하는 것(예 상대방의 말에 침묵하는 것) • 신체화 - 심리적인 갈등이 신체를 통해 병이나 증상 등의 형태로 전환되어 나타나는 것, 동정 등을 얻고자 과장된 행동을 하는 경향을 보임(예 스트레스를 받았을 때 극심한 두통에 시달리는 것)
도피기제의 유형	• 고립 - 곤란한 현실에서 도피하는 기제(예 사업에 실패한 사업가가 두문 불출하는 경우) • 퇴행 - 욕구가 억압되었을 때 안전하고 즐거웠던 어린 시기의 행동을 함으로써 불안을 완화시키는 방법(예 어른이 난처할 때 손톱을 깨무는 경우, 노신사가 중학교 동창회에서 마치 중학생처럼 행동하는 경우) • 억압 - 불쾌한 생각, 감정 등을 눌러서 의식 밑바닥에 가라앉게 하는 기제(예 결혼에 실패한 여자가 남성에 대한 이야기만 나와도 피한다든가 하는 경우) • 백일몽 - 현실에서 자신의 욕구가 충족되지 못한 경우 직접적 또는 간접적으로 충족되는 비현실적인 세계를 생각하거나 상상하는 하나의 도피기제(예 꿈속에서 주택복권 당첨) • 고착 - 새로운 행동이 획득되지 못하고 선행행동에 고정되는 것(예 손가락 빨기, 수다스러움, 식도락 등의 구강기 고착행동)
공격기제의 종류	• 직접 공격기제 - 폭행, 싸움, 기물 파괴 등 • 간접 공격기제 - 조소, 비난, 폭언, 욕설 등

3) 프로이드의 정신분석이론(심리성적 성격발달이론)

- 프로이드(S. Freud)의 정신분석 이론에 근거할 때 '수호가 집에서 아빠 흉내를 많이 낸다고 하시더라구요. 아빠 면도기로 면도하는 흉내도 내고 아빠 신발을 신고 돌아다니기도 한다.'와 같은 유아의 행동과 관련된 용어는 (①)이다.

- (②) - 아빠에게 억울하게 심한 꾸중을 들은 유아가 적대감을 아빠에게 표현하지 못하고 동생을 때리거나 장난감을 발로 찬다.

- (③) - 동생이 태어난 유아가 엄지손가락을 빨거나 오줌을 싸는 행동이 잦아졌다.

- (④) - 동생을 싫어하는 재만이는 동생이 자기를 미워한다고 말한다.

CHAPTER 2

02 에릭슨(E. Erikson)의 정신분석이론(심리사회적 성격발달이론)

1) 에릭슨의 정신분석이론(심리사회적 성격발달이론) 합격단어
2) 에릭슨의 정신분석이론(심리사회적 성격발달이론) 합격내용
3) 에릭슨의 정신분석이론(심리사회적 성격발달이론) 합격기출

1) 에릭슨의 정신분석이론(심리사회적 성격발달이론) 합격단어

- 에릭슨, 정신분석이론, 심리사회적 성격발달이론, 아동의 사회적·문화적 환경의 중요성에 관심, 자아의 발달에 따른 건강한 정체감 형성 강조, 심리사회적 위기를 통해 발달함, 인간은 전 생애를 걸쳐 발달단계별로 여덟 가지의 발달 위기를 경험하게 된다고 가정함, 제1단계 신뢰감 대 불신감(유아기, 출생~18개월), 제2단계 자율성 대 수치심(초기아동기, 18개월~3세), 제3단계 주도성 대 죄의식(학령전기, 3~6세), 제4단계 근면성 대 열등감(학령기, 6~12세), 제5단계 자아정체감 대 자아정체감 혼란(청소년기, 12~20세), 제6단계 친밀감 대 고립감(성인초기, 20~20대), 제7단계 생산성 대 침체감(성인기, 45~50대), 제8단계 자아통합 대 절망감(노년기, 60대 이후)

2) 에릭슨의 정신분석이론(심리사회적 성격발달이론) 합격내용

심리사회적 단계		시기	쟁점	주된 대상	심리사회적 발달단계
1단계	신뢰감 대 불신감	유아기 (출생~18개월)	• 유아에게 지속적인 사랑, 관심, 일관성과 통일성 있는 경험이 신뢰감 형성 • 부적절하고 일관성이 없으며 부정적인 보살핌에 의해 불신감 형성	어머니	구강기
2단계	자율성 대 수치심	초기아동기 (18개월~3세)	• 자기 스스로의 일을 수행하는 시기로 칭찬, 신뢰, 용기에 의해 자율성을 형성 • 과잉조절이나 자기조절 상실로 수치심이나 의심이 생김	부모	항문기
3단계	주도성 대 죄의식	학령전기 (3~6세)	• 이 시기에 아동은 활동자유와 부모의 인정을 받으면 주도성이 생김 • 활동을 제한하고 질문에 대해 억압적 태도를 취하면 죄의식을 가짐	가족	남근기
4단계	근면성 대 열등감	학령기 (6~12세)	• 학교라는 작은 사회를 경험 • 아동들은 이제 어떤 일을 하기를 원한다. 그리고 그런 일에 성공하게 되면 근면성이 발달 • 반대로 실패는 미래의 학습을 방해하여 활동을 제한하고 일의 결과에 대하여 비판만 하면 열등감이 발달	이웃, 학교	잠복기
5단계	자아정체감 대 자아정체감 혼란	청소년기 (12~20세)	• 에릭슨은 이 시기를 가장 비중 있게 다룸 • 정체성을 형성한 사람은 자신감을 가지고 다가오는 성인기를 맞이할 준비를 하며 정체감을 성취 • 성역할과 직업선택에서 안정성을 확립하지 못하면 자아정체감 혼란이 생김	또래 집단	생식기

6단계	친밀감 대 고립감	성인초기 (20~20대)	• 다른 사람을 사랑할 수 있는 능력인 친밀감 형성 • 친밀감이 형성되지 못하면 고립감이 형성되는데 고립되면 자연히 친밀한 대인관계를 피하게 됨	동료	
7단계	생산성 대 침체감	성인기 (45~50대)	• 자녀를 양육하고 다음 세대를 교육시켜 사회적 전통을 전수시키고 가치관을 전달하는 생산성 형성 • 생산성을 확립하지 못한 사람은 성취감을 경험하지 못하고 침체에 빠짐	직장, 확대가족	
8단계	자아통합 대 절망감	노년기 (60대 이후)	• 자신의 인생을 수용하고 긍정적으로 받아들이면 자아통합을 경험 • 만약 후회와 무력감에 빠지면 절망감을 경험	인류, 동족	

3) 에릭슨의 정신분석이론(심리사회적 성격발달이론) 합격기출

- 에릭슨의 (①   ) 이론에 따르면, 아이들이 새로운 체험활동에 대한 두려움을 극복하고 자발적으로 지식을 습득하여 세상을 탐색할 수 있도록 도와주고자 하고, 아이들이 체험활동을 통해 주변 세상을 보다 능동적으로 탐색할 수 있도록 적극적인 지지를 보내주는 것은 유아의 (②   ) 증진을 돕는 교육방법이다.

CHAPTER 2

03 스키너(B.F. Skinner)의 행동주의이론(조작적 조건형성이론)

1) 스키너의 행동주의이론(조작적 조건형성이론) 합격단어
2) 스키너의 행동주의이론(조작적 조건형성이론) 합격내용
3) 스키너의 행동주의이론(조작적 조건형성이론) 합격기출

1) 스키너의 행동주의이론(조작적 조건형성이론) 합격단어

- 파블로프의 고전적 조건형성이론, 스키너, 조작적 조건형성이론, 조작적 행동, 강화, 벌, 강화의 유형(정적 강화, 부적 강화), 강화계획, 강화계획의 유형(고정비율계획, 변동비율계획, 고정간격계획, 변동간격계획), 일반화, 변별, 행동형성 및 행동량 증가 조작적 조건화 전략[프리맥 원리, 토큰강화, 행동조형, 단서철회(용암법), 자극통제, 변별학습], 행동감소 조작적 조건화 전략[소거, 상반행동 강화, 격리(time-out), 차별강화, 꾸중, 포만, 반응대가, 과잉교정]

2) 스키너의 행동주의이론(조작적 조건형성이론) 합격내용

구분	내용
개요	• 파블로프의 고전적 조건형성이론을 수용하여 더욱 발전시킨 이론 • 인간의 행동을 결정하는 것은 인간의 내적인 힘에 의해서 결정지어지는 것이 아니라 인간을 오랜 과거경험에서 비롯된 강화의 산물 보상과 처벌에 의해서 정해진다고 보았기 때문에 보상을 받은 행동은 지속될 것이고, 보상 받지 못한 행동 혹은 처벌 받은 행동은 사라지게 된다고 보았다. 이를 조작적 조건형성이라고 하였다. • 조작적 조건형성에서는 강화와 벌의 역할이 중요하다.
강화인	• 긍정적 강화인 – 그것의 제시가 행동을 다시 나타나게 할 확률을 증가시키는 자극 • 부정적 강화인 – 그것의 철회가 행동을 다시 나타나게 할 확률을 증가시키는 자극
소멸과 벌	• 소멸 – 조작적 행동에 영향을 미쳐 빈도를 줄이거나 전적으로 중지하도록 하는 요인, 어떤 반응이 더 이상 강화되지 않을 때 발생함 • 벌 – 혐오스럽거나 불쾌한 자극을 제시함으로써 반응이 감소하는 것

강화와 벌	• 강화란 어떤 행동의 강도와 발생빈도를 증가시키는 것을 의미하며, 정적 강화와 부적 강화가 있다.
	  – 정적 강화란 바람직한 반응을 했을 경우에 반응자가 좋아하는 강화물을 제공하면 바람직한 행동의 강도와 빈도가 증가하는 것이다.
	  – 부적 강화란 바람직한 반응을 나타냈을 때 반응자가 싫어하는 것을 제거 혹은 감소시켜 주는 것이다.
	• 벌이란 바람직하지 못한 행동을 약화시키거나 감소시키기 위해 사용한다.

강화계획	• 강화계획이란 행동에 대한 강화의 제시나 중단을 지시하는 규칙 및 절차를 의미한다. • 강화계획은 소멸을 방지하고 행동을 지속적으로 나타나게 하기 위하여 시간적 차원과 반응 수의 차원을 고려해서 구성할 수 있다. • 간격강화에는 고정간격 강화계획, 변동간격 강화계획이 있으며, 비율강화에는 고정비율 강화계획, 변동비율 강화계획이 있다.	

	계획	방법
간격계획	고정간격(FI)	마지막 강화 후에 일정한 시간이 경과해야만 강화가 주어진다.
	변동간격(VI)	마지막 강화 후에 특정한 시간이 경과해야만 강화가 주어지나, 그 간격이 예측할 수 없게 변한다.
비율계획	고정비율(FR)	고정된 반응횟수 후에 강화가 주어진다.
	변동비율(VR)	특정한 반응횟수 후에 강화가 주어지나, 그 숫자는 예측할 수 없게 변한다.

일반화와 변별	• 일반화는 특정한 상황에서만 반응을 보이던 것이 그와 비슷한 다른 상황에서도 반응을 보이는 것을 말하는 것으로, 이것은 강화된 행위가 다양한 관련 상황으로 확장되는 경향이다. • 변별은 주어지는 자극에 대해서 선택적으로 반응을 보이는 것을 뜻한다.
행동형성 및 행동량 증가 조작적 조건화 전략	• 프리맥 원리 - 빈도가 높거나 선호가 높은 활동을 강화물로 이용해서 빈도나 선호도가 낮은 행동을 증가시키려는 원리이다. • 토큰강화 - 토큰을 이용해서 바람직한 반응의 확률을 증가시키려는 기법이다. • 행동조형(Shaping) - 행동 조성 혹은 조형은 강화를 이용해서 목표행동을 점진적으로 형성하는 기법 • 단서철회(용암법, Fading) - 반응에 도움을 주는 단서나 강화물을 갑자기 중단하는 것이 아니라 점진적으로 줄여가는 절차를 가리킨다. • 변별학습/자극통제 - 변별자극을 학습하는 것을 변별학습이라고 하고, 변별자극을 이용해서 행동을 통제하는 기법을 자극통제라고 한다.
행동감소 조작적 조건화 전략	• 소거 - 강화를 주지 않을 때 반응의 확률이나 강도가 감소하는 현상이다. • 상반행동 강화 - 바람직하지 않은 반응과 동시에 수행할 수 없는, 정반대가 되는 반응을 강화하는 방법이다. • 격리(time-out) - 바람직하지 못한 행동의 확률을 감소시키거나 그 행동을 제거하기 위해 정적 강화를 받을 수 있는 기회를 박탈하거나 강화를 받을 수 있는 장면에서 일시적으로 추방하는 방법이다. • 차별강화 - 일정 시간 동안 바람직하지 않은 반응을 하지 않을 때 강화를 주는 기법이다. • 꾸중 - 비난이나 질책과 같은 꾸중은 처벌의 일종이다. • 포만 - 문제행동을 지칠 때까지 반복하도록 하여 문제행동을 감소시키는 방법이다. • 반응대가 - 바람직하지 않은 행동을 할 때마다 정적 강화물을 회수하는 방법, 예를 들면 과제를 제출하지 않을 때 감점을 하는 것이다. • 과잉교정 - 학습자가 바람직하지 못한 행동을 했을 때 싫어하는 행동을 하도록 하는 처벌 기법, 이 경우 싫어하는 행동은 바람직하지 않은 행동과 유사해야 한다.

3) 스키너의 행동주의이론(조작적 조건형성이론) 합격기출

- 학습과 발달은 (①   )한 것이다.

- (②   )는 빈도가 높거나 선호가 높은 활동을 강화물로 이용해서 빈도나 선호도가 낮은 행동을 증가 시키려는 원리이다.

- (③   )는 강화를 주지 않을 때 반응의 확률이나 강도가 감소하는 현상이다.

- (④   )는 바람직하지 않은 반응과 동시에 수행할 수 없는, 정반대가 되는 반응을 강화하는 방법이다.

04 반두라(A. Bandura)의 사회학습이론

1) 반두라의 사회학습이론 합격단어
2) 반두라의 사회학습이론 합격내용
3) 반두라의 사회학습이론 합격기출

1) 반두라의 사회학습이론 합격단어

- 반두라, 학습이론(행동주의 이론), 사회학습이론, 아동이 환경에 영향을 미침, 관찰학습, 모방학습, 대리학습, 관찰학습 과정 4단계[주의집중 단계(모델의 특성), 파지 단계(상징적 부호화, 인지적 조직, 인지적 연습), 운동재생 단계(신체능력, 세부동작수행능력, 자기관찰, 피드백), 동기화 단계(직접강화, 대리강화, 자기강화)], 자기강화, 자기효능감, 상호결정론

2) 반두라의 사회학습이론 합격내용

구분	내용
개요	• 학습이론에서처럼 아동을 환경적 반응이나 자극에 대한 수동적인 개체로 보는 대신, 자신의 발달에 능동적인 역할을 한다는 점을 강조한다. • 환경이 아동의 행동을 형성한다는 학습이론가들과는 달리, 아동이 환경에 영향을 미친다는 입장을 취한다. • 반두라는 인간은 사회적 상황 속에서 다른 사람의 행동을 보고 들음으로써 모방을 통하여 많은 것을 학습한다고 주장하고, 모방학습의 중요성을 강조하면서 관찰학습이론을 제시한다. • 아동은 자신의 성장과 발달에 영향을 미치는 환경조성에 적극적으로 참여하는 존재이다. • 친구의 어떤 행동에 대해 교사가 칭찬하는 것을 관찰한 유아가 그 행동을 배우게 되는 경우가 있는데, 이 경우 대리적 강화가 작용하기 때문이다. 이러한 학습은 관찰학습, 모방학습, 대리학습 등으로 불린다. • 관찰학습은 타인의 행동을 관찰한 결과 이루어지는 학습을 의미한다. • 사회적 상황에서 타인들의 행동을 단순히 관찰만 하여도 그들의 행동을 학습할 수 있다고 본 것이다. 이러한 반두라의 입장을 사회학습이론이라고 부른다.
자기강화와 자기효능감	• 자기강화란 자기 자신의 행동에 대해 자기 스스로 내리는 평가로, 자신이 갖고 있는 기준에 따라 자신의 행동을 강화해 줌으로써 자기 행동을 유지하거나 바꾸는 과정을 통해 자신의 행동을 통제하는 것을 의미한다. • 자기 효능감이란 자신이 어떤 일을 잘 해낼 수 있다는 개인적 신념으로 어떤 행동을 모방할지, 안 할지를 결정하는 요소이다. 즉, 자신의 능력 범위 내에 있는 활동은 시도할 것이고, 자신의 능력을 벗어나는 과제는 피하려 할 것이다.

상호결정론	• 반두라의 사회학습이론에서는 발달과정을 개인과 환경 간의 상호성으로 보는 양방향으로 가정한다. 이를 상호결정론이라고 불렀다.
	• 반두라는 발달과정에서 개인, 행동, 환경 간의 관계는 양방향적이라고 주장한다.
	  - 개인은 아동의 인지능력, 신체적 특성, 성격, 신념, 태도 등을 포함하는 것으로 행동이나 환경에 영향을 미친다.
	  - 아동의 행동은 자신에 대한 느낌, 태도, 신념에 영향을 미친다.
	• 상호결정론은 환경자극이 인간행동에 영향을 주지만, 신념 및 기대와 같은 사람 요인 역시 인간의 행동방식에 영향을 준다고 가정한다.

CHAPTER 2

- 사회학습이론에서 아동발달은 아동과 환경 간의 계속적인 상호작용에 의해 이루어진다고 주장한다. 따라서 아동은 자신의 발달과정에서 능동적으로 참여하는 존재라는 것을 알 수 있다.
- 인간은 타인의 행동을 관찰함으로써 학습하는 것을 배울 수 있다.
- 관찰학습 과정 4단계

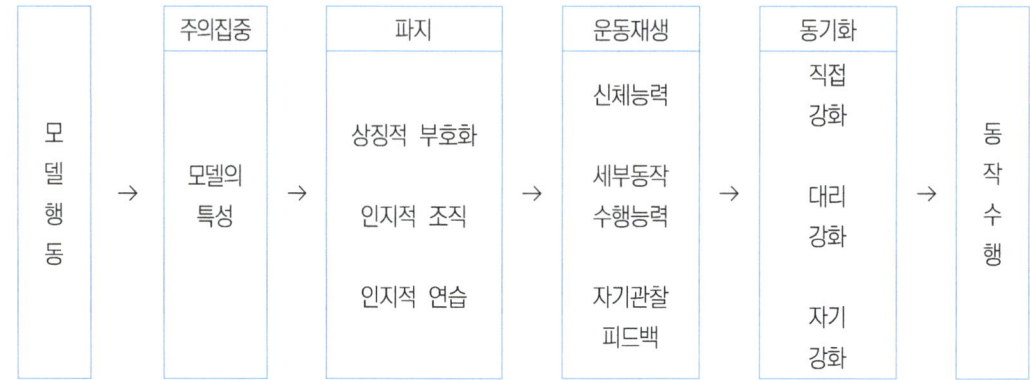

관찰학습의 구성요소 (관찰학습 과정 모형)

- 주의집중 단계(과정) - 주의는 모방대상에 관심을 기울이는 과정으로, 성공·명예·부·신체적인 매력 등과 같은 특색을 갖춘 경우에 잘 이루어진다.
- 파지 단계(과정) - 파지는 모방대상의 행동을 상징적인 형태로 기억해 주는 과정으로, 주로 동시에 발생하는 자극들을 연합하는 자극근접에 의해 이루어진다. 파지는 한 사건을 내면화하고 나중에 그 순서를 재생하도록 해준다.
- (운동)재생 단계(과정) - 운동재생은 기억되어 있는 내용을 정확하게 재생하는 과정이다. 모방한 행동을 실행하는 것은 상징적으로 표상된 행위 — 마음 속으로 그리거나 상상한 행위 — 를 신체동작으로 나타내는 것, 행동을 정확하게 재생하려면 필요한 운동기술을 갖추어야 한다.
- 동기화 단계(과정) - 동기화는 획득된 행동을 수행할 것인가 아니면 수행하지 않을 것인가를 결정하는 것이다. 모방을 통해 학습한 행동을 수행할 것인가의 여부는 강화, 좀 더 정확하게 표현하자면 강화 기대에 달려 있다. 긍정적 결과를 얻을 것이라고 기대되는 행동은 수행으로 나타나지만, 부정적 결과를 얻을 것이라고 기대되는 행동은 수행되지 않음, 수행은 강화와 동기적 변인들에 의해 좌우됨, 위의 모든 과정을 통하여 습득된 행동은 강화요인과 동기화 수준에 따라 모방될 수도 있고 안 될 수도 있다.
  - 직접강화 : 자기 행동의 결과로 획득되는 강화이다.
  - 대리강화 : 모델이 강화를 받는 사실을 관찰할 때 관찰자가 경험하는 일종의 간접강화이다.
  - 자기강화 : 바람직한 행동에 대해 스스로 제공하는 강화이다.

3) 반두라의 사회학습이론 합격기출

- 반두라(A. Bandura)의 (① 　　　　　)이론에 따르면, (② 　　　　　) 과정은 긍정적 결과를 얻을 것이라고 기대되는 행동은 수행으로 나타나지만, 부정적 결과를 얻을 것이라고 기대되는 행동은 수행되지 않는 것과 관련된 단계이다.

- 강화의 유형 '(③ 　　　　　)'와 ㉠에 해당하는 관찰학습 과정 '(④ 　　　　　)' - 평소 양보를 잘 하지 않는 준우가 "선생님, 제가 정훈이에게 자동차를 먼저 가지고 놀라고 양보했어요."라고 하였다. 나는 은주의 감사카드에 글을 적어주느라 칭찬을 못해 주고 "아, 정훈이가 무척 좋아 했겠구나."라고만 하였다. 준우는 어제 주희가 ㉠ 친구에게 양보해서 칭찬받는 것을 보고, 그 일을 기억해서 자신도 칭찬받기를 기대한 것 같다. 준우가 친구들과 잘 놀 수 있도록 칭찬해 줄 수 있는 기회를 놓친 것 같아 아쉽다.

- 관찰학습의 구성요소에 따르면, 첫째, (⑤ 　　　　　) 단계에서 에스키모 소년은 사냥하고 눈 집 짓는 것을 주의 깊게 지켜본다. 둘째, (⑥ 　　　　　) 단계에서 에스키모 소년은 주의 깊게 지켜본 행동을 기억한다. 셋째, (⑦ 　　　　　) 단계에서 에스키모 소년은 기억한 행동을 떠올리면서 시도해 본다. 넷째, (⑧ 　　　　　)단계에서 에스키모 소년은 어른의 격려와 칭찬이 따르면 눈 집 짓는 일을 계속하고 그 행동을 학습한다.

- 사회학습이론에서 친 사회적 행동 발달요인으로 강조하는 것은 (⑨ 　　　　　)이다.

CHAPTER 2

05 피아제(J. Piaget)의 인지발달이론

1) 피아제의 인지발달이론 합격단어
2) 피아제의 인지발달이론 합격내용
3) 피아제의 인지발달이론 합격기출

1) 피아제의 인지발달이론 합격단어

- 피아제, 인지발달이론, 도식, 동화, 조절, 평형화, 인지적 불일치, 인지발달단계[감각운동기(0~2세), 전조작기(2~7세), 구체적 조작기(7~11세), 형식적 조작기(12세 이후)], 전조작기 유아 사고의 특성[상징적 사고(가상놀이=상징놀이), 자기중심적 사고(자기중심적 언어=혼잣말), 물활론적 사고(존재하는 모든 사물에 의지나 생명이 있다고 생각하는 단계 → 움직이는 모든 것은 살아 있다고 생각하는 단계 → 스스로 움직이는 것만 살아 있다고 생각하는 단계 → 생물만 살아 있는 것으로 생각하는 단계), 인공론적 사고, 꿈의 실재론, 전환적 추론, 비가역적 사고, 보존개념 미획득, 중심화], 직관적 사고기 유아 사고의 특성[보존개념(동일성, 상보성, 가역성), 중심화], 구체적 조작기 유아 사고의 특성(탈중심화, 인과관계), 형식적 조작기 유아 사고의 특성(추상적 사고, 가설연역적 사고, 조합적 사고)

2) 피아제의 인지발달이론 합격내용

구분	내용
기초 원리	• 적응 - 피아제는 인지발달은 유기체가 환경과 상호작용하는 적응과정을 통하여 이루어진다고 하였다. - 적응과정은 '동화'와 '조절'이라는 두 개의 하위 과정으로 구분된다. • 도식 - 피아제가 말하는 인지구조는 지능과 지적 행동의 밑에 있는 보이지 않는 지식의 틀을 가리키는데, 피아제는 바로 이러한 인지구조를 도식이라고 하였다. - 도식은 유기체가 새로운 사물을 인지하고 대응하는데 사용하는 지각의 틀 또는 반응의 틀이다. - 유아는 기본적인 도식을 가지고 태어나 조직화와 적응의 과정을 통해 새로운 도식을 개발하고 기존의 것들을 변화시킨다. 도식은 일생에 걸쳐 개발, 수정된다.
인지발달 이론의 주요 용어	• 도식(=쉐마) - 피아제 인지발달의 기초가 되는 개념으로, 도식은 지식의 기본 단위, 즉 개인이 갖고 있는 정신적 구조를 의미한다. • 동화 - 인간이 외부의 환경에서 새로운 사물이나 정보를 받아들일 때 자기가 이미 가지고 있는 도식에 맞추어 받아들이는 것이다. - 이미 학습이나 경험으로 형성된 기존의 도식에 맞게 자기 나름대로의 이해의 틀에 변화시켜 새로운 대상을 이해하고 해석하는 것이다. - 예 유아가 음식이든 아니든 무엇이나 입으로 가져가는 것 - 동화는 환경의 요구에 관계 없이 하나의 도식을 사용한다는 것을 나타낸다. 이 경우 유아는 자신의 내적 욕구를 만족시키기 위해 환경을 변화시킨다.

- 조절
  - 외부의 환경이나 새로운 정보가 기존의 도식에 맞지 않을 때 그 도식을 바꾸거나 수정하는 과정을 뜻한다.
  - 새로운 대상이 기존의 틀로써 이해되지 않을 때 그 틀을 변화시키는 것으로 기존의 도식을 수정하는 과정이다.
  - 아동이 조절을 할 때는 도식의 형태에 질적인 변화가 일어난다.
  - 아동이 사자를 보고 고양이라고 말할 때 누군가가 "아니야, 그것은 사자란다."라고 말해줌으로써 잘못을 바로잡을 수 있다. 이때 아동은 '사자'라고 불리는 새로운 도식을 형성하게 된다.
- 평형화
  - 동화와 조절의 인지과정을 통합하고 조정함으로써 평형 상태를 유지하려는 경향을 의미한다.
- 인지적 불일치
  - 동화나 조절의 적정 수준이 유지되지 않을 때 인지구조는 평형을 잃게 된다. 즉, 자신의 인지 구조를 외부 조건에 조절시킬 수 없는 상태이다.
  - 인지적 갈등상태는 과제 해결을 위한 동기와 노력을 통하여 새로운 인지적 구조를 형성하게 하여 보다 높은 수준의 평형 상태에 도달한다.
  - 인지발달은 평형 상태에서 새로운 과제를 통해 평형이 깨지고 이를 극복하여 재평형화를 이루는 연속적인 과정이라고 볼 수 있다.

인지 발달 단계

- 피아제는 인지발달을 출생에서 2세까지의 감각운동기, 2~7세까지의 전조작기, 7~11세까지의 구체적 조작기, 12세에서 성인기까지의 형식적 조작기의 네 단계로 구분하였다.
- 감각운동기
  - 감각운동기는 출생 순간부터 약 2세까지의 기간으로 이 시기의 아동은 대부분 자극에 대한 반응으로 과거에 대한 기억이나 미래에 대한 계획이 아닌 순전히 감각운동에 기초하여 행동하게 된다.
  - 피아제는 감각운동기를 아래와 같이 6단계로 구분한다.

1단계(출생~1개월) 반사작용단계	이 시기에 가장 우세한 도식은 '빨기 도식'임
2단계(1~4개월) 1차 순환반응	유쾌한 자극에 대해 의도적인 행동을 서서히 나타내 보이며 선천적인 반응을 다른 대상에 적용시켜 새로운 반응을 획득함
3단계(4~10개월) 2차 순환반응	2단계에서의 순환반응은 관심이 자기 내부의 만족을 위한 것이라면, 3단계에서는 자신이 아닌 외부에서 흥미로운 사건을 발견하여 반복하게 된다.
4단계(10~12개월) 2차 도식의 협응	이 시기의 유아는 어떤 결과를 얻기 위해 둘로 분리된 도식을 협응하여 의도적이며 수단-목적적인 행동을 수행한다.
5단계(12~18개월) 3차 순환반응	이 시기의 유아는 외부세계에 대해 명백히 실험적이며 탐색적인 접근을 하게 된다.
6단계(18~24개월) 사고의 시작	5단계에서는 어떤 다른 결과를 얻기 위해 이런저런 시행착오를 경험하지만, 6단계에서 아동은 직접 행동하지 않고 상상하거나 생각함으로써 시험해봄

- 전조작기
  - 전조작기에 해당하는 2~7세의 아동들은 언어를 사용하게 되면서 사물이나 사건을 기억하고 표현하는 능력이 가능해지지만, 조작능력에는 아직 한계가 있다.
  - 변형된 경험을 논리적으로 환원시키지 못하고, 지각에 의한 직접적 경험으로 사물이나 사건을 이해한다.
  - 조작이란 수, 액체, 질량의 보존개념을 논리적으로 이해하는 것인데 이러한 조작이 아직 이루어지지 못하는 시기를 전조작기라고 한다.

- 구체적 조작기
  - 7~11세경까지의 시기를 구체적 조작기라고 하며, 이 시기에는 아동의 사고가 급격히 진전하여 한정적인 관점에서 벗어나 일반적인 것에까지 관점을 넓히게 된다.
  - 일반적인 것으로 관점이 확대되고 내적 표상을 갖게 되며 내적 표상을 여러 가지 방식으로 조작할 수도 있게 된다.
  - 가설적이고 추상적인 또는 언어적인 문제를 다루는데는 아직 미숙하다.
- 형식적 조작기
  - 피아제에 의하면, 인지적 성숙은 형식적 조작기에 이르러서야 이루어진다.
  - 이 시기에 뚜렷하게 나타나는 것은 가설연역적 추리의 사고를 할 수 있는 능력이다.
  - 가설연역적 추리는 전제로부터 결론을 유도해낼 수 있는 추리이며, 언어에 의존되는 정도가 크다.
  - 형식적 조작기의 사고 특징
    ‣ 추상적 사고 : 실제적으로 경험할 수 없는 사물이나 사건을 머릿속으로 생각하는 것이다. 형식적 조작기에는 어떤 사물에 대해 다양한 요인을 함께 고려할 수 있을 뿐만 아니라 사물이 존재하는 방식과 기능하는 방식에 대해 창의적으로 사고할 수 있다.
    ‣ 가설연역적 추리 : 제시된 문제에 내포된 정보로부터 하나의 가설을 설정하여 일반적인 원리를 바탕으로 특수한 원리를 논리적으로 이끌어내는 것을 말한다. 즉, 구체적 조작기에는 어떤 문제 상황에 놓이게 되면 과거의 문제해결 경험을 바탕으로 문제를 해결하려고 하지만, 형식적 조작기에는 문제해결 방안과 관련된 가설을 설정하고 체계적인 검증을 통하여 하나의 문제해결 원리를 표출해낸다.
    ‣ 조합적 사고 : 하나의 문제를 해결하기 위해 여러 가지 가능한 해결책을 논리적으로 구성하여 문제해결에 이를 수 있는 사고이다. 구체적 조작기에는 문제해결을 위한 가능한 방법을 체계적으로 조합하여 생각하지 못하지만 형식적 조작기에는 문제해결을 위해서 사전에 모든 가능한 방법을 생각하고 체계적으로 조합할 수 있는 능력을 갖게 된다.

전조작기 (전개념기 + 직관적 사고기 : 2~7세) 유아 사고의 특성

- 상징적 사고
  - 상징적 사고는 특정 단어나 대상을 다른 무언가로 표상할 수 있는 능력인 상징적 기능에 따라 생각하는 것이다.
  - 특정 대상이나 경험을 표상하기 위해 상징(상상이나 언어)을 사용하는 상징적 기능과 물건, 행동 또는 행위자가 다른 것을 상징하거나 대신하는 상징(또는 가상)놀이가 나타난다.
  - 상징적 기능이란 특정 단어나 대상을 다른 무언가로 표상할 수 있는 능력이다. 예를 들어, 소꿉놀이, 병원놀이, 학교놀이 등을 들 수 있다.
  - 피아제 : 전조작기의 가장 중요한 인지적 성취는 상징적 사고(symbolic thought)의 출현이라고 주장
  - 상징(symbol) : 어떤 다른 것을 나타내는 징표(예 - 국기는 국가를 상징)
  - 상징의 사용은 문제해결의 속도를 증가시키고, 시행착오를 감소시킨다.
  - 상징적 사고의 가장 매혹적인 결과 중의 하나인 가상놀이는, 가상적인 사물이나 상황을 실제 사물이나 상황으로 상징화하는 놀이이다.
- 자기중심적 사고
  - 자기중심적 사고는 유아가 세상을 자신의 관점에서 바라보기 때문에 다른 사람의 관점을 고려하지 못하고 자신의 입장에서만 생각하는 것이다.
  - 자기중심적 사고는 다른 사람의 관점을 고려하지 못하는데에 기인한다. 이것은 유아가 이기적이거나 일부러 다른 사람의 입장을 배려하지 않는 것이 아니라, 단지 다른 사람의 관점을 이해하지 못하는 것을 의미한다.
  - 자기중심적 사고는 유아가 세상을 자신의 관점에서 바라보기 때문에 다른 사람의 관점을 고려하지 못하는데서 기인한다.
  - 자기중심적 사고는 유아의 자기중심적 언어에서도 잘 나타난다. 자기중심적 언어는 상대방이 자신이 하는 말을 이해할 수 있는지 여부를 고려하지 않고 자신의 생각만을 전달하는 의사소통 양식이다. 그러므로 이 시기의 대화는

- 상대방의 이야기를 듣지 않고 자신의 이야기만 하는 집단 독백형태가 많다.
- 유아는 우주의 모든 현상을 자기중심적으로 생각하는데, 자신이 좋아하는 것을 다른 사람도 좋아하고, 자신이 느끼는 것을 다른 사람도 느끼며, 자신이 알고 있는 것을 다른 사람도 알고 있다고 생각한다.
- 예 어머니의 생일선물로 자신이 좋아하는 피카츄 인형을 고르거나, 숨바꼭질 놀이를 할 때 자신이 술래를 볼 수 없으면 술래도 자신을 볼 수 없다고 생각하여 몸은 다 드러내놓고 얼굴만 가린 채 숨었다고 생각하는 경우

• 물활론적 사고
- 물활론적 사고는 세상 만물이 모두 생명이 있다고 생각하는 것이다.
- 전조작기의 유아가 생물과 무생물을 구분하는 방식은 성인의 경우와는 다르다. 이 시기에 유아들은 물활론적 사고를 한다. 즉, 생명이 없는 대상에게 생명과 감정을 부여한다.
- 예 태양은 자기가 원해서 밝게 빛나고, 종이를 가위로 자르면 종이가 아플 것이라고 생각한다.
- 물활론적 사고는 4단계를 거쳐 변화하는데 유아기에는 1, 2단계까지 발달한다.
  ㉠ 1단계 : 존재하는 모든 사물에 의지나 생명이 있다고 생각하는 단계이다.
  ㉡ 2단계 : 움직이는 모든 것은 살아 있다고 생각하는 단계이다.
  ㉢ 3단계 : 스스로 움직이는 것만 살아 있다고 생각하는 단계이다.
  ㉣ 4단계 : 생물만 살아 있는 것으로 생각하는 단계이다.

• 인공론적 사고
- 세상의 모든 사물이나 자연현상이 사람의 필요성에 의해 자신의 목적에 맞도록 사용하기 위해 만들어진 것이라고 생각하는 것이다.
- 예 사람이 집이나 차를 만들 듯이 해나 산도 사람이 만들었다고 생각한다.

• 꿈의 실재론
- 꿈의 실재론은 정신적 현상과 물리적 현상이 미분화되어 정신적 현상에 물리적 속성을 부여하는 사고이다.
- 실재론적 사고가 가장 잘 나타나는 것이 유아의 꿈이다. 유아는 꿈이 실제로 일어난 것이라고 믿으며 마음 속으로 상상한 것과 현실의 상황이 엄격하게 구분되지 않는다.

• 전환적 추론
- 전환적 추론이란 서로 관련이 없는 두 개의 사건을 원인과 결과의 관계로 연결시키는 비약적 도출과 같은 현상을 의미한다.
- 유아기에는 전 개념적 사고의 한계 때문에 귀납적 추론이나 연역적 추론을 하지 못하고 대신 전환적 추론(transductive reasoning)을 한다.
- 예를 들어, 피아제의 딸 루시엔느의 "나는 아직 낮잠을 자지 않았어. 그러니 지금은 오후가 아니야."라고 한 말에서 전환적 추론의 증거를 찾아볼 수 있다.
- 전환적 추론의 특징 : 한 특정 사건으로부터 다른 특정 사건을 추론하는 것
- 어떤 두 가지 현상이 시간적으로 근접해서 발생하면 두 현상 간에 아무런 관계가 없는 데도 유아는 인과관계가 있는 것으로 생각한다.

• 비가역적 사고
- 가역성은 어떤 변화가 일어났을 때 먼저 상태로 되돌려 놓는 것을 의미 하는데, 비가역성은 이런 능력이 없는 것을 뜻한다.
- 보존개념과 비가역성
  ㉠ 전조작기 유아가 보존개념을 획득하지 못하는 이유를 피아제는 전조작기의 비논리적 사고의 특징인 비가역성(irreversibility) 때문이라고 주장한다.

ⓒ 양의 보존개념에 관한 실험에서 물을 처음 잔에 도로 부으면 물의 양이 똑같다는 사실을 유아는 이해하지 못한다.
- 피아제가 제시한 전조작기 유아가 보존개념을 획득하지 못하는 이유
  ㉠ 중심화 현상 때문이다. 중심화란 두 개 이상의 차원을 동시에 고려하지 못한 채 한 가지 차원에만 주의를 집중하는 것을 말한다. 양의 보존개념에 관한 실험에서 물의 양은 잔의 밑면적과 높이에 의해서 결정되는데, 유아는 이 중에서 한 가지 측면(물의 높이나 넓이)만을 보고 대답을 한다.
  ㉡ 전조작기의 비논리적 사고의 특징인 비가역성 때문이다. 가역성은 어떤 변화가 일어났을 때 먼저 상태로 되돌려 놓는 것을 말하는데, 비가역성은 이런 능력이 없는 것을 말한다. 양의 보존개념에 관한 실험에서 물을 처음 잔에 도로 부으면 물의 양이 똑같다는 사실을 유아는 이해하지 못한다.
  ㉢ 지각적 특성에 의해 판단하는 직관적 사고 때문이다. 그러니까 유아는 그 잔의 물의 양이 적을 것이라고 생각한다.
  ㉣ 정지된 상태에 주의를 집중하여 바뀌는 상태를 고려하지 못하기 때문이다. 양의 보존개념에 관한 실험에서 똑같은 양의 물을 한 잔에서 다른 잔으로 옮겨 놓았다는 전환상태를 유아는 고려하지 못한다.

- 중심화(=지각적 중심화)
  - 중심화란 한 번에 대상의 한 가지 특성이나 사건의 한 측면에만 주의를 기울이는 경향성을 의미한다.
  - 이로 인해 보존개념을 획득하기가 어렵다.
  - 대상이나 활동의 한 가지 측면만 고려하여 두 개 이상의 측면을 동시에 고려하거나 이를 통합하려는 조작적 사고가 결여되는 것이다.
  - 대게 지각적으로 우세한 측면에만 집중하는 경향이다.
- 직관적 사고
  - 직관적 사고는 어떤 사물을 볼 때 그 사물의 두드러진 한 가지 지각적 속성에 의해 판단하는 것을 의미한다.
  - 유아의 직관적 사고는 보존개념과 유목 포함 실험에서 잘 나타난다.
- 보존개념
  - 보존개념이란 물질의 양, 수, 길이, 면적, 부피 등은 모양이 바뀌어도 그 속성이 바뀌지 않는다는 것을 이해하는 능력을 의미한다.
  - 피아제에 의하면 전조작기에는 보존개념이 획득되지 않는다고 한다.
  - 전조작기의 사고가 조작적 사고와 다른 것은 보존의 개념이 없다는 점이다. 예를 들어, 같은 크기와 모양의 컵 두 개에다 같은 양의 물을 넣어서 유아들에게 그 양이 같다는 것을 확인시킨 후, 유아가 보고 있는데서 한쪽 컵의 물을 형태가 다른 컵으로 옮겨 담아 물의 높이가 다르게 만든다. 그리고 어느 쪽 컵의 물이 더 많은지 물어 보면 4~5세 된 어린이는 물의 높이가 높은 것이 많다고 하거나, 옆으로 넓어 보이는 컵의 물이 많다고 대답한다. 이는 물의 양에 대한 보존개념이 없다는 것을 보여준다.
  - 직관적 사고기의 후반에 가면 이러한 중심화 현상이 어느 한 가지 측면에만 기울어지는 것이 아니라 왔다 갔다 한다. 예를 들어, 물의 높이가 높으니까 많다고 대답했던 유아들은 좁고 가느다란 컵에 물을 넣으면 이번에는 밑면적이 좁으니까 물이 적다는 식으로 대답을 한다. 이와 같이 물의 양을 결정하는 두 요인 중의 한 가지 요인인 높이나 밑면적에 주의를 기울일 수는 있으나, 이 두 가지 요인이 동시에 함께 작용해서 물의 양이 결정된다는 생각은 하지 못한다. 이것은 유아들이 전조작기의 사고수준에서는 그때그때의 정지된 상태에 주의를 집중하여 바뀌는 상태를 고려한 전체로서 이해하지 못하고, 한 상태와 다른 상태를 서로 변화시켜 보지 못하기 때문이다. 이러한 현상은 어떤 변화가 일어나면 이것을 먼저 상태로 되돌려 볼 수 있는 가역성이 없기 때문이다.
- 직관적 사고기 유아의 사고 특성 : 분류 - 논리적 사고에 있어서 분류는 불가결한 것인데, 전조작기 수준에서는 분류가 불충분하다. Piaget와 Inhelder(1964)는 기본적인 분류조작이 성립되기 위해서는 세 가지 단계를 거친다고 보고 있다. 첫 단계(2½세~5세)에서 유아의 분류기준은 무계획적이고 기준은 언제라도 변화할 수 있다. 따라서 이때의 유아들의 분류는 논리적 분류라고 볼 수가 없다. 제2단계(5~7세)에 있는 유아는 분류할 대상이 지닌 속성에

	따라서 분류하고, 또 이것을 하위집단으로 분류할 수도 있기 때문에 분류가 되는 것처럼 보인다. 그러나 깊이 살펴보면, 분류범주 속에 포함되는 관계를 진정으로 이해하지 못하고 있다는 것을 알 수 있다. 제3단계(8세 이후)에 들어서면 이러한 논리적 관계 또는 전체와 부분의 유목 포함이 잘 이해되어 있어서 조작적인 분류가 가능해진다. • 직관적 사고기 유아의 사고 특성 : 서열 - 유아에게 길이가 조금씩 틀린 나무막대기를 주고 길이가 짧은 것부터 차례로 나열하는 과제를 주면, 처음에는 전혀 차례대로 나열하지 못한다. 다음에는 몇 개는 차례대로 만드나 전체로는 하나의 서열로 통일하지 못하는 단계에 이른다. 그 다음 단계에서는 많은 시행착오를 거치기는 하나 결과적으로는 서열이 완성된다. 마지막으로 구체적 조작기에 이르러서는 완전한 서열이 나타나는데, 전체 막대기 중에서 가장 작은 것을 먼저 끄집어내고, 다음에는 나머지 중에서 가장 작은 것을 골라내는 식의 조직적인 방법에 의해서 차례를 구성한다.

구체적
조작기
(7~11세)
유아
사고의
특성
	• 구체적 조작단계의 인지구조는 관찰될 수 있는 구체적 사물을 다루는 데는 논리적이나, 가설적이고 추상적인 또는 언어적인 문제를 다루는데는 아직 미숙하다.
	• 탈중심화
	  - 구체적 조작기에 오면서 다른 사람과의 상호작용 과정에서 아동들은 자신의 사고가 모순이 된다든지 또는 한 차원만 보고 다른 차원을 고려하지 못하였다는 것 등을 발견하게 된다. 또 자신의 생각 외에 여러 생각이 가능하다는 것도 알게 된다.
	  - 구체적 조작단계에서는 자기중심성이 감소하면서, 다른 요소들은 무시한 채 한 요소에만 주의를 집중하는 경향에서 벗어나는 탈중심화가 일어나게 된다. 따라서 아동은 자극의 여러 특성에 주의를 기울일 수 있으며 여기서 얻는 새로운 지식들을 협응시켜 지각적 오류를 감소시킬 수 있다.
	• 인과관계
	  - 피아제는 구체적 조작단계의 후기인 9~10세경이 되어야 전환적 추론 이상의 인과관계를 이해할 수 있다는 것을 발견하였다.
	  - 점차 어떤 사물이 일어나 물리적·기계적 인과성을 찾고 사물을 합리적 인과관계 속에서 분석하고 재구성하려고 한다.

형식적 조작기 (12세 이후) 유아 사고의 특성	• 추상적 사고 - 추상적 사고는 실제적으로 경험할 수 없는 사물이나 사건을 머릿속으로 생각하는 것이다. • 가설연역적 추리 - 가설연역적 추리는 제시된 문제에 내포된 정보로부터 하나의 가설을 설정하여 일반적인 원리를 바탕으로 특수한 원리를 논리적으로 이끌어내는 것을 뜻한다. • 조합적 사고 - 조합적 사고는 하나의 문제를 해결하기 위해 여러 가지 가능한 해결책을 논리적으로 구성하여 문제해결에 이를 수 있는 사고이다.

CHAPTER 2

3) 피아제의 인지발달이론 합격기출

- 김 교사는 피아제(J. Piaget) 이론에 기초하여 유아들이 (①   )와 조절을 통해 (②   ) 과정을 이루어가면서 인지발달을 해가도록 돕는 교사 역할을 중시한다. 이를 위해 김 교사는 유아들이 (③   )를 일으키도록 지원하는 교사 역할을 수행하였다.

- (④   ) 사고 - 4세 겨운이는 오전 간식 시간에 옆 자리에 앉아 있는 소진이와 약간 다투었다. 소진이가 겨운이의 과자를 하나 더 먹으려고 하자 겨운이는 소진이의 손등을 꼬집었다. 소진이는 "너, 왜 꼬집어?"라며 겨운이의 팔을 쳤고, 겨운이는 울음을 터뜨렸다. 선생님은 겨운이를 달래며 친구를 꼬집으면 안 된다고 말한 후, 유아들과 이야기나누기 시간을 가졌다. 그런데 갑자기 소진이가 배가 아프다며 울기 시작하였고, 선생님은 급히 소진이를 데리고 나갔다. 이를 본 겨운이는 간식 시간에 자신이 소진이를 꼬집어서 소진이의 배가 아픈 것이라고 생각하여 겁도 나고 걱정이 되었다.

- (⑤   ) 사고와 (⑥   ) 사고 - 3세 나운이는 인형을 앞에 놓고 숟가락을 마이크처럼 입에 댄 채 노래를 부르고 있었다. 나운이는 실수로 숟가락을 놓쳐 그만 인형의 머리 위에 떨어졌다. 나운이는 놀라 인형을 쓰다듬으며, "호호" 불어 주었다. "괜찮아? 숟가락이 때려서 많이 아프지?"라고 말한 후, 구급함에서 일회용 밴드를 꺼내서 인형의 머리에 붙여 주었다. "조금만 참아. 곧 괜찮아질 거야." 나운이는 인형을 토닥이며 가슴에 꼭 끌어안았다.

- (⑦   )의 미 발달 - 현우 어머니는 4세 현우와 누나에게 과자 5개가 들어있는 과자 한 봉지씩을 나누어 주었다. 현우와 누나는 과자 봉지를 뜯어 "하나, 둘, 셋, 넷, 다섯" 세면서 각자 자신의 접시에 과자를 놓았다. 현우는 접시에 과자 5개를 줄지어 놓았고, 누나는 접시에 과자 5개를 띄엄띄엄 떨어뜨려 놓았다. 현우 어머니는 "현우 다섯 개, 누나 다섯 개네."라고 말하며 똑같은 개수가 있음을 확인시켰다. 현우는 자신의 접시와 누나의 접시를 번갈아 보더니, 누나의 과자가 더 많다며 울기 시작하였다. 현우 어머니는 똑같이 있으니 울지 말라고 현우를 달랬으나, 현우는 울음을 그치지 않았다.

- 피아제(J. Piaget)의 전조작기 사고특성 중 유아가 자신의 입장에서만 사물을 생각하며 다른 사람의 입장에서 이해하지 못하는 것은 '(⑧   )'에 해당한다. 그리고 자신이 지각하는 한 가지 요소에만 주의를 집중하고 그 외 다른 요소들을 고려하지 못하는 것은 '(⑨   )'에 해당된다.

- (⑩   )란 동화와 조절이라는 두 가지 발달 기제 간에 균형을 이루려는 자기규제의 과정이다.

- (⑪   ) 사고 - 철수와 동민이는 쌓기놀이 영역에서 블록을 밀면서 '붕붕' 소리를 내며 자동차 놀이를 하고 있다.

- (⑫   ) 사고 - 민정이와 은혜는 소꿉놀이 영역에서 찰흙을 동그랗게 빚고 있다. 민정이는 공 모양 찰흙을 손바닥으로 눌러 넓적하게 만들면서 "와! 빈대떡이다 내 찰흙이 너보다 더 많다!"라며 즐거워한다.

- (⑬   ) 사고 - 교실 한가운데에서 다섯 명의 유아들이 숨바꼭질 놀이를 하고 있다. 술래인 우진이가 눈을 가리고 다른 유아들은 교실 구석구석에 숨는다. 커튼 뒤에 숨은 경수의 다리가 보이고 교구장 뒤에 숨은 수빈이의 한쪽 어깨가 보인다.

06 비고츠키(L.S. Vygotsky)의 인지발달이론

1) 비고츠키의 인지발달이론 합격단어
2) 비고츠키의 인지발달이론 합격내용
3) 비고츠키의 인지발달이론 합격기출

1) 비고츠키의 인지발달이론 합격단어

- 비고츠키, 인지발달이론, 사회적 구성주의, 아동발달에 있어서 문화와 사회적 관계를 강조, 사회문화적 인지이론, 고등정신의 발달, 근접발달영역(실제적 발달수준, 잠재적 발달수준), 비계(scaffolding), 언어와 사고의 발달단계, 사회적 중재(개인 간 단계, 개인 내 단계, 타인조절, 자기조절, 내면화 과정), 비계설정, 비계설정의 구성요소와 목표[공동문제 해결, 상호주관성 확보, 따뜻함과 반응 보여주기, 아동을 근접발달지대 내에 머물게 하기, 자기 조절력 증진시키기(낮은 단계 거리두기, 보통 단계 거리두기, 높은 단계 거리두기)], 비계설정의 전략(절차적 촉진물, 촉진물 사용을 모델링하기, 소리 내어 사고하기, 어려운 영역들을 예상하기, 단서 카드 제공하기, 난이도 조절하기, 반쯤 완성한 예를 제시하기, 상호적 교수, 점검목록 제시하기), 상호주관성, 언어와 사고의 관계[언어 우선론, 언어의 2가지 기능(공적인 언어, 혼잣말), 언어 발달 순서(사회적 언어 → 자기 중심적 언어 → 내면화된 언어), 언어는 처음에는 사회적 상호작용의 도구였다가 개인적 도구로 변화되어 감, 언어는 원시적 언어 → 순수 심리 언어 → 자기 중심적 언어 → 내적 언어의 순서로 발달함, 언어는 고등정신 기능을 이끄는 중요한 요인이 되며 인지 발달을 주도함, 근접발달영역에 접근하여 상호작용하는 것이 언어 발달을 촉진시켜 줄 수 있는 방법임, 언어와 사고의 발달은 병행함, 언어는 사회적 의사소통과 사고 발달의 도구임, 사회적 언어 → 자아 중심적 언어로 발달함, 혼잣말(타인의 반응을 필요로 하지 않음, 자기중심적 언어, 독백, 사고의 도구, 사회적 언어라기보다는 문제해결의 도구임, 내적 언어 단계 이전에 나타남, 인지적 성숙이 이루어져도 나타날 수 있음, 나이가 많을 때보다 나이가 적을 때 상대적으로 많이 사용함, 과제가 쉬울 때 보다는 과제가 어렵고 혼동될 때 많이 사용함)

2) 비고츠키의 인지발달이론 합격내용

구분	내용
개요	• 비고츠키는 아동발달에서 문화와 사회적 관계를 강조하였기 때문에 그의 이론은 사회문화적 인지이론으로 불리운다. • 비고츠키의 이론에 따르면, 사회적 상호작용이 아동이 특정 문화에 적절하게 사고하고 행동하는 법을 습득하는 데 필수적이라고 하였다.
비고츠키 이론의 특징	• 비고츠키 이론의 특징은 고등정신의 발달, 근접발달영역, 비계, 언어와 사고의 발달단계 등의 네 가지로 정리할 수 있다. • 고등정신의 발달 - 비고츠키에 따르면, 영아는 주의, 감각, 기억, 지각 등 소수의 기본적인 정신을 가지고 태어나지만 이것이 사회문화에 의해 더욱 새롭고 정교한 고등정신기능으로 변화한다. 따라서 사회적 상호작용을 통해 아동에게 전달된 사회적 정보가 처음에는 객관적 특성을 지녔다 해도, 내면화 과정을 통해 아동의 심리적 차원에서는 주관적 특성으로 존재하게 되는 것이다.

	- 근접발달영역 - 근접발달영역이란 아동이 혼자 독립적으로 문제를 해결할 때, 아동이 보이는 실제적 발달수준과 성인이나 좀 더 유능한 또래와의 협력으로 아동이 성취할 수 있는 잠재적 발달수준 간의 간격이다. 근접발달영역의 설명에서 중요한 것은 교사의 가르침이 일방적으로 이루어지는 것이 아니라, 아동이 스스로의 힘으로 문제를 해결할 수 있도록 도움을 제공하는 비계를 설정해 주어야 한다는 것이다. - 비계 - 비고츠키는 아동의 인지발달은 자신이 속한 문화에서 보다 성숙한 구성원과 상호작용을 통해 이루어진다고 보았다. 아동이 과제를 수행하는데 도움을 주다가 일단 아동이 혼자서 문제를 해결할 수 있게 되면 비계는 더 이상 필요가 없게 된다.
사회적 중재(social mediation)에 대한 비고츠키 이론의 관점	- 사고, 기억, 이성과 같은 고등정신 기능은 사회적 중재를 통해 개인 간(interpersonal) 단계에서 시작하여 개인 내(intrapersonal) 단계로 진행된다. - 사회적 중재로서의 비계설정(scaffolding)에서 성인의 중요한 역할은 과제에 대한 유아의 수행능력에 따라 도움을 조절해 감으로써 도움의 질을 변화시켜 나가는 것이다. - 사회적 중재를 통해 사회 혹은 성인에 의존하여 타인 조절(other-regulation)이 이루어지다가 점차 유아 스스로 더 많은 주도성을 가지고 활동을 해 나가는 자기 조절(self-regulation)능력을 갖게 된다. - 사회적 중재 과정이 초기에는 주로 성인 또는 유능한 또래가 행동을 직접 보여주거나 언어적 지시를 통해 사고를 이끌어주는 역할을 하다가, 내면화(internalization) 과정을 통해 점차 유아가 스스로 문제를 해결하게 된다.
근접발달영역 (Zone of Proximal Developme-nt)	- 근접발달영역이란 아동이 혼자 독립적으로 문제를 해결할 때, 아동이 보이는 실제적 발달수준과 성인이나 좀 더 유능한 또래와의 협력으로 아동이 성취할 수 있는 잠재적 발달수준 간의 간격이다. - 근접발달영역이란 아동이 스스로의 힘으로 문제를 해결할 수 있는 수준인 실제적 발달수준과 성인이나 유능한 또래로부터 도움을 받아 문제를 해결할 수 있는 수준인 잠재적 발달수준의 중간 영역을 의미한다. - 근접발달지대란 독립적인 문제해결에 의해 결정된 아동의 실제적 발달 수준과 성인의 안내나 더 유능한 또래들과의 협조 아래 문제를 해결하는 것을 통해 결정되는 잠재적 발달의 더 높은 수준 간의 차이를 의미한다. - 근접발달영역의 설명에서 중요한 것은, 교사의 가르침이 일방적으로 이루어지는 것이 아니라 아동이 스스로의 힘으로 문제를 해결할 수 있도록 도움을 제공하는 비계를 설정해 주어야 한다는 것이다. - 근접발달영역의 개념은 비록 두 아동이 도움 없이 혼자 힘으로 문제를 해결할 수 있는 수준이 비슷하다 할지라도, 도움을 받고 문제를 해결할 수 있는 수준은 크게 다를 수 있음을 암시한다. 즉, 도움에 의해 수행능력이 증가하면 할수록 근접발달영역은 더 넓어진다는 것이다.
비계 및 비계설정	- 근접발달영역과 매우 밀접한 연관이 있는 개념이 비계(scaffolding)이다. - 비계는 아동이 스스로의 힘으로 문제를 해결할 수 있도록 성인이나 유능한 또래가 도움을 제공하는 것을 의미한다. - 비계설정이란 어린이가 능동적으로 그 자신을 구성해 나가는 하나의 건물이라고 할 때, 어린이로 하여금 앞으로 내닫게 하고 계속 새로운 능력들을 구축하게 하는 필수적 지원 체계이다. - 비계 - 비고츠키는 아동의 인지발달은 자신이 속한 문화에서 보다 성숙한 구성원과의 상호작용을 통해 이루어진다고 보았다. 그래서 아동이 과제를 수행하는데 도움을 주다가 일단 아동이 혼자서 문제를 해결할 수 있게 되면 비계는 더 이상 필요가 없게 된다. - 아동을 가르치는 동안 아동의 현재 수준에 알맞도록 가르침의 양을 조절한다. 아동이 학습하는 내용이 새로운 것이라면 직접적인 지시를 하고, 아동이 따라오게 되면 직접적인 지시 대신에 힌트를 준다. - 비계는 건축학에서 빌려온 용어로, 건물을 지을 때 발판을 사용하다가 건물이 완성되면 제거해버리는 장치를 말한다. 마찬가지로 아동이 과제를 수행하는데 도움을 주다가 일단 아동이 혼자서 문제를 해결할 수 있게 되면 비계는 더 이상 필요가 없게 된다.

- 비계설정의 구성요소와 목표

공동문제 해결	흥미 있고 문화적으로 의미 있는 협동적 문제해결활동에 대한 어린이들의 참여, 상호작용을 위해 애쓰는 것이다.	
상호주관성 확보	어떤 과제를 시작할 때는 서로 다르게 이해하고 있던 두 참여자가 공유된 이해에 도달하는 과정이다.	
따뜻함과 반응 보여주기	정서적 분위기, "이제 맞추었구나", "야! 잘했구나!" 처럼 자신감을 고양시키는 것이다.	
아동을 근접발달지대 내에 머물게 하기	언제나 어린이에게 주어진 과제가 적합하게 도전적인 수준이 되도록 과제와 주변 환경들을 구성해 주는 것이다. 어린이의 현재 요구들과 능력들에 맞도록 성인이 개입의 양을 항상 조절하는 것이다.	
자기조절력 증진시키기	구분	내용
	낮은 단계 거리두기	"이것은 무슨 색이지?", "이 공룡은 큰 이빨을 가지고 있네" 처럼 이름 붙이기와 묘사하기
	보통 단계 거리두기	"어떤 것이 더 크지?", "이 초록색은 저것하고 다르게 보이는구나" 처럼 비교하기, 분류하기, 관련짓기
	높은 단계 거리두기	"만약 우리가 이것을 여기에 넣으면 어떻게 될까?" 처럼 계획하기, 추리하기, 추론하기

- 비계설정의 전략

절차적 촉진물	유아가 암묵적인 기술을 배우도록 돕는 '발판'을 제공해 준다. 예를 들어, 교사는 유아의 글을 읽은 후, 누가 무엇을, 언제, 어디서, 왜, 어떻게와 같은 '신호 단어'들을 사용하여 질문들을 만들어 내도록 권장할 수 있다.
촉진물 사용을 모델링하기	교사는 읽은 책에 관한 질문들을 만들어 내는 모델이 되어 줄 수 있다.
소리 내어 사고하기	교사의 전문적 사고과정을 그대로 본떠서, 학습자가 문제를 처리하기 위해 절차적 촉진물을 사용할 때 행하는 수정과 선택을 유아들에게 보여준다.
어려운 영역들을 예상하기	교수의 모델링과 발표단계를 예로 들면, 교사는 유아들이 저지를 수 있는 오류들을 예상하고 그에 대해 논의한다.
단서 카드 제공하기	유아들이 학습할 때 참조할 수 있도록 절차적 촉진물을 '단서카드'에 적어준다. 유아들이 연습을 거듭함에 따라 이 카드들은 점차 불필요해진다.
난이도 조절하기	암묵적 기술을 내포하는 과제들을 도입할 때에는 처음에는 단순한 문제로 시작하여 각 단계가 끝나면 연습을 하게 하고, 점차 과제의 복잡성을 증가시킨다.
반쯤 완성한 예를 제시하기	유아들에게 문제를 반쯤 풀어서 제시하고 결론을 내리게 만드는 것은 유아들이 궁극적으로 자기 힘으로 문제를 푸는 법을 가르치는데 효과적인 방법이 될 수 있다.
상호적 교수	교사와 유아가 교사의 역할을 번갈아가며 한다. 교사는 유아가 논의를 이끌어나가고 스스로 질문을 던지는 것을 학습하는 과정에서 지원을 제공한다.
점검목록 제시하기	유아들에게 자기 점검절차를 가르쳐서 자신의 반응의 질을 스스로 조정하도록 돕는다.

상호주관성	• 상호주관성은 어떤 과제를 시작할 때는 서로 다르게 이해하던 두 참여자가 공유된 이해에 도달하는 것을 말한다. 즉, 공동 활동의 각 참여자가 상대방의 관점에 자신의 관점을 조정하여 맞춤으로써 의사소통을 위한 공동의 화제를 만들어가는 것을 의미한다. • 상호주관성은 상대방의 말을 이해하기 위해서는 말뿐만 아니라 그 사람의 사고를 이해해야 하며, 더 나아가서는 그 말을 하게 된 동기가 무엇인지도 이해해야 한다는 것이다. 이 때 성인은 자신의 생각을 아동이 이해할 수 있는 수준으로 융통성 있게 풀어줌으로써 상호주관성을 높이려 한다. 예를 들면, 교사는 새로운 과제를 아동이 이미 알고 있는 것들과 연관지어 말해줄 것이다.

언어와 사고의 관계	• 언어 우선론
	  - 언어는 인지발달을 이끌며, 유아는 사회적 관계를 내면화함으로써 고등정신 기능을 배우는데 이때 언어는 고등정신 기능을 이끄는 중요한 요인으로 인지발달을 주도할 수 있다.
	  - 예 예쁘다, 귀엽다, 아름답다 등의 관용적 표현을 사회적으로 많이 접하고 사용함으로써 관련된 개념이 발달하며 인지구조도 세분화된다.
	• 언어의 2가지 기능
	  - 공적인 언어 : 다른 사람에게로 향하는 언어를 나타내며 사회적 의사 전달의 기능을 한다.
	  - 혼잣말 : 알아들을 수는 있지만 다른 사람을 향한 의도가 없이 자기 자신에게 하는 말이다. 이는 자기 통제 기능을 가지고 있다.
	• 언어 발달 순서 : 사회적 언어 → 자기 중심적 언어 → 내면화된 언어
	  - 언어는 처음에는 사회적 상호작용의 도구였다가 개인적 도구로 변화되어 간다.
	  - 언어는 원시적 언어 → 순수 심리 언어 → 자기 중심적 언어 → 내적 언어의 순서로 발달한다.
	• 근접발달지대
	  - 유아가 이미 완성한 언어 형태와 사회적 지원을 받아 사용할 수 있는 능력이 형성된 언어 형태의 차이를 근접발달영역이라고 하며, 근접발달영역에 접근하여 상호작용하는 것이 언어 발달을 촉진시켜 줄 수 있는 방법이다. 즉, 근접발달영역에서 접근할 때 미숙한 문장 표현과 원숙한 문장 표현의 차이를 알게 된다.
	• 사회적 구성주의는 언어 사용에 능숙한 사람이 제공해주는 언어적 상호작용과 도움을 강조한다. 즉 의미 있는 성인, 교사, 또래와의 상호주관적인 상호작용은 유아의 언어 발달과 고등한 사고 성장의 기본적인 동기가 된다.
	• 인지적 구성주의와 사회적 구성주의 이론의 차이
	
	        | 피아제 | 비고츠키 |
	        |---|---|
	        | • 언어발달은 인지발달에 의존한다.
	        • 유아기 언어 발달은 자아중심성을 반영한다.
	        • 자아중심적 언어 → 사회적 언어 | • 언어와 사고의 발달은 병행한다.
	        • 언어는 사회적 의사소통과 사고 발달의 도구
	        • 사회적 언어 → 자아중심적 언어 |

혼잣말에 대한 비고츠키의 관점	• 혼잣말의 기능
	  - 타인의 반응을 필요로 하지 않는다. 즉, 자기중심적 언어는 아동이 주변에 다른 사람이 존재하는가의 여부와 관계 없이 자신이 활동하는 것에 대해 독백을 하는 형태로 나타난다.
	  - 자신에게 말하는 것이 다음에 무엇을 생각할 것인가에 영향을 미치는 중요한 사고의 도구이다.
	  - 내적 언어 단계 이전에 나타난다.
	  - 긴장의 완화나 활동의 표현적 부산물로 그치는 것이 아니라, 문제해결을 위한 계획을 모색하는 도구로 작용한다.
	  - 사적 언어는 인지적 성숙이 이루어져도 나타날 수 있는 것이다.
	  - 사적 언어를 사용함으로써 자신의 행동과 사고과정을 진행해 나갈 수 있다.
	  - 나이가 많을 때보다 나이가 적을 때 상대적으로 많이 사용하게 된다.
	  - 과제가 쉬울 때 보다는 과제가 어렵고 혼동될 때 많이 사용하게 된다.

피아제와 비고츠키 비교:

피아제	비고츠키
• 언어발달은 인지발달에 의존한다. • 유아기 언어 발달은 자아중심성을 반영한다. • 자아중심적 언어 → 사회적 언어	• 언어와 사고의 발달은 병행한다. • 언어는 사회적 의사소통과 사고 발달의 도구 • 사회적 언어 → 자아중심적 언어

- 사회적 언어라기보다는 문제해결의 도구이다.
- 혼잣말에 대한 비고츠키 이론과 피아제 이론의 차이

	비고츠키	피아제
발달적 중요성	외면화된 사고를 나타낸다. 자기 인도 및 자기 지시라는 목적을 위해 자신과 의사소통을 하는 기능을 가지고 있다.	타인의 관점을 받아들이고 상호적 의사소통에 참여하는 능력이 없음을 나타낸다.
발달의 과정	어릴 때는 증가하다가 점차 밖으로 들리지 않게 되면서 내적인 사고가 된다.	연령이 증가함에 따라 사라진다.
사회적 언어와의 관계	긍정적이며 사적 언어는 다른 사람들과의 사회적 상호작용을 통해 발달한다.	부정적, 사회적, 인지적으로 미성숙한 아동이 자기중심적인 언어를 더 많이 사용한다.
환경맥락과의 관계	과제난이도와 함께 증가한다. 사적 언어는 문제 해결에 더 많은 인지적 노력을 필요로 하는 상황에서 자기 자신을 이끌어가는 유익한 기능을 한다.	(특별한 관점을 언급하지는 않았다.)

3) 비고츠키의 인지발달이론 합격기출

- 비고스키(L. Vygotsky)는 유아가 (①)에서 잠재적 발달수준으로 나아가기 위해서는 유능한 또래나 성인의 (②)로서의 역할이 중요하다고 하였다.

- (③)는 학습과 인지 발달이 일어나는 역동적인 지역이다.

- 사고, 기억, 이성과 같은 고등정신 기능은 (④)를 통해 개인 간(interpersonal) 단계에서 시작하여 개인 내(intrapersonal) 단계로 진행된다.

- 사회적 중재로서의 (⑤)에서 성인의 중요한 역할은 과제에 대한 유아의 수행능력에 따라 도움을 조절해 감으로써 도움의 질을 변화시켜 나가는 것이다.

- 사회적 중재를 통해 사회 혹은 성인에 의존하여 (⑥)이 이루어지다가 점차 유아 스스로 더 많은 주도성을 가지고 활동을 해 나가는 (⑦) 능력을 갖게 된다.

- 사회적 중재 과정이 초기에는 주로 성인 또는 유능한 또래가 행동을 직접 보여주거나 언어적 지시를 통해 사고를 이끌어 주는 역할을 하다가, (⑧)과정을 통해 점차 유아가 스스로 문제를 해결하게 된다.

- (⑨)은 유아 스스로의 힘으로 문제를 해결할 수 있는 수준을 말한다.

- (⑩)은 성인이나 유능한 또래로부터 도움을 받아 문제를 해결할 수 있는 수준을 말한다.

CHAPTER 2

- 문화마다 유아의 사고와 행동 발달이 다양하게 나타남을 인식하고 (⑪   )의 중요성과 특수성을 강조하였다.

- (⑫   )은 사회적 중재(social mediation)를 의미하며, 문제를 해결할 수 있도록 적절한 도움을 제공하는 것을 말한다.

- 유아는 어려운 과제일수록 (⑬   )을 더 많이 하는데 그 이유는 문제 해결 과정에서 자신의 행동과 사고를 통제하는데 언어가 중요한 역할을 하기 때문이다.

- 교사-유아 상호작용을 설명하는 용어 '(⑭   )' - 김 교사는 먼저 승미에게 친구들과 함께 노는 법을 알려주거나, 설명하기, 시범보여주기 등과 같은 직접적이고 구체적인 도움을 주었고, 승미는 친구들이 싫어하는 행동을 조금씩 덜 하게 되었다. 승미의 행동이 나아짐에 따라 김 교사는 점차적으로 도움의 정도를 줄여갔고, 승미는 이제 교사의 도움 없이 친구들과 잘 지내게 되었다.

- 이야기 나누기에서 나타난 상호작용 과정을 설명하는 용어 '(⑮   )' - 김 교사는 '따돌림'에 대해 유아들과 이야기 나누기를 하였다. 처음에 유아들은 각자 자신의 입장에서만 이야기를 하였다. 그러나 이야기를 나누는 과정에서 유아들은 서로의 관점이 어떻게 다른지를 알게 되었고 이야기 나누기가 끝날 무렵 서로의 입장을 이해하고 서로가 싫어하는 행동을 하지 않아야겠다고 생각하게 되었다.

07 브론펜브레너(U. Brofenbrenner)의 생태학적 체계이론

1) 브론펜브레너의 생태학적 체계이론 합격단어
2) 브론펜브레너의 생태학적 체계이론 합격내용
3) 브론펜브레너의 생태학적 체계이론 합격기출

1) 브론펜브레너의 생태학적 체계이론 합격단어

- 브론펜브레너, 생태학적 체계이론, 사회문화적 관점에서 아동발달을 체계화함, 환경=인간의 발달에 영향을 주거나 인간의 발달에 의해 영향을 받는다고 생각되는 유기체 바깥의 사건이나 조건, 환경 2가지(물리적 환경, 사회적 환경), 인간발달=인간이 자신의 환경을 지각하고 다루는 방식에서의 지속적인 변화, 다섯 가지 환경체계 구분(미시체계, 중간체계, 외체계, 거시체계, 시간체계)

2) 브론펜브레너의 생태학적 체계이론 합격내용

구분	내용
개요	• 생태학적 체계이론은 브론펜브레너가 인간발달을 사회문화적 관점에서 이해한 이론이다. 브론펜브레너는 생태학적 이론을 주장하고 사회문화적 관점에서 아동발달을 체계화 하였다.

주요 개념	• 환경
	- 브론펜브레너가 말하는 환경이란 인간의 발달에 영향을 주거나 인간의 발달에 의해 영향을 받는다고 생각되는 유기체 바깥의 사건이나 조건이다.
	- 환경은 여러 가지로 분류될 수 있으나 일반적으로는 물리적 환경과 사회적 환경으로 대변된다.
	- 물리적 환경이란 사람을 둘러싼 비인간적 환경으로 개인이 살고 있는 집과 이웃의 나무 등을 포함한다.
	- 사회적 환경은 타인을 포함하는 인간적 환경이다.
	- 물리적 환경과 사회적 환경은 모두 아동의 연령이 증가함에 따라 변화한다. 그러나 물리적인 것보다는 사회적 상황 속에서의 사람과의 관계 형성과 관계의 변화가 개인의 발달에 더 큰 영향을 주기 때문에 한 개인의 발달을 위해서는 물리적 환경보다는 사회적 환경이 더 중요하게 여겨진다.
	• 인간발달
	- 브론펜브레너가 제시한 인간발달이란 인간이 자신의 환경을 지각하고 다루는 방식에서의 지속적인 변화를 의미한다.
	- 인간발달의 세 가지 기본 전제는 다음과 같다.
	  ① 발달하는 개인은 단순히 환경의 영향을 받는 백지 상태가 아니라 환경을 재구성하면서 성장하는 역동적인 실체다.
	  ② 환경도 상호조절 과정을 거쳐 영향력을 발휘하기 때문에 개인과 환경 간의 상호작용은 상호호혜성의 특징을 지닌다.
	  ③ 생태학적 환경의 개념은 개인이 직접 참여하는 장면에만 국한되는 것이 아니라 개인이 직접 참여하는 장면들 간의 상호 연결과 개인이 속해 있지 않은 외부 환경으로부터 받는 영향까지도 포함한다.

환경체계	• 브론펜브레너의 이론에 따르면 다섯 가지 환경체계가 있다. 그것은 미시체계, 중간체계, 외체계, 거시체계, 그리고 시간체계를 말한다. • 다섯 가지 환경체계는 가족과 같이 아동에게 가장 직접적인 환경으로부터 시작해서 그 유아가 살고 있는 근접한 영역으로, 그리고 점점 더 광범위한 영역으로 확대된다.

- 미시체계
  - 미시체계는 가족이나 또래와 같이 아동에게 직접적으로 영향을 주는 환경맥락이다.
  - 유아기와 아동기에 매우 중요한 체계로, 개인과 개인의 아주 가까운 주변에서 일어나는 활동과 상호작용을 나타내며, 각 개인이 그 체계 안에 있는 다른 사람에게 영향을 주고 또 다른 사람으로부터 영향을 받는 발달의 진정한 맥락이다.
  - 예 가정, 유치원, 병원, 놀이터 등
  - 브론펜브레너의 이론에 따르면 유아가 중앙에 위치해 있는데, 이 유아의 근접 환경이 미시체계이다.
  - 미시체계는 유아가 살고 있는 집의 크기, 근처에 있는 운동장의 시설물, 학교 도서관에 구비된 도서 등과 같은 물리적 특성을 포함한다. 또한 유아의 가족, 친구, 학교, 이웃이 이 체계에 포함된다.
  - 미시체계는 유아의 인지적 능력, 사회·정서적, 동기적 부분과 함께 유아의 생물학적, 심리적 특질에 가장 직접적이고 즉각적으로 영향을 주는 부분이다.
  - 특히 취학 전 유아에게는 가정, 유치원, 또래집단과 같은 미시체계가 유아의 발달에 직접적으로 영향을 미치는 환경이다.
  - 지금까지 수행된 유아에 대한 연구들의 대부분은 이 수준에서 이루어졌다. 어머니와 유아의 애착에 관한 연구, 또래집단 내에서의 인기도에 관한 연구 등이 좋은 예이다.
  - 각각의 미시체계가 유아의 발달에 미치는 영향은 유아가 성장함에 따라 변화하게 된다.
- 중간체계
  - 중간체계는 두 개 이상의 미시체계 간의 상호관계를 의미한다.
  - 중간체계는 미시체계들 간의 상호관계, 즉 환경들과의 관계를 말한다.
  - 가정, 학교, 또래 집단과 같은 미시체계들 간의 연결이나 상호관계를 나타내며, 이러한 미시체계들 간의 지원적인 강한 연결에 의해 발달이 잘 이루어진다.
  - 예 가정, 학교, 이웃, 보육기관과 같은 미시체계들 간의 관계
  - 중간체계는 유아가 적극적으로 참여하는 미시체계들 사이의 연결망에 해당된다. 예를 들면 부모와 교사 간의 관계, 형제관계, 이웃, 친구와의 관계 등이 그것이다.
  - 또래에 관심을 많이 갖게 되는 유아기에는 또래 간의 관계로부터 많은 영향을 받으며 유아교육기관을 다니면서 부모와 교사 간의 관계 또한 유아에게 중요한 영향을 미치는 요인이 된다.
  - 일반적으로 이 체계들이 더 많이 상호 관련되어 있을수록 유아의 발달이 좀 더 분명하고 일관성 있게 이루어질 수 있는 것이다.
- 외체계
  - 외체계는 유아가 직접 참여하지는 않지만 유아에게 영향을 미치는 사회적 환경을 의미한다.
  - 외체계에는 정부기관, 사회복지기관, 교육위원회, 대중매체, 직업 세계 등이 포함된다.
  - 외체계는 아동과 직접적인 상호작용은 하지 않으나 아동이 속한 미시체계에 영향을 주는 사회적 환경을 의미한다.
  - 아동이 그 맥락의 부분을 이루고 있지는 않지만 아동과 청소년의 발달에 영향을 줄 수 있는 맥락들로 구성된다.
  - 예 지역사회 수준에서 기능하고 있는 사회의 주요 기관이 주로 해당됨, 부모의 직장, 손위형제가 다니는 학교, 부모의 친구, 정부기관, 사회복지기관, 교육위원회, 대중매체, 교통, 통신시설, 문화시설 등
  - 아동이 직접 외체계에 참여하지는 않지만 이러한 환경들은 아동의 행동에 영향을 미친다.
- 거시체계
  - 거시체계는 아동이 속한 사회의 가치관, 도덕관, 사회의 정책 등을 말한다.
  - 아동의 성장과 발달에 전반적인 영향을 미치는 그 문화권의 광범위한 가치 체계들이다.
  - 예 문화권의 제도, 신념, 가치 체계 등

- 거시체계의 변화는 외체계, 중간체계, 미시체계에 영향을 준다.
- 거시체계는 미시체계, 중간체계, 외체계에 포함된 모든 요소에다 개인이 살고 있는 문화적 환경까지 포함한다.
- 문화란 한 세대에서 다음 세대로 전수되는 영적·종교적 가치, 법적·정치적 실제, 문화집단에 의해 공유되는 관습과 관례를 의미한다.

- 시간체계(=시간차원)
  - 위의 네 단계는 시간이 지나면서 변화한다. 기아, 전쟁, 다른 자연재해 같은 역사적 사건으로 인해 미시체계와 외체계의 변화를 가져오기 때문이다.
  - 시간체계는 이런 영향으로 인한 변화에 근거한 브론펜브레너의 개념이다.
  - 시간체계는 전생애에 걸쳐 시간이 흐름에 따라 달라지는 사회역사적인 환경을 의미한다.
  - 시간체계는 시간적으로 한 시점의 사건이나 경험이 아닌 사회·역사적 환경을 의미한다.
  - 시간 경과에 따른 사람과 환경의 변화, 예를 들어 최근 여성들의 취업에 대한 욕구는 대단히 커서 10~20년 전과 매우 다른 것과 같이 시대가 흐름에 따라 달라지는 경험을 의미한다.
  - 예컨대 과거에 유아에게 중요한 영향을 미치는 환경은 주로 가족이었으나, 최근에는 대중매체나 친구 등 가정 밖 요인들의 영향력도 점차 더 커지고 있다. 또한 인터넷은 과거와는 또 다른 환경으로서 유아에게 영향을 미치고 있다. 이처럼 시대가 흐름에 따라 달라지는 경험을 시간체계라고 한다.
  - 이러한 변화는 언제나 발생할 수 있으며, 변화의 원천들이 얼마나 많고 적으냐에 따라 변화양상도 다양할 수 있다. 예를 들어, 부모의 이혼이 유아에게 미치는 영향에 관한 연구에서는 이혼의 부정적인 영향은 이혼의 첫 해에 최고조에 달하며, 딸보다 아들에게 더 부정적인 영향을 미친다고 보고하고 있다. 또한 사회문화적인 환경과 관련해서는 20~30년 전에 비해 더 많은 여성들이 직업 갖기를 희망하게 되었다고 말한다. 이와 같은 상황에서의 시간체계는 유아의 삶에 지대한 영향을 미치게 된다.

- 다섯 가지 체계는 서로 간에 영향을 주고받게 된다.
  - 시간체계와 거시체계에서의 변화가 외체계에 영향을 주고 외체계의 변화는 다시 중간체계와 미시체계에 영향을 준다.
  - 미시체계에서의 변화는 중간체계와 외체계를 거쳐 거시체계와 시간체계에 영향을 미친다.

- 유아의 행동은 여러 다양한 수준의 상황들이 상호 역동적으로 영향을 미쳐서 나타난다고 볼 수 있다.
  - 한 유아가 특정 놀잇감을 왜 꼭 그런 식으로 가지고 노는지를 이해하려면 그 유아의 미시체계와 거시체계를 동시에 고려해야 한다.
  - 집단에서 따돌림을 받는 유아를 이해하기 위해서도 그 유아의 미시체계와 거시체계를 동시에 고려해야 한다.

- 생태학적 접근은 한 유아의 행동을 여러 다양한 환경적 요인과 관련하여 살펴보도록 요구한다. 따라서 한 유아에 대한 정확한 이해는 그 행동에 영향을 준 다양한 환경 요건을 함께 고려함으로써 가능해진다.

CHAPTER 2

3) 브론펜브레너의 생태학적 체계이론 합격기출

- 브론펜브레너의 생태학적 체계이론에 따르면, 아이들이 몸담고 있는 가족과 지역사회, 문화와 같은 환경과 아이들의 관계가 매우 중요하고, 유아의 부모님이 일하는 직장은 (①   )에 해당한다.

- (②   )는 유아를 둘러 싸고 있는 부모, 가족, 친구 등 직접적인 환경으로서, 유아와 영향을 주고받는다.

- (③   )는 개인의 전 생애에 걸친 변화와 사회 역사적인 환경의 변화이며, 유아의 발달과 행동에 영향을 미친다.

- (④   )은 유아를 둘러싸고 있는 직접적 환경으로부터 문화적 환경에 이르기까지 인간 발달에 영향을 미치는 환경 체계의 범위를 설명하고 있다.

- (⑤   )는 미시체계, 중간체계, 외부체계(exosystem)에 포함되는 모든 요소 외에 문화, 관습, 법 등 사회문화적 환경을 포함한다.

유아교육과 발달 합격기출 정답

01 프로이드(S. Freud)의 정신분석이론(심리성적 성격발달이론)

정답

①	②	③	④
동일시	전이	퇴행	투사

02 에릭슨(E. Erikson)의 정신분석이론(심리사회적 성격발달이론)

정답

①	②			
심리 사회적 성격발달	주도성			

CHAPTER 2

03 스키너(B.F. Skinner)의 행동주의이론(조작적 조건형성이론)

정답

①	②	③	④
동일	프리맥의 원리	소거(=소멸)	상반 행동 강화

04 반두라(A. Bandura)의 사회학습이론

정답

①	②	③	④	⑤
사회학습	동기화	대리강화	동기화	주의집중
⑥	⑦	⑧	⑨	
파지	재생(=운동재생)	동기화	모방	

05 피아제(J. Piaget)의 인지발달이론

정답

①	②	③	④	⑤
동화	적응	인지적 불일치	전환적 추론	상징적
⑥	⑦	⑧	⑨	⑩
물활론적	보존개념	자기 중심성	중심화	평형화
⑪	⑫	⑬		
상징적	비가역적	자기중심적		

06 비고츠키(L.S. Vygotsky)의 인지발달이론

정답

①	②	③	④	⑤
실제적 발달수준	비계설정자	근접발달지대 (=근접발달영역)	사회적 중재	비계설정
⑥	⑦	⑧	⑨	⑩
타인조절	자기조절	내면화	실제적 발달수준	잠재적 발달수준
⑪	⑫	⑬	⑭	⑮
사회문화적 맥락	비계설정	혼잣말	비계설정	상호주관성

07 브론펜브레너(U. Brofenbrenner)의 생태학적 체계이론

정답

①	②	③	④	⑤
외체계	미시체계	시간체계(=시간 차원, 시체계)	생태학적 체계이론	거시체계

CHAPTER 3

유아교육과 놀이 합격비계

I. 유아교육과 놀이 합격목차
II. 유아교육과 놀이 합격내용

Ⅰ. 유아교육과 놀이 합격목차

1. 놀이 이론
2. 인지적 놀이 발달이론
3. 피아제(J. Piaget)의 놀이 발달이론
4. 비고츠키(L.S. Vygotsky)의 놀이 발달이론
5. 파튼(M. Parten)의 놀이 발달이론
6. 스밀란스키(S. Smilansky)의 놀이 발달이론
7. 상징놀이
8. 사회극놀이
9. 유아 놀이에의 교사 개입 유형

II. 유아교육과 놀이 합격내용

01 놀이 이론

1) 놀이이론 합격단어
2) 놀이이론 합격내용
3) 놀이이론 합격기출

1) 놀이이론 합격단어

- 고전적 놀이이론(잉여에너지 이론, 휴식이론, 연습이론, 반복이론), 잉여에너지 이론(실러, 스펜서, 생존을 위한 과잉에너지 소비, 무의미한 놀이 행동, 피로할 때 놀이함 설명 부족), 휴식이론(라자루스, 레크리에이션 이론, 일에 소비된 에너지 재충전, 유아가 성인보다 더 많이 놀이하는 것 설명 부족), 연습이론(그루스, 미래의 생존 기술 연습, 놀이의 기능 축소 우려), 반복이론(홀, 조상의 행동을 재현, 현대 문명 반영의 부족함), 현대적 놀이이론(정신분석이론, 인지발달이론, 생태이론, 각성조절이론, 상위의사소통 이론, 각본이론, 신경심리학적 이론), 정신분석이론[Frued, Erikson, 쾌락 추구, 정화 효과, 정화이론, 불안감 감소, 웰더의 반복 강박의 개념, 자아강화의 기능, 에릭슨 유아 놀이 3단계(자기세계의 놀이단계, 미시영역 놀이단계, 거시영역 놀이단계), 정서적 해방], 인지발달이론[J. Piaget, L.S. Vygotsky, 새롭게 습득한 지식의 연습, 놀이에서 현실의 욕구 실현, 추상적 사고의 발달, 피아제(놀이 소산 2가지 : 즐거움, 적응 또는 학습, 동화가 조절보다 우세한 상태가 놀이), 브루너(놀이의 과정 중시, 놀이가 유아의 융통성을 증진시킴), 서튼 스미스(가장놀이에서 나타나는 상징적 변형 : 유아의 융통성 증진), 비고츠키(놀이=사회적 상호작용을 원활하게 하는 것, 인지발달에 직접적인 영향을 미침, 상징놀이=유아의 추상적 사고 발달에 중요함), 생태이론(브론펜브레너, 놀이가 유아의 발달과 학습을 지원한다는 점에서 놀이의 중요성 강조, 유아 놀이의 질을 결정짓는 환경요인 제시), 각성조절이론[벌라인, 엘리스, 최적의 각성상태 유지, 각성조절의 방법(자극감소활동, 자극추구활동)], 상위의사소통 이론(베이트슨, 가베이, 'This is play'라는 메시지 전달, 가상과 실제세계의 역동적 관계, 상위의사소통), 각본이론[Wolf, Grollman, 개인 경험을 의미 있게 하려는 시도, 경험에 대한 자신의 해석을 놀이의 각본으로 표현, 놀이의 이야기 조직 3가지(쉐마 수준, 사건 각본 수준, 에피소드 수준)], 신경심리학적 이론(Weininger, 우반구와 좌반구의 기능 통합, 놀이는 인간 두뇌의 성숙을 반영함)

2) 놀이이론 합격내용

(1) 고전적 놀이이론

이론		이론가	놀이의 목적	주요 내용	비판점
에너지 조절 수단 으로 서의 관점	잉여 에너지 이론	Schiller Spencer	• 생존을 위해서 과잉에너지 소모	• 기원 - 실러 : 놀이란 풍부한 에너지의 표현이며, 모든 예술의 근원이다. • 정립 - 스펜서 : 놀이는 잉여 에너지의 발산이다. • 잉여 에너지 이론은 각 생명체는 생존에 필요한 일정량의 에너지를 유지하기 위해 놀이가 필요하다고 보는 입장이다. • 생존에 필요한 에너지를 소모했는데도 불구하고 에너지가 남아있다면 이를 어떠한 방식으로든 다 소모하여야 일정량의 에너지를 다시 채울 수 있다는 것이다. 이때 소모 방식이 놀이이며 따라서 놀이는 무의미한 행동이라고 보았다.	• 피로할 때도 놀이한다.
	휴식 이론	Lazarus	• 작업에 사용할 에너지 재충전	• 레크리에이션 이론(recreation theory, 휴식이론)은 잉여 에너지 이론과 상반된 관점으로, 놀이란 일에 소비된 에너지를 재충전하기 위한 것이라고 보는 입장이다. • 라자루스 : 놀이는 일의 반대 성격을 지니므로 잃어버린 에너지를 재충전하는데 매우 이상적이다.	• 유아가 성인보다 놀이를 더 많이 한다.
본능과 연관된 관점	연습 이론	Groos	• 미래의 생존 기술 연습	• 연습이론은 놀이가 미래에 성인으로서 살아가는데 필요한 본능들을 강화해 준다고 보는 입장이다. • 놀이의 목적은 성인생활에 요구되는 기술들을 연습하고 정교하게 하는데 있다.	• 놀이의 기능이 축소된다.
	반복 이론	Hall	• 조상의 행동 재현	• 반복이란 개체발생 — 한 인간의 성장과정 — 이 계통발생 — 인류라는 종의 진화과정 — 을 그대로 따른다는 개념이다. 이와 같은 차원에서 놀이 또한 우리 조상들의 생활방식 자취를 따라가는 것이며, 아이들은 놀이를 통해 인류의 발달과정과 같은 단계로 발달해 간다고 보는 입장이다. • 놀이의 목적이 현대 생활에 불필요한 원시적 본능들을 제거하는데 있다.	• 현대문명의 반영이 부족하다.

(2) 현대적 놀이이론

놀이이론	주장자	놀이의 목적	주요 내용
정신분석 이론	프로이드 에릭슨	• 정화 효과 • 불안감 감소 • 자아강화의 기능	• 프로이드의 정신분석이론 - 놀이가 유아의 정서발달에 중요한 역할을 한다고 보는 입장 - 유아의 놀이 역시 우연히 일어나는 것이 아니라 자신이 의식을 하던 안하든 개인의 감정과 정서에 의해 결정된다. - 놀이의 동기 : 쾌락 추구 - 유아는 놀이를 하면서 희망을 성취하고 기쁨을 느끼며 고통스러운 경험을 감소시킨다. - 놀이를 통한 불쾌한 정서의 감소는 정화이론과 매우 유사하다. : 정화이론은 공격 에너지를 발산하면 공격성이 감소된다는 가정을 하고 있다.

CHAPTER 3

				- 웰더(Walder)의 반복 강박의 개념과 관련 있다. : 불유쾌한 경험을 놀이에 자주 반복하여 그 강도를 차차 약화시켜 해결한다. • 에릭슨의 이론(저서 「아동기와 사회」) - 유아의 놀이는 주변 환경에 숙달되기 위한 발달적 현상이다. - 유아 놀이의 세 단계 : 자기세계의 놀이단계(0~1세, 자신의 신체로 지각하는 놀이 혹은 새로운 것을 탐색하는 놀이), 미시영역 놀이단계(1~3세, 다루기 쉬운 장난감의 세계가 나타남, 아동이 설립한 왕국, 아동이 자신의 자아를 수리할 필요가 있을 때 돌아오는 곳), 거시영역 놀이단계(유아가 교육기관에 다닐 연령, 다른 사람과 함께 놀이를 하며 영역 확장, 사회적 역할 이해) - 놀이를 통해 자아기능이 강화되며, 놀이 그 자체에 정서적 해방을 촉진하는 힘이 있다.
인지발달 이론	피아제 비고츠키	• 새롭게 습득한 지식의 연습 • 놀이에서 현실의 욕구의 실현 • 추상적 사고의 발달	• 피아제의 입장 - 놀이의 소산 두 가지 : 즐거움, 적응 또는 학습 - 동화가 조절보다 우세한 상태가 놀이이다. - 학습은 새로운 정보를 받아들이는 적응적 행동이고, 놀이는 이 정보를 구성하고 활용하도록 하는 수단이다. • 브루너의 입장 - 놀이의 목적보다 놀이의 과정을 중요시할 것을 강조 - 놀이가 유아의 융통성을 증진시킨다. • 서튼 스미스(Sutton Smith)의 입장 - 가장놀이에서 나타는 상징적 변형(예 막대기를 말인 것처럼 타고 논다.)이 유아의 융통성을 증진시킨다. - 'as if(마치 ~인 것처럼)' 변형을 하면서 유아는 인습적인 사고에서 자유로워지고 새로운 아이디어를 생각해낸다. • 비고츠키의 입장 - 사회적 상호작용을 원활하게 하는 것이 놀이이며, 따라서 놀이는 인지발달에 직접적인 역할을 담당한다. - 상징놀이가 유아의 추상적 사고 발달에 중요하다. - 사회극 놀이에서 구성원들 간의 사회적 상호작용을 통해 인지발달을 더욱 확장시킬 수 있다.
생태이론	브론펜브레너	• 놀이가 유아의 발달과 학습을 지원한다는 점에서 놀이의 중요성 강조	• 브론펜브레너 - 유아 놀이의 질을 결정짓는 환경요인 세 가지 제시 ① 유아를 둘러 싼 물리적·사회적 생활환경 ② 유아가 소속한 생활문화권의 역사적 영향력 ③ 유아가 소속한 생활문화권의 문화적·이념적 신념들

놀이이론	주장자	놀이의 목적	주요 내용
각성조절 이론	벌라인 엘리스	• 최적의 각성상태 유지	• 놀이란 최적의 수준으로 각성을 유지하려는 중추신경계의 요구와 추동에 의해 야기되는 활동이다. • 각성조절의 방법 두 가지 - 자극감소활동(자극이 지나쳐서 정서적으로 흥분되거나 긴장되면 각성 수준이 높아지는데 이를 적정 수준으로 조절하기 위해 참여하는 놀이활

			동), 자극추구활동(자극이 충분하지 않을 경우 각성은 현저히 낮은 수준으로 떨어져 지루하고 심심해지는데, 이를 적정 수준으로 조정하기 위해 참여하는 놀이 활동) • 엘리스는 자극추구활동의 입장에서 놀이를 강조

상위
의사소통
이론
	베이트슨
	가베이
		• 'This is play'라는 메시지 전달
		• 가상과 실제세계의 역동적 관계
			• 베이트슨(1971)은 놀이의 상위의사소통(초의사소통)적인 측면을 의사소통체계에 연결시켰다. 상위의사소통이란 놀이의 여러 가지 상황, 행동, 사물 등을 놀이친구에게 이해시키고 설명해주기 위한 의사소통으로, 친구에게 '우리가 지금 가짜로 싸우는 거라고 그러자'라고 말함으로써 자신의 가작화된 행동을 상대방에게 알리는 것이다.
			  - 유아들이 놀이 중에 하는 행동은 실제 생활에서의 행동과 그 의미가 다르다.
			  - 유아들이 놀이를 하면서 상위의사소통의 경험을 함으로써 자신이 맡은 역할에 짜맞추는 능력이 촉진된다.
			• 가베이(1977)는 놀이 에피소드를 시작하고, 유지시키고, 종결하며, 복원시키기 위해 유아들이 어떤 메시지를 사용하는지 연구한 결과 유아들은 사회극놀이에 참여하는 동안 그들이 맡은 역할과 실제의 자기 자신 사이에 계속 오락가락하면서 대화하는 것을 발견하였다.
			  - 놀이 중에 자신이 맡은 역할에 문제가 발생하면 문제해결을 위해 놀이의 틀을 부수고 자신의 원래 위치로 되돌아가는 것이다.
			  - 예를 들어, 선생님 놀이를 하는 중 교사 역할을 맡은 유아가 학생 역할을 맡은 유아에게 체벌을 가했다고 하면, "야! 선생님이 그러는 게 어디 있니? 얘들아 조용히 하고 선생님 말씀 잘 들어라 해야지"라고 말하는 것이다.
			  - 유아들은 놀이 중에도 자신이 맡은 역할에 충실하면서 동시에 자신이 누구인지 실제를 인식하고 있는 것이다.

각본이론	울프
	그롤맨
		• 개인경험을 의미 있게 하려는 시도	• 각본이란 기억에 의해 활성화되는 지식구조를 의미한다.
			• 유아는 발달함에 따라 자신의 경험에 근거해서 사건을 구성할 수 있게 되며, 경험에 대한 자신의 해석을 놀이의 각본으로 표현한다는 입장
			• 각본의 구성요소 - 장면, 하위활동, 역할과 관계, 장면에서의 소품, 각본의 변형, 각본의 시작과 끝을 알려주는 사회생활조건 등
			• Wolf와 Grollman
			  - 영유아의 사회극놀이 중에 표현되는 이야기 구성(narrative organization) 수준을 분석함으로써 각본이 전개되는 세부 과정을 설명
			  - 놀이의 이야기 조직은 쉐마 수준, 사건 각본 수준, 에피소드 수준의 세 가지 수준으로 구성, 이러한 이야기 조직의 수준을 통하여 영유아의 인지적, 언어적 성숙도와 자아개념, 성격 등을 추정할 수 있다.
			
			| 쉐마 수준 | - 한 가지 사건에 관련된 단순한 표현 |
			|---|---|
			| 사건 각본 수준 | - 단순한 사건 : 두 가지 이상의 쉐마를 표현
			- 연결된 사건 : 목적 달성을 위해 네 가지 이상의 쉐마를 표현 |
			| 에피소드 수준 | - 단순한 에피소드 : 목적 달성을 위해 두 가지 이상의 단순한 사건을 표현
			- 연결된 에피소드 : 목적 달성을 위해 두 가지 이상의 연결된 사건을 표현 |

신경 심리학적 이론	바이닝거	• 우반구와 좌반구의 기능 통합	• Weininger - 상징놀이는 뇌의 두 반구 간의 통합과 관련이 있다. • 유아의 사고는 지각적이고 구체적인 경향이 있으며 5~6세가 되어야 논리적·개념적 기술이 발달한다. 바로 이 시기에 상상놀이나 가상놀이에 더 많은 관심을 나타내는데, 이것은 우연의 일치라고 보기가 어렵다는 것이다. • 놀이를 주위세계를 이해하는 두 개의 양식을 통합하는 것으로 간주, 놀이는 두 반구 간의 정보의 전이를 촉진시키는 기능을 한다. • 놀이는 인간두뇌의 성숙을 반영한다고 볼 수 있다.

3) 놀이이론 합격기출

- (①   )이론은 놀이와 자극과의 관계를 다룬 이론이다. 유아는 놀이를 통해 (②   )을/를 최적의 상태로 유지하려 하고 자극이 결핍되었을 때에는 놀이를 통해 다양한 형태의 자극을 제공받는다.

- 주로 놀잇감만 가지고 놀던 은정이가 혜진, 진서와 함께 역할놀이를 한다. 은정이는 놀이를 통해 자아를 조절하면서 주변 세계를 익혀 가고 있다. 은정이는 에릭슨(E. Erikson)의 놀이발달 단계 중 (③   ) 단계에 속한다고 할 수 있다.

- 유아가 초콜릿을 받은 후, 손에 컵을 쥔 시늉을 하며 약을 먹는 척하는 것은 피아제(J. Piaget)가 제시한 놀이 유형 중 (④   )에 해당한다.

- 비고스키(L.S Vygotsky)의 놀이 관점에 근거할 때, 약은 의사 선생님만 줄 수 있다고 정하고 병원놀이를 하던 병규가 "안 돼! 약은 의사 선생님만 줄 수 있어."와 같은 반응을 보일 수 있는 이유는 (⑤   )을/를 알고 있기 때문이다.

- (⑥   )이론에서는 유아가 자신의 경험에 근거하여 사건을 구성할 수 있게 되고, 경험한 것에 대한 해석이 놀이 내용으로 표현된다고 본다.

- 프로이드(S. Freud)에 의하면, 놀이는 부정적인 감정을 감소시켜 주는 감정의 (⑦   ) 효과를 갖는다. 놀이가 갖는 이러한 효과는 공격에너지를 발산하면 (⑧   )이 감소된다는 것을 가정하는 (⑨   ) 이론과 유사한 것으로, 유아는 놀이 속에서 대리사물이나 사람에게 자신의 부정적인 감정을 전이시켜 부정적 감정을 감소시킬 수 있게 된다.

02 인지적 놀이 발달이론

1) 인지적 놀이 발달이론 합격단어
2) 인지적 놀이 발달이론 합격내용
3) 인지적 놀이 발달이론 합격기출

1) 인지적 놀이 발달이론 합격단어

- 피아제(연습놀이, 상징놀이, 규칙이 있는 게임), 스밀란스키[기능놀이, 구성놀이, 역할놀이(상징놀이), 규칙 있는 게임], Saltz & Johnson 환상극놀이(동극, 유아가 동화 속의 등장인물이 되어서 이야기 내용을 극화하는 놀이), McCune 상징놀이 가작화 단계(전 상징적 단계, 자기 가작화 단계, 타인 가작화 단계), Gowen의 상징놀이 가작화 단계(사물 대체 단계, 상상적 사물 또는 존재의 가상 단계, 존재를 표상하는 놀잇감의 능동적 행위 단계, 결합적 가작화 단계, 위계적 가작화 단계), Garvey & Berndt의 상징놀이 속에서 나타나는 역할 유형(기능적 역할, 관계적 역할, 인물 역할, 주변적 역할), 인지적 놀이의 유형(기능놀이, 구성놀이, 상징놀이, 사회극놀이, 주제 환상극 놀이), 기능놀이(출생 후부터 약 24개월까지, 유아 최초의 놀이, 감각운동기, 단순한 운동 반응을 반복), 구성놀이(생후 22~24개월부터 시작, 다양한 놀잇감을 활용하여 무엇인가를 창조하는 놀이), 상징놀이(돌 무렵 상징행동이 처음 시작된 후 점차 발달, 존재하지 않는 사물을 표상화하는 놀이), 사회극놀이(3세 이후부터 시작, 두 명 이상의 유아가 같은 놀이주제를 가지고 언어적으로 상호작용하는 놀이), 주제 환상극 놀이(동화 속의 등장인물이 되어 이야기 내용을 가작화 하는 놀이), 규칙 있는 게임(구체적 조작기에 주로 가장 발전된 형태의 놀이, 규칙 적용, 2명 이상의 또래와 경쟁)

2) 인지적 놀이 발달이론 합격내용

J. Piaget의 인지발달 단계	J. Piaget의 분류	S. Smilansky의 분류	Frost & Klein의 분류
감각운동기	연습놀이	기능놀이	기능놀이
전조작기	상징놀이	구성놀이 극적놀이	구성놀이 상징놀이 사회극놀이
구체적 조작기 형식적 조작기	규칙이 있는 게임	규칙이 있는 게임	규칙이 있는 게임

학자	놀이 발달 단계
피아제의 놀이 발달 단계	• 연습놀이 - 단지 신체를 통하여 외부 세계를 탐색하는 것, 기능놀이와 유사, 약 2세까지의 감각운동기의 유아는 연습놀이를 통하여 운동조절능력을 획득하고 움직임과 그에 대한 지각 협응력을 배움 • 상징놀이 - 내적인 사고와 생각을 가상형태를 통해 표현하는 놀이 형태, 3세에서 4세가 되면 자신의 사고와 상상을 또래들과 함께 사회적 역할놀이를 통하여 표상하는 상징놀이가 많이 발생함 • 규칙이 있는 게임 - 미리 정해진 혹은 새롭게 정해진 규칙을 인식하고 수용하면서 진행하는 놀이 활동

구분	내용
스밀란스키의 놀이 발달 단계	• 기능놀이 - 사물을 이용하거나 사물 없이 하는 반복적인 근육운동 • 구성놀이 - 기능놀이와 상징놀이 사이에 존재하는 놀이로 창조적인 활동, 목공놀이와 만들기 및 성 쌓기 등 무엇인가를 창조하는 놀이, 유아의 문제해결력과 창의적인 사고를 발달시킴 • 역할놀이(상징놀이) - 유아에게 흥미로운 사건, 상황, 역할, 대상 등을 모방하고 가상하면서 놀이로 재현해 보는 것, 가작화 요소가 내포되어 있는 표상적 놀이, 마치 ~인 척 표상하는 인지적 요소 내포, 역할놀이가 가장 발달된 놀이 형태는 사회극 놀이임 • 규칙 있는 게임 - 구체적 조작기의 유아들이 주로 하는 가장 발달된 형태의 놀이, 미리 정한 규칙에 따라 두 명 이상의 유아가 상대와 경쟁하면서 승부를 겨루는 놀이

Saltz & Johnson 환상극놀이	• 환상극놀이는 유아가 동화 속의 등장인물이 되어서 이야기 내용을 극화하는 놀이로 '동극'을 뜻한다.
	• 역할, 사물, 행동과 상황이 가작화 되고 참여하는 유아들 간의 상호작용과 언어적 의사소통이 이루어지는 집단 놀이라는 점에서 사회극놀이와 비슷하지만, 시간과 내용, 소품, 공간, 참여와 집단 크기, 역할 분담과 교사의 역할 등에서 차이가 있다.
	  - 환상극놀이 : 계획된 집단 활동 시간에 이루어짐, 놀이할 내용이 미리 정해져 있고, 내용에 적합한 소품 활용, 별도의 공간을 마련, 중간에 참여할 수 없고 집단 크기 미리 결정, 교사는 적극적인 개입을 함
	  - 사회극놀이 : 자유놀이 시간에 이루어짐, 유아가 원하는 내용을 스스로 구성하기 때문에 소품도 창의적으로 다양하게 사용함, 역할 및 쌓기 놀이 영역이나 실외 놀이터 등에서 자유롭게 이루어짐, 놀이 참여가 자유롭고 놀이구성원의 허락을 받으면 참여 인원수에 상관 없이 언제든지 참여, 교사는 소극적인 개입을 함

McCune 상징놀이 가작화 단계	• 전 상징적 단계 - 영유아가 사물의 용도를 인지하여 가상행동과 유사한 활동에 참여하지만 가상행동을 한다는 확실한 증거가 없는 단계 • 자기 가작화 단계 - 영유아가 자신과 관련된 명백한 가상행동에 참여하는 단계 • 타인 가작화 단계 - 가상행동이 영유아 자신으로부터 벗어나 다른 사람을 향해 진행되거나 다른 사람의 행동을 가상하는 것
Gowen의 상징놀이 가작화 단계	• 사물 대체 단계 - 외향적으로 의미가 없는 사물을 창의적이고 상상적인 방법으로 사용하거나, 사물을 일상적인 사용과 다르게 가상행동에 사용하는 단계 • 상상적 사물 또는 존재의 가상 단계 - 상상적 사물 또는 존재의 가상 단계는 사물, 물질, 사람, 동물이 실제로 없을지라도 상상적으로 있다고 가작화 하는 단계 • 존재를 표상하는 놀잇감의 능동적 행위 단계 - 인형이나 모형, 동물 등의 존재를 살아서 움직이는 것으로 가장하여 놀잇감에게 능동적인 행위를 수행하도록 하는 단계 • 결합적 가작화 단계 - 이야기의 유무에 관계 없이 연속적인 상징놀이 단계 • 위계적 가작화 단계 - 사전에 이미 계획된 가상놀이에 참여하는 상징놀이 단계
Garvey & Berndt의 상징놀이에서 나타나는 역할 유형	• 기능적 역할 - 사물이나 놀이 주제에 의해 조작 되는 것 • 관계적 역할 - 교사-학생, 아내-남편과 같은 역할로 관계성을 가지는 것 • 인물 역할 - 경찰, 회사원, 유령 등 정형화된 인물과 둘리, 강시 등 허구적인 인물로 나누어짐 • 주변적 역할 - 놀이 속에서 언급되기는 하지만 유아에 의해 직접적으로 수행되지 않는 역할

인지적 놀이 유형	주요 특성
기능놀이 (출생 후부터 약 24개월까지)	• 유아 최초의 놀이 • 감각운동기에 주로 나타나며 자신이 이미 가지고 있는 단순한 운동 반응을 반복적으로 하여 연습하는 것 • 기능놀이는 감각운동기의 유아가 기능적인 즐거움을 위해 반복적으로 되풀이하는 단순한 놀이 행동을 의미한다.
구성놀이 (생후 22~ 24개월부터 시작)	• 구성놀이는 다양한 놀잇감을 활용하여 무엇인가를 창조하는 놀이이며, 사물을 조작하는 단계로부터 구성하는 단계로의 발전을 의미한다. • 구성놀이는 기능 활동으로부터 시작되는 창조적 활동이며 놀잇감을 이용하여 새로운 사물을 만들어 보는 놀이이다.
상징놀이	• 돌 무렵 상징행동이 처음 시작된 후 점차 정교하게 상징놀이가 발달한다. 2세가 지나면 영유아는 상징놀이를 통해 역할이나 사물을 가상하거나 대치한다. • 상징놀이란 존재하지 않는 사물을 표상화하는 놀이이다. • 상징놀이는 가상놀이, 극놀이, 역할놀이, 환상놀이 등 다양한 용어로 불리는데 용어는 조금씩 다르지만 가작화 요소가 포함된다는 공통점이 있다.
사회극놀이	• 사회극놀이는 3세 이후부터 시작되어 규칙 있는 게임이 시작되는 6~7세경까지 지속된다. • 사회극놀이란 두 명 이상의 유아가 같은 놀이주제를 가지고 언어적으로 상호작용하는 놀이이다. 사회적 가상놀이, 사회적 역할놀이라고도 한다.
주제 환상극 놀이	• 주제 환상극 놀이라는 용어를 최초로 사용한 학자는 Saltz와 Johnson이다. • 어린이가 동화 속의 등장인물이 되어 이야기 내용을 가작화(make believe) 하는 놀이이다.
규칙 있는 게임	• 피아제에 따르면, 규칙 있는 게임은 구체적 조작기에 주로 가장 발전된 형태의 놀이로, 사전에 서로 합의되고 협의된 규칙을 받아들이고 이를 적용하며 2명 이상의 또래와 경쟁하면서 승부를 겨루는 활동이다. • 유아들은 집단의 요구와 흥미에 적합한 규칙을 정하고 필요한 경우에는 합의에 의해 규칙을 변경하기도 한다.

3) 인지적 놀이 발달이론 합격기출

• (①   )은 구체적 조작기의 어린이가 주로 하는 가장 발전된 형태의 놀이로, 정해놓은 규칙에 따라 2명 이상의 또래와 경쟁하면서 승부를 겨루는 활동이다.

CHAPTER 3

03 피아제(J. Piaget)의 놀이 발달이론

1) 피아제의 놀이 발달이론 합격단어
2) 피아제의 놀이 발달이론 합격내용
3) 피아제의 놀이 발달이론 합격기출

1) 피아제의 놀이 발달이론 합격단어

- 피아제, 놀이=인지발달 수준, 인지발달에 기여, 동화가 조절보다 우세한 불균형 상태, 새로운 기술 학습 불가능, 감각운동기=연습놀이, 전조작기=상징놀이, 구체적 조작기=규칙 있는 게임, 연습놀이(=기능놀이) 단계(0~2세, 감각운동기, 쾌감을 위해 단순히 반복하는 행동, 감각, 대·소 근육), 상징놀이 단계(2~7세, 전조작기, 내적인 사고와 생각을 가상형태를 통하여 표현, 가작화), 규칙 있는 게임 단계(구체적 조작기, 놀이에 사회적 규칙이 관여, 2명 이상의 유아, 경쟁, 규칙 적용 및 변경)

2) 피아제의 놀이 발달이론 합격내용

구분		내용
개요		• 놀이는 아동의 인지발달 수준을 나타내 줄 뿐만 아니라 인지발달에 기여하는 요소이다. • 놀이행동에 유아의 인지발달 정도가 표출될 뿐만 아니라 놀이 활동은 유아의 인지발달을 촉진한다고 했다. • 놀이는 동화가 조절보다 우세한 비평형의 상태라고 보았다. 학습이 이루어지려면 동화와 조절 간의 평형이 이루어져야 한다. • 영유아의 놀이는 동화가 우세한 불균형 상태이기 때문에 진정한 의미의 학습과 발달은 놀이를 통해 이루어지지 않는다. • 영유아들은 놀이를 통해 새로 획득한 기술을 연습하고 내면화는 하지만, 새로운 기술을 학습하지는 못한다. 왜냐하면 놀이는 실제에 맞는 인지구조의 조절을 필요로 하지 않기 때문이다. • 아동의 인지발달 단계를 감각운동기, 전조작기, 구체적 조작기로 구분하고, 각각의 단계에 따라 놀이발달단계를 연습놀이, 상징놀이, 규칙 있는 게임으로 나누고 있다. • 놀이는 유아가 세계를 이해하는데 도움을 주는 매개체 역할을 할 뿐만 아니라 인지발달의 지표가 된다.
놀이 발달 단계	연습놀이 (=기능놀이) 단계	• 감각운동기인 출생에서 2세까지의 언어 이전 시기의 놀이 • 이전에 경험한 행동을 기능적 쾌감을 위해 단순히 반복하는 행동으로 이루어진다. • 연습놀이는 감각, 대·소 근육을 통하여 주변 세계를 적극적으로 탐색하도록 유도한다. • 0~2세 감각운동기 영아들은 신체의 감각운동을 연습하는 즐거움 때문에 행동을 반복하는 놀이를 한다.
	상징놀이 단계	• 전조작기인 2세에서 7세까지의 유아는 언어의 조직적인 획득과 함께 상징적 놀이를 한다. • 상징놀이는 내적인 사고와 생각을 가상형태를 통하여 표현하는 놀이 형태이다. • 상징놀이는 사물이나 역할, 행동 등이 실제와 다르게 가작화 되는 놀이를 의미한다.
	규칙 있는 게임 단계	• 규칙 있는 게임이란 놀이에 사회적 규칙이 관여되는 놀이이다. • 이 놀이는 아동이 전조작기에서 구체적 조작기로 들어감을 나타낸다. • 미리 정해진 혹은 새롭게 정해진 규칙을 인식하고 수용하면서 진행하는 놀이 활동이다.

3) 피아제의 놀이 발달이론 합격기출

- 피아제(J. Piaget)는 인지가 발달함에 따라 놀이는 3단계로 발달해 간다고 보았다. 스밀란스키(S. Smilansky)가 기능놀이와 극놀이의 중간단계에 나타난다고 보았던 (①   )를 피아제는 하나의 독립된 놀이단계로 인정하지 않았다.

- 놀이는 유아의 (②   ) 수준을 뛰어 넘어 나타나지 않으나 (③   )에 기여한다.

- (④   )는 이미 존재하는 인지 구조 속에 새로운 자료를 통합하는 작용이다.

| CHAPTER 3

04 비고츠키(L.S. Vygotsky)의 놀이 발달이론

1) 비고츠키의 놀이 발달이론 합격단어
2) 비고츠키의 놀이 발달이론 합격내용
3) 비고츠키의 놀이 발달이론 합격기출

1) 비고츠키의 놀이 발달이론 합격단어

- 비고츠키, 잊을 수 없거나 현실사회에서 충족 불가능한 소망들 간의 긴장에서 놀이 도출(=프로이드), 일반화된 정서로서의 소망 충족, 놀이 동기는 정서적 억압이나 현실생활의 긴장과 같은 심리적인 문제임, 놀이=개인이 환경에서 부딪힌 문제를 해결하기 위해 노력하는 과정, 놀이=영유아 자신의 행동을 지배할 수 있도록 하는 정신적 도구, 상징적 놀이는 추상적 사고 발달에 결정적인 역할을 함, 놀이=자기 조절력의 도구(자기 조력적인 도구), 영유아들은 놀이 참여 시 자기통제를 위한 혼잣말을 사용하여 스스로 자신의 비계(scaffold)를 설정함, 놀이의 사회·문화적 맥락 중시, 놀이=근접발달영역 창출, 놀이=만족지연 능력 및 자기 조절력 증진, 비계설정, 놀이의 역할=추상적 사고력의 증진, 충동적 행동을 자제하는 자기규제, 근접발달지대 내에서의 학습을 가능하게 해줌

2) 비고츠키의 놀이 발달이론 합격내용

구분	내용
개요	- 아동의 지적 과정을 연구하는 과정에서 놀이가 중요한 역할을 한다는 점을 발견 - 프로이드처럼 아동이 잊을 수 없거나 현실사회에 의해서 충족될 수 없는 소망들 간의 긴장에서 놀이가 도출된다고 간주

주요
내용
	- 놀이는 본질적으로 소망을 충족시켜 주는데, 놀이를 통해 충족되는 것은 개개의 분리된 소망들이 아닌 일반화된 정서라는 것이다.
	- 놀이의 동기를 정서적 억압이나 현실생활의 긴장과 같은 심리적인 문제로 보았지만, 이러한 억압이나 긴장의 해결은 긴장의 감소가 아니라 긴장을 통제하려는 보다 일반화된 연습으로 이루어지며, 인지적 성장을 이루려는 적응기제를 통해 달성된다.
	- 놀이는 개인의 인지가 발달하면서 자연스럽게 나타나는 행동이라기보다는 개인이 환경에서 부딪힌 문제를 해결하기 위해 노력하는 과정이라는 것이다. 이런 의미에서 놀이가 아동의 인지발달에 보다 직접적인 역할을 한다.
	- 인지발달에 미치는 놀이의 역할을 피아제 보다 훨씬 더 적극적으로 강조
	  - 놀이는 영유아의 정신 세계를 표현할 뿐만 아니라 정신발달에 중요한 역할을 하며 영유아 자신의 행동을 지배할 수 있도록 하는 정신적 도구이다.
	- 인지발달에 미치는 놀이의 역할을 피아제 보다 훨씬 더 적극적으로 지지
	  - 가상놀이에 참여하는 유아들은 대리 사물(막대기)을 실제 사물(말)과 대치하여 사용함으로써 사물로부터 의미를 분리하여 생각하기 시작한다. 이러한 놀이는 후에 현실세계를 돌아보지 않고도 명제를 평가하는 추상적 사고의 발달을 위한 필수 불가결한 준비의 역할을 한다. 따라서 상징적 놀이는 추상적 사고 발달에 결정적인 역할을 한다.
	- 놀이는 자기 조절력의 도구이다. 영유아들은 놀이를 성공적으로 실행하기 위해 따라야 할 행동 규칙을 지키기 위하여 자신의 욕구를 통제하고 조절하게 된다.

- 영유아들은 놀이에 참여할 때, 자신을 통제하기 위해 혼잣말을 사용함으로써 스스로 자신의 비계(scaffold)를 설정하고 있다.
- 놀이를 인지적 측면에 국한시켜 설명한 피아제와는 달리 비고츠키는 놀이의 사회·문화적 맥락을 중시하였다.
- 놀이는 사회적 지지를 받는 학습 맥락을 제공한다는 것으로, 비고츠키는 근접발달지대라는 개념을 통해 놀이상황 속에서 유능한 성인이나 또래의 역할이 중요함을 강조하였다.
- 유능한 성인이나 또래에 의해 어떤 지원이나 비계가 제공된다면 혼자서는 할 수 없었던 문제를 해결할 수 있게 되어 놀이에 참여하는 영유아의 지식이나 기술이 보다 더 높은 수준으로 끌어올려진다는 것이다.
- 놀이는 근접발달지대 내에서 비계설정이 일어남으로써 영유아의 발달을 촉진시켜줄 수 있는 자연스러운 맥락인 것이다.
- 놀이는 근접발달영역을 창출하고 만족지연 능력 및 자기 조절력을 증진시킨다.
  - 놀이는 근접발달영역 내에서 하나의 비계로 역할을 하여 유아의 발달을 더욱 더 향상시킨다.
  - 유아들은 놀이에서 부모, 교사, 손위 형제나 또래와 같은 좀 더 유능한 상대로부터 지원을 받거나, 놀이를 통하여 자기 조절, 언어 사용, 기억력, 다른 사람과의 협동 등을 이루어가는 가운데 발달 영역에서 자기 자신을 확장시키고 스스로 비계설정을 할 수 있다.
- 놀이는 자기 조력적인 도구로 기능하므로 유아는 놀이를 통해 발달적으로 자신을 앞서 가게 된다.
- 놀이는 추상적 사고력의 증진과 충동적 행동을 자제할 수 있는 자기규제 및 근접발달지대 내에서의 학습을 가능하게 해주는 역할을 담당함으로써 영유아들의 발달을 촉진시킨다.

3) 비고츠키의 놀이 발달이론 합격기출

- 비고츠키(L.S Vygotsky) 이론에 의하면, 놀이는 유아의 (①   )를 창출하며, 이때 성인의 (②   )은 매우 중요하다. (③   )놀이에 관해서는 사물로부터 의미의 분리를 도와줌으로써 추상적 사고의 발달에 필수 불가결한 준비의 역할을 한다고 보았다.

- 비계설정에서 성인의 중요한 역할은 (④   )가 일어나는 초기에는 직접 행동을 보여주거나 언어적 지시를 통해 사고를 이끌어주다가, 점차 유아의 수행능력이 증가함에 따라 도움을 감소시킴으로써 유아 스스로 문제해결 과정을 조절할 수 있는 (⑤   ) 능력을 갖도록 격려하고 지원하는 것이다.

CHAPTER 3

05 파튼(M. Parten)의 놀이 발달이론

1) 파튼의 놀이 발달이론 합격단어
2) 파튼의 놀이 발달이론 합격내용
3) 파튼의 놀이 발달이론 합격기출

1) 파튼의 놀이 발달이론 합격단어

- 파튼, 유아의 연령과 사회적 참여도 간의 관계 발견, 사회적 놀이 유형을 유아의 사회적 참여도에 따라 6가지 유형으로 제시[아무 것도 하지 않는 행동 또는 비참여 행동(0세~1.5세), 방관자적 행동 또는 지켜보는 행동(1.5세~2세), 단독놀이 또는 혼자놀이(2세~2.5세), 평행놀이 또는 병행놀이(2.5세~3.5세), 연합놀이(3.5세~4.5세), 협동놀이(4.5세 이후)], 아무 것도 하지 않는 행동 또는 비참여 행동(0세~1.5세, 엄밀한 의미에서 놀이로 볼 수 없는 행동, 공간을 멍하니 쳐다보는 행동, 특정한 목적 없이 여기저기 왔다 갔다 하는 행동), 방관자적 행동 또는 지켜보는 행동(1.5세~2세, 놀이하는 근처에 앉아 있거나 서서 놀이 하는 모습을 보는 행동, 비참여 행동과 다른 점은 특정 어린이 집단을 바라본다는 점과 가까운 거리에서 지켜봄으로써 필요한 경우에는 말을 걸 수도 있다는 점), 단독놀이 또는 혼자놀이(2세~2.5세, 다른 유아에게 별 신경을 쓰지 않고 혼자서 놀이에 빠져서 노는 형태, 사회적 상호작용의 정도가 매우 낮은 놀이, 다른 어린이가 사용하는 놀잇감과 다른 것을 가지고 놀이), 평행놀이 또는 병행놀이(2.5세~3.5세, 동일한 놀잇감을 가지고 같은 영역에서 독립적으로 놀이함, 유아들은 서로의 존재를 분명히 인식함), 연합놀이[3.5세~4.5세, 유아가 같이 놀이하고 공유하는 집단놀이 단계, 대화를 통해 같은 활동, 놀잇감을 빌리거나 빌려주기, 약간의 통제도 시도, 괄호는 미비함(활동의 조직성, 타인 배려, 개인의 흥미나 의도 조절, 하나의 공동된 놀이, 놀이 규칙 규정, 놀이 역할 분담, 놀이내용의 조직적 전개)], 협동놀이(4.5세 이후, 역할의 분담과 목적의 공유가 이루어지는 단계, 협력, 경쟁, 놀이 규칙과 활동 분담 있음, 구성원 간의 협동과 협력 강조, 서로의 역할을 보충해 주면서 놀기, 타인 배려 및 자신의 의도나 이익 조절·통제력을 배움)

2) 파튼의 놀이 발달이론 합격내용

구분	내용
개요	• 유아의 연령과 사회적 참여도 간의 관계 발견 - 유아들은 연령이 많아질수록 상호작용적인 놀이에 더 많이 참여한다. • 나이가 어린 2세에서 3세 유아들은 비참여행동을 많이 하였고, 지켜보기 행동은 2세 반에서 3세 유아 간에 많이 나타났다. • 놀이는 혼자놀이에서 병행놀이, 연합놀이, 협동놀이로 진행되어 간다. • 사회적 놀이 유형을 유아의 사회적 참여도에 따라 6가지 유형으로 제시

놀이발달단계	아무 것도 하지 않는 행동 또는 비참여 행동 (0세~1.5세)	• 엄밀한 의미에서 놀이로 볼 수 없는 행동 • 주변의 세계에 주의를 기울일 뿐 별 행동을 하지 않음 • 순간적인 흥미에 따라 어떤 것을 몰두해서 바라볼 뿐임 • 놀이를 하는 것이 아니고 우연히 일시적인 관심이 생긴 대상을 바라보면서 자기 자신에 전념할 뿐임 • 아무것도 하지 않고 그저 가만히 앉아 있거나 자신의 몸을 물끄러미 바라보거나 어떤 재료에도 별 흥미를 느끼지 못함 • 흥미 있는 것이 없을 때에는 자신의 몸을 만지작거리거나 의자에 앉았다 일어서는 행동을 반복하기도 하며, 여기저기 돌아다니다가 선생님을 따라다니기도 함 • 관심을 끌만한 것이 없는 경우, 유아는 자기 몸을 갖고 놀거나 의자에 오르내리거나 그냥 서서 돌아다니거나 교사를 따라 다닌다. 또는 교실이나 놀이터 주변을 둘러보면서 한 곳에 앉아 있을 뿐이다. • 두 가지 형태의 비참여 행동 - 공간을 멍하니 쳐다보는 행동, 특정한 목적 없이 여기저기 왔다 갔다 하는 행동
	방관자적 행동 또는 지켜보는 행동 (1.5세~2세)	• 일반적으로 방관자적 태도를 보이는 경우이다. • 놀이하는 근처에 앉아 있거나 서서 놀이를 하는 모습을 보는 행동만 한다. • 유아는 다른 아이들이 노는 것을 바라보면서 시간을 보낸다. 가끔 관찰하는 유아들에게 말을 걸기도 하고 질문을 하거나 제안을 하기도 하지만 직접 놀이에 참여하지는 않는다. • 이 행동이 비참여 행동과 다른 점은 특정 어린이 집단을 바라본다는 점과 가까운 거리에서 지켜봄으로써 필요한 경우에는 말을 걸 수도 있다는 점이다. • 유아가 타인의 존재에 관심을 갖기 시작했다는 점에서 사회적인 능력의 진보를 의미 한다.
	단독놀이 또는 혼자놀이 (2세~2.5세)	• 다른 유아에게 별 신경을 쓰지 않고 혼자서 놀이에 빠져서 노는 형태 • 곁에 있는 친구와 가까워지려는 시도를 전혀 하지 않는 단계, 사회적 상호작용의 정도가 매우 낮은 놀이 유형 • 다른 어린이와 어느 정도 떨어져 혼자놀이를 하거나 주변 어린이와 이야기를 나눌 수 있는 위치에서 다른 어린이가 사용하는 놀잇감과 다른 것을 가지고 놀이를 한다. 다른 어린이에게 거의 관심을 가지지 않는다.
	평행놀이 또는 병행놀이 (2.5세~3.5세)	• 나란히 놀이를 하지만 함께 노는 것은 아닌 단계 • 다른 유아들과 함께 논다기보다는 다른 유아 곁에서 노는 것 • 동일한 놀잇감을 가지고 같은 영역에서 독립적으로 놀이가 이루어짐 • 장난감을 가지고 여러 유아들이 같이 노는 것처럼 보이기는 하나 독립적으로 노는 형태 • 주변의 다른 친구들과 동일한 놀이를 하지만 서로 접촉하거나 간섭하지 않고 혼자서 놀이하는 형태 • 이 단계의 유아들은 서로의 존재를 분명히 인식하고 있으며 또한 자기에게 의미가 있는 다른 사람의 존재도 인식하지만 결과적으로는 따로따로 놀이를 하는 경우
	연합놀이 (3.5세~4.5세)	• 유아가 같이 놀이하고 공유하는 집단놀이 단계 • 유아는 다른 유아들과 함께 논다. 대화를 통해 같은 활동을 한다. • 놀잇감을 빌리거나 빌려주기도 하고 함께 기차나 자동차를 만들기도 한다. • 집단 속에서 하거나 할 수 없는 것에 대한 약간의 통제도 시도한다. • 놀이 내용에 대해 이야기를 주고받거나 놀잇감을 빌려주는 행동이 나타나며 차례를 지키고, 친구가 하는 활동에 함께 참여하며 폭넓은 의사소통이 이루어진다. • 활동의 조직성, 타인 배려, 개인의 흥미나 의도 조절, 하나의 공동된 놀이는 이루어지지 않음 • 놀이의 규칙에 대해 정확하게 규정이 없고 놀이의 역할 분담 및 놀이내용의 조직적 전개가 미비한 상태 • 같은 활동을 하는 모든 유아들 간에 분화된 분업 구조가 없고, 도구나 목적과 관련된 조직화된 활동도 없다.

협동놀이 (4.5세 이후)	• 역할의 분담과 목적의 공유가 이루어지는 단계 • 조직화된 집단에서 함께 협력하여 놀거나 경쟁을 하거나 하면서 놀이를 함 • 한 두 명의 유아가 지휘권을 갖고 역할을 서로 분담하여 공동의 목적 달성을 위해, 경쟁에 이기기 위해, 다양한 에피소드를 극화하기 위해, 규칙 있는 게임을 즐기기 위해 집단을 조직하고 놀이를 진행함 • 놀이 규칙과 활동(역할) 분담 있음, 구성원 간의 협동과 협력 강조 • 상황에 따라 유아 개개인 마다 역할이 분담되어지기도 하고 서로의 역할을 보충해주면서 놀기를 함 • 타인을 배려하고 자신의 의도나 이익을 조절하고 통제할 줄 아는 마음을 배우게 됨

3) 파튼의 놀이 발달이론 합격기출

- (①   )을 보이는 유아는 다른 아이들이 노는 것을 바라보면서 시간을 보낸다. 가끔 관찰하는 유아들에게 말을 걸기도 하고 질문을 하거나 제안을 하기도 하지만 직접 놀이에 참여하지는 않는다. (②   )은 비참여 행동과는 달리 우연하게 관심을 끄는 것이 아니라 명백하게 특정한 집단의 유아들이 노는 것을 바라본다는 것이다. 유아는 다른 유아들과 대화를 할 수 있는 거리 안에서 앉아 있거나 서 있게 된다.

- (③   )은 동일한 놀잇감을 가지고 같은 영역에서 독립적으로 놀이가 이루어지는 것을 의미한다. 즉 유아는 다른 유아들 옆에서 놀지만 함께 놀지는 않는다.

- (④   )는 유아가 다른 유아들과 함께 노는 활동이다. 유아는 대화를 통해 같은 활동을 한다. 그리고 놀잇감을 빌리거나 빌려주기도 하고 함께 기차나 자동차를 만들기도 한다. 집단 속에서 하거나 할 수 없는 것에 대한 약간의 통제도 시도한다.

- 루빈(K. Rubin)의 사회인지 놀이 범주에 따르면, (①   )는 동일한 놀잇감을 가지고 같은 영역에서 독립적으로 하는 놀이로 내적인 사고와 생각을 가상형태로 표현하는 놀이이고, (②   )는 다른 친구들과 함께 노는 놀이 형태로 내적인 사고와 생각을 가상형태로 표현하는 놀이이며, (③   )는 동일한 놀잇감을 가지고 같은 영역에서 독립적으로 하는 놀이로 다양한 놀잇감을 활용하여 무엇인가를 창조하는 놀이이다.

06 스밀란스키(S. Smilansky)의 놀이 발달이론

1) 스밀란스키의 놀이 발달이론 합격단어
2) 스밀란스키의 놀이 발달이론 합격내용
3) 스밀란스키의 놀이 발달이론 합격기출

1) 스밀란스키의 놀이 발달이론 합격단어

- 스밀란스키, 피아제의 이론에 기초함, 놀이발달단계(기능놀이, 구성놀이, 상징놀이, 규칙 있는 게임), 기능놀이(가장 단순한 형태의 놀이, 신체를 이용한 움직임을 통한 놀이, 사물을 이용하거나 사물 없이 하는 반복적인 근육운동), 구성놀이(기능놀이와 상징놀이 사이에 존재하는 놀이, 창조적인 활동, 다양한 놀이재료를 활용하여 조작하고 구성하여 놀이하는 것), 상징놀이(역할놀이, 극적놀이, 흥미로운 사건·상황·역할·대상 등을 모방하고 가상하면서 놀이로 재현해 보는 것, 가작화 요소가 내포되어 있는 표상적 놀이, 마치 ~인 척 표상하는 인지적 요소 내포, 사회극놀이), 규칙 있는 게임(구체적 조작기, 가장 발달된 형태의 놀이, 미리 정한 규칙에 따라 두 명 이상의 유아가 상대와 경쟁하면서 승부를 겨루는 놀이)

2) 스밀란스키의 놀이 발달이론 합격내용

구분		내용
개요		• 피아제의 이론을 기초로 하여 놀이를 보다 구체적으로 분류 • 놀이는 기능놀이, 구성놀이, 상징놀이, 규칙 있는 게임의 단계를 거쳐서 발달한다. • 영유아기에 상징놀이가 많이 나타나며, 상징놀이의 가장 발달된 형태가 사회극놀이 이다.
놀이발달단계	기능놀이	• 가장 단순한 형태의 놀이로 신체를 활용하여 놀이를 하는 것을 의미한다. • 신체를 이용한 움직임을 통한 놀이이다. • 사물을 이용하거나 사물 없이 하는 반복적인 근육운동 　- 예 달리기, 뛰어오르기, 모으기와 버리기, 사물이나 자료 조작하기, 나란히 줄 세우기, 공 튀기기 등
	구성놀이	• 기능놀이와 상징놀이 사이에 존재하는 놀이로 창조적인 활동이다. • 다양한 놀이재료를 활용하여 조작하고 구성하여 놀이하는 것을 뜻한다. • 블록으로 다양한 집을 짓는 것, 모래놀이 등 다양한 재료를 가지고 완성품을 만들면서 즐거움을 느끼는 것을 의미한다. • 목공놀이, 만들기, 성 쌓기 등 무엇인가를 창조하는 놀이이다.
	상징놀이 (=역할놀이, 극적놀이)	• 다른 사람의 행동을 관찰하여 모방하는 행동으로 놀이를 하는 것을 의미한다. • 유아가 흥미로운 사건, 상황, 역할, 대상 등을 모방하고 가상하면서 놀이로 재현해 보는 것을 뜻한다. • 역할, 사물, 공간과 시간이 실제와 다르게 자율적으로 변형되는 가작화 요소가 내포되어 있는 표상적 놀이이다. • 마치 ~인 척 표상하는 인지적 요소가 내포되어 있다. • 교육적인 가치 - 친구와 상호작용하고 협상하며 타협하는 사회화 기술을 습득, 사고력과 문제해결력 증진, 현실에서 충족되지 못한 부정적 감정 해소, 타인 조망 수용 능력 습득, 상상력과 창의력 증진

	• 사회극놀이 - 상징놀이가 좀 더 발전된 놀이 유형 - 한 명 이상의 친구와 함께 다양한 역할을 가상적으로 수행하면서 극놀이에 참여하는 것을 의미한다. - 2명 이상의 영유아들이 최소한 10분 동안 한 가지 주제로 극적인 놀이를 하는 것 - 영유아의 창의력, 지적·사회적 기술 증진과 성장에 도움을 줌 - 사회극놀이의 조건 : 역할의 가작화, 사물의 가작화, 행동과 상황의 가작화, 지속성, 상호작용, 언어적 의사소통 - 사회극놀이의 필수 : 지속성(한 가지 놀이 주제를 적어도 10분 이상 지속), 상호작용(동일한 놀이 주제를 가지고 두 명 이상의 놀이자가 서로 상호작용), 언어적 의사소통(놀이 주제에 대한 놀이자 간의 언어적 의사소통) - 상위 인지를 기반으로 상위 의사소통이 이루어지는 놀이 유형이다. - 사회극놀이 시 유아는 가작화 의사소통과 상위 의사소통을 빈번히 사용한다.
규칙 있는 게임	• 구체적 조작기의 유아들이 주로 하는 가장 발달된 형태의 놀이 • 미리 정한 규칙에 따라 두 명 이상의 유아가 상대와 경쟁하면서 승부를 겨루는 놀이 • 놀이가 진행되기 위해서는 규칙을 이해하는 논리적 사고와 두 명 이상의 놀이자의 참석이 필요함 • 세련된 형태의 놀이로 또래들과 함께 놀면서 규칙을 만들고 그 규칙을 지켜야 함을 안다. 이를 위해 자신의 욕구를 조절하고 타인의 행동이나 감정 등을 수용하려고 한다.

3) 스밀란스키의 놀이 발달이론 합격기출

• 스밀란스키(S. Smilansky)는 유아의 지적 발달이 높아짐에 따라 인지적 놀이 수준도 (①   ), (②   ), (③   ), (④   )으로 변화해 간다고 하였다.

07 상징놀이

1) 상징놀이 합격단어
2) 상징놀이 합격내용
3) 상징놀이 합격기출

1) 상징놀이 합격단어

- 상징놀이, 존재하지 않는 사물을 표상화하는 놀이, 가작화 요소 포함(가상놀이, 극놀이, 역할놀이, 환상놀이), 피아제(감각운동기, 영속성, 지연모방, 언어 등과 같은 인지적 발달 및 표상능력 발달의 결과로 상징놀이가 나타남, 생후 2세 전후로 나타나기 시작 → 3~4세 그 절정에 도달 → 6세 감소 : 뒤집은 U자형 발달곡선), 내적인 사고와 생각을 가상 형태를 통해 표현하는 놀이, 보이지 않는 사물이나 사건을 대신하여 상징적 의미를 부여하며 놀이, 상징놀이 발달을 판단하는 준거 3가지[통합, 탈중심화, 탈상황화(=탈맥락화)], Gowen, Rogers & Sawyers의 상징놀이의 발달 과정(전 상징 단계 → 자기 상징 단계 → 타인 상징 단계 → 대체 단계 → 가상적 대행 단계 → 적극적 대행 단계 → 복합적 상징 단계 → 계획적 상징 단계), McCune의 상징놀이의 발달 과정(제1단계 전 상징적 단계 → 제2단계 자기 가작화 단계 → 제3단계 분산된 가작화 단계 → 제4단계 가작화 놀이의 통합 단계 → 제5단계 계획적 상징놀이 단계)

2) 상징놀이 합격내용

구분	내용
개요	• 상징놀이란 존재하지 않는 사물을 표상화 하는 놀이이다. • 상징놀이는 가상놀이, 극놀이, 역할놀이, 환상놀이 등 다양한 용어로 불리는데 용어는 조금씩 다르지만 가작화 요소가 포함된다는 공통점이 있다. • 돌 무렵 상징행동이 처음 시작된 후 점차 정교하게 상징놀이가 발달한다. 2세가 지나면 영유아는 상징놀이를 통해 역할이나 사물을 가상하거나 대치한다. • 상징놀이는 지적 수준이 높아짐에 따라 발달하는데 초기에는 가작화가 자신의 신체와 일상생활에 집중되나, 2세가 넘어가면서부터 상징놀이를 통해 다른 역할을 가장하고 이행하며, 필요에 따라 상상적으로 다른 사물로 가장하기도 한다. • 피아제는 감각운동기에 달성하는 영속성, 지연모방, 언어 등과 같은 인지적 발달 및 표상능력 발달의 결과로 상징놀이가 나타난다고 하였다. 상징행동은 생후 2세를 전후로 나타나기 시작하여 3~4세에 그 절정에 도달하고, 6세에 감소하므로, 뒤집은 U자형 발달곡선을 그리게 된다.
상징놀이의 특징	• 내적인 사고와 생각을 가상 형태를 통해 표현하는 놀이 형태라는 점 • 보이지 않는 사물이나 사건을 대신하여 상징적 의미를 부여하며 놀이하는 것

CHAPTER 3

상징놀이 발달 판단 준거 3가지	• 통합 - 놀이가 점점 통합되어 단편적인 상징 행동으로부터 줄거리가 있는 이야기 형식으로 조직되어가는 것 - 상징놀이에서 통합의 의미는 유아들이 발달함에 따라 놀이가 점차 패턴화 하는 것을 뜻한다. • 탈중심화 - 놀이 시 자신의 활동에 대한 상징에서 타인 또는 대상물에 대한 상징으로 자신에게 초점을 두는 정도가 자기 중심으로부터 벗어나는 것이다. - 상징놀이를 할 때 자신에게 초점을 두는 정도로, 연령이 증가함에 따라 상징놀이의 중심이 자기 활동에 대한 상징에서 타인 또는 대상물에 대한 상징으로 주체가 바뀌는 것이다. - 자신의 일상생활 경험이 주로 가상 행동으로 나타나다가 18개월부터 가상 행동의 주체가 다른 대상으로 옮겨간다. • 탈맥락화(=탈상황화) - 한 사물을 다른 사물로 대체하는 것을 의미한다. - 초기에 영아는 실물과 형태나 기능이 유사한 사물을 대체물로 이용하지만, 점차 유사성이 없는 사물도 상징놀이에 사용하는 융통성이 증가하게 된다. - 상징 능력의 발달에 따라 사물 대체가 사물의 물리적 특성이나 현실에서의 용도와 점점 달라진다. - 실제적 소품에 덜 의존하게 되며 구체적, 물질적 표상에서 추상적인 표상으로 바뀐다.
상징놀이의 발달 과정 (Gowen, Rogers & Sawyers)	• 전 상징 단계 - 유아가 가상행동에 참여하는 것 같지만 뚜렷한 증거가 없다. • 자기 상징 단계 - 유아가 주로 자신의 신체나 일상행동을 가상한다. • 타인 상징 단계 - 유아가 가상행동을 다른 대상에게 적용하거나 다른 사람의 행동을 모방하여 가상한다. • 대체 단계 - 유아가 독창적인 방식이나 가상적 방법으로 사물을 사용하거나 실제와는 다른 방식으로 가상 행동에 사용한다. • 가상적 대행 단계 - 유아가 어떤 사물이나 사람, 동물이 실제로 있는 것처럼 가상한다. • 적극적 대행 단계 - 장난감이 살아 있는 것처럼 적극적 주체가 되게 한다. • 복합적 상징 단계 - 유아가 한 상징 행동을 여러 대상에게 적용하거나, 한 대상에게 여러 상징 행동을 적용한다. • 계획적 상징 단계 - 유아가 자신이 무엇을 상징화 할 것인지, 또한 이를 위해 필요한 도구가 무엇인지 생각하고 계획할 줄 알게 되며, 놀이가 사전에 계획되었음을 언어적·비언어적 표현으로 나타낸다.
상징놀이의 발달 과정 (McCune)	• 제1단계 전 상징적 단계 - 놀잇감의 사회화된 기능에 집착하는 놀이 행동 • 제2단계 자기 가작화 단계 - 자신의 신체나 일상생활에 가작화가 집중된 놀이 행동 • 제3단계 분산된 가작화 단계 - 가작화 쉐마를 다른 사람이나 놀잇감에 적용하는 놀이 행동 • 제4단계 가작화 놀이의 통합 단계 - 하나의 상징적 쉐마를 동시에 여러 대상에게 적용하는 놀이 행동 • 제5단계 계획적 상징놀이 단계 - 1단계에서 4단계까지의 놀이 요소를 포함하고, 놀이가 사전에 계획되었음을 언어나 비언어로 해설함

3) 상징놀이 합격기출

- (①   ) - 상징 놀이의 중심이 자기 활동에 대한 상징에서 타인 또는 대상물에 대한 상징으로 주체가 바뀌는 것
- (②   )(=③   ) - 유사한 사물이나 상황 대체에서, 유사하지 않은 사물이나 상황 대체로 변화하는 것
- (④   ) - 단일한 상징행동에서, 주제나 줄거리가 있는 복잡한 상징행동으로 조직화되는 것

08 사회극놀이

1) 사회극놀이 합격단어
2) 사회극놀이 합격내용
3) 사회극놀이 합격기출

1) 사회극놀이 합격단어

- 스밀란스키, 사회극놀이, 사회적 가상놀이, 사회적 역할놀이, 두 명 이상의 유아가 같은 놀이주제를 가지고 언어적으로 상호작용하는 놀이, 3세 이후부터 시작되어 규칙 있는 게임이 시작되는 6~7세경까지 지속됨, 사회극놀이에서 이루어지는 상징적 변형의 범주(탈맥락화, 탈중심화, 사물대체, 통합, 놀이 주제, 놀이 에피소드), 사회극놀이의 준거 6가지(역할의 가작화, 사물의 가작화, 행동 및 상황 가작화, 지속성, 상호작용, 언어적 의사소통), Roskos & 박찬옥의 사회극놀이의 발전 단계(단순 → 복잡 : 실제 사물을 가지고 놀이하기, 어떤 사람·어떤 것처럼 놀이하기, 사람·장소·사물 지어내기, 놀이에 주제가 생김, 놀이에 이야기 줄거리가 생기고 해결하는 문제가 생김), Smilansky & Shehatya의 사회극놀이 개입 프로그램의 단계(1단계 - 놀이에서 재창조해 볼 수 있는 단일한 경험을 제공 → 2단계 - 단일한 경험과 관련된 주제의 소품이 포함된 놀이 영역을 구성 → 3단계 - 유아의 놀이를 관찰하고, 놀이 전략과 부족한 점을 기록한다. 놀이에서 특별한 지원이 필요한 유아를 파악함 → 4단계 - 놀이에서 부족한 것을 해결하기 위해 놀이 주제의 내부 또는 외부에서 유아의 사회극놀이에 개입함), 사회극놀이의 지도방법(놀이 계획과 수행에 필요한 충분한 시간 제공, 주제와 관련된 자료 제공, 사회극놀이와 관련된 사전 경험 제공, 놀이 개입을 위한 주의 깊은 관찰, 놀이를 지원하는 적절한 놀이 개입), 사회극놀이 척도[스밀란스키, 척도의 5가지 구성 요소(역할이행, 가상전환, 사회적 상호작용, 언어적 의사소통<상위 의사소통, 가장 의사소통>, 지속성), 사회적 역할놀이 척도(SPI)]

2) 사회극놀이 합격내용

구분	내용
개요	• 3세 이후부터 시작되어 규칙 있는 게임이 시작되는 6~7세경까지 지속됨 • 사회극놀이(=사회적 가상놀이, 사회적 역할놀이)란 두 명 이상의 유아가 같은 놀이주제를 가지고 언어적으로 상호작용하는 놀이이다. • 자유놀이 시간에 유아가 원하는 주제와 내용, 역할을 중심으로 일상 경험이나 상상의 내용을 원하는 시간에 시작하여 원하는 시간에 끝낼 수 있는 극놀이 • 사회극놀이와 상징놀이는 가작화 요소를 포함하는 것이 공통점이지만, 상징놀이와 구분하여 정의할 때는 두 명 이상의 유아가 같은 주제를 가지고 언어적으로 상호작용하는 놀이로 규정한다.
사회극놀이에서 이루어지는 상징적 변형의 범주 (Roskos,	지금-여기의 변화: 탈맥락화 너와 나의 변화: 탈중심화 → 사회극놀이의 통합 → 사회극놀이에 주제와 이야기 줄거리가 생김 이것 저것의 변화: 사물 대체

1987 ; 박찬옥, 2004)	• 세 가지 변형 - 개별적으로 일어날 수도 있으나 한 주제로 수렴될 때 사회극놀이에 주제와 이야기가 생길 수 있다. • 놀이 주제 - 탈맥락화, 탈중심화, 사물 대체가 하나의 주제로 통합되는 것 • 놀이 에피소드 - 5분 이상 지속되는 놀이 이야기
사회극놀이의 준거 6가지 (스밀란스키)	• 역할의 가작화 - 가상적인 역할을 언어와 행동으로 표현하는 것 • 사물의 가작화 - 사물의 용도를 실제와 다르게 상상해서 언어나 행동으로 표현하거나 다른 사물로 대치하는 것 • 행동 및 상황 가작화 - 상황이나 행동을 상상해서 언어로 표현하는 것 • 지속성 - 한 가지 놀이 주제를 일정 시간 동안 계속하는 것 • 상호작용 - 동일한 놀이 주제와 관련하여 적어도 두 명 이상이 함께 어울리는 것 • 언어적 의사소통 - 놀이 주제와 관련하여 놀이자들 간에 언어를 사용하여 의사소통이 이루어지는 것
사회극놀이의 발전 단계 (Roskos, 1987 ; 박찬옥, 2004)	단순 ↑ 실제 사물을 가지고 놀이하기 어떤 사람, 어떤 것처럼 놀이하기 사람, 장소, 사물 지어내기 놀이에 주제가 생김 놀이에 이야기 줄거리가 생기고 해결하는 문제가 생김 ↓ 복잡
사회극놀이 개입 프로그램의 단계 (S. Smilansky & Shehatya)	• 1단계 - 놀이에서 재창조해 볼 수 있는 단일한 경험을 제공한다. 　예 교사는 유아들과 슈퍼마켓을 견학한다. • 2단계 - 단일한 경험과 관련된 주제의 소품이 포함된 놀이 영역을 구성해 준다. 　예 역할 놀이 영역에 계산대, 진열대 등의 소품을 준비하여 가상적인 슈퍼마켓을 만든다. • 3단계 - 유아의 놀이를 관찰하고, 놀이 전략과 부족한 점을 기록한다. 놀이에서 특별한 지원이 필요한 유아를 파악한다. • 교사는 한 유아가 진열대 앞에서 다른 아이들을 쳐다보기만 하고 놀이는 거의 하지 않는 것에 주목한다. • 4단계 - 놀이에서 부족한 것을 해결하기 위해 놀이 주제의 내부 또는 외부에서 유아의 사회극놀이에 개입한다. 　예 교사는 물건을 사러온 것처럼 가장한 후 그 유아에게 우유가 어디에 있는지를 묻는다. 다른 유아가 관심을 보이자, 교사는 이 소극적으로 참여하던 유아가 친구와 놀이할 수 있도록 장려한다.
사회극놀이의 지도방법	• 교사는 사회극놀이에 인지적으로 복잡한 놀이의 특성이 있음을 고려하여 놀이 계획과 수행에 필요한 충분한 시간을 제공하여야 한다. • 유아의 사회극놀이가 전개될 수 있는 충분한 공간이 확보 되어야 한다. • 유아의 놀이는 놀이에 사용되는 자료의 유형에 따라 많은 영향을 받으므로 주제와 관련된 자료를 적절하게 제공하여야 한다. 놀이 자료는 질 높은 놀이를 위해 필요한 또 다른 요소이다. • 사회극놀이와 관련된 사전 경험을 유아에게 제공하여야 한다. • 유아의 놀이 확장을 위한 성공적인 놀이 개입을 위하여 주의 깊은 관찰을 하여야 한다. • 유아의 놀이를 지원하는 적절한 놀이 개입이 이루어져야 한다.

- 사회극놀이 척도는 스밀란스키가 그의 놀이훈련 연구의 일부로 개발한 것
- 척도의 5가지 구성 요소 - 역할이행, 가상전환, 사회적 상호작용, 언어적 의사소통, 지속성
- 스밀란스키는 사회적 역할놀이를 인지적으로 성숙된 놀이로 간주하며 사회적 역할놀이 척도(SPI)를 고안하였다.
- SPI는 성숙된 형태의 사회적 역할놀이를 평가하는 준거로서, 역할놀이·가상전환·사회적 상호작용·언어적 의사교환·지속성의 행동관찰목록을 그 구성요소로 한다.
- 사회적-역할놀이 척도의 행동 관찰 목록

구분	내용
사회극놀이 척도 / 역할이행	• 유아가 가족구성원, 소방관 등의 역할을 받아들이고 그러한 역할을 언어(예 "나는 엄마야.")로 나타내거나 적합한 행동(예 인형의 기저귀를 갈아 주는 시늉을 한다.)을 하는 것이다.
가상전환	• 사물, 행동, 상황을 나타내기 위해 상징을 사용한다. ① 실제의 사물을 대신하여 대용사물(블록을 컵으로 사용)이 사용되거나 말로써 표현한다(예 빈손을 쳐다보며 "내 컵이 비었네." 한다). ② 실제의 행동을 대신하는 축약된 행동을 하거나(예 망치질을 하는 것처럼 손을 올렸다 내렸다 한다), 상징의 행동을 나타내기 위해 언어적 표현을 한다(예 "나는 지금 망치로 못을 박고 있는 거야"). ③ 언어로 상상의 상황을 만들어 낸다(예 "자, 우리 비행기를 타고 있다고 하자").
사회적 상호작용	• 놀이 상황을 연결하면서 적어도 두 명 이상의 유아들이 직접적인 상호접촉을 한다. • 이것은 또래놀이 척도에서 적어도 수준 4 이상의 상호 인식을 요하는 것이다.
언어적 상호작용	• 놀이 에피소드와 관련하여 언어적 교류를 한다. 언어적 교류에는 두 가지 형태가 있다. ① 상위 의사소통 - 이것은 놀이 에피소드를 구조화하고 조직화하는 데 사용되는 것으로서 예를 들면 다음과 같다. ㉠ 특정 사물의 가장적 특징을 이용(예 "자, 이 밧줄이 뱀이라고 하자.") ㉡ 역할을 배정(예 "나는 아빠고, 너는 아기야.") ㉢ 이야기 줄거리의 계획(예 "우선 우리는 시장에 갈 거야. 그 다음에 장난감 가게에 가자.") ㉣ 부적절한 행동을 하는 놀이자에 대한 견책(예 "엄마들은 그렇게 말하지 않아. 그것은 호스가 아니고 뱀이야, 이 바보야.") ② 가장 의사소통 ㉠ 유아가 받아들인 역할자의 행동을 하는데 사용되는 의사소통이다. ㉡ 예 교사의 역할을 하는 유아가 다른 놀이자에게 "너희들 모두 나쁜 아이들처럼 행동하는구나. 모두 원장 선생님께 가야겠다."라고 말한다.
지속성	• 유아가 사회극놀이를 지속하는데 중요한 변인이 되는 것은 연령이다. 일반적으로 유아원 유아들은 5분 정도, 유치원 유아들은 10분 정도 놀이를 지속해야 사회극놀이로 간주한다. • 유아들이 사회적-역할놀이를 지속하는 능력은 유아의 발달 능력과 관계가 있다. • 만 3, 4세의 유아들은 적어도 5분 정도의 놀이 이야기를 지속시킬 수 있으며, 만 5세 유아는 적어도 10분 정도 놀이 이야기를 지속하여 진행시킬 수 있다. • 놀이 지속 시간은 다른 요인에 의하여 변하기도 한다. 만약 제공되는 놀이 시간이 짧다면(10~15분), 놀이 지속 시간도 짧아질 것이다. • 놀이의 지속성은 놀이의 질을 평가하는 데 주요 요인이 된다.

- 사회적 역할놀이 척도 사용 시 고려해야 할 점
  - 유아의 사회적 역할놀이의 지속성을 관찰, 평가하므로 한 사례를 15초로 할당하여 관찰할 수 있다. 이 척도의 관찰 목록 중 하나인 지속성을 평가하는데는 적어도 5분에서 10분 정도의 시간이 소요되므로 한 번에 여러 유아를 관찰할 수 없고 놀이에 참여한 2~3명 정도의 유아를 관찰할 수 있다.
  - 사회적 역할놀이는 집단으로 이루어지므로 놀이 중 일어나는 사건에 집중하고 놀이에 참여한 각 유아 당 대략 1분씩 할당하여 집중 관찰한 다음 관찰지에 기록하고 다른 유아를 관찰한다.
  - 한 번의 관찰로 유아의 사회적 역할놀이 행동을 파악할 수 없으므로 자신의 관찰 목적에 따라 적절한 관찰 횟수를 정한다.
  - 사회적 역할놀이는 대부분이 3세 이후에 나타나므로, 2~3세 유아들의 경우 SPI의 관찰행동목록이 다 나타나지 않는다 해도 발달적 특성에 기인한 것으로 걱정할 필요는 없다.
- 사회극놀이 척도 관찰기록지

성명	역할 이행	가상전환			사회적 상호작용	의사소통		지속성
		사물	행동	상황		상위 의사소통	가장 의사소통	

3) 사회극놀이 합격기출

- (①   ) - 가상적인 역할을 언어나 행동으로 표현하는 것

- (②   ) - 사물의 용도를 다양하게 가상해서 언어나 행동으로 표현하는 것

- (③   ) - 한 가지 놀이 주제(episode)가 적어도 10분 간 계속되는 것

- (④   ) - 동일한 놀이 주제를 가지고 두 명 이상의 놀이자가 상호작용하는 것

- (⑤   ) - 놀이 주제에 대해 놀이자 간에 언어로 의사소통을 하는 것

- (⑥   ) - 만약 놀이에서 가상적 세계에 문제가 생기면 유아들은 놀이의 틀을 깨고 곧바로 현실의 세계로 돌아가 문제를 해결하게 된다. 예를 들어, 산모 역할을 맡은 유아가 산모 역할을 잘 하지 못할 경우, 상대 유아가 "아기를 가진 엄마는 배를 불룩하게 하고 다녀야지."라며 지적을 하는 것이다.

- (⑦   ) - 문제가 해결되면 놀이에 참여하는 영유아들은 맡은 역할에 맞는 의사소통을 하면서 놀이를 유지해 나가게 된다.

CHAPTER 3

09 유아 놀이에의 교사 개입 유형

1) 유아 놀이에의 교사 개입 유형 합격단어
2) 유아 놀이에의 교사 개입 유형 합격내용
3) 유아 놀이에의 교사 개입 유형 합격기출

1) 유아 놀이에의 교사 개입 유형 합격단어

- 스밀란스키(S. Smilansky)가 제시한 사회극 놀이를 촉진하기 위한 교사의 개입 유형(내적 중재, 외적 중재, 주제 상상훈련), Wood, McMahon & Cranstoun(1980)의 교사 개입 유형[평행놀이(=병행놀이), 공동놀이, 놀이교수, 현실 대변인], Wolfgang & Sanders(1982)의 교사 개입 유형[교사 지도 연속 모형, 개방적 → 구조적 : 응시(적극적 관찰, 가장 개방적인 놀이지도 방법), 비지시적 진술(유아의 놀이 행동을 언어로 설명), 질문(놀이확장을 위해 적절한 상황에서 질문), 지시적 진술(놀이 상황에서 역할배정 혹은 놀이내용 전개 지시), 모델링(놀이상황에서 적절한 행동 시범), 물리적 개입(가장 구조화된 지도 방법, 놀이 상황이나 역할에 적합한 소품을 제시하고 유아의 행동 직접 교정)], Johnson, Christie, Yawkey(1998)의 교사 개입 유형(최소한의 개입 → 최대한의 개입 : 비 참여자, 방관자, 무대 관리자, 공동 놀이자, 놀이 지도자, 감독자/교수자), Shin(1989)의 교사 개입 유형(대화, 참여, 시범, 환경 구성, 칭찬, 방향 제시, 유지, 교수, 명령), Am(1986)의 교사 개입 유형(참여자 형태, 조정자 형태, 방향 제시자 형태), Spidell의 극 놀이 지도 유형(교수, 대화, 유지, 칭찬, 환경의 수정, 방향제시, 참여, 시범)

2) 유아 놀이에의 교사 개입 유형 합격내용

구분	내용
Wood, McMahon & Cranstoun (1980)의 교사 개입 유형	• 평행놀이(=병행놀이) - 교사가 유아 가까이에서 동일한 놀이 자료를 가지고 놀이를 하지만 상호작용을 거의 하지 않는다. - 유아에게 편안함을 주고 놀이의 가치를 부여하는 효과가 있으며 기능놀이와 구성놀이에서 많이 활용된다. • 공동놀이 - 진행 중인 유아의 놀이 활동에 교사가 직접 참여하는 방법 - 놀이의 방향은 유아가 주도하며 교사는 이에 따른다. - 유아가 놀이에 성인을 참여시키기 위해 초대할 때 쉽게 사용될 수 있는 개입 형태 - 유아가 요구하는 사항과 행동에 교사가 반응하는 것, 교사는 언어적 자극을 통해 놀이를 확장시킬 수 있다. - 교사는 유아의 말과 행동에 반응하거나 놀이를 확장할 수 있는 질문이나 제안을 한다. 유아는 이러한 제안을 자유롭게 받아들이거나 거부할 수 있다. • 놀이교수 - 교사가 유아에게 놀이를 직접 지도하는 것 - 교사는 놀이교수에서 주도적이고 적극적인 역할을 이행하고, 새로운 놀이를 시작하기도 하고 새로운 놀이 행동을 하기도 함 - 교사가 먼저 놀이를 시도하므로 놀이 활동에 참여하지 않는 유아들을 참여하도록 유도한다. - 놀이교수의 유형 : 외적 중재(교사가 놀이에 직접 참여하지 않고 유아의 놀이 장면 밖에서 놀이를 지도하는

	형태, 개입방법 : 간접적 참여, 질문, 제안, 행동의 분류, 놀이자 간 접촉, 방향제시하기), 내적 중재(교사가 유아의 놀이 활동에 직접 참여하여 역할을 담당하고 이행하는 형태, 개입방법 - 직접적 놀이 참여), 주제-상상 훈련(동화나 간단한 이야기를 중심으로 사회적 역할놀이를 지도할 때 사용되는 방법으로 조직적이고 구조화된 방법) • 현실 대변인 - 놀이를 교수-학습 매체로써 활용할 때 적용할 수 있다. - 아주 어린 유아보다는 유치원 연령의 유아에게 적절하다. - 유아의 놀이 장면 밖에서 놀이 활동과 현실세계를 연결할 수 있도록 유아의 놀이에서의 상징 전환을 중단하고 놀이 장면에 현실을 삽입한다. - 현실 대변인 방법은 교수-학습 상황을 유도하여 특정한 지식과 정보를 제공할 수 있을 뿐만 아니라 현실 세계를 바탕으로 한 논리적 사고를 격려할 수 있는 장점이 있다.
울프강 (Wolfgang) & 샌더스 (Sanders) (1982)의 교사 개입 유형	• 교사 지도 연속 모형(TBC)은 교사가 유아 중심의 개방적인 놀이 지도에서 교사 중심의 구조화된 지도로 일련의 연속적인 조치를 취할 수 있음을 강조한다. • Wolfgang 등은 교사 개입을 단계적으로 구분하여 응시, 비지시적 진술, 질문, 지시적 진술, 모델링, 물리적 개입 등의 단계로 순서화하였다. 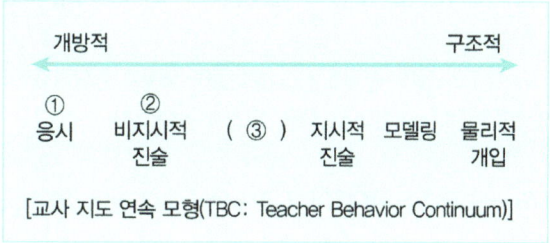 [교사 지도 연속 모형(TBC: Teacher Behavior Continuum)] • 응시/적극적 관찰 - 가장 개방적인 놀이지도 방법, 교사는 유아의 놀이하는 모습을 가까이에서 적극적으로 관찰한다. • 비지시적 진술 - 교사는 유아의 놀이를 지켜보면서 유아의 놀이 행동을 언어로 설명한다. • 질문 - 교사는 유아가 놀이에 확장될 수 있도록 적절한 상황에서 질문을 한다. • 지시적 진술 - 교사는 유아의 놀이 상황에서 역할을 배정해 주거나 놀이 내용의 전개를 지시한다. • 모델링 - 교사는 유아의 놀이 상황에서 적절한 행동의 시범을 보여준다. • 물리적 개입 - 가장 구조화된 지도 방법, 교사가 유아의 놀이 상황이나 역할에 적합한 소품을 제시하고 유아의 행동을 직접 교정해준다.
존슨 (Johnson), 크리스티 (Christie), 야키 (Yawkey) (1998)의 교사 개입 유형	〈 놀이에서 성인의 역할 〉 지지적 역할 최소한의 개입 ─────────────── 최대한의 개입 비참여 / 방관자 / 무대관리자 / 공동놀이자 / 놀이지도자 / 감독자/교수자 • 비참여자 - 교사는 유아의 놀이에 개입하지 않는다.

	- 방관자 - 교사는 수준 높은 관객의 역할을 한다. 즉, 교사는 가까운 거리에서 유아의 놀이를 쳐다보면서 웃거나 고개를 끄덕이는 행동을 보이면서 비언어적 승인의 표시를 한다. 간혹 놀이하는 유아에게 언어적 조언을 하기도 한다. 그러나 놀이에는 참여하지 않으며 방해되는 어떠한 행동 역시 하지 않는다.
	- 무대관리자 - 유아의 놀이를 돕는 적극적인 역할을 한다. 교사는 유아가 요구하는 자료를 제공하며 극 놀이에서 역할 의상이나 소품 구성을 도와줄 수 있다. 특히 극 놀이를 확장할 수 있는 각본을 제안하기도 한다. 그러나 교사의 도움에 대한 수용 여부는 유아에게 달려 있다.
	- 공동놀이자 - 교사는 유아의 놀이에 적극적인 참여자가 된다. 교사는 동등한 파트너로서 놀이에 참여하여 간혹 사회극놀이 기술의 모델을 제시하기도 한다. 놀이에서 유아는 중요한 역할을 맡고 교사는 최소한의 역할을 맡는다.
	- 놀이지도자 - 교사는 유아의 놀이에 적극적으로 참여하는 많은 영향력을 발휘한다. 또한 교사는 놀이가 확장되고 풍부화 되도록 하며 주제를 확장시키기 위한 새로운 소품을 제공하고 새로운 놀이 주제를 제안하기도 한다.
	- 감독자/교수자
	  - 교사는 놀이 장면 외부에 있으면서 놀이를 완전히 통제하는 과잉 개입을 한다.
	  - 감독자로서의 역할 : 놀이 시 유아의 역할 지시, 혼자 극 놀이에 참여하지 못하는 유아에게 적용, 놀이 초기에 짧게 사용하는 것이 바람직함
	  - 교수자로서의 역할 : 놀이 시 학문적 내용을 교수하기 위한 수단으로 사용할 때 나타남, 학문 내용으로 유아의 관심을 전환하는 질문을 많이 사용함, 길게 사용하는 것은 바람직하지 않음

스밀란스키
(S. Smilansky)가 제시한 사회극 놀이를 촉진하기 위한 교사의 개입 유형
	- 내적 중재
	  - 교사가 유아의 놀이 활동에 직접 참여하여 역할을 담당하고 이행하는 형태
	  - 개입방법 : 시범(modeling) 활용, 직접적 놀이 참여
	- 외적 중재
	  - 교사가 놀이에 직접 참여하지 않고 유아의 놀이 장면 밖에서 놀이를 지도하는 형태
	  - 개입방법 : 간접적 참여, 질문, 제안, 행동의 분류, 놀이자 간 접촉, 방향 제시 하기
	- 주제-상상 훈련
	  - 동화나 간단한 이야기를 중심으로 사회적 역할놀이를 지도할 때 사용되는 방법으로 조직적이고 구조화된 방법
	  - 교사는 영유아가 이야기 줄거리에 초점을 맞출 수 있도록 놀이 보조물과 소품을 최소화할 것을 강조함
	  - 역할놀이에 전혀 또는 저조하게 참여하는 유아들을 대상으로 놀이를 지도할 때 효과적임

신(Shin) (1989)의 교사 개입 유형	- 대화 - 놀이에 대한 유아의 흥미 수준 탐색 방법, 교사와 유아 간의 의견 교환으로 유아의 근황, 흥미, 현재 활동에 관해 양방적으로 일상적인 대화를 하는 것 - 참여 - 유아의 진행 중인 활동에 교사가 유아와 동등한 위치나 역할로 놀이에 참가하는 형태 - 시범 - 유아에게 현재 진행되는 놀이의 적절한 과정이나 절차를 소개하거나 또는 실제로 실행하여 역할에 맞는 행동을 보여주는 형태 - 환경 구성 - 놀이 환경에 변화를 주는 것, 놀이 자료를 첨가하거나 놀이 환경의 재구성 및 시설과 설비를 조정하는 방법 - 칭찬 - 놀이의 과정이나 바람직한 행동 또는 유아의 성취 결과에 대해 긍정적으로 강화하는 방법 - 방향 제시 - 놀이가 중단되거나 반복되는 활동 시 놀이가 변화되도록 교사가 대안이나 새로운 활동의 방향을 제안하는 형태 - 유지 - 현재의 놀이가 지속되도록 유아의 놀이를 보조하고 유지를 위한 도움을 주는 형태 - 교수 - 유아의 놀이 상황에서 놀이와 관련된 사실이나 개념 그리고 과정을 직접 설명하거나 가르치는 형태 - 명령 - 놀이를 지시하거나 명령하고 행동을 직접 하도록 요구하는 형태

에이미 (Am) (1986)의 교사 개입 유형	• 참여자 형태 - 교사가 유아와 상호 허락된 상황에서 동등한 놀이자로서 개입하는 형태 • 조정자 형태 - 교사가 유아의 놀이가 방해되는 상황일 경우에 놀이 상황을 조정하는 개입하는 형태 • 방향 제시자 형태 - 유아들이 전혀 극 놀이에 참여하지 않는 등과 같은 특별한 상황에서 방향 제시를 하는 것
스파이델 (Spidell)의 극 놀이 지도 유형	• 교수 - 유아들에게 사실이나 개념을 가르치는 것 • 대화 - 유아가 놀이에 대해서 가지고 있는 흥미수준 탐색 방법, 교사와 유아 간 의견교환 • 유지 - 유아의 현재 진행되는 놀이가 계속되도록 격려하는 방법 • 칭찬 - 바람직한 행위 또는 결과를 강화하는 방법 • 환경의 수정 - 놀이 환경에 변화를 주는 방법, 놀이자료를 첨가하거나 놀이영역의 자리를 옮기는 방법 • 방향 제시 - 유아의 놀이가 변화되도록 대안적 활동이나 행동을 제시하는 것 • 참여 - 진행되고 있는 놀이 활동에 교사가 직접 참여하는 것 • 시범 - 유아에게 적절한 놀이절차를 소개하는 방법

3) 유아 놀이에의 교사 개입 유형 합격기출

- 유아들의 놀이 장면에 교사가 "우와, 작은 이슬비가 왔다 갔다 하네. (우두둑, 우두둑, 우두둑 소리를 내며 민수에게 다가가서) 이슬비야, 나는 소나기란다. 너는 어떤 소리가 나니?"라고 말하며 놀이에 직접 참여하여 시범을 보인다. 교사가 사용한 놀이 개입의 유형은 스밀란스키(S. Smilansky)가 제시한 놀이 개입 유형인 외적 중재, 내적 중재, 주제-상상 훈련 중 (①   )에 해당한다.

- 존슨(J. Jonson), 크리스티(J. Christie)와 야키(T. Yawakey)가 제안한 교사의 놀이지도 방법 중 (②   )자로서 교사는 놀이에 개입하지 않으며 대부분 기능적 운동 놀이나 거친 활동에 참여하는 경향이 있고, (③   )로서 교사는 가까운 거리에서 유아의 놀이를 쳐다보면서 웃거나 고개를 끄덕이는 행동을 보이면서 비언어적 승인의 표시를 하는 등의 수준 높은 관객 역할을 하며, (④   )로서 교사는 유아가 요구하는 자료를 제공하며 극놀이에서 역할 의상이나 소품 구성을 도와주는 등 유아의 놀이를 돕는 적극적인 역할을 하고, (⑤   )로서 교사는 동등한 파트너로서 놀이에 참여하며 간혹 사회극놀이 기술의 모델을 제시하는 등 유아의 놀이에 적극적인 참여자이며, (⑥   )로서 교사는 놀이가 확장되고 풍부화 되도록 하며 주제를 확장시키기 위한 새로운 소품을 제공하고 새로운 놀이 주제를 제안하는 등 유아의 놀이에 적극적으로 참여하여 많은 영향력을 발휘하고, 감독자/교수자로서 교사는 놀이 장면 외부에 있으면서 놀이를 완전히 통제하는 과잉 개입을 하는데, (⑦   )는 놀이 시 유아의 역할을 지시하고, (⑧   ) 역할은 놀이 시 학문적 내용을 교수하기 위한 수단으로 사용할 때 나타나며 학문 내용으로 유아의 관심을 전환하는 질문을 많이 사용하게 된다.

- Wolfgang & Sanders의 교사 개입 유형 '교사 지도 연속 모델(TBC)' 중 (⑨   )는 가장 개방적인 놀이지도 방법으로 교사가 유아의 놀이하는 모습을 가까이에서 적극적으로 관찰하는 것이고, (⑩   )은 교사가 유아의 놀이를 지켜보면서 유아의 놀이 행동을 언어로 설명하는 것이며, (⑪   )은 교사가 유아의 놀이가 확장될 수 있도록 적절한 상황에서 질문을 하는 것이고, (⑫   )은 교사가 유아의 놀이 상황에서 역할을 배정해 주거나 놀이 내용의 전개를 지시하는 것이며, (⑬   )은 교사가 유아의 놀이 상황에서 적절한 행동의 시범을 보여주는 것이고, (⑭   )은 가장 구조화된 지도 방법으로 교사가 유아의 놀이 상황이나 역할에 적합한 소품을 제시하고 유아의 행동을 직접 교정해 주는 것이다.

유아교육과 놀이 합격기출 정답

01 놀이 이론

정답

①	②	③	④	⑤
각성조절	각성	거시영역 놀이	상징놀이	(사회적) 규칙
⑥	⑦	⑧	⑨	
각본	정화	공격성	정화	

02 인지적 놀이 발달이론

정답

①				
규칙 있는 게임				

03 피아제의 놀이 발달이론

정답

①	②	③	④	
구성놀이	발달	발달	놀이	

04 비고츠키의 놀이 발달이론

정답

①	②	③	④	⑤
근접발달영역 (=근접발달지대)	비계설정	상징놀이	사회적 중재	자기조절

05 파튼의 놀이 발달이론

정답

①	②	③	④
비참여 행동 (=아무것도 하지 않는 행동)	방관자적 행동 (=지켜보는 행동)	병행놀이 (=평행놀이)	연합놀이
①	②	③	④
병행-극놀이	집단-극놀이	병행-구성놀이	

06 스밀란스키의 놀이 발달이론

정답

①	②	③	④
기능놀이	구성놀이	극놀이	규칙 있는 게임

CHAPTER 3

07 상징놀이

정답

①	②	③	④
탈중심화	탈맥락화	탈상황화	통합
	정답 순서 무관		

08 사회극놀이

정답

①	②	③	④	⑤
역할의 가작화	사물의 가작화	지속성	상호작용	언어적 의사소통
⑥	⑦			
상위 의사소통	가장 의사소통 (=가작화 의사소통)			

09 유아 놀이에의 교사 개입 유형

정답

①	②	③	④	⑤
내적 중재	비참여	방관자	무대관리자	공동놀이자
⑥	⑦	⑧	⑨	⑩
놀이지도자	감독자	교수자	응시	비지시적 진술
⑪	⑫	⑬	⑭	⑮
질문	지시적 진술	모델링	물리적 개입	

합격다짐

CHAPTER 4

유아교육과정 합격비계

Ⅰ. 유아교육과정 합격목차
Ⅱ. 유아교육과정 합격내용

Ⅰ. 유아교육과정 합격목차

1. 영유아교육과정의 유형
2. 영유아교육과정의 교육목표
3. 영유아교육과정의 교육내용 선정과 조직
4. 영유아교육과정의 교육계획안
5. 유치원교육과정의 통합적 접근
6. 유치원교육과정의 수준별 교육내용
7. 유치원의 일과 계획 및 운영
8. 종일반(방과후 과정)의 일과 계획 및 운영
9. 혼합연령학급의 일과 계획 및 운영
10. 유치원의 환경구성
11. 유아교육 프로그램 유형
12. 우리나라 유치원교육과정의 변천

II. 유아교육과정 합격내용

01 영유아교육과정의 유형

1) 영유아교육과정 유형의 합격단어
2) 영유아교육과정 유형의 합격내용
3) 영유아교육과정 유형의 합격기출

1) 영유아교육과정 유형의 합격단어

- 콜버그와 메이어의 분류(낭만주의, 문화전달주의, 진보주의), 맥도날드의 모형(초월론적 발달모형), 와이카트의 분류(계획된 교육과정, 개방체제 교육과정, 아동중심 교육과정, 보호적 배려), 비셀의 분류(수용적 환경모형, 구조적 인지모형, 구조적 정보모형, 구조적 환경모형), 메이어의 분류(아동-발달 모형, 언어-인지 모형, 언어-교수 모형, 감각-인지 모형)

2) 영유아교육과정 유형의 합격내용

구분	내용
콜버그와 메이어의 분류	• 낭만주의 - 전인(全人)적인 아동으로서의 성장 • 문화전달주의 - 학교나 사회에서의 성공을 위한 특별한 지식이나 기술 강조 • 진보주의 - 능동적 지식의 구성 및 학습 태도와 성향의 형성
맥도날드의 모형	• 맥도날드는 콜버그와 메이어가 제시한 진보주의 모형의 교육과정이 개인의 내재적 가치나 개인의 흥미와 욕구에만 기초하고, 인간 발달을 유기체의 환경에 대한 조화로운 통합, 안정된 균형, 효율적인 적응상태로의 변화로만 보는 점을 비판하였다. 진보주의 모형의 대안으로 이러한 한계점을 극복한 초월론적 발달모형을 제안하였다. 초월론적 발달모형의 교육목적은 개인적 자아실현과 사회적 자아실현 모두에 두고 있다.
와이카트의 분류	

- 계획된 교육과정은 교사가 주축이 되어서 주도적으로 수업을 계획하고 운영하는 교육과정을 의미한다. 즉, 계획

	된 교육과정은 교사가 학습활동의 주도권을 가지며, 유아는 교사의 요구에 반응하는 유형이다. 대표적인 프로그램으로는 디스타 프로그램을 들 수 있다. • 개방체제 교육과정에서 교사와 유아는 동일하게 주도적인 입장을 가지고 있다. 주로 피아제의 인지발달 이론에 기초를 두고 있으며, 유아의 사고, 인지과정을 중시하고, 성인에 의한 지식의 주입이나 답습이 아닌 유아의 직접적인 활동과 경험을 통한 학습을 강조한다. 까미 드브리스 프로그램, 몬테소리 프로그램, 프로젝트 접근법, 레지오 에밀리아 접근법 등이 여기에 속한다. • 아동중심 교육과정에서는 유아가 학습활동의 주도권을 가지며, 교사는 유아의 요구에 반응한다. 루소, 게젤, 프로이드로 대표되는 성숙주의 이론에 기초를 두고 있기 때문에 진보주의적 성향의 아동중심 교육과정과는 구분할 필요가 있다. 이 유형에 해당되는 대표적인 프로그램은 섬머힐 학교 프로그램, 뱅크 스트리트 프로그램 등이다. • 보호적 배려는 교사와 유아가 모두 반응만 하는 유형이다. 보호적 배려는 수업의 구조에 있어서 교사나 유아의 주도성이 적은 형태의 교육과정이라고 할 수 있다. 보호와 양육을 주로 행하는 경우 보호적·배려적 교육과정이라고 할 수 있다.
비셀의 분류	• 수용적 환경모형은 적성중심 프로그램으로 유아가 다양한 환경에서의 교육을 통해 전인격적인 성장과 발달을 이룰 수 있다고 보는 유형이다. • 구조적 인지모형은 아동의 학습과정과 직접적으로 관련된 태도나 성향의 발달에 더 관심이 있다. 주된 목적은 언어발달에 강조를 둔 학습과정의 발달이며, 그 외에 지각능력, 주의집중력, 개념적 사고, 언어적 기술의 발달, 긍정적인 자아개념의 발달도 포함되어 있다. • 구조적 정보모형은 낙후된 지역이나 가난한 가정의 유아들에게 학문적 성공과 관련된 지식이나 기술을 가르쳐 주기 위한 것이다. • 구조적 환경모형은 낙후된 지역 유아의 지체현상이 그들의 환경적 결핍을 보충해 줌으로써 보완될 수 있다고 본다. 즉, 교육을 유아의 환경적 결손에 대한 대응책으로 본다.
메이어의 분류	• 아동-발달 모형은 프로이드, 게젤, 에릭슨과 같은 성숙주의 이론과 정신분석 이론에 기초한 학자들의 이론에 근거한 교육과정들이다. 아동-발달 모형은 정의적 발달이 인지적 발달을 촉진시킨다는 심리학적 신념에 기초하며, 주로 중류층의 유아들을 위해 개발 되었다. • 언어-인지 모형에 속하는 프로그램들은 피아제의 인지발달 이론에 기초를 두고 있다. 피아제의 인지발달 이론의 특성대로 모든 부분에 있어서 상호작용이 잘 일어나는 교육과정이다. 사회정서 발달은 물론 인지의 발달을 중요시 하며 이 두 가지가 적절하게 조화를 이루는 것을 추구한다. • 언어-교수 모형은 사회·경제적으로 낙후된 지역의 유아와 불우한 유아의 발달적 특징 및 요구에 대한 연구로 개발된 프로그램이다. 언어-교수 모형은 행동주의에 영향을 받은 교육과정 모형을 의미하며 이 교육과정 유형에 속하는 프로그램들은 저소득층의 유아들의 발달과 학습을 도모하는 차원에서 개발되었다. • 감각-인지 모형은 인지적 발달이 정의적 발달에 영향을 미친다는 심리학적 주장에 기초한다. 감각-인지 모형은 감각적인 교수행위를 통해 인지 발달을 도모하는 교육과정으로 대표적인 프로그램이 몬테소리 프로그램이다.

3) 영유아교육과정 유형의 합격기출

• 콜버그와 메이어(L. Kohlberg & R. Mayer)가 분류한 교육 이데올로기 유형 중 (①   )는 학교나 사회에서의 성공을 위한 특별한 지식이나 기술을 강조하는 교육과정 유형이다.

• 교사-유아 간의 역할 주도성을 기준으로 유아교육과정을 분류한 학자는 (②   )이다.

02 영유아교육과정의 교육목표

1) 영유아교육과정 교육목표의 합격단어
2) 영유아교육과정 교육목표의 합격내용
3) 영유아교육과정 교육목표의 합격기출

1) 영유아교육과정 교육목표의 합격단어

- 타일러, 내용, 행동

2) 영유아교육과정 교육목표의 합격내용

구분	내용
영유아 교육 목표 설정의 원리	• 목표는 교육과 관련된 맥락들을 고려해 충분히 검토하여 많은 사람이 합의하는 목표로 진술되어야 한다. • 목표는 교육의 이념, 목적 등과 관계되어야 하며, 교수-학습 활동의 방향을 제시해 줄 수 있을 만큼 충분히 구체화되고 정확하게 진술되어야 한다. • 목표는 학습자들에게 현재의 삶과 미래의 삶에서도 가치 있고 필수적인 것으로만 진술되어야 한다. • 목표는 교수-학습 활동 이전에 사전에 계획되어야 하되, 교수-학습 활동 과정에서 생성되는 새로운 목표들을 수용할 수 있을 만큼 융통적이어야 한다. • 목표는 논리적으로 조직화된 응집성을 추구해야 하며 주기적으로 재검토될 수 있어야 한다. • 목표는 외현적·내면적 두 가지 측면 모두 행동변화를 충분히 고려해야 하며 양적·질적 수준을 모두 포용하여야 한다. • 목표는 다양성을 기초로 하여 학습자 개개인의 능력과 수준에 맞아야 한다. • 목표는 일회적인 혹은 단편적인 평가가 아니라 누적적, 잠재적, 장기적인 학습 결과 또는 학업 성취 평가에 기준임을 고려하여야 한다.
타일러 (Tyler)의 영유아 교육목표 진술방법	• 목표에는 변화시키고자 하는 행동이 무엇인가가 분명하게 제시되어 있어야 한다. 만약 그렇지 않다면 목표가 달성되었는지를 확인하기 위해서 학습자들의 어떤 행동을 평가 대상으로 해야 하는지가 불분명해진다. • 교육목표에는 변화시키고자 하는 행동 외에도 어느 분야에서 행동의 변화가 이루어지기를 바라는지 그 내용이 포함되어 있어야 한다. • 교육목표는 학습자에게서 일어나는 변화에 대한 진술이 있어야 한다. 예를 들어 '동물의 종류로서 집짐승과 들짐승을 제시한다.', '도구와 기계가 편리함을 소개한다.' 등과 같은 진술은 교사가 하려는 교육행위를 가리킬 수는 있으나, 그것이 실제적으로 결과로서의 교육목표를 진술한 것은 아니다. • 목표 진술 방식은 '거북의 특징을 안다.', '연필을 바르게 쥐고 사용한다.'와 같이 내용과 행동을 기술하는 것으로 학교교육과정에서 일반적으로 많이 사용되고 있다. • 타일러 진술 방식을 정리하면, 수업목표는 ⊙학습내용 또는 자료와 함께 ⓒ학습자를 주체로 하여 ⓒ학습자의 기대되는 행동이 구체적으로 진술되어야 한다(홍후조, 2002). 쓰레기 분리수거하는 방법을 / 실시한다. 　　　　　내용　　　　　　　행동

영유아 교육목표의 선정과 진술 시 고려해야 할 사항	• 교육목표는 뚜렷한 철학적 입장을 바탕으로 기초가 되어야 한다. • 유아교육에서의 교육목표는 실현 가능성이 있는 것이어야 한다. • 유아교육의 목적 및 목표에 부합되는 교육목표를 수립하고 진술한다. • 목표 간에 일관성과 위계성이 있어야 한다. • 유아 관점에서 진술한다. 목표 진술은 교사를 위한 기록이지만 학습자(유아) 관점에서 진술함으로써 학습자 중심의 학습상황을 도출할 수 있다[◑ (유아는) 손을 깨끗이 씻는다.]. • 객관적이고 구체적인 언어로 기술한다. • 목표는 인지적 측면에만 초점을 두기보다 정의적(감성), 운동 기능적(신체적) 측면을 통합해서 지식, 태도, 기능을 고르게 반영하여 진술한다. • 목표는 과정중심어로 진술하여야 한다. • 교육목표는 유아의 모든 행동 측면을 포함하도록 한다. • 교육목표는 그 수준에 따라 진술의 형태가 다를 수 있으며 단기적 목표일수록 구체적이고 명료한 행동적 용어로 기술하도록 한다. • 교육목표는 활동의 전개과정과 결과에 따라 계속적으로 수정 적용 되어야 한다.

3) 영유아교육과정 교육목표의 합격기출

• 일일교육계획안의 목표 진술 시 교사는 유아의 (①   )이나 성취에 관하여 진술하고, 교사의 성취나 (②   )을 기술하지 않는다.

CHAPTER 4

03 영유아교육과정의 교육내용 선정과 조직

1) 영유아교육과정 교육내용 선정과 조직의 합격단어
2) 영유아교육과정 교육내용 선정과 조직의 합격내용
3) 영유아교육과정 교육내용 선정과 조직의 합격기출

1) 영유아교육과정 교육내용 선정과 조직의 합격단어

- 사실 축적(fact accumulation) 중심의 내용, 기술 축적(skill accumulation, =자조기술) 중심의 내용, 교과 중심의 내용 구성, 핵심 개념 중심의 내용 구성(=구조적 학문), 주제 중심의 내용 구성, 통합적 접근, 타일러, 논리적 원칙, 발달적 원칙, 심리적 원칙, 계속성의 원리, 계열성의 원리(점진성의 원리, 부르너의 나선형 개념), 통합성의 원리, 수평적 확장 조직 접근 방법(=동심원적 조직 접근 방법), 나선형적 조직 접근 방법, 통합적 접근 방법(포가티, 거미줄형)

2) 영유아교육과정 교육내용 선정과 조직의 합격내용

구분	내용
영유아 교육내용의 유형	• 사실 축적(fact accumulation) 중심의 내용 - 사실 축적 중심의 내용이란 영유아가 살아가면서 경험하고 관찰하며 얻은 구체적인 사실들을 교육내용으로 삼는 경우를 뜻한다. 즉 영유아들의 경험이 내용이 되는 것이다. 구체적인 예로는 크다, 작다, 빨간색, 노락색, 무겁다, 가볍다 등에서부터 동물 울음소리의 종류와 차이 등을 들 수 있다. • 기술 축적(skill accumulation, =자조기술) 중심의 내용 - 기술 축적 중심의 교육내용은 인지적 학습에 필요한 학문적 기술과 일상생활을 영위해가는데 필요한 일상적 기술, 대근육을 조절할 수 있는 신체 운동 기술로 구분될 수 있다. 학문적 기술은 주로 읽기, 셈하기, 쓰기 등의 내용을 말하고, 일상적 기술은 주로 신발 끈 매기, 단추 끼우기 등을 말한다. 그리고 신체 운동 기술은 가위, 연필 사용법 연습 등과 같은 소근육 운동과 줄넘기나 굴렁쇠를 이용한 대소근육 운동기술 등으로 이루어져 있다. • 교과 중심의 내용 구성 - 교과라 하면 국어, 수학, 사회, 과학, 음악, 미술, 체육 등과 같은 것을 의미한다. 이 교과목 중심 내용 구성은 위와 같은 교과들을 중심으로 교육내용 시간과 공간을 구성하게 된다. 근래 영유아교육이 점차 보편화 공교육화 됨에 따라 교육과정 속에서 이루어지는 활동들을 교과로 분류하여 설명하는 경향이 늘고 있다. 그러나 실재로 유치원에서는 이러한 교과영역이 독립적으로 진행되기보다는 두 개나 그 이상의 교과가 통합되어 운영되는 것이 보통이다. • 핵심 개념 중심의 내용 구성(=구조적 학문) - 학문은 다양한 지식이 가장 고차원적으로 구조화된 형태로서, 그 하위 구조는 개념(concept)이라고 할 수 있다. 개념은 각 학문 영역의 구조를 이루는 원리, 법칙, 관계 등을 의미하는 것으로 교육내용으로 학문의 구조를 뽑아 가르친다는 의미이다. 학문중심 교육과정에서 가장 중요한 개념은 지식의 구조이다. 즉, 교과별 낱낱의 내용지식을 묶은 원리라 할 수 있는 지식의 구조를 가르친다고 볼 수 있다. 지식의 구조를 가르치게 되면 학습자는 학습내용을 이해하거나 기억하기 쉽고, 교육 이외의 일반 상황으로의 적용이 가능하게 된다. • 주제 중심의 내용 구성 - 주제(=단원, 테마, 프로젝트)를 중심으로 이와 관련된 활동을 통해 각 교과영역이나

흥미영역의 활동을 통합적인 형태로 지도할 수 있도록 구성하는 것이다. 주제 중심 교육방법은 영유아교육과정에서 가장 보편적으로 사용되는 방법이다. 교과의 구분은 없되, 진행하는 주제 안에 많은 교과 영역의 지식들을 통합하고 개념의 발달에 기여하는 교육방법이다.
- 통합적 접근 방법 - 슈바르츠와 로비슨이 내용의 종류를 말하기 위해 사용한 '통합적 접근중심'이란 내용으로서의 지식을 강조하지 않고 내용이 아닌 어떤 가치를 강조하고자 하는 것으로 인본주의 교육과정과 유사한 개념으로 사용한 개념이다. 유아의 자발적인 활동들, 일상생활에서 겪게 되는 문제들, 그리고 계획하지 않았던 우연한 사건들로부터 나오는 일련의 발생되는 것들을 교육내용으로 한다. 즉, 사실축적, 기술축적, 교과영역, 주제중심 및 구조적 학문의 내용을 총체적으로 통합하고 있다고 할 수 있다.

영유아 교육내용 조직의 원리 및 방법	- 학습 경험의 조직 구조 구분 3가지 단계 - 높은 단계의 조직구조 : 교과 중심 교육과정, 광역 교육과정, 중핵 교육과정, 미분화된 교육과정 등이 있다. 국가 수준 유치원 교육과정과 표준보육과정은 여기에 속한다. - 중간 단계의 조직구조 : 교과목을 계열적으로 조직하는 형태와 학기 또는 학년을 단위로 하여 조직하는 형태가 있다. 주제중심의 통합적 교육과정으로 운영되는 영유아 교육과정에서는 연·월간 교육계획안을 작성하며 대주제를 배열하는 것이 여기에 해당한다. - 낮은 단계의 조직구조 : 매일 별개의 학습 경험을 다루는 '과(lesson)' 중심의 조직, 며칠 또는 몇 주 동안 계속할 수 있는 '주제(topic)' 중심의 조직 등으로 구분된다. 주제전개 계획안이나 주간교육계획, 일일계획이 여기에 해당된다. - 타일러의 교육내용 조직 원칙 - 논리적 조직 원칙 : 교육내용들이 서로 논리적으로 관련된 것으로, 예를 들어 '가까운 데서 먼 곳으로, 쉬운 데서 어려운 데로, 단순한 데서 복잡한 데로' 또는 '역사에서의 연대순' 식으로 내용이 조직되는 원칙을 말한다. - 발달적 조직 원칙 : 유아가 자람에 따라 점점 고도화되고 복잡해지며, 가치적인 해석과 응용으로 옮겨갈 수 있도록 조직하는 원칙을 말한다. - 심리적 조직 원칙 : 유아의 마음 속에서 교육내용이 학습되어 가는 과정, 즉 문제해결의 심리적 과정을 의미한다. - 유아교육에 적합한 형태로 교육내용을 조직하기 위한 구체적인 원리 및 방법 - 계속성의 원리, 계열성의 원리, 통합성의 원리, 수평적 확장 조직 접근 방법(=동심원적 조직 접근 방법), 나선형적 조직 접근 방법, 통합적 접근 방법
계속성의 원리	- 계속성의 원리는 내용 혹은 경험내용의 여러 요소가 계속해서 반복되어야 한다는 것이다. - 어떤 교육목표가 학습자의 행동 속에 실현되기 위해서는 그 목표가 지시하는 지식이나 과정 및 행동양식이 어느 기간 동안은 계속되어야 한다는 것이다. - 영유아교육의 경우에도 마찬가지로 내용은 어느 정도 계속적으로 반복되어 구성되어야 한다. 학습은 한 번에 이루어지는 경우도 있지만 이런 경우는 극히 드문 경우이고 일반적으로는 적절한 시간 간격을 두고 여러 번 되풀이하여 지속적으로 학습할 때 잘 이루어질 수 있다.
계열성의 원리	- 계열성의 원리는 점진성의 원리라고도 한다. - 타일러는 계열성은 계속성과 연관을 가지지만 거기에서 더 발전한 것이라고 정의하고 있다. 계속성은 하나의 교육과정 요소가 동일한 수준에서 반복되는 것을 의미하는 데 반하여, 계열성은 '선행경험 혹은 내용을 기초로 하여 다음 경험 혹은 내용이 전개되어' 점차적으로 '깊이와 넓이를 더해 가는 것'을 의미한다. 이는 부르너의 나선형 개념과 같은 의미라고 할 수 있다. 가까운 주변에서 먼 것으로 구체적인 것에서 추상적인 것으로 부분에서 전체로 혹은 전체에서 부분으로 등의 계열이 있어야 한다는 것이다. - 계열성의 원리는 영유아에게도 적용된다. 유아의 발달은 피아제의 인지발달 단계이론에 따르면 감각운동 단계로부터 전조작적 단계, 구체적 조작 단계를 거쳐 추상적 조작 단계에 이르며, 부르너의 정보처리 발달과정 이론에

	따르면 동작적 표상단계, 영상적 표상단계, 상징적 표상단계, 그리고 논리적 사고단계를 거친다. 그러므로 교육내용은 각 발달단계에 적합하게 구체적인 내용에서 추상적인 내용으로 점진적으로 조직되어야 한다. 따라서 3월부터 다음 해 2월까지 1년 동안의 교육내용은 점차 확장, 심화되도록 조직하여야 한다. • 유아교육 내용은 단순한 내용으로부터 유아들의 발달과 함께 점차 복잡한 내용으로 조직해야 한다. 또한 아는 것을 기초로 점차 더 넓고 더 깊은 내용으로 구성되어야 한다.
통합성의 원리	• 계속성과 계열성이 내용의 종적 조직에 대한 것이라면, 통합성은 횡적 조직을 위한 원리이다. • 통합성의 원리는 여러 학습 장소에서 얻어지는 학습경험들이 서로 상관 없이 단절되는 것이 아니라 개개의 경험들이 상호 연결되고 통합될 때 보다 효과적이라는 것이다.
수평적 확장 조직 접근 방법 (=동심원적 조직 접근 방법)	• 수평적 확장 조직 접근 방법은 교육내용을 조직함에 있어서 유아에게 가장 직접적이고 구체적이며 밀접한 내용으로부터 시작하여 점차 간접적이고 추상적이며 멀리 떨어져 있는 내용으로 확장시켜 조직하는 방법을 말한다. • 수평적 확장 조직은 근본적으로 유아의 경험 범위가 제한되고 자기중심적인 사고 경향이 있다는 점에서 출발하며, 논리적 원칙의 적용이 우선시되고 있다. • 유아 자신과 직접 관련 있는 것들을 경험한 후, 이를 기초로 가정생활의 경험거리들을 이해하게 되며, 더 나아가 직접 경험을 하지 않아도 시청각적 자료나 자원 인사들의 이야기를 통하여 간접적으로 경험하게 되는 세계 여러 나라의 내용을 이해할 수 있게 된다는 것이다. • 학기 초에는 직접 경험이 가능한 내용이 제시되고, 점차 직접적이고 간접적인 경험 내용이 다루어지다가, 학기 말에 가서 간접적이며 추상적인 내용이 경험이 될 수 있을 것이다.
나선형적 조직 접근 방법	• 나선형적 조직 접근 방법은 교육내용을 나선형으로 계열화하여 반복해서 제시하도록 조직하는 방법을 말한다. 즉, 동일한 내용을 학습자의 지적 발달 수준과 표현 양식에 맞게 어린 연령 단계에서는 직접적이고 구체적인 활동으로 제시하고 다음에는 그림이나 영상적인 활동 등 조금 높은 단계로 확대하여 제시하며 점차 상징적이며 추상적인 수준으로 반복하여 제시하는 것이다. • 나선형적 조직은 부르너가 그의 저서 「교육의 과정」에서 교육내용인 지식의 구조를 가르치기 위한 방법으로 제시한 것이다. • 지식의 구조란 교육내용에 스며 있는 의미, 핵심 아이디어를 말하며 학습자가 유의미하게 핵심 아이디어를 이해하기 위해서는 학습자 수준에 맞는 표현방식으로 경험되어야 한다는 것이다. • 부르너는 표현방식으로 동작적 방식, 영상적 방식, 상징적 방식의 세 가지를 들었다. 예를 들어, 유아는 1세에서 8세에 이르기까지 '상호의존'이라는 아이디어를 반복적으로 경험하고 이해하게 된다. 이를 위해 유아가 2~3세경에는 가장 친근한 엄마나 또래, 애완동물과 함께 지내면서 자기가 다른 사람(동물)에게 의존하고 있음을 감각적으로 동작적으로 지각한다. 4~6세경에는 이 개념이 폭넓고 깊이 있게 발달하여 비디오에 담긴 내용을 보면서 복합적으로 상호의존을 인식한다. 6~8세경이 되면 다양한 상황에서 구성원들이 서로 의존하고 있음을 알고 이를 말이나 글로 표현하게 된다. • 나선형 조직 접근 방법에서 중요한 시사점은, 어떤 내용(개념)을 한 기간에 집약해서 가르치기보다는 어린 시기부터 단계적으로 발달 수준에 적합한 형태로 경험이 누적되는 것이 의미 있는 지식으로 형성된다는 것이다.
통합적 접근 방법	• 교육부(2006)에서는 유아교육과정에서 통합의 개념을 '유아의 전인 발달과 효율적인 학습을 위하여 유아의 경험, 흥미 및 요구와 교육내용을 통합하고, 유아와 유아 주변의 인적 및 물적 환경을 통합하며 또한 교과목들을 통합적으로 재조직하여 가르치는 방법'으로 정의하고 있다. • 통합의 원리를 반영한 교육과정을 통합 교육과정이라고 칭한다. 통합 교육과정의 의미를 유아교육사전에서는 '유아를 전인적 인격체로 보고 발달영역별, 교과영역별, 흥미영역별로 통합하여 통합된 전체 경험 속에서 학습하도록 도와주는 교육과정'으로 정의하고 있다. • 현재 유아교육과정의 통합적 접근 방법은 '통합적 교육과정', '의미 있는 교육과정', '통합적 단원' 등 다양한 이름으로

불리고 있으며, 이들의 공통점은 유아의 전인 교육을 지향한다는 것이다. 즉, 교과과정이 설계도라면 통합 교육과정은 '통합 교육 설계도'로 통합 교육과정은 교육의 본래 목적인 전인 교육의 교수-학습 과정을 지향한다.
- 교육에 있어서의 통합은 학습자의 생활 경험과 학습을 연관 지음으로써 개인의 경험 안에서 종합하고 통일하는 과정이라고 볼 수 있다. 이러한 정의는 듀이의 진보주의 철학에서 유래했음을 유추해 볼 수 있다.
- 유아교육 내용은 어느 특정 교과 영역을 중심으로 조직하는 것도 중요하지만 교과영역들 모두를 포괄할 수 있는 활동들을 경험해 볼 수 있도록 교육내용을 통합적으로 조직하는 것이 바람직하다.
- 통합교육과 영유아교육 내용(포가티가 제시한 통합의 유형)
  - 계열형 : 두 교과 간에 유사한 영역이나 내용을 비슷한 순서대로 배열하여 진행하는 것
  - 공유형 : 서로 다른 두 영역에서 서로 겹치는 개념이나 기능, 태도 등을 연결시켜 다룸으로써 통합을 이끄는 것
  - 거미줄형 : 가장 영유아교육과정에서 많이 사용되는 통합의 방식, 특정한 주제를 중심으로 다양한 영역의 내용들이 서로 연관되도록 구성하는 것
  - 실로 꿰어진 형 : 메타 교육과정이라는 개념과 연관되어 있는데, 이 메타 교육과정은 교과내용을 초월하는 사고나 학습의 기술과 전략을 알고 통제하는 것
  - 통합형 : 세 개 이상의 교과나 영역에서 사용된 공통된 개념, 기능, 태도 등을 통합시키는 것

3) 영유아교육과정 교육내용 선정과 조직의 합격기출

- 브루너의 (①   ) 원리 - 4세 유아에게는 '동네 사람들이 하는 일에 관심 갖기' 내용을 전개하였다. 이를 심화·확대해서 5세 유아에게는 '다양한 직업에 대해 관심 갖기' 내용을 전개할 필요가 있을 것 같다.

- 타일러(R. Tyler)의 학습경험 조직원리 3가지는 (②   ), (③   ), (④   )이다. 이중 (⑤   )이란 교육내용이 지속적으로 제시된다는 의미이며, (⑥   )은 교육내용이 반복적으로 제시되는 가운데 양적으로 확장되고 질적으로 심화되어 발전되는 것을 의미한다.

| CHAPTER 4 |

04 영유아교육과정의 교육계획안

1) 영유아교육과정 교육계획안의 합격단어
2) 영유아교육과정 교육계획안의 합격내용
3) 영유아교육과정 교육계획안의 합격기출

1) 영유아교육과정 교육계획안의 합격단어

- 연간 교육계획안(2월 중순경 전체 교사회의, 연간·주간·일일 교육계획안의 계열성과 연계성, 가깝고 구체적인 것에서 멀고 추상적인 것으로 생활주제 배열, 유아들의 특성을 고려하여 적응 기간을 가늠하여 반응, 국가나 지역 사회에서 이루어지는 각종 행사들 포함, 생활주제와 관련하여 견학, 부모 참여 등의 특별활동을 연계성 있게 계획하고 참관 또는 견학 시기를 결정하여 연간 교육계획안에 반영, 부모들에게 배부하여 유치원의 교육계획을 알리기), 월간 교육계획안(행사 등과 관계되는 중요한 일들을 중심으로 월간 교육계획안을 작성, 월간 교육예정안은 매월 셋째 주 금요일쯤에 다음 달의 교육계획안을 작성, 월말에 가정으로 배부, 월간 교육계획안에 의거 모든 교직원은 각자가 맡은 일을 책임감 있게 수행, 정해진 장소에 게시, 유아의 생일·견학일·공휴일 등을 구체적으로 표시), 주간 교육 계획안[매주 금요일에 전체 교사 회의를 통하여 작성, 연간 교육계획안에 기초하여 작성, 통합적 주간 교육계획안 작성·실행으로 유아의 전인 발달 도모, 유아의 특성과 능력·유치원 및 지역 사회의 요구에 따라 필요한 생활주제를 선정하고 다양한 활동을 골고루 안배, 요인별로 자유 선택 활동 시간 동안에 각 흥미 영역에서 하는 활동들 및 하루 일과 중에 이루어지는 집단 활동들을 구체적으로 명시, 교육 활동뿐만 아니라 교사나 보조 교사(교직원, 부모 자원자)의 이름과 임무를 구체적으로 적어 놓기, 교무실 및 학습 게시판에 붙여 교직원들이 수시로 검토하여 볼 수 있도록 함], 일일 교육계획안(활동 운영에 영향을 주는 요인들을 고려하여 상황에 적합한 계획 수립, 일관성, 유아의 신체적 욕구나 리듬 반영, 유아의 흥미와 요구를 반영, 활동 간 균형을 맞추어 배치, 여러 유형의 상호작용이 일어날 수 있도록 계획, 융통성 있게 운영, 활동의 계획과 실행에 대한 평가)

2) 영유아교육과정 교육계획안의 합격내용

구분	내용
연간 교육 계획안을 작성할 때 고려해야 할 점	• 연간 교육계획은 신 학년이 시작되기 전인 2월 중순경 전체 교사회의에서 결정하도록 한다. • 연간 교육계획안과 관련지어 월간 교육계획안과 주간 교육계획안을 작성 하도록 한다. 따라서 연간 교육계획안, 주간 교육계획안, 일일 교육계획안은 계열성과 연계성이 유지되어야 한다. • 생활주제를 배열 할 때에는 유아들이 친숙하게 접하고 있는 환경에서 구체적인 것을 선정하여 교육 활동으로 구성하여 제공하고, 점차 멀리 떨어져 있는 환경 및 추상적인 개념으로 확대시켜 나간다. • 유아들의 연령 발달의 정도, 유아교육 기관 경험의 유무 등 유아들의 특성을 고려하여 적응 기간을 가늠하고 이를 연간 교육계획에 반영 한다. 예를 들면, 어린 유아들로서 발달의 정도가 낮거나 가정을 떠나 유치원과 같은 기관에서 처음으로 집단 교육을 받는 유아들의 경우, 생활 주제 '나와 유치원'에 대한 소요 시간을 보다 길게 잡아야 할 것이다. • 국가나 지역 사회에서 이루어지는 각종 행사들의 교육적 가치를 평가하여 생활주제로 연간 교육계획에 포함시킨다. 예를 들면 2002년 우리나라와 일본에서 공통 개최한 월드컵 축구대회를 생활주제로 선정하여 교육 내용에

	- 포함 시킬 수 있다. - 생활주제와 관련하여 견학, 부모 참여 등의 특별활동을 연계성 있게 계획하도록 한다. 또한 생활주제와 관련하여 참관 또는 견학 시기를 결정하여 연간 교육계획안에 반영한다. - 연간 교육계획안을 부모들에게 배부하여 유치원의 교육계획을 알린다. 이는 부모들에게 유치원 교육에 대한 이해와 협조를 구하고, 1년 동안의 각종 행사에 계획적으로 많이 참여할 수 있도록 하기 위한 사전 안내라고 할 수 있다.
월간 교육계획 및 운영	- 월간 교육계획안은 별도로 작성하지 않고 연간 교육계획안에 포함시키거나 주간 교육계획안으로 대체되는 경우가 많으나, 월간 교육계획 중에서 행사 등과 관계되는 중요한 일들을 중심으로 월간 교육계획안을 작성할 수도 있다. - 월간 교육예정안은 매월 셋째 주 금요일쯤에 다음 달의 교육계획안을 작성하며, 월말에 가정으로 배부하는 것이 효과적이다. - 월간 교육예정안을 가정으로 배부하는 것은 부모들이 가정에서 연계성 있는 지도를 할 수 있고, 미리 그 달의 행사를 알고 준비 및 협조하도록 하기 위한 것이다. - 월간 교육계획안에 의거 모든 교직원은 각자가 맡은 일을 책임감 있게 해야 할 것이다. - 월간 교육계획안은 교사가 중요한 사건을 기억할 수 있도록 도와줌으로 정해진 장소에 게시하는 것이 좋다. - 견학 장소는 흔히 여러 유치원에서 방문하게 되므로 한 달 또는 그 이전에 예약을 해 놓고 미리 계획을 세워두어야 한다. 월간 교육계획안에는 유아의 생일, 견학일, 공휴일 등을 구체적으로 표시해 놓을 수 있다. 따라서 월간 교육계획은 각 학급 간에 다소 공통점과 차이점이 있을 것이다. 견학 활동은 공통적인 요소일 경우가 많다.
주간 교육계획안을 작성할 때 고려해야 할 점	- 주간 교육계획안은 매주 금요일에 전체 교사 회의를 통하여 작성하도록 한다. 주간 교육계획을 수립할 때에는 먼저 전주의 교육 실제에 대한 평가를 하고, 다음 주의 교육계획을 의논해야 한다. - 주간 교육계획안은 연간 교육계획안에 기초하여 작성한다. 연간 교육계획안에 명시된 각 생활주제의 시작과 종료, 특정 견학이나 행사가 있는 날짜와 일치하도록 주간 교육계획안을 작성해야 한다. 또한 전(前) 학년도에서 주간 교육계획안과 실행 결과에 대한 평가를 기초로 하여 주간 교육계획을 수립해야 한다. - 연간 생활주제 및 주제를 중심으로 통합적 주간 교육계획안을 작성하고 실행함으로써 유아의 전인 발달을 도모한다. - 주간 교육계획안 작성 시 유아의 특성과 능력, 유치원 및 지역 사회의 요구에 따라 필요한 생활주제를 선정하고 다양한 활동을 골고루 안배해야 한다. - 주간 교육계획안에는 요일별로 자유 선택 활동 시간 동안에 각 흥미 영역에서 하는 활동들, 하루 일과 중에 이루어지는 집단 활동들을 구체적으로 명시해야 한다. - 주간 교육계획안에는 교육 활동뿐만 아니라, 교사나 보조 교사(교직원, 부모 자원자)의 이름과 임무를 구체적으로 적어 놓도록 한다. 주간 교육계획안은 교무실 및 학습 게시판에 붙여 두어, 교직원들이 수시로 검토하여 볼 수 있도록 한다.

일일 활동 계획 및 운영의 기본 원리	• 활동 운영에 영향을 주는 요인들을 고려하여 상황에 적합한 계획을 세운다. 활동 운영에 영향을 주는 요인들은 프로그램의 유형, 인적·물적 환경 요인, 학년의 시기 등이다. 같은 활동이라 할지라도 수업 시간(반일제 오전 또는 종일제 오후 등), 인적 환경 요인(보조 교사 또는 부모 자원자의 유무 등), 물적 환경 요인(교실 또는 강당에서 실시 등), 시기(학기 초 또는 학기 말 등)에 따라서 적합한 활동의 형태로 재구성해야 한다. 즉 이와 같은 요인들을 고려하여 활동 집단의 크기, 활동소요 시간, 모여 앉는 형태나 장소, 교재·교구의 종류, 양, 크기 등을 어떻게 할 것인가를 결정한 뒤 일일 교육계획안을 수립하고 필요한 교재·교구를 준비해야 한다. • 일관성이 있어야 한다. 이는 일과에 일종의 패턴이 있음을 의미한다. 일과의 패턴은 유아로 하여금 무엇을 언제 어디서 어떻게 해야 하는가를 알게 하므로, 유아가 안정감을 가지고 자신의 행동과 요구를 조절하며, 능동적으로 활동할 수 있게 해준다. 일과 활동에 관한 그림 순서판을 교실 입구에 걸어 놓아서, 유아들이 등원하면서 그날의 활동을 볼 수 있게 해준다. • 유아의 신체적 욕구나 리듬을 반영해 주어야 한다. 일과 계획을 할 때에는 간식, 배변, 휴식 등 유아의 신체적 욕구를 해결하는 시간을 적절하게 배치해야 한다. • 유아의 흥미와 요구를 반영한다. 교사는 자신이 세운 계획에 유아들이 따라가도록 하기보다는, 유아의 흥미와 요구를 반영할 수 있는 기회를 주어 유아의 능동적 참여를 도출해 낼 수 있어야 한다. 자유 선택 활동 시간에 각 흥미 영역의 교재·교구들은 유아의 흥미와 요구를 적극 반영하도록 하고, 또한 유아 스스로 자신의 활동을 선택할 수 있는 기회를 주어야 한다. 또한 집단 활동을 선정할 때에도 유아들이 개별적으로나 집단적으로 의사를 표명할 수 있는 기회를 주도록 한다. 교사는 유아들의 경험을 풍부하게 하는 활동을 제공하되 유아 스스로 자신의 활동을 선택할 수 있는 기회를 주어야 한다. • 활동 간 균형을 맞추어 배치한다. 일과 안에 동적 활동과 정적 활동, 실내 활동과 실외 활동, 개별 활동과 대·소집단 활동, 교사 선택 활동과 유아 선택 활동을 골고루 배치한다. • 여러 유형의 상호작용이 일어날 수 있도록 계획한다. 즉 교사와 개별 유아의 상호작용, 교사와 대·소집단 유아와의 상호작용, 유아와 유아간의 상호작용, 유아와 교구와의 상호작용 등의 기회가 골고루 제시될 수 있어야 한다. 다양한 유형의 상호작용을 경험하게 함으로써 유아의 사고와 언어 발달을 촉진하여 줄 수 있다. • 융통성 있게 운영 되어야 한다. 일일 교육계획안은 주간 교육계획안에 기초하여 작성되나, 유아들의 흥미나 요구, 우발적인 사건 등을 간과해서는 안 된다. 교사는 순발력 있게 그러한 요소들을 반영하여 계획을 수정할 수 있어야 한다. • 활동의 계획과 실행에 대한 평가를 한다. 효과적인 일일 활동 계획은 실행 및 평가를 통하여 완성된다. 교사는 활동의 목표가 어느 정도 성취 되었는지, 계획대로 실행되었는지, 차질이 있었다면 무엇 때문이지 문제점은 무엇인지 어떤 점이 수정 보완되어야 하는지 등에 대하여 반성하고 반드시 이를 기록으로 남겨 후속 활동 계획에 평가 결과를 반영시키도록 한다. 일과 및 활동에 대한 평가는 유아들과 함께 할 수 있다.

3) 영유아교육과정 교육계획안의 합격기출

• 생활주제 중심 통합 교육과정 계획 및 운영
- (①   )는 교육계획에 유아·부모·교사 등의 요구와 전년도 교육평가 등을 반영하기 위해 필요하다.
- (②   )는 유아의 흥미에 따라 몇 개의 주제로 나누어지며, (③   )는 여러 개의 소주제로 나누어진다.
- (④   )는 연간·월간 교육계획안의 교육내용이 되고, (⑤   )는 주간 교육계획안의 교육내용이 되며, (⑥   )는 일일 교육계획안의 교육내용이 된다.

- 유아에게 적합한 생활주제 선정 기준
  - 유아의 (⑦   ) 수준에 적합한 내용
  - 유아들이 (⑧   ) 있게 활동할 수 있는 내용
  - 사회, 문화적 가치와 요구를 반영하는 내용
  - 유아들이 (⑨   )에서 자주 경험할 수 있는 내용
  - 국가 수준 유치원 교육과정 5개 영역을 (⑩   )적으로 다룰 수 있는 내용

- 연간 교육계획안 편성 및 운영
  - 만 3세 반은 유치원에서의 적응을 고려하여 3월 생활주제 '유치원과 친구'의 전개 기간을 4주보다 더 (⑪   )게 잡아야 한다.
  - 유치원 행사는 월일까지 구체적으로 결정하여 연간 교육계획안에 반영하고, 이를 (⑫   ) 및 (⑬   ) 교육계획안에도 반영하는 것이 바람직하다.
  - 연간 교육계획안은 신 학년이 시작되기 전 (⑭   )월 중순경에 전년도 교육 활동에 관한 요구 조사를 바탕으로 전체 교사 (⑮   )를 거쳐 수립하는게 적합하다.
  - 생활주제를 선정할 때는 시·도 교육청의 편성·운영 지침, (⑯   ) 수준의 유치원 교육 목적 및 내용과 연관되는지를 고려하는게 적절하다.
  - 생활주제 '우리 동네'를 전개하면서 경찰서로 현장학습을 가기로 계획하고 현장학습 시기도 결정하여 (⑰   ) 교육계획안에 반영하는 것이 좋다.

- 주간 교육계획안을 계획하고 운영할 때 고려할 점
  - 주간 교육계획안에 그 주제를 통해 유아들이 달성해 나가야 할 (⑱   )를 분명하게 진술한다.
  - 주간 교육계획안을 작성할 때 (⑲   ) 및 (⑳   )와 주요 내용을 잘 반영할 수 있는 놀이 형태의 교육 활동을 개발하거나 선정한다.
  - 주간 교육계획안에는 요일별로 자유 선택 활동 시간에 각 (㉑   )에서 하는 활동들과 대·소집단 활동들, 바깥놀이 활동 등을 선정하여 구체적으로 기록한다.
  - 주간 교육계획안에는 교육 활동뿐만 아니라 교사나 보조 교사(교직원, 부모 자원자, 자원 봉사자 등)의 (㉒   )과 (㉓   )을 구체적으로 적어 둔다.
  - 주간 교육계획안은 (㉔   )의 특성도 고려하여 계획한다.
  - 활동 간의 (㉕   )가 유기적으로 이루어지도록 계획한다.

05 유치원교육과정의 통합적 접근

1) 유치원교육과정 통합적 접근의 합격단어
2) 유치원교육과정 통합적 접근의 합격내용
3) 유치원교육과정 통합적 접근의 합격기출

1) 유치원교육과정 통합적 접근의 합격단어

- 통합, 프뢰벨, 듀이, 계속성의 원리, 상호작용의 원리, 통합의 대상(어린이의 과거 경험과 현재의 요구 및 흥미와의 통합, 어린이가 한계 내에서 원하는 곳에 자유롭게 갈 수 있다는 의미로 공간과 어린이와의 통합, 학교와 지역 사회와의 통합, 어린이의 흥미와 교재와의 통합, 혼합된 사회를 위하여 어린이를 사회적으로 통합, 다양한 연령 집단을 경험하도록 연령의 통합, 교사 상호 간 생활과 어린이 생활과의 통합, 어린이의 가정생활과 학교생활과의 통합), 포가티, 연관 통합모형, 거미줄 모형, 생활주제 중심 통합 교육과정(요구 조사, 생활주제)

2) 유치원교육과정 통합적 접근의 합격내용

(1) 통합에 대한 이해

구분	내용

통합적 접근의 배경 및 개념	• 프뢰벨은 1840년 최초로 유치원을 설립하고, 유치원 프로그램을 개발했으며, 유아 교사 교육에 헌신함으로써 유치원의 아버지로 일컬어진다. 프뢰벨은 일찍이 어린이는 모든 경험을 통합함으로써 전인 발달을 이룰 수 있다고 주장하였다.
	• 듀이는 20세기 실용주의 철학자이며, 미국의 대표적인 진보주의 교육사상가이다. 듀이는 인간의 삶의 근거를 '경험'으로 보고, '계속성'과 '상호작용'의 원리를 적용하여 경험의 구조를 설명하였다(안인희, 1975). 계속성의 원리란 과거의 경험은 현재 및 미래의 경험과 밀접한 관련이 있고, 또 계속적으로 영향을 미친다는 것이다. 또한 상호작용의 원리란 인간은 주변 환경과 끊임없이 상호 교섭을 하고 영향을 주고받는다는 것이다. 이는 교육내용이 학습자의 경험들을 통합하여 주며 학습자의 실생활과 직결되는 것이어야 함을 의미한다. 거의 모든 유아 교육프로그램에서는 통합적 교육의 필요성에 대한 프뢰벨과 듀이의 주장을 이론적 근거로 삼고 있다.
	• 영국 유아학교 및 초등학교의 통합된 일과에서 요구하는 통합의 대상(Brown & Precious, 1968)
	  - 어린이의 과거 경험과 현재의 요구 및 흥미와의 통합
	  - 어린이가 한계 내에서 원하는 곳에 자유롭게 갈 수 있다는 의미로 공간과 어린이와의 통합
	  - 학교와 지역 사회와의 통합
	  - 어린이의 흥미와 교재와의 통합
	  - 혼합된 사회를 위하여 어린이를 사회적으로 통합
	  - 다양한 연령 집단을 경험하도록 연령의 통합
	  - 교사 상호 간 생활과 어린이 생활과의 통합
	  - 어린이의 가정생활과 학교생활과의 통합
	• 유아 교육과정에서 통합의 개념은 '유아의 전인 발달과 효율적 학습을 위하여 유아의 경험, 흥미 및 요구와 교육내용을 통합하고, 유아와 유아 주변의 인적 및 물적 환경을 통합하며, 또한 교과목들을 통합적으로 재조직하여 가르치는 방법'으로 정의할 수 있다.

	• 유치원 교육과정에서 통합의 개념은 유아의 전인 교육과 효율적인 학습을 위하여 유아의 경험, 흥미 및 요구와 교육 내용 및 교수·학습 방법을 통합하고, 유아와 유아 주변의 인적 및 물적 환경을 통합하며, 유아의 몸과 마음, 지성과 감성, 현실과 상상, 지식과 태도 및 기능 등을 통합할 수 있도록 교과목들을 통합적으로 재조직하고, 보고 듣고 느끼고 생각하고 표현하는 방법을 배우도록 하며, 학습한 지식 또는 사고 방법을 일상생활에서 활용하고 통합하여 새로운 지식과 사고 방법을 학습해 가도록 하는 것이다.
통합적 운영의 필요성	• 인식론적 측면에서는 지식의 상호 의존성을 파악하고, 경험 간의 연계성을 파악하여 문제를 해결하며, 효율적으로 학습하는 방법을 배워 지식의 변화와 팽창에 대처하도록 하기 위하여 교육과정의 통합이 필요하다. • 심리학적 측면에서는 아동의 발달 특성상 통합적 학습 경험이 필요하고, 조화로운 전인 발달을 위하여, 학습자의 흥미와 요구를 교육과정에 반영하기 위하여, 인간 두뇌의 통합적 기능에 부합하기 위하여 교육과정 통합이 필요하다. • 사회학적 측면에서는 학습자로 하여금 개인주의적 사고를 벗어나 타인과의 바람직한 관계를 형성하도록 도와주고, 학교와 사회의 결속력을 높여주며, 현대 사회가 당면하고 있는 문제를 공동으로 해결하게 해준다는 점에서 교육과정의 통합을 주장한다.

통합적 운영의 유형과 실제	• 포가티 - 통합의 유형을 교과 내 통합, 교과 간 통합, 학습자 내부 통합으로 나누고 이를 다시 세분화 하여 10가지 모형-단절형, 연관형, 동심원형, 계열형, 공유형, 거미줄형, 실로 꿰어진 모형, 통합형, 몰입형, 네트워크형-으로 분류하였다.
	• 포가티의 모형 중 연관 통합모형과 거미줄 모형은 유치원 교육과정의 통합성을 잘 보여준다.
	  - 연관 통합 모형은 단일 교과 영역 내에서 교과 내용의 주제 및 개념, 학습, 아이디어들이 서로 명백하게 연관되는 것을 말한다.
	  - 거미줄형 통합 모형은 간학문적 통합으로, 하나의 주제를 중심으로 교과들의 다양한 학습 내용들을 통합적으로 재구성하는 것이다.

(2) 생활주제 중심 통합 교육과정의 계획 및 운영

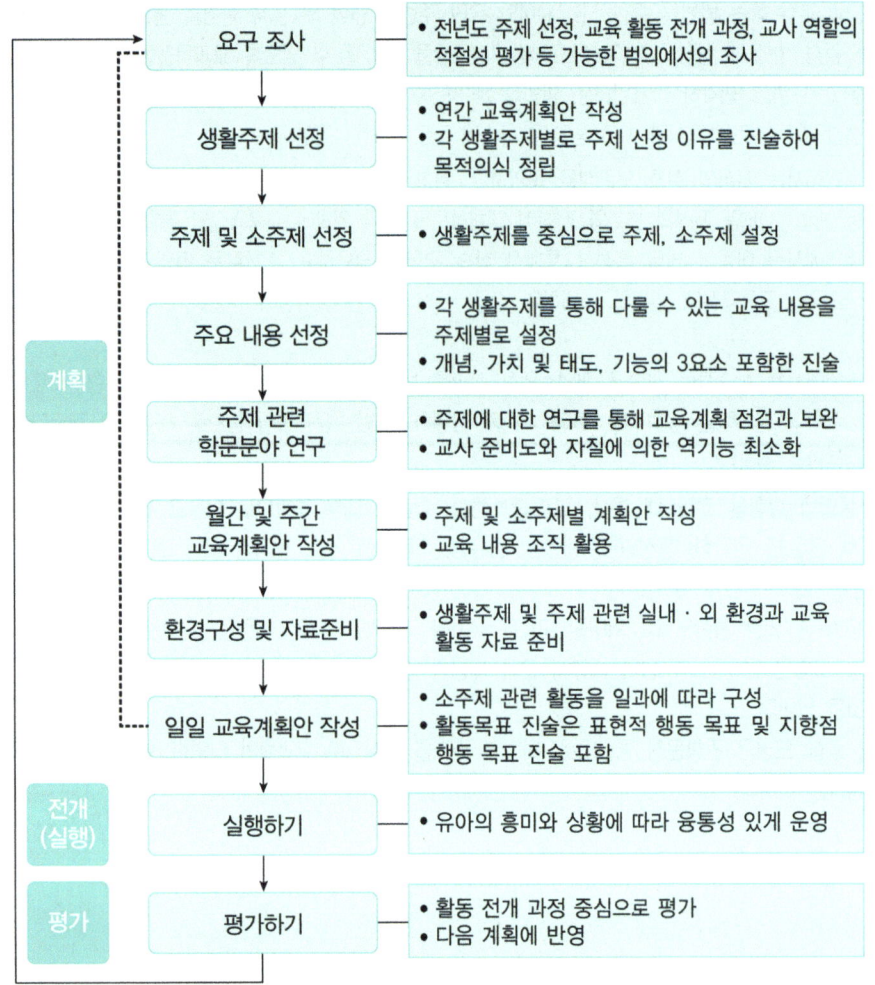

구분	내용
요구 조사	• 유치원 교사는 1년 간 이루어질 교육계획을 하기 위한 기초 자료로서 요구 조사를 하여야 한다. • 요구 조사는 유아의 연령과 발달 수준, 흥미, 교육 내용의 수준별 혹은 연령별 적절성 및 균형성, 교사 역할의 적절성, 계절, 사회적 이슈, 국가적 또는 지역 사회 및 유치원의 행사와 전년도의 교육계획에 대한 평가 내용을 고려할 수 있다.

생활주제 선정	• 생활주제는 단원이라는 용어로 사용되다가 제5차 유치원 교육과정에서 처음 사용되었다.
	• 생활주제는 유아들이 유치원에서 생활하는 동안 경험할 수 있는, 또 마땅히 경험해야 하는 내용을 동질적인 특성을 중심으로 묶은 것을 의미한다(교육부, 1995).
	• 생활주제 선정의 단계에서는 생활주제 선정의 이유, 연간 교육계획안 작성, 생활주제 선정의 의미 진술이 포함된다.
	• 생활주제 선정의 이유
	  - 생활주제 선정은 유치원 교육과정의 교육 목표와 교육 내용을 기초로 유아 발달 특성 및 흥미, 욕구, 사회 문화적 필요, 교육적 가치 및 학문적 체계, 교육 이념을 고려하여 선정한다.
	  - 생활주제 선정 시 고려할 점은 어떤 주제여야 유아에게 유익한 내용을 가르치거나 경험하도록 할 기회를 제

	공할 수 있는지, 유아에게 가치 있고 의미가 있는지, 유아가 직접적으로 관찰하고 조사할 수 있는지, 유아의 경험과 연관되어 있는지, 표상 방법이 다양한지, 부모와 지역자원 활용이 가능한지, 사회 문화적으로 적절한지를 고려한다. 또한 유아의 연령에 적합하며 흥미가 있는지, 유치원과 시·도교육청, 국가 수준의 유치원 교육 목적 및 내용과 연관되는지를 고려한다. • 연간 교육계획안 작성 - 생활주제 선정의 기준에 따라 생활주제를 선정하고, 이를 계절, 달의 특성, 유아의 발달, 교육의 위계성과 연계성을 고려하여, 연간 교육계획안을 작성할 수 있다. - 연간 교육계획은 유치원에서 1년 동안 이루어지는 생활주제, 특별한 날 및 행사 등 유치원 교육의 윤곽을 보여준다. - 연간 교육계획을 수립하면 1년 동안 진행할 유치원 교육의 전체적인 흐름을 쉽게 파악할 수 있고 부족한 내용을 신속하게 수정 보완할 수 있으며 필요한 교재·교구를 미리 준비하여 안정적이고 충실한 교육을 할 수 있다. • 생활주제 선정의 의미 진술 - 1년간의 생활주제를 모두 선정하고 나면 이번에 실행할 생활주제를 계절과 교육적 필요, 유아의 흥미 등을 고려하여 생활주제 선정 의미를 진술한다. - 생활주제의 의미 진술은 구체적으로 그 생활주제를 통해 무엇을 경험하고 어떤 가치로운 목적이 달성될 수 있는지를 중심으로 생활주제의 목적 및 필요성, 발달의 적합성 등이 잘 드러나게 진술해야 한다. - 유치원 교사는 생활주제 선정의 의미를 분명히 이해할 필요가 있으며, 필요 시 재구성하여 사용할 수 있다.
주제 및 소주제 선정	• 주제와 소주제는 생활주제를 중심으로 선정하며, 교육적 가치, 유아의 발달 특성과 흥미, 현대 사회의 요구 등을 고려한다. • 주제 및 소주제 선정 시 교사는 주제 및 소주제와 관련된 전문서적, 활동 자료집, 사전 및 백과사전 등 다양한 자료를 참고하고, 이를 기초로 브레인스토밍이나 마인드맵을 통하여, 주제 및 소주제를 중심으로 한 개념 망을 그려보거나 도표로 정리해 볼 수 있다. 또한 유아들과의 이야기나누기를 통해 유아들의 생각이나 제안을 반영할 수도 있다. • 주제 및 소주제를 선정한 후에는 주제 선정의 이유를 진술한다.
주요 내용 선정	• 주제와 소주제가 선정되면, 다음은 주요 내용을 선정한다. • 주요 내용은 주제와 소주제를 잘 반영하여 선정하되 아래의 점을 고려한다. - 선정된 생활주제에 따라 각 주제 및 소주제에서 다루어야 할 주요 내용을 선정하여 진술할 때, 지식, 태도 및 가치, 기능의 3가지 측면(Tyler, 1949)을 고려하여, 지적인 측면의 내용에 지나치게 치우치지 않아야 한다. 이는 생활주제 중심의 통합교육은 그 주제에서 다루고자 하는 주요 교육 내용을 중심으로 통합하는 것이므로 지식, 태도 및 가치, 기능의 3요소를 균형 있게 포함하여 진술하는 것이 바람직하다. - 유치원 교육과정의 5개 영역을 가능하면 연계되도록 고려한다. - 각 주제 및 소주제에 따른 내용을 선정할 때에는 유아들에게 있어서 물리적·심리적으로 가까운 경험에서 먼 경험으로 확대될 수 있도록 한다.
주제 관련 학문 분야 연구	• 생활주제, 주제, 소주제를 선정하고 난 후, 이 주제가 관련 학문 분야에서 중요하며 가치 있는 내용을 포함하고 있는지를 검토해 볼 필요가 있다. • 유치원 교육 활동 지도서에 제시된 생활주제, 주제, 소주제를 재구성하거나 새로운 주제를 첨가하여 계획할 경우에는 그 생활주제, 주제, 소주제가 학문적으로 타당한 내용을 포함하고 있는지를 검토하는 것이 바람직하다.

CHAPTER 4

월간 및 주간 교육계획안 작성	• 생활주제, 주제, 소주제별로 선정된 주요 내용을 어떠한 활동 유형을 통해 통합적으로 경험하게 할 것인지, 각 활동의 구체적인 내용과 방법은 무엇인지를 계획하고 월간, 주간, 일일 교육계획안을 작성한다. • 월간 교육계획안을 계획하고 운영할 때 고려할 점 - 월간 교육계획안은 특별한 사태가 발생한 경우를 제외하고는 연간 교육계획에 기초하여 작성한다. 월간 교육계획안은 연간 교육계획안에 수립되어 있는 각 생활주제의 시작과 종료를 기초로 공휴일이나 기념일, 유치원의 행사 등을 고려하여 작성한다. - 월간 교육계획안은 연간 교육계획에 기초하여 작성하되, 전 달에 계획했던 활동 중 하지 못한 것이 있거나 충분하지 못한 활동이 있을 때 다음 주까지 연장할 것인지 종료할 것인지 다른 생활주제에 포함 시킬 것인지를 결정 하는 것이 함께 고려되어야 한다. - 월간 교육계획은 새로운 생활주제를 시작하기 일주일 전쯤 다음 생활주제에 대한 교육계획을 구체적으로 세우는 것이 바람직하다. - 유아의 특성과 능력, 유치원 및 지역 사회의 필요와 요구, 교육적 필요, 계절 등을 고려하여 주제를 배치하며 다양한 활동들을 안배한다. 이때 전 학년도 월간 교육계획안과 실행 사항에 대한 평가 내용을 살펴보고 반영할 내용이나 사항을 고려하여 수립한다. - 월간 교육계획 및 운영 시 유아와 이야기 나누기나 브레인스토밍 등을 하여 유아의 흥미와 욕구, 제안을 충분히 반영하도록 한다. - 교사는 각 지역과 유치원 및 유아의 특성을 고려하여 적합한 생활주제와 주제 그리고 교육 내용을 선정하고, 목표를 설정한다. 목표 진술의 구체적인 방법은 주간 교육계획안 계획 및 운영에 제시하였다. - 선정된 생활주제와 관련하여 환경 구성을 어떻게 하고 어떤 교재 교구를 활용할 것인지를 계획하고, 주제가 진행됨에 따라 필요한 것을 첨가하며 운영해 간다. - 학급 간 교류와 확장이 이루어지도록 다른 학급 교사와 정보를 나누고 협의하여 계획하고 운영한다. 특히 학급 내 전시회, 발표회 등을 통해 교사와 유아들 간 교류가 이루어질 수 있도록 계획한다. - 월간 교육계획안은 교사가 중요한 일정을 기억하도록 도와주므로 일정한 장소에 게시하는 것이 좋다. 월간 및 주간 교육 활동, 유아의 생일, 현장 학습일, 공휴일, 명절 등을 표시해 두어 한 달 동안의 유치원 생활을 한눈에 볼 수 있도록 한다. - 현장학습 장소는 미리 현장 답사를 하고 예약을 해 두며, 일정을 구체적으로 계획해 둔다. 현장학습 활동은 학급 간에 공동으로 이루어질 때도 있다. 이때는 교사 간에 협력하여 역할을 분담한다. - 월간 교육계획안을 가정으로 보내 가정에서도 연계성 있는 지도를 할 수 있고 미리 그달의 행사를 알고 준비, 협조하도록 한다. - 월간 교육 운영 역시 연간 교육 운영과 마찬 가지로 융통성 있게 한다. • 주간 교육계획안을 계획하고 운영할 때 고려할 점 - 주간 교육계획안에 그 주제를 통해 유아들이 달성해 가야 할 목표를 분명하게 진술한다. 목표 진술은 선정된 주요 내용을 반영하여 유아가 도달해 가야 할 명확한 행동 목표로 구체적으로 명료하게 진술하며, 행동 진술 방식은 지식, 가치 및 태도, 기능적 측면을 고려한 용어로 진술하는 것이 바람직하다. 필요에 따라 조건이나 상황을 함께 진술할 수도 있다. 또한 학습이나 학습 경험의 주체는 교사가 아니라 유아 개개인이므로 목표는 유아를 주체로 진술한다. 목표 진술의 예를 들면 '내 몸의 구조와 기능(내용)에 대해 관심을 가진다(행동).' 이다. - 주간 교육계획안을 작성할 때 주제 및 소주제와 주요 내용을 잘 반영 할 수 있는 놀이 형태의 교육 활동을 개발하거나 선정한다. 교육 활동 개발 및 선정 시에는 유아의 연령별 발달 수준과 흥미에 적합한지, 쌓기 놀이, 역할 놀이, 언어, 수·과학, 음률, 미술 등 다양한 활동 유형으로 전개되는지, 각 활동들이 교과 영역 간, 교과 영역 내에서 통합을 이루는지 등을 고려해야 한다. 또한 주변 환경 및 자료를 활용할 수 있는 활동으로

	개발하거나 선정하여야 한다. - 주간 교육계획안에는 요일별로 자유 선택 활동 시간에 각 흥미 영역에서 하는 활동들과 대·소집단 활동들, 바깥놀이 활동 등을 선정하여 구체적으로 기록한다. - 주간 교육계획안에는 교육 활동뿐만 아니라 교사나 보조 교사(교직원, 부모 자원자, 자원 봉사자 등)의 이름과 역할을 구체적으로 적어둔다. - 주간 교육계획안은 요일의 특성도 고려하여 계획한다. 월요일에는 가정의 주말 가족 행사로 인한 유아의 상태를 고려하여 개별 활동을 중심으로 계획하거나 한 주의 활동을 탐색할 수 있도록 활동을 계획한다. - 활동 간의 연계가 유기적으로 이루어지도록 계획한다. 그 주의 주제와 관련된 탐색활동과 심화 활동을 균형있게 안배한다. 이때 비슷한 유형의 활동이 많이 겹치지 않도록 계획하고 운영한다.
환경 구성 및 자료 준비	• 생활주제 혹은 주제와 관련한 실내·외 환경 구성과 자유 선택 활동의 각 흥미 영역 및 교육 활동에 필요한 교재 교구·자료를 준비한다. • 유아에게 최적의 교육 방법이 놀이라고 볼 때, 놀이를 하는 것만으로도 교육이 일어나도록 하는 것이 교사의 주요 역할 중 하나이다.
일일 교육계획안 작성	• 일일 활동 계획 및 운영의 기본 원리 - 일일 교육계획안에 하루 일과를 통해 유아가 달성해 가야 할 일일 교육 목표를 진술한다. 그리고 하루 동안 이루어질 교육 활동들은 각 활동별로 활동 목표를 진술한다. 일일 교육 목표 진술 방식은 앞의 주간 교육계획안 작성 시 소개한 목표 진술 방식과 동일하다. 즉, 교육 내용을 포함하여 유아가 도달해야 할 행동 목표를 진술한다. 그러나 활동 목표는 주간 또는 일과 전체를 통해 이루어지는 일일 목표와는 달리 한 가지 활동에 대한 목표이므로 더 구체적으로 지향점 행동 목표 또는 표현적 행동 목표로 진술할 수 있다. 지향점 행동 목표는 활동의 결과로 얻어질 합당한 지식, 가치 및 태도, 기능 등의 변화를 진술하는 것이며, 표현적 행동 목표는 학습자가 가지는 학습 상황의 경험을 나타내는 것이다. 활동 목표 진술의 예를 들면 다음 <표>와 같다. <표> 생활주제 '나와 가족' 중 주제 '소중한 나'의 일일 교육계획안(만 4세) 【쌓기 놀이 영역】 안전지킴이 집 만들기 • 안전지킴이 집을 만들고 꾸며본다. (표현적 행동 목표) 【역할놀이 영역】 안전지킴이 집 놀이 • 낯선 사람으로부터의 위험에서 내 몸을 보호하는 태도를 기른다. (지향점 행동 목표) - 영향을 주는 사항들을 고려하여 계획하고 운영한다. 즉, 수업 시간, 인적 자원, 물리적 환경, 시기 등에 따라 활동 집단의 크기, 활동 소요 시간, 모이는 형태나 장소, 교재·교구의 종류나 양 등을 어떻게 할 것인지 구체적으로 결정하여 계획하고 운영한다. - 일관성 있게 계획하고 운영한다. 하루의 일과는 대체로 반일반의 경우 등원, 하루 일과 계획, 자유 선택 활동, 간식, 대·소집단 활동, 하원 등의 순으로 이루어지고, 종일반은 반일반 일과 이후 점심, 휴식 및 낮잠, 자유 선택 활동, 바깥놀이, 하원 등의 순서로 이루어진다. 하루 일과를 일관성 있게 운영하는 것은 유아로 하여금 언제, 어디서, 무엇을, 어떻게 해야 하는지를 알게 하므로 유아가 안정감을 가지고 자신의 행동과 욕구를 조절하며 능동적으로 활동할 수 있게 해 준다. 일과 활동에 대한 순서판을 걸어 두어 유아들이 그날의 활동을 볼 수 있게 해 주는 것이 좋다. - 일과 계획을 할 때에는 간식, 배변, 휴식 등 유아의 신체적 욕구를 해결하는 시간을 적절하게 배치해야 한다. 유아는 놀이에 열중하게 되면 자신의 신체적 욕구를 적절히 조절하지 못한다. 즉, 화장실에 가는 것을 잊어버려 실수를 하거나 피곤이 쌓이거나 배가 고파져 짜증을 내기가 쉽다. 따라서 유아의 신체적 욕구를 고려하여 일일 활동 계획을 세우고 운영해야 한다.

- 유아의 흥미와 욕구를 반영한다. 교사는 자신이 세운 계획에 유아들이 맞추도록 하기보다는, 유아의 흥미와 욕구를 반영할 수 있는 기회를 주어서 유아가 능동적으로 참여하도록 해야 한다. 자유 선택 활동 시간에는 유아 스스로 자신의 활동을 선택할 수 있는 기회를 주어야 하고 대·소집단 활동에서도 유아들이 개별적으로 나 집단적으로 의사를 표현할 수 있는 기회를 주어야 한다. 또한 교사는 유아에게 다양한 경험을 제공하되 유아 스스로 자신의 활동을 선택하거나 할 수 있는 기회를 주어야 한다.
- 활동 간 균형을 맞추어 배치한다. 일과 안에 동적 활동과 정적 활동, 실내 활동과 바깥놀이 활동, 개별 활동과 대·소집단 활동, 자유 선택 활동, 교사 주도 활동과 유아 주도 활동을 고루 배치한다. 만일, 이야기 나누기를 하고 바로 그 자리에서 음악 감상, 동화 듣기의 순서로 활동을 하는 것은 한 자리에서 정적 활동을 계속하는 것이므로 유아들이 지나치게 긴장을 풀어 오히려 주의를 집중하기가 어려울 것이다. 유아들이 신체적으로 심리적으로 긴장과 휴식을 적절히 할 수 있도록 균형 있게 배치하는 것이 바람직하다.
- 여러 유형의 상호작용이 고루 일어날 수 있도록 계획한다. 즉, 교사와 개별 유아의 상호작용, 교사와 대·소집단 유아와의 상호작용, 유아와 유아 간의 상호작용, 유아와 교구와의 상호작용 등의 기회가 고르게 일어날 수 있도록 계획하고 운영되어야 한다. 유아는 다양한 상호작용을 경험하므로 사고와 행동, 느낌, 지식 등을 조절하거나 확장할 수 있다.
- 융통성 있게 운영되어야 한다. 일일 교육계획안은 주간 교육계획안에 기초하여 작성하지만 유아들의 흥미나 욕구, 우발적인 사건 등을 고려하여 계획하지 않았던 활동이나 내용이 첨가될 수 있다. 교사는 순발력 있게 여러 요소들을 반영하여 교육계획 및 운영을 수정할 수 있어야 한다.
- 활동의 계획과 실행에 대한 평가를 한다. 교사는 활동 목표가 어느 정도 성취되었는지, 계획대로 실행되었는지, 문제점이 있었다면 무엇 때문인지, 수정·보완되어야 할 점은 무엇인지에 대하여 평가하고, 이를 반드시 기록에 남겨 후속 활동 계획에 반영해야 한다. 일과 및 활동에 대한 평가는 유아들과 함께 할 수도 있다.

• 일일 교육 활동의 계획 및 구성
- 일일 교육계획안은 주간 교육계획안에 준하여 작성한다. 주간 교육계획안은 이미 생활주제의 하위 주제를 중심으로 자유 선택 활동, 대·소집단 활동, 환경 구성 등을 중심으로 구성하였다. 따라서 일일 교육계획안의 각 활동들은 서로 분리된 교과목이 아니라 생활주제를 중심으로 상호 관련이 있는 활동들로 연결되어 있다.
- 일일 활동의 계획은 하루 일과에 배정된 각 활동들의 소요 시간을 계산하고 활동 간 균형을 맞추어 수립하고 운영한다.
- 일일 활동의 구성은 일반적으로 등원, 일과 계획, 실내 자유 선택 활동(쌓기 놀이 영역, 역할 놀이 영역, 언어 영역, 수·조작 놀이 영역, 과학 영역, 미술 영역, 음률 영역 등), 정리 정돈, 간식, 대·소집단 활동(이야기 나누기, 동시·동화·동극, 음률, 신체, 게임, 요리 등), 바깥놀이 활동(운동 놀이, 물·모래놀이, 동·식물 기르기, 현장 학습 등), 점심, 휴식 및 낮잠, 평가 및 귀가 지도로 이루어진다.
- 반일반와 종일반의 일일 활동의 구성의 예

<표> 반일반 일과 구성의 예	<표> 종일반 일과 구성의 예
• 등원 • 일과 계획 • 자유 선택 활동 • 간식 및 휴식 • 대·소집단 활동 • 바깥놀이 활동 • 평가 및 귀가	• 등원 • 일과 계획 • 자유 선택 활동 • 간식 및 휴식 • 대·소집단 활동 • 바깥놀이 활동 • 점심 • 낮잠 및 휴식 • 자유 선택 활동 및 대·소집단 활동 • 바깥놀이 활동 • 평가 및 귀가

3) 유치원교육과정 통합적 접근의 합격기출

- 유치원 교육과정에서 의미하는 (①   )이란 유아의 전인 교육과 효율적인 학습을 위하여 유아의 경험, 흥미 및 요구와 교육내용 및 교수·학습 방법을 통합하고 유아와 유아 주변의 인적·물적 환경을 통합하며, 유아의 몸과 마음, 지성과 감성, 현실과 상상, 지식과 태도 및 기능 등을 통합할 수 있도록 교과목들을 통합적으로 재조직하고, 보고 듣고 느끼고 생각하고 표현하는 방법을 배우도록 하며, 학습한 지식 또는 사고 방법을 일상생활에서 활용하고 통합하여 새로운 지식과 사고 방법을 학습해 가도록 하는 것이다.

- 주간 교육계획안에서 통합의 대상과 통합이 반영된 내용

통합 대상	통합이 반영된 내용
(②)과 요구·흥미와의 통합	견학한 박물관에 편지 보내기
다양한 (③) 집단 간의 통합	혼합연령
교육내용-(④) 간 통합	'우체국' 주제와 관련된 다양한 활동을 통합적으로 구성함
(⑤) 경험과 현재의 요구 및 흥미와의 통합	오전의 우체국 견학 경험과 연계하여 오후 활동(이야기 나누기, 노래 부르기)을 계획함
(⑥)생활과 학교생활과의 통합	가정통신문
학교와 (⑦) 경험의 통합	우체국 견학

- 일과운영의 기본원리
   ① 유아의 (⑧   )와 요구를 반영한다.
   ② 신체적 (⑨   )나 리듬을 반영한다.
   ④ 활동 간 (⑩   )을 맞추어 배치한다.
   ⑤ 여러 유형의 (⑪   )이 일어나도록 계획한다.
   ⑥ 활동의 계획과 실행에 대해 (⑫   )한다.
   ⑦ 일일 활동 계획은 (⑬   ) 있게 운영한다.

- 자유 선택 활동의 교육적 의의
   ① 유아 스스로 선택하고 결정하는 경험을 해 볼 수 있다.
   ② 유아의 개별적인 흥미, 욕구, 관심에 따라 놀이하게 되므로 자율적이고 적극적인 학습이 이루어질 수 있다.
   ③ 의도된 (⑭   ) 없이 편안한 상태에서 즐겁게 놀이할 수 있다.
   ④ 유아 개인의 자유와 흥미가 존중되므로 기쁘고 즐거운 시간이 될 수 있다.
   ⑤ 놀이에 집중하여 점차 발전된 놀이를 할 수 있다.
   ⑥ 의사 결정 능력을 기를 수 있다.
   ⑦ 선택에 대한 (⑮   )을 기를 수 있다.
   ⑧ 유아와 교사 간 (⑯   )적인 상호작용이 이루어질 수 있다.
   ⑨ 자연스럽게 (⑰   )와 바람직한 관계를 맺을 수 있다.
   ⑩ 양보, 질서, 배려 등의 (⑱   )을 익힐 수 있다.
   ⑪ 일정 시간 동안 자발적으로 (⑲   ) 교육이 이루어지는 효과적인 교육 시간이다.

- 자유 선택 활동 시 교사의 역할
  ① 놀이 (⑳   )자 - 먼저 어린이에게 매력 있는 놀이 환경을 제공하기 위해서 놀이 자료를 선정하고 교수 목표 및 내용에 알맞게 배치해야 한다.
  ② 놀이 (㉑   )자 - 어린이의 놀이의 질을 높여 주고 놀이를 활성화시켜 준다는 의미에서 부모나 교사는 어린이의 놀이를 의도적으로 계획해 줄 필요가 있다. 이러한 계획에는 시간의 계획뿐만 아니라 공간의 계획, 놀이와 관련된 사전 경험의 계획, 그리고 놀이를 위한 자료의 계획까지 포함된다.
  ③ 놀이의 (㉒   )자 - 어린이의 놀이에는 개별 어린이의 전반적인 발달 수준과 그들의 내면세계가 모두 투영되는 것이기에 교사는 이를 세심히 관찰해야 한다.
  ④ 놀이의 (㉓   )자 - 교사는 어린이들이 하고 있는 놀이의 종류가 어떤 것인지, 놀이의 전개가 어느 정도로 진행되었는지, 놀이 참여자들 간의 관계 형성은 어떻게 이루어지고 있는지 등을 관찰하면서 참여 여부를 결정짓고, 놀이의 흐름을 막지 않는 범위 내에서 놀이에 참여해야 한다.
  ⑤ 놀이의 (㉔   )자 - 교사는 놀이가 끝난 뒤, 놀이가 계획대로 이루어졌는지, 만일 계획대로 이루어지지 않았다면 왜 그런지, 다른 친구와는 어떻게 놀았는지에 대해 이야기를 나누어 본다.

06 유치원교육과정의 수준별 교육내용

1) 유치원교육과정 수준별 교육내용의 합격단어
2) 유치원교육과정 수준별 교육내용의 합격내용

1) 유치원교육과정 수준별 교육내용의 합격단어

- 타일러, 논리적 원칙, 발달적 원칙, 심리적 원칙

2) 유치원교육과정 수준별 교육내용의 합격내용

구분	내용
수준별 교육내용의 선정 및 조직의 근거	• 타일러(Tyler, 1958)는 교육내용의 조직 원칙을 논리적 원칙, 발달적 원칙, 심리적 원칙의 세 가지로 설명하였다. 대체로 초·중등 교육과정의 교육내용이 논리적 원칙에 비중을 두어 조직된다면 유치원 교육과정은 유아의 발달적 원칙, 심리적 원칙에 비중을 두고 교육내용을 조직한다고 할 수 있다. - 논리적 원칙이란 내용들이 서로 관련성을 맺고 있는 상태로서, 예를 들어 가까운 데서 먼 곳으로, 쉬운 데서 어려운 데로, 구체적인 데서 추상적인 데로, 연대순의 나열 등의 방식으로 내용들이 조직되는 원칙을 말한다. - 발달적 원칙이란 유아가 자람에 따라서 점차 복잡해지고 내면화되며 가치적인 해석과 응용으로 나아갈 수 있도록 조직하는 원칙이다. - 심리적 원칙이란 유아의 흥미와 관심을 기초로 하면서 유아가 마음 속에서 반성적 사고를 통하여 경험할 수 있도록 조직하는 원칙이다.
수준별 교육활동 구성의 지침	• 로즈그란트와 브레드캠(Rosegrant & Bredekamp, 1992)은 사회 문화적 환경을 달리하고 발달적 특성을 달리하는 모든 유아들에게 각자 유의미한 교육활동이 이루어지도록 하기 위해서는, 다음과 같은 요소들에 대한 교육과정 개발자나 교사들의 이해가 선행되어야 한다고 하였다. - 유아에게 유용한 학문적 지식이다. - 유아 발달에 관한 지식이다. - 발달과 학습의 연속체이다. - 개념적 조직이다.

CHAPTER 4

07 유치원의 일과 계획 및 운영

1) 유치원 일과 계획 및 운영의 합격단어
2) 유치원 일과 계획 및 운영의 합격내용
3) 유치원 일과 계획 및 운영의 합격기출

1) 유치원 일과 계획 및 운영의 합격단어

- 자유 놀이 활동(자유 선택 활동), 흥미 영역, 현장 학습(견학), 사전답사

2) 유치원 일과 계획 및 운영의 합격내용

구분	내용
자유 놀이 활동 (자유 선택 활동)	• 개념 - 유아가 유치원 실내외에서 경험할 수 있는 다양한 종류의 흥미 영역별 활동 중에서 자신의 요구와 흥미에 따라 선택하여 활동을 계획하고 수행하며 평가해 보는 시간이다. • 교육적 가치 - 스스로 선택한 활동을 계획하고 수행함으로써 학습자로서의 올바른 태도를 형성한다. - 한 가지 이상의 방법으로 문제를 해결할 수 있는 창의적이고 독립적인 사고를 할 수 있다. - 일에 대한 계획과 결정을 할 수 있는 능력을 기르며 책임감을 형성한다. - 자신이나 다른 사람을 위하여 현명한 선택을 할 수 있다. - 규칙 있는 놀이를 통하여 자신의 행동을 조절하는 능력을 기른다. - 자신의 권리를 주장하는 동시에 다른 사람의 권리를 인정할 수 있다. - 사회극놀이 활동을 통하여 상상력을 발달시키고 창조적 활동의 기쁨을 느낀다. - 자신이 느끼고 경험한 것을 언어나 미술 활동 등의 다양한 방법으로 표현하거나 다른 사람과 나눌 수 있는 능력을 기른다. - 주변의 자연 현상이나 동식물의 생태를 관찰하고 탐구할 수 있는 기회를 가진다. - 실외 활동을 통하여 대·소근육 발달과 유연성, 민첩성, 순발력 등의 신체 운동능력을 기른다. • 지도 실제 - 유아들이 등원하기 전에 교사는 교실 전체의 활동을 한 눈에 볼 수 있도록 계획판을 준비한다. - 그 날의 활동을 쉽게 파악하고 계획할 수 있도록 새로 첨가되는 활동에 대한 그림이나 사진을 붙이고 특별히 준비하는 활동일 경우 책상에 미리 꺼내어 놓음으로써 유아의 호기심을 자극할 수 있다. - 흥미 영역별로 준비해 놓음으로써 유아의 호기심을 자극할 수 있다. 흥미 영역별로 준비해 줌으로써 유아가 스스로 선택하여 능동적인 학습이 이루어질 수 있게 하는 것이 좋다. - 학기 초 또는 나이 어린 유아들의 경우에는 스스로 놀이를 선택하거나 활동을 계획하기 어려울 수 있으므로 교사의 적절한 안내와 도움이 필요하다. 이때 교사는 유아와 함께 교실에 준비된 활동을 둘러 본 후 어느 영역에서 무슨 활동을 하고 싶은가를 말로 표현하여 좋게 하는 것이 좋다. - 학기가 진행되어 유치원 생활에 익숙해지면서 유아들은 점차 자기가 하고 싶은 놀이를 스스로 말로 표현하거나 놀이 계획표에 표시할 수 있다.

	- 만일 항상 같은 영역에서만 활동하거나 다양한 놀이를 계획하지 못하는 유아들이 있다면 교사는 간단한 질문이나 제안을 함으로써 유아들의 놀이 계획을 도와줄 수 있다. - 자유 선택 활동 시간의 원활한 운영을 위하여 교사는 유아들과 함께 흥미 영역에서 놀잇감, 자료, 교구 등을 다루는데 필요한 규칙을 정해서 기록하여 붙여 놓고 지키도록 한다. - 흥미 영역별로 활동이나 교구의 특징, 장소의 크기 등을 고려하여 한꺼번에 놀이를 할 수 있는 적정 인원수를 제한해야 할 경우 이러한 인원수 제한도 사전에 규칙을 만들 때 포함시키도록 한다.
현장 학습 (견학)	• 현장 학습은 사회 및 과학 교육에서 관찰이나 자료 수집, 추론, 결론 내리기를 위한 직접적인 학습 기회를 제공한다. • 현장 학습이 효과를 얻기 위해서는 학습의 필요성이 분명하고, 방문하고자 하는 학습 장소의 선택이나 준비가 철저히 이루어져야 한다. • 우선 현장 학습을 가는 것이 학습의 효과를 높이기 위하여 최선의 방법인지 검토하고, 계획된 장소까지 갈 수 있는 방법이나 교통편, 거리, 소요 시간 등을 검토한다. • 만일 현장 학습을 나가기로 결정했다면, 교사는 학습의 전체 과정을 위한 계획과 준비를 철저히 해야 한다. 예를 들면, 현장 학습에서 도움을 줄 사람을 교섭하고, 이동 방법이나 교통편, 부모에게 현장 학습의 목적이나 내용 및 장소 알리기, 날씨 변화 등에 대한 대비책을 마련한다. • 현장 학습을 나가기 전에 먼저 유아들과 학습의 목적이나 장소, 관찰해야 할 사항, 유의점 등에 대하여 자세히 이야기하고 현장 학습을 다녀온 후에도 평가와 사후 활동을 계획한다. 이와 함께 교사는 현장 학습의 전체 과정에 대한 평가를 하고, 다음 학습에 도움이 될 수 있는 내용을 반드시 기록으로 남기도록 한다.
휴식과 낮잠	• 일과 시간 동안 유아들은 활동량이 많아 피곤해지기 쉽다. 특히, 종일제 프로그램을 운영하는 경우나 실외 놀이를 한 후 여름에 날씨가 더울 때는 휴식이나 낮잠 시간을 가짐으로써 유아들이 피로와 긴장을 풀고, 다음에 이어지는 활동에 새로운 힘과 여유를 가지도록 해야 한다. • 유아들은 스스로 쉬는 것을 알지 못하거나 잊어버리므로, 항상 유아의 상태를 관찰하여 활동이 비능률적이거나 휴식이 필요하다고 판단되면 긴장을 이완하고 쉴 수 있도록 한다. • 반일제 프로그램의 경우에도 평상시에는 동적인 활동과 정적인 활동의 안배로 휴식 시간을 대신할 수 있지만, 더운 여름철이나 과격한 활동을 한 후에는 15~20분 정도 휴식 시간을 가지는 것이 좋다. • 종일제 프로그램에서는 유아의 연령이나 활동량에 따라 적절히 낮잠 시간을 계획하는 것이 좋다. 낮잠 시간의 길이는 각 유아의 요구나 특성, 유치원의 사정에 따라 달라질 수 있으나, 일반적으로 3세 유아의 경우에는 점심 식사 후 1~2시간 정도, 4·5세 유아는 30분~1시간 정도가 적당하다. • 낮잠이나 휴식 시간에는 조용한 음악을 들려주고, 조명도 너무 밝지 않게 해주며, 날씨가 더울 때는 방 안의 온도에도 유의하여 유아들이 편안히 휴식할 수 있게 한다.

3) 유치원 일과 계획 및 운영의 합격기출

• 일과운영의 기본원리
① 유아의 (①   )와 요구를 반영한다.
② 신체적 (②   )나 리듬을 반영한다.
④ 활동 간 (③   )을 맞추어 배치한다.
⑤ 여러 유형의 (④   )이 일어나도록 계획한다.
⑥ 활동의 계획과 실행에 대해 (⑤   )한다.
⑦ 일일 활동 계획은 (⑥   ) 있게 운영한다.

- 자유 선택 활동의 교육적 의의
  ① 유아 스스로 선택하고 결정하는 경험을 해 볼 수 있다.
  ② 유아의 개별적인 흥미, 욕구, 관심에 따라 놀이하게 되므로 자율적이고 적극적인 학습이 이루어질 수 있다.
  ③ 의도된 (⑦   ) 없이 편안한 상태에서 즐겁게 놀이할 수 있다.
  ④ 유아 개인의 자유와 흥미가 존중되므로 기쁘고 즐거운 시간이 될 수 있다.
  ⑤ 놀이에 집중하여 점차 발전된 놀이를 할 수 있다.
  ⑥ 의사 결정 능력을 기를 수 있다.
  ⑦ 선택에 대한 (⑧   )을 기를 수 있다.
  ⑧ 유아와 교사 간 (⑨   )적인 상호작용이 이루어질 수 있다.
  ⑨ 자연스럽게 (⑩   )와 바람직한 관계를 맺을 수 있다.
  ⑩ 양보, 질서, 배려 등의 (⑪   )을 익힐 수 있다.
  ⑪ 일정 시간 동안 자발적으로 (⑫   ) 교육이 이루어지는 효과적인 교육 시간이다.

- 자유 선택 활동 시 교사의 역할
  ① 놀이 (⑬   )자 - 먼저 어린이에게 매력 있는 놀이 환경을 제공하기 위해서 놀이 자료를 선정하고 교수 목표 및 내용에 알맞게 배치해야 한다.
  ② 놀이 (⑭   )자 - 어린이의 놀이의 질을 높여 주고 놀이를 활성화시켜 준다는 의미에서 부모나 교사는 어린이의 놀이를 의도적으로 계획해 줄 필요가 있다. 이러한 계획에는 시간의 계획뿐만 아니라 공간의 계획, 놀이와 관련된 사전 경험의 계획, 그리고 놀이를 위한 자료의 계획까지 포함된다.
  ③ 놀이의 (⑮   )자 - 어린이의 놀이에는 개별 어린이의 전반적인 발달 수준과 그들의 내면세계가 모두 투영되는 것이기에 교사는 이를 세심히 관찰해야 한다.
  ④ 놀이의 (⑯   )자 - 교사는 어린이들이 하고 있는 놀이의 종류가 어떤 것인지, 놀이의 전개가 어느 정도로 진행되었는지, 놀이 참여자들 간의 관계 형성은 어떻게 이루어지고 있는지 등을 관찰하면서 참여 여부를 결정짓고, 놀이의 흐름을 막지 않는 범위 내에서 놀이에 참여해야 한다.
  ⑤ 놀이의 (⑰   )자 - 교사는 놀이가 끝난 뒤, 놀이가 계획대로 이루어졌는지, 만일 계획대로 이루어지지 않았다면 왜 그런지, 다른 친구와는 어떻게 놀았는지에 대해 이야기를 나누어 본다.

08 종일반(방과후 과정)의 일과 계획 및 운영

1) 종일반(방과후 과정) 일과 계획 및 운영의 합격단어
2) 종일반(방과후 과정) 일과 계획 및 운영의 합격내용
3) 종일반(방과후 과정) 일과 계획 및 운영의 합격기출

1) 종일반(방과후 과정) 일과 계획 및 운영의 합격단어

- 독립된 종일반, 오후 재편성 종일반, 단일 연령 종일반, 혼합 연령 종일반, 혼합 연령 독립 종일반, 혼합 연령 오후 재편성 종일반, 종일반의 운영 방향(발달에 적합한 교육과정, 양질의 교육과 보호의 균형이 맞는 교육과정, 종일반 유아들에게 부족한 경험을 보충해 주는 교육과정, 프로젝트 접근법을 활용한 심화·확장된 교육과정, 오전 오후 프로그램이 연계된 교육과정, 혼합 연령 학급에 적합한 교육과정, 부모의 관심과 협력을 적극 유도하는 교육과정), 유치원 종일반 연간 교육계획 및 운영(연간 교육 평가를 토대로 수립, 교육 일수는 180일 이상, 반일반보다 교육 일수가 많으며, 오전 행사를 마친 후에도 오후 프로그램을 제공, 생활주제는 반일반의 것과 동일+새로운 생활주제 첨가, 특정 생활주제 또는 주제에 소요되는 기간 조정, 신학기 초에 부모들에게 연간 교육계획안 배부), 유치원 종일반 월간 교육계획 및 운영(전월 말에 부모들에게 배부, 유아의 생일 축하일, 행사일, 견학일, 공휴일, 이불·베개 세탁하는 날 등을 표시, 매월의 생활주제 및 교육내용 소개), 유치원 종일반 주간 교육계획 및 운영(교육과 보호의 균형을 맞추어 요일별로 안배, 유아의 개별적 수준을 고려하여 작성, 생활주제·주제·소주제 등은 반일반의 것과 동일하되 연령 간 연계성 및 차별성 두기, 반일반 교사와 다각적으로 협의), 유치원 종일반 일일 교육계획 및 운영(교육과 보육의 균형 고려, 연령별 발달적 특성이나 요구 고려, 다양한 연령의 유아들이 교재나 공간 사용, 활동 집중에 서로 방해를 받지 않도록, 유아들의 연령별로 적합한 일과 패턴 구성, 긴장을 덜 요구하는 교육 활동과 유아들이 항상 흥미를 보이거나 선호하는 활동으로 오후 활동 계획, 오전과 오후 활동의 연계, 교사와 보조 교사의 역할 분담에 대한 사전 협의 내용 명시)

2) 종일반(방과후 과정) 일과 계획 및 운영의 합격내용

구분	내용
종일반의 유형	• 학급 구성 및 운영별 유형 - 독립된 종일반 : 반일반, 연장반과는 달리 독립된 학급으로, 한 교실에서 동일한 유아들과 등원부터 귀가까지 담임교사와 함께 하루 일과를 보내는 것이다. - 오후 재편성 종일반 : 각각 다른 학습에서 반일반이나 연장반의 담임교사와 오전 일과를 보낸 후, 종일반을 원하는 유아들을 모아서 혼합 연령 또는 단일 연령으로 구성하여 오후 일과를 보내는 것이다. • 연령별 학급 집단 구성 유형 - 단일 연령 종일반 : 만 3~5세 유아들을 연령별로 학급을 구성하여 각 연령별 종일반 유아들에게 적합한 프로그램을 제공한다. - 혼합 연령 종일반 : 만 3~4세, 만 4~5세, 또는 만 3~5세 유아들로 구성될 수 있고, 전체 유아 수는 20명 내외가 적합하며, 만 3세 유아를 포함할 경우 5명을 넘지 않도록 한다.

혼합 연령 종일반	• 혼합 연령 종일반의 유형 　- 혼합 연령 독립 종일반 : 만 3~5세 유아들이 한 학급에 소속되어 오전 등원에서부터 오후 귀가할 때까지 1일 8시간 이상을 한 교실에서 생활한다. 　- 혼합 연령 오후 재편성 종일반 : 만 3~5세 유아들이 오전에 각자 반일 반 학급에서 지내다가 오후에 종일반 유아들로 재편성된 종일반 교실로 이동하여 새로운 친구들과 오후 일과를 보내게 되므로 유아들은 반일반과 종일반에 이중으로 소속된 셈이다. • 혼합 연령 종일반이 유아에게 미치는 긍정적 영향 　- 형제애를 체험하며, 사회성이 형성된다. 　- 위계질서의 확립이 엄격하다. 　- 형은 참을성이 생긴다. 서로 부딪혔을 때 체면상 울지도 못하고 용서해 줄 수밖에 없다. 　- 연장자로 커가면서 동생들에 대한 배려와 교실에서의 주체의식이 커진다. 　- 성격의 변화를 가져 온다. 　- 자립심을 베푸는 사랑을 배운다. 　- 지나친 경쟁심이 사라진다. 　- 서로 돕는 양보하는 마음이 생긴다. 　- 동생, 친구, 형 등의 다양한 역할을 경험한다. • 혼합 연령 종일반이 유아에게 미치는 부정적 영향 　- 혼합 연령 종일반 유아들 간의 다른 발달수준이나 능력의 차이에 부응하지 못한다. 즉, 나이 어린 유아는 나이 든 유아로부터 억압과 좌절을 경험하게 되고, 나이든 유아는 나이 어린 유아의 행동을 모방함으로써 퇴행하는 경향을 보인다. 따라서 개별적으로 적합한 교육을 제공해 줄 수 없다는 것이다. 　- 혼합 연령 집단 내에서는 어린 유아가 상대적으로 힘이 센 나이든 유아로부터 억압과 좌절을 경험할 수 있기 때문에 학습 활동이나 자료가 다양하지 않으면 교육의 효과를 얻기가 어려울 수 있다.
종일반의 운영 방향	• 발달에 적합한 교육과정 - 종일반은 유아의 발달에 적합한 교육과정을 적용해야 한다. 유아의 발달에 적합한 교육과정이란 '유아 발달', '유아의 흥미와 요구', 및 '유아와 가족이 생활하는 사회 문화적 맥락'을 기초로 수립된 것을 말한다. • 양질의 교육과 보호의 균형이 맞는 교육과정 - 종일반에서는 만 3~5세 유아들의 전인 발달을 위한 양질의 교육과 보호의 균형이 맞는 교육과정을 운영해야 한다. 종일반 유아들에게 양질의 교육을 제공하기 위해서는 반일반 교육과정을 포함함과 동시에 이에 연계된 교육과정을 제공해야 한다. 또한 유치원에서 온종일 지내는 유아들이 병에 걸리지 않고 건강하게 성장하도록 하기 위해서 질 높은 보호 프로그램을 제공해야 한다. • 종일반 유아들에게 부족한 경험을 보충해 주는 교육과정 - 종일반에서는 유아들이 반일반 유아들에 비하여 미숙하거나 부족한 지식, 기술, 태도를 보완해 주는 교육과정을 제공해야 한다. 종일반 유아들은 부모들이 맞벌이를 하거나 사회 활동을 하므로 가정에서 부모와 함께 지내는 시간이 짧아 부모로부터 자연스럽게 배우거나 경험하는 중요한 것들을 놓칠 수 있으므로 반일 반 유아들이 가정에서 경험하는 활동을 해볼 수 있는 기회를 가져야 한다(홍용희·김기혜·강경아·김수정, 2007). • 프로젝트 접근법을 활용한 심화·확장된 교육과정 - 종일반에서는 프로젝트 접근법을 활용하여 유치원에서 장시간을 보내는 유아들에게 심화·확장된 교육과정을 제공하는 것이 바람직하다. 프로젝트 접근법을 적용하여 심화·확장된 교육과정을 실행하려면 유아들이 더욱 계획적으로 주변 환경이나 사물을 관찰하고, 조작하고, 실험하고, 표상해야 하며, 이를 위해서는 시간적 여유가 필요하다. • 오전 오후 프로그램이 연계된 교육과정 - 종일반에서 오후에 오전 프로그램을 반복하거나, 외부 강사에 맡겨 특별 활동으로 진행하거나, 학습지를 풀게 하는 등 교사의 정성과 책임을 소홀히 하면 교육과 보호의 질이 저하될

- 뿐만 아니라 유아들이 오후에 피곤해하거나 지루하여 프로그램을 제대로 수행하기가 어렵다. 오후 활동은 오전 시간에 유아의 기분, 신체, 놀이 및 학습 상태를 파악하여 무리 없이 진행해야 한다. 대·소집단의 활동에서도 오전과 오후의 활동을 연계하여 운영해야 한다.
- 혼합 연령 학급에 적합한 교육과정 - 혼합 연령 학급의 교육과정은 특정 연령대 유아들의 발달 수준 및 요구에 적합한 활동을 제공하는 동시에 다양한 연령대 유아들이 서로 긍정적인 영향을 주고받을 수 있도록, 서로 보고 배울 수 있는 공동 활동을 제공해야 한다.
- 부모의 관심과 협력을 적극 유도하는 교육과정 - 종일반에서는 취업으로 인하여 자녀들의 유치원 생활이나 교육 활동에 대한 정보가 부족하기 쉬운 부모들의 관심과 협력을 적극 유도하는 교육과정을 제공한다. 다양한 부모 교육 및 가정 연계 프로그램을 통해 유치원 교육에 종일반 부모들의 적극적인 참여를 유도할 뿐만 아니라 부모들이 갖고 있는 다양한 요구 및 관심을 파악하여 질 높은 종일반 교육과정 수립에 기초 자료로 활용해야 한다.

만 3~5세 혼합연령독립종일반과 혼합연령오후재편성종일반에 초점	유치원 종일반 연간 교육 계획 및 운영	• 종일반의 연간 계획은 전 학년도 연간 교육 평가를 토대로 수립한다. • 유치원의 교육 일수는 180일 이상이므로 이에 맞추어 개학일, 방학일, 소풍, 견학, 유치원 행사일, 국가 경축일, 부모 면담일, 자율 휴업일, 부모회 등을 정하여 연간 교육계획안을 작성한다. • 종일반은 토요일에도 수업을 하기 때문에 반일반보다 교육 일수가 많으며, 오전 행사를 마친 후에도 오후 프로그램을 제공할 수 있다. • 종일반의 연간 교육계획에 제시하는 생활주제는 반일반의 것과 동일하나 종일반 유아들의 흥미, 요구, 경험, 유아 교육 기관 경험의 유무, 재원생 또는 신입생 등 유아들의 특성을 고려하여 새로운 생활주제를 첨가한다. • 유아들의 연령, 발달 정도를 고려하여 특정 생활주제 또는 주제에 소요되는 기간을 조정해야 한다. • 신학기 초에 부모들에게 연간 교육계획안을 배부하여 유치원 교육에 대한 이해를 높이고 유치원의 일 년 간 학사 및 행사 일정에 협조와 참여를 요청한다.
	유치원 종일반 월간 교육 계획 및 운영	• 월간 교육계획은 연간 교육계획에 기초한 매월의 학사 일정과 행사 일정 안으로 전월 말에 부모들에게 배부되는 가정통신문이다. • 종일반의 월간 교육계획안에는 유아의 생일 축하일, 행사일, 견학일, 공휴일, 이불·베개 세탁하는 날 등을 표시하여 부모들이 관심을 가지고 협조할 수 있도록 한다. • 매월의 생활주제 및 교육내용을 소개하여 부모들이 가정에서 자녀들과 교육 활동에 대해 대화를 나눌 수 있는 정보를 제공하고, 유치원 교육과 연계성 있게 지도하도록 지원한다.
	유치원 종일반 주간 교육 계획 및 운영	• 주간 교육계획안에는 한 주일 동안 특정 생활주제, 주제 또는 소주제와 관련된 자유 선택 활동과 대·소집단 활동을 교육과 보호의 균형을 맞추어 요일별로 안배한다. • 혼합 연령 종일반 학급은 다양한 연령, 여러 가지 수준의 발달 단계에 있는 유아들이 함께 생활하기 때문에 유아의 개별적인 수준을 고려하여 주간 교육계획안을 작성한다. • 종일반 프로그램의 생활주제, 주제, 소주제 등은 반일반의 것과 동일하되 혼합 연령 집단으로 구성되어 있으므로 연령 간 연계성 및 차별성을 둔다. • 종일반 교사는 반일반 교사와 다각적으로 협의하여 종일반의 교육과정에 반일반에서 이루어지는 모든 교육 활동을 포함하는 한편, 종일반 유아들에게 특별히 필요한 교육 활동을 포함시킨다.

| 만 3~5세 혼합연령 독립종일반과 혼합연령 오후재편성종일반에 초점 | 유치원 종일반 일일 교육 계획 및 운영 | • 교육과 보육의 균형을 고려하여 일일 교육계획안을 작성한다.
  - 유치원의 하루 일과에서 활동 간(동/정적 활동, 실내/외 활동, 개별/대·소집단 활동, 선택/지정 활동 등) 균형을 맞추어주는 기본 원리를 적용하되, 종일반의 경우 '교육과 보육 활동 간 균형'을 첨가하여 유아들의 신체적 욕구나 리듬을 충족시켜주어야 한다.
  - 장시간 유치원에서 지내는 유아들이 정신적으로나 신체적으로 긴장한 뒤에 충분한 휴식을 취할 수 있도록 교육 활동과 보호 활동을 번갈아 제공하는 것이 바람직하다.
  - 보호 활동에는 주로 '배변', '급식', '휴식', '낮잠' 등 유아의 기본적인 신체적 욕구를 배려하는 활동들이 있고, '산책하기', '노래 부르기', '손 유희', '음악 감상하기', '편안한 자세로 동화 듣기', '간식 만들어 먹기', '게임', '수수께끼', '말 잇기', '동작 따라 하기' 등은 교육과 보호를 겸하는 준보호 활동으로 간주할 수 있다.
• 연령별 발달적 특성이나 요구를 고려하여 일일 교육계획안을 작성한다.
  - 연령별로 실행 가능한 활동 내용의 범위와 수준 및 활동 소요 시간이 다름을 유념하고 적절하게 일과 계획을 수립해야 한다.
  - 만 3, 4세 유아들에게 자유 선택 활동 시간을 좀 더 많이 주고, 대집단 활동보다는 개별/중·소집단 활동을 많이 하도록 한다.
  - 만 3세 유아들이 이야기 나누기 활동을 10~15분 간 하고 미술 활동을 하면, 만 4, 5세 유아들은 이야기 나누기 활동을 25~30분 간 하고 미술 활동에 합류한다.
  - 혼합 연령으로 한 교사가 활동을 진행하는 경우 만 3세 유아들에게, 또는 만 3, 4세 유아들에게 필요한 사항을 먼저 이야기 하고 다른 교사와 함께 다른 활동으로 이동하게 하고, 만 5세 유아들은 어린 유아들보다 더 심화·확장된 활동을 하게 한다.
• 다양한 연령의 유아들이 한 공간에서 교육과 보호를 받고 지내면서 교재나 공간 사용, 활동 집중에 서로 방해를 받지 않도록 일과를 계획한다.
  - 어린 연령의 유아들이 나이 많은 유아들에게 교구나 공간 사용에서 밀리거나 불이익을 당할 수 있다. 어린 유아들의 권익을 보호하기 위해서는 어린 유아들의 놀이 계획 시간을 앞서 배치하거나 어린 유아들을 위한 교구나 놀이 및 휴식 공간을 지정해 줄 수 있다.
  - 유아들의 주의집중이 필요한 활동을 하는 경우, 다른 연령의 유아들은 실외 놀이 또는 야외 학습 활동을 하게 하거나 교구장 및 가림판으로 가려주는 등 두 집단의 활동이 원활히 이루어져 목표를 달성하도록 해야 한다.
• 유아들의 연령별로 적합한 일과 패턴을 구성하고, 이에 기초하여 일일 교육계획안을 작성한다.
  - 유아들은 일과 패턴을 파악함으로써 유치원 생활을 예측하고 대비함으로써 안정감과 여유를 가질 수 있다.
  - 혼합 연령으로 구성된 종일반의 경우 연령별 패턴이 있어야 유아들 뿐만 아니라 교사들도 각 연령에 적합한 교육과 보호를 제공할 수 있다.
  - 모든 연령이 함께 하는 활동(계획 시간, 급식, 휴식, 낮잠 등)과 특정 시간대에 하는 연령별 중·소집단 활동(만 3세 : 자유 선택 활동 & 만 4, 5세 : 중·소집단 활동, 만 3, 4세 : 자유 선택 활동 & 만 5세 : 소집단 활동)을 패턴화 할 수 있다.
  - 만 3세 유아들의 경우 한 교실에서 3년 간 지내는 동안 연령별 일과 패턴의 차이와 변화를 지켜보면서 자신들의 연령 증가에 따른 생활의 변화를 기대하게 되어 지루함을 느끼지 않고 생활할 수 있다.
• 종일반 유아들은 오후에 오전보다 더 피로감을 느낄 수 있으므로 오후 활동은 긴장을 덜 요구하는 교육 활동, 유아들이 항상 흥미를 보이거나 선호하는 활동으로 일과를 계획한다.
  - 가급적 오전 시간에는 이야기 나누기 활동, 과학 실험 활동, 수학 활동 등을 배치하고, 오후 시간에는 조형 활동, 동극 활동, 게임 활동 등을 배치한다. |

- 오전 자유 선택 활동 시간에는 때로 교사가 지정한 흥미 영역에서 특정 활동을 해야 한다면, 오후 자유 선택 활동 시간에는 유아가 원하는 활동을 선택하여 할 수 있게 한다.
- 오전과 오후 활동이 연계되도록 일과를 계획한다.
  - 오전과 오후의 일과가 연계되면 유아들의 흥미를 지속시켜 줄 수 있고, 교육의 통합성을 향상 시킬 수 있다.
  - 오전과 오후 활동의 연계성을 위하여 오전에 유아들이 했던 활동을 오후에 심화·확장하여 할 수 있도록 계획해야 한다.
  - 오전에 우리나라 전통문화에서의 염색에 대한 이야기를 나누고, 오후에 염색 방법 및 염색용 식물이나 광물을 채집하기 위하여 야외 학습을 다녀올 수 있다.
  - 일일 교육계획안에는 준비하지 않았더라도 교사가 유아들의 오전 자유 선택 활동 시간의 놀이·활동이나 상황을 세심히 관찰하여 오후 연계의 필요성을 감지하면 융통성 있게 일일 교육계획을 변경하여 연계성을 확고히 할 수 있다.
- 교사와 보조 교사의 역할 분담에 대한 사전 협의 내용을 기초로 구체적인 내용을 일일 교육계획안에 명시한다.
  - 특히 오전과 오후 교사의 역할 및 교대 시 반드시 공유할 내용을 명시하고, 이러한 정보 교환이 정확하고도 원활하게 교환될 수 있도록 게시판을 비치하여 활용한다.

3) 종일반(방과후 과정) 일과 계획 및 운영의 합격기출

- 혼합 연령 오후 재편성 종일반 운영 방안
  ① 종일반에서는 만 3~5세 유아들의 전인 발달을 위한 양질의 (①   )과 (②   )의 균형이 맞는 교육과정을 운영해야 한다.
  ② 혼합 연령 집단의 경우 만 3, 4세 유아를 위한 (③   ) 또는 (④   ) 활동을 계획하고, 만 5세 유아를 위한 (⑤   )집단 활동도 고르게 계획하여 운영한다.
  ③ 종일반 유아들은 일상 생활 경험이 제한적이므로 시장 보기, 도서관 가기 등의 다양한 (⑥   )적 경험을 할 수 있도록 배려한다.
  ④ 종일반에서는 유아들이 반일반 유아들에 비하여 미숙하거나 부족한 지식, 기술, 태도를 (⑦   )해 주는 교육과정을 제공해야 한다.
  ⑤ 만 3, 4, 5세 혼합 연령으로 구성된 경우, 오후 재편성 종일반 교실을 별도로 확보하는 것이 좋으나, 그렇지 못할 경우에는 만 (⑧   )세 학급이나 종일반 유아들의 연령 중 가장 (⑨   )은 연령의 반일반 학급을 이용하는 것이 적절하다.
  ⑥ 종일반은 거의 대부분 혼합 연령 집단으로 구성되므로 종일반 교육과정은 이에 적합한 교육과정으로 운영해야 한다. 혼합 연령 학급의 교육과정은 특정 연령대 유아들의 (⑩   ) 수준 및 요구에 적합한 활동을 제공하는 동시에 다양한 연령대 유아들이 서로 긍정적인 영향을 주고받을 수 있도록, 서로 보고 배울 수 있도록 (⑪   ) 활동을 제공해야 한다.

- 종일반 교육과정 운영의 기본 원리
  ① 일과 계획 시 (⑫   )을 부여한다.
  ② 건강, 안전, 개인 위생에 관련된 올바른 습관, 태도와 사회 생활에 필요한 (⑬   )을 형성한다.
  ③ 각 유아의 (⑭   ) 수준을 반영한다.
  ④ 신체 보호와 교육을 일상적으로 (⑮   )한다.

⑤ 심신이 건강해질 수 있도록 정기적으로 (⑯   ) 활동을 할 수 있도록 계획한다.
⑥ 영양과 유아의 기호를 고려해 영양가가 있는 (⑰   )을 제공하고 음료수 또는 유제품을 함께 제공한다.
⑦ 학부모들의 요구와 상황을 고려해 개별적인 (⑱   ) 지도가 이루어져야 한다.

• 혼합연령종일반 낮잠 시간의 효과적인 운영 방안
① 종일반 유아들의 수면 습관을 조사하여 (⑲   )지도를 한다.
② 낮잠을 거부하는 유아들에게 낮잠을 자는 이유와 (⑳   )을 인식시킨다.
③ 낮잠을 자지 않는 유아는 잠을 자는 다른 유아들에게 방해가 되지 않도록 잠자는 유아와 떨어져 (㉑   )히 쉬거나 (㉒   )한 놀이를 하도록 한다.
④ (㉓   )을 치고 방을 어둡게 한 후 녹음기에 조용한 음악을 틀어 주어 유아들이 낮잠을 잘 수 있는 분위기를 조성한다.
⑤ (㉔   )를 깔아줄 때 앞, 뒤, 위, 아래 간격을 두고 배치하여 유아들이 서로 부딪치거나 장난하지 않도록 한다.

09 혼합연령학급의 일과 계획 및 운영

1) 혼합연령학급 일과 계획 및 운영의 합격단어
2) 혼합연령학급 일과 계획 및 운영의 합격내용
3) 혼합연령학급 일과 계획 및 운영의 합격기출

1) 혼합연령학급 일과 계획 및 운영의 합격단어

- 혼합연령학급, 혼합연령(복식)학급 운영의 기본 방향(혼합연령학급을 구성하고 있는 각각의 단일연령에 대한 차별적 배려가 필요하다, 혼합연령집단을 구성하고 있는 다 연령간의 연계를 도모하여 유아들 간 상호협력, 지원, 배려, 격려, 모델링 등의 사회적 관계가 활성화 될 수 있도록 하여야 한다.), 주간교육계획 및 일일교육계획 시 고려해야 할 사항(주간교육계획 시 각각의 연령별 목표 수준 설정, 주간교육계획 시 각 연령에 따른 단일연령활동 및 연령 간 연계적 활동의 균형 고려, 일일교육계획 수립 시 개별연령 또는 두 연령 조합의 소집단 활동 시간 안배, 일일교육계획 수립 시 활동에 참여하지 않는 유아들의 관리를 위한 계획 수반), 혼합연령(복식)학급의 교육활동 운영전략[흥미영역 활동 운영을 위한 전략(동일 활동 내에서의 난이도 수준 조절전략 : 활동자료를 통한 조절, 활동방법을 통한 조절, 동일 활동 내에서 연령 간 연계를 위한 전략(짝지어 활동하기, 공유하기, 전달하기, 분업하기, 협력하기)]

2) 혼합연령학급 일과 계획 및 운영의 합격내용

구분	내용
혼합연령 (복식)학급 운영의 기본 방향	• 혼합연령학급을 구성하고 있는 각각의 단일연령에 대한 차별적 배려가 필요하다. - 가장 큰 연령인 만 5세나 중간연령인 만 4세, 아니면 다수인 특정 연령에 초점을 맞추게 되면서 소외되는 집단이 발생하는 우려를 범하기가 쉽다. - 각 연령대의 유아를 독립적으로 차별화된 배려를 함으로써 다수인 연령중심으로 진행되는 학급운영을 지양함과 동시에 소외되는 연령이 없도록 유념하여야 한다. - 만 3세 유아들의 경우 큰 연령 유아들의 도움을 받고 학급 내에서 아기 취급을 받으면서 의존적이 되지 않도록 유념할 필요가 있다. 이에 수준에 맞는 활동을 제공하고 옷을 입고 벗기, 화장실 사용하기, 신발 신고 벗기, 식사하기 등과 같은 자기관리 측면에서 독립적이기를 격려해야 한다. - 큰 연령 유아들에게는 어린 연령 유아들의 행동특성을 모방하면서 퇴행하지 않도록 유의하고, 발달적으로 적합한 활동을 제공하여 놀이에 대한 흥미를 유지함은 물론 새로운 것에 대해 적극적으로 도전하고자 하는 동기가 활성화 될 수 있도록 배려해야 할 것이다. 나아가 이러한 배려는 발달상의 지체가 있는 유아가 있는 경우 더욱 필요할 것이다. • 혼합연령집단을 구성하고 있는 다 연령간의 연계를 도모하여 유아들 간 상호협력, 지원, 배려, 격려, 모델링 등의 사회적 관계가 활성화 될 수 있도록 하여야 한다. - 가장 큰 장점이라면 다 연령 유아들 간의 연계적 관계형성이다. 이에 각 연령 간 적절한 연계를 통해 상호적 배려와 도움, 격려, 지지, 모델링 등이 활성화 될 수 있도록 함으로써 구성원들의 수직적 관계에서 취할 수 있는 장점을 충분히 살릴 수 있도록 노력한다. - 큰 연령의 유아들이 어린 연령 유아들을 위해 도와주고 놀아주는 등의 행동을 일과 안에서 자연스러운 기회

CHAPTER 4

를 통해 경험할 수 있도록 상호작용하는 것은 물론, 교사는 연령 간 상호연계를 도모할 수 있도록 교육적으로 의도된 활동을 충분히 제공해주어야 한다.

- 특히 학년 초 기관 적응에 어려움이 있는 어린 연령 유아들은 등원 이후 놀이에 참여하지 않고 계속 울거나 한 자리에서 움직이지 않으려는 특성을 보이는 경우가 많은데 이때 일일이 교사가 관여하기보다는 적응 정도에 따라 연령이 높은 유아들이 함께 놀아주고 돌보아 주도록 도움을 청하면 교사도 부담을 덜고, 연령이 높은 유아들은 상황에 맞는 적절한 도움을 제공하는 기회를 통해 동생을 돌보는 경험을 하게 될 것이다.
- 어린 연령 유아들의 경우에는 큰 연령 유아의 적절한 도움으로 정서적인 안정감도 갖고 자연스럽게 놀이경험을 하면서 점차 기관에 흥미를 갖게 되어 적응에 도움을 받게 될 것이다.

혼합연령(복식)학급을 위한 주간교육계획 및 일일교육계획 시 고려할 사항	• 주간교육계획 수립 시 각각의 연령별 목표 수준을 설정하여 한다. • 주간교육계획 수립 시 자유선택활동을 위한 영역별 활동과 유형별 대·소집단 활동에서 각 연령에 따른 단일연령활동 및 연령 간 연계적 활동의 균형을 고려하여 계획한다. • 일일교육계획 수립 시 연령별 특성을 고려한 일과운영 패턴에 기초하여 개별연령 또는 두 연령 조합의 소집단 활동 시간을 안배한다. • 일일교육계획 수립 시 연령별 또는 연령 조합에 의한 소집단 활동을 할 경우 활동에 참여하지 않는 유아들의 관리를 위한 계획이 반드시 수반되어야 한다.
혼합연령(복식)학급의 교육활동 운영전략	• 혼합연령(복식)학급에서의 흥미영역 활동 운영을 위한 전략

	구분	내용
혼합연령(복식)학급의 교육활동 운영전략	동일 활동 내에서 난이도 조절을 위한 전략	• 혼합연령(복식)학급에서 흥미영역활동 제공 시 동일한 활동이지만 활동자료나 방법에서 약간의 변화를 주어 활동의 난이도 수준을 조절할 수 있도록 한다면 연령별로 일일이 활동을 제공하지 않더라도 다 연령대의 유아들이 적절한 난이도 수준에서 활동할 수 있고, 교사의 수업준비를 위한 부담도 줄일 수 있을 것이다. • 동일 활동 자료에서 일부자료는 모든 연령이 공유하고 일부 자료는 개별 연령의 수준에 맞추어 난이도 수위를 조절할 수 있도록 한다거나, 활동방법 상에서 수준 차이를 고려한 전략을 사용할 수 있다. • 발달이 지체된 유아가 있을 경우 개별적인 특성을 좀 더 감안하여 난이도 수준을 조절하는 것이 필요하다. • 흥미영역 활동 중 동일 활동 내에서의 난이도 수준 조절전략

난이도수준 조절전략	조절내용	활동의 예
활동자료를 통한 조절	- 주사위 - 카드크기와 수	- 이불을 덮어주어요
활동방법을 통한 조절	- 출발에서 도착점까지의 길이	- 곤충들의 줄서기

	동일 활동에서 연령 간 연계를 위한 전략	• 혼합연령(복식)학급에서 흥미영역활동을 통해 연령 간 연계를 꾀하기 위한 전략은 어린 연령 유아와 큰 연령 유아들이 짝을 지어 활동한다던가, 특정 연령의 활동경험을 공유하거나 전달하고, 수준에 따른 분업 및 협력을 생각해 볼 수 있다. • 흥미영역 활동 중 동일 활동 내에서 연령 간 연계를 위한 전략

연령 간 연계전략	연계내용	활동의 예
짝지어 활동하기	큰 연령 유아와 어린 연령 유아가 짝이 되어 각각의 수준에서 적합한 활동하기	- 형님! 밤 따러 가요 - 가을이 되면

공유하기	특정연령 유아 중심의 활동 후 참여하지 않은 연령 유아와 공유하기	- 목욕탕 만들기 (구성 후 놀이 활용 시) - 지점토로 음식 만들기 (역할영역 소품으로 활용)
전달하기	큰 연령 유아 중심의 활동 후 어린 연령에게 전달하기	- 손을 깨끗이 씻어요 - 건강해지는 식품점
분업하기	연령별 수준에 맞는 역할을 맡아 분업하기	- 아름다운 옷가게 - 봄소식을 전해요
협력하기	연령별 수준에 맞는 역할을 맡아 협력하기	- 부채 만들기

- 혼합연령(복식)학급에서의 대·소집단 구성 및 활동 운영을 위한 전략

구분	내용

대집단 활동	• 대집단 활동은 만 3, 4, 5세 유아가 모두 함께 참여하는 활동인 만큼 학급을 구성하고 있는 모든 유아들이 공유해야 하거나 상호협의 및 협력, 분업, 큰 연령 유아의 주도적인 역할이 필요한 내용을 다룰 경우 이 같은 구성으로 할 수 있다.
	• 연령별 발문 수준이나 활동방법에서 차이를 두어 운영하여야 하며, 활동에 따라 적절한 전략을 활용하여 연령 간 연계를 갖도록 한다.
	
		구분	활동의 예 |
			  |---|---|
			  | 공유하기 | 이야기 나누기 : 미술영역에서 사용하는 물건들을 아껴써요
			이야기 나누기 : 안전한 바깥놀이 |
			  | 협의하기 | 이야기 나누기 : 형님먼저, 아우먼저 |
			  | 협력하기 | 게임 : 메뚜기 뜀뛰기 |
			  | 주도하기 | 바깥놀이 활동 : 바꿔 바꿔 |
			  | 분업하기 | 바깥놀이 활동 : 모종심기 |

단일연령 소집단 활동	• 단일연령별 소집단 활동은 특정 개별 연령에서 특별히 필요한 내용을 다루거나 특정 연령수준에 적합한 내용을 다루게 될 경우 만 3세를 위한 소집단 활동, 만 4세를 위한 소집단 활동, 만 5세를 위한 소집단 활동과 같이 각 연령별로 계획하여 운영할 수 있다.
연령 조합의 소집단 활동	• 연령 간 조합의 소집단 활동은 일차적으로 활동의 내용 수준에 기초하여 만 3, 4세 또는 만 4, 5세의 2집단 유형으로 운영할 수 있고, 특정 연령대의 구성원 수가 단일연령으로 소집단 활동을 운영하기 어려울 경우에도 연령 간 조합으로 소집단 활동을 계획하여 운영할 수 있다. • 연령 조합의 소집단 활동에서도 발문이나 활동방법에서 연령에 따라 수준의 차이를 둘 필요가 있으며, 흥미영역 활동에서 연령 간 연계를 도모한 것처럼 짝지어 활동하기, 공유하기, 분업하기, 시범보이기, 주도하기 등의 전략을 통해 연령이 다른 유아들의 연계를 꾀하도록 한다.

- 혼합연령(복식)학급에서 소집단 활동을 위한 시간안배 및 활동에 참여하지 않은 유아들의 관리
  - 혼합연령(복식)학급에서 단일연령별 또는 연령 조합의 소집단 활동 시 활동에 참여하지 않은 연령집단이 발생

하게 됨에 따라 이에 대한 관리가 반드시 필요하므로 연령별 특성에 기초하여 소집단 활동시간을 계획하고 활동에 참여하지 않은 유아들을 위한 관리를 어떻게 할 것인지에 대한 세심한 사전계획이 요구된다.
- 혼합연령(복식)학급에서는 단일연령학급과 달리 소집단의 유형이 다양한 만큼 소집단 활동시간 외에도 자유선택활동시간, 낮잠시간, 바깥놀이시간도 활용할 수 있으며, 모든 시간대에 다양한 소집단 구성이 가능하지만 만 3세는 자유선택활동시간, 만 4, 5세는 낮잠시간, 만 5세는 바깥놀이시간을 좀 더 활용하는 것이 용이할 것이다. 예를 들면 낮잠을 반드시 자야하는 만 3세의 경우 자유선택활동 시간 중에 소집단 활동시간을 할애 한다거나, 만 3세가 낮잠을 자는 시간을 이용하여 낮잠을 길게 자지 않는 만 4, 5세 유아들의 소집단 활동시간을 안배할 수 있다.
- 소집단 활동에 참여하지 않은 유아들은 교사가 수업을 진행하고 있어 자유롭지 못한 만큼 교사의 도움을 크게 필요로 하지 않는 정적인 활동(예 퍼즐 맞추기, 구슬 끼우기, 끈 끼우기, 책보기 등)을 3개 이하로 제한하고, 교사의 시야 범위 내 특정 공간 안에서 활동할 수 있도록 환경적으로 통제할 필요가 있다. 더 나아가 유아들이 흥미를 갖고 몰입할 수 있는 자료로 선정하여 제공하고 갈등이 발생하지 않도록 자료의 양도 충분히 제공해 줄 필요가 있으며, 2연령이 남게 되면 그 중 큰 연령이 어린 연령을 관리할 수 있도록 역할을 주어 도움을 받을 수 있다.
- 소집단 활동을 위한 시간 구성과 연령 구성, 유아 관리 및 유의사항

소집단 활동 시간 구성	소집단 활동을 위한 연령 구성	활동에 참여하지 않는 유아들의 관리 및 유의사항
자유선택 활동시간	- 단일연령별 소집단 (3세/4세/5세) - 연령 조합 소집단 (3,4세/4,5세)	- 소집단 활동에 참여하지 않는 유아들의 경우 교사의 도움을 필요로 하지 않으면서 흥미롭게 참여할 수 있는 활동을 제공한다. - 소집단 활동에 참여하지 않는 유아들의 경우 자유선택활동 중 일시적으로 조용한 놀이중심의 2-3개 영역을 제한함으로써 활동공간이 너무 분산되지 않도록 하고 교사의 시야 범위 내에 있는 지정된 공간에서만 활동하도록 한다. - 대부분 낮잠을 자는 3세의 경우는 특히 자유선택활동시간 중에 소집단 활동을 운영하도록 한다.
소집단 활동시간	- 단일연령별 소집단 (3세/4세/5세) - 연령 조합 소집단 (3,4세/4,5세)	- 소집단 활동에 참여하지 않는 유아들은 2-3개 정도의 조용한 활동을 하도록 한다. - 이 때 사용하는 조용한 활동 자료는 자유선택활동 시간에 제공된 것을 그대로 사용하기보다는 이 시간을 위한 것으로 별도로 마련해 주고 특별히 사용하면 소집단 활동에 참여하지 않는 유아들이 기대를 갖고 흥미롭게 참여할 수 있다.
낮잠시간	- 단일연령별 소집단 (4세/5세) - 연령 조합 소집단 (4,5세)	- 소집단 활동시간과 동일한 내용의 유아 관리 및 유의사항을 고려한다. - 낮잠시간을 활용한 소집단 활동운영은 3세의 낮잠을 방해하지 않도록 게임과 같은 동적인 활동보다는 이야기 나누기, 미술활동과 같은 정적인 활동중심으로 운영하도록 한다.
바깥놀이 시간	- 단일연령별 소집단 (3세/4세/5세) - 연령 조합 소집단 (3,4세/4,5세)	- 바깥놀이 시간을 활용한 소집단 활동은 주교사와 활동에 참여하지 않는 유아들이 공간적으로 분리되므로 반드시 바깥놀이 활동을 지도 또는 관리해 줄 수 있는 다른 성인의 도움이 가능한 경우에만 운영하도록 한다. - 바깥놀이시간대를 활용한 소집단 활동은 대근육적이고 동적인 활동에 대한 요구가 큰 어린 연령보다는 주로 5세를 대상으로 운영하도록 한다.

3) 혼합연령학급 일과 계획 및 운영의 합격기출

- 혼합연령(복식)학급 운영의 기본 방향
  - 혼합연령학급을 구성하고 있는 각각의 (①   )연령에 대한 (②   )가 필요하다.
  - 혼합연령집단을 구성하고 있는 다 (③   )간의 (④   )를 도모하여 유아들 간 상호협력, 지원, 배려, 격려, 모델링 등의 (⑤   )가 활성화 될 수 있도록 하여야 한다.

- 혼합연령(복식)학급에서의 흥미영역 활동 운영을 위한 전략 - 동일 활동 내에서 (⑥   )을 위한 전략에는 (⑦   )를 통한 조절과 (⑧   )을 통한 조절이 있다.

CHAPTER 4

10 유치원의 환경구성

1) 유치원 환경구성의 합격단어
2) 유치원 환경구성의 합격내용
3) 유치원 환경구성의 합격기출

1) 유치원 환경구성의 합격단어

- 유치원의 실내 환경 구성 시 고려해야 할 점(넓은 공간, 신체 발달에 적합한 실내 설비와 교구, 실내온도는 20~22℃, 습도는 50~65%, 밝기, 커튼, 블라인드 등의 장치, 환기 유의, 교실과 복도 화장실 바닥은 미끄럽지 않은 재료 및 청결 유지, 방음재로 시공한 천정과 벽면, 이중창, 커튼 및 깔개를 깔고 책상과 의자 다리에는 고무를 끼우고, 영역간의 소음은 교구장으로 방지, 모든 공간을 효율적으로 사용, 아름답고 매력적인 공간 구성, 놀잇감과 자료, 공간이나 교재 및 교구를 창의적이고 효과적으로 사용, 개인용 공간, 부드러운 느낌의 설비, 프로그램의 목적, 내용 및 방법 등에 부합), 흥미 영역, 흥미 영역을 중심으로 한 환경 구성의 교육적 의의(다양한 활동 경험 제공, 물리적 경계 및 시각적 경계 구분으로 주의 집중과 심리적 안정감에 도움, 구체적 경험 중심의 통합적 활동 조력, 개별화된 놀이 및 학습 활동 진행), 프로스트(제1구역, 제2구역, 제3구역, 제4구역), 실내 환경 구성의 원리(안전, 건강, 편안함, 편리함, 유아의 신체 크기, 융통성, 움직임, 선택의 기회 등 고려, 미적인 측면과 기능적인 측면을 동시에 고려하여 구성한 환경, 계절의 변화를 고려하여 흥미 영역별 공간 환경을 구성, 작업 장소와 교구 바꾸기, 흥미 영역을 중심으로 구성, 데커와 데커, 흥미 영역들 간 특수성 유지와 통합적 운영, 흥미 영역들 공간 구분과 충분한 공간, 바닥이 젖지 않도록 깔개, 건조한 영역에는 부분 카펫 등을 깔아 소음을 줄이기, 흥미 영역 간의 통행 용이와 교사 시야 고려한 개방적 구성), 흥미 영역을 중점으로 한 환경 구성의 교육적 의의(유아의 자발적 참여를 통한 학습 활동, 폭넓고 다양한 경험, 물리적 및 시각적 경계에 의한 주의 집중과 심리적 안정감, 구체적 경험 중심의 통합적 활동, 개별화에 맞는 학습 활동을 제공), 실외 환경 구성의 원리(최대한의 실외 공간 확보, 교실·화장실·사물함에 접근하기 쉽도록 계획하고 실내 환경에서의 활동과 연결, 균형 잡힌 경험을 위해 동적 및 정적 활동 공간, 단단하거나 부드러운 바닥, 경사지거나 편평한 지역 등을 골고루 배려, 안전 문제를 신중히 고려, 교사의 관찰 용이, 창의적이고 모험적인 놀이가 활발히 일어나도록 구성, 인근 공원이나 학교 및 놀이 공간 활용, 창고, 그늘이나 바람막이, 날씨가 허락하면 실내 흥미 영역의 일부를 이동, 자연적 요소 구비, 과거 시간이나 중간을 연상할 수 있는 장소, 아무 것도 안 해도 좋은 조용한 공터, 물리적 요소 이외에도 인적 및 심리적 환경을 창출), 벽면을 효과적으로 구성하기 위하여 유의할 점(학습과 관련된 실물·사진·그림·관련 도서 등을 첨가, 다양한 형태 및 재질의 게시판, 다양한 질감의 재료 활용, 입체적 배치 고려, 무엇을 어떻게 구성할 것인가를 유아의 참여로 유도하고 토의, 유아 스스로 게시하게 부착이 쉬운 게시판을 알맞은 높이로 제공), 벽면 구성을 포함하여 환경을 보다 효율적으로 활용하기 위하여 유의할 점(유동성/융통성 있는 공간으로 활용, 교수-학습의 장으로 확대, 전통 놀이 영역으로 활용, 교재·교구 등을 평가함으로써 놀이를 질적으로 확장, 안전 및 유지 관리에 특히 유의)

2) 유치원 환경구성의 합격내용

구분	내용
유치원의 실내 환경 구성 시 고려해야 할 점	• 유아들이 활동할 수 있을 만큼 넓은 공간이어야 한다. • 실내 설비와 교구는 유아의 키와 연령 및 신체 발달에 적합해야 한다. 견고하고 가벼우며, 모서리는 둥근 것으로 한다. • 온도, 습도, 채광, 환기 등을 고려해야 한다. 실내온도는 20~22℃가 적절하고 습도는 50~65%를 유지하는 것이 좋다. 교실과 복도 등 실내 환경은 밝아야 하며 채광 강도를 조절할 수 있는 커튼, 블라인드 등의 장치가 필요하며 환기에 유의한다. • 교실과 복도 화장실 바닥은 미끄럽지 않은 재료를 써야 하며 항상 청결을 유지해야 한다. • 소음 방지를 위해 천정과 벽면은 방음재로 시공한다. 이중창, 커튼 및 깔개를 깔고 책상과 의자 다리에는 고무를 끼우고, 영역간의 소음은 교구장으로 방지한다. • 모든 공간을 효율적으로 사용할 수 있도록 한다. 교무실, 상담실, 도서실 등은 겸용으로 사용할 수도 있으며, 식당은 주방과 가까이 있어야 한다. 자료실, 창고 등에도 선반이나 정리장을 설치하여 모든 자료들을 잘 정리해두도록 한다. • 공간은 아름답고 매력적으로 구성한다. • 유아들의 발달 수준과 연령에 적합하고 교육적 가치가 있는 놀잇감과 자료들을 비치한다. • 주제나 계절의 변화에 따라 교사나 유아가 공간이나 교재 및 교구를 창의적이고 효과적으로 사용할 수 있도록 구성한다. • 유아들이 자기의 옷이나 소지품을 넣는 개인용 공간을 둔다. • 카펫, 담요, 쿠션, 방석, 안락의자, 흔들의자 등 부드러운 느낌의 설비를 포함하는 것이 좋다. • 유치원 설립 이념 및 실행되는 프로그램의 목적, 내용 및 방법 등에 부합되도록 한다.
흥미 영역을 중심으로 한 환경 구성의 교육적 의의	• 다양한 활동을 경험하게 해 준다. • 물리적 경계 및 시각적 경계를 구분해주어 주의 집중과 심리적 안정감에 도움을 준다. • 구체적 경험 중심의 통합적 활동이 이루어질 수 있다. • 개별화된 놀이 및 학습 활동이 이루어질 수 있다.
프로스트의 실내 공간 구성 기준 (Frost & Kissinger, 1976)	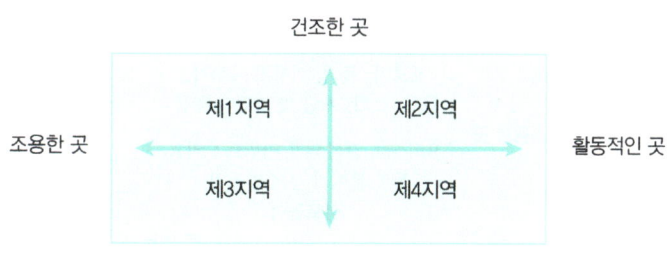 • 프로스트는 실내 공간 구성을 건조하고 조용한 영역(제1구역), 건조하고 시끄러운 영역(제2구역), 물이 있고 조용한 영역(제3구역), 물이 있고 시끄러운 영역(제4구역)의 4영역으로 나누어 흥미 영역을 구성할 것을 주장한다. - 건조하고 조용한 영역에는 문학 및 언어 활동, 과학 활동, 수 놀이, 게임, 조작 놀이 등 소집단 활동, - 건조하고 시끄러운 영역에는 대 근육 활동, 쌓기 놀이, 목공 놀이, 역할 놀이, 음률 활동, - 물이 있고 조용한 영역에는 점토 만들기, 물감 사용하여 그리기, 구성하기, 만들기 활동이나 간식 공간, - 물이 있고 시끄러운 영역에는 실외 활동, 요리 활동, 물놀이, 모래놀이, 손 씻는 곳이나 화장실 및 물을 사용하는 과학 활동 등으로 배치하도록 제안하고 있다.

CHAPTER 4

- 흥미 영역들은 각 영역별로 그 특수성을 유지하면서도 통합적으로 운영된다.
- 낮은 분리대, 칸막이, 이동식 교구장, 가리개, 책꽂이 등을 이용하여 구분하며, 각 영역별로 충분한 공간이 주어져야 한다.
- 물을 필요로 하는 영역에는 바닥이 젖지 않도록 깔개를 깔아 주며, 건조한 영역에는 부분 카펫 등을 깔아 소음을 줄이고 안락감을 주도록 한다.
- 영역 간의 통행이 용이하도록 해야 하며, 모든 영역이 교사의 시야에 들어올 수 있도록 개방적으로 구성하는 것이 바람직하다.

실내 환경 구성의 원리

- 바람직한 실내 환경을 구성하기 위한 기본 조건으로는 대개 안전, 건강, 편안함, 편리함, 유아의 신체 크기, 융통성, 움직임, 선택의 기회 등이 고려된다(삼성 복지재단, 1997).
- 유아들을 위한 환경은 미적인 측면과 기능적인 측면을 동시에 고려하여 구성해야 한다.
- 선반, 책상, 의자 등은 유아의 크기에 맞게 하여 사회적 상호작용을 자극하고, 유아로 하여금 좀 더 쉽게 작업에 참여할 수 있도록 하며, 활동 후에 정리 정돈할 수 있어야 한다.
- 계절의 변화를 고려하여 흥미 영역별 공간 환경을 구성하거나, 교실을 유동적으로 이끌어가는 것도 필요하다.
- 작업 장소뿐만 아니라 교구도 바꾸어 주어야 하며, 교사나 유아가 공간을 창의적이고 효과적으로 사용할 수 있도록 구성되어야 한다.
- 유아 교육 기관의 환경은 대체로 흥미 영역을 중심으로 구성되며, 이는 분리대나 칸막이 등을 이용하여 여러 가지 방법으로 경계를 하여 주도록 설비함으로써 규정되는 교실의 각 영역을 의미한다.
- 흥미 영역을 중점으로 한 환경 구성은 유아의 자발적 참여를 통한 학습 활동, 폭넓고 다양한 경험, 물리적 및 시각적 경계에 의한 주의 집중과 심리적 안정감, 구체적 경험 중심의 통합적 활동, 개별화에 맞는 학습 활동을 제공할 수 있다는 데에 그 교육적 의의를 두고 있다.
- 실내 흥미 영역은 쌓기 놀이 영역, 조작놀이 영역, 역할놀이 영역, 언어 영역, 조형 영역, 수놀이 영역, 과학 영역, 음률 영역, 물놀이 영역, 모래놀이 영역, 컴퓨터 영역, 요리 영역, 목공놀이 영역, 식사/낮잠이나 휴식하는 곳으로 구분된다.
- 흥미 영역을 교실에 배치할 때에 염두에 두어야 할 원리에 대하여 데커와 데커(Decker & Decker, 1997)는 조용하고 건조한 곳, 활동적이고 건조한 곳, 조용하고 물이 있는 곳, 활동적이고 물이 있는 곳의 네 가지 영역으로 구분하여 설명하고 있다.

〈 흥미 영역 구분 〉

	건조한 곳	
조용한 곳	책보기, 듣기, 이야기 나누기, 동화, 쓰기, 게임 및 소집단 활동	쌓기 놀이, 대근육 활동, 목공놀이, 역할놀이, 음률	활동적인 곳
	요리하기, 간식 먹기, 가위로 오리고 풀로 붙이기 등의 만들기, 점토놀이	물·모래놀이, 손씻는 곳, 물감 활동, 과학 실험	
	물 있는 곳	

- 흥미 영역들은 각 영역별로 그 특수성을 유지하면서도 통합적으로 운영된다.
- 흥미 영역들은 낮은 분리대, 칸막이, 이동식 교구장, 가리개, 책꽂이 등을 이용하여 구분하며, 소음을 줄일 수 있도록 충분한 공간이 주어져야 한다.
- 흥미 영역 중 물을 필요로 하는 영역에는 바닥이 젖지 않도록 깔개를 깔아 주며, 건조한 영역에는 부분 카펫 등을 깔아 소음을 줄이고 안락감을 주도록 한다.
- 흥미 영역 간의 통행이 용이하도록 해야 하며, 모든 영역이 교사의 시야에 들어올 수 있도록 개방적으로 구성하는 것이 바람직하다.

실외 환경 구성의 원리	• 실외 환경은 실내 환경 못지않게 중요한 공간이므로, 가능한 한 최대한의 실외 공간을 확보하도록 해야 한다.
	• 실외 활동 환경은 신체 영역, 역할놀이 영역, 탐구(자연 학습) 영역, 작업 영역, 물·모래놀이 영역, 이동 구역(실내에서 실외로), 보관 구역(창고), 편평하고 개방된 공간, 조용한 공간 등의 영역으로 구분할 수 있다.
	• 교실, 화장실, 사물함에 접근하기 쉽도록 계획하고 실내 환경에서의 활동과 연결될 수 있도록 한다.
	• 균형 잡힌 경험을 할 수 있도록 동적 및 정적 활동 공간, 단단하거나 부드러운 바닥, 경사지거나 편평한 지역 등을 골고루 배려한다.
	• 유아의 행동반경이 넓어지므로 안전 문제를 신중히 고려하고, 교사의 관찰이 용이하게 이루어지는 가운데 창의적이고 모험적인 놀이가 활발히 일어나도록 구성한다.
	• 실외 공간의 크기가 제한된 경우는 유아의 사용 시간을 시차로 계획하며, 인근 공원이나 학교, 또는 그 밖의 놀이 공간을 활용한다.
	• 남아 있는 시설, 부속물, 계절에 따른 활동 도구를 보관하기 위한 창고가 있어야 하며, 필요에 따라 사용할 수 있도록 정돈되어 있어야 한다.
	• 그늘이나 바람막이 등을 세우도록 하며, 날씨가 허락하면 실내 흥미 영역의 일부를 이동한다.
	• 매력적인 놀이 공간을 위하여 공간 구성의 크기, 선과 형태 등이 다양하고 생물체를 포함한 자연적 요소가 구비되는 것이 좋다.
	• 과거 시간이나 중간을 연상할 수 있는 장소(물레방아 또는 전통 옹기 등)를 비롯하여 아무 것도 안 해도 좋은 조용한 공터에 이르기까지 다양한 감성을 불러일으키며 위험 부담 없이 즐길 수 있어야 한다.
	• 실내외의 환경은 물리적 요소 이외에도 인적 및 심리적 환경을 창출하도록 해야 한다. 특히, 종일제의 경우 오랜 기간 동안 활동해야 하므로, 각 연령 또는 혼합 연령에 알맞은 배려가 필요하다.
	  - 어린 유아의 경우 온수가 나오는 화장실이 필요하며, 낮잠이나 휴식을 취할 수 있도록 커튼, 조명 등을 고려한 아늑한 공간을 따로 마련하는 것이 좋다.
	  - 종일반은 혼합 연령으로 이루어지는 경우가 많은데, 답답하거나 지루함을 느끼지 않도록 하며, 대근육 활동을 할 수 있는 충분한 공간을 확보하는 일도 염두에 두어야 한다.
	  - 그 무엇보다도 청결하며 안정된 분위기가 마련되어야 하며, 유아와 함께 작업을 통하여 환경을 변화시키고 구성해감으로써 질적인 상호작용이 일어나는 창의적인 환경이 되도록 하는 일이 필요하다.

벽면 구성 및 환경의 효율적 활용	• 벽면을 효과적으로 구성하기 위하여 유의할 점
	  - 학습과 관련된 실물, 사진, 그림, 관련 도서 등을 함께 놓아 주며, 학습이 진행됨에 따라 첨가한다.
	  - 게시판은 각 흥미 영역에서 나오는 결과물의 특성을 고려하여 다양한 형태(네모, 동그라미, 세모 등) 및 재질(자석 겸용 화이트보드, 자석 칠판, 융, 코르크, 골든 게시판 등)의 것을 제공한다.
	  - 자료를 게시하고 전시한다는 개념에서 탈피하여 다양한 질감의 재료(포장지, 갈포벽지, 한지, 천, 보자기, 꽃 포장 망 등)를 활용한다.
	  - 작품을 획일적으로 붙인다는 생각보다는, 붙일 것인가 또는 매달 것인가 등을 입체적으로 고려한다.
	  - 무엇을 어떻게 구성할 것인가를 유아의 참여로 유도하고 토의한다.
	  - 유아 스스로 게시할 수 있도록 부착이 쉬운 게시판을 알맞은 높이로 제공한다.
	• 벽면 구성을 포함하여 환경을 보다 효율적으로 활용하기 위하여 유의할 점
	  - 유동성/융통성 있는 공간으로 활용한다. 공간은 고정적으로 준비되어 있기보다는 계속적인 변화가 반영되어야 한다. 예를 들면, '정글 짐(jungle gym)'을 극놀이로 활용(예 모자 장수)하거나 바퀴 달린 물·모래 상자를 판매대로 활용함으로써 다양하게 적용할 수 있다.
	  - 교수-학습의 장으로 확대한다. 이야기나누기를 벽면의 전시물 앞으로 이동하거나 부착물과 주제를 연결함으로써 공간과 환경 전체가 교수-학습의 자원이 될 수 있다.

CHAPTER 4

- 전통 놀이 영역으로 활용한다. 실외 또는 전이 영역에 고무놀이, 창던지기, 비석치기 등을 설치함으로써 민속놀이를 자주 해 보는 기회를 가지며, 다양한 문화권의 놀이도 경험한다.
- 교재·교구 등을 평가함으로써 놀이를 질적으로 확장한다. 새로운 자료나 부속물을 첨가함으로써 가상공간을 넓히고, 놀이의 확장을 유도할 수 있으며, 그 무엇보다도 환경을 미리 구비하여 놓기보다는 유아와 함께 구성해 감으로써 교수-학습의 질을 높일 수 있다.
- 안전 및 유지 관리에 특히 유의한다. 환경이 잘 구성되었다 하더라도 이를 청결하게 유지하고 잘 관리하지 않으면 매력적인 공간이 될 수 없다. 따라서 교재·교구의 지속적인 유지, 관리 및 안전한 환경을 창출하도록 하는 일이 무엇보다도 중요하다.

3) 유치원 환경구성의 합격기출

- 흥미영역 구성 지도의 교육적 의의
  ① 유아의 (①   )적 참여를 통한 학습 활동을 제공한다.
  ② 폭넓고 다양한 (②   )을 제공한다.
  ③ 물리적 및 시각적 경계에 의한 (③   )과 심리적 안정감을 얻을 수 있다.
  ④ 구체적 경험 중심의 (④   )적 활동을 제공한다.
  ⑤ (⑤   )에 맞는 학습 활동을 제공한다.

- 흥미영역 구성 원리
  ① (⑥   )하고 (⑦   )한 영역에는 문학 및 언어활동, 과학 활동, 수 놀이, 게임, 조작 놀이 등 소집단 활동, (⑧   )하고 (⑨   ) 영역에는 대근육 활동, 쌓기 놀이, 목공 놀이, 역할 놀이, 음률 활동, (⑩   )이 있고 (⑪   )한 영역에는 점토 만들기, 물감 사용하여 그리기, 구성하기, 만들기 활동이나 간식 공간, (⑫   )이 있고 (⑬   ) 영역에는 실외 활동, 요리 활동, 물놀이, 모래놀이, 손 씻는 곳이나 화장실 및 물을 사용하는 과학 활동 등으로 배치하도록 제안하고 있다.
  ② 흥미영역들은 각 영역별로 그 (⑭   )을 유지하면서도 (⑮   )적으로 운영된다.
  ③ 낮은 분리대, 칸막이, 이동식 교구장, 가리개, 책꽂이 등을 이용하여 (⑯   )한다.
  ④ 각 영역별로 충분한 (⑰   )이 주어져야 한다.
  ⑤ 물을 필요로 하는 영역에는 바닥이 젖지 않도록 (⑱   )를 깔아 준다.
  ⑥ 건조한 영역에는 부분 카펫 등을 깔아 (⑲   )을 줄이고 (⑳   )을 주도록 한다.
  ⑦ 영역 간의 (㉑   )이 용이하도록 해야 한다.
  ⑧ 모든 영역이 교사의 시야에 들어올 수 있도록 (㉒   )적으로 구성한다.

- 유치원의 흥미영역 구성 방법
  ① 조형 영역은 그리기, 만들기 등 활발한 활동이 이루어지는 영역으로 (㉓   )인 영역에 배치한다.
  ② 쌓기 영역에서는 유아가 혼자 구성놀이를 하기도 하므로 (㉔   )적인 놀이도 가능하도록 구성한다.
  ③ 실외의 물·모래 놀이 영역은 교직원들이 쉽게 관리할 수 있도록 배치하되, (㉕   )를 피해서 배치해 준다.
  ④ 컴퓨터 영역은 기기의 특성 상 전기를 사용하고 열이나 습기에 예민한 영역으로, 다른 영역과의 (㉖   )한 놀이가 가능하도록 이동이 용이하게 배치한다.

⑤ 조작 영역에는 일상 생활 놀잇감 등이 들어가는 (㉗   )인 영역이므로 역할 영역과 떨어진 곳에 배치한다.

• 목공놀이를 위한 기구나 자료를 준비할 때 최우선으로 고려해야 할 점은 (㉘   ) 지도이다.

• 교실에 컴퓨터 영역 설치 방법 - 햇빛이 잘 드는 곳에 설치하지 않는다. 가습기를 틀어 높은 습도를 유지하지 않는다. 모니터는 유아의 (㉙   )보다 높게 설치한다. 컴퓨터를 (㉚   )에 의지하여 (㉛   )한 곳에 설치한다.

• 바깥놀이 환경 구성 원리
① 운동 놀이와 산책 시간은 여러 가지 요건을 고려하여 (㉜   ) 있게 조정한다.
② 자전거나 킥보드 등을 타는 영역과 놀잇감을 보관하는 영역을 (㉝   )한다.
③ 놀이 기구는 다양한 움직임을 경험할 수 있도록 서로 (㉞   )하여 배치한다.
④ 활동의 연계를 위해 공간을 (㉟   ) 영역과 (㊱   ) 영역으로 분리하여 배치한다.
⑤ 유아들이 동화 듣기나 책보기, 극놀이, 음률 활동, 조형 활동, 요리 활동 등을 할 수 있게 한다.

CHAPTER 4

11 유아교육 프로그램 유형

1) 유아교육 프로그램 유형의 합격단어
2) 유아교육 프로그램 유형의 합격내용
3) 유아교육 프로그램 유형의 합격기출

1) 유아교육 프로그램 유형의 합격단어

- 성숙주의적 관점(준비도, 흥미영역, 관찰, 자유선택활동시간, 융통성, 학습 준비도가 비슷한 또래끼리 집단 구성, 발달적 테스트 사용), 행동주의적 관점(자극, 강화, 행동수정), 구성주의적 관점(피아제, 비고츠키, 유아와 환경 간의 상호작용, 근접발달영역), 까미-드브리스 프로그램(물리적 지식, 사회적 지식, 논리·수학적 지식), 그룹 게임, 캐츠(L.G. Katz)와 챠드(S.C. Chard)의 프로젝트 접근법(The Project Approach)(파커, 듀이, 제1단계 주제 선정하기 → 제2단계 도입 : 계획 및 준비 → 제3단계 전개 : 탐색 및 표상 활동 → 제4단계 마무리 및 평가)

2) 유아교육 프로그램 유형의 합격내용

구분	내용
유아의 교수-학습에 대한 관점	• 성숙주의적 관점 - 유아가 어떤 것을 학습할 준비가 되어 있을 때 그것을 학습하는 방법도 터득하고 있다고 가정한다. 그래서 특별한 교수방법을 적용할 필요가 없이 유아들의 준비도에 맞는 활동과 따뜻하고 안정된 환경만 제공된다면 학습이 이루어질 수 있다고 본다. - 교사는 유아의 요구와 흥미에 의해 자발적으로 흥미영역을 구성하고 자료를 준비해 주며, 유아를 관찰하고 그에 반응해 주어야 한다. - 유아가 선택한 활동을 충분히 활용할 수 있도록 자유선택활동 시간과 유아가 선택할 수 있는 활동을 충분히 제공하고 교육계획은 유아의 흥미에 반응할 수 있도록 융통성이 있어야 한다. - 유아를 위한 가장 효과적인 집단 구성을 위해 학습 준비도가 비슷한 또래끼리 집단을 이루게 하며 비슷한 발달 수준에 있는 유아들이 함께 배치되도록 하기 위해 발달적 테스트를 사용하기도 한다. • 행동주의적 관점 - 유아는 환경의 반응자이고, 학습이란 자극에 대한 반응과 정보의 흡수, 특정 행동에 대하여 강화되는 것이다. - 교사는 유아에게 필요한 행동을 구체화하고 세분화하여 계층적으로 조직하고 이를 순서적으로 제시하여 유아가 학습할 수 있도록 해야 한다. 이를 위해 언어적·비언어적인 지시와 안내, 보상과 칭찬을 하며 목표로 하는 행동이 수정되도록 한다. • 구성주의적 관점 - 구성주의적 관점은 피아제와 비고츠키의 구성주의 이론에 기초한다. - 유아는 환경과의 상호작용을 통해 대상을 해석하고 재구성하는 존재이며, 의미 있는 사회적 상황에서 타인과 협동하면서 정신과정을 만들어가는 능동적인 존재이다. - 비고츠키의 이론에 따르는 교사들은 교육적 환경을 조성하며 유아들의 근접발달영역을 알고 비계설정 등 적절한 도움을 제공하여 외부에서 주어진 고도의 정신적 과정이 유아에게 내면화 되도록 상호작용 하는 것을 중요하게 간주한다.

까미-
드브리스
프로그램
(Kamii &
DeVries
Program)
	• 까미와 드브리스 프로그램의 지식의 유형
	  - 물리적 지식 : 물리적 지식은 물체의 속성으로부터 얻어질 수 있는 지식을 말한다. 물리적 지식은 외부에 존재하고 외적 실재를 관찰할 수 있는 대상에 대한 지식을 의미하며, 물리적 지식의 근원은 주로 물체에 있다. 예를 들어, 공은 '구르고', 책상은 '단단하며', 솜은 '부드럽다'는 것을 아는 것이다.
	  - 사회적 지식 : 사회적 지식은 사회의 규범, 예절, 규칙에 대한 지식을 말한다. 사회적 지식은 '7월 17일은 제헌절이다.'라는 것과 같이 배우지 않고는 알 수 없는 지식들을 의미한다. 예를 들면, '12월 25일은 크리스마스 날'이며, '일요일에는 학교에 가지 않는다.'는 것을 아는 것이다. 따라서 교사는 유아에게 직접 이러한 지식을 알려줌으로써 유아가 이해하도록 한다.
	  - 논리·수학적 지식 : 논리·수학적 지식은 유아와 물체와의 상호작용을 통하여 얻어질 수 있는 지식을 말한다. 분류, 일대일 대응, 서열, 공간·시간 개념 등이 이에 속한다. 따라서 교사는 직접적 교수보다는 될 수 있는 한 논리적 사고과정이 일어날 수 있는 유아와 물체의 상호작용을 장려해 주어야 한다. 논리·수학적 지식은 논리, 수학적 경험을 통해 얻어지는 지식으로 사물이 갖고 있지 않는 특성을 사물에 부여하여 사물과 사물 간의 관계를 짓는 지식이다. 물리적 지식의 근원이 부분적으로 물체에 있는 반면 논리·수학적 지식의 근원은 그 유아의 내부에 있다.
	• 까미와 드브리스 프로그램의 그룹 게임
	  - 그룹 게임은 두 명 이상의 유아가 함께하는 놀이로 달성해야 할 목표가 있고, 상대방과 대립되는 관계에서 규칙에 따라 활동하는 놀이이다.
	  - 그룹 게임은 자유놀이이므로 유아가 자발적으로 선택할 수 있을 뿐만 아니라, 교사가 계획하고 의도적으로 지도하여 교육목표에 접근시키므로 불충분할 수 있는 경험을 보충하고 확대할 수 있다. 이때 교사는 유아의 흥미, 발달수준, 성취, 안전 등을 고려하여 교육내용과 학습주제에 따라 집단적으로 게임을 실시하게 된다.
	  - 그룹 게임은 새로운 규칙을 경험하게 하고 지적·도덕적·인지적·사회적 발달 등 전반적으로 발달을 진행시켜 나가며 유아의 자율성을 높이는 교육적 가치를 지니고 있다. 그러므로 교사는 유아들에게 알맞은 그룹 게임을 선택할 수 있는 기회를 마련해 주고, 그룹 게임의 상황에 적절한 준비된 환경을 제공해야 한다.

캐츠와
차드의
프로젝트
접근법
	• 프로젝트에 의한 학습을 교수의 중심활동으로 통합, 학습하도록 시도한 학자는 파커와 듀이인데, 그들이 시도한 것은 당시 교육과정에서 매우 새로운 방법이었다.
	• 프로젝트 접근법은 1989년 캐츠와 차드가 다시 연구하면서 교육계에서 새롭게 부각되었다.
	• 교육목적
	  - 유아의 주변 세계에 대한 이해를 증진시키고 계속 학습하고자 하는 성향을 강하게 키워주는 것, 넓은 의미로 유아의 마음의 계발에 있다.
	  - 프로젝트 접근법의 목적은 지식, 내용의 전수에 있다기보다는 태도 혹은 성향의 발달에 있다. 즉 무엇을 학습하느냐가 중요하기보다는 그것을 어떻게 학습하느냐에 더 큰 관심이 있다.
	• 교육방법 - 제1단계 주제 선정하기 → 제2단계 도입 : 계획 및 준비 → 제3단계 전개 : 탐색 및 표상 활동 → 제4단계 마무리 및 평가

CHAPTER 4

3) 유아교육 프로그램 유형의 합격기출

- 까미와 드브리스 프로그램(Kamii & DeVries Program)의 지식의 3가지 유형 중 (①   )은 어른들이 태어난 날을 생일이 아닌 생신이라고 말해야 하는 것과 같이 사회구성원들 간에 약속에 의해 이루어진 지식을 의미한다.

- (②   ) 지식 - <u>너는 4칸, 나는 3칸 남았다! 너는 나보다 1칸 더 남았어.</u>

- (③   ) 지식 - <u>(주사위를 던져 별이 나오자) 에이, 별이네. 한 번 쉬어야겠다.</u>

- 프로젝트 접근법 - (④   ) 동기를 중요시 한다. 학교를 (⑤   ) 자체라고 본다. 체계적 교수법과 함께 사용할 수 있는 교수-학습 방법이다. 1920년대 (⑥   )와 (⑦   )에 의해 시작되었으며, 1980년대 (⑧   )와 (⑨   )에 의해 다시 소개되었다.

12 우리나라 유치원교육과정의 변천

1) 우리나라 유치원교육과정 변천의 합격단어
2) 우리나라 유치원교육과정 변천의 합격내용
3) 우리나라 유치원교육과정 변천의 합격기출

1) 우리나라 유치원교육과정 변천의 합격단어

- 초창기(1897년~1945년)(1897년, 프뢰벨 사상, 1914년 브라운리 이화유치원), 대한민국 수립 후(1945년~1968년)(1949년 <교육법> 공포, <교육법> 제 146·147·148조 유치원 조항)
- 제1차 유치원 교육과정[1969년, 건강·사회·자연·언어·예능의 다섯 가지 생활영역, 연간 200일 이상, 하루 3시간(180분) 기준], 제2차 유치원 교육과정(1979년, 국민교육헌장 이념, 사회·정서 발달영역, 인지 발달영역, 언어 발달영역, 신체 발달 및 건강 영역, 연간 교육일수 200일, 주당 교육시간 18~24시간, 하루 학습 시간 3~4시간), 제3차 유치원 교육과정(1981년, 신체발달, 정서발달, 언어발달, 인지발달, 사회성발달의 5개 발달영역, 연간 교육일수 180일 이상, 하루 교육시간 3~4시간 기준), 제4차 유치원 교육과정(1987년, 신체·언어·인지·정서·사회성의 5개 발달영역, 연간 교육일수 180일 이상, 하루 교육시간 3시간 기준), 제5차 유치원 교육과정(1992년, 교육과정의 내용 Ⅰ수준과 Ⅱ수준으로 구분되어 제시, 건강생활, 사회생활, 표현생활, 언어생활, 탐구생활의 5개 생활영역, 연간 교육일수 180일 기준, 하루의 교육시간 180분 기준), 제6차 유치원 교육과정(1998년, Ⅰ수준과 Ⅱ수준 간의 모호성 탈피, 위계성을 가지도록 수준별 적절성 도모, 연간 180일 이상, 하루의 교육시간 180분 기준, 교육시간을 1일 3시간 이상 5시간 미만의 반일제, 5시간 이상 8시간 미만의 시간 연장제, 8시간 이상의 종일제 프로그램으로 구분하여 운영), 2007 개정 유치원 교육과정(2007년, 연간 180일, 하루 교육시간 180분 이상, 교육과정 내용 체계를 '내용-하위내용-수준별 내용'으로 수정, 건강생활, 사회생활, 표현생활, 언어생활, 탐구생활의 5개 영역), 2012 개정 유치원 교육과정(2012년), 2015 개정 유치원 교육과정(1일 4~5시간을 기준으로 편성한다.), 2019 개정 유치원 교육과정(2019년, 고시문 총론 암기)

2) 우리나라 유치원교육과정 변천의 합격내용

(1) 유치원 교육과정의 역사

구분	내용
초창기 (1897년~ 1945년)	• 전통사회의 유아교육은 대부분 가정에서 이루어졌으며, 특별히 유아들만을 위한 교육기관이 존재하지 않았다. • 1897년 우리나라에 유치원이 처음 소개되면서 유치원은 유아교육의 대명사가 되었으며 크게 두 가지 영향을 받고 발전되었으며, 해방 전까지의 유아교육의 철학적 개념은 프뢰벨의 사상과 기독교 사상이 주가 되었다. • 초기에는 일본인들에 의한 유아교육의 영향과 미국인 선교사들의 선교적 목적에 영향을 받았다. 1897년 유치원이 처음 설립되었을 때의 교육이념은 프뢰벨 사상이었다. 그러나 이 프뢰벨 교육론 및 방법이 25년간 일본에서 그들의 사회문화적인 영향을 받은 뒤였으므로 순수한 프뢰벨 교육 원리 및 방법이 우리나라에 전수되었다고 보기는 어렵다. • 1914년 브라운리가 이화학당 내의 정동 이화유치원을 설립하면서 미국의 기독교적 정신에 입각한 유아교육이

CHAPTER 4

	도입되었다. 브라운리도 역시 당시 미국 유치원 교육이념이었던 프뢰벨의 교육 원리 및 방법을 전파하기 위하여 프뢰벨의 저서들을 번역하였다. 그러나 그 내용은 주로 프뢰벨이 신에 대하여 강조한 부분들이었다. 따라서 프뢰벨 교육론에 근거를 두었다기보다는 기독교 이념에 근거를 둔 것이다.
대한민국 수립 후 (1945년~ 1968년)	• 제2차 세계대전의 종말로 대한민국이 탄생 되었고 민주국가로서의 교육발전을 위해 그 기본이 되는 <교육법>을 법률 제86호로 1949년 공포하였다. • <교육법> 중 유치원 조항인 제 146·147·148조에 근거하여 전국의 유치원은 잠정적으로 교육목적을 설정하고 교육과정을 운영하게 되었다. • <교육법>은 한국전쟁으로 제대로의 구실을 할 수 없었다. 1945년 이후의 교육과정은 미국에서 발달된 유치원의 교육내용을 답습해왔고, 특별한 이론 구성의 단계를 밟지 않고 이미 성립된 내용을 손쉽게 받아들였기 때문에 내용 구성에 있어서 발달과정을 설명할 자료를 갖지 않고 있으며, 유치원 교육과정이 제정되기 전까지는 설립 인가 당시에 결정하는 내용이 교육과정으로 통용되어왔다.

(2) 유치원 교육과정 제정 이후

구분	내용
제1차 유치원 교육과정 (1996. 2. 19. 문교부령 제207호)	• 제1차 유치원 교육과정은 우리나라에 유치원이 소개된 지 70여년이 지나고, 광복 후 대한민국 정부가 수립되어 1949년 교육법이 제정되고서도 20년이 지난 1969년에야 문교부령으로 최초로 제정·공포되었다. • 1962년 「유치원시설기준령」이 공포되었고, 이어서 1969년 「유치원교육과정령」도 최초로 제정·공포되었다. 당시의 유치원은 상당히 오랜 기간 동안 법적으로 규정된 교육과정이 없었기 때문에 이 교육과정의 제정은 구체적인 유치원 교육의 목표, 영역, 수업일수, 운영방법 등을 제시함으로써 전국의 유치원 교육에 중요한 지침이 되었다. • 제1차 유치원 교육과정 제정의 취지는 어린이의 바람직한 인격 형성을 위하여 어린이의 욕구와 흥미에 알맞은 환경을 만들어주고자 하는데 있었다. • 유치원 교육과정은 곧 어린이들이 유치원 교육을 통하여 경험하는 모든 학습활동을 의미하는 것으로 보았으며, 교육과정의 구성을 편의상 건강, 사회, 자연, 언어, 예능의 다섯 가지 생활영역으로 나누어 내용을 조직하였다. • 유치원 교육의 구체적 목적은 튼튼한 몸과 마음, 기초적인 생활습관, 올바른 사회적 태도와 도덕성, 자연 및 사회의 제 현상에 관심 가지기, 과학적이고 민주적인 사고력, 심미적 태도, 창조적인 표현 능력을 기르는 것이었다. • 유치원의 교육일수는 연간 200일 이상, 하루 3시간(180분)을 기준으로 하여 각 유치원에서 기후, 계절, 어린이 발달 정도, 학습경험, 학습 내용의 성질 등을 감안 하여 실정에 맞추어 조정하도록 하였다. • 교육방법으로는 유아의 흥미 중심, 놀이 중심 교육과 개인차에 따른 교육이 이루어지도록 강조하였으며, 유아의 학습특성을 고려하여 다섯 개 생활영역과 일과의 통합적 운영, 다양하고 균형 있는 활동, 가정과의 긴밀한 협력 등을 강조하였다.
제2차 유치원 교육과정 (1979. 3. 1. 문교부 고시 제424호)	• 제1차 유치원 교육과정이 제정되고 10년이 지나, 문교부 고시로 제2차 유치원 교육과정이 개정되어 공포되었다. • 제2차 유치원 교육과정은 당시의 각급 학교 교육과정에서 강조하고 있던 국민교육헌장 이념, 1972년의 유신이념 등을 기초로 국민적 자질의 함양, 인간교육의 강조, 지식·기술교육 쇄신을 기본방침으로 하였으며, 자아실현, 국가의식의 고양과 민주적 가치의 강조를 학교 교육의 일반목표로 제시하였다. • 유치원 교육과정의 목표는 남과 잘 사귀고 더불어 생활하는 것을 즐기게 하며, 표현하는 능력, 습관, 태도를 기르고 탐구능력, 언어구사력, 기초적인 운동능력, 건강 및 안전생활 습관을 기르는 것이었다. • 교육과정의 영역은 제1차 유치원 교육과정이 교과목 형식의 5개 생활영역이었던데 반해 전인적인 발달을 강조하는 사회·정서 발달영역, 인지 발달영역, 언어 발달영역, 신체 발달 및 건강 영역으로 구분하였다. • 연간 교육일수는 200일, 주당 교육시간은 18~24시간, 하루 학습 시간은 3~4시간으로 하고, 유아와 지역 사회, 학교의 실정에 적합한 계획과 운영, 통합적 학습, 유아의 흥미 중심, 놀이 중심, 개인차에 의한 학습, 가정과의 연계 등을 운영방침으로 제시하였다.

제3차 유치원 교육과정 (1981. 12. 31. 문교부 고시 제442호)	• 제3차 유치원 교육과정은 제5공화국이 들어서면서 유신 말기의 정책 의지가 강하게 반영되어 있던 기존의 교육과정을 전면적으로 개정하려는 교육개혁 조치에 따라 개정 2년 만에 다시 개정되었다. 한국교육개발원이 주축이 되어 유아교육 전문가, 심리학자, 문교부 관계 담당관, 현장교사 등이 참여하여 이루어졌다. • 교육과정의 궁극적인 목적은 민주, 복지, 정의사회의 건설에 적극적으로 이바지할 수 있는 자주적이고 창의적인 국민을 길러내는 것이었고, 유치원 교육의 목적으로는 유아에게 알맞은 교육환경을 마련해주어 전인적으로 성장하도록 돕는 것이었다. • 교육과정의 구성은 신체 발달, 정서발달, 언어발달, 인지발달, 사회성발달의 5개 발달영역별로 이루어졌는데, 이는 제2차 유치원 교육과정의 사회·정서 영역을 둘로 나누어 정서 영역의 내용을 더 강조하고, 신체 발달 및 건강 영역에서 건강 영역을 신체발달영역에 포함 시킨 것이었으며, 발달영역별로 구체적인 내용을 제시한 것이었다. • 성장 단계에 있는 유아의 발달수준에 비추어 그동안 무리했던 연간 교육일수를 하향 조절하여 기존의 200일에서 180일 이상으로 축소하였고, 하루 교육시간도 3~4시간을 기준으로 하도록 하였다.
제4차 유치원 교육과정 (1987. 6. 30. 문교부 고시 제87-9호)	• 제4차 유치원 교육과정은 주기적인 교육과정 개정의 필요성, 제3차 유치원 교육과정의 내용 및 운영상에 나타나는 문제점 개선을 위하여 문교부의 위촉으로 한국교육개발원이 주축이 되어 개정하였다. • 유치원 교육과정의 목표는 건강과 안전에 대한 올바른 생활습관과 신체의 조화로운 발달을 도모하고, 다른 사람의 말을 이해하며, 주변 현상에 대한 느낌을 표현할 수 있고, 자부심 및 가족과 이웃을 사랑할 줄 아는 마음씨를 지니게 하는 것이었다. • 교육과정의 영역은 제3차와 마찬가지로 신체, 언어, 인지, 정서, 사회성의 5개 발달영역이었으며, 전인 발달을 위한 교육을 더욱 강조하기 위하여 발달영역별 내용은 제시하지 않고 교육목표 수준만을 제시하고 교사들이 교육내용을 자율적으로 선정할 수 있도록 하였다. • 연간 교육일수는 180일 이상, 하루 교육시간은 3시간을 기준으로 하고, 유아, 지역 사회, 유치원의 특성에 따라 조정하여 운영하도록 하였다. • 구체적인 교육과정 계획, 지도, 평가 등의 운영지침 내용은 제3차와 유사하였으며 지도상의 유의점을 통하여 각 영역의 통합적 운영, 유아의 흥미 중심, 놀이 중심 교육의 중요성을 강조하였다.
제5차 유치원 교육과정 (1992. 9. 30. 교육부 고시 제1992-15호)	• 제5차 유치원 교육과정 개정은 제4차와 마찬가지로 주기적인 교육과정 개정의 필요와 시대적 변화에 따른 개정 요구에 의해 이루어졌다. • 제5차 유치원 교육과정이 지닌 두드러진 특징을 구체적으로 살펴보면, 우선 1991년에 교육법이 개정되어 유치원 취원 연령이 기존의 만 4, 5세에서 만 3, 4, 5세로 조정됨으로써 1992년 3월부터 만 3세의 유치원 입학이 합법화됨에 따라 교육과정의 내용이 I수준과 II수준으로 구분되어 제시된 것이다. • 제5차 유치원 교육과정이 실시되기 시작하는 1995년부터는 지방자치제에 의한 교육자치가 시작되었기 때문에 그러한 사회적 추세를 교육과정 개정에 반영하여 유치원 교육과정도 지역화를 강조하고, 각 시도교육청과 유치원이 국가 수준 교육과정을 기초로 편성, 운영지침을 마련하여 각 지역의 실정에 맞는 교육을 하도록 강화하였다. • 그 밖에 취업모의 증가에 따른 유치원 종일반 운영을 강조함으로써 사회적 요구를 교육과정에 반영하고, 유아의 발달 특징에 알맞은 읽기, 쓰기 교육에 관함 지침을 구체적으로 제시하여 학부모의 요구도 반영하고자 노력하였다. • 교육과정의 영역은 제 2, 3, 4차 유치원 교육과정이 발달영역별로 구성되었던 것과 달리 건강생활, 사회생활, 표현생활, 언어생활, 탐구생활의 5개 생활영역으로 구성하였다. 이는 그동안 교육과정을 현장에 적용하면서 발달영역의 목표를 직접 교육 활동으로 연결시키는데 어려움이 있었던 교사들에게 지침과 명료성을 부여하기 위한 것이었다. 즉 목표는 전인적 발달의 방향에서 구분하되, 교육내용은 생활영역에서 선정하여 제공한 것이었다. • 유치원의 연간 교육일수는 기존과 같이 180일 기준이며, 하루의 교육시간도 180분을 기준으로 하되, 조정하여 운영할 수 있도록 하였다.

CHAPTER 4

제6차 유치원 교육과정 (1998. 6. 30. 교육부 고시 제1998-10호)	• 제6차 유치원 교육과정은 제5차에 이어 한국유아교육학회가 교육부의 위촉을 받아 개정을 주도하였고, 제5차 유치원 교육과정의 문제점을 분석하고 수정, 보완하여 개정하였다. • 제6차 유치원 교육과정은 초, 중등학교 교육과정과 같이 '21세기의 세계화·정보화 시대를 주도할 자율적이고 창의적인 한국인 육성'을 기본방향으로 「초·중등교육법」 제35조에 명시된 '유치원 교육은 유아를 교육하고 유아에게 알맞은 교육환경을 제공하여 심신의 조화로운 발달을 조장하는 것을 목적으로 한다.'를 그 교육목적으로 하였다. • 제5차 유치원 교육과정의 5개 영역별 교육내용을 전반적으로 감축하면서 필수 학습 요소를 추출하여 정선 하였고 특히 Ⅰ수준과 Ⅱ수준 간의 모호성을 탈피하고 위계성을 가지도록 수준별 적절성을 도모하였다. • 유치원의 교육일수는 연간 180일 이상, 하루의 교육시간은 180분을 기준으로 하되 유아의 연령과 발달수준, 기후, 계절, 학부모의 요구 등을 고려하여 실정에 맞도록 조정하도록 하였다. • 교육시간에 있어 1일 3시간 이상 5시간 미만의 반일제, 5시간 이상 8시간 미만의 시간 연장제, 8시간 이상의 종일제 프로그램으로 구분하여 운영하여 부모들이 선택하도록 하였다.

2007 개정
유치원
교육과정
(2007. 12. 13.
교육인적자원
부 고시)
	• 제6차 유치원 교육과정이 1998년에 개정된 지 약 9년이 경과되었고, 유치원의 다양한 일과운영에 대한 사회적 요구, 제6차 유치원 교육과정의 수정에 대한 유치원 현장의 요구 등의 이유로 제7차 유치원 교육과정의 개정이 이루어졌다.
	• 2007년 개정 유치원 교육과정은 기본 철학과 체제를 유지하되, 운영상의 문제점을 보완하는 수준에서 개정을 추진하였다. 유치원에서 교육시간을 다양하게 운영할 수 있도록 개선하였으며 영역별 내용의 구체화가 이루어졌다.
	• 개정 중점 내용
	  ⊙ 교육일수와 교육 시수 운영의 자율성 확대
	    ⓐ 교육과정 운영은 연간 180일, 하루 교육시간은 180분 이상을 기준으로 하며 이와 함께 '최소 기준'임을 명시하였다.
	    ⓑ 시·도 교육청의 지침과 유치원 실정에 따라 하루의 교육과정은 반일제, 시간 연장제 및 종일제 등 다양한 교육시간으로 운영하도록 하였다.
	    ⓒ 효과적인 종일제 운영을 위해서 다양한 교육주제의 근거를 마련하였고 교육 활동 지도 자료의 내용도 강화하였다.
	  ⓛ 교육과정 내용 체계의 개선
	    ⓐ 제6차 유치원 교육과정의 내용 체계는 '구분-내용-수준별 내용'이었지만 제7차 유치원 교육과정에서는 '내용-하위내용-수준별 내용'으로 수정하였다.
	    ⓑ 영역별 교육과정의 '내용'을 '~하기'로 바꿨다. 즉 기존의 어려운 개념적 표현을 실생활 중심 활동으로 전환함과 동시에 초등 통합교육과정의 영역과의 연계를 강화하고 실생활 중심 교육과정의 특성도 함께 반영하였다.
	    ⓒ 수준별 교육내용의 개선 및 적정화 - 제6차 유치원 교육과정과 동일하게 2수준(Ⅰ, Ⅱ, 공통수준)의 틀을 유지하면서 유아의 생활경험, 요구, 필요 등을 고려한 다양한 교육이 이루어질 수 있도록 수준별 내용 간에 차별성, 계열성을 강화하였다.
	  ⓔ 교육과정 문서 체계 및 편성·운영 지침의 개선
	    ⓐ 문서 체계를 초·중등학교 교육과정 총론에 맞게 통일시켰으며, '교수-학습방법 및 평가'를 앞쪽으로 배치함으로써 공통적 일반적 지침으로 하였다.
	    ⓑ 영역별 교육과정에 '지도상의 유의점' 항목을 새롭게 추가하여 보다 실제적인 교수-학습방법 지침을 마련하였다.
	    ⓒ 교육과정 편성·운영 지침 항목들을 정선 하고, 초등학교 지침 중 유치원에 해당하는 부분을 추가하였다.
	• 영역별 내용 - 교육과정 영역은 건강생활, 사회생활, 표현생활, 언어생활, 탐구생활의 5개 영역이며, 제6차 유치원 교육과정과 동일하다.

2012 개정 유치원 교육과정 (3-5세 연령별 누리과정)	• 구성 방향 1. 질서, 배려, 협력 등 기본생활습관과 바른 인성을 기르는 데 중점을 두어 구성한다. 2. 자율성과 창의성을 기르는 데 중점을 두고, 전인발달을 이루도록 구성한다. 3. 사람과 자연을 존중하고, 우리 문화를 이해하는 데 중점을 두어 구성한다. 4. 만 3~5세아의 발달 특성을 고려하여 연령별로 구성한다. 5. 신체운동·건강, 의사소통, 사회관계, 예술경험, 자연탐구의 5개 영역을 중심으로 구성한다. 6. 초등학교 교육과정과 0~2세 표준보육과정과의 연계성을 고려하여 구성한다. • 목적과 목표 1. 목적 - 누리과정은 만 3~5세 유아의 심신의 건강과 조화로운 발달을 도와 민주시민의 기초를 형성하는 것을 목적으로 한다. 2. 목표 　가. 기본 운동 능력과 건강하고 안전한 생활 습관을 기른다. 　나. 일상생활에 필요한 의사소통 능력과 바른 언어 사용 습관을 기른다. 　다. 자신을 존중하고 다른 사람과 더불어 생활하는 능력과 태도를 기른다. 　라. 아름다움에 관심을 가지고 예술 경험을 즐기며, 창의적으로 표현하는 능력을 기른다. 　마. 호기심을 가지고 주변세계를 탐구하며, 일상생활에서 수학적·과학적으로 생각하는 능력과 태도를 기른다. • 편성과 운영 　- 편성 　가. 1일 3~5시간을 기준으로 편성한다. 　나. 5개 영역의 내용을 균형 있게 통합적으로 편성한다. 　다. 유아의 발달 특성 및 경험을 고려하여 놀이를 중심으로 편성한다. 　라. 반(학급) 특성에 따라 융통성 있게 편성한다. 　마. 성별, 종교, 신체적 특성, 가족 및 민족 배경 등으로 인한 편견이 없도록 편성한다. 　바. 일과 운영 시간에 따라 심화 확장할 수 있도록 편성한다. 　- 운영 　가. 연간, 월간, 주간, 일일 계획에 의거하여 운영한다. 　나. 실내·외 환경을 다양한 흥미 영역으로 구성하여 운영한다. 　다. 유아의 능력과 장애정도에 따라 조정하여 운영한다. 　라. 부모와 각 기관의 실정에 따라 부모교육을 실시한다. 　마. 가정과 지역사회와의 협력과 참여에 기반하여 운영한다. 　바. 교사 재교육을 통해서 누리과정 활동이 개선되도록 운영한다. 　- 교수·학습 방법 　가. 놀이를 중심으로 교수·학습활동이 이루어지도록 한다. 　나. 유아의 흥미를 중심으로 활동을 선택하고 지속할 수 있도록 한다. 　다. 유아의 생활 속 경험을 소재로 하여 지식, 기능, 태도 및 가치를 습득하도록 한다. 　라. 유아와 교사, 유아와 유아, 유아와 환경 간에 능동적인 상호작용이 이루어지도록 한다. 　마. 주제를 중심으로 여러 활동이 통합적으로 이루어지도록 한다. 　바. 실내·실외활동, 정적·동적활동, 대·소집단활동 및 개별활동, 휴식 등이 균형 있게 이루어지도록 한다. 　사. 유아의 관심과 흥미, 발달이나 환경 특성 등을 고려하여 개별 유아에게 적합한 방식으로 학습하도록 한다. 　- 평가

	가. 누리과정 운영 평가 (1) 운영 내용이 누리과정의 목표와 내용에 근거하여 편성·운영되었는지 평가한다. (2) 운영 내용 및 활동이 유아의 발달수준과 흥미·요구에 적합한지를 평가한다. (3) 교수·학습 방법이 유아의 흥미와 활동의 특성에 적합한지를 평가한다. (4) 운영 환경이 유아의 발달특성과 활동의 주제, 내용 및 효율성 등을 고려하여 구성되었는지를 평가한다. (5) 계획안 분석, 수업 참관 및 모니터링, 평가척도 등 다양한 방법을 활용하여 평가한다. (6) 운영 평가의 결과를 반영하여 운영계획을 수정·보완하거나 이후 누리과정 편성·운영에 활용한다. 나. 유아 평가 (1) 누리과정 목표와 내용에 근거하여 유아의 특성과 변화 정도를 평가한다. (2) 유아의 지식, 기능, 태도를 포함하여 평가한다. (3) 유아의 일상생활과 누리과정 활동 전반에 걸쳐 평가한다. (4) 관찰, 활동 결과물 분석, 부모면담 등 다양한 방법을 사용하여 종합적으로 평가하고, 그 결과를 기록한다. (5) 유아평가 결과는 유아에 대한 이해와 누리과정 운영 개선 및 부모면담 자료로 활용할 수 있다.
2015 개정 유치원 교육과정	• 편성과 운영 - 편성 지침 '가' 변경 - 편성 가. 1일 4~5시간을 기준으로 편성한다.

3) 우리나라 유치원교육과정 변천의 합격기출

• (①   ) 유치원 교육과정 - 목표영역은 사회정서발달영역, 인지발달영역, 언어발달영역, 신체발달 및 건강영역 4개 영역으로 구성되어 있고 일반목표와 그 내용이 제시되었다.

• (②   ) 유치원 교육과정 - 처음으로 국민학교 교육과정과 동시에 고시되었다. (③   ) 유치원 교육과정 제정부터 학교 교육과정과 보조를 맞추어서 유아교육과정을 개정하게 되었다.

• (④   ) 유치원 교육과정 - (⑤   ) 유치원 교육과정의 Ⅰ, Ⅱ 수준을 보다 유아의 발달에 적합하게 하도록 Ⅰ, Ⅱ 수준과 공통수준으로 세분화하여 조직하였다. 교육법에서 '유치원에 입원할 수 있는 자는 만 3세부터 국민학교 취학시기에 달하기까지의 유아로 한다.'로 연령을 조정함에 따라 교육내용이 Ⅰ수준, Ⅱ수준, 공통수준으로 구분되었다.

• (⑥   ) 유치원 교육과정 - 추구하는 인간상에 '폭넓은 교양을 바탕으로 진로를 개척하는 사람'이 새롭게 추가되었다. 추구하는 인간상은 전인적 성장 기반 위에 개성을 추구하는 사람, 기초 능력을 토대로 창의적인 능력을 발휘하는 사람, 폭넓은 교양을 바탕으로 진로를 개척하는 사람, 우리 문화에 대한 이해의 토대 위에 새로운 가치를 창조하는 사람, 민주시민 의식을 기초로 공동체의 발전에 공헌하는 사람이다.

• (⑦   ) 유치원 교육과정 - 만 5세아 교육·보육에 대한 국가 책임 강화 시작, 만 5세 교육·보육과정 통합 시작, 비용 부담 경감 시작, 표준보육과정과 유치원 교육과정을 통합하여 개발한 누리과정이 유치원 교육과정에 최초로 포함되었다.

유아교육과정 합격기출 정답

01 영유아교육과정의 유형

정답

①	②			
문화전달주의	와이카트			

02 영유아교육과정의 교육목표

정답

①	②			
행동	(지도)내용			

03 영유아교육과정의 교육내용 선정과 조직

정답

①	②	③	④	⑤
나선형적 조직 원리	계속성,	계열성	통합성	계속성
⑥				
계열성			※②③④ - 정답 순서 바뀜 가능	

CHAPTER 4

04 영유아교육과정의 교육계획안

정답

①	②	③	④	⑤
요구조사	생활주제	주제	생활주제	주제
⑥	⑦	⑧	⑨	⑩
소주제	발달	흥미	실생활	통합
⑪	⑫	⑬	⑭	⑮
길	월간	주간	2	회의
⑯	⑰	⑱	⑲	⑳
국가	연간	목표	주제	소주제
			정답 순서 바뀜 가능	
㉑	㉒	㉓	㉔	㉕
흥미영역	이름	역할	요일	연계

05 유치원교육과정의 통합적 접근

정답

①	②	③	④	⑤
통합	경험	연령	활동	과거
⑥	⑦	⑧	⑨	⑩
가정	지역사회	흥미	욕구	균형
⑪	⑫	⑬	⑭	⑮
상호작용	평가	융통성	목표	책임감
⑯	⑰	⑱	⑲	⑳
개별	또래	사회적 기술	통합	환경의 제공
㉑	㉒	㉓	㉔	
계획	관찰	참여	평가	

07 유치원의 일과 계획 및 운영

정답

①	②	③	④	⑤
흥미	욕구	균형	상호작용	평가
⑥	⑦	⑧	⑨	⑩
융통성	목표	책임감	개별	또래
⑪	⑫	⑬	⑭	⑮
사회적 기술	통합	환경의 제공	계획	관찰
⑯	⑰			
참여	평가			

08 종일반의 일과 계획 및 운영

정답

①	②	③	④	⑤
교육	보육	개별	소	대
정답 순서 바뀜 가능				
⑥	⑦	⑧	⑨	⑩
문화적 경험	보충(보완)	5	높	발달
⑪	⑫	⑬	⑭	⑮
공동	융통성	기본생활습관	발달	통합
⑯	⑰	⑱	⑲	⑳
바깥	간식	귀가	개별	규칙
㉑	㉒	㉓	㉔	
조용	조용	커튼	매트	

CHAPTER 4

09 혼합연령학급의 일과 계획 및 운영

정답

①	②	③	④	⑤
단일	차별적 배려	연령	연계	사회적 관계
⑥	⑦	⑧		
난이도 수준 조절	활동자료	활동방법		
	정답 순서 바뀜 가능			

10 유치원의 환경구성

정답

①	②	③	④	⑤
자발	경험	주의 집중	통합	개별화
⑥	⑦	⑧	⑨	⑩
건조	조용	건조	시끄러운	물
⑪	⑫	⑬	⑭	⑮
조용한	물	시끄러운	특수성	통합
⑯	⑰	⑱	⑲	⑳
구분	공간	깔개	소음	안락감
㉑	㉒	㉓	㉔	㉕
통행	개방	정적	개별	통로
㉖	㉗	㉘	㉙	㉚
연계	정적	안전	눈높이	벽면
㉛	㉜	㉝	㉞	㉟
조용	융통성	구분	연계	정적
㊱				
동적			※35, 36 - 정답 순서 바뀜 가능	

11 유아교육 프로그램 유형

정답

①	②	③	④	⑤
사회적 지식	논리·수학적 지식	사회적 지식	내적	생활
⑥	⑦	⑧	⑨	
듀이	파커	캐츠	차드	
정답 순서 바뀜 가능		정답 순서 바뀜 가능		

12 우리나라 유치원교육과정의 변천

정답

①	②	③	④	⑤
제2차	제3차	제3차	제6차	제5차
⑥	⑦			
2007 개정	2012 개정			

CHAPTER 5·6

교과교육론 + 교육공학 합격비계

I. 교과교육론 + 교육공학 합격목차
II. 교과교육론 + 교육공학 합격내용

Ⅰ. 교과교육론 + 교육공학 합격목차

1. 유아 교수-학습의 기본 원리
2. 브레드캠(Bredekamp)과 로즈그란트(Rosegrant)의 유아 교사의 교수 행동
3. 브레드캠(Bredekamp)과 로즈그란트(Rosegrant)의 유아의 학습 행동
4. 유아를 위한 교수-학습 방법
5. 가드너(H. Gardner)의 다중지능이론
6. 브루너(J.S Bruner)의 표상 양식 및 데일(E. Dale)의 경험의 원추

II. 교과교육론 + 교육공학 합격내용

01 유아 교수-학습의 기본 원리

1) 유아 교수-학습의 기본 원리 합격단어
2) 유아 교수-학습의 기본 원리 합격내용
3) 유아 교수-학습의 기본 원리 합격기출

1) 유아 교수-학습의 기본 원리 합격단어

- 놀이 중심의 원리, 생활 중심의 원리, 개별화의 원리, 통합의 원리, 탐구학습의 원리, 집단역동성의 원리, 자발성의 원리, 융통성의 원리, 활동 간 균형의 원리, 흥미·몰입 중심의 원리, 상호작용의 원리

2) 유아 교수-학습의 기본 원리 합격내용

구분	내용
놀이 중심의 원리	• 놀이 중심 원리는 유아를 위한 교수·학습 활동은 놀이를 통해 이루어진다는 것이다. • 유아를 위한 교육 활동이 놀이 활동을 통하여 이루어지도록 하는 것이 유아의 흥미와 자발성을 이끌며 발달을 도와준다는 교수·학습 원리이다. • 놀이가 교육적 의미를 가지려면 교사는 교육 목표와 내용에 기초하여 놀이 환경과 놀이 활동을 제공하고, 다양한 놀이 자료를 제시하여 유아 스스로 흥미를 가지고 선택하고 계획하고 놀이하도록 지도하는 것이 바람직하다. • 유아의 놀이 활동이 교육적이 되려면, 유아가 스스로 놀이 활동을 구성하고 계획하는데 적극적으로 참여해야 하고, 이들의 놀이를 돕기 위한 교사의 격려와 안내적인 역할이 필요하다. • 유치원 교육과정에서 놀이를 통한 활동은 유아 스스로 선택하고 계획하고 참여하여 이루어지며, 교사가 아무런 계획 없이 유아를 방임하는 것은 아니다. 교사는 교육 목표와 내용에 의하여 계획된 놀이 활동을 제시하고, 다양하게 제시된 놀이자료와 사물이 포함된 활동에 유아가 자연스럽게 몰두하도록 지도한다. • 유치원에서의 놀이는 자유 선택 활동 시간의 쌓기 놀이, 수·조작놀이, 역할놀이, 조형, 과학 및 음률 등 교실 내의 흥미영역에서의 활동 중심으로 이루어진다. • 유치원에서 일어나는 모든 활동들은 놀이 속에 통합되어 자연스럽게 유아가 스스로 몰입되도록 구성해야 한다. 즉, 놀이를 통한 주변 사물과 교사와 또래 유아와의 상호작용으로 학습이 일어나 유아의 발달이 이루어져야 한다. • 교사는 생활주제와 유아의 발달 수준을 고려하여 다양한 활동을 준비하고 활동에 대한 안내 및 촉진자 역할을 해야 한다. • 놀이 중심 원리는 실내 활동뿐만 아니라 실외에서도 동일하게 적용된다. 실외에서 자연을 느끼고 자연과 함께하는 여러 가지 놀이에 참여하면서, 유아는 사람과 자연 존중 가치관을 가지고 전인 발달이 이루어진 창의적인 인재로 성장하게 된다.

생활 중심의 원리	• 생활 중심 원리는 실제 생활환경 및 일상생활 경험을 통하여 사물이나 상황에 대한 지식과 태도, 다양한 기술을 학습하도록 하는 것을 뜻한다. • 학습의 시작은 유아가 실제 생활에서 나타내 보이는 흥미와 관심, 욕구, 질문 등으로부터 시작되는 것이 바람직하다. • 유아는 발달 특성상 구체적이며, 직접적인 경험을 토대로 학습을 한다. 따라서 가장 가까운 곳에서 일어나는 일상을 중심으로 활동을 전개하는 것이 바람직하다. • 생활 중심의 학습을 위해서는 유아의 매일의 일상생활과 관련된 일, 생활 주변에서 일어나는 일과, 사건 등을 통하여 활동을 전개하는 것이 좋다. • 실제 생활과 관련된 학습 경험을 위해서는 유아와 직접 관련된 가정, 유치원, 친구들과의 경험, 지역 사회 내의 여러 직업 및 기관들, 계절과 관계된 현상들, 풍습, 국가와의 관계 등 모든 내용이 중요한 교육적 요소가 된다(교육부, 2000). • 예를 들면, 등하원 시 선생님이나 친구들과 인사를 하며 인사 예절을 익히고, 간식이나 점심을 준비하고 먹으면서 식사 예절을 배우며, 신체에 필요한 영양과 건강을 유지하는 법 등을 알게 되는 것 등이다. 그 밖에도 유치원에서 갈등이 일어났을 때 서로 대화를 통해 문제를 해결하거나 이야기 나누기를 통하여 규칙을 정하고 협력을 하는 등 필요한 사회적 기술을 습득하게 된다. 또한 추석 행사를 하며 추석의 의미와 문화를 익히게 되는 것도 유아들의 일상생활을 통한 학습 경험이 된다. • 유아의 일상을 학습 상황으로 이끌어가기 위해서는 교사의 역할이 중요하다. 교사는 유아를 지속적으로 관찰하면서 학습이 이루어질 수 있는 적절한 상황을 만들어 주어야 한다.
개별화의 원리	• 개별화의 원리는 개별 유아의 흥미 및 이해 정도에 따라 교육 활동을 선정하고, 학습 속도에 맞게 제시하며, 교수·학습 방법을 달리 적용하는 것을 말한다. • 개별화의 원리는 개별 유아의 관심과 흥미, 발달이나 환경 특성 등을 고려하여 각자에게 적합한 방식으로 학습하게 하는 것이다. • 개별화된 학습은 모든 유아가 흥미, 활동에 대한 이해 및 참여도, 자발성 등이 다르기 때문에 매우 효과적인 방법이다. • 유아들의 흥미와 능력, 그리고 사전 경험을 알아보기 위해서 교사는 놀이 활동을 잘 살펴볼 필요가 있다. 교사는 관찰 및 진단적 평가를 실시한 후에, 모든 활동을 다양한 형태로 준비하여 능력에 맞게 제시한다. • 교사는 유아에게 의도한 학습이 이루어졌는지 알아보기 위하여 활동 시 적절히 질문하거나 유아의 반응을 관찰하여 유아가 흥미 있게 놀 수 있도록 도와준다. • 유아에게 제시하는 활동들은 가능하면 단계적으로 구성한다. 어떤 활동 과제를 유아가 성공적으로 끝내면 다음의 보다 높은 단계의 학습 활동으로 진행 하도록 한다. 반대로, 유아가 그 과제를 제대로 할 수 없으면, 보다 쉬운 형태의 학습 활동을 제시한다. • 개별화된 학습을 위해서는 다양한 자료와 활동을 흥미영역에 제시하여 유아가 스스로 선택하도록 하는 것이 도움이 된다. • 유아는 자신의 흥미에 따라 각 영역에서 활동을 선택하여 자신의 능력에 맞도록 상호작용을 하고, 그 활동이 만족스럽게 성취되면 다른 활동으로 자연스럽게 이동하게 된다. 교사는 각 단계의 발달이 자연스럽고 원활히 이루어지도록 개별적으로 상호작용하여 준다. • 개별화 원리 중심의 교수·학습의 실천을 위해서 교사는 모든 유아가 항상 동시에 같은 것을 하도록 기대하지 말고 다양한 선택의 기회를 제공해야 한다. 같은 활동이라도 난이도를 조절하여 여러 가지로 제시한다면 유아 스스로 자신에게 맞는 학습을 할 수 있다. • 장애가 있는 유아의 경우, 교사는 전문가의 도움을 받아 장애 상태와 발달에 적절한 교육·보육 계획을 세울 필요가 있다. 교사는 특수교육 전문가와의 긴밀한 협력 체계를 구축하고 특수교육 대상으로 판단되는 유아를 보다 면밀히 관찰하여 그에 따른 개별 지도를 해야 한다.

통합의 원리	• 통합의 원리란 영역별 교육내용, 교육 활동 영역, 학교와 지역 사회가 각각 서로 분리되지 않고 연결되어 다루어지는 것을 말한다.
	  - 발달 영역 간의 통합은 유아의 전인 발달을 위하고 신체, 언어, 인지, 정서, 사회성 발달 영역 교육내용들이 한 활동에 서로 통합되는 것이다.
	  - 활동 영역 간 통합은 여러 활동 영역들이 유아가 계획한 활동들에 의하여 서로 연결되어 통합되는 것이다.
	  - 학교와 지역 사회의 통합은 견학이나 지역 인사를 초청하여 유치원 안팎의 경험이 통합하는 것을 의미한다.
	• 교육내용을 통합적으로 다루려면 먼저 유아들의 관심이 집중된 주제를 선정하되 그 주제를 중심으로 활동 영역별로 연결되는 활동들을 계획, 구성한다.
	• 예를 들어, '색'을 주제로 선정한다면, 미술 활동을 통하여 실제 색을 사용해서 그림을 그려 보고, 과학 활동을 통하여 다양한 3원색을 혼합한 2차색, 3차색을 만들어보는 실험을 할 수 있으며, 음률 활동을 통하여 색 이름을 기억하고, 색 찾기 게임을 통하여 주변의 색에 대한 지각력을 발달시킬 수 있다. 이러한 색에 대한 다양한 활동들은 다른 주제의 활동들, 즉 '애완동물'의 주제에서 동물의 색 차이를 인식하는 활동, 집짐승을 그리거나 꾸며 보는 활동으로 연결될 수 있다.

탐구학습의 원리	• 유아는 스스로 탐색하고, 자신의 감각을 통하며 사물이나 현상을 직접 경험함으로써 물리적, 사회적 및 논리·수학적 지식을 얻게 된다. 즉, 스스로 탐구하는 과정을 통하여 학습이 이루어진다.
	• 탐구 학습의 중요한 면은 유아가 스스로 발견하는 과정을 통하여 여러 가지 문제 해결의 기술도 학습할 수 있으며, 독립적인 학습 태도도 기를 수 있다는 것이다.
	• 탐구 학습을 통하여 유아는 질문하는 능력, 자료와 정보를 분석하는 능력, 문제 해결을 위해 스스로 해결 방법을 발견하는 능력 등이 발달하게 된다.
	• 유아의 탐구 학습을 돕기 위하여 교사는 유아에게 다양한 경험을 하도록 풍부한 기회를 제공하고, 유아가 관찰하고 실험해 보도록 격려하며, 자신의 생각이나 호기심을 창의적으로 전개하도록 도와준다.
	• 문제 상황을 파악하여 보고, 해석하며 일반화하는 탐구 과정은 유아의 인지 및 사고 과정을 발달시킨다. 일반적인 탐구 과정은 다음의 단계를 거쳐 진행된다.
	  - 문제를 발견하고 정의하여 명확한 문제 해결을 위한 목표를 세운다.
	  - 해결할 수 있는 질문과 가설을 설정한다.
	  - 계획을 세운 후 자료를 수집한다.
	  - 수집된 자료를 평가하고 조직하며 해석한다.
	  - 문제 해결의 결과를 비교, 검토한다.
	  - 다음에 연구할 문제를 찾는다.

집단역동성의 원리	• 집단역동성의 원리란 유아교육 현장에서 유아들 간에, 그리고 유아와 교사들 간에 서로 역동적인 힘과 영향을 주고받으며 모든 활동에 상승적인 효과를 일으키는 것을 의미한다. • 바람직한 집단의 역동은 구성원들이 서로 다른 생각의 상호 교섭을 통해 다양한 정보를 공유하게 해 주고, 지적 자극을 주며, 탈중심화를 촉진시키고, 서로 협동하게 해 준다.
자발성의 원리	• 자발성의 원리란 외부의 강제나 영향이 없이 자기 내부의 원인과 힘에 의하여 학습이 이루어지는 것을 말한다. • 학습은 학습자 스스로가 배우고자 하는 자발적인 의욕을 가지고 있을 때 가장 효과적으로 이루어진다. • 동기가 내재된 학습을 하는 것이 중요함을 일컫는 것으로, 이는 흥미의 원리, 자기 활동의 원리라고도 한다. • 내적 동기 유발을 위한 방법은 유아 자신이 학습 활동의 목적을 가질 수 있게 하고, 과제나 교재·교구를 유아의 발달 수준 또는 성향에 맞추어 제시하는 방법이 있으며 수용적인 분위를 만들어 주는 것 등이다.
융통성의 원리	• 융통성의 원리는 상황에 따라 적절하게 유아들의 흥미나 욕구, 우발적인 사태 등을 고려하여 활동 내용이나 방법, 자료 등을 변경하는 것이다.

	• 교사는 일과, 활동 상황, 놀이 상황 등에서 유아들의 흥미나 욕구, 교육적인 필요에 따라 순발력 있게 여러 요인들을 반영해야 한다.
활동 간 균형의 원리	• 활동 간 균형의 원리는 실내 활동과 실외 활동, 정적 활동과 동적 활동, 대·소집단 활동과 개별 활동, 휴식 등을 적절히 안배하여 유아의 고른 발달과 학습이 이루어지게 하는 것이다. • 교사는 유아의 신체적, 정서적 안정감과 활동성을 고려하여 균형 있게 활동을 계획하고 실행해야 한다. • 실내·외 활동 간 균형은 물론 조용한 활동 후에는 몸을 움직일 수 있는 대집단 게임이나 신체 활동의 기회를 갖도록 한다. • 실외놀이가 어려운 비오는 날과 같은 때에도 실내에서 충분히 몸을 움직일 수 있는 시간을 주는 것이 필요하다. • 더운 여름에는 아침 일찍 실외 활동을 하는 것도 바람직하다. 이를 통하여 유아는 신체발달은 물론 에너지를 적절히 발산하여 조용한 활동에 몰입할 수 있게 된다. • 개별 활동과 대·소집단 활동의 비중 또한 고려해야 한다. 학년 초에는 대집단 활동보다 개별 활동이나 소집단 활동의 기회를 충분히 주어 정서적인 안정감과 능동적인 참여를 유도한다.
흥미·몰입 중심의 원리	• 흥미·몰입 중심의 원리란 유아의 흥미를 중심으로 활동을 선택하고 지속할 수 있도록 환경을 제공하고 지원하는 것을 뜻한다. • 활동의 주제나 내용이 유아의 관심 밖이거나 발달 수준보다 지나치게 높은 경우 유아는 흥미를 가질 수 없고 더나아가 몰입은 더욱 어렵다. • 유아가 흥미를 가지고 몰입할 수 있도록 하기 위해서는 교사의 관찰이 중요하다. 관찰은 지원이 필요한 순간이 언제인지, 어떤 종류와 어느 정도의 지원이 필요한지를 정확하게 파악하기 위한 가장 좋은 방법이다. 이로써 교사는 유아의 흥미에 맞는 매력적인 활동을 제시하고, 유아가 직접 선택할 수 있는 충분한 기회를 제공할 수 있다. • 몰입을 위해서는 여러 활동을 단편적으로 경험하기보다는 흥미 있는 활동을 반복하고 다시 생각하는 것이 필요하다. • 교사는 생활주제별로 다양한 활동을 진행하는 동시에, 어느 한 부분에 몰입하여 깊이 있게 알아가고자 하는 유아에게는 충분한 환경과 시간을 제공해야 한다.
상호작용의 원리	• 상호작용의 원리는 유아와 교사, 유아와 유아, 유아와 교구 및 환경 간에 인지적, 정서적인 측면에서 교류하면서 학습이 이루어지게 하는 것이다. • 상호작용에서 중요한 것은 일방적이 아니라 쌍방적이어야 한다는 점이다. 교사가 유아에게 일방적으로 질문하고 답하는 방식은 상호작용이 아니다. 그 무엇보다도 유아와 교사, 유아와 유아가 서로 생각을 나누면서 함께 학습할 수 있도록 반(학급)의 공동체 문화 형성이 마련되어야 한다. • 유아는 교재나 교구를 가지고 개별적으로 상호작용하는 동안에도 학습한다. 교사는 일련의 상호작용이 일관성 있고 체계적으로 이루어질 수 있도록 활동과 환경 구성을 세심하게 계획해야 한다.

3) 유아 교수-학습의 기본 원리 합격기출

- (①   )란 개별 유아의 흥미 및 이해 정도에 따라 교육 활동을 선정하고, 학습 속도에 맞게 제시하며, 교수-학습 방법을 달리 적용하는 것을 의미한다.

- (②   )의 원리가 적용되고 있는 사례는 '유아들이 나비에 관심을 갖게 되어, 계획했던 들꽃 관찰하기 활동을 잠시 중단하고 활동 내용을 나비로 변경하여 계획하지 않았던 나비의 생김새와 움직임을 유아들이 자유롭게 탐색하도록 한 것'이다.

- 쌓기놀이영역에서 초가집을 만들고 놀이하는 것은 (③   )의 원리이고, 교사가 놀이를 선택하지 못하는 을이의 개인 특성을 고려해서 활동을 안내한 것은 (④   )의 원리이며, 교사·을이·성운·순호 간의 상호작용을 통한 놀이 확장은 (⑤   )의 원리이다.

02 브레드캠(Bredekamp)과 로즈그란트(Rosegrant)의 유아 교사의 교수 행동

1) 브레드캠과 로즈그란트의 유아 교사의 교수 행동 합격단어
2) 브레드캠과 로즈그란트의 유아 교사의 교수 행동 합격내용
3) 브레드캠과 로즈그란트의 유아 교사의 교수 행동 합격기출

1) 브레드캠과 로즈그란트의 유아 교사의 교수 행동 합격단어

- 브레드캠과 로즈그란트, 교사의 교수 행동 연속체, 비지시적, 중재적, 지시적, 인정하기, 모범보이기, 촉진하기, 지원하기, 지지하기, 함께 구성하기, 시범보이기, 지도하기

2) 브레드캠과 로즈그란트의 유아 교사의 교수 행동 합격내용

〈 교사의 교수 행동 연속체 〉

비지시적 ←―――――――― 중재적 ――――――――→ 지시적

인정하기 모범보이기 촉진하기 지원하기 지지하기 함께 구성하기 시범보이기 지도하기

구분	내용
인정하기	① 유아에게 관심을 보이며 긍정적인 격려를 해 주는 행동이다. ② 유아를 인정 한다는 것은 유아로 하여금 즐겁게 활동에 참여하도록 해주나, 칭찬이 지나치면 활동 과제에 대한 유아의 동기를 약화시킬 수도 있다. 따라서 적절한 수준의 인정이 중요하다. ③ 예를 들어, "친구들이 잘 들을 수 있도록 분명한 목소리로 잘 말해주었다.", "파랗게 칠한 하늘이 시원해 보이는구나."와 같이 유아의 활동 상황을 사실에 근거하여 긍정적으로 격려하여 주는 것이 좋다.
모범 보이기	① 일반적으로 모범보이기는 지시적인 측면과 비지시적인 측면으로 나누어 볼 수 있다. ② 지시적인 모범보이기가 시범보이기의 형태로 나타나는데 비해 비지시적인 모범보이기는 암시적인 성격을 띤다고 할 수 있다. ③ 예를 들어, 교실에서 조용히 행동하도록 할 때 지시적인 교사는 "○○처럼 발끝을 들고 소리 안 나게 걷도록 하자."라고 하는 데 비하여, 비지시적인 교사는 스스로 소리 안 나게 걷는 모습을 항상 보여줌으로써 유아들이 자연스럽게 닮아 가도록 한다. ④ 비지시적인 모범보이기는 유아의 행동이 자발적이 되도록 이끌어 준다.
촉진 하기	① 학습 준비가 되었을 때 다음 단계에 도달하도록 유아에게 일시적인 도움을 주는 행동이다. ② 예를 들어, 유아가 두발자전거를 탈 때 균형 감각을 가지도록 하기 위하여 잠깐 두발자전거 뒤를 잡아 주는 것과 같은 도움을 말한다. 또한 유아의 확산적 사고를 돕기 위하여 "또 다른 방법은 없을까?"와 같은 질문을 하는 것도 한 예가 된다.
지원 하기	① 촉진하기와 유사하나 교사의 참여 정도 면에서 차이가 있다. ② 예를 들어, 자전거에 보조 바퀴를 달아 주고, 자전거를 타게 한 후, 자전거타기에 익숙해지면 보조 바퀴를 떼어 내는 것과 같이, 유아가 도움이 더 이상 필요하지 않다고 할 때까지 지원하여 주는 행동을 말한다.

지지 하기	① 기대되는 능력에 유아가 도달하도록 유아에게 적합한 학습 방법을 사용하여 도움을 주거나, 도전의 기회를 마련하여 주는 행동을 말한다. ② 교사는 각 유아가 스스로 하고 싶지만 도움이 없으면 하기 어려운 활동 과제를 파악하여 도움을 줄 수 있다. 이 때 교사는 유아의 주인 의식이나 동기를 약화시키는 일이 없이 유아가 새로운 수준의 능력이나 이해로 나아갈 수 있도록 상호작용을 한다.
함께 구성 하기	① 교사와 유아가 함께 프로젝트를 수행하거나 활동을 하는 것을 말한다. 이때 교사와 유아는 모두 학습자인 동시에 교사가 된다. ② 예를 들어, 교사가 유아와 함께 의논하여 구성물을 만든다든지, 역할놀이 영역에서 함께 놀이 대본을 구상하고 각자 역할을 맡아 소꿉놀이를 하는 경우이다.
시범 보이기	① 유아에게 바람직한 행동이 형성되도록 하기 위하여 교사가 활동을 직접 해 보이고 유아가 이를 관찰하도록 하는 것을 말한다. ② 이러한 시범은 유아가 한 활동이 분명히 잘못된 방법으로 이루어졌을 때, 이를 고쳐 주기 위한 한 방안이 될 수 있다.
지도 하기	① 교사가 유아들이 어떤 과제를 반드시 특정한 방법으로 수행하기를 원할 때 사용하는 것이다. ② 예를 들어, 장애를 가진 한 유아가 교사의 행동을 관찰하기도 하고, 여러 번 연습했는데도 불구하고 혼자서 음식을 먹기가 학습되지 않았을 때, 교사는 그 유아에게 직접적으로 지도하는 방법을 사용할 수 있다. 즉, "숟가락을 이렇게 꽉 쥐고, 선생님처럼 입에 대어 보자."와 같이 직접 지도할 수 있다.

3) 브레드캠과 로즈그란트의 유아 교사의 교수 행동 합격기출

교수 행동 범주	교수 행동의 예
(①)	- (낙엽이 구르는 모습을 표현하는 유아에게) "몸을 둥글게 해서 이리 저리 굴러가고 있구나."
(②)	- 교사가 몸을 작게 하고 구르는 모습을 보여준다.
(③)	- "나뭇잎이 구르는 모습을 몸으로 표현할 수 있는 또 다른 방법은 없을까?"
(④)	- "선생님이 음악(고엽)을 들려 줄테니 음악에 맞추어 낙엽이 움직이는 모습을 표현해 보자."
(⑤)	- 바닥에 ∽ 모양으로 테이프를 붙여 놓고, ∽ 모양을 따라 나뭇잎이 구르는 모습을 표현한다. ∽ 모양을 따라 구르는 모습을 잘 표현하면 테이프를 떼어 내고 굴러 보도록 한다.
(⑥)	- "선생님이 바람이야. 너희들은 바람이 부는대로 움직이는 나뭇잎이 되어보자."
(⑦)	- "선생님이 옆으로 구르기를 보여줄게. 잘 보자." - 유아들에게 공 던지기의 정확한 동작을 보여준다.
(⑧)	- (옆으로 구르기가 잘 되지 않는 유아의 옆에 함께 누워서 구르기를 직접 보여주며) "선생님처럼 이렇게 누워서 팔을 위로 쭉 뻗고 굴러보자." - 유아들에게 "줄을 따라 걸을 때 양팔을 쭉 뻗고 걸어보자."라고 알려준다.

03 브레드캠(Bredekamp)과 로즈그란트(Rosegrant)의 유아의 학습 행동

1) 브레드캠과 로즈그란트의 유아의 학습 행동 합격단어
2) 브레드캠과 로즈그란트의 유아의 학습 행동 합격내용
3) 브레드캠과 로즈그란트의 유아의 학습 행동 합격기출

1) 브레드캠과 로즈그란트의 유아의 학습 행동 합격단어

- 브레드캠과 로즈그란트, 상호작용적-구성주의 학습관, 유아 학습행동의 순환적 모형, 인식하기, 탐색하기, 탐구하기, 활용하기

2) 브레드캠과 로즈그란트의 유아의 학습 행동 합격내용

유아학습 행동의 순환적 모형

구분	내용
인식하기	① 학습은 유아가 학습할 거리들-사건, 사물, 사람 또는 개념들-을 인식하는데서부터 시작된다. ② 인식하기는 경험하는 첫 순간에 나타난다.
탐색하기	① 인식하기 다음에 탐색하기가 이루어진다. ② 탐색은 사건, 사물, 사람 또는 개념들의 구성 요소나 속성들을 알아내는 과정이다. ③ 유아들은 탐색하는 동안 자신의 모든 감각들을 활동시킨다. ④ 탐색하면서 유아는 자신이 경험한 것에 대한 자신만의 개인적인 의미를 구성한다. ⑤ 인식하기와 탐색하기는 완전한 이해를 돕는데 있어 필요조건이기는 하지만, 충분조건은 아니다. 즉, 개인적 의미는 사회나 문화가 공유한 의미에 부합되어야 한다.
탐구하기	① 유아가 자신의 개념적 이해를 검토하고, 다른 사람의 이해나 객관적 실체와 비교하는 등의 활동을 하게 되는 적응 과정을 말한다. ② 이 단계에서 유아는 사건, 사물, 사람 또는 개념들이 가지는 일반적이고 객관화된 의미를 이해하기 시작한다. ③ 유아는 이 단계에서 개인적 개념들을 일반화하고, 이 개념들을 성인들이 생각하고 행동하는 방식 쪽으로 적응시키기 시작한다.

활용하기	① 기능적 수준의 학습이다. ② 유아들이 사건, 사물, 사람 또는 개념들에 대하여 형성한 의미를 적용하거나 사용할 수 있다.

- 이상과 같은 유아 학습 행동 단계에 맞추어 학습이 일어나는 과정을 예시하여 보기로 한다. 예를 들어, '쓰기' 학습 과정을 생각하여 보자. 말하자면, 아래 4단계는 유아의 개념과 기술이 점차 정교화하여 가는 과정을 말해 준다고 할 수 있다.
  - 일반적으로 3, 4세 유아들은 어른들이 책을 읽어 준 경험이나 함께 책을 보며 '듣기' 등을 해 본 경험을 통하여, 인쇄된 글자에 대한 인식을 나타낸다.
  - 대부분의 4, 5세 유아들은 자신들이 만들어 낸 발명 철자를 사용하거나, 그림 그리기 등을 통하여 인쇄된 글자를 탐색하기 시작한다.
  - 6세 유아들은 글자나 단어들의 유사점, 차이점을 알아내거나 일정한 패턴을 찾아보면서 인쇄된 글자를 주의깊게 검토하기 시작한다.
  - 대부분의 7, 8세 아이들은 글자를 바르게 읽고 쓰기 위하여 인습적인 규칙을 사용하기 시작한다.

3) 브레드캠과 로즈그란트의 유아의 학습 행동 합격기출

- (①   ) 학습관 - 유아가 학습할 때 인식하기, 탐색하기, 탐구하기, 활용하기의 4단계 행동을 강조하는 학습관
- 연령별 유아의 '쓰기' 학습 행동의 예

학습 행동 단계	'쓰기' 학습 행동의 예
(②)	• 7, 8세 유아들은 글자를 바르게 읽고 쓰기 위해 인습적인 규칙을 사용하기 시작한다.
(③)	• 3, 4세 유아들은 어른들이 책을 읽어 준 경험이나 함께 책을 보며 '듣기' 등을 해 본 경험을 통해 인쇄된 글자에 대해 인식한다.
(④)	• 4, 5세 유아들은 자신이 만들어낸 발명 철자를 사용하거나, 그림 그리기 등을 통해 인쇄된 글자를 탐색하기 시작한다.
(⑤)	• 6세 유아들은 글자나 단어들의 유사점, 차이점을 알아내거나 일정한 패턴을 찾아보면서 인쇄된 글자를 주의깊게 검토하기 시작한다.

04 유아를 위한 교수-학습 방법

1) 유아를 위한 교수-학습 방법 합격단어
2) 유아를 위한 교수-학습 방법 합격내용
3) 유아를 위한 교수-학습 방법 합격기출

1) 유아를 위한 교수-학습 방법 합격단어

- 자기표현(행동적 표현, 조형적 표현, 언어적 표현), 토의하기, 문제해결, 추론하기, 모델링, 설명

2) 유아를 위한 교수-학습 방법 합격내용

구분	내용
자기 표현	① 유아가 자연적인 발달 또는 의도적인 교수-학습의 결과로 얻게 된 느낌과 생각을 다양한 활동 형태로 표현하는 것이다. ② 자기표현의 방식으로는 행동적 표현(역할놀이, 게임, 신체적 표현 등), 조형적 표현(그리기, 만들기, 꾸미기, 전시하기 등) 및 언어적 표현(감정을 말로 표현하기, 문제 해결 방안을 말로 표현하기, 지식들을 이야기 나누기 등)이 있다.
토의 하기	① 두 사람 이상이 어떠한 주제 또는 갈등 상황에 대하여 서로 의견을 나누고, 이 의견들 사이의 유사점이나 차이점을 살펴보며, 궁극적으로 상황을 해결하는데 어떻게 해야 하는가를 논의해 보는 과정을 말한다. ② 토의 결과 구성원들은 합의에 도달하거나 갈등 상황이 지속되는 상태로 들어갈 수 있다. 그러나 갈등 상황이 지속되더라도 다시 토의 과정을 거쳐 합의에 도달해야 한다. ③ 토의의 질적 수준은 집단 크기, 구성원의 자질, 구성원 간 친밀도, 의사소통 형태, 교사의 지도력 등에 의하여 영향을 받는다.
문제 해결	① 학습자와 교사가 함께 문제 상황에 대하여 그 원인과 해결책을 모색해 보는 방법이다. ② 유아들이 부딪치는 문제 상황은 신체와 관련된 문제, 정서와 관련된 문제, 대인 관계 문제, 물리적인 문제 등이 있으며, 이들을 해결하기까지의 전개 과정은 문제의 정의, 문제 해결과 관련된 정보 수집, 해결 방안의 선정 및 적용, 해결 방법에 대한 장·단점의 평가 및 새로운 방법의 재적용 등으로 이루어진다.
추론 하기	① 가설적 딜레마와 상황에 대해 상황 속의 주인공이 어떻게 해야 할까?와 왜 그렇게 해야 하는가?를 이야기하도록 하는 방법이다. ② 다음과 같은 딜레마 상황을 제시하고, 유아들의 의견을 묻는다. 어느 날 영희는 친구 생일 파티에 가고 있었다. 가는 도중에 넘어져서 다리를 다친 소녀를 보았다. 소녀는 영희에게 자기 집까지 데려다 달라고 부탁했다. 만일 소녀의 부탁을 들어 준다면, 영희는 생일 파티에 늦게 되어 아이스크림과 케이크, 그리고 재미 있는 오락을 다 놓치게 될 것이다. 이때, 영희는 어떻게 해야 할까? 왜 그렇게 해야 하는가?
모델링	① 유아는 직접 경험하지 않고도 관찰을 통해 많은 것을 학습할 수 있다. ② 영향력 있는 사회적 인물들, 즉 부모, 교사, 친구, 텔레비전 등장인물 등의 행동을 관찰함으로써 성격, 유능감, 사회적 행동 및 세계에 대한 다양한 개념까지도 형성한다.

	③ 이와 같은 모델링이 어떤 개념이나 지식, 태도, 기술을 익히고자 하는 동기 유발체제로 사용될 때, 그 효과는 크다고 할 수 있다. ④ 따라서 교사의 기계적인 시범이나 유아의 단순한 모방으로 그치지 않도록 해야 한다.
설명	① 유아의 개념 획득을 위하여 사용하는 방법 중 하나로, 유아로 하여금 일반적 원리를 이해하도록 한 다음, 이 원리를 구체적 사례에 적용하여 개념의 구조를 형성하여 나가도록 하는 연역적 방법이다. ② 설명 방법이 유아교육에서는 자주 사용되는 전략이라고 할 수는 없다. ③ 그러나 인간의 사회생활 속에서 자연 발생적으로 형성되기를 기대할 수 없는 필수적인 사회적 지식은 유아에게 직접적으로 가르쳐야 하고, 유아 또한 배워야만 하기 때문에 설명 방법이 쓰일 수 있다. ④ 설명 방법의 효과를 돕기 위해 교사는 유아의 주의를 끌 만한 시청각 자료, 구체적 사례, 다양한 관련 자료들을 사용할 수 있다.

3) 유아를 위한 교수-학습 방법 합격기출

- (①   )이란 집단의 지도성을 서로 분담하는 집단 구성원들이 사실, 개념 및 의견을 목적에 따라 체계적인 방법으로 구두 교환을 하는 것으로, 공통 주제를 논의하거나 문제를 풀어가기 위해 교사와 유아, 혹은 유아들끼리 일정한 규칙과 단계에 따라 대화를 나누는 교수-학습 방법을 의미한다.

- (②   )이란 이질적인 소집단으로 구성된 유아들이 함께 공통적인 학습의 목표나 과제를 해결해 나가는 과정에 있어서 협동적인 사회적 기술을 배워나가는 교수-학습 방법을 의미한다.

05 가드너(H. Gardner)의 다중지능이론

1) 가드너의 다중지능이론 합격단어
2) 가드너의 다중지능이론 합격내용
3) 가드너의 다중지능이론 합격기출

1) 가드너의 다중지능이론 합격단어

- 가드너, 다중지능이론, 다중지능을 구성하는 9가지 지능(언어적 지능, 논리-수학적 지능, 음악적 지능, 신체-운동적 지능, 공간적 지능, 대인관계 지능, 개인이해 지능, 자연탐구 지능, 실존지능), 다중지능의 주요 특성(다양성, 독립성, 동등성, 상호보완성, 발달 가능성)

2) 가드너의 다중지능이론 합격내용

구분	내용
개요	• 지능검사와 같은 방법은 인간의 지능을 환경과 상호작용하는 것으로 보지 않고, 독립적이고 고립적으로 보았다는 데에 한계를 갖고 있다. 이와 같이 한계를 느낀 가드너(1998)는 대안 방법으로 다양한 개인의 환경과 문화를 고려한 사회맥락 속에서 기존의 지능이 능력 위주의 학문적 지능이라는 개념만으로 구성된 것에 대한 한계점을 지적하고 다양한 지능 영역을 소개한다. • 다중지능이란 모든 인간이 각각의 지능을 어느 정도로 개발하지만, 그렇다고 해서 서로 동일한 지능의 프로파일을 갖지는 않으며, 또한 지능은 상이한 문화로부터 상이한 형태를 취한다고 가정하는 지능이론이다.
다중지능을 구성하는 9가지 지능	• 언어적 지능 - 언어적 지능은 음운, 어문, 의미 등의 복합적인 요소로 구성되어 있는 언어의 여러 상징체계를 빠르게 배우며, 그에 관련된 문제를 해결할 수 있고 그러한 상징체계들을 창조할 수 있는 능력이다. - 관련 사람 : 시인, 문학가, 변호사, 정치가, 기자 등 - 지능 향상 활동 : 공식 연설, 일기 쓰기, 유머 및 농담, 이야기 만들기 등 • 논리-수학적 지능 - 논리-수학적 지능이란 숫자를 효과적으로 사용하고 연역적, 귀납적 사고를 잘 하는 능력을 의미한다. - 관련 사람 : 수학자, 컴퓨터 프로그래머, 재정분석가, 회계사, 과학자 등 - 지능 향상 활동 : 수열, 삼단논법, 계산법, 문제 해결 등 • 음악적 지능 - 음악적 지능이란 음악적 표현형식을 지각하고 변별하며 변형하고, 표현하는 능력을 뜻한다. - 관련 사람 : 음향학자, 작곡가, 음향기술자, 지휘자, 연주가 등 - 지능 향상 활동 : 리듬패턴 파악하기, 작곡이나 편곡하기, 배경음악 선곡하기, 악기 연주하기, 노래하기 등 • 신체-운동적 지능 - 신체-운동적 지능이란 자신의 모든 신체를 이용하여 어떤 생각이나 감정을 표현하는 능력과 자신의 손을 이용해서 사물을 만들거나 변형시키는 능력을 말한다. - 관련 사람 : 운동선수, 무용가, 연기자, 외과의사, 장인 등 - 지능 향상 활동 : 신체 표현하기, 창작 무용, 동극, 역할극, 드라마, 무술, 자전거 타기, 인라인스케이트 타기,

축구하기, 스포츠 등
- 공간적 지능
  - 공간적 지능이란 시간적·공간적 세계를 명확하게 지각하는 능력과 그런 지각을 통해 형태를 바꾸는 능력을 의미한다.
  - 관련 사람 : 정찰병, 지리 안내원, 실내장식가, 건축가, 화가 혹은 발명가 등
  - 지능 향상 활동 : 항해, 지도 제작, 체스 게임, 상상하기, 색채 배합하기, 패턴 디자인, 그림 그리기, 조각하기, 사진 활동, 관찰 활동, 창조 활동 등
- 대인관계 지능
  - 대인관계 지능이란 타인이 가지는 기분, 의도, 동기, 감정 등을 지각하고 구분할 수 있는 능력을 말한다.
  - 관련 사람 : 유능한 정치인, 지도자, 성직자 등
  - 지능 향상 활동 : 피드백 주고받기, 타인의 감정에 대한 이해, 협력학습 전략, 일대일 상호작용, 공감, 분업, 집단프로젝트 등
- 개인이해 지능
  - 개인이해 지능이란 개인의 내적 측면에 대한 지식이다. 자기 자신에 대한 객관적 이해 및 지식과 그에 기초하여 잘 행동할 수 있는 능력이다.
  - 관련 사람 : 신학자, 심리학자, 작가, 발명가, 철학자, 자기인식 훈련 프로그램 지도자 등
  - 지능 향상 활동 : 내성적 사고, 사고 전략, 정신 집중 기술, 추론, 자아 인식, 목적 인식, 감정 관리, 행동 관리 등
- 자연탐구 지능
  - 자연탐구 지능은 최근에 등장한 지능 영역으로 식물, 동물, 광물을 포함한 자연의 세계에 흥미와 관심이 있으며 자신의 환경으로부터 최상의 것을 얻어 내는 능력, 환경에 관심을 갖고 자연을 연구하는 능력, 그리고 환경에서 생존하고 적응할 수 있는 능력이다.
  - 관련 사람 : 자연이해 지능이 뛰어난 사람은 유전공학자, 식물학자, 생물학자, 수의사, 조류학자, 의사, 환경 운동가, 원예가 등이 있다.
  - 지능 향상 활동 : 견학, 자연보호, 애완동물 키우기, 동식물 관찰하기 등
- 실존지능
  - 처음에는 영적인 지능으로 불렸던 지능으로 인간의 존재 이유, 삶과 죽음의 문제, 희로애락, 인간의 본성, 가치 등 철학적이고 종교적인 사고를 할 수 있는 능력이다.
  - 관련 사람 : 아동기에는 거의 나타나지 않고, 철학자, 종교가 등에서 찾아볼 수 있다.
  - 실존지능은 여덟 가지 준거를 모두 충족시키지는 못해서 반쪽 지능으로 간주되기도 한다.

| 다중지능의 주요 특성 | - 다양성의 관점
  - 모든 사람들은 다양한 지능을 가지고 있으며, 문화적 배경이나 개인의 인지능력에 따라 다양한 지능이 독특한 방식으로 상호작용하여 표출된다.
- 독립성의 관점
  - 인간에게 존재하는 다양한 지능은 서로 독립적으로 존재한다는 것이다.
  - 예를 들어, 말은 하지 못해도 신체적 움직임은 가능한 경우, 운전을 하면서 옆 사람과 대화를 하거나, 음악을 들으면서도 암기를 할 수 있는 경우 등을 들 수 있다.
- 동등성의 관점
  - 인간에게 존재하는 다양한 지능은 어느 것이 더 중요하고 덜 중요한 것이 아니라, 그 가치가 동등하다는 것이다. |

- 상호보완성의 관점
  - 개인의 강점지능으로 약점지능을 보완할 수 있다는 관점 : 실제로 가드너는 학급에서 특별히 공간적 지능이 발달한 한 학생이 그것으로 인하여 타인으로부터 인정을 받으면서 자신감을 갖고, 비교적 약한 지능이었던 논리-수학적 지능 개발에도 관심을 보이며 점차 향상되는 경우를 여러 차례 경험하였다고 한다.
  - 어떤 과제를 해결할 때 단 하나의 지능만으로 과제를 해결하는 것이 아니라, 여러 가지 지능이 서로 상호작용하여 해결한다는 관점 : 예를 들어, 한 무용수가 음악에 맞추어 아름다운 몸동작을 표현한다면 이 과제를 해결하기 위한 핵심지능은 신체운동적 지능이지만, 음악을 듣고 그 느낌을 파악하는 것은 음악적 지능이고, 그 음악에 맞게 박자 길이를 조정하고 음악의 느낌에 따라 동작을 즉흥적으로 표현할 수도 있지만, 세부적인 부분을 분석하는 것은 논리-수학적 지능이라고 볼 수 있다. 이처럼 하나의 아름다운 신체 표현을 가능하게 하는 데도 음악적 지능, 논리-수학적 지능, 신체운동적 지능이 서로 상호작용하는 것이다.
- 발달 가능성의 관점
  - 모든 인간은 각 지능을 가지고 있고, 생후 1년 간 가장 활발하게 발달하며, 아동기에는 특수한 상징체계를 통해서 개인이 소유하고 있는 각 지능의 다양한 능력을 표출하면서 발달이 진행된다는 것이다.
  - 청소년기와 성인이 되어서는 직업 혹은 취미의 형태로 지능이 표출되면서 발달한다.
  - 어떠한 분야에서든지 보통 수준의 재능을 타고난 사람에게 적절한 교육적 환경과 자극이 제공된다면 그 능력을 높은 수준까지 계발시킬 수 있는 것이다.

3) 가드너의 다중지능이론 합격기출

- (①   )의 (②   )이론은 지능이 높은 아동이 모든 영역에서 우수하다는 종래의 지능관을 비판하며 등장한 이론으로, (①   )의 (②   )이론에 따르면, 인간의 지적 능력은 서로 독립적이며 상이한 언어적 지능, 논리·수학적 지능, 공간적 지능, 신체·운동적 지능, 음악적 지능, 개인 내 지능, 개인 간 지능 등 7가지 영역의 여러 가지 유형으로 구성된다.

- 지능의 유형 '(③   ) 지능' - 타인의 기분과 동기를 파악하고 변별하는 능력, 다른 사람과 지내기, 다른 사람들과 좋은 관계를 유지하는 능력, 문제해결과정에서 서로 다른 의견을 잘 조율하고 통솔하는 능력

- 민재가 잘하는 영역과 어려워하는 영역이 있는 걸 보면, 민재의 지능 영역 안에는 다양한 잠재능력이 있다는 생각이 든다. 민재가 (④   ) 영역을 통해 (⑤   ) 영역을 보완할 수 있도록 통합적 활동을 계획해야겠다.

- 인간의 지능은 상호 독립적인 여러 지능으로 구성된다고 주장하는 가드너(H. Gardner)의 다중지능이론은 유아의 (⑥   )과 특성을 파악하는 데 도움이 되는 것 같다. 유아들을 관찰해 보면, 각 아이들마다 가지고 있는 (⑦   )이 매우 다양한 것 같다.

06 브루너(J.S Bruner)의 표상 양식 및 데일(E. Dale)의 경험의 원추

1) 브루너의 표상 양식 및 데일의 경험의 원추 합격단어
2) 브루너의 표상 양식 및 데일의 경험의 원추 합격내용
3) 브루너의 표상 양식 및 데일의 경험의 원추 합격기출

1) 브루너의 표상 양식 및 데일의 경험의 원추 합격단어

- 브루너, 규범적·처방적 교수이론, 지식의 구조, 지식의 구조의 특징(표현양식, 지식구조의 경제성, 지식구조의 생성력), 지식의 표상, 지식의 표상방식(행동적 표상, 영상적 표상, 상징적 표상)
- 데일, 진보주의, 「시청각 교육방법」, 「교수에서의 시청각적인 방법」, 현대적인 시청각 교육 체계화, 경험의 원추[직접적·목적적 경험, 구성된(고안된) 경험, 극화된 경험, 시범, 견학, 전시, TV, 영화, 녹음·라디오·사진, 시각기호, 언어기호], 구체성, 추상성, 학습경험(직접적·목적적 경험, 영상을 통한 경험, 상징적 경험), 학습형태(행위에 의한 학습, 영상을 통한 학습, 추상적·상징적 개념에 의한 학습)

2) 브루너의 표상 양식 및 데일의 경험의 원추 합격내용

(1) 브루너의 규범적·처방적 교수이론에서 제시한 지식의 구조와 표현양식

구분	내용
지식의 구조화 개념	• 지식의 구조화란 학습과제는 학습자의 발달단계나 능력수준에 관계 없이 학습자가 조작하고 포착할 수 있도록 조직되어야 한다는 것이다.
지식의 구조화에 대한 명제	• 어떤 관념이나 문제 또는 지식체도 특정 학습자가 충분히 이해할 수 있도록 단순화시켜서 제시할 수 있다. • 어떤 영역의 구조도 표현양식, 경제성, 효과적인 힘이라는 세 가지 방법으로 특징 지울 수 있다. 이것은 학습자의 연령, 학습양식, 학습과제에 따라 달라진다. • 어떤 영역의 지식도 활동적·감각적(영상적)·상징적 방법으로 표상해 낼 수 있다.
지식의 구조의 특징	• 표현양식 - 어떤 영역의 지식도 작동적·영상적·상징적 표현양식의 세 가지 형태로 표현할 수 있다. 그리고 표현 방식만 달리한다면 어떤 교과든지 그 지적 성격에 충실한 형태로, 어떤 발달단계에 있는 어떤 아동에게도 효과적으로 가르칠 수 있다. • 지식구조의 경제성 - 머릿속에 기억하고 있어야 할 정보의 양이 적은 상태를 의미한다. 지식의 영역에 따라 경제적인 표현이 가능한 정도가 다르다. • 지식구조의 생성력 - 학습자로 하여금 새로운 명제를 인출해 내거나 문제해결을 위해 정보를 이용할 때 주어진 사실을 넘어서 진행할 수 있는 정도를 의미한다. 대체적으로 경제성이 큰 표현양식이 생성력도 크다.
지식의 표상	• 지식의 표상이란 브루너 교수이론의 중심개념인 '지식의 구조(structure of knowledge)'를 표현하는 방식이다. • 브루너는 "잘 구조화된 지식이란 표현방식이 학습자의 발달수준이나 과제의 특성에 적합하게 조직된 것"이라고 하고 있다. 다시 말해서, 모든 지식은 항상 고정된 구조로 표현되는 것이 아니라 학습자가 이해할 수 있는 구조로 표현될 때 가장 적합한 지식의 표상이라는 것이다. • 지식의 표상방식에는 행동적 표상, 영상적 표상, 상징적 표상이 있다. - 행동적 표상은 학습자의 행위가 포함되어 사물을 직접 조작하면서 이해하는 표상이다.

- 영상적 표상은 간접적인 그림이나 영상 또는 모형을 통해서 이해하는 표상이다.
- 상징적 표상은 언어나 기호 등을 사용하는 언어적 진술이나 공식을 통해서 추상적이고 상징적으로 이해하는 표상이다.

(2) 데일의 경험의 원추

구분	내용
개요	• 데일은 시청각자료를 구체성-추상성에 따라 분류한 경험의 원추라는 모형을 발전시켰다. 이 모형은 브루너가 학습자의 이해수준에 따라 제시한 세 가지 학습경험, 즉 직접적 경험, 영상적 경험, 상징적 경험에 맞추어 학습자에게 제시되는 교재가 창출할 수 있는 경험을 강조한다. • 데일은 진보주의 교육이론에 바탕을 두고 「시청각 교육방법」이란 저서를 내어 현대적인 시청각교육을 체계화 시켰다. • 데일에 의하면, 시청각자료란 의미를 전달하기 위해서 주로 읽기에 의존하지 않는 자료이며, 시청각교육은 세계를 교실 안으로 끌어들이는 방법이다. • 데일은 학습의 인지주의적 이론을 제시한 브루너가 제안한 지식의 세 가지 표상양식인 행동적, 영상적, 상징적 양식들과 자신이 분류한 교수매체들 간의 관련성을 연계함으로써, 학습자들이 특정 지식의 표상을 위해서는 어떤 자료나 매체를 활용하는 것이 인지적 측면에서 바람직한 것인지를 제안하기도 하였다.
데일의 경험의 원추	• 저서 「교수에서의 시청각적인 방법」(1969)에서 경험의 원추와 브루너의 지식의 표상양식을 다음과 같이 제시하였다. 피라미드 (위에서 아래로): 언어기호, 시각기호 → 추상에 의한 학습 → 상징적 표상양식(2) 녹음·라디오·사진, 영화, TV, 전시, 견학, 시범 → 관찰에 의한 학습 → 영상적 표상양식(6) 극화된 경험, 구성된 경험-모형, 직접적·목적적 경험 → 행동에 의한 학습 → 행동적 표상양식(3) (위로 갈수록 추상, 아래로 갈수록 구체)
경험의 원추의 주요 특징	• 경험의 원추설은 구체성과 추상성의 관계에서 아래부터 위로 올라갈수록 추상성이 높아지며, 반대로 아래로 내려올수록 구체성을 드러낸다. • 경험의 원추에서 제시한 학습경험을 크게 직접적·목적적 경험, 영상을 통한 경험, 상징적 경험으로 분류하여 학습형태가 행위에 의한 학습, 영상을 통한 학습, 추상적·상징적 개념에 의한 학습으로 구분될 수 있음을 강조한다.

CHAPTER 5·6

- 경험의 원추에서 보여주는 교육방법은 각종의 학습경험을 차례 차례로 경험시킨 후에 이를 토대로 각각의 경험을 종합하여 주는 것이다.
- 경험의 원추에서는 교수매체가 구체적인 자료에서 추상적인 자료로 올라갈수록 짧은 시간 내에 더욱 많은 정보 및 학습내용이 전달된다는 것이다.
- 경험의 원추에 나타나는 모든 구분이 학습자의 연령과 관련되어 있다.

(3) 데일의 경험의 원추와 브루너의 지식의 표상양식의 관계

Dale의 경험의 원추	Bruner의 지식의 표상양식
추상적, 상징적 개념에 의한 학습 (언어기호, 시각기호)	상징적 표상 자신의 경험을 언어 등의 기호에 의해 표현함
영상을 통한 학습 (영화, TV, 전시, 견학, 시범)	영상적 표상 사태를 지각과 영상의 선택된 조직에 의해 요약함, 혹은 공간 시간상의 구조와 변형된 이미지에 의해 요약됨
행동에 의한 학습 (극화된 경험, 실물표본, 직접적 경험)	행동적 표상 학령전기의 아동들은 이전의 사건을 적절한 행동이나 동작을 통해 재현함

3) 브루너의 표상 양식 및 데일의 경험의 원추 합격기출

- 데일(E. Dale)이 경험의 원추 모형에서 제시한 학습경험 유형 중 '거북이 사진과 동영상, 그림 자료를 보며'는 (①   )을 통한 학습에 해당되고, 활동 '역할을 정하여 『토끼와 거북이』 동극을 한다.'는 (②   ) 경험에 해당한다.

- 브루너(J.S. Bruner)의 표상단계 및 표상활동

표상단계	표상활동
(③)	• 음악 '백조'를 듣고 느낌을 말한다.
(④)	• '백조' 음악을 들으며 백조처럼 움직인다.
(⑤)	• 동물의 사육제 '백조' 음악 비디오를 감상한다.

- 브루너(J.S. Bruner)의 지식의 표상양식 및 데일(E. Dale)의 경험의 원추

지식의 표상양식	경험의 원추
(⑥) 표상 단계	직접적·목적적 경험, 구성된 경험, (⑨)된 경험
(⑦) 표상 단계	시범, (⑩), 전시, TV, 영화, 녹음·라디오·(⑪)
(⑧) 표상 단계	시각 기호, 언어 기호

교과교육론 + 교육공학 합격기출 정답

01 유아 교수-학습의 기본 원리

정답

①	②	③	④	⑤
개별화의 원리	융통성	놀이 중심	개별화	집단역동성

02 브레드캠(Bredekamp)과 로즈그란트(Rosegrant)의 유아 교사의 교수 행동

정답

①	②	③	④	⑤
인정하기	모범 보이기	촉진하기	지원하기	지지하기
⑥	⑦	⑧		
함께 구성하기	시범 보이기	지도하기		

03 브레드캠(Bredekamp)과 로즈그란트(Rosegrant)의 유아의 학습 행동

정답

①	②	③	④	⑤
상호작용적-구성주의 학습관	활용하기	인식하기	탐색하기	탐구하기

04 유아를 위한 교수-학습 방법

정답

①	②			
토의학습	협동학습			

05 가드너(H. Gardner)의 다중지능이론

정답

①	②	③	④	⑤
가드너	다중지능	대인관계 (=개인 간)	강점 지능	약점 지능
⑥	⑦			
강점	강점			

06 브루너(J.S Bruner)의 표상 양식 및 데일(E. Dale)의 경험의 원추

정답

①	②	③	④	⑤
영상	극화된	상징적 표상단계	작동적 표상단계	영상적 표상단계
⑥	⑦	⑧	⑨	⑩
행동적(=동작적)	영상적	상징적	극화된 경험	견학
⑪				
사진				

합격다짐

CHAPTER 7

유아 연구 및 평가 합격비계

I. 유아 연구 및 평가 합격목차
II. 유아 연구 및 평가 합격내용

Ⅰ. 유아 연구 및 평가 합격목차

1. 표본기록법(=지속적 관찰기록법)
2. 일화기록법
3. 행동목록법(=체크리스트법)
4. 평정척도법
5. 시간표집법
6. 사건표집법
7. 수행평가 및 포트폴리오
8. 유아 연구 방법
9. 사회성 측정법
10. 표준화 검사
11. 유치원 평가
12. 유아 평가 결과 기술 및 활용 방안

II. 유아 연구 및 평가 합격내용

01 표본기록법(=지속적 관찰기록법)

1) 표본기록법의 합격단어
2) 표본기록법의 합격내용
3) 표본기록법의 합격기출

1) 표본기록법의 합격단어

- 표본기록법(=지속적 관찰기록법)

2) 표본기록법의 합격내용

구분	내용
개념	• 표본식기록법은 미리 정한 어떤 기준에 따라 관련된 행동이나 사건내용을 기록하고, 그것이 일어나게 된 환경적 배경을 상세하게 이야기식으로 서술하는 것이다.
목적 및 특징	• 관찰대상 유아들의 행동이나 상황을 있는 그대로 기록한 원자료를 가능한 많이 수집하려는 것이다. • 서술적 관찰 방법 중에서도 행동의 일화를 가장 자세하고 완전하게 표현하는 방법이다. • 관찰대상 유아의 관찰장면, 관찰시간을 미리 선정한 후 그 장면에서 일어나는 유아들의 행동과 상황을 있는 그대로 집중적으로 기록한다. • 유아들의 행동이나 어떤 사건이 일어난 상황을 보지 않은 사람도 그 기록만을 보고도 그 당시의 상황을 그대로 재현할 수 있을 정도로 자세하게 쓴다. • 표본기록법은 서술 형식으로 기록한다는 점에서 일화기록법과 유사하지만, 실제 한 사건만을 기록하는 것이 아니라, 모든 행동을 기록하고 더욱 자세하고 완전하게 기록한다는 점에서 일화기록과는 차이가 있다.
장점	• 관찰된 행동이나 사건을 통해 사건의 전후관계를 알 수 있다. • 사건이 발생하는 시간과 동시에 기록되기 때문에 나중에 기록되는 경우보다 정확하다. • 영구적 기록으로 검토, 추가, 재조정 할 수 있으며 다른 정보와 대조하여 이용할 수 있다.
단점	• 실제적으로 활용하기가 어렵다. • 기록하고 평가하는데 시간이 많이 걸린다. • 관찰자의 주관적인 해석이나 판단 추론으로 흐를 수 있다.

관찰양식	표본기록의 예			
	관찰대상	생년월일	관찰일 현재연령	세　개월
	관 찰 자	성별(남·여)	관찰시간	
	관찰장면		관찰일자	
	시간	기록		
	요약			

관찰기록의 예	관찰아동: 이지혜　　　생년월일:1995. 12. 26　　　관찰일 현재 연령: 3년 2월 관 찰 자: 김호정　　　성　　별: 여　　　　　　　관찰시간: am 10:30~10:36 관찰장면: 자유놀이시간　　　　　　　　　　　　　관찰일자: 1999. 3. 17		
	시간	기록	주석
	10:30~10:32 10:32~10:36	지혜가 나무 적목을 가지고 쌓기를 한다. 집 모양을 쌓은 후 교실을 한 번 둘러본다. 그러고는 옆에 있던 전화기를 집어서 "아빠야?" 하며 전화를 받는다. "여보세요." 하고 이야기를 하다가 민영이가 옆에 오자 "전화왔어, 아빠." 하며 민영이에게 전화기를 준다. 지혜는 일어나서 나무 막대를 연필이라고 하면서 가져오고 하드 보드지를 공책이라고 하며 꺼내 책상에 앉는다. 나무 막대를 오른손으로 잡고는 하드보드지에 글씨 쓰는 행동을 한다. 1분간 글씨를 쓰다가 일어나서 소꿉놀이 '뒤집게'를 가지고 와 앉는다. 그러고는 아까 쓴 글씨를 뒤집게로 지우는 행동을 한다. 1분간 글씨를 쓰다가 일어나서 ▶모양의 적목을 가지고 온다. "참 잘했어요." 하며 ▶적목이 도장인 것처럼 하드보드지에 도장을 찍는다. 태완이가 와서 "뭐야" 하고 묻자 "지금 공부하는 거야, 너도 해. 내가 도장 찍어 줄게" 한다. 그리고는 다시 글씨를 쓴다.	놀이 친구 : 이민영 놀이교구 : 나무막대-연필하드보드지-교구 뒤집게-지우개 ▶적목-도장 놀이친구 : 김태완
	요약 : • 지혜는 오른손을 이용하여 글씨를 쓴다. • 친구와 상징놀이를 할 수 있다. • 사물을 대치하여 ~하는 척 하는 놀이를 할 수 있다.		

3) 표본기록법의 합격기출

- 조작 놀이 시간 동안 유아가 연속적으로 활동하는 과정을 있는 그대로 관찰하고 자세히 기록하기 위해 (　　　)기록을 사용하였다.

02 일화기록법

1) 일화기록법의 합격단어
2) 일화기록법의 합격내용
3) 일화기록법의 합격기출

1) 일화기록법의 합격단어

- 일화기록법

2) 일화기록법의 합격내용

구분	내용
개념	• 일화기록법은 관찰자가 직접 관찰한 사건이나 행동을 짧고 간결하게 기술하되, 평가를 내리지 않는 글로 묘사한 기록이라고 할 수 있다. • 일화기록법은 영유아의 특정한 행동에 초점을 맞추어 그 행동이 나타날 때마다 이를 상세하게 관찰·기록하는 것이며, 시간의 흐름에 따라 반복적으로 기록하는 방법이다. • 일화기록법은 한 인간의 성격 및 행동특성, 적응양식을 이해하기 위해서 구체적인 행동사례를 될 수 있는 대로 상세하게 기록하는 방법이다. 즉, 짧은 내용의 사건이나 행동에 대한 사실적인 기록이다. 사건이나 행동을 기록하되, 마치 사진을 보는 것 같이 사실적으로 묘사하는 글이라 하여 '글로 묘사된 사진'이라고도 표현한다.
특징 및 작성 방법	• 관찰 영유아의 주 행동인 한 가지 행동에만 초점을 두고 관찰한 내용이어야 한다. • 영유아의 언어 또는 언어적 상호작용은 인용부호(" ")를 기입하여 직접화법으로 기술한다. • 일화기록에 의한 관찰기록에는 관찰 시간, 장면, 진행 중인 활동 등 상황적인 자료가 포함되어 있어야 한다. • 관찰하는 목표 아동의 행동뿐만 아니라 관찰 아동과 상호작용하고 있는 또래나 교사의 언어 및 행동도 함께 서술한다. • 기록 내용은 객관적이고 사실적이어야 하며, 추론과 해석은 배제되어야 한다. 기록물 자체에는 객관적이고 사실적인 내용을 기입해야 한다. • 일화 기록의 범주들은 관찰자의 관찰 목적에 따라 달라질 수 있다. • 어떤 행동이 언제, 어떤 조건 하에서 발생되었는가의 사실적인 기술이 있어야 한다. • 이러한 행동에 대한 해석과 처리 방안은 분리되어 기록하여야 한다. • 하나의 일화기록은 하나의 사건의 기록이 되어야 하며, 여러 시기의 사건을 총괄하여 종합적으로 기록해서는 안 된다. • 하나의 기록된 사건은 그 아동의 발달과 성장을 이해하는 데 의의가 있는 것이어야 한다. • 어떤 일화나 사건이 발생한 후 될 수 있는 대로 즉시 기록해야 한다. • 관찰대상 유아의 행동과 말을 구별해서 기록한다. 구체적으로 간단명료하게 적는다. • 일화 기록지에 관찰날짜/시간/장소/장면/관찰 아동의 이름/생년월일/관찰자 등을 꼭 기록한다. 그 때의 상황이나 사건의 배경 등을 잘 알 수 있는 지침이 된다. • 관찰대상 유아의 행동과 언어를 기록할 뿐만 아니라 그 상황에 있는 다른 사람들의 반응도 기록한다. • 일화가 일어난 순서대로 기록한다. 일화의 시작과 중간, 끝의 내용이 있어야 한다.

	- 관찰대상 유아가 사용한 말을 그대로 인용하여 기록한다. 사건 내의 주요 인물이 한 말과 행동도 그대로 기록하며, 유아가 한 말을 부호(" ")속에 삽입하여 있었던 그대로 기록한다.
- 관찰대상 유아가 한 행동을 기술할 때 동일한 용어로 일관성 있게 기록한다. 비슷한 뜻의 용어라도 각기 다른 의미 때문에 주관적인 해석을 할 수 있다.
- 객관적이고 사실적이며 완전한 기록이어야 한다. 관찰자의 주관적인 편견은 배제되어야 한다.
- 유아의 전체적인 행동만이 아니라, 목소리/몸짓/얼굴 표정 등과 같은 감정의 표현도 기록한다.
- 동일한 용어로 일관성 있게 서술한다.
- 각 유아의 발달상의 다양한 일화들을 모으기 위해 정기적으로 포트폴리오를 체크한다.
- 일화기록은 객관적인 사실에 입각한 목표 행동을 간단하게 기술한다. 반면 객관적인 사실에 대한 해석 및 평가는 각각 따로 분리하여 기록하여야 한다. 일반적으로 일화를 기록한 이후에 평가란을 별도로 두어 기록한다.
- 일화기록 시 행동이 일어나는 상황이나 배경을 고려하여 관찰 기록된 자료만이 영유아의 행동을 이해하는 데 도움을 줄 수 있기 때문에 일화기록은 영유아가 속한 사회 및 문화적 상황이나 물리적 환경과의 관련 속에서 총체적으로 서술해야 한다.
- 일화기록에 작성된 내용은 영유아의 발달과 성장을 이해하는 데 의미가 있어야 한다. 이를 위해 관찰자는 영유아가 보여주는 발달 포인트를 즉시 기록해 두어야 한다. 그러므로 관찰자는 관찰에 앞서 영유아의 연령 집단별 발달 특성에 대하여 익숙하게 알고 있어야 한다.
- 이 방법은 일정 주기를 가지고 체계적인 시간표집을 하는 것이 아니라 그때그때 사건이 생길 때마다 기록하는 방법이다. 그러므로 일화기록법을 통해 얻은 자료의 신뢰성은 다른 관찰기록방법으로 얻은 자료의 신뢰성 보다 다소 낮을 가능성이 있다. 반면 일화기록 방법이 비형식적인 특징을 갖는 것은 오히려 우발적인 사건이 많이 일어나는 영유아의 행동을 기록하는 데에는 적합할 수 있다.
장점	- 특별한 훈련이 없이도 관찰한 내용을 기록할 수 있다.
- 관찰자가 사건이 일어난 후 편리할 때 기록할 수 있다.
- 표본식 기술보다 간단하게 기록되므로, 표본식 기술보다 시간을 많이 필요로 하지 않는다.
- 여러 번에 걸쳐 누적된, 지속적이고 체계적인 일화기록 자료는 관찰자가 영유아의 행동/발달 패턴 비교/변화/흥미 등을 정확하게 이해하는 데 도움을 준다.
단점	- 정확하고 객관적인 관찰기록이 아닐 경우 오히려 유아에 대한 잘못된 인상을 심어 줄 수 있다.
- 시간이 지난 후 기록하는 경우, 관찰자의 편견이 들어가거나 그때의 상황을 잊어버리는 경우가 생긴다.
- 관찰자가 관심을 두고 있는 사건만을 기록하기 때문에 사건에 대한 상황 묘사를 표본식 기술에 비해 완벽하게 하기는 어렵다.
- 표본식 기술보다는 덜 하지만 체크리스트나 평정척도보다는 훨씬 더 많은 시간을 요하기 때문에 관찰자가 부담을 가질 수 있다.
관찰양식	관찰유아 : 생년월일 : 성 별 : 관 찰 자 : 관찰일자 : 관찰시간 : 관찰일 현재 유아의 연령: 관찰장면: 기록

CHAPTER 7

관찰양식의 예	요약	
	일화기록의 예	
	관찰아동 김용언	현재연령 3세 4개월(남)
	관 찰 일 2008년 5월 8일	관 찰 자 최혜영
	관찰장면 조작영역	관찰시간 오전 9시 35~9시 45분(10분)
	기록 용언이가 다른 아이들이 퍼즐을 하고 있는 탁자로 달려와서 "내가 할래!" 하고 큰 소리로 말했다. 용언이는 다른 친구에게 다가가서 "나 퍼즐해도 돼?" 하고 물어 본다. 민규가 "안 돼. 아직 안 끝났어."라고 말하자, 용언이는 "내 우주선 만드는 데 퍼즐이 필요해."라고 말했다. 민규가 "선생님이 차례를 기다리라고 했어."라고 말하자, 용언이는 선생님에게 다가가 "선생님, 나 지금 퍼즐 해도 돼요?"라고 물어 봤다. 선생님이 "민규 다음이 네 차례야."라고 대답했다. 용언이가 민규에게 "민규야, 그럼 5분 동안 네가 놀고, 그 다음에 내가 할게. 알았지?"라고 말하자, 민규는 고개를 끄덕였다. 용언이는 타이머로 5분을 맞춘 후, 탁자에 턱을 괴고 앉아 기다렸다. 타이머에서 소리가 나자 용언이는 "이제는 내 차례다!"라고 말한 후, 퍼즐을 가져가 다시 맞추기 시작했다.	
	평가	

3) 일화기록법의 합격기출

- 일화기록 작성 시 영유아의 언어 또는 언어적 상호작용은 인용부호(" ")를 기입하여 (①   )으로 기술해야 한다.

- 일화기록법 – 사건이 생긴 (②   ) 기록해야 한다. 하나의 사건에 대해 사건이 일어난 (③   )대로 기록한다. 대상 유아가 한 말과 행동을 (④   ) 그대로 기록한다. 상황 내의 다른 유아나 교사의 반응을 기록한다. 유아의 전체적인 행동뿐만 아니라 유아의 목소리, 몸짓, 얼굴 표정 등과 같은 (⑤   ) 표현을 기록한다.

- 역할 놀이 영역에서 수진이의 행동 유형을 알아보기 위해 특정한 시간의 틀에 얽매이지 않고 (⑥   )기록을 작성하였다.

03 행동목록법(=체크리스트법)

1) 행동목록법의 합격단어
2) 행동목록법의 합격내용
3) 행동목록법의 합격기출

1) 행동목록법의 합격단어

- 행동목록법(=체크리스트법)

2) 행동목록법의 합격내용

구분	내용
개념	• 행동목록법은 어느 정도 구조화된 관찰법으로서, 관찰자가 관심 있는 행동목록을 사전에 준비하고, 각 행동의 출현 여부를 관찰한 뒤에 '예·아니오' 또는 '그렇다·그렇지 않다'로 표기하는 방법이다. • 행동목록법은 어떤 행동의 출현 여부를 판단하는 것과 변화 여부를 판단하는 데에 도움이 된다. • 특정한 특성이나 행동의 유무를 표시하는 관찰기록방법이 행동목록법이다. 행동목록법은 교사가 현장에서 손쉽게 사용할 수 있는 관찰기록방법 중의 하나이다. |	희아	혜민	지성	나래 | | --- | --- | --- | --- | --- | | 1. 두 발 모아 뛰기를 할 수 있다. | X | O | O | O | | 2. 한 발로 세 번 이상 뛸 수 있다. | X | O | X | X | | 3. 세발자전거를 탈 수 있다. | X | O | O | O |
목적	• 관찰하고자 하는 대상의 현재 상태를 평가하고자 할 때 사용된다. 체크리스트는 어느 한 시점에서 어떤 행동의 출현 유무에 주로 관심이 있을 때 사용하게 된다. • 체크리스트는 시간에 따른 발달의 변화를 알고자 할 때도 사용된다. 예를 들면, 학기 초에 유아의 기본생활습관 형성 정도를 알아보기 위해 체크리스트로 관찰한 후 학기 말에 다시 체크리스트를 이용하여 유아의 기본생활습관을 관찰해 봄으로써 유아의 기본생활습관 형성이 어느 정도 변하였는가를 알 수 있을 것이다.
특성	• 행동목록법은 쉽고 분명하게 구체화될 수 있는 행동이나 특성 유형을 관찰하고, 한 유아가 특정한 행동을 보이는지를 알고자 할 때 사용하면 유용하다. • 일반적으로 행동목록법으로 기록할 때에는 다음과 같이 체크(∨) 표시를 많이 사용하기 때문에 체크리스트라고도 명명한다. |	예	아니오	비고 | | --- | --- | --- | --- | | 1. 두 발 모아 뛰기를 할 수 있다. | ∨ | | | | 2. 한 발로 세 번 이상 뛸 수 있다. | | | 관찰안됨 | | 3. 세발자전거를 탈 수 있다. | ∨ | | |

	• 행동목록법은 체크리스트법이라고도 한다. 관찰하려는 대상이 인간의 행동이 아닌 자료나 환경 등일 때 일반적으로 체크리스트라고 부른다. 체크리스트로 일반화하여 사용할 때는 관찰 보조도구뿐만 아니라 질문지나 면접 등 조사연구에서도 널리 사용된다.
작성지침 및 고려할 점	• 행동목록법의 지침 ① 행동목록 내에서 관찰 항목 간에 중복되지 않아야 한다. ② 관찰하려는 행동의 항목은 논리적으로 조직되어야 한다. ③ 객관적이며, 관찰자의 주관적인 판단이 배제된 것이어야 한다. ④ 관찰하려는 행동의 항목은 관찰 항목 간에 긍정적인 특성이어야 한다. ⑤ 모든 행동을 포함하기 보다는 영·유아의 행동을 대표하는 항목으로 구성되어야 한다. ⑥ 관찰하려는 행동의 항목들은 한 가지 행동을 나타내는 간략하고, 설명적이며, 이해가 용이한 표현을 사용한다. • 행동목록의 작성·선택 시 일반적 지침 ① 관찰하기 전에 준비되어 있어야 한다. ② 관찰 목적에 맞도록 구성되어야 한다. ③ 출현 유무의 표기와 함께 처음 그 행동이 나타난 날짜를 기록할 수 있도록 만들어야 한다. ④ 모든 문항들은 긍정적으로 기술되어야 한다. ⑤ 행동목록의 각 문항들은 하나의 관찰 내용만을 포함하여야 한다. ⑥ 문항은 관찰 가능한 구체적 행동을 나타내는 것이어야 한다. ⑦ 행동목록은 관찰하려는 특정 영역에 대해 가능한 포괄적이고 대표적인 목록으로 구성되어야 하며, 문항 간에 서로 중복되지 말아야 한다. ⑧ 행동목록은 가능한 논리적으로 구성해야 한다. 즉, 문항들을 배열하고 조직할 때 일정한 체계가 있어야 한다는 것이다. • 행동목록 작성 시 형식적인 측면에서 고려해야 할 사항 ① 문장의 시제를 현재형 혹은 미래형 등으로 일치시키는 등 일관적인 체제를 사용해야 한다. ② 일반적으로는 '예'나 '아니오' 중에서 선택해야 하지만, 특정한 행동이 관찰되지 않았을 때를 위해서 비고란을 마련할 수 있다. ③ 문항 간에 시각적으로 구분이 잘 되면서도 한눈에 잘 들어오도록 작성해서 관찰자가 사용하기 편리하도록 구성해야 한다. ④ 다른 관찰기록방법과 마찬가지로 관찰기록지에 관찰자명, 관찰 대상 이름, 관찰 대상의 연령, 성별, 관찰일, 관찰 장소 등 관찰 대상 및 상황과 관련된 일반적인 정보들을 기록할 공간이 마련되어야 한다.
장점	• 사용이 간단하고, 신속하며, 효율적이다. • 비전문적인 관찰자도 쉽게 사용할 수 있다. • 한 번에 많은 행동들을 관찰하기에 도움이 된다. • 개별 영유아들을 위한 교수 계획을 하는 데 특히 유용하다.
단점	• 행동목록에 기술되어 있는 행동들에 대한 질적인 정보를 제공하지 못한다. • 특정한 행동만을 바라보기 때문에 제한적이어서 중요한 행동들을 놓칠 수 있다. • 행동에 대한 존재 '유', '무'를 나타내는데 그치고 행동의 빈도나 질적 수준에 대한 정보를 얻을 수 없다. • 사용하기에는 용이하나 이를 작성하기 위해서는 시간과 노력이 많이 들고 관찰자의 연구 경험에 따라 그 융통성이 결정된다.

| 관찰양식의 예 | 언어발달 체크리스트 (만 3, 4세용) |

<table>
<tr><td colspan="4">관찰아동 :　　　　생년월일 :　　　　　　성별 :
관찰자 :　　　　　관찰일 :　　　　　　관찰일 현재연령 :
관찰할 유아를 선택한 후 check list에 있는 행동이 나타나면 V로 표시한다.
관찰결과를 요약 정리한다.</td></tr>
<tr><th></th><th>예</th><th>아니오</th><th>비고</th></tr>
<tr><td>1. 교사의 말을 주의 깊게 듣는다.</td><td></td><td></td><td></td></tr>
<tr><td>2. 질문이 많다.</td><td></td><td></td><td></td></tr>
<tr><td>3. 두 가지 사물을 비교하여 말할 수 있다.</td><td></td><td></td><td></td></tr>
<tr><td>4. 사용하는 어휘수가 많고 다양하다.</td><td></td><td></td><td></td></tr>
<tr><td>5. 사용하는 문장의 길이가 길어진다.</td><td></td><td></td><td></td></tr>
<tr><td>6. 문법적인 문장을 사용하기 시작한다.</td><td></td><td></td><td></td></tr>
<tr><td>7. 긁적거리기 단계의 쓰기 현상이 나타난다.</td><td></td><td></td><td></td></tr>
<tr><td>8. 기초적인 낱말과 문장을 듣고 이해한다.</td><td></td><td></td><td></td></tr>
<tr><td>9. 분명한 발음으로 말한다.</td><td></td><td></td><td></td></tr>
<tr><td>10. 자신의 의견을 말할 수 있다.</td><td></td><td></td><td></td></tr>
<tr><td>11. 또래와 대화를 주고받을 수 있다.</td><td></td><td></td><td></td></tr>
<tr><td>12. 상황에 알맞게 말할 수 있다.</td><td></td><td></td><td></td></tr>
<tr><td>13. 이야기를 듣고 기억해 내어 말할 수 있다.</td><td></td><td></td><td></td></tr>
<tr><td>14. 교사가 나타내는 신호나 지시에 따른다.</td><td></td><td></td><td></td></tr>
<tr><td>15. 읽어 준 동화나 글을 이해하여 순서대로 말한다.</td><td></td><td></td><td></td></tr>
<tr><td>16. 글자에 관심을 보인다.</td><td></td><td></td><td></td></tr>
<tr><td>17. 자신의 이름을 쓸 수 있다.</td><td></td><td></td><td></td></tr>
<tr><td>18. 간단한 글자를 읽는다.</td><td></td><td></td><td></td></tr>
<tr><td>19. 어른의 도움 없이 혼자 책을 읽는다.</td><td></td><td></td><td></td></tr>
<tr><td>20. 책 읽기를 좋아한다.</td><td></td><td></td><td></td></tr>
<tr><td>21. 바르게 앉아서 쓴다.</td><td></td><td></td><td></td></tr>
<tr><td>22. 연필, 필기도구를 바로 잡고 쓴다.</td><td></td><td></td><td></td></tr>
<tr><td>23. 새로 내놓은 책에 관심을 갖는다.</td><td></td><td></td><td></td></tr>
<tr><td>24. 교사의 도움 없이 혼자 간단한 단어를 쓴다.</td><td></td><td></td><td></td></tr>
<tr><td>25. "왜? 만약에" 등으로 시작하는 질문을 한다.</td><td></td><td></td><td></td></tr>
</table>

3) 행동목록법의 합격기출

- 행동목록법은 '(①   )'나 '(②   )'로 표시하면 되니까 자조 기술이 형성되었는지 여부를 알기가 쉬워요.

- (③   )은 편하게 기록할 수 있어요. 유아의 행동 발달을 단계적으로는 파악할 수 있으나, 관찰한 행동이 얼마나 자주 일어나는지도 알 수 없어요.

- (④   )과 (⑤   )을 비교해 보면, 첫째, (④   )이 기록에 많은 시간이 필요한 반면, (⑤   )은 목록표를 사용하므로 기록이 빠르다. 둘째, (④   )이 관찰자로서의 객관성 유지가 어려운 반면, (⑤   )은 관찰하려는 행동 단위를 미리 표로 작성해 두기 때문에 명확하고 구체적인 평가가 가능하다.

- 유아의 사회적 기술 발달 정도를 알아보기 위해 사전에 관찰한 사회적 기술에 대한 (⑥   )을 체크하는 행동목록법을 사용하였다.

- 행동목록법의 장점은 행동의 (⑦   ) 및 변화 여부를 쉽게 파악할 수 있으며 (⑧   )이 간편하고 용이하다.

- 행동목록표를 만들 때 주의할 점은 관찰 항목 간 상호 (⑨   )이 없도록 하고, 관찰하려는 행동을 (⑩   )하는 목록을 선택하며, 직접 (⑪   )이 가능한 구체적인 행동들로 기술하고, (⑫   ) 가지 행동만을 나타내는 간결한 표현을 사용한다는 것이다.

04 평정척도법

1) 평정척도법의 합격단어
2) 평정척도법의 합격내용
3) 평정척도법의 합격기출

1) 평정척도법의 합격단어

- 평정척도법, 기술평정척도, 숫자평정척도, 도식평정척도, 표준평정척도, 중복형 평정척도, 강제 선택형 평정척도, 어의 평정 척도법, 관용의 오류, 엄격성의 오류, 중앙 집중의 오류(=중심화 경향의 오류), 후광 효과(halo effect), 논리적 오류, 비교의 오류(=대비의 오류), 근접성에 의한 오류

2) 평정척도법의 합격내용

구분	내용
개념	• 평정척도법이란 개인이 특정한 행동이나 특성을 소유하고 있는 정도를 알아보기 위한 관찰기법을 의미한다. • 평정척도법은 한 명의 영유아의 몇 가지 행동들을 동시에 측정하는데 사용된다. • 평정척도법은 영유아들이 가지고 있는 특정한 성격이나 행동의 정도를 표시하는 관찰 도구이다. • 평정척도법은 특별한 행동에 대한 정도가 잘 정의되어 관찰자가 잘 이해하고 있을 때, 척도에 따라 행동의 뚜렷한 구분이 이루어지는 경우에 가장 효과적으로 이용할 수 있다.

특징	• 평가척도법은 특정 행동의 유무뿐만 아니라 특정 행동의 질적인 특성이나 출현 빈도의 정도를 가장 낮은 수준에서 가장 높은 수준의 연속성이 있는 단계로 평정하는 것이다.
	• 평가척도법을 사용하기 위해서는 행동목록법과 마찬가지로 사전에 평가하고자 하는 행동들이 기술되어 있는 목록이 필요하다.
	• 일반적으로 평정척도는 3점 척도에서 11점 척도까지 매우 다양하다. 척도를 몇 개의 단위로 구분할 것인지는 평정 대상이 되는 특성, 평정이 이루어지는 상황이나 조건, 요구되는 정확성 및 평정자의 훈련 여부에 따라 결정되어야 한다.
	• 행동목록법과의 비교
	  - 행동목록법과의 유사점 : 사전에 관찰할 목록이 구성되어야 하며, 관찰 행동이 나타나는지 아닌지를 판단할 수 있다.
	  - 행동목록법과의 차이점 : 행동목록은 관찰 행동의 존재 유, 무에만 관심을 두는 반면, 평정척도는 행동의 존재 유, 무와 행동의 질적 특성이 어느 정도인지를 파악할 수 있다.

종류	• 기술평정척도
	  - 영유아 행동 특성의 한 차원을 연속성 있게 몇 개의 행동 단계로 나누어 기술하고, 관찰자는 영유아의 행동을 가장 잘 나타내는 항목을 한 개 선택하는 방법이다.
	
	    기술 평정 척도법
	    기　관 :　　○○유치원(어린이집)
	    관찰아동 :　　○○○　　　　　생년월일 :　　년　월　일(만　세)

CHAPTER 7

관 찰 자 : ○○○	관 찰 일 : 년 월 일(시 분 ~ 시 분)

집중 시간

1 ____ 작업을 거의 끝마치지 못하고, 다른 곳으로 옮겨간다.
2 ____ 작업을 완수하기 위해서 한 곳에 머물도록 도와줄 필요가 있다.
3 ____ 연령에 적당한 정도의 작업을 완수한다.
4 ____ 긴 시간동안 선택된 활동을 유지하고 다음날까지 연속되기도 한다.

호기심

1 ____ 새로운 것에 관심을 거의 보이지 않는다.
2 ____ 정말 흥미로운 것에 관심을 가질 수도 있지만, 대부분 흥미를 보이지 않는다.
3 ____ 활동은 학급 내의 새로운 것에 대해 탐색한다.
4 ____ 새로운 아이디어, 단어, 인간관계나 사물에 관심을 보인다.

- 숫자평정척도
  - 평가하려는 행동에 관한 척도치에 일정한 개수의 숫자를 배정하고 가장 일치하는 수준에 표시를 하는 방법이다.

숫자 평정 척도법

기　　관 : ○○유치원(어린이집)
관찰아동 : ○○○　　　　　　　생년월일 :   년 월 일(만 세)
관 찰 자 : ○○○　　　　　　　관 찰 일 :   년 월 일(시 분 ~ 시 분)

놀잇감을 공유한다.

5	4	3	2	1
항상 그렇다	자주 그렇다	보통이다	가끔 그렇다	그렇지 않다

- 도식평정척도
  - 평정척도를 도식으로 나타내는 방법으로, 수평선, 수직선, 그림, 음영 등이 사용되지만, 일반적으로는 다음의 표와 같이 수평선을 사용한다. 도식평정척도는 다음과 같이 기술적인 유목에 선을 첨가함으로써 관찰자가 보다 쉽게 평정할 수 있다는 장점이 있다.

교사나 친구들을 언제나 잘 도와준다.	항상 그렇다	가끔 그렇다.	때때로 그렇다.	거의 그렇지 않다.	매우 그렇지 않다.
	├──────┼──────┼──────┼──────┤				

```
                        도식 평정 척도법
기    관 :      ○○유치원(어린이집)
관찰아동 :      ○○○           생년월일 :      년 월 일(만  세)
관 찰 자 :      ○○○           관 찰 일 :      년 월 일( 시 분 ~ 시 분)

  1. 놀이의 형태
  혼자 논다        |------|------|------|------|        친구와 함께 논다.


  2. 놀이의 방법
  단순한 기능놀이
  연습놀이를 한다.  |------|------|------|------|        친구와 역할놀이를 한다.


  3. 놀이시간
  한 곳에 오래 놀이
  하지 못하고 자주  |------|------|------|------|        다양한 대화나 놀이방법으로 오랫동안
  이동한다.                                              놀이를 지속한다.
```

- 표준평정척도
  - 관찰자에게 평정의 대상을 다른 일반대상과 비교할 수 있도록 구체적인 준거를 제시하는 방법이다.

```
                        표준 평정 척도법
기    관 :      ○○유치원(어린이집)
관찰아동 :      ○○○           생년월일 :      년 월 일(만  세)
관 찰 자 :      ○○○           관 찰 일 :      년 월 일( 시 분 ~ 시 분)


  1. 읽기 능력        |--------|--------|--------|--------|


  2. 수세기 능력      |--------|--------|--------|--------|


  3. 의사소통 능력    |--------|--------|--------|--------|


  4. 언어 이해 능력   |--------|--------|--------|--------|

                    하위 5%에  하위 25%에  중간 50%에  상위 25%에  상위 5%에
                     속함       속함       속함        속함        속함
```

CHAPTER 7

- 중복형 평정척도법
  - 평정할 항목들을 나열하고 각각의 항목을 보편적 특성을 재는 별개의 지표로 보는 방법으로, 평정이 끝난 후에는 평정한 항목의 총계나 그 평균을 구하게 된다.

  > 누구일까요?
  >   1. 자신의 일을 항상 제 시간에 한다. _____
  >   2. 혼자서도 충분히 공부할 수 있다. _____

- 강제 선택형 평정척도
  - 주로 산업현장과 군대에서 개인을 평가할 때 사용하는 방법으로, 몇 가지 예를 들고서 평정대상에서 가장 적절하다고 생각하는 항목에 반드시 표시하도록 하는 방법이다.

  > (해당하는 곳에 모두 표시하십시오.)
  > - 김철수는 어떤 사람인가?
  >   친절하다. _____
  >   협동적이다. _____
  >   훌륭한 지도자이다. _____
  >   열심히 일한다. _____
  > (한 곳에만 표시하십시오.)
  > - 집단 속에서 김철수는 어떤가?
  >   선생님의 말씀을 잘 듣는다. _____
  >   다른 친구들과 싸운다. _____
  >   조용히 앉아서 보기만 할 뿐 참여하지 않는다. _____
  >   무엇이든지 먼저 하려고 한다. _____

- 어의 평정 척도법
  - 오스굿(Charles Osgood)에 의해서 개발되었기 때문에 오스굿 척도법이라고도 한다. 이것은 반대 의미의 형용사를 양쪽에 두고 7개의 범주로 나누어서 사용한다.

  > **어의 평정 척도법**
  >
  > 기   관 :   ○○유치원(어린이집)
  > 관찰아동 :   ○○○   생년월일 :   년 월 일(만   세)
  > 관 찰 자 :   ○○○   관 찰 일 :   년 월 일(시 분 ~ 시 분)
  >
  > 감정의 형태   행복한 |―|―|―|―|―|―| 슬픔
  >
  > 사물의 관계   친숙한 |―|―|―|―|―|―| 적의 있는

지침	• 가능한 한 명확하고 간결하게, 짧고, 분명한 용어를 사용한다. • 단어나 단서들이 평정하는 특성과 일치하는 것이라는 것을 확신할 수 있어야 한다. • 한 척도에 특수한 단어를 사용하며 여러 척도에서 의미가 중복되지 않는 단어를 사용한다. • 평균적, 우수, 아주와 같은 일반적 용어는 사용하지 말아야 한다. • 가치 판단적인 용어는 사용하지 말아야 한다. 좋은 행동이나 나쁜 행동을 의미하는 단어는 사용하지 말아야 한다. • 시간표집법이나 표본식기술과 같이 보다 신뢰로운 측정법을 사용할 수 있는 경우에는 사용하지 말아야 한다. • 평정할 특성의 예를 들 때 그 예들이 개념적으로 포함된 것이 아니라, 행동에서 포함된 행동을 구분하는 것이라는 확신을 가져야 한다. • 한 가지 특성에 대해서 모든 피험자를 평정한 후에 다음 특성을 평정한다. • 가능하면 평정할 대상이 모르는 상태에서 평정한다. • 관찰과 평정 상황을 주의 깊게 선택한다.
적용 시 오류	• 관용의 오류 - 평정자가 아는 사람에 대하여 실제보다 높이 평정하거나 타인에게 관대하게 평정하는 오류 • 엄격성의 오류 - 평정자가 지나치게 엄격한 기준을 적용하여 거의 모든 대상에게 엄밀하고 낮게 평정하는 오류 • 중앙 집중의 오류(=중심화 경향의 오류) - 평정자가 극단적으로 평정하는 것을 피하고 중앙에 위치한 항목에 편중하여 점수를 부여하는 오류 • 후광 효과(halo effect) - 평정자가 가지고 있는 관찰대상 유아에 대한 사전 정보나 호감이 평정에 영향을 주어 관찰 유아를 과대 혹은 과소평가 하여 평정하는 오류 • 논리적 오류 - 평정자가 논리적으로 서로 관련되어 있는 것처럼 보이는 관찰 항목에 대하여 유사한 반응을 하는 오류 • 비교의 오류(=대비의 오류) - 평정자가 평정할 사람을 어떻게 지각하고 그 사람이 가진 특성을 어떻게 보느냐에 따라서 자신과 유사하게 또는 자신과 정반대로 평정하는 오류 • 근접성에 의한 오류 - 평정자가 시·공간적으로 가까이 있는 항목들에 대하여 유사하게 평정하는 오류
장점	• 대부분의 다른 관찰기록방법보다 수량화하기가 쉽다. • 다른 연구의 보조 도구로서 유용하게 사용될 수 있다. • 계획이 용이하고, 영유아를 평가하는데 시간이 적게 걸린다. • 수줍음과 같이 명시하기 어려운 특성을 측정하는 것이 가능하다. • 대부분의 다른 방법들에 비해서 점수를 표시하거나 명시하는 것이 용이하다. • 특별한 훈련 없이도 사용하기가 편리하여 전문가가 아니어도 쉽게 사용할 수 있다. • 일정한 간격을 두고 주기적으로 사용할 경우 영유아의 행동변화에 대한 정보를 얻는데 용이하다. • 행동의 질적인 특성을 평가할 수 있기 때문에 행동목록법에 비해 관찰 대상의 실제 특성을 보다 정확하게 평가할 수 있다. • 관찰하고 기록하는 데 시간과 노력이 별로 들지 않고, 한 번에 많은 행동 특성을 관찰할 수 있으며, 또한 한 번에 여러 명의 대상을 관찰할 수 있어서 효율적이다.
단점	• 행동의 원인을 나타내지는 못한다. • 판단이 많은 특성에 대해서 신속하게 이루어질 경우에 관찰자의 편견을 제거하기가 어렵다. • 각 척도간의 차이를 명확히 구분하는 것이 관찰자나 계획자 모두에게 어려운 경우도 있다. • 평정척도법의 사용은 제한적이다. 특정한 특성에 대해서만 검토를 하기 때문에 다른 중요한 행동을 간과할 수 있다. • 일정 기간 동안의 관찰을 통해 관찰차가 판단을 하는 과정을 거쳐야 하기 때문에 관찰자의 편견이나 오류가 개입될 가능성이 많다.

	평가 항목	1. 전혀 그렇지 않다	2. 대체로 그렇지 않다	3. 보통 정도 이다	4. 대체로 그렇다	5. 아주 그렇다
관찰양식의 예	1. 언제나 자발적으로 일을 하는가?					
	2. 맡은 일을 끝까지 성실하게 해내며 부지런한가?					
	3. 언행이 일치하며 솔선수범하는 사람인가?					
	4. 교육자다운 확신과 품위를 갖추고 있는가?					
	5. 유아들에게 지적 흥미와 호기심을 길러 주고 있는가?					

3) 평정척도법의 합격기출

- 평정자 오류의 유형 중 (①   )는/은 평정자가 극단적으로 평정하는 것을 피하고 중앙에 위치한 항목에 편중하여 점수를 부여하는 오류를 의미한다.

- 유아들이 협동에 대해 얼마만큼 이해하고 있는지를 알아보기 위해 3단계 (②   )법을 사용하였다.

- 평정척도법은 만 4세 유아 25명을 대상으로 기본 생활 습관 중 '자기 물건 정리 정돈하기'와 관련된 행동의 (③   ) 여부와 (④   ) 정도를 평가할 때 적절한 평가 방법이다.

05 시간표집법

1) 시간표집법의 합격단어
2) 시간표집법의 합격내용
3) 시간표집법의 합격기출

1) 시간표집법의 합격단어

- 시간표집법

2) 시간표집법의 합격내용

구분	내용
개념	• 시간표집법은 관찰 대상을 표집 하는 방법 중에서 관찰 시간을 추출하는 방법(관찰 장면이나 사건이 아닌)으로, 관찰하고자 하는 측정 단위가 시간인 관찰기록방법이다. • 시간표집법은 오랜 시간에 걸쳐 나타난 행동을 모두 서술하는 방법과는 다르게 시간 단위, 시간 간격, 관찰 횟수 등을 통제한 후 그 안에 일어난 행동을 표기하여 자료를 얻는 방법이다. • 시간표집법은 특수한 시간 체계 내에서 행동을 표집 하는 방법으로, 미리 선정된 행동을 정해진 짧은 시간 동안 관찰하며 시간 간격에 맞추어 여러 차례 반복하여 관찰하는 것이다. 이 때 정해진 시간에 나타나는 행동은 일상적인 행동의 표집으로 간주된다.
특성	• 자주 나타나는 행동에 대해서만 적합하다(평균 15분마다 한 번 나타나는 행동). • 행동이 관찰 가능할 때만 사용한다. 시간표집법은 외현 행동의 연구에 가장 적당하다. • 관찰자는 조작적 정의를 내림으로써 다른 사람들이 모든 용어를 분명히 이해할 수 있도록 해야 한다. • 기록용지의 형식을 결정한다. 쉽게 기록할 수 있도록 단순하게 작성하고 예기치 않게 생긴 사건이나 어떤 방해가 있을 때 기록할 수 있는 여백을 두는 것이 좋다.
장점	• 관찰대상 유아들의 일상생활을 방해하지 않고서도 기록과 채점이 가능하다. • 서술적인 관찰 방법에 비해 시간과 노력이 덜 들고 효율적으로 관찰할 수 있다. • 한 번에 많은 수의 영유아들의 행동을 관찰하여 정보를 수집할 수 있으므로 효율적이다. • 자주 나타나고 빠르게 일어나는 행동, 외현적으로 나타나는 행동 등을 수집하는데 유용한 방법이다. • 단시간 내에 많은 정보를 얻을 수 있다. 일정한 시간 내에 대표성 있는 행동을 표집하기 쉽게 해준다. • 행동이나 사건 발생 빈도를 파악함으로써 행동 수정 프로그램을 작성하거나 평정척도 같은 측정도구를 만드는 데 기초자료가 될 수 있다. • 시간표집은 수량화가 용이하다. 시간표집의 결과로 수집된 자료는 통계적으로 처리될 수 있으며, 다른 변인과의 관계를 발견하고자 할 때도 도움이 된다. • 시간표집법을 통해 얻은 자료는 객관성과 신뢰도가 높다고 할 수 있다. 왜냐하면 관찰하는 시간의 설정이 분명하고 관 찰 행동에 대한 정의가 구체적이며 명료한 것에 바탕을 두기 때문이다. • 자료를 수량화하는 데 용이하다. 행동에 대한 질적인 평가는 어렵지만, 행동의 빈도, 지속 시간 등을 파악하는 데 도움이 된다. 또한 관찰 회기를 늘릴수록 이를 연속치로 산정하여 통계적인 처리도 가능하게 된다.

단점	• 특수한 행동에만 초점을 두고 관찰이 진행되므로 자료가 단편적이다. • 측정 행동에만 초점을 두기 때문에 수많은 인간 행동 간의 상호관계는 밝히기가 어렵다. • 자료가 수량적인 분석에는 용이하나 행동의 정도나 수준 같은 질적인 부분을 평가하기에 한계가 있다. • 특정 행동에만 맞추어 이루어지기 때문에 행동과 행동 사이에 상호관계나 인과관계를 파악하기가 어렵다.
관찰양식	• 적목놀이의 발달단계 시간표집법 관찰아동:　　　　생년월일:　　　　관찰일 현재 유아의 연령: 년 월 관 찰 자:　　　　성　　별:　　　　관찰시간: 관찰일자:

단계 시간	1단계: 나르기	2단계: 쌓기	3단계: 다리 구성	4단계: 울타리 만들기	5단계: 설계	6단계: 이름 붙이기	7단계: 구성물 만들기	메모
15초								
15초								
15초								
15초 (1분)								
15초								
15초								
15초								
15초 (2분)								
15초								
15초								
15초								
15초 (3분)								
15초								
15초								
15초								
15초 (4분)								
15초								
15초								
15초								
15초 (5분)								
합계								

	관찰아동: 강현민			생년월일: 1999. 3. 31			관찰일 현재 유아의 연령: 5년 1월	
	관 찰 자: 조현희			성 별: 남			관찰시간: am 10:20~10:25	

	단계 시간	1단계 : 나르기	2단계 : 쌓기	3단계 : 다리 구성	4단계 : 울타리 만들기	5단계 : 설계	6단계 : 이름 붙이기	7단계 : 구성물 만들기	메모
관찰양식의 예	15초		V						적목을 위로 쌓는다.
	15초					V			적목을 계속 좌우로 연결해서 쌓는다.
	15초						V		"전화국"이라고 이름을 정한다.
	15초 (1분)							V	전화국을 완성한다.
	15초						V		적목을 가지고 전화놀이를 한다.
	15초						V		자동차로 고친다고 적목을 두들긴다.
	15초						V		모양으로 친구와 전화한다.
	15초 (2분)						V		3명이 다시 전화를 하며 논다.
	15초								적목을 교실 바닥에 늘어놓는다.
	15초						V		늘어놓은 적목을 "도로"라고 칭한다.
	15초						V		적목 위에 적목을 올려놓고 "자동차"라 한다.
	15초 (3분)						V		자동차 소리를 내며 적목을 갖고 논다.
	15초						V		자동차의 바퀴가 빠졌다며 적목을 두들긴다.
	15초						V		다시 다른 적목으로 '자동차'로 정한다.
	15초							V	자동차 차고를 만든다.
	15초 (4분)								적목을 좌우로 나열하고 위로 높이 쌓는다.
	15초	V							책상 위에 적목을 모두 옮긴다.
	15초				V				책상 위에 울타리를 만든다.
	15초		V						울타리 안에 적목을 높이 쌓는다.
	15초 (5분)						V		울타리 안의 적목을 '전화국'이라고 한다.
	합계	1	2	1	1	2	11	2	
	요약		• 현민이는 높은 단계의 적목놀이 이름 붙이기를 하고 있다. • 적목으로 사물을 구성하고 이름을 대치하여 붙일 수 있다.

3) 시간표집법의 합격기출

- 유아놀이행동 관찰기록지의 기록방법으로 '유아가 30초 동안 어떤 역에서 놀이하는지를 관찰하여 10초 동안 한 칸에 표시하는 것'과 관련된 관찰기록 방법은 (①   )이다.

- (②   )법 - 자유선택활동 시간 동안 쌓기놀이 영역에서 우리 반 유아들의 사회적 상호작용을 30초 관찰, 30초 기록으로 5회씩 실시하였다.

- 유아의 공격적 행동이 얼마나 자주 일어나는지 알아보기 위해 정해진 시간 동안 행동 출현 (③   )를 기록하는 시간표집법을 사용하였다.

06 사건표집법

1) 사건표집법의 합격단어
2) 사건표집법의 합격내용
3) 사건표집법의 합격기출

1) 사건표집법의 합격단어

- 사건표집법, ABC 서술식 사건표집법, 빈도 사건표집법

2) 사건표집법의 합격내용

구분	내용
개념	• 사건표집법은 관찰 시간이 아닌 관찰 장면이나 사건을 추출하는 방법으로, 관찰하고자 하는 측정 단위가 사건인 관찰기록방법이다. • 사건표집법으로 관찰할 수 있는 사건이나 행동의 범위는 다양하며 특별한 제한은 없다. • 사건표집법은 어떤 행동이 일어난 원인이 무엇인지를 알아내는 데 관찰의 목적이 있다. • 사건표집법은 관찰자가 미리 결정한 특정한 사건이나 행동이 발생할 때에만 관찰하는 방법이다. • 사건표집법은 영유아의 특정한 사건이나 행동을 미리 결정하고 나서 관찰한다는 측면에서는 시간표집법과 비슷하다. 그러나 시간표집법은 정해진 시간 동안 시간 간격에 따라 관찰하는 것에 비해, 사건표집법에서는 관찰하고자 하는 특정한 사건이나 행동이 나타날 때까지 기다렸다가 관찰한다는 점에서 시간표집법과 차이가 있다. 즉, 사건표집법은 관찰 시간이나 시간 간격에 대해서는 고려하지 않는다.

시간표집법과의 비교	구분	시간표집법	사건표집법
	측정의 단위	• 시간	• 사건이나 행동
	기록방식	• 세기표나 체크 표시로 기록	• 서술식으로 기록(단, 빈도 사건표집법의 경우 - 세기 표시 사용)
	활용 분야	• 영유아 행동에 대한 관찰 연구에서 좀 더 활용	• 교육 현장에서 교사가 영유아에 대한 이해와 교수 전략의 교정을 위해 좀 더 사용
	관찰 시 연구자 관심	• 행동이나 사건의 출현 유무에 관심	• 행동이나 사건에 대한 특성에 관심
	수집된 정보의 종류	• 시간표집법을 통해 얻은 정보는 행동의 빈도 또는 지속 시간	• 사건표집법은 행동의 순서 및 전후 관계를 알려 준다(단, 경우에 따라서는 시간표집법에서 얻은 것과 마찬가지로 행동의 빈도를 얻을 수도 있다.).
	자료 처리 방식	• 관찰된 목표 행동의 빈도를 합산하여 점수로 사용하거나 비율 점수를 사용	• 빈도 사건표집법은 시간표집법처럼 빈도의 합산 점수를 사용하지만, 서술식 사건표집법의 경우에는 질적 분석방법을 사용

지침	• 관찰자는 관찰하고자 하는 유아들의 행동을 명확히 규정할 수 있도록 조작적 정의를 내린다. • 유아들의 행동을 관찰할 장소와 시간에 대해 충분히 알고 있어야 한다. 관찰자는 유아들의 행동이나 사건을 언제, 어떤 장소, 장면에서 관찰할 것인가를 결정할 수 있어야 한다. • 기록하고자 하는 정보나 자료의 종류를 결정한다.

종류	• ABC 서술식 사건표집법
	  - 관찰자가 관찰대상 영유아의 특정 행동이나 사건에 대한 결과나 원인에 대해서 알고자 한다면, ABC 서술식 사건 표집법이 가장 적합한 관찰 방법이다.
	  - ABC 서술식 사건표집법은 전체 사건에 대해서 묘사하는 것으로서 사건이나 행동이 일어나기 전의 선행적 사건(A : Antecedent event), 사건이나 행동(B : Behavior), 사건이나 행동이 일어난 후의 결과적 사건(C : Consequent event)을 순서대로 기록하는 것이다.
	  - ABC 서술식 사건표집법은 관찰자가 영유아의 어떤 사건이나 행동의 원인을 알려고 할 때 관찰하는 방법으로, 관찰자가 관심 있는 특정한 사건이나 행동이 발생하면, 사건이나 행동의 맥락 및 전후 관계 등을 체계적으로 기술하는 방법이다.
	  - ABC 서술식 사건표집법을 통해 자료를 수집하려면, 영유아(관찰대상)의 사건이나 행동이 나타나면 즉시 사건이나 행동의 순서를 상세히 기록하여야 한다.
	  - ABC 서술식 사건표집법의 장점 : 유아 개인의 질적인 정보 제공, 자료 수집에 걸리는 시간 절약, 특정 사건이 발생할 때에만 주의를 요하므로 관찰자의 시간이 절약됨, 유아들의 어떤 행동이나 사건이 일어나게 된 경위와 결과를 자연스러운 상황에서 관찰, 정기적으로 자주 일어나지 않는 행동을 연구할 수 있음, 사건이 포함된 전후 관계가 그대로 기록되고 그 행동의 배경을 알 수 있게 해줌
	  - ABC 서술식 사건표집법의 단점 : 표본식 기술에 비하면 사건이 일어난 전후의 연속성이 단절되기 쉬움, 관찰자가 목표 행동을 서술하는 과정에서 관찰자의 개인적인 주관이 반영되기 쉬움, 관찰 자료에 대한 객관성과 신뢰성에 의문이 제기될 수 있음, 다른 서술식 관찰(일화기록, 표본식 기술)과 같이 평가하고 기록하는데 노력과 시간이 많이 걸림

ABC 서술식 사건표집법

기 관 : 소슬 유치원
관찰아동 : 김용현　　　　　　생년월일 : 1998년 4월 25일(만 3세)
관 찰 자 : 이미혜 교사　　　　관 찰 일 : 2001년 5월 10일(09시13분~10시30분)
관찰행동 : 　　　발로차기 : 오른쪽 발로 다른 유아들이나 교사를 차고, 다른 유아가 울 정도로 세게 찬다.

시간	선행적 사건	사건(행동)	결과적 사건
9:13	김용현은 쌓기 영역에서 혼자 놀이한다; 이승영이 참여해서 김용현이 쌓아 놓은 것에 블록을 올려 놓는다.	김용현이 인상을 찌푸린다; 일어선다; 이승양을 밀친다; 이승양이 뒤로 밀쳐진다; 김용현이 이승양의 다리를 찬다	이승양이 울면서 교사에게 달려간다.
10:05	실외 놀이터에 있다; 김용현이 미끄럼을 타기 위해서 줄을 서 있다; 이상아가 끼어들기를 한다.	김용현이 이상아의 다리를 세게 찬다; 김용현이 교사를 찬다.	교사가 와서 김용현의 팔을 잡고 말한다.

• 빈도 사건표집법
  - 표집과 관찰이 구체적인 사건이나 행동 또는 상황이라는 점은 ABC 서술식 사건표집법과 유사하고, 사건의

출현 빈도를 산출한다는 측면에서는 시간표집법의 방법과 유사하다.
- 빈도 사건표집법은 미리 정해진 특정한 사건이나 행동 상황이 발생할 때마다 그 빈도를 기록하는 것이다.
- 관찰자가 영유아의 특정한 사건이나 행동이 얼마나 자주 발생하는지 알고자 한다면 빈도 사건표집법을 사용한다.
- 서술식 사건표집법은 행동의 원인을 아는 질적인 정보를 제공해 주지만, 빈도 사건표집법은 행동의 양적인 정보를 제공해 준다.
- 관찰 가능한 사건이나 특정한 행동이 발생할 때마다 표기를 한다.
- 이 방법은 관찰 자료를 수량화할 수 있고, 다룰 수 있는 관찰 주제가 광범위하고 다양하다는 특성을 지닌다.
- 빈도에 근거하여 수집한 자료를 통해 얻은 정보는 학급 상황을 분석하고, 교수 전략과 교육 활동, 교육 자료 등을 교정하는 데 사용된다. 그리고 영유아 개인의 발달 변화나 교사의 교수 전략을 점검하는 데에도 이용될 수 있다.
- 빈도 사건표집법의 장점 : 광범위하게 여러 가지 주제를 갖고 관찰, 수집된 자료를 쉽게 수량화하고 분석함으로써 의사결정을 신속하게 할 수 있음, 관찰 양식이 정해지면 기록하는 방법이 간단하기 때문에 기록하는데 시간이 많이 걸리지 않으므로 편리함, 자료를 쉽게 수량화하고 분석할 수 있으므로 유아교육기관에서 바쁘게 하루를 보내는 교사들에게 매우 유용함
- 빈도 사건표집법의 단점 : 빈번하게 발생하지 않는 사건이나 행위를 연구하는 데는 부적합함, 관찰한 행동에 대한 원인을 파악하기 어렵고 사건의 전후 정황에 대한 구체적인 정보를 찾기 어려움, 행동이나 사건의 양적인 자료는 제공해 줄 수 있으나 유아 개인의 질적인 정보를 제공해 주기는 어려움

빈도 사건 표집법					
기 관 : 소슬 유치원					
관찰아동 : 양명재		생년월일 : 1998년 6월 12일(만 3세)			
관 찰 자 : 이미혜 교사		관 찰 일 : 2001년 4월 10일(10시00분~10시30분)			
행 동	때리기(H)	밀치기(P)	발로차기(K)	잡기(Hd)	빼앗기(T)
빈 도	///	//			/

3) 사건표집법의 합격기출

- ABC 서술식 사건 표집법은 전체 사건을 묘사하는 것으로, 사건이나 행동이 일어나기 전의 (①   ), 사건이나 행동, 사건이나 행동이 일어난 후의 결과적 사건을 순서대로 기록하는 것이다.

- ABC 서술식 사건 표집법 사용 시 관찰자는 관찰하고자 하는 유아의 행동을 명확히 규정할 수 있도록 (②   )를 내린다.

- 사건표집법 - 유아의 스트레스 행동을 소극적인 형태와 적극적인 형태로 나누고, 자유선택 활동 시간에 이에 해당되는 (③   )이 나타날 때 마다 기록 용지에 체크한다.

- 빈도 사건표집법 - 유아의 공격성 (④   )은 알아내기는 어렵지만, 유아의 공격적 (⑤   )이 나타날 때마다 표시하면 되니까 공격적 (⑥   )이 얼마나 많이 나타나는지를 알 수 있다.

- 빈도 사건표집법 - 유아들이 친구의 활동을 방해하는 (⑦   )을 얼마나 자주 하는지 체계적으로 관찰한다.

- 빈도 사건표집법으로 관찰을 계획할 때 반드시 포함되어야 할 요소는 (⑧   )에 대한 정의이다.

- 빈도 사건표집법의 단점은 출현 행동의 (⑨   )을 알 수가 없고, 양적인 자료는 제공할 수 있으나 유아 개개인의 (⑩   )를 제공하기는 어렵다는 점이다.

- 쌓기놀이 영역에서 민재의 때리는 행동 원인을 알아보기 위해 (⑪   )을 활용하여 관찰하였다. 때리는 행동은 물기, 꼬집기, 치기, 사물을 던지는 행동으로 조작적 정의를 내렸다. (⑪   )을 통해 민재의 문제행동 원인을 찾아, 이에 적절한 행동 지도를 해야 한다.

07 수행평가 및 포트폴리오 평가

1) 수행평가 및 포트폴리오 평가의 합격단어
2) 수행평가 및 포트폴리오 평가의 합격내용
3) 수행평가 및 포트폴리오 평가의 합격기출

1) 수행평가 및 포트폴리오 평가의 합격단어

- 수행평가, 포트폴리오, 포트폴리오 평가

2) 수행평가 및 포트폴리오 평가의 합격내용

구분	내용
개념	• 수행평가(performance assessment)란 '유아 스스로가 자신의 지식이나 기능을 나타낼 수 있도록 산출물을 만들거나, 행동으로 나타내거나 답을 작성(구성)하도록 요구하는 평가 방식'이라고 정의할 수 있다. • 포트폴리오 평가(portfolio assessment)는 장시간에 걸쳐 수집된 유아의 평가 자료를 중요한 판단 기준으로 사용하기 위해 작업의 결과나 작품 혹은 어떤 수행의 결과를 모아놓은 자료집이나 서류철을 보고 평가하는 방법을 말한다. • 쇼어와 그레이스(Shores & Grace, 1998)에 따르면, 포트폴리오는 시간의 변화에 따른 한 유아의 발달과 성장의 다양한 모습을 알려 주는 항목들의 집합체이다. 즉, 포트폴리오는 학습자의 작품을 모아 놓은 서류함, 서류철 등이다.
포트폴리오 평가의 특성	• 포트폴리오 평가는 유아의 개별적 특성을 적절하게 파악할 수 있는 참 평가 방법이다. • 포트폴리오 평가는 학부모와의 상담 및 교사들의 교육계획 수립에도 활용가치가 높다. 포트폴리오 평가를 통해 수집된 각 유아들의 독특한 개성을 바탕으로 개별화된 교육과정을 이끌어 낼 수 있다. • 교육과정의 운영에 융통적인 적용이 가능하다. 유아가 활동 중에 보이는 여러 가지 행동에 관심을 가지면서 변화과정을 관찰하고 그에 맞는 적절한 피드백을 제공하며 그를 바탕으로 새로운 교육계획을 수립할 수 있다. • 포트폴리오는 시간의 경과에 따른 유아의 발달과정을 파악할 수 있으며, 통합 발달을 살필 수 있다. 장기적으로 수집된 포트폴리오 평가 자료들은 모든 유아마다 그 내용이 다르며, 이는 유아의 독특한 개성을 보여준다. • 포트폴리오 평가는 약점보다는 강점을 파악하고자 한다. 학기 초에 비해 어떤 점이 진보하고 있는지에 초점을 맞춤으로써 바람직한 방향으로의 인간 변화를 보여준다. • 포트폴리오 평가는 유아도 평가에 참여한다는 특징을 가진다. • 포트폴리오 평가는 공유를 장려한다. 포트폴리오 평가과정에는 교사, 부모, 또래의 조언이 포함된다. • 포트폴리오 평가는 교수-학습 평가가 통합된 형태이다. 교수-학습 과정 자체가 평가의 과정이며, 그 때 산출되는 자체가 평가의 대상이 된다. 즉, 수업 중에 평가가 이루어져서 교수와 평가가 일치한다. • 포트폴리오 평가는 전 영역에 걸쳐 통합적으로 이루어진다. 신체, 언어, 사회성 등 한 특정 영역에 초점을 맞추어 수집하기 보다는 통합적으로 이루어진 평가 자료이다.
포트폴리오 자료수집 시 유의사항	• 포트폴리오 수집은 1년을 3회 정도로 나누어 실시한다. • 영유아들의 성취도를 확인 할 수 있는 핵심항목과 영유아의 개성을 알 수 있는 개별화 항목으로 나누어 수집한다. • 보관함을 준비하여 수집 시 용이하게 한다. • 내용목차를 정한다. • 가능하면 전 영역에 걸쳐 실시한다.

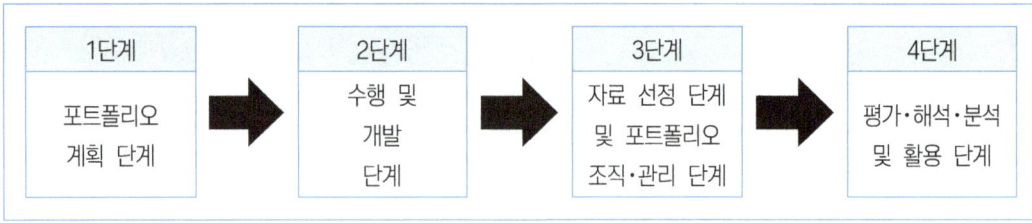

포트폴리오 평가의 절차

- **1단계 : 포트폴리오 계획 단계**
  - 계획 단계에서는 무엇을 위한 포트폴리오 평가인지 그 목적을 설정하는 것이 필요하다.
  - 포트폴리오의 계획 단계에서 숙지해야 할 사항 : 교육과정상의 목표를 숙지하여 체계적인 평가가 되도록 할 것, 작품수집 기간을 시기별로 정할 것(예를 들면, 1년을 1, 2학기 또는 분기별 등의 기간별로 나눌 것), 유아의 수행 정도의 진보를 볼 수 있는 중요한 항목들 결정, 개별 유아의 개성을 담을 수 있는 방법 고려, 작품으로 남지 않는 활동의 결과들을 수집할 수 있는 방법과 활동들 고려, 결과물이 없는 활동의 의미 있는 결과를 반영할 방법(사진이나 비디오 녹화) 고려, 수집한 자료들의 조직 및 요약방법 결정, 결론을 내리는 평가 시기 결정, 정보의 해석방법 결정, 정보를 목적에 맞게 어떻게 활용할 것인지 결정, 포트폴리오의 보관을 위하여 내용물을 넣을 장소 준비
- **2단계 : 수행 및 개발 단계**
  - 포트폴리오 수집 단계라고도 하는데, 이 단계에서는 지속적으로 활동 결과물을 수집하고 거기에 생각이나 의견을 정리하며 활동사진을 남기기도 한다.
  - 구체적으로 유아와 교사가 협조하여 수집해야 할 포트폴리오의 내용들은 많지만, 그 중에서 필수적으로 포함시켜야 할 것은 유아의 반성적 자기 평가와 참여이다.
  - 포트폴리오 평가에서는 유아들이 서로 논평하도록 함으로써 더 많은 평가 자료를 수집할 수 있다. 또래의 논평은 소집단으로 유아들이 작업할 때 가장 효과적인 방법이며 처음에는 교사가 중재를 하다가 점차 유아들에게 그 책임을 넘길 수 있다.
  - 정보를 수집하는 것은 일상생활의 학습활동에서 자연스럽게 수집한다.
  - 수집된 자료는 언제라도 볼 수 있도록 체계적으로 조직되어야 한다. 수집된 자료의 형태로는 결과물표본, 사진, 교사의 관찰기록, 체크리스트, 녹음테이프, 부모의 기록물 등이 있다.
  - 포트폴리오 평가의 수집 과정에는 다양한 자료를 수집함과 동시에 그에 대한 평가 활동이 수집된다.
  - 수집 단계에서 포함할 수 있는 구체적인 자료 및 항목 : 배경 정보(가정환경 조사서, 건강기록부, 가족 질문지, 발달검사 자료 등), 기본 작품(학년을 시작할 당시의 발달 수준을 반영한 여러 가지의 작업 표본들), 작업 표본(도표나 그래프 복사한 것, 유아가 쓴 글씨, 그림, 오려낸 것, 독서일지 등), 유아의 활동 계획표 및 평가표, 다양한 상황에서 유아의 학습을 담은 오디오 및 비디오테이프, 면접자료(유아의 학습을 담은 오디오 및 비디오테이프), 교사의 관찰자료(일화기록이나 서술식 보고기록, 체크리스트, 평정척도, 일화기록, 유아일과표 등), 반성적 사고(유아의 작업에 대한 교사-부모-유아 자신의 견해를 기록한 것)
- **3단계 : 자료 선정 단계 및 포트폴리오 조직·관리 단계**
  - 자료선정 단계는 설정된 평가 기준에 따라 영유아의 활동과정 및 성취 결과를 입증할 자료를 선정하고, 보다 구체적으로 그에 대한 기록을 하는 단계이다.
  - 포트폴리오 조직 시 고려할 점 : 포트폴리오를 조직하는 기준을 정하기, 포트폴리오에 들어가는 내용마다 날짜를 기록하기, 각 유아마다 똑같은 포트폴리오를 가지는지 파악하기, 내용물을 넣을 장소 혹은 도구로 적합한 것(파일, 상자 등)을 결정하기, 교사가 당장 할 수 있는 자신 있는 것부터 시작하기, 평가가 하루 생활의 정규적인 일부가 되도록 하기, 중요한 유아의 작품을 학기 초부터 수집해 놓는 습관을 들이기
- **4단계 : 평가·해석·분석 및 활용 단계**

- 평가 단계는 그동안 모아 놓은 자료들을 점검하고 영유아들 간에 평가 및 조언카드를 제작하여 기록하는 단계이다.
- 자료 목적에 부합하기 위해 반드시 포함되어져야 할 내용이 자기 반성적 내용이다.
- 한 번에 한 영역, 한 번에 한 유아에 대한 정보를 편집한다.
- 바람직한 성장 경향이나 학습에서의 성공을 요약한다. 유아의 독특한 특성을 찾아서 요약한다.
- 유아의 초기 작업 견본과 현재의 것을 비교한다. 유아와 함께 포트폴리오를 검토해 본다.
- 활용 단계에서는 교사가 영유아들의 결과물을 보며 성취 정도와 발달 정도를 파악하는 것과 동시에 영유아들 스스로가 포트폴리오 내용을 보며 반성하고 분석하는 것도 포함된다.
- 실행 단계에서 수집한 자료들을 바탕으로 하여 포트폴리오 요약서를 준비하고, 교사-유아-부모의 협의회를 개최하고, 더 많은 사람들과 유아의 활동 및 발달 상황에 대한 정보를 공유하기 위한 전시회를 열 수 있으며, 끝으로 이상의 모든 활동과 자료를 기반으로 하여 그 해 동안 유아의 발달을 정리하고 다음 해 담임이 유용하게 사용할 수 있는 최종회람/인수 포트폴리오를 구성한다.

3) 수행평가 및 포트폴리오 평가의 합격기출

• 유치원 교육과정을 평가할 때에는 (①   ) 지향적인 수행평가를 해야 한다.

• (②   )를 활용해서 유아들의 언어 발달이 1년 동안 어떻게 변화되는지 알고 싶어 자료를 모으고 있다. (③   )는 단순히 자료를 수집하는 것보다 유아 언어 발달이나 진보가 나타나는 언어나 음률 활동 동영상이나 놀이 사진, 활동 결과물 등을 선별하여 수집하는 것이 중요하다.

• 포트폴리오 수집 과정에서 모아진 유아의 활동 과정을 보여주는 자료나 작업 결과물로 (④   )을 구성할 수 있다. 이러한 방법은 유아에게는 학습한 것을 스스로 확인하고 평가하는 기회를 제공하고, 교사에게는 유아의 발달 특성에 대한 다양한 정보를 얻을 수 있다는 장점을 갖는다.

• 유아의 발달과 학습과정을 평가하기 위한 방법으로 포트폴리오를 활용할 수 있다. 포트폴리오에 포함될 수 있는 자료의 유형에는 유아의 조형 작품, 유아의 (⑤   ) 활동 기록지, 유아에 관한 행동 관찰 (⑥   ), 유아의 유치원 생활을 찍은 (⑦   ), 유아에 관한 일화 기록, 유아의 쓰기 관련 활동 (⑧   ), 유아의 언어적 표현을 녹음한 (⑨   ), 유아의 건강 기록표 또는 신체 성장 기록표, 유아의 조형 작품이나 구성 활동 결과물을 찍은 사진 등이다.

| CHAPTER 7

08 유아 연구 방법

1) 유아 연구 방법의 합격단어
2) 유아 연구 방법의 합격내용
3) 유아 연구 방법의 합격기출

1) 유아 연구 방법의 합격단어

- 조사 연구, 실험 연구, 상관 연구, 발달적 연구, 사례 연구, 질적 연구

2) 유아 연구 방법의 합격내용

구분	내용
조사 연구	• 조사 연구는 기술적 연구의 대표적 형태로서 교육, 정치, 산업, 행정 등의 조직에 종사하는 사람들이 현재의 조건이나 실제를 정당화하기 위해서, 또는 현재의 조건이나 실제를 개선하기 위해 현재의 상황에 대한 자세한 기술 자료를 얻고자 할 때 사용하는 방법이다.
실험 연구	• 실험 연구는 통제된 관찰법으로서 실험자에 의해서 사전에 면밀하게 짜인 조작이 준비되며, 단순한 관찰과는 구별된다. • 자극인 독립변인을 찾고, 이를 통제하고 조직함으로써 다른 변인 즉, 반응인 종속변인들 중에서 어떤 것이 어떻게 변화하는가를 명확히 분석·관찰한다. - 독립변인 : 영향을 미치는 변인 - 종속변인 : 영향을 받는 변인 - 실험집단 : 독립변인이 처치되는 집단 - 통제집단(비교집단) : 독립변인이 투입되지 않은 집단
상관 연구	• 상관 연구는 한 변인과 다른 변인이 어느 정도 관련되는가를 통계적으로 나타내는 것으로 아동세계에 자연적으로 있는 변인들 간의 관계를 분석하는 방법이다. 이 방법은 실험연구가 불가능할 때 사용 가능하고, 변인들 간의 인과관계를 밝히지는 못한다.
발달적 연구	• 종단적 접근법 - 아동의 어떤 특성을 연구하기 위하여 동일한 아동을 대상으로 오랜 기간에 걸쳐 반복적으로 관찰하고 연구하는 접근방법이다. • 횡단적 접근법 - 동일한 시기에 상이한 연령의 아동들을 동시에 연구함으로써 일정기간 동안의 발달곡선을 그려낼 수 있는 접근방법이다.
사례 연구	• 사례 연구란 특정한 개인에 관한 여러 가지 종류의 필요한 사항을 조사해서 그 개인이 가지고 있는 문제의 원인을 진단하고 그것에 따라 적절한 치료 방법을 모색 하는 일이다.
질적 연구	• 질적 연구는 통계적인 숫자를 통해 자료를 분석하기보다는 기술적인 해석이나 분석적인 설명을 통해 자료를 분석하여 현상을 이해하고자 하는 방법이다.

3) 유아 연구 방법의 합격기출

- 유아의 발달에 영향을 미치는 변인 간의 (①   )를 밝히기 위한 연구 유형은 실험연구이다.

- 프로젝트 학습이 성별과 지능이 다른 유아의 언어 능력 신장에 미치는 영향을 알아보고자 (②   )를 하였다. 이 연구에서 독립 변인은 (③   )이고, 종속 변인은 (④   )이다.

CHAPTER 7

09 사회성 측정법

1) 사회성 측정법의 합격단어
2) 사회성 측정법의 합격내용
3) 사회성 측정법의 합격기출

1) 사회성 측정법의 합격단어

• 사회성 측정법, 모레노, 또래지명법, 또래평정법, 쌍 별 비교법, 사회도, 고립아, 인기아

2) 사회성 측정법의 합격내용

구분	내용
개념	• 사회성 측정법은 한 집단 내의 역학관계, 즉 어떤 집단 구성원들의 상호작용 양상이나 집단의 응집력을 알아보고자 할 때 이용되는 방법으로, 한 유아가 그의 친구들에 의해 어떻게 지각되고 받아들여지고 있는가를 평가하는 데 이용된다. 이때 사용되는 측정도구를 사회성 측정검사라고 한다. • 사회성 측정법은 다시 말해서 집단성원들 간의 친화와 배타 등의 측정을 통하여 그들 간의 인간관계, 커뮤니케이션 및 상호작용의 패턴 등에 관한 자료를 수집하고 분석하는 방법이라고 할 수 있다.
종류	• 또래지명법 - 가장 기본이 되는 사회성 측정법으로, 유아의 사회성 측정에 관한 대부분의 평가에서 사용되고 있다. 또래지명법은 주어진 기준에 의하여 각 유아가 몇 명의 친구를 선택하게 하는 방법이다. • 또래평정법 - 각 유아에게 학급 구성원 전체의 이름이 적혀 있는 명단을 나누어 준 후 한 사람도 빠뜨리지 않고 모두를 평정하게 하는 것이다. • 쌍 별 비교법 - 유아교육기관의 한 반에서 같이 놀고 있는 유아의 실물사진을 한 유아에게 보여주면서 동시에 그림으로 그려진 웃는 얼굴, 찡그린 얼굴, 중립적인 얼굴의 세 종류(3점 척도에 해당) 그림사진을 보여주고, 실물사진으로 나타난 친구의 모습에서 연상되는 감정 및 태도와 가장 유사한 그림사진을 서로 쌍으로 짝짓기 하여 측정하는 방법이다.
사회성 측정결과의 분석 – 사회도	• 각 유아들의 선택과 배척 관계를 중심으로 사회도를 그려보는 방법이다. • 사회도란 집단구성원들 간의 선택과 배척 관계를 그림으로 일목요연하게 나타낸 것이다. • 이 그림을 보면 인기 있는 아이, 고립된 아이, 배척 받는 아이, 무시되는 아이, 단짝 등에 대한 정보를 쉽게 얻을 수 있다. • 사회도의 기본형

3) 사회성 측정법의 합격기출

- (①)의 사회성 측정법 - 우리 반 유아들의 사회적 관계와 상호작용 형태를 알아보기 위해 '소풍 갈 때 버스에 앉아서 가고 싶은 친구'를 조사해 보았다. 조사 결과를 분석해 보니, 우리 반에서 많은 친구들의 선택을 받은 슬기와 보경이는 (②)로, 친구들을 선택하지 않고 친구들의 선택도 받지 못한 용우는 (③)로 나타났다. 이를 통해 겉으로 드러나지 않았던 우리 반 유아들의 (④)를 알 수 있었다.

10 표준화 검사

1) 표준화 검사의 합격단어
2) 표준화 검사의 합격내용
3) 표준화 검사의 합격기출

1) 표준화 검사의 합격단어

- 표준화 검사, 측정 도구의 양호도(타당도, 신뢰도, 재검사 신뢰도, 객관도)

2) 표준화 검사의 합격내용

구분	내용
개념	• 표준화 검사란 누가 사용하더라도 검사의 실시와 채점, 그리고 결과의 해석이 동일하도록 모든 절차와 방법을 일정하게 만들어 놓은 검사로서, 개인이 지니고 있는 신체적·심리적 특성의 양과 질을 측정할 목적으로 일정한 조건 하에 특정한 문제나 작업을 부과하여 피검사자가 나타내는 반응을 체계적으로 관찰하는 절차를 뜻한다.
특징	• 인간의 행동 특성은 항구적이고 안정성이 있다고 보는 관점에서 출발하고 있다. • 검사 내용, 검사 실시 조건, 채점과정 및 해석이 표준화되어 있다. • 특정한 어느 시점에서 한 개인의 반응을 표본으로 하여 그 점수가 신뢰성이 높고 또한 측정하려고 하는 정의된 속성에 대한 타당성이 높다. • 측정결과 활용에 있어서는 선발, 분류, 예언, 실험, 자격부여, 평점, 진단, 배치, 진급 등을 위해 개인과 집단을 분류하고 판단하는 특징을 가지고 있다.
기능	• 개인차 측정 - 표준화 검사의 가장 기본적인 기능의 하나는 개인차 측정이라고 할 수 있다. • 예측(미래에 대한 잠정적 추정) - 현재의 검사결과로서 장래의 어떤 과업에서의 성패를 예측하는 것을 말한다. • 분류와 선발 및 배치 - 표준화 검사는 유아가 지닌 개성이나 적성을 발견하여 거기에 맞는 개인의 분류, 선발 및 배치를 한다. • 진단 - 진단은 단순한 분류에서 한 걸음 더 나아가 행동상의 문제나 능력의 결핍에 대처해 나갈 수 있는 치료 또는 중재 프로그램의 방향에 관심을 갖는 과정이다. • 자기 이해의 증진 - 검사결과는 자아개념에 관련된 여러 가지 정보 중의 하나로서 객관화된 자료라는 점에 의의가 있다. • 프로그램 평가 - 표준화 검사의 사용은 개인의 이해와 의사결정에 도움을 줄 수 있을 뿐만 아니라 교육 프로그램의 평가에 대한 정보도 제공할 수 있다. • 과학적 조사 및 탐구 - 표준화 검사는 실제적인 측면 외에도 사회과학의 기초 연구에서 거의 필수적으로 사용된다.
사용 시 유의사항	• 모든 표준화검사는 신뢰롭고 타당하여야 한다. • 치료 혹은 특별학급에 등록·보유·할당하기 위한 결정의 기초로는 하나의 검사만을 사용해서는 안 된다. • 검사는 그 검사가 원래 의도하였던, 즉 타당도가 증명된 범위 내에서만 사용하여야 한다. • 검사의 결과의 해석은 정확하면서 조심스럽게 부모, 학교보직자, 대중매체에게 제공되어야 한다. • 검사의 선택은 특정 프로그램의 해당 이론, 철학, 목적에 맞아야 한다.

	• 유아의 검사는 유아의 발달적 요구에 대해서 인식하고 이에 대해 민감해야 한다. • 유아의 검사에서는 개인의 다양성에 대해서 인식하고 이에 대해 민감해야 한다.
장점	• 표준화검사는 전문가에 의해 제작되었으며, 신뢰도와 타당도가 검증되어 있다. • 검사의 실시와 채점을 위한 검사 실시 요강이 마련되어 있으며, 원점수를 규준점수로 전환하는 방법이 제시되어 있다. • 검사자는 한 유아의 현재 성취 수준을 이전과 비교(개인 내 비교)해 볼 수 있고, 어떤 유아들의 성취 수준을 연령과 배경이 비슷한 다른 유아들과 비교(개인 간 비교)해 볼 수 있다. • 좋은 표준화 검사는 신뢰롭고 안정된 결과를 제공해 준다. • 어떤 표준화 검사는 진단적 정보를 제공해 준다. • 검사 실시 요강에는 검사에 관해 유용한 연구 자료가 요약되어 있다.
단점	• 유아의 검사 장면에 대한 비친숙성, 검사자-유아 간의 상호작용의 차이, 유아의 개인 간 혹은 개인 내 발달 패턴이나 속도의 차이점 등으로 인해 유아에게 표준화 검사를 사용하는 것은 부적절하다(Messick, 1983). • 영유아 발달의 측정에 널리 이용되고 있는 베일리와 게젤의 도구는 영유아의 신체적·신경생리적 성장속도의 비율이 개인 간 및 개인 내 차이가 심하기 때문에 연령 준거에 의한 계량화가 적절하지 못하며, 검사 실시 상 표준화 절차의 주관성과 기록상의 다양성 등에 문제가 있고, 점수화 체제에서 민감성의 결여로 발달속도가 느린 영아의 평가로는 이 검사들이 부적절하다(Wade & Davis, 1983).

3) 표준화 검사의 합격기출

- 표준화 검사는 실시하기 전에 특별한 (①   )이 필요할 수도 있고, 전문 지식이 요구되기도 하지만, (②   )를 비교할 수 있도록 (③   )을 제시한다. 그리고 표준화 검사는 개발 과정에서 (④   )와 (⑤   )를 검증한다.

- 측정도구의 양호도 중 (⑥   )는/은 같은 상황을 두 명 이상의 평정자가 독립적으로 평정했을 때 일관된 결과가 나오는 평정의 일관성을 의미하고, (⑦   )는/은 한 평정자가 같은 상황을 두 번 이상 평정했을 때 일관된 결과가 나오는 평정의 일관성을 뜻한다. 그리고 관찰의 (⑧   )은/는 관찰하고자 한 것을 어느 정도 충실하게 관찰했느냐의 문제로, 기록한 것이 실제로 발생한 행동을 얼마나 잘 대표하느냐에 달려있다.

CHAPTER 7

11 유치원 평가

1) 유치원 평가 합격단어(제3주기 유치원 평가 관련 기출)
2) 유치원 평가 합격내용
3) 유치원 평가 합격기출(제3주기 유치원 평가 관련 기출)

1) 유치원 평가 합격단어(제3주기 유치원 평가 관련 기출)

- 평가영역 : 교육과정(30), 교육환경(15), 건강 및 안전(15), 운영관리(30), 평가지표 : 교육과정[교육목표 및 교육계획 수립의 적절성(10), 일과운영 및 교수-학습방법의 적합성(15), 평가 방법 및 활용의 적절성(5)], 교육환경[실내·외 교육환경 구성 및 활용의 적합성(10), 교재·교구의 제공 및 관리의 적절성(5)], 건강 및 안전[유아의 건강관리 및 지도의 적절성(10), 유아의 안전관리 및 지도의 적절성(5)], 운영관리[교직원의 근무여건 및 전문성 제고(10), 예산 편성 및 운영의 적절성(5), 가정 및 지역사회와의 연계(5), 방과 후 과정 운영의 적절성(10)]

2) 유치원 평가 합격내용
(1) 유치원 평가 비교

구분	제1주기	제2주기	제3주기	제4주기
기본 방침	• (서면)평가와 (현장)방문평가를 병행 • 공통지표, 자체지표, 학부모 만족도 조사를 병행 실시	• 제 1주기와 동일 • 결과는 점수화·서열화하지 않고 (공개)하되, (재정)지원과 연계	• 매년 (자체)평가 실시 • (서면)·(현장)평가, 유치원 정보공시 공개 정보 활용 • 평가 결과 (공개)	•「유치원·어린이집 평가체계 (통합)방안」반영 • (통합)평가지표 사용 • 평가 결과 (공개)
평가 주체	• (교육과학기술부장관)	• (시도교육감) ※ (유아교육)법 개정 ('12.1.26)	• (시도교육감)	• (시도교육감)
대상 및 주기	• 국·공·사립유치원 • 3년('08~'10년)	• 국·공·사립유치원 • 3년('11~'13년)	• 국·공·사립유치원 • 3년('14~'16년)	• 국·공·사립유치원 • 3년('17~'19년)
평가 영역 구성	• (4)개 영역(교육과정, 교육환경, 건강·안전, 운영관리) - 14개 항목 - 28개 지표(91개 기준)	• (4)개 영역 동일 - 9개 항목 - 15개 지표(47개 요소)	• (4)개 영역 동일 - 항목 삭제 - 11개 지표(30개 요소)	• 4개 영역(교육과정, (교육환경) 및 (운영관리), 건강·안전, (교직원)) - 20개 지표 - 77개 항목
지표 구성	• (국가)공통지표 • (시도)자체지표	• (국가)공통지표 • (시도)자체지표	• (국가)공통지표 • (시도)자체지표	• (국가)공통지표 • (시도)자체지표
평가 방법	• (정성)평가 - 5점 (평정척도) 활용	• (정성)평가 - 5점 (평정척도) 활용	• (정성)평가 - 5점 (평정척도) 활용	• (정량)평가 - Y, N 체크

구분	제1주기	제2주기	제3주기	제4주기
평정 방식	• 국가공통지표 200점 ※ 학부모 만족도(10점) 포함 • 시도자체지표 점수는 시도 자율 결정	• 국가공통지표 (100)점 • 시도자체지표 점수는 시도 자율 결정	• 국가공통지표 (90)점 • 시도자체지표 (10)점	• (4)등급(A-B-C-D)
평가 절차	• (자체)평가 → (서면)평가 → (현장)평가 - 현장평가시 '학부모 만족도' 조사를 별도의 개별 지표로 실시	• (자체)평가 → (서면)평가 → (현장)평가 - '학부모 만족도'를 '부모교육·참여활동 및 가정·지역사회와의 연계' 관련지표에 포함	• (자체)평가 → (서면)평가 → (현장)평가 - 유치원 정보 공시 공개 정보 활용	• (자체)평가 → (현장)평가 → (종합)평가 ※ (현장)·(종합)평가를 통합하여 추진 가능
결과 공개 및 처리	• 평가 결과 (비공개) 처리 • 평가 참여에 따른 행·재정적 지원	• 결과 (공개)가 원칙이나, 범위 및 방법은 시·도(교육감)이 결정 • 평가 결과에 따른 행·재정 지원	• 결과 (공개)(총평, 영역별 소견, 이력 등)	• 결과 (공개)(총평, 영역별 소견 등) ※ 유치원·평가 영역 (등급) 공개 권장, (교육감) 결정 • 평가(주기)를 연장하거나 단축 ※ 평가(주기) 활용 권장, (교육감) 결정

(2) **제3주기 유치원 평가와 제4주기 유치원 평가의 평가영역 비교**
① **교육과정 영역**

제3주기 유치원 평가지표			제4주기 유치원 평가지표			
평가 영역 (배점)	평가 지표 (배점)	평가요소	평가 영역 (항목 수)	평가 지표 (항목 수)	평가항목	비고
I. 교육 과정 (30)	1. 교육 목표 및 교육 계획 수립의 적절성 (10)	1) 교육목표는 국가수준의 교육과정과 교육청의 운영지침을 근거로 유아의 전인발달·교육을 지향하고 있다.	I. 교육 과정 (29)	1-1. 교육 계획 수립 및 실행 (4)	1. (국가 수준의 교육과정)에 제시된 목표 및 내용을 반영한다.	
		2) 연간(월간), 주간, 일일교육계획의 목표와 내용이 적절하며 연계성이 있다.			2. 유아의 (발달 수준) 및 학급 (특성)을 고려하여 연간, 월간, 주간, 일일 계획안을 작성한다.	
					3. 연간, 월간, 주간, 일일계획안의 목표 및 내용이 적절하며, (연계성)이 있다.	
		3) 일일교육계획안에는 소주제, 목표, 활동시간 및 내용, 자료, 평가 등이 포함되어 있다.			4. 누리과정의 (영역)을 반영하여 교육활동을 실시한다.	

CHAPTER 7

제3주기 유치원 평가지표			제4주기 유치원 평가지표			
평가 영역 (배점)	평가 지표 (배점)	평가요소	평가 영역 (항목 수)	평가 지표 (항목 수)	평가항목	비고
2. 일과 운영 및 교수 -학습 방법의 적합성 (15)		1) 교육계획에 따라 일과를 통합적이며 균형 있게 운영하고 있다.		1-2. 일과 운영 (5)	1. 계획에 따라 유아의 연령에 적합한 (놀이), (활동), 일상생활 (경험)을 균형 있게 (통합)적으로 운영한다.	
					2. (자유선택활동) 시간을 (매일) 충분히 배정하여 운영한다.	
					3. (바깥놀이) 시간을 (매일) 충분히 배정하여 운영한다.	
					4. 놀이나 활동을 (융통성) 있게 운영한다.	
					5. (특) (특수교육)대상 유아를 위한 관련 서비스(치료지원 포함)를 일과 중에 (통합)적으로 제공한다.	특수 교육 대상
		2) 교육내용·활동에 적합한 교수-학습방법 및 매체를 사용하고 있다.		1-3. 교수 -학습 방법 (6)	1. (주제)에 적합한 활동계획을 수립하고 그에 적절한 교수-학습방법과 자료를 활용한다.	
					2. 교사는 유아가 활동에 대한 (흥미)나 (호기심)을 갖도록 한다.	
					3. 교사는 다양한 놀이와 활동이 유아의 (자발)적 선택에 의해 (주도)적으로 이루어지도록 격려한다.	
					4. 교사는 유아의 놀이상황을 (관찰)하면서 놀이를 (지원)한다.	
					5. 교사는 유아가 (다양)하게 생각하여 대답할 수 있도록 (발문)한다.	
					6. 교사의 태도가 (안정)되고 (자신감)이 있다.	
		3) 교사-유아 간에 질적인 상호작용이 이루어지고 있다.		1-4. 교사 - 유아 상호 작용 (6)	1. 교사는 신체적 특성, 가족 및 민족 배경 등으로 인한 (편견) 없이 모든 유아를 존중한다.	
					2. 교사는 유아의 (기질), 정서적 상태, 놀이 선호 등을 파악하여 적절히 반응한다.	
					3. 교사는 유아의 (개별)적 요구나 질문을 주의 깊게 듣고, 적절하게 반응한다.	
					4. 교사는 유아가 (이해)할 수 있는 내용으로 (눈)을 마주치며 이야기한다.	

제3주기 유치원 평가지표			제4주기 유치원 평가지표			
평가영역(배점)	평가지표(배점)	평가요소	평가영역(항목 수)	평가지표(항목 수)	평가항목	비고
					5. 교사는 위협, 비난, 조롱 등 (부정적) (언어)를 사용하지 않는다.	
					6. 교사는 (칭찬)과 (격려)를 통해 유아에게 자신감을 준다.	
				1-5. 유아 간 상호작용 시 교사 역할 (4)	1. 교사는 유아가 일상에서 또래와 (긍정)적 (상호작용)을 하도록 격려한다.	
					2. 교사는 유아가 자신의 의견이나 생각을 또래에게 (말)로 표현하도록 격려한다.	
					3. 교사는 유아가 적절한 (약속)과 (규칙)을 알고 지킬 수 있도록 격려한다.	
					4. 교사는 유아 간 다툼이나 문제가 발생하지 않도록 (환경)을 마련하고, 발생 시 적절히 (개입)한다.	
	3. 평가 방법 및 활용의 적절성 (5)	1) 유아평가 실시방법과 활용이 적절하다.		1-6. 평가 (4)	1. 유아의 행동을 (객관)적으로 (관찰)·(기록)한다.	
					2. 교육과정 (목표)와 (내용)을 준거로 유아의 발달특성과 변화를 평가한다.	
		2) 교육과정(누리과정) 운영평가의 실시방법과 활용이 적절하다.			3. 유아 평가결과를 (교육과정) 편성 및 운영에 반영하고, (부모면담)의 자료로 활용한다.	
					4. 교육과정 운영에 대한 (평가)를 실시하고, 그 결과를 다음 (계획안)에 반영한다.	

② 교육환경 및 운영관리 영역

제3주기 유치원 평가지표			제4주기 유치원 평가지표			
평가영역(배점)	평가지표(배점)	평가요소	평가영역(항목 수)	평가지표(항목 수)	평가항목	비고
Ⅱ. 교육환경 (15)	4. 실·내외 교육환경 구성	1) 실내 공간에는 흥미영역의 구성이 적합하며 전시 및 게시가 교육적이다.	Ⅱ. 교육환경 및 운영관리	2-1. 실내공간구성 (5)	1. 교실 내 (흥미영역)은 유아의 연령 및 발달특성을 고려하여 충분한 공간에 구성한다.	
					2. 유아의 (요구)를 충족하는 다양한 공간을 마련하고 있다.	
		2) 실외 공간에는 각종 놀이기구를 비롯하여 다양한 활동영역이 있다.			3. 실내 시설 및 설비가 유아의 (발달	

CHAPTER 7

제3주기 유치원 평가지표			제4주기 유치원 평가지표				
평가 영역 (배점)	평가 지표 (배점)	평가요소	평가 영역 (항목 수)	평가 지표 (항목 수)	평가항목	비고
	및 활용의 적합성 (10)	3) 실내·외 시설 및 설비가 유아의 발달수준 및 유아교육 특성에 적합하다.			수준)에 적합하다.	
					4. 계획안의 (주제)와 관련된 교재·교구들을 유아의 (연령)수준에 맞게 (영역)별로 다양하게 구비하고 있다.	
					5. 비품과 교재·교구를 보관하는 별도의 공간이 있고, (연령)별, (주제)별 또는 (영역)별로 정리되어 있다.	
	5. 교재· 교구의 제공 및 관리의 적절성 (5)	1) 유아의 발달수준과 주제에 적합한 교재·교구를 충분히 구비하여 제공하고 있다.		2-2. 실외 공간 구성 (3)	1. 실외(옥외) (놀이터) 등을 구비하고 있다.	
					2. 유아 발달에 적합한 다양한 (놀이기구)를 구비하고 있다.	
		2) 교재·교구의 사용이 용이하도록 정리·관리하고 있다.			3. 실외 공간에 다양한 (활동) 영역을 제공하고 있다.	
IV. 운영 관리 (30)	9. 예산편성 및 운영의 적절성 (5)	1) 예·결산서를 운영위원회 심의·자문을 거쳐 확정하고, 대내외적으로 공개하고 있다.	(20)	2-3. 기관 운영 (5)	1. (학급)을 편성 규정에 맞게 운영하고 있다.	
					2. 개별 유아의 (생활기록부)를 작성·관리하고 있다.	
					3. 신입유아 (적응)을 위한 지원을 하고 있다.	
		2) 입학금과 수업료 외의 기타경비 관련 규정을 마련하여 준수하고 있다.			4. 예결산서를 대내외적으로 (공개)한다.	
					5. 입학금과 수업료 외의 기타(경비) 관련 규정을 마련하여 준수하고 있다.	
	10. 가정 및 지역사 회와의 연계 (5)	1) 부모교육 및 참여 활동을 체계적으로 계획·운영하고 있다.		2-4. 가정 및 지역사 회와의 연계 (5)	1. 부모와 상호 협의 하에 유치원을 (개방)한다.	
					2. (부모교육)을 다양하게 실시하고 있다.	
		2) 유치원의 교육활동 및 유아 발달상황을 학부모에게 안내하고 있다.			3. 부모와 (개별면담)을 하고 가정과의 (소통)을 다양한 방법으로 실시하고 있다.	
					4. 유아와 가족의 (문제)를 파악하고 지원한다.	
		3) 지역사회와의 협력을 도모하고, 지역사회의 인적·물적 자원을 활용하고 있다.			5. 지역사회와 (연계)한 다양한 활동을 실시하고 있다.	

제3주기 유치원 평가지표			제4주기 유치원 평가지표			
평가영역(배점)	평가지표(배점)	평가요소	평가영역(항목 수)	평가지표(항목 수)	평가항목	비고
	11. 방과후 과정 운영의 적절성 (10)	1) 국가 및 시도교육청의 방과후 과정 운영지침에 따라 활동 및 프로그램을 적절하게 계획하여 운영하고 있다.		2-5. 방과후 과정 (2)	1. (특성화) 활동을 운영지침에 따라 실시한다.	
		2) 방과후 과정을 위한 기본 시설·설비가 구비되어 있다.			2. 방과후 과정을 위한 기본 시설·설비를 구비하고 담당(인력)을 배치하고 있다.	
		3) 방과후 과정에 전담인력이 배치되어 있다.				

③ 건강·안전 영역

제 3주기 유치원 평가지표			제 4주기 유치원 평가지표			
평가영역(배점)	평가지표(배점)	평가요소	평가영역(항목 수)	평가지표(항목 수)	평가항목	비고
Ⅲ. 건강 및 안전 (15)	6. 유아의 건강관리 및 지도의 적절성 (10)	1) 유아를 대상으로 청결·위생지도 등 건강교육을 실시하고 있다.	Ⅲ. 건강·안전 (15)	3-1. 실내외 공간의 청결 및 안전 (4)	1. 실내외 공간을 (청결)하고 쾌적하게 관리하고 있다.	
					2. 실내외 공간을 유아의 (안전)을 위해 위험요인 없이 관리하고 있다.	
					3. 실내외 (놀잇감)이 (안전)하고, 위험한 물건을 (안전)하게 보관·관리하고 있다.	
					4. 안전시설 및 설비를 (비상)시 효율적으로 사용할 수 있도록 관리하고 있다.	
		2) 균형 있는 영양을 고려한 다양한 급·간식을 위생적으로 제공하고 있다.		3-2. 급·간식 (3)	1. 영양의 (균형)을 고려한 급·간식을 제공하고 있다.	
					2. 식자재의 구입·보관 및 조리공간을 (위생)적으로 관리하고 있다.	
					3. 조리 및 배식과정을 청결하고 (위생)적으로 관리하고 있다.	
		3) 유아를 대상으로 식습관 지도를 하고 있다.		3-3. 건강 증진을 위한	1. 손 닦기, 양치질 등 청결한 (위생습관)을 실천한다.	
					2. 교사는 유아의 (건강) 상태를 살펴보고 적절하게 지원한다.	

CHAPTER 7

제 3주기 유치원 평가지표			제 4주기 유치원 평가지표			
평가 영역 (배점)	평가 지표 (배점)	평가요소	평가 영역 (항목 수)	평가 지표 (항목 수)	평가항목	비고
				교육 및 관리 (3)	3. 유아와 교직원의 건강증진을 위한 (예방)관리와 교육을 실시한다.	
	7. 유아의 안전 관리 및 지도의 적절성 (10)	1) 유아와 교사를 대상으로 안전교육을 실시하고 있다.		3-4. 등·하 원의 안전 (2)	1. 유아는 등·하원 시 (성인)의 보호 하에 있다.	
					2. 통학차량을 운행할 경우 (안전)요 건을 갖추어 관리한다.	
		2) 유아, 교직원 및 시설에 대한 보험에 가입하고 있다.		3-5. 안전 교육 및 사고 대책 (3)	1. 유아를 대상으로 (안전교육)을 지속적으로 실시하고 있다.	
					2. 교직원은 (안전교육)을 받고 유아 (학대)예방 지침을 준수 한다.	
		3) 실내·외 시설 및 설비를 안전하게 설치·관리하고 있다.			3. 영유아, 교직원 및 시설 (보험)에 모두 적합하게 가입하고 있다.	

④ 교직원 영역

제 3주기 유치원 평가지표			제 4주기 유치원 평가지표			
평가 영역 (배점)	평가 지표 (배점)	평가요소	평가 영역 (항목 수)	평가 지표 (항목 수)	평가항목	비고
IV. 운영 관리 (30)	8. 교직원 의 근무 여건 및 전문성 제고 (10)	1) 교직원 관련 규정(인사·보수·복지)이 있으며, 이를 준수하고 있다.	IV. 교직원 (13)	4-1. 원장의 리더십 (4)	1. 원장은 자신의 (전문성) 향상을 위해 노력하고 있다.	
					2. 원장은 교직원을 (존중)하고, 교직원의 발전을 위해 지원하며, (면담)을 실시한다.	
					3. 원장은 정기적인 교사회의 등을 통해 교직원의 의견을 (민주)적으로 수렴한다.	
					4. (사립) (2)년 이상 근속한 교사가 전체 교사의 50% 이상이다.	사립

제 3주기 유치원 평가지표			제 4주기 유치원 평가지표			
평가 영역 (배점)	평가 지표 (배점)	평가요소	평가 영역 (항목 수)	평가 지표 (항목 수)	평가항목	비고
				4-2. 교직원의 근무 환경 (3)	1. (교사)실과 개인사물함을 별도로 마련하고 있다.	
					2. 교사의 (업무)지원을 위한 자료 및 설비를 충분히 구비하고 있다.	
		2) 교직원은 전문성 제고를 위한 연수기회를 부여하고 있다.			3. (성인)용 화장실/변기를 (유아)용과 별도로 설치하고 있다.	
				4-3. 교직원의 처우와 복지 (3)	1. 교직원 (인사)와 관련하여 (공정)한 규정이 있으며, 이를 준수하고 있다.	
					2. 교직원의 (보수)와 관련한 규정이 있으며, 이를 준수하고 있다.	
					3. 교직원의 (복지)를 위해 노력하고 있다.	
		3) 원장은 기관을 민주적으로 운영하고 개선을 위하여 노력하고 있다.		4-4. 교직원의 전문성 제고 (3)	1. 신규 교직원에게 업무 관련 (오리엔테이션)을 실시하고 있다.	
					2. 교원의 전문성 제고를 위한 다양한 (연수기회)를 부여하고 있다.	
					3. 교사의 교수-학습방법에 대한 (장학)을 실시하고 있다.	

(3) 제4주기 유치원 평가의 주요 내용

구분	내용
목적	• 누리과정을 충실히 운영할 수 있는 유치원 운영체계 구축 및 유치원의 책무성 제고를 통해 (유치원 교육서비스의 질적 수준 향상) • 유치원 운영 전반을 체계적·종합적으로 점검하고 평가 결과 환류 및 맞춤형 지원을 통해 (유치원 운영 개선) • 평가 결과 공개를 통해 학부모의 알 권리 및 유치원 선택권 보장으로 학부모의 (유치원 교육에 대한 만족도 제고)
추진체계	유치원 교육서비스의 질적 수준 제고 및 학부모 알권리 보장 교육부 시도교육청 등 유치원 평가 사업 지원 평가 시행 주체 평가 참여
추진배경	• 유보통합 추진 단계별 과제로서 국무조정실 유보통합추진단에서 마련한 관계부처 합동 「유치원·어린이집 평가체

CHAPTER 7

계 (통합)방안」 반영
ⓐ 유치원·어린이집을 (동일)한 지표로 평가하여 기관 간 (비교) 가능
ⓑ '17년부터 (통합)평가를 시행하되, 여건을 반영하여 시행방식 조정
  □ '17년부터 유치원 (평가) 및 어린이집 (평가인증) 시 (통합평가)지표를 적용하여 추진하되, 부처별 기관 여건을 반영하여 시행방식 일부 조정

< 유보통합 추진 단계 >

1단계('14년) : 서비스 질 향상 기반 구축(정보공시, 평가 연계 및 통합 등)
2단계('15년) : 규제 및 운영환경 통합(결제카드, 운영시간 조정, 시설기준 정비 등)
3단계('16년) : 관리부처 및 재원·교사 통합

추진방향

- 누리과정을 공통 적용하고 있는 유치원과 어린이집에 대한 (통합평가) 실시
  - 유치원과 어린이집의 공통 교육과정 및 환경·교직원 근무 여건 등 전반적 영역에 걸쳐 (통합평가)지표 적용
- (시도교육청)에서 평가를 실시하고, (교육부)는 평가 지원
  - (교육부)는 시도교육청에서 추진하는 유치원 평가 사업 지원
    → (교육부) 유보통합추진단(국조실)에서 마련한 공통평가지표에 따라 교육부 평가 기본계획 시행, 공통지표 및 매뉴얼 제공, 평가 데이터베이스 수정·보완·운영 등
      □ (시도교육청)별 결과 입력 방식 보완·검토 중
    → ((시·도교육청), 유아교육진흥원 등) 평가 세부계획 수립·시행, 평가위원 연수 운영, 평가 결과 DB입력, 평가 관련 공시정보 검증 등
- 평가방식 개선을 통한 보고서 작성 (간소)화 및 결과의 (객관)성 제고
  - (정량평가)방식에 따라 평가하고 영역별 평가 의견 기술
- 유치원 평가 결과를 (공개)하여 학부모의 알 권리 충족
  - 평가 결과 (공개)를 통해 학부모가 알고자 하는 유치원의 정보 제공
    □ (유치원알리미) : 유치원 기본정보, 평가결과(총평, 영역별 소견 등)

추진계획

◇ 제4주기 평가는 관계부처 합동 「유치원·어린이집 평가체계 (통합)방안」에서 제시한 (통합) 지표 평가방식을 반영하여 실시
  - 단, 평가의 세부적인 절차 및 방법, 공개범위 등에 대해서는 (시·도교육청) 자율적으로 추진

- 평가 주체 : (시·도교육청)
  - (시·도별)로 「유치원평가위원 및 심의위원회」 구성·운영
    □ 이의 신청 조정을 위한 심의위원회를 구성하되, 유치원평가위원회와 통합 운영 가능
  - 평가 대상 및 주기
- 평가 대상 : (국·공·사립유치원)

구분	전체	'17	'18	'19
계	8,987	2,995	2,996	2,996

1. 시·도의 사정에 따라 연도별 평가 유치원 수는 변동 가능하나 지역, 규모, 설립별 고려
2. [면제대상] 통합평가 시범사업 참여 유치원(재평가 희망 시 평가 가능)
   - 평가 주기 : 3년('17~'19년)
   - 평가 대상기간 : 평가 실시년도의 6개월간 유치원 운영 실적

평가 영역 및 내용	• 평가 영역 : (교육과정), (교육환경 및 운영관리), (건강·안전), (교직원)
	• 평가 지표 : (공통지표)와 (자체지표)로 구성
	  - [(공통지표)] 유아의 건전한 발달 및 유치원의 내실 있는 운영을 위해 (전국)적으로 활용하는 지표
	  - [(자체지표)] (시·도교육청)의 역점(특색)사업 등에서 자율적으로 선정

평가방식	• 평가 방법 : (정량평가) 방법을 도입하여 객관성과 예측 가능성 제고 • 평정 방식 : (절대평가) 방식의 (등급제)((4)등급 : (A)-(B)-(C)-(D))
평가절차 (3단계)	(자체평가) → (현장평가) → (종합평가) □원칙은 (3)단계 평가 절차이나, '(현장)·(종합)평가'를 (통합)하여 추진 가능 - [(자체평가)] 각 (유치원)이 (통합평가)지표에 따라 매년 직접 평가한 후, 미흡 부분에 대한 개선계획을 수립·이행 - [(현장평가)] (현장평가)자가 직접 방문하여 (통합평가)지표에 따라 (관찰)·(면담)·기록 확인을 통해 실제 운영 실태를 평가한 후 (현장평가)보고서를 작성·제출 □(교원능력개발)평가, (컨설팅)장학, 감사 결과 등을 활용하여 평가 항목 체크 가능 - [(종합평가)] (자체)·(현장)평가보고서, 기타사항(법 위반, 정보공시 정확성 등) 등을 종합하여 평가한 후 최종 평가보고서를 작성·제출 - [심의] 평가결과서 통보 후 이의제기 가능, 이의제기가 인정되는 경우 해당 평가 지표, 평가 영역 등에 대해 (등급) 조정 가능
결과 공개 및 처리	• [공개 내용] 유치원·평가 영역 (등급) 공개를 권장하나 시·도의 여건 등을 고려하여 (교육감)이 결정, (총평)과 (영역별 소견)은 반드시 공개 • [결과 처리] 결과에 따른 시도교육청별 (맞춤)형 지원

3) 유치원 평가 합격기출(제3주기 유치원 평가 관련 기출)

- 유치원에서 평가 주관 기관에 제출한 자체 평가 보고서를 평가 위원들이 검토하는 (①   )평가를 한 후에 (②   )평가를 나온 거예요.

- (③   ) 영역 - 다음 달에 해야 하는 부모 교육은 부모님들께서 관심을 갖는 주제를 미리 조사해서 강연회나 워크숍으로 계획해 보면 어떨까요?

- (④   ) 영역 - 시설·설비가 유아의 발달에 적합한지 평가한다.

- (⑤   ) 영역 - 유아의 행동 관찰 기록, 활동 결과물도 자세히 검토한다.

- (⑥   ) 영역 - 시설·설비 안전 관리를 위하여 안전 점검한 내용을 기록으로 남긴다. 유아를 위한 상해보험과 시설을 위한 재난보험에 가입하고, 이를 가정에 공지한다. 유아 건강 검진을 1년에 1회 이상 실시하며, 검진관련 서류는 유치원에서 보관하고, 이를 가정에 통지한다. 급·간식 식재료를 위생적으로 관리하기 위하여 식품 재료는 검수 절차를 거치고, 제공된 음식 샘플을 일정 기간 보관하는 보존식을 시행한다.

- 건강·안전 영역의 평가지표 '균형 있는 (⑦   ) 시행 및 (⑧   ) 지도'에 따른 평가 기준 3가지 - 영양 균형을 유지한 급식과 다양한 종류의 간식이 제공되고 있는가? / 급·간식 식단표를 공개하고, 가정에 제공하고 있는가? / 유아 대상 식습관 및 영양지도를 하고 있는가?

12 유아 평가 결과 기술 및 활용 방안

1) 유아 평가 기술 및 활용 방안의 합격단어
2) 유아 평가 기술 및 활용 방안의 합격내용
3) 유아 평가 기술 및 활용 방안의 합격기출

1) 유아 평가 기술 및 활용 방안의 합격단어

- 누리과정 목표와 내용에 근거하여 유아의 특성과 변화 정도를 평가한다. / 유아의 지식, 기능, 태도를 포함하여 평가한다. / 유아의 일상생활과 누리과정 활동 전반에 걸쳐 평가한다. / 관찰, 활동 결과물 분석, 부모면담 등 다양한 방법을 사용하여 종합적으로 평가하고, 그 결과를 기록한다. / 유아평가 결과는 유아에 대한 이해와 누리과정 운영 개선 및 부모 면담 자료로 활용할 수 있다.

2) 유아 평가 기술 및 활용 방안의 합격내용

구분	내용
누리과정 목표와 내용에 근거하여 유아의 특성과 변화 정도를 평가한다.	• 유아에 대한 평가는 궁극적으로 개별 유아에 대한 이해를 높이고 유아의 전인적인 발달에 도움을 줄 수 있도록 하기 위해 실시하는 것이다. • 유아를 평가할 때에는 누리과정의 목표와 내용을 준거로 하되, 성취중심의 결과 평가 보다는 변화 과정을 진술하는 평가가 이루어지는 것이 바람직하다. 즉, 유아가 누리과정의 내용을 경험하면서 어떤 영역에서 얼마나 발달하고 있는지, 어떤 능력이나 태도를 보이고, 개별적으로 얼마나 변화하고 있는지를 주기적으로 관찰하여 평가한다. • 이러한 평가를 통해 파악한 유아의 발달 수준과 특성, 변화 정도를 부모에게 알려서 유아에 대한 부모의 이해를 증진시키며, 유아의 발달 수준과 특성에 적합한 교육 보육 내용을 계획하도록 한다.
유아의 지식, 기능, 태도를 포함하여 평가한다.	• 누리과정은 만 3~5세 유아의 심신의 건강과 조화로운 발달을 도와 민주 시민의 기초를 형성하는 것을 목적으로 하며, 만 3, 4, 5세 유아가 갖추어야 할 기본 능력과 소양을 기르기 위한 것으로 세부 내용은 지식, 기능, 태도 및 가치를 포함하고 있다. 따라서 누리과정을 계획하여 운영하고 이를 경험한 유아의 변화 과정을 파악하고자 할 때 이러한 지식, 기능, 태도를 모두 포함하여 평가한다.
유아의 일상생활과 누리과정 활동 전반에 걸쳐 평가한다.	• 유아는 다양하게 편성된 하루 일과에 참여하면서 여러 가지 경험을 하게 된다. 누리과정 운영이 유아의 일과 속에서 자연스럽게 이루어지듯이, 평가 또한 교육·보육 장면과 분리되지 않아야 한다. • 따라서 유아를 평가하고자 할 때는 특정 활동이나 영역에 초점을 맞추기보다 일과 전반에 걸쳐 관찰한 것에 기초하여 평가하는 것이 바람직하다. • 즉, 자유선택활동, 대 소집단활동, 급간식 및 정리 정돈, 등원 및 귀가 등 유아가 참여하게 되는 일상생활과 교육·보육 활동을 모두 고르게 관찰하고 체계적으로 자료를 수집하여 평가한다. 또한 관찰을 할 때에는 반(학급)의 모든 유아를 고루 포함하도록 한다.
관찰, 활동 결과물 분석, 부모면담 등	• 유아를 평가할 때에는 여러 내용을 다양한 방법을 통해서 정보를 수집하고 그것에 기초하여 결과를 분석하는 것이 바람직하다. • 가장 많이 사용되는 방법은 유아를 관찰하는 것이다. 일과에서 유아가 참여하는 놀이의 종류나 수준, 친구관계,

다양한 방법을 사용하여 종합적으로 평가하고, 그 결과를 기록한다.	활동 몰입 정도, 일상생활 수행정도 등 관찰 가능한 여러 행동을 구체적으로 기록하고 그 자료를 기초로 유아를 평가한다. • 유아가 참여한 놀이나 활동에서 유아가 만든 활동물, 언어나 음률 활동 동영상, 쌓기 구조물 사진 등을 주기적으로 수집하고 관찰 자료와 함께 활용하여 유아를 종합적으로 평가하도록 한다. • 부모와의 주기적인 개별 면담을 통해 기관에서 관찰하지 못하는 유아에 대한 정보를 추가하여 종합적으로 유아를 평가하고 이를 기록해 둔다.
유아평가 결과는 유아에 대한 이해와 누리과정 운영 개선 및 부모면담 자료로 활용할 수 있다.	• 유아에 대한 평가 결과는 주기적으로 유아의 현재 발달 수준과 누리과정의 성취 정도를 파악하는 데 활용한다. • 누리과정의 내용을 운영함에 있어서 유아 평가를 기초로 개별적인 유아의 요구를 반영할 수 있다. • 유아가 균형 있게 성장 발달하려면 상호 신뢰 속에서 유치원 및 어린이집과 부모 간에 원활한 의사소통이 이루어져야 한다. • 유아 평가 결과를 부모 면담자료로 활용하여 유아에 대한 정보를 가정과 공유하고, 가정에서도 이에 기초하여 일관성 있게 지도하여 유치원과 어린이집이 가정과 연계하여 유아의 전인발달을 지원하도록 한다.

3) 유아 평가 기술 및 활용 방안의 합격기출

• 유아 평가 결과 기술 시에는 다른 유아와 (①   )하여 서술하지 말고, 문장의 (②   )을 통일해야 하며, 5개 영역 각각에 해당하는 내용만을 기술해야 한다.

• 2015 개정 유치원 교육과정의 편성과 운영 내용 - 유아 평가 결과는 (③   )에 대한 이해와 (④   ) 운영 개선 및 부모 (⑤   ) 자료로 활용할 수 있다.

• 유아 평가 결과는 유아의 성장 (⑥   ) 확인, 유아의 (⑦   ) 작성, 유아 부모와의 면담 자료로 활용할 수 있다.

유아 연구 및 평가 합격기출 정답

01 표본기록법(=지속적 관찰기록법)

정답

①			
표본			

02 일화기록법

정답

①	②	③	④	⑤
직접화법	즉시	순서	사실	감정
⑥				
일화				

03 행동목록법(=체크리스트법)

정답

①	②	③	④	⑤
예	아니오	행동목록법	일화기록법	체크리스트법 (=행동목록법)
⑥	⑦	⑧	⑨	⑩
항목	출현	사용	중복	대표
⑪	⑫			
관찰	한(= 1)			

04 평정척도법

정답

①	②	③	④
중앙 집중의 오류 (=중심화 경향의 오류)	평정척도	출현	변화

05 시간표집법

정답

①	②	③
시간표집법	시간표집법	빈도

06 사건표집법

정답

①	②	③	④	⑤
선행적 사건	조작적 정의	행동	원인	행동
⑥	⑦	⑧	⑨	⑩
행동	행동	관찰 행동	원인	질적인 정보
⑪				
ABC 서술식 사건표집법				

07 수행평가 및 포트폴리오 평가

정답

①	②	③	④	⑤
목표	포트폴리오	포트폴리오	벽면	과학
⑥	⑦	⑧	⑨	
목록	사진	결과물	카세트테이프	

08 유아 연구 방법

정답

①	②	③	④
인과관계	실험연구	프로젝트 학습	언어능력

09 사회성 측정법

정답

①	②	③	④
모레노	인기아	고립아	사회적 역학관계

CHAPTER 7

10 표준화 검사

정답

①	②	③	④	⑤
훈련	개인차	규준	신뢰도	타당도
			정답 순서 무관	
⑥	⑦	⑧		
객관도	신뢰도 (혹은 재검사 신뢰도)	타당도		

11 유치원 평가

정답

①	②	③	④	⑤
서면	현장	운영관리	교육환경	교육과정
⑥	⑦	⑧		
건강 및 안전	급·간식	식습관		

12 유아 평가 결과 기술 및 활용 방안

정답

①	②	③	④	⑤
비교	맺음말	유아	누리과정	면담
⑥	⑦			
발달	생활기록부			

합격다짐

CHAPTER 8

유아 생활지도
합격비계

I. 유아 생활지도 합격목차
II. 유아 생활지도 합격내용

Ⅰ. 유아 생활지도 합격목차

1. 로저스(C. Rogers)의 인간중심 상담이론
2. 유아 생활지도 기법(행동수정 원리)

II. 유아 생활지도 합격내용

01 로저스(C. Rogers)의 인간중심 상담이론

1) 로저스의 인간중심 상담이론의 합격단어
2) 로저스의 인간중심 상담이론의 합격내용
3) 로저스의 인간중심 상담이론의 합격기출

1) 로저스의 인간중심 상담이론의 합격단어

- 로저스, 인간중심 상담이론(=비지시적 내담자중심 상담이론), 진실성(=일치성), 무조건적인 존중, 공감적 이해

2) 로저스의 인간중심 상담이론의 합격내용

구분	내용
인간중심 상담이론의 주요 특성	• 인간중심 상담은 로저스에 의해서 창안된 상담기법으로, 초창기에는 비지시적 상담, 중반기에는 내담자 중심 상담, 후반기에는 인간중심 상담으로 불리고 있다. • 인간중심 접근방법은 내담자의 중요한 문제를 결정하고 그들의 문제를 해결하도록 하는 내담자의 능력을 강조하고 있다. • 가장 중요한 상담관계의 최적의 방법은 따뜻하고 허용적이며, 내담자로 하여금 그들의 유일한 경험에 관련시켜 자아구조를 탐색할 수 있는 그 풍토를 수용할 수 있는 분위기를 마련해 주는 것이다. • 로저스는 상담의 목표를 이상적 자기와 실제적 자기 간의 일치에 두고, 그 과정에서 상담자의 지시나 해석보다 내담자 자신이 주도할 수 있는 능력을 신뢰하였다.
인간중심 상담이론의 상담기법	• 진실성(=일치성) - 상담자가 내담자와의 상담관계에서 순간 경험하는 자신의 감정이나 태도를 있는 그대로 솔직하게 인정하고, 경우에 따라서는 솔직하게 표현하는 태도이다. • 무조건적인 존중 - 상담자가 내담자를 평가하거나 판단하지 않고 내담자가 나타내는 어떤 감정이나 그 밖의 행동특성도 그대로 수용하며 그를 소중히 여기고 존중하는 태도이다. • 공감적 이해 - 상담자와 내담자가 상호작용하는 동안에 발생하는 내담자의 경험들과 감정들, 그리고 그러한 경험과 감정들이 상담의 과정 순간순간에 내담자에게 주는 의미를 민감하고 정확하게 이해하려는 노력을 뜻한다. 정확한 공감적 이해는 내담자로 하여금 있는 그대로의 자신에게 보다 더 가깝게 접근해 갈 수 있도록 격려하고, 보다 깊이 있게, 그리고 강한 경험을 할 수 있도록 도와서 내담자 자신 내에 존재하는 자아와 유기체적 경험 간의 불일치성을 인지하고 해결할 수 있도록 하는 것이다.

3) 로저스의 인간중심 상담이론의 합격기출

- (①   )는 어머니께서 준이 입장이 되어 준이의 마음을 이해하고 정서적으로 함께 하는 것에 해당하는 로저스가 제시한 인간중심 상담이론의 상담기법이다.

02 유아 생활지도 기법(행동수정 원리)

1) 유아 생활지도 기법(행동수정 원리)의 합격단어
2) 유아 생활지도 기법(행동수정 원리)의 합격내용
3) 유아 생활지도 기법(행동수정 원리)의 합격기출

1) 유아 생활지도 기법(행동수정 원리)의 합격단어

- 행동주의 이론, 스키너, 조작적 조건형성이론, 행동수정, 강화, 정적 강화, 부적 강화, 행동수정기법(프리맥 원리, 토큰강화, 행동계약, 행동연쇄, 타임아웃)

2) 유아 생활지도 기법(행동수정 원리)의 합격내용

구분	내용
행동수정 이해	• 행동주의 이론에서는 환경의 중요성에 대하여 논하고 있으며 아동의 중요한 환경 중 하나인 부모나 교사의 행동이 아동의 행동에 큰 영향을 미친다고 본다. • 행동수정은 스키너의 조작적 조건원리를 응용해서 바람직하지 못한 행동을 하게 하는 요인을 제거하여 바람직한 행동으로 변화시켜서 그 행동이 유지되게 하는 것이다. 즉 새로운 적절한 행동을 발달·유지하도록 하기 위해서는 정적 강화의 원리, 모방의 원리, 변별 원리 등을 적용하고, 부적절한 행동을 감소·제거하기 위해서는 소거의 원리, 차별강화 원리, 벌 원리 등을 적용하는 것을 행동수정이라고 불러왔다.
강화 이해	• 바람직한 행동의 빈도를 높이거나 지속성을 늘리기 위해 아동의 행동 직후에 자극을 제시하는 것을 '강화'라고 한다. 이와 같은 강화는 정적 강화와 부적 강화로 그 유형을 구분할 수 있다. • 정적 강화는 바람직한 행동이 일어난 후에 보상을 주어 그 행동의 빈도를 증가시키는 것이다. - 부모님이나 교사의 칭찬, 따뜻한 미소와 같은 긍정적인 반응이나 용돈, 사탕 등과 같은 물질적 보상 등을 받은 아동은 이후에 비슷한 상황에서 그 행동을 할 가능성이 높아질 것이다. • 부적 강화는 바람직한 행동을 방해하는 혐오자극들을 제거해 줌으로써 바람직한 행동을 할 수 있도록 도와주는 것을 의미한다. - **예** 아리 엄마는 아리가 책을 잘 읽지 않는다고 걱정하신다. 아리도 집중해 책을 읽고 싶지만 자꾸 땀이 흘러 짜증이 난다. 엄마가 에어컨을 조절하여 집안 온도를 낮추어 주셨다. 이제 시원하여 책읽기도 수월해졌다. 이 경우에 더위는 독서에 방해가 되는 혐오자극으로 제공되었고, 이 혐오자극을 제거해줌으로써 아리의 목표행동(독서하는 행동)의 증가를 가져왔다.
행동수정 기법	• 프리맥 원리 - 프리맥 원리의 핵심은 학습자가 자발적으로 자주 하는 활동(혹은 행동)이 그렇지 않은 활동(혹은 행동)을 강화할 수 있다는 점이다. - 예를 들어, 공부보다는 컴퓨터 게임을 하는 데 더 많은 시간을 보내는 학생에게 프리맥 원리를 적용한다면 일정시간 공부를 해야만 컴퓨터 게임을 할 수 있다고 규칙을 정해 그 학생의 공부하는 행동을 강화할 수 있다. 즉, 발생빈도가 낮고 학생이 자발적으로는 잘 하지 않는 행동(공부)을 강화하기 위해 발생빈도가 높고 학생이 자발적으로 하는 행동(컴퓨터 게임)을 강화자극으로 사용하는 것이다.

- 토큰강화
  - 토큰은 기대했던 행동이 일어났을 때 주어지는 딱지, 스티커와 같은 여러 가지 징표를 일컫는 것이다.
  - 토큰을 일정 기간 동안 어느 정도 모았을 때 교사가 주거나 학생이 원하는 강화물(음식물, 상품권, 인정의 언어, 칭찬, 배식 우선권 등)을 습득하게 하는 것을 의미한다.
- 행동계약
  - 행동계약은 지도교사와 학생 간에 맺은 자신의 행동에 대한 책임의 범위와 일정한 행동에 따른 결과 간의 관계를 명시한 계약서이다.
  - 행동계약은 집단과 개인으로 구분되어 실시될 수도 있으며 상황에 따라서는 집단행동계약이 개별행동계약보다 유리한 경우가 있다(백연, 2000).
- 행동연쇄
  - 행동연쇄기법은 옷을 입거나 벗는 것 등을 학습하는 것과 같이 모든 행동이 연결되거나 연쇄상의 반응을 발달시키도록 자극하는 방법이며, 새로운 일련의 행동형성에 필요한 부분 동작들을 연결해서 복잡한 행동 학습을 유도하는 방법이다.
  - 전진형 행동연쇄는 첫 번째 구성요소를 가르치는 반면, 후진형 행동연쇄는 마지막 구성요소를 먼저 가르친다(김명희, 이현경, 2011).
- 타임아웃
  - 타임아웃은 잘못된 행동 후 일정시간 동안의 정적 강화가 중지되는 벌 과정으로, 배제와 비배제의 두 가지 형태로 나눈다.
  - 배제 타임아웃과정은 잘못된 행동을 한 아동을 일정 시간 동안 강화 환경에서 추방하는 것으로 특정한 방이나 치료실 구석에 있는 분리막 뒤에 있게 하거나 복도에 서있게 한다.

3) 유아 생활지도 기법(행동수정 원리)의 합격기출

- (①   ) - 유아들과 약속한 대로 연희를 교실 뒤쪽에 마련된 의자에 3분간 앉아 있도록 하였다. 약속한 시간이 지난 후, 연희와 의자에 앉아 있게 된 이유에 대해 이야기를 나누었다.

- (②   ) - 준이가 음식을 골고루 잘 먹을 때마다 준이가 좋아하는 동화책을 읽어주기로 했어요.

유아 생활지도 합격기출 정답

01 로저스(C. Rogers)의 인간중심 상담이론

정답

①			
공감적 이해			

02 유아 생활지도 기법(행동수정 원리)

정답

①	②			
격리(=타임아웃)	프리맥 원리			

합격다짐

CHAPTER 9

유아교육기관 운영관리 합격비계

Ⅰ. 유아교육기관 운영관리 합격목차
Ⅱ. 유아교육기관 운영관리 합격내용

Ⅰ. 유아교육기관 운영관리 합격목차

1. 유치원생활기록부 기재 요령

II. 유아교육기관 운영관리 합격내용

01 유치원생활기록부 기재요령

1) 유치원생활기록부 기재요령의 합격단어
2) 유치원생활기록부 기재요령의 합격내용
3) 유치원생활기록부 기재요령의 합격기출

1) 유치원생활기록부 기재요령의 합격단어

- 유치원생활기록부, 유치원생활기록부 작성 및 관리지침, 유아교육법, 준영구 보존, 인적사항(성명-한글, 성별-남/여, 주민등록등본상의 생년월일, 가족상황란-부모(보호자)의 성명과 생년월일, 특기사항란-유아 이해에 도움이 될 수 있는 내용이 있는 경우/보호자의 동의), 학적사항(입학-연월일, 원명, 연령/특기사항란-특기할 만한 사유, 졸업후의 상황란-유아의 진로상황), 출결상황(아라비아 숫자, 수업일수-유아교육법시행령 제12조/총 출석해야 할 일수, 특기사항란-일주일 이상 장기 결석한 경우 사유), 신체발달상황(학교건강검사규칙 제4조, 검사일-아라비아 숫자, 특기사항란-유아의 신체가 학습활동에 영향을 미치는 내용이 있는 경우/보호자의 동의), 유아발달상황(신체운동·건강, 의사소통, 사회관계, 예술경험, 자연탐구 5개 영역/관찰 결과를 구체적인 문장으로 입력/문장의 끝맺음은 '~함', '~임'으로 통일/기술내용은 유치원 교육과정에 제시된 세부 내용을 준거로 입력/종합발달상황란-유아의 발달상황에 대한 종합적 평가)

2) 유치원생활기록부 기재요령의 합격내용

(1) 유치원생활기록부 작성 및 관리지침[교육부고시 제2014-50호, 2014. 9. 29. 일부개정]

제1조(목적) 이 지침은 「유아교육법」 제14조에 따라 유치원생활기록부를 작성 및 관리하기 위한 기준을 정함을 목적으로 한다.

제2조(삭제)

제3조(입력·서식 등) ① 유치원생활기록부는 「공공기록물관리에 관한 법률 시행령」 제2조 제7호에 따른 전자기록생산시스템을 통해 전자적으로 생산·관리하여야 한다. 다만, 전자기록생산시스템을 통한 생산·관리가 불가능한 경우에는 유치원생활기록부를 비전자기록물로 생산·관리할 수 있다.
② 유치원생활기록부의 서식은 별지 제1호와 같다.
③ 유치원생활기록부는 한글로 입력하고, 입력란이 부족할 때에는 유치원의 필요에 따라 추가할 수 있다.
④ 유치원생활기록부 작성에 필요한 보조기록부는 각 유치원의 실정에 맞게 작성·사용함을 원칙으로 하되, 필요할 경

우 시·도 교육청별로 일정한 서식을 작성·사용하게 할 수 있다.

제4조(정정) ① 매 학년이 종료된 이후에는 당해 학년도 이전의 유치원생활기록부 입력자료에 대한 정정은 원칙적으로 금지한다.
② 제1항의 규정에도 불구하고, 정정이 불가피한 경우에는 반드시 정정내용에 관한 증빙자료를 첨부하여 유치원생활기록부 정정대장의 결재 절차에 따라 정정 처리해야 한다.
③ 제2항에 따른 증빙자료는 전자기록생산시스템에 등록하여 관리하여야 하고, 유치원생활기록부 정정대장에 증빙자료의 문서번호를 등록하여 함께 보관하여야 한다.
④ 유치원생활기록부 정정대장의 서식은 별지 제2호와 같다.

제5조(보관·활용) ① 유치원생활기록부는 준영구 보존해야 한다.
② 유치원장은 유아의 보호자 또는 유아가 입학한 초등학교장 및 특수학교장이 유아의 생활지도에 필요하여 요청하면 보호자가 동의할 경우 유치원생활기록부를 출력하여 송부하여야 한다.
③ 유아가 전학할 경우 유치원장은 보호자의 요청에 따라 유치원생활기록부 출력물과 전산자료를 전학하는 유치원에 송부하고, 퇴학할 경우에는 유치원생활기록부를 퇴학일을 입력하여 전자기록생산시스템에 등록한다.

제6조(인적사항) 유치원생활기록부의 인적사항은 다음 각호와 같이 입력한다.
1. '성명'은 한글로 입력한다. 다만 부득이한 경우 해당국 언어로 입력할 수 있다.
2. '성별'은 남, 여로 입력한다.
3. '생년월일'은 주민등록등본상의 생년월일을 입력한다.
4. '주소'는 입학당시의 주소와 변경된 주소를 차례로 입력하고, 졸업 당시의 주소를 최종적으로 입력한다.
5. '가족상황'란에는 부모(보호자)의 성명, 생년월일을 입력한다.
6. '특기사항'란에는 유아 이해에 도움이 될 수 있는 내용이 있는 경우 보호자의 동의를 받아 입력한다.

제7조(학적사항) ① 입학의 경우 연월일, 원명, 연령을 입력한다.
② 재입학·편입학·전학·휴학·퇴학·수료·졸업의 경우 줄을 추가하고 제1항에 따른 입학의 경우와 동일한 방법으로 입력한다.
③ '특기사항'란에는 특기할 만한 사유를 입력한다.
④ '졸업후의 상황'란에는 진학한 학교 등 유아의 진로상황을 입력한다.

제8조(출결상황) ① 출결상황은 각 항목에 따라 아라비아 숫자로 입력한다.
② '수업일수'는 「유아교육법시행령」 제12조의 규정에 의하여 원장이 정한 총 출석해야 할 일수를 입력한다.
③ '출석일수'는 출석한 일수를 입력한다.
④ '결석일수'는 결석한 일수를 입력한다.
⑤ '특기사항'란에는 일주일 이상 장기 결석한 경우 사유 등을 간략하게 입력한다.

제9조(신체발달상황) 「학교건강검사규칙」 제4조에 따라 신체검사 결과를 다음 각 호와 같이 입력한다.

CHAPTER 9

1. '검사일'은 아라비아 숫자로 입력한다.
2. '특기사항'란에는 유아의 신체가 학습활동에 영향을 미치는 내용이 있는 경우 보호자의 동의를 받아 입력한다.

제10조(유아발달상황) ① 유치원 교육과정에 제시된 신체운동·건강, 의사소통, 사회관계, 예술경험, 자연탐구 5개 영역의 발달상황에 대한 관찰 결과를 구체적인 문장으로 입력하며, 문장의 끝맺음은 '~함', '~임' 등으로 통일하여 입력한다.
② 기술내용은 유치원 교육과정에 제시된 세부 내용을 준거로 입력하고, '종합발달상황'란에는 유아의 발달상황에 대한 종합적 평가를 간략하게 입력한다.
③ (삭제)

제11조(기타) ① '수료·졸업대장번호'란에는 만3세~만6세아가 수료·졸업할 경우 아라비아숫자로 수료·졸업학년도 및 수료·졸업대장번호를 입력한다.
② (삭제)
③ '사진'란에는 상반신 칼라 사진을 입력한다.
④ '반'란에는 반명을 입력한다.
⑤ '담임 성명'란에는 담임 성명을 입력한다.

제12조(재검토기한) 「훈령·예규 등의 발령 및 관리에 관한 규정」(대통령훈령 제248호)에 따라 이 고시 발령 후의 법령이나 현실여건의 변화 등을 검토하여 이 고시의 개정 등의 조치를 하여야 하는 기한은 2017년 09월 22일까지로 한다.

부 칙 <제2014-50호, 2014.09.29.>
이 고시는 공포한 날부터 시행한다.

[별지 제1호] 유치원생활기록부

유치원생활기록부

- 취학유예아를 적을 수 있는 칸이 필요한 경우 해당 칸에 마우스로 클릭하면 선이 활성화되므로 선을 그리고 내용을 입력하면 됨. 2. 학적사항, 3. 출결상황, 4. 신체발달상황, 5. 유아 발달상황에도 추가칸이 있음.

구분 \ 연령	만3세	만4세	만5세	***	사진 (3×4)
수료·졸업대상연도	20 -	20 -	20 -		
반					
담임 성명					

1. 인적사항

성명		성별		생년월일	
주소					

가족상황	구분 \ 관계	부	모	특기사항
	성명			
	생년월일			

2. 학적사항

년 월 일	유치원 만 세 입학	특기사항
※이하 비카은 학적 변동에 따라 추가 가능		

졸업후의 상황 | 초등학교 진학, 기타:

3. 출결상황

인원 \ 구분	수업일수	출석일수	결석일수	특기사항
만3세				
만4세				
만5세				

4. 신체발달상황

구분 \ 연령	1학기			2학기			특기사항
	검사일	키	몸무게	검사일	키	몸무게	
만3세	20 . .	cm	kg	20 . .	cm	kg	
만4세	20 . .	cm	kg	20 . .	cm	kg	
만5세	20 . .	cm	kg	20 . .	cm	kg	

5. 유아발달상황 (성명 :   )

연령	영역별	발달상황
만3세	신체운동·건강	
	의사소통	
	사회관계	
	예술경험	
	자연탐구	
	종합발달상황	
만4세	신체운동·건강	
	의사소통	
	사회관계	
	예술경험	
	자연탐구	
	종합발달상황	
만5세	신체운동·건강	
	의사소통	
	사회관계	
	예술경험	
	자연탐구	
	종합발달상황	

(2) 유치원생활기록부 조항별 기재요령

> **제1조(목적)** 이 지침은 「유아교육법」 제14조에 따라 유치원생활기록부를 작성 및 관리하기 위한 기준을 정함을 목적으로 한다.

구분	내용
관련 법령	※「유아교육법」 제14조 원장은 유아의 생활지도 및 초등학교 교육과정의 연계지도에 활용할 수 있도록 유아의 발달 등을 종합적으로 관찰하고 평가하여 교육부장관이 정하는 기준에 따라 생활기록부를 작성·관리하여야 한다.
해설	- 유치원생활기록부의 작성 및 관리의 책임자는 원장이다. - 유치원생활기록부의 작성자는 당해 학년도 유아의 담임교사이다. - 담임교사가 중간에 바뀐 경우, 유치원생활기록부의 담임 성명란에는 학년말 결재를 받을 당시 담임교사의 성명을 적는다.

기재 요령	- 교육부 제2014-50호 고시문의 [별지 제1호] 문서양식에서 작성한다.
	- 지정된 양식 (별지 제1호)
	  용지종류 : A4(국배판)
	  폭 : 210.0mm, 길이 : 297.0mm
	  용지방향 : 세로
	  용지여백 : 위쪽 13.0mm, 아래쪽 10.0mm, 왼쪽·오른쪽 20.0mm, 머리말 13.0mm, 꼬리말 10.0mm, 제본 0.0mm
	  글꼴 및 글자크기 : 휴먼명조 11pt
	  장평 및 자간 : 100%, 0%
	  줄간격 : 130% (※ 유아발달상황 120%)

> **제2조(삭제)**

구분	내용
관련 법령	※「유아교육법」 제2조 제2호 "유치원"이란 유아의 교육을 위하여 이 법에 따라 설립·운영되는 학교를 말한다.
해설	- 「유치원생활기록부 작성 및 관리지침」(교육과학기술부 고시 제2013-7호, 2013.01.23.)부터 삭제되었다. - 그 이전의 「유치원생활기록부관리지침」(교육과학기술부 고시 제2009-18호, 2009.6.5) 제2조는 다음과 같았다. 제2조(적용범위) 이 지침은 유아교육법 및 동법시행령 등에 의하여 설립된 유치원(이하 "원"이라 한다.)에 적용한다.

CHAPTER 9

제3조(입력·서식 등) ① 유치원생활기록부는 「공공기록물관리에 관한 법률 시행령」 제2조 제7호에 따른 전자기록생산시스템을 통해 전자적으로 생산·관리하여야 한다. 다만, 전자기록생산시스템을 통한 생산·관리가 불가능한 경우에는 유치원생활기록부를 비전자기록물로 생산·관리할 수 있다.
② 유치원생활기록부의 서식은 별지 제1호와 같다.
③ 유치원생활기록부는 한글로 입력하고, 입력란이 부족할 때에는 유치원의 필요에 따라 추가할 수 있다.
④ 유치원생활기록부 작성에 필요한 보조기록부는 각 유치원의 실정에 맞게 작성·사용함을 원칙으로 하되, 필요할 경우 시·도 교육청별로 일정한 서식을 작성·사용하게 할 수 있다.

구분	내용
관련 법령	※ 「공공기록물관리에 관한 법률 시행령」 제2조 제7호 "전자기록생산시스템"이라 함은 「행정업무의 효율적 운영에 관한 규정」 제3조제10호부터 제12호까지의 규정에 따른 전자문서시스템, 업무관리시스템, 행정정보시스템을 말한다. ※ 「행정업무의 효율적 운영에 관한 규정」 제3조 제10호, 제11호, 제12호 10. "전자문서시스템"이란 문서의 기안·검토·협조·결재·등록·시행·분류·편철·보관·보존·이관·접수·배부·공람·검색·활용 등 모든 처리절차가 전자적으로 처리되는 시스템을 말한다. 11. "업무관리시스템"이란 행정기관이 업무처리의 모든 과정을 제22조제1항에 따른 과제 관리카드 및 문서관리카드 등을 이용하여 전자적으로 관리하는 시스템을 말한다. 12. "행정정보시스템"이란 행정기관이 행정정보를 생산·수집·가공·저장·검색·제공·송신·수신하고 활용할 수 있도록 하드웨어·소프트웨어·데이터베이스 등을 통합한 시스템을 말한다.
해설	- 유치원은 초·중등학교의 교육행정시스템(NEIS)과 다르므로 현재 업무포털의 업무관리시스템에서 유치원생활기록부를 해당 결재의 붙임문서로 첨부한다. - '비전자기록물'은 전자문서가 아닌 종이기록물을 의미한다. - 유치원생활기록부 문서양식은 임의로 변경할 수 없다. 다만, 입력란이 부족할 경우에는 전체 크기와 매수를 변경하지 않는 범위에서 줄 삽입 등의 방법으로 기재할 수 있다. - 유치원생활기록부 기재는 한글로 입력하되, 숫자의 경우는 아라비아 숫자를 입력한다. - '보조기록부'란 유치원생활기록부를 기록하기 위한 참고자료로 입학원서, 출석부, 신체검사결과표, 유아평가관련 자료 등을 의미한다.
기재 요령	- 유치원생활기록부의 작성 시기는 항목에 따라 다르다. ☞ 1. 인적사항과 2. 학적사항의 입학(또는 전입)은 입학(또는 전입) 후 한달 내에 작성한다. ☞ 4. 신체발달상황은 해당 학기(1학기, 2학기)에 실시한 후 일주일이내에 기재하고, 나머지 항목은 2학기말에 기재한다. - 유치원생활기록부의 모든 항목을 작성한 후, 학년이 종료됨과 동시에 업무포털의 업무관리시스템에 등록한다. - 교사는 업무포털의 업무관리시스템에서 유치원생활기록부 결재기안에 담당 유아들의 생활기록부를 붙임문서로 첨부한다. 이 때, 파일용량이 커서 시스템에 첨부되지 않는 경우 결재기안을 나누어서 기안하고, 동일한 기안명의 끝부분에 일련번호를 부여하여 연속기안임을 알 수 있도록 한다. - 기안명은 각 유치원이 자율적으로 작성할 수 있으나 해당 년도, 학급명, 해당 연령, 생활기록부 등 주요 단어를 사용한다. ☞ 기안명 : 2014학년도 만3세 생활기록부 관리 2-1, 2014학년도 만3세 생활기록부 관리 2-2

제4조(정정) ① 매 학년이 종료된 이후에는 당해 학년도 이전의 유치원생활기록부 입력자료에 대한 정정은 원칙적으로 금지한다.
② 제1항의 규정에도 불구하고, 정정이 불가피한 경우에는 반드시 정정내용에 관한 증빙자료를 첨부하여 유치원생활기록부 정정대장의 결재 절차에 따라 정정 처리해야 한다.
③ 제2항에 따른 증빙자료는 전자기록생산시스템에 등록하여 관리하여야 하고, 유치원생활기록부 정정대장에 증빙자료의 문서번호를 등록하여 함께 보관하여야 한다.
④ 유치원생활기록부 정정대장의 서식은 별지 제2호와 같다.

구분	내용
관련 법령	※ 유아교육법 제12조 제1항 유치원의 학년도는 3월 1일부터 다음해 2월 말일까지로 한다.
해설	- 유치원의 당해 학년도는 3월 1일부터 다음해 2월 말일까지이다. - 정정사유를 발견한 당해 년도의 담임교사가 정정한다. - 정정을 하는 경우에도 업무포털의 업무관리시스템에서 기안하며 정정에 필요한 증빙자료는 스캔하여 결재 시 붙임문서로 첨부하고, 원본은 정정대장에 철하여 보관한다. - 정정을 위한 입력이 완료되면 전산자료를 출력하여 그 출력물과 증빙자료의 내용과 대조하고 확인하는 절차를 거친다. - 정정대장 작성 시 정정 사항의 오류내용, 정정내용, 정정사유는 간략하나 누구나 알 수 있도록 구체적으로 입력한다. - 유치원생활기록부 정정대장은 유치원장의 결재를 받아야 한다.

기재 요령	- 유치원생활기록부의 입력 내용에 대한 책임은 자료입력 당시의 담임교사에게 있으며, 정정은 오류를 발견한 당해 학년도의 담임교사가 한다.
	- 정정대장의 결재절차는 담임교사→원감→원장 순으로 한다.
	- 유치원생활기록부 정정대장은 학년도를 단위로 작성한다. '번호' 칸에는 학년도-일련번호를 입력한다.
	  ☞ 예 2014-1, 2014-2
	- '정정 연월일'의 연월일은 공백을 두지 않고 붙여 쓰며 20△△.○○.□□.방식으로 쓴다.
	  ☞ 예 2014.04.21.
	- '정정 대상자' 칸의 '연령'에는 생활기록부 작성 당시 유아의 만 연령을 기록하고, 하단으로 줄을 바꾸어 괄호 안에 수료 또는 졸업대장 번호를 기입한다.
	  ☞ 예 만5세 (2013-25)
	- '정정 대상자' 칸의 '성명'은 한글로 성과 이름 사이에 공백 없이 입력한다. 외자 및 두 글자 이상의 성인 경우도 동일하다.
	  ☞ 예 홍수지, 허균, 제갈공명
	- '정정 사항' 칸의 '항목'에는 정정을 요하는 유치원생활기록부 상의 해당항목을 입력한다.
	  ☞ 예 인적사항
	- '정정 사항' 칸의 '오류내용(정정전)'은 오류사항을 간략하나 누구나 알 수 있도록 구체적으로 입력한다.
	  ☞ 예 모 성명(김지운)
	- '정정 내용(정정후)'은 정정된 상태를 입력한다.

- ☞ 예 김지원
- '정정사유'에는 정정하게 된 이유를 간략히 입력한다.
    - ☞ 예 입력오류
- '증빙자료' 칸의 '제목'에는 증빙자료명을 입력한다.
    - ☞ 예 주민등록등본
- '문서번호(등록일자)'는 증빙서류 문서의 일련번호를 부여하고 전자문서 시스템의 등록일자와 함께 입력한다.
- '비고' 칸은 결재를 위한 곳으로 담임교사 정정 후 원감, 원장의 결재를 받는다.

기재 예시

(별지 제2호)

유치원생활기록부 정정대장

번호	정정 연월일	정정 대상자			정정 사항				증빙자료		비고		
		연령 (수료·졸업 대장 번호)	성명	항목	오류 내용 (정정전)	정정 내용 (정정후)	정정사유	제목	문서번호 (등록일자)	담임	원감	원장
2014 -1	2014. 04.21.	만5세 (2013-25)	홍수시	인적 사항	모 성명 (김지운)	김지원	입력오류	주민 등록 등본	1 (2014.04.21.)			
2014 -2	2014. 05.12.	만4세 (2013-28)	김만두	인적 사항	유아성명 (김만두)	김호준	개명 (2013.05.01 서울법원 개명허가)	주민 등록 등본	2 (2014.05.12.)			
2014 -3	2014. 06.17.	만3세 (2013-45)	한사랑	출결 상황	결석 일수2 누락	결석일수 2 입력	출석부 확인	출석 부	3 (2014.06.17.)			

☞ 출석부인 경우 출석부 사본에 원본대조필 후 정정대장에 철하여 보관한다.

제5조(보관·활용) ① 유치원생활기록부는 준영구 보존해야 한다.
② 유치원장은 유아의 보호자 또는 유아가 입학한 초등학교장 및 특수학교장이 유아의 생활지도에 필요하여 요청하면 보호자가 동의할 경우 유치원생활기록부를 출력하여 송부하여야 한다.
③ 유아가 전학할 경우 유치원장은 보호자의 요청에 따라 유치원생활기록부 출력물과 전산자료를 전학하는 유치원에 송부하고, 퇴학할 경우에는 유치원생활기록부를 퇴학일을 입력하여 전자기록생산시스템에 등록한다.

구분	내용
관련 법령	※ 공공기록물 관리에 관한 법률 시행령 제26조 제1항 기록물의 보존기간은 영구, 준영구, 30년, 10년, 5년, 3년, 1년으로 구분하며, 보존기간별 책정기준은 별표 1과 같다. 다만, 「대통령기록물 관리에 관한 법률」 제2조제1호에 따른 대통령기록물, 수사·재판·정보·보안 관련 기록물은 소관 중앙행정기관의 장이 중앙기록물관리기관의 장과 협의하여 보존기간의 구분 및 그 책정기준을 달리 정할 수 있다. 별표 1. 기록물의 보존기간별 책정 기준(제26조제1항 관련)

	준영구	1. 국민이나 기관 및 단체, 조직의 신분, 재산, 권리, 의무를 증빙하는 기록물 중 관리대상 자체가 사망, 폐지, 그 밖의 사유로 소멸되기 때문에 영구보존할 필요성이 없는 기록물

	2. 비치기록물로서 30년 이상 장기보존이 필요하나, 일정기간이 경과하면 관리대상 자체가 사망, 폐지, 그 밖의 사유로 소멸되기 때문에 영구보존의 필요성이 없는 기록물 3. 국민이나 기관 및 단체, 조직의 권리, 신분 증명 및 의무부과, 특정대상 관리 등을 위하여 행정기관이 구축하여 운영하는 행정정보시스템의 데이터셋(dataset) 및 운영시스템의 구축과 관련된 중요한 기록물 4. 토지수용, 「보안업무규정」 제30조에 따른 보호구역 등 국민의 재산권과 관련된 기록물 중 30년 이상 보존할 필요가 있는 기록물 5. 관계 법령에 따라 30년 이상의 기간 동안 민·형사상 책임 또는 시효가 지속되거나, 증명자료로서의 가치가 지속되는 사항에 관한 기록물 6. 그 밖에 역사자료로서의 가치는 낮으나 30년 이상 장기보존이 필요하다고 인정되는 기록물
해설	- 준영구 보존이란 대개 70년 보존을 의미한다. - 유치원생활기록부의 송부요청 자격자는 유아의 보호자 또는 유아가 입학한 초등학교장 또는 특수학교장이다. - 유아가 입학한 초등학교장 또는 특수학교장의 유치원생활기록부 송부요청은 유아의 생활지도를 위해 필요한 경우로 제한하고, 유아 보호자의 동의는 학기초 개인정보 수집·이용 동의서로 가름한다.
기재 요령	- 유아가 전학하는 경우, 원장(또는 교사)은 유아의 보호자에게 생활기록부를 전학 갈 유치원에 송부할 수 있음을 알린다. - 유치원생활기록부 송부 시, 출력규격은 백상지 80g/m², 용지규격 A4(210mm×297mm)로 하며 유치원생활기록부 출력물과 전산자료를 함께 송부한다. - 송부할 유치원생활기록부 출력물은 원본과 대조 확인 후 송부한다. - 유아가 퇴학한 경우, 교사는 유치원생활기록부의 '학적사항'란에 퇴학 연월일을 입력하고 퇴학한 유아의 생활기록부도 해당 학년 종료 후 생활기록부 전자결재 시 같이 등록, 보관한다.

제6조(인적사항) 유치원생활기록부의 인적사항은 다음 각호와 같이 입력한다.
1. '성명'은 한글로 입력한다. 다만 부득이한 경우 해당국 언어로 입력할 수 있다.
2. '성별'은 남, 여로 입력한다.
3. '생년월일'은 주민등록등본상의 생년월일을 입력한다.
4. '주소'는 입학당시의 주소와 변경된 주소를 차례로 입력하고, 졸업 당시의 주소를 최종적으로 입력한다.
5. '가족상황'란에는 부모(보호자)의 성명, 생년월일을 입력한다.
6. '특기사항'란에는 유아 이해에 도움이 될 수 있는 내용이 있는 경우 보호자의 동의를 받아 입력한다.

구분	내용
관련 법령	※ 개인정보 보호법 제24조의2 제1항 제24조제1항에도 불구하고 개인정보처리자는 다음 각 호의 어느 하나에 해당하는 경우를 제외하고는 주민등록번호를 처리할 수 없다. 1. 법령에서 구체적으로 주민등록번호의 처리를 요구하거나 허용한 경우 2. 정보주체 또는 제3자의 급박한 생명, 신체, 재산의 이익을 위하여 명백히 필요하다고 인정되는 경우 3. 제1호 및 제2호에 준하여 주민등록번호 처리가 불가피한 경우로서 안전행정부령으로 정하는 경우
해설	- 유아의 성명, 생년월일, 주소는 주민등록등본과 일치하여야 한다.

CHAPTER 9

기재 요령	- 부모의 인적사항은 주민등록등본 또는 유아 본인의 가족관계증명서를 기준으로 입력함을 원칙으로 한다. - 입양의 경우 양부모를 부모로 입력한다. - 입학 전 부모 사망의 경우 '사망'으로 입력한다. 다만, 부 또는 모 및 보호자가 원할 경우 재원 중 부모가 사망한 경우도 동일하게 처리할 수 있다. - 입학 전 부모 이혼의 경우 부모 중 한명은 공란으로 둔다. - 유아의 성명은 성과 이름 사이에 공백을 두지 않는다. 성명이 외자 또는 두 글자 이상 성인 경우에도 공백을 두지 않는다. 　☞ 바른 예 홍길동(O), 허균(O), 남궁설민(O) 　　틀린 예 홍∨길동(X), 홍∨길∨동(X), 허∨균(X), 남궁∨설민(X) - 유아가 외국인인 경우 '여권' 또는 '외국인등록증'에 표기된 성명을 동일하게 입력한다. - 유아의 성별은 주민등록등본과 일치하여야 하며, 남, 여로 입력한다. 주민등록번호 뒤 자리가 3으로 시작하면 남, 4로 시작하면 여이다. 　☞ 바른 예 남(O), 여(O) 　　틀린 예 남자, 여자(X) / 남성, 여성(X) - 유아가 외국인인 경우 '여권' 또는 '외국인등록증'에 표기된 성별을 한글로 입력한다. M은 남, F는 여로 표기한다. - 유아의 생년월일은 주민등록등본과 일치하여야 하며, 20OO.△△.□□.방식으로 입력한다. 년, 월, 일 사이에 공백을 두지 않는다. 　☞ 바른 예 2008.03.04.(O) 　　틀린 예 2008.∨03.∨04.(X), 2008.∨3.∨4.(X) - 처음(최초) 유치원 입학 당시의 주소를 입력하고, 이후 변경된 주소는 누가(추가) 기록하여 유아의 거주 관계를 이해하는 자료로 활용한다. - 주소는 주민등록등본상의 주소를 입력한다. - 부모 성명도 유아 성명과 동일하게 성과 이름 사이에 공백을 두지 않고 입력한다. 외자 또는 두 글자 이상 성도 공백을 두지 않는다. 　☞ 바른 예 홍성호(O) 　　틀린 예 홍∨성호(X), 홍∨성∨호(X) - 부모의 생년월일은 1900.OO.□□.방식으로 입력한다. 년, 월, 일 사이에 공백을 두지 않는다. 　☞ 바른 예 1975.06.02.(O) 　　틀린 예 1975.∨06.∨02.(X), 1975.∨6.∨2.(X) - '특기사항'은 부모(보호자)의 동의를 얻은 후에 작성해야 하며 유아에게 부정적인 영향을 줄 수 있는 내용은 입력하지 않을 수 있다.

기재 예시	성명	홍길동	성별	남	생년월일	2008.03.04.
	주소	경기도 성남시 분당구 구미동 OO마을 □□아파트 5동 1102호				
		경기도 성남시 분당구 중앙공원로 54. 413동OOO호(서현. △△아파트)				
	가족 상황	구분＼관계	부		모	특기사항
		성명	사망 (입학전 사망한 경우)		김OO	2010.05.20. 부 사망
		생년월일			1978.04.01.	

제7조(학적사항) ① 입학의 경우 연월일, 원명, 연령을 입력한다.
② 재입학·편입학·전학·휴학·퇴학·수료·졸업의 경우 줄을 추가하고 제1항에 따른 입학의 경우와 동일한 방법으로 입력한다.
③ '특기사항'란에는 특기할 만한 사유를 입력한다.
④ '졸업후의 상황'란에는 진학한 학교 등 유아의 진로상황을 입력한다.

구분	내용
관련 법령	※ 유아교육법 시행령 제10조 법 제10조에 따른 유치원규칙(이하 "유치원규칙"이라 한다)에는 다음 각 호의 사항이 포함되어야 한다. 1. 교육연한, 학기 및 휴업일 2. 학급편제 및 정원 3. 교육내용 4. 수업일수 및 수업 운영방법 5. 입학, 재입학, 편입학, 전학, 휴학, 퇴학, 수료 및 졸업 6. 수업료·입학금과 그 밖의 비용 징수 7. 유치원규칙의 개정절차 8. 그 밖에 법 제18조제1항에 따른 해당 유치원의 지도·감독기관(이하 "관할청"이라 한다)이 정하는 사항 ※ 유아교육법 시행령 제15조 제2항 원장은 유치원규칙으로 정하는 바에 따라 해당 유치원 유아의 교육과정 이수정도 등을 고려하여 수료 및 졸업을 인정한다.
해설	본 지침에 명기된 학적사항에 명시된 용어들은 「유아교육법 시행령」 제10조의 용어에 따름 • 입학 : 최초 유치원 및 전입하지 않고 해당 유치원에 들어감 • 재입학 : 동일한 유치원에 다시 들어감 • 편입학 : 동일한 유치원에서 편입하여 들어감 　예 1, 2월생의 경우 A유치원의 3세반 수료 후 다시 3세반에 편입 • 전학 : 다른 유치원으로 학적을 옮김 • 휴학 : 질병, 사고, 기타 원인 등으로 일정한 기간동안 수업을 받지 않고 쉼 • 퇴학 : 유치원규칙에 의해 학적(재학생의 신분)을 박탈함 • 수료 : 유치원규칙에 따라 교육과정을 이수함 • 졸업 : 유치원규칙에 따라 학업을 마침
기재 요령	- 입학은 최초 유치원 및 전입하지 않고 해당 유치원에 입학한 경우를 기준으로 한다. - 입학 연월일은 20△△년○○월□□일로 두 자리로 작성하며 년, 월, 일 사이에 공백을 두지 않는다. 　☞ 바른 예 2014년03월03일(O) 　　 틀린 예 2014년∨03월∨04일(X), 2014년∨03월04일(X) - 유치원명(또는 초등학교명)은 고유이름을 축약하지 않고 입력한다. 즉, 유치원(또는 초등학교) 인가 시 등록한 기관명 전체를 기입하고, 원명과 유치원(또는 초등학교명) 사이는 공백을 두지 않는다. 　☞ 바른 예 서울잠일초등학교병설유치원(O), 샛별유치원(O) 　　 틀린 예 서울잠일초병설유치원(X), 샛별∨유치원(X) - 연령은 만과 숫자 사이에 공백을 두지 않고 만3세, 만4세, 만5세로 기재하고 숫자는 아라비아 숫자로 입력한다.

- ☞ 바른 예 만3세(O)
  틀린 예 만∨3세(X), 만삼세(X)
- 재입학·편입학·전학·휴학·퇴학·수료·졸업의 경우 시간 순서대로 줄을 추가하고 입학의 경우와 동일한 방법으로 입력한다.
- 초등학교 입학 유예아의 경우 만5세에 이수한 교육과정은 유치원규칙대로 처리한다.
- '졸업후의 상황'은 만5세 유아의 유치원 졸업 후를 기재한다. 학교명과 초등학교 사이에 공백을 두지 않으며 한 칸 띄고 진학을 쓴다.
  - ☞ 바른 예 재동초등학교∨진학(O)
- '졸업후의 상황'의 기타에는 초등학교 진학을 유예하거나 이사, 이민 등으로 타 지역, 타국으로 가는 경우 등을 입력하고, 구체적인 내용을 알고 있는 경우 추가 입력할 수 있다.
  - ☞ 예 기타 : 초등학교 진학 유예, 미국으로 이민(2012.01.)
- '특기사항'란에는 학적 변동 사항에 관련된 내용을 입력한다.

기재 예시

① 초등학교 입학 전에 한 유치원만 다닌 경우

2012년 03월 05일	제일유치원	만3세	입학	특기사항
2013년 02월 22일	제일유치원	만3세	수료	
2014년 02월 21일	제일유치원	만4세	수료	
2015년 02월 20일	제일유치원	만5세	졸업	
졸업후의 상황	제일초등학교 진학, 기타:			

② 유치원을 재입학한 경우

2012년 03월 05일	매화유치원	만3세	입학	특기사항
2012년 06월 04일	매화유치원	만3세	퇴학	
2013년 03월 04일	매화유치원	만4세	재입학	
2014년 02월 21일	매화유치원	만4세	수료	
2015년 02월 20일	매화유치원	만5세	졸업	
졸업후의 상황	영산초등학교 진학, 기타:			

☞ 학적사항 변동에 따라 줄을 추가하거나 삭제하여 활용.

③ 유치원을 편입학한 경우

2011년 03월 05일	영실초등학교병설유치원	만3세	입학	특기사항
2012년 02월 24일	영실초등학교병설유치원	만3세	수료	
2012년 03월 04일	영실초등학교병설유치원	만3세	편입학	1월생
2013년 02월 22일	영실초등학교병설유치원	만3세	수료	
2014년 02월 21일	영실초등학교병설유치원	만4세	수료	
2015년 02월 20일	영실초등학교병설유치원	만5세	졸업	
졸업후의 상황	가포초등학교 진학, 기타:			

☞ 학적사항 변동에 따라 줄을 추가하거나 삭제하여 활용.

④ 전학한 경우

2012년 03월 04일	낙산초등학교병설유치원	만3세	입학	특기사항
2013년 02월 23일	낙산초등학교병설유치원	만3세	수료	
2013년 07월 20일	낙산초등학교병설유치원	만4세	전출	이사
2013년 07월 21일	예원유치원	만4세	전입	
2014년 02월 22일	예원유치원	만4세	수료	
2015년 02월 24일	예원유치원	만5세	졸업	
졸업후의 상황	다솜초등학교 진학, 기타:			

☞ 학적사항 변동에 따라 줄을 추가하거나 삭제하여 활용.

⑤ 초등학교 입학 유예의 경우

2011년 03월 04일	다원유치원 만3세	입학	특기사항
2012년 02월 23일	다원유치원 만3세	수료	
2013년 02월 22일	다원유치원 만4세	수료	
2014년 02월 21일	다원유치원 만5세	수료	취학유예
2015년 02월 23일	다원유치원 만6세	졸업	
졸업후의 상황	항도초등학교 진학, 기타:		

☞ 학적사항 변동에 따라 줄을 추가하거나 삭제하여 활용.

제8조(출결상황) ① 출결상황은 각 항목에 따라 아라비아 숫자로 입력한다.
② '수업일수'는 「유아교육법시행령」 제12조의 규정에 의하여 원장이 정한 총 출석해야 할 일수를 입력한다.
③ '출석일수'는 출석한 일수를 입력한다.
④ '결석일수'는 결석한 일수를 입력한다.
⑤ '특기사항'란에는 일주일 이상 장기 결석한 경우 사유 등을 간략하게 입력한다.

구분	내용
관련 법령	※ 「유아교육법시행령」 제12조 제3항 법 제12조 제3항에 따라 유치원의 수업일수는 매 학년도 180일 이상을 기준으로 원장이 정한다. 다만, 원장은 천재지변의 발생, 연구학교의 운영 등 교육과정의 운영에 필요한 경우에는 10분의 1의 범위에서 수업일수를 줄일 수 있으며, 이 경우 다음 학년도 개시 30일 전까지 관할청에 보고하여야 한다. ※ 교원휴가업무처리요령 특별휴가 - 경조사별 휴가일수 1) 주5일제 전면 실시 학교의 교원 	구분	대상	일수
---	---	---
결혼	본인	5
	자녀	1
출산	배우자	5
입양	본인	20
사망	배우자, 본인 및 배우자의 부모	5
	본인 및 배우자의 조부모·외조부모	2
	자녀와 그 자녀의 배우자	2
	본인 및 배우자의 형제자매	1 | 2) 주5일제 전면 미실시 학교의 교원 | 구분	대상	일수	구분	대상	일수
---	---	---	---	---	---
결혼	본인	7	사망	본인 및 배우자의 형제자매와 그 형제자매의 배우자	3
	자녀	1			
	본인 및 배우자의 형제자매	1				

구분	대상	일수	구분	대상	일수
회갑	본인 및 배우자	5		본인 및 배우자의 부모의 형제자매와 그 형제자매의 배우자	3
	본인 및 배우자의 직계존속	1			
출산	배우자	7			
입양	본인	20			
사망	배우자, 본인 및 배우자의 부모	7	탈상	배우자, 본인 및 배우자의 증조부모	2
	본인 및 배우자의 증조부모·조부모·외증조부모·외조부모	5		본인 및 배우자의 증조부모·조부모·외증조부모·외조부모	1
	자녀와 그 자녀의 배우자	3		본인 및 배우자의 형제자매와 그 형제자매의 배우자	1

해설

- 수업일수는 매 학년도 180일 이상이 원칙이다.
- 출석해야 하는 날짜에 출석하지 않았을 때 결석으로 처리한다.
- 지각, 조퇴는 결석일수로 처리하지 않는다.
- 다음의 경우는 출석으로 인정한다.
  ▲ 지진, 폭우, 폭설, 폭풍, 해일 등의 천재지변 또는 법정 감염병(유치원 내 확산 방지를 위해 유치원장이 필요하다고 인정하는 비법정 감염병을 포함) 등으로 출석하지 못한 경우는 출석으로 인정한다.
  ▲ 공권력의 행사로 인하여 출석하지 못한 경우
  ▲ 원장의 허가를 받은 "유치원을 대표한 경기·경연대회 참가, 현장실습, 교환학습, 현장(체험)학습 등"으로 출석하지 못한 경우
  ▲ 기타 부득이한 사유로 원장의 허가를 받아 결석한 경우
  ▲ 다음 경조사로 인하여 출석하지 못한 경우(교원휴가업무처리요령(예규 제44호, 2012.02.23.)을 근거로 함)

① 주5일제 전면 실시 유치원

구분	대상	일수
결혼	형제, 자매	1
입양	본인	20
사망	부모 및 부모의 부모	5
	부모의 조부모·외조부모·형제·자매 및 그의 배우자	2
	부모의 형제·자매	1

※ 주5일제 전면 실시 유치원의 경우, 휴무토요일 및 공휴일은 경조사 일수에 산입하지 않음.

② 주5일제 전면 미실시 유치원

구분	대상	일수
결혼	형제, 자매, 삼촌, 외삼촌, 고모, 이모	1
입양	본인	20
회갑	부모 및 부모의 직계존속	1
사망	부모 및 부모의 부모	5
	부모의 조부모·외조부모·증조부모·외증조부모	5
	부모의 형제·자매 및 그의 배우자/형제·자매 및 그의 배우자/조부모·외조부모의 형제·자매와 그의 배우자	3
탈상	부모 및 부모의 부모	2
	부모의 조부모·외조부모·증조부모·외증조부모/형제·자매와 그의 배우자	1

※ 주5일제 전면 미실시 유치원의 경우, 휴무토요일 및 공휴일은 경조사 일수에 산입함. 단, 결혼, 입양, 사망에 한해서는 휴무토요일 및 공휴일은 경조사 일수에 산입하지 않음.

구분	내용
기재 요령	- 퇴학, 재입학, 편입학, 전학 등으로 학적변동이 있는 경우 전출한 유치원의 당일까지를 수업일수로 산입한다. - 전출과 전입(편입학)한 날짜가 동일한 경우, 전입(편입학)일만 수업일수로 산정한다. - 수업일수는 유치원 교육과정의 수업일수이다. 따라서 방과후 과정 이용 유아가 방학 중 등원하는 경우는 수업일수에 포함하지 않는다. - 유아가 전입한 경우, 전입 유치원은 전출한 유치원에 전출일까지의 출결상황이 기재된 자료를 송부 요청한다. 전입 유치원에서는 해당 유아의 출석부와 대조·확인 후 전입일부터의 출결상황을 합산하여 기재한다. - 결석이 없는 경우는 0으로 입력하며 일주일 이상 장기 결석의 경우 사유를 간략하게 써 넣는다.

제9조(신체발달상황) 「학교건강검사규칙」 제4조에 따라 신체검사 결과를 다음 각 호와 같이 입력한다.
1. '검사일'은 아라비아 숫자로 입력한다.
2. '특기사항'란에는 유아의 신체가 학습활동에 영향을 미치는 내용이 있는 경우 보호자의 동의를 받아 입력한다.

구분	내용
관련 법령	※ 「학교건강검사규칙」 제4조 ① 신체의 발달상황은 키와 몸무게를 측정한다. ② 신체의 발달상황에 대한 검사의 방법은 별표 1과 같다. [별표 1] <개정 2009.5.22.> 신체의 발달상황에 대한 검사항목 및 방법(제4조제2항 관련) | 검사항목	측정단위	검사방법
---	---	---
키	센티미터(cm)	1. 검사대상자의 자세 　가. 신발을 벗은 상태에서 발꿈치를 붙일 것 　나. 등·엉덩이 및 발꿈치를 측정대에 붙일 것 　다. 똑바로 서서 두 팔을 몸 옆에 자연스럽게 붙일 것 　라. 눈과 귀는 수평인 상태를 유지할 것 2. 검사자는 검사대상자의 발바닥부터 머리끝까지의 높이를 측정
몸무게	킬로그램(kg)	옷을 입고 측정한 경우 옷의 무게를 뺄 것	 ※ 비고 : 1. 수치는 소수 첫째자리까지 나타낸다(측정값이 소수 둘째자리 이상까지 나오는 경우에는 둘째자리에서 반올림 한다). 2. 비만도는 체질량지수와 표준체중에 의한 상대체중으로 각각 산출하기 때문에 서로 다른 결과가 나올 수 있다.
해설	- 신체발달 상황은 1년에 두 번 1학기, 2학기로 나누어 입력한다. - 유아의 키와 몸무게를 측정하여 아라비아 숫자로 정확하게 입력한다.
기재 요령	- 검사일자는 아라비아 숫자로 입력하며, 년, 월, 일은 기재하지 않고 마침표로 구분하되, 공백을 두지 않으며, 월과 일은 두 자리 숫자로 입력한다. 　☞ 예 2014.04.03. - 검사일자는 유치원에서 검사한 날을 입력한다. - 키, 몸무게는 아라비아 숫자로 기재하고 숫자는 소수점 첫째자리까지 입력한다. 단, 측정 값이 소수 둘째자리 이상까지 나오는 경우에는 둘째자리에서 반올림 한다. 　☞ 바른 예 135.0cm(O) 　　틀린 예 135cm(X), 135.03cm(X) - 키를 입력할 때, 키를 나타내는 숫자와 cm는 붙여쓴다.

☞ 예 135.6cm
- 몸무게를 입력할 때, 몸무게를 나타내는 숫자와 kg은 붙여쓴다.
  ☞ 예 18.4kg
- '특기사항'란은 보호자의 동의를 구한 후 입력한다.
- 감기나 배탈처럼 가벼운 질병이 아닌 전염성 질병이나 중증질환을 앓은 경우 보호자의 동의를 얻은 후 입력한다.
  ☞ 예 폐렴, 수두, 수족구, 백일해, 소아암 등
- 지체장애 또는 신체적 장애가 있는 경우도 보호자의 동의를 얻은 후 입력한다.

기재 예시	구분 연령	1학기			2학기			특기사항
		검사일	키	몸무게	검사일	키	몸무게	
	만3세	2014.04.03.	101.5cm	16.7kg	2014.10.20.	106.1cm	17.8kg	
	만4세	20 . . .	cm	kg	20 . . .	cm	kg	
	만5세	20 . . .	cm	kg	20 . . .	cm	kg	

제10조(유아발달상황) ① 유치원 교육과정에 제시된 신체운동·건강, 의사소통, 사회관계, 예술경험, 자연탐구 5개 영역의 발달상황에 대한 관찰 결과를 구체적인 문장으로 입력하며, 문장의 끝맺음은 '~함', '~임' 등으로 통일하여 입력한다.
② 기술내용은 유치원 교육과정에 제시된 세부 내용을 준거로 입력하고, '종합발달상황'란에는 유아의 발달상황에 대한 종합적 평가를 간략하게 입력한다.
③ (삭제)

구분	내용
관련 법령	※ 「유아교육법」 제13조 제2항 교육부장관은 제1항에 따른 교육과정 및 방과후 과정의 기준과 내용에 관한 기본적인 사항을 정하며, 교육감은 교육부장관이 정한 교육과정 및 방과후 과정의 범위에서 지역 실정에 적합한 기준과 내용을 정할 수 있다.
해설	- 유치원 교육과정의 5개 영역별로 해당 유아의 발달상황을 구체적으로 기재한다. - 종합발달상황은 해당 유아의 특성, 관심분야, 교우관계 등을 포괄하여 발달상황을 종합적으로 기재한다.
기재 요령	- 매수(2쪽)를 초과하지 않게 하나의 문장 또는 두 개 문장 정도로 간결하게 기재한다. - 문장의 끝맺음은 '~함' ~임'로 통일하며 마침표는 찍지 않는다. - 『3-5세 연령별 누리과정 해설서』와 『교사용 지침서』, 『유치원생활기록부 기재요령』('13년), 평소 유아를 관찰하고 기록한 자료 등을 참조하여 구체적으로 작성한다.

제11조(기타) ① '수료·졸업대장번호'란에는 만3세~만6세아가 수료·졸업할 경우 아라비아숫자로 수료·졸업학년도 및 수료·졸업대장번호를 입력한다.
② (삭제)
③ '사진'란에는 상반신 칼라 사진을 입력한다.
④ '반'란에는 반명을 입력한다.
⑤ '담임 성명'란에는 담임 성명을 입력한다.

구분	내용
해설	- 졸업대장번호란 졸업대장에 순차적으로 붙여지는 아라비아 숫자를 말한다. - 수료대장번호란 수료대장에 순차적으로 붙여지는 아라비아 숫자를 말한다. - 생활기록부의 사진은 당해 학년도의 학기초에 촬영한 상반신 칼라 사진을 붙인다.

기재 요령	- 수료·졸업대장번호 작성 시 년도와 숫자를 연결하는 '-' 사이에 공백을 두지 않고 기재한다.
	   ☞ 바른 예 2014-55(O)
	      틀린 예 2014∨-∨55(X)
	- 반명은 한글로 입력하며, 학기말의 반명을 입력한다. 반명에는 '반'을 명기한다.
	   ☞ 바른 예 개나리반(O)
	      틀린 예 개나리(X)
	- 담임성명을 입력할 때는 한글로 입력하며, 성과 이름에 공백을 두지 않고 입력한다. 외자와 두 글자이상 성도 공백을 두지 않는다. 담임성명에는 학년말 결재받을 당시 유아 담임교사 성명을 적는다.
	- '졸업대장번호'란은 아라비아 숫자로 졸업학년도와 졸업대장번호를 입력한다.
	   ☞ 예 2014-졸업대장번호
	- '수료대장번호'는 유아가 수료하는 학년도와 수료대장번호를 입력한다.
	   ☞ 예 2014-수료대장번호
	- 유아의 사진크기는 3×4cm이며, 연령이 올라가면 매년 교체한다.

기재 예시	① 만5세 유아가 졸업하는 경우 	구분\연령	만3세	만4세	만5세	사진 (3×4)
---	---	---	---	---
수료·졸업대장번호	2012-23	2013-43	2014-60	
반	별님반	해님반	하늘반	
담임 성명	김○○	유○○	홍○○	| ② 취학유예한 경우 | 구분\연령	만3세	만4세	만5세	만6세	사진 (3×4)
---	---	---	---	---	---
수료·졸업대장번호	2011-23	2012-33	2013-50	2014-12	
반	별님반	해님반	하늘반	은하수반	
담임 성명	김○○	유○○	홍○○	이○○		 ☞ 유치원생활기록부 양식에 추가할 수 있는 칸이 비활성화되어 있으므로 해당 칸에 선을 그려 넣어 사용하면 됨.

CHAPTER 9

> **제12조(재검토기한)** 「훈령·예규 등의 발령 및 관리에 관한 규정」(대통령훈령 제248호)에 따라 이 고시 발령 후의 법령이나 현실여건의 변화 등을 검토하여 이 고시의 개정 등의 조치를 하여야 하는 기한은 2017년 09월 22일까지로 한다.

구분	내용
관련 법령	※ 훈령·예규 등의 발령 및 관리에 관한 규정 제7조 제1항, 제3항 ① 중앙행정기관의 장은 훈령·예규등을 제정하는 경우 3년의 범위에서 존속기한을 설정하여 해당 훈령·예규등에 명시하여야 한다. 다만, 다음 각 호의 어느 하나에 해당하는 훈령·예규 등의 경우에는 3년의 범위에서 재검토기한을 설정할 수 있다. 1. 법령의 위임에 따라 발령되는 훈령·예규 등 2. 국제적인 절차를 거쳐야 하는 등의 사유로 훈령·예규등을 폐지·제정하기 곤란한 훈령·예규 등으로서 법제처장과 재검토기한을 설정하기로 협의한 훈령·예규 등 ③ 중앙행정기관의 장은 제1항 및 제2항에 따라 설정된 존속기한이나 재검토기한이 만료되기 전에 훈령·예규등의 필요성 등을 재검토하여 다음 각 호의 구분에 따른 조치를 하여야 한다. 1. 존속기한이 설정된 경우 : 훈령·예규등을 폐지한 후 계속 시행할 필요가 있는 경우 재발령 2. 재검토기한이 설정된 경우 : 해당 훈령·예규등을 폐지하거나 재검토기한을 재설정하여 개정
해설	- '유치원생활기록부 작성 및 관리지침'의 고시문에 문제가 있을 경우는 「훈령·예규 등의 발령 및 관리에 관한 규정」(대통령훈령 제 248호)에 따라 개정할 수 있다. - 개정할 경우에 기한은 2017년 09월 22일까지이다. > 부 칙 <제2014-50호, 2014.09.29.> > 이 고시는 공포한 날부터 시행한다. - 2014년 9월 29일 이후 작성하는 유치원생활기록부는 본 고시에 의거하여 작성한다.

(3) 유치원생활기록부 기재 예시

유치원생활기록부 기재 예시(2012년 입학, 3년 재원 후 2015년 졸업인 경우)

※ 3세와 4세 유치원생활기록부 양식이 다르므로 출력물 원본을 스캔하여 첨부

유치원생활기록부

구분\연령	만3세	만4세	만5세
수료·졸업대상인호			2014-98
반			재송화반
담임 성명			박서영

1. 인적사항

성명	김남자	성별	남	생년월일	2008.10.03.
주소	충청북도 청주시 서원구 분평로 88-1. 501동 000호(분평동, 분평주공아파트)					

가족 상황	구분\관계	부	모	특기사항
	성명	신병식	이부미	
	생년월일	1974.11.03.	1978.09.11.	

2. 학적사항

2012년 03월02일	사랑초등학교병설유치원	만3세	입학	특기사항
2012년 07월01일	사랑초등학교병설유치원	만3세	전출	
2012년 12월12일	유아유치원	만3세	전입	
2013년 02월22일	유아유치원	만3세	수료	
2014년 02월21일	유아유치원	만4세	수료	
2015년 02월23일	유아유치원	만5세	졸업	
졸업후의 상황	이남초등학교 진학. 기타:			

3. 출결상황

연령\구분	수업일수	출석일수	결석일수	특기사항
만3세				
만4세				
만5세	183	183	0	

4. 신체발달상황

연령\구분	1학기 검사일	키	몸무게	2학기 검사일	키	몸무게	특기사항
만3세							
만4세							
만5세	2014.03.21.	125.2cm	24.0kg	2014.10.01.	127.2cm	25.4kg	

5. 유아발달상황 (성명 : 김난자)

연령	영역별	발달상황
만3세	신체운동·건강	
	의사소통	
	사회관계	
	예술경험	
	자연탐구	
	종합발달상황	
만4세	신체운동·건강	
	의사소통	
	사회관계	
	예술경험	
	자연탐구	
	종합발달상황	
만5세	신체운동·건강	바깥놀이 활동에 지속적으로 참여하고, 규칙적인 운동이 건강에 중요하다는 것을 알고 실천하며, 옷을 항상 깨끗하게 입음
	의사소통	비슷한 발음의 다른 낱말을 듣고 차이를 구별하며 문장의 맥락에서 의미를 구별하고 자발적으로 언어놀이에 즐겁게 참여함
	사회관계	친구와 서로 다른 점을 인정하며 함께 참여하는 즐거움을 느끼고, 갈등이 생겼을 경우 상대방의 관점에서 생각해보는 태도를 갖고 있음
	예술경험	여러 가지 전래동요를 듣고 리듬과 노래를 즉흥적으로 만들기도 하며, 몸을 이용하여 주변 움직임을 다양하고 창의적으로 표현을 함
	자연탐구	일상생활에서 사용하는 기계와 도구에 관심이 많으며 일상생활 속에서 사용하는 수의 의미를 잘 알고 있음
	종합발달상황	유치원 생활을 즐거워하고 집단활동에 적극적으로 참여하며 말과 행동이 예의 바르고 언어능력이 뛰어나 자신의 감정을 잘 표현함

3) 유치원생활기록부 기재요령의 합격기출

- 「유치원 생활기록부 작성 및 관리지침」[교육부고시 제2014-50호 2014.9.29. 일부개정]에 의거하여 '신체검사 결과, 우리 반에 청각장애는 아니지만 좌측 청력이 약해서 되도록 얼굴을 보면서 말해 주어야 하는 아이가 있어요.'를 생활기록부의 특기사항에 기입해야 하는 경우는 유아의 (①   )가 (②   )에 영향을 미치는 내용이 있는 경우이고, 기입 시 교사가 유의할 점은 (③   )의 (④   )를 받아야 한다는 점이다.

- 생활기록부에 기록하는 건강검진 결과는 유아의 퇴학일 또는 졸업일부터 (⑤   ) 보존해야 한다.

유아교육기관 운영관리 합격기출 정답

01 유치원생활기록부 기재요령

정답

①	②	③	④	⑤
신체	학습활동	보호자	동의	3년

합격다짐

CHAPTER 10

아동복지 합격비계

Ⅰ. 아동복지 합격목차
Ⅱ. 아동복지 합격내용

Ⅰ. 아동복지 합격목차

1. 국제연합(UN) 아동권리협약
2. 우리나라 아동권리 선언
3. 아동학대
4. 카두신(Kadushin)의 아동복지 서비스의 유형

II. 아동복지 합격내용

01 국제연합(UN) 아동권리협약

1) 국제연합(UN) 아동권리협약의 합격단어
2) 국제연합(UN) 아동권리협약의 합격내용
3) 국제연합(UN) 아동권리협약의 합격기출

1) 국제연합(UN) 아동권리협약의 합격단어

- UN 아동권리협약, 차별, 제네바 선언, 세계인권선언, UN 아동권리협약의 기본 원칙(무차별의 원칙, 아동 최선의 이익 우선 원칙), UN 아동권리협약의 기본 원리(생존권, 보호권, 발달권, 참여권), UN 아동권리협약 일반 원칙(무차별의 원칙, 아동 최선의 이익 원칙, 생존 및 발달 보장의 원칙, 참여의 원칙)

2) 국제연합(UN) 아동권리협약의 합격내용

구분	내용
아동권리 선언 전문	• 인간은 누구나 그 선언에서 규정된 바와 같이 인종, 피부색, 성별, 언어, 종교, 정치적 또는 기타의 견해, 그가 속하는 국가나 사회, 재산, 가문, 그 밖의 신분상 차이 등에 의하여 차별받음이 없이 모두 동등한 권리와 자유를 누릴 권리가 있다. • 아동은 아직도 심신이 미성숙하기 때문에 그의 출생 전과 후에 걸쳐서 적당한 법률상의 보호를 포함하는 특별한 보호와 양호를 필요로 하는 것이며, 이런 특별한 보호의 필요성은 1924년도의 아동의 권리에 관한 제네바 선언에서도 언급되었고, 세계인권선언에서도 언급되었고, 그 밖에 아동복지에 관계있는 특수기관 또는 국제관계들의 규약에서도 인정된 바 있으며, 인류는 그가 가진 최선의 것을 아동에게 베풀 의무를 가졌다. • 아동이 행복한 아동으로 자라나며, 그 자신의 선과 사회의 선을 위하여 여기에 규정된 권리와 자유를 즐길 수 있게 할 것을 목적으로 한다.
UN 아동권리 협약의 기본 원칙	• 아동의 연령 기준으로서, 이 협약의 대상인 어린이를 18세 이하의 자로 정의하고 있다. • 무차별의 원칙으로, 아동의 권리는 인종, 국적, 종교를 초월하여 모든 아동에게 해당된다. • 아동 최선의 이익 우선 원칙으로, 모든 조치, 정책들은 아동에게 가장 유익한 방향으로 결정되어야 한다.

UN 아동권리 협약의 기본 원리	• 생존권 - 생명을 유지하며 또 그 최상의 건강과 의료 혜택을 받을 권리
	  ① 위협 요인 - 굶주림과 영양실조, 신체적 학대를 포함한 성인에 의한 공격, 빈곤, 보호시설에서 수용된 아동 환경, 범죄에 개입한 아동(갱, 구걸, 마약, 절도 등), 집 없는 아동과 고아, 다양한 종류
	  ② 피해아동 - 거리의 아동(비행, 가출 등), 학대하는 아동, 성적으로 착취당하는 아동, 부모에게 버려진 보호시설의 아동
	• 보호권 - 차별대우와 착취, 학대와 방임, 가족과의 인위적 분리 등으로부터 보호를 받을 권리

	① 위험 요인 - 경제적 착취, 정신적 학대, 전쟁, 방임과 유기, 혹사, 차별대우 ② 피해 아동 - 위법 행위를 한 아동, 돌봐 주는 사람이 없는 아동, 성적으로 학대당하는 아동, 거리의 아동 • 발달권 - 육체적·정서적·도덕적·사회적 성장에 필요한 정규 교육, 비정규 교육을 포함한 모든 종류의 놀이, 여가, 정보, 문화 활동, 사상, 양심, 종교의 자유를 누릴 권리, 국적과 이름을 가질 권리 → 발달의 필요조건 - 정보와 자료, 교육, 놀이와 오락 활동 등, 문화 활동 참여, 사상, 양심 및 종교의 자유, 건강과 신체적 발달, 표현의 권리 • 참여권 - 자신의 의사를 표현할 자유와 자기 생활에 영향을 주는 일에 대하여 말할 수 있는 권리, 아동 자신의 능력에 부응하여 적정한 사회활동에 참여할 기회를 가질 권리 → 참여의 필요조건 - 자신의 견해를 자유롭게 표현할 권리, 정보를 얻을 권리, 집회 참여의 자유와 결사 및 참여의 권리 단계
UN 아동권리협약 일반 원칙	• 무차별의 원칙 - 모든 어린이는 부모님이 어떤 사람이건, 어떤 인종이건, 어떤 종교를 믿건, 어떤 언어를 사용하건, 부자이건 가난하건, 장애가 있던 없건 모두 동등한 권리를 누려야 한다. • 아동 최선의 이익 원칙 - 아동에게 영향을 미치는 모든 것을 결정할 때는 아동의 이익을 최우선적으로 고려해야 한다. • 생존 및 발달 보장의 원칙 - 생애 시기에서 특별히 생존과 발달을 위해 다양한 보호와 지원을 받아야 한다. • 참여의 원칙 - 책임감 있는 어른이 되기 위해 어린이 자신의 능력에 맞게 적절한 사회활동에 참여할 기회를 가지고, 자신의 생활에 영향을 주는 일에 대하여 의견을 말할 수 있어야 하며 그 의견을 존중받을 수 있어야 한다.

3) 국제연합(UN) 아동권리협약의 합격기출

• 국제연합(UN) (①   )은 1989년 국제연합(UN)에서 세계인권 선언과 국제인권 규약의 규정에 근거하여 채택한 문서이다.

• 국제연합(UN) (②   )은 '아동이익 (③   )의 원칙', '아동의 (④   ) 및 (⑤   )의 원칙', '아동의 (⑥   )의 원칙', '아동의 (⑦   ), (⑧   ) 및 (⑨   ) 원칙' 등 4개의 일반원칙을 중심으로 한다.

• 아동의 (⑩   )의 원칙 - 모든 사람은 인종, 피부색, 성별, 언어, 종교, 정치적 또는 기타의 의견, 민족적 또는 사회적 출신, 재산, 출생 또는 기타의 신분 등 어떠한 종류 구분에 의한 차별 없이 동 선언 및 규약에 규정된 모든 권리와 자유를 향유할 자격이 있음

• 아동의 (⑪   ), (⑫   ) 및 (⑬   )의 원칙 - 아동은, 완전하고 조화로운 인격발달을 위하여, 가족적 환경과 행복, 사랑 및 이해의 분위기 속에서 성장하여야 함을 인정하고, ……(중략)…… '아동은 신체적, 정신적 미성숙으로 인하여 출생전후를 막론하고 적절한 법적 보호를 포함한 특별한 보호와 배려를 필요로 한다.

CHAPTER 10

02 우리나라 아동권리 선언

1) 우리나라 아동권리 선언의 합격단어
2) 우리나라 아동권리 선언의 합격내용
3) 우리나라 아동권리 선언의 합격기출

1) 우리나라 아동권리 선언의 합격단어

- 아동권리, 대한민국 어린이 헌장, 어린이날, 아동복지법, 영유아보육법

2) 우리나라 아동권리 선언의 합격내용

구분	내용
대한민국 어린이 헌장	대한민국 어린이 헌장은 어린이날의 참뜻을 바탕으로 하여, 모든 어린이가 차별 없이 인간으로서의 존엄성을 지니고, 나라의 앞날을 이어나갈 새 사람으로 존중되며, 바르고 아름답고 씩씩하게 자라도록 함을 길잡이로 삼는다. ① 어린이는 건전하게 태어나 따뜻한 가정에서 사랑 속에 자라야 한다. ② 어린이는 고른 영양을 취하고, 질병의 예방과 치료를 받으며, 맑고 깨끗한 환경에서 살아야 한다. ③ 어린이는 좋은 교육시설에서 개인의 능력과 소질에 따라 교육을 받아야 한다. ④ 어린이는 빛나는 우리 문화를 이어받아, 새롭게 창조하고 널리 펴나가는 힘을 길러야 한다. ⑤ 어린이는 즐겁고 유익한 놀이와 오락을 위한 시설과 공간을 제공받아야 한다. ⑥ 어린이는 예절과 질서를 지키며, 한겨레로서 서로 돕고, 스스로를 이기며, 책임을 다하는 민주 시민으로 자라야 한다. ⑦ 어린이는 자연과 예술을 사랑하고 과학을 탐구하는 마음과 태도를 길러야 한다. ⑧ 어린이는 해로운 사회 환경과 위험으로부터 먼저 보호되어야 한다. ⑨ 어린이는 학대를 받거나 버림을 당해서는 안 되고, 나쁜 일과 힘겨운 노동에 이용되지 말아야 한다. ⑩ 몸이나 마음에 장애를 가진 어린이는 필요한 교육과 치료를 받아야 하고, 빗나간 어린이는 선도되어야 한다. ⑪ 어린이는 우리의 내일이며 소망이다. 나라의 앞날을 짊어질 한국인으로서, 인류의 평화에 이바지할 수 있는 세계인으로 자라야 한다.
전개 과정	• 1957년 5월 5일 어린이날 어린이 헌장을 선포함 - 어린이의 기본 인권을 존중하고 어린이의 몸과 마음을 건전하게 계발하기 위하여 개인적으로 사회적으로 맡아야 할 책임과 조처를 널리 알리게 되었다. • 1961년 12월에 아동복리법이 제정되면서 우리나라의 아동복지는 새로운 계기를 맞았다. 그 후 1981년에 아동복리법이 아동복지법으로 이름이 바뀌어서 전문 개정되었다. • 1981년의 아동복지법은 새로운 상황을 맞이하게 되었다. 그 무엇보다도 기혼여성이 노동시장에 참여하는 비율이 커짐에 따라서 탁아에 대한 수요가 증가하였고, 이에 따라 탁아시설이 더 필요하게 되었다. 이에 따라 그 이후에 아동복지법은 몇 차례에 걸쳐 부분적으로 개정되어 왔다. • 1991년 1월에 영유아보육법이 제정되어, 6세 미만 아동을 보육하는 것에 대해 관심을 갖게 되었다. 이에 맞추어 아동복지법도 일부 개정되었다.

- 1990년대 말에 보건복지부와 학계·시민단체에서 아동복지법의 개정을 추진하게 되었고, 이에 따라 2000년 1월에 아동복지법이 전문 개정되었다. 개정된 법은 아동복지추진위원회가 처음에 바란 것만큼 크게 획기적이지는 않았으나, 이전의 아동복지법에 비해 크게 진전된 것으로 평가되고 있다. 그 무엇보다도 개정된 아동복지법에서는 아동의 권리와 안전 등 보편주의적인 측면이 강화되었다. 특히 개정법에서는 아동학대와 관련된 조항이 체계적으로 정리되었다.
- 2004년 1월에 아동복지법이 일부 개정되었는데, 개정법에서는 아동정책조정위원회를 설치하고 상습적인 아동학대 행위자를 가중 처벌하는 것을 강조하였다.
- 2005년 7월 아동복지법이 일부 개정되었는데, 개정법에서는 보호를 필요로 하는 아동에 대한 가정위탁사업을 활성화하는 측면을 강조하였다.

3) 우리나라 아동권리 선언의 합격기출

- (①   )은 1957년 처음 발표된 후, 1988년 보건사회부에 의해 개정, 공포되었다. 이는 인간의 (②   ) 존중, 건전한 가정에서의 보호, 교육, (③   ) 등에 관한 권리, 학대와 노동으로부터의 (④   )에 관한 권리 등을 포함하고 있다. 해당 문서의 주요 내용에는 '모든 어린이가 (⑤   ) 없이 인간으로서의 (⑥   )을 지니고, 나라의 앞날을 이어나갈 새사람으로 (⑦   )되며, 바르고 아름답고 씩씩하게 자라도록 함을 길잡이로 삼는다.' 등이 있다.

| CHAPTER 10

03 아동학대

1) 아동학대의 합격단어
2) 아동학대의 합격내용
3) 아동학대의 합격기출

1) 아동학대의 합격단어

- 아동학대, 신체적 학대, 정서적 학대, 성적 학대, 방임(물리적 방임, 교육적 방임, 의료적 방임, 정서적 방임), 아동복지법, 아동복지법 시행령, 아동복지법 시행 규칙, 아동복지법[복지, 차별, 이익, 아동복지, 보호아동대상, 지원아동대상, 가정위탁, 아동학대, 어린이날(5월 5일), 어린이주간(5월 7일), 금지행위(매매, 성적 학대, 신체적 학대, 정서적 학대, 유기, 방임행위, 관람, 구걸, 곡예, 인도, 양육 알선과 취득·요구·약속, 아동 소유의 증여 또는 금품 용도 외 사용), 긴급전화, 대통령령, 아동학대예방의 날(11월 19일), 아동학대예방주간(아동학대예방의 날부터 1주일), 보건복지부장관, 아동학대 신고의무자, 신고의무 교육(아동학대 예방 및 신고의무와 관련한 교육), 아동학대 신고의무자가 소속 기관(「영유아보육법」에 따른 어린이집, 「유아교육법」에 따른 유치원, 「초·중등교육법」에 따른 학교), 국가아동학대정보시스템(보건복지부장관), 아동복지시설과 아동용품에 대한 안전기준, 아동의 안전에 대한 교육(성폭력 및 아동학대 예방, 실종·유괴의 예방과 방지, 감염병 및 약물의 오남용 예방 등 보건위생관리, 재난대비 안전, 교통안전), 아동보호구역에서의 영상정보처리기기 설치(개인정보보호법), 아동안전 보호인력(순찰활동, 아동지도 업무), 아동긴급보호소(경찰청장), 건강한 심신의 보존(건강 증진과 체력 향상 : 신체적 건강 증진, 자살 및 각종 중독의 예방 등 정신적 건강 증진, 급식지원 등을 통한 결식예방 및 영양개선, 비만 방지 등 체력 및 여가 증진), 보건소(아동의 전염병 예방조치, 아동의 건강상담 및 신체검사와 보건위생에 관한 지도, 아동의 영양개선), 취약계층 아동에 대한 통합서비스지원, 학대아동보호사업, 방과 후 아동지도사업, 비밀 유지의 의무], 아동복지법 시행령[긴급전화(전용회선, 24시간 운영), 아동용품의 안전기준, 아동의 안전에 대한 교육(성폭력 및 아동학대 예방 교육 : 6개월에 1회 이상, 연간 8시간 이상/실종·유괴의 예방·방지 교육 : 3개월에 1회 이상, 연간 10시간 이상/약물의 오용·남용 예방 교육 : 3개월에 1회 이상, 연간 10시간 이상/재난대비 안전 교육 : 6개월에 1회 이상, 연간 6시간 이상/교통안전 교육 : 2개월에 1회 이상, 연간 10시간 이상), 건강한 심신의 보존(신체적 건강 증진에 관한 사항 : 예방접종, 건강검진 및 건강교육 서비스/정신적 건강 증진에 관한 사항 : 정신건강 관련 검진, 상담 및 교육 서비스/결식예방 및 영양개선에 관한 사항 : 급식지원, 식습관 개선, 영양 교육·관리 서비스/체력 및 여가 증진에 관한 사항 : 비만 방지, 기초체력 측정, 신체활동 증진 및 체험활동 지원 서비스), 급식지원(국민기초생활보장법, 한부모가족지원법)], 아동복지법 시행규칙(위탁가정 : 부부 모두 25세 이상, 나이 차 60세 미만)

2) 아동학대의 합격내용

구분		내용
아동학대의 개념		• 우리나라의 아동복지법에서는 아동학대는 "보호자를 포함한 성인에 의하여 아동의 건강 복지를 해치거나 정상적 발달을 저해할 수 있는 신체적 정신적 성적 폭력 또는 가혹행위 및 아동의 보호자에 의하여 이루어지는 유기와 방임을 가리킨다."고 명시하고 있다.
아동학대의 유형	신체적 학대	• 아동에 대한 신체적 학대는 보호자를 포함한 성인이 아동에게 신체적 손상을 준 행위와 신체적 손상을 입도록 방치한 우발적인 사고를 포함한 모든 행위를 말한다. • 아동에 대한 신체적 학대의 구체적인 예 ① 아동에게 물건을 던지는 행위 ② 아동을 떠밀고 움켜잡는 행위 ③ 아동의 뺨을 때리는 행위 ④ 벨트 등의 물건을 이용하여 아동을 때리거나 위협하는 행위 ⑤ 아동을 발로 차거나 물어뜯고 주먹으로 치는 행위 ⑥ 아동의 팔과 다리 등을 심하게 비틀어 쥐어짜는 행위 ⑦ 아동을 흉기로 위협하거나 아동에게 무기를 사용하는 행위 ⑧ 아동에게 뜨거운 물이나 물체, 담뱃불 등으로 화상을 입히는 행위
	정서적 학대	• 아동에 대한 정서적 학대는 아동에게 가해지는 언어적 위협과 정신적 위협, 억압, 감금, 기타의 모든 가학적인 행위를 말한다. • 정서적 학대는 학대 행위가 눈에 두드러지게 보이지 않고, 학대의 결과가 당장 심각하게 나타나지 않기 때문에 특히 유의해야 한다. • 아동에 대한 정서적 학대의 구체적인 예 ① 아동의 인격, 존재, 감정, 기분을 심하게 무시하거나 모욕하는 행위 ② 아동을 좁은 공간에 장기간 혼자 가두어 놓는 행위 ③ 아동에게 경멸적으로 언어폭력을 하는 행위 ④ 아동을 다른 아동과 부정적으로 비교하는 행위 ⑤ 아동의 발달수준에 적절하지 않은 비현실적인 기대로 아동을 괴롭히는 행위 ⑥ 아동이 보는 앞에서 부부싸움을 하는 행위
	성적 학대	• 아동에 대한 성적 학대는 아동이 꼬임이나 완력에 의해 자기보다 나이가 많은 사람의 성적 욕구를 충족하도록 강요되는 것을 뜻한다. • 아동에 대한 성적 학대의 구체적인 예 ① 성인이 아동의 성기를 만지거나 아동에게 성인 자신의 성기에 접촉하도록 요구하는 행위 ② 성인이 아동 앞에서 옷을 벗으며 성인 자신의 성기를 만지는 행위 ③ 성인이 아동을 강제로 애무하거나 키스하는 행위 ④ 성인이 아동의 옷을 강제로 벗기는 행위 ⑤ 성인이 어린 아동의 나체를 보는 것을 즐기거나 포르노 비디오를 아동에게 보여주는 행위 ⑥ 성인이 아동과 강제적으로 성적 관계를 맺는 행위 ⑦ 아동을 대상으로 매춘하거나 아동의 성을 매매하는 행위 ⑧ 포르노물을 판매하는 행위

CHAPTER 10

방임	• 방임은 아동을 보호할 책임이 있는 사람이 아동이 건전하게 신체적, 정서적, 사회적으로 발달하는데 필요한 자원을 제공하지 않는 것을 말한다. • 방임의 형태와 이에 따른 구체적 행위 ① 물리적 방임 　㉠ 아동에게 의식주를 제공하지 않는 행위 　㉡ 아동을 장시간 위험하고 불결한 주거 환경에 그대로 방치하는 행위 ② 교육적 방임 　㉠ 아동이 학교를 특별한 이유 없이 결석하여도 고의적으로 방치하는 행위 　㉡ 아동이 학교에 다닐 나이가 되었음에도 불구하고 학교에 보내지 않는 행위 　㉢ 저학년 아동의 숙제와 준비물을 챙겨주지 않는 행위 ③ 의료적 방임 　㉠ 아동에게 예방접종을 제때 해주지 않는 행위 　㉡ 아동에게 필요한 의료적 처치를 소홀히 하는 행위 ④ 정서적 방임 　㉠ 아동이 필요로 하는 애정 표현과 적절한 정서적 지지를 제공하지 않는 행위 　㉡ 아동과 신체적 접촉을 피하는 행위 　㉢ 아동과 약속한 것에 대해 관심을 가지지 않는 행위 　㉣ 아동에게 정서적으로 결핍을 주는 행위
아동학대 관련 주요 법률 내용	• 아동복지법[시행 2019. 7. 16][법률 제16248호, 2019. 1. 15, 일부개정] 제1조(목적) 이 법은 아동이 건강하게 출생하여 행복하고 안전하게 자랄 수 있도록 아동의 복지를 보장하는 것을 목적으로 한다. 제2조(기본 이념) ① 아동은 자신 또는 부모의 성별, 연령, 종교, 사회적 신분, 재산, 장애유무, 출생지역, 인종 등에 따른 어떠한 종류의 차별도 받지 아니하고 자라나야 한다. ② 아동은 완전하고 조화로운 인격발달을 위하여 안정된 가정환경에서 행복하게 자라나야 한다. ③ 아동에 관한 모든 활동에 있어서 아동의 이익이 최우선적으로 고려되어야 한다. ④ 아동은 아동의 권리보장과 복지증진을 위하여 이 법에 따른 보호와 지원을 받을 권리를 가진다. 제3조(정의) 이 법에서 사용하는 용어의 뜻은 다음과 같다. <개정 2014. 1. 28.> 1. "아동"이란 18세 미만인 사람을 말한다. 2. "아동복지"란 아동이 행복한 삶을 누릴 수 있는 기본적인 여건을 조성하고 조화롭게 성장·발달할 수 있도록 하기 위한 경제적·사회적·정서적 지원을 말한다. 3. "보호자"란 친권자, 후견인, 아동을 보호·양육·교육하거나 그러한 의무가 있는 자 또는 업무·고용 등의 관계로 사실상 아동을 보호·감독하는 자를 말한다. 4. "보호대상아동"이란 보호자가 없거나 보호자로부터 이탈된 아동 또는 보호자가 아동을 학대하는 경우 등 그 보호자가 아동을 양육하기에 적당하지 아니하거나 양육할 능력이 없는 경우의 아동을 말한다. 5. "지원대상아동"이란 아동이 조화롭고 건강하게 성장하는 데에 필요한 기초적인 조건이 갖추어지지 아니하여 사회적·경제적·정서적 지원이 필요한 아동을 말한다. 6. "가정위탁"이란 보호대상아동의 보호를 위하여 성범죄, 가정폭력, 아동학대, 정신질환 등의 전력이 없는 보건

복지부령으로 정하는 기준에 적합한 가정에 보호대상아동을 일정 기간 위탁하는 것을 말한다.
7. "아동학대"란 보호자를 포함한 성인이 아동의 건강 또는 복지를 해치거나 정상적 발달을 저해할 수 있는 신체적·정신적·성적 폭력이나 가혹행위를 하는 것과 아동의 보호자가 아동을 유기하거나 방임하는 것을 말한다.
7의2. "아동학대관련범죄"란 다음 각 목의 어느 하나에 해당하는 죄를 말한다.
　가. 「아동학대범죄의 처벌 등에 관한 특례법」제2조제4호에 따른 아동학대범죄
　나. 아동에 대한 「형법」제2편제24장 살인의 죄 중 제250조부터 제255조까지의 죄
8. "피해아동"이란 아동학대로 인하여 피해를 입은 아동을 말한다.
9. 삭제 <2016. 3. 22.>
10. "아동복지시설"이란 제50조에 따라 설치된 시설을 말한다.
11. "아동복지시설 종사자"란 아동복지시설에서 아동의 상담·지도·치료·양육, 그 밖에 아동의 복지에 관한 업무를 담당하는 사람을 말한다.

제5조(보호자 등의 책무) ① 아동의 보호자는 아동을 가정에서 그의 성장시기에 맞추어 건강하고 안전하게 양육하여야 한다.
② 아동의 보호자는 아동에게 신체적 고통이나 폭언 등의 정신적 고통을 가하여서는 아니 된다. <신설 2015. 3. 27.>
③ 모든 국민은 아동의 권익과 안전을 존중하여야 하며, 아동을 건강하게 양육하여야 한다. <개정 2015. 3. 27.>

제6조(어린이날 및 어린이주간) 어린이에 대한 사랑과 보호의 정신을 높임으로써 이들을 옳고 아름답고 슬기로우며 씩씩하게 자라나도록 하기 위하여 매년 5월 5일을 어린이날로 하며, 5월 1일부터 5월 7일까지를 어린이주간으로 한다.

제7조(아동정책기본계획의 수립) ① 보건복지부장관은 아동정책의 효율적인 추진을 위하여 5년마다 아동정책기본계획(이하 "기본계획"이라 한다)을 수립하여야 한다.
② 기본계획은 다음 각 호의 사항을 포함하여야 한다.
　1. 이전의 기본계획에 관한 분석·평가
　2. 아동정책에 관한 기본방향 및 추진목표
　3. 주요 추진과제 및 추진방법
　4. 재원조달방안
　5. 그 밖에 아동정책을 시행하기 위하여 특히 필요하다고 인정되는 사항
③ 보건복지부장관은 기본계획을 수립할 때에는 미리 관계 중앙행정기관의 장과 협의하여야 한다.
④ 기본계획은 제10조에 따른 아동정책조정위원회의 심의를 거쳐 확정한다. 이 경우 보건복지부장관은 확정된 기본계획을 관계 중앙행정기관의 장 및 특별시장·광역시장·도지사·특별자치도지사(이하 "시·도지사"라 한다)에게 알려야 한다.

제10조의2(아동권리보장원의 설립 및 운영) ① 보건복지부장관은 아동정책에 대한 종합적인 수행과 아동복지 관련 사업의 효과적인 추진을 위하여 필요한 정책의 수립을 지원하고 사업평가 등의 업무를 수행할 수 있도록 아동권리보장원(이하 "보장원"이라 한다)을 설립한다.
② 보장원은 다음 각 호의 업무를 수행한다.
　1. 아동정책 수립을 위한 자료 개발 및 정책 분석

2. 제7조의 기본계획 수립 및 제8조제2항의 시행계획 평가 지원
3. 제10조의 위원회 운영 지원
4. 제11조의2의 아동정책영향평가 지원
5. 제15조, 제15조의2, 제15조의3, 제16조, 제16조의2의 아동보호서비스에 대한 기술지원
6. 아동학대의 예방과 방지를 위한 제22조제3항 각 호의 업무
7. 가정위탁사업 활성화 등을 위한 제48조제6항 각 호의 업무
8. 지역 아동복지사업 및 아동복지시설의 원활한 운영을 위한 지원
9. 「입양특례법」에 따른 국내입양 활성화 및 입양 사후관리를 위한 다음 각 호의 업무
  가. 입양아동·가족정보 및 친가족 찾기에 필요한 통합데이터베이스 운영
  나. 입양아동의 데이터베이스 구축 및 연계
  다. 국내외 입양정책 및 서비스에 관한 조사·연구
  라. 입양 관련 국제협력 업무
10. 아동 관련 조사 및 통계 구축
11. 아동 관련 교육 및 홍보
12. 아동 관련 해외정책 조사 및 사례분석
13. 그 밖에 이 법 또는 다른 법령에 따라 보건복지부장관, 국가 또는 지방자치단체로부터 위탁받은 업무
③ 보장원은 법인으로 하고, 주된 사무소의 소재지에 설립등기를 함으로써 성립한다.
④ 보장원에는 보장원을 대표하고 그 업무를 총괄하기 위하여 원장을 두며, 원장은 보건복지부장관이 임면한다.
⑤ 보건복지부장관은 보장원의 설립·운영에 필요한 비용을 지원할 수 있다.
⑥ 보장원에 관하여 이 법에서 정한 사항 외에는 「민법」 중 재단법인에 관한 규정을 준용한다.
⑦ 보장원은 「기부금품의 모집 및 사용에 관한 법률」에도 불구하고 기부금품을 모집할 수 있다.
⑧ 보장원의 설립 및 운영에 필요한 사항은 대통령령으로 정한다.
[본조신설 2019. 1. 15.]

제11조(아동종합실태조사) ① 보건복지부장관은 5년마다 아동의 양육 및 생활환경, 언어 및 인지 발달, 정서적·신체적 건강, 아동안전, 아동학대 등 아동의 종합실태를 조사하여 그 결과를 공표하고, 이를 기본계획과 시행계획에 반영하여야 한다. 다만, 보건복지부장관은 필요한 경우 보건복지부령으로 정하는 바에 따라 분야별 실태조사를 할 수 있다.
② 보건복지부장관은 제1항에 따른 실태조사를 위하여 관계 기관·법인·단체·시설의 장에게 필요한 자료의 제출 또는 의견의 진술을 요청할 수 있다. 이 경우 요청을 받은 자는 정당한 사유가 없으면 이에 협조하여야 한다. <신설 2016. 3. 22.>
③ 제1항에 따른 아동종합실태조사의 내용과 방법 등에 필요한 사항은 보건복지부령으로 정한다. <개정 2016. 3. 22.>

제15조(보호조치) ① 시·도지사 또는 시장·군수·구청장은 그 관할 구역에서 보호대상아동을 발견하거나 보호자의 의뢰를 받은 때에는 아동의 최상의 이익을 위하여 대통령령으로 정하는 바에 따라 다음 각 호에 해당하는 보호조치를 하여야 한다. <개정 2014. 1. 28.>
  1. 전담공무원 또는 아동위원에게 보호대상아동 또는 그 보호자에 대한 상담·지도를 수행하게 하는 것
  2. 보호자 또는 대리양육을 원하는 연고자에 대하여 그 가정에서 아동을 보호·양육할 수 있도록 필요한 조치를 하는 것

    3. 아동의 보호를 희망하는 사람에게 가정위탁하는 것
    4. 보호대상아동을 그 보호조치에 적합한 아동복지시설에 입소시키는 것
    5. 약물 및 알콜 중독, 정서·행동·발달 장애, 성폭력·아동학대 피해 등으로 특수한 치료나 요양 등의 보호를 필요로 하는 아동을 전문치료기관 또는 요양소에 입원 또는 입소시키는 것
    6. 「입양특례법」에 따른 입양과 관련하여 필요한 조치를 하는 것
② 시·도지사 또는 시장·군수·구청장은 제1항제1호 및 제2호의 보호조치가 적합하지 아니한 보호대상아동에 대하여 제1항제3호부터 제6호까지의 보호조치를 할 수 있다. 이 경우 제1항제3호부터 제5호까지의 보호조치를 하기 전에 보호대상아동에 대한 상담, 건강검진, 심리검사 및 가정환경에 대한 조사를 실시하여야 한다. <개정 2016. 3. 22.>
③시·도지사 또는 시장·군수·구청장은 제1항에 따른 보호조치를 하려는 경우 보호대상아동의 개별 보호·관리 계획을 세워 보호하여야 하며, 그 계획을 수립할 때 해당 보호대상아동의 보호자를 참여시킬 수 있다. <신설 2016. 3. 22.>
④ 시·도지사 또는 시장·군수·구청장은 제1항제3호부터 제6호까지의 보호조치를 함에 있어서 해당 보호대상아동의 의사를 존중하여야 하며, 보호자가 있을 때에는 그 의견을 들어야 한다. 다만, 아동의 보호자가 「아동학대범죄의 처벌 등에 관한 특례법」 제2조제5호의 아동학대행위자(이하 "아동학대행위자"라 한다)인 경우에는 그러하지 아니하다. <개정 2014. 1. 28., 2016. 3. 22., 2017. 10. 24.>
⑤ 시·도지사 또는 시장·군수·구청장은 제1항제3호부터 제6호까지의 보호조치를 할 때까지 필요하면 제52조제1항제2호에 따른 아동일시보호시설에 보호대상아동을 입소시켜 보호하거나, 적합한 위탁가정 또는 적당하다고 인정하는 자에게 일시 위탁하여 보호하게 할 수 있다. 이 경우 보호기간 동안 보호대상아동에 대한 상담, 건강검진, 심리검사 및 가정환경에 대한 조사를 실시하고 그 결과를 보호조치 시에 고려하여야 한다. <개정 2016. 3. 22.>
⑥ 시·도지사 또는 시장·군수·구청장은 그 관할 구역에서 약물 및 알콜 중독, 정서·행동·발달 장애 등의 문제를 일으킬 가능성이 있는 아동의 가정에 대하여 예방차원의 적절한 조치를 강구하여야 한다. <개정 2016. 3. 22.>
⑦ 누구든지 제1항에 따른 보호조치와 관련하여 그 대상이 되는 아동복지시설의 종사자를 신체적·정신적으로 위협하는 행위를 하여서는 아니 된다. <개정 2016. 3. 22.>
⑧ 시·도지사 또는 시장·군수·구청장은 아동의 가정위탁보호를 희망하는 사람에 대하여 범죄경력을 확인하여야 한다. 이 경우 본인의 동의를 받아 관계 기관의 장에게 범죄의 경력 조회를 요청하여야 한다. <개정 2016. 3. 22.>
⑨ 보장원의 장 또는 제48조에 따른 가정위탁지원센터의 장은 위탁아동, 가정위탁보호를 희망하는 사람, 위탁아동의 부모 등의 신원확인 등의 조치를 시·도지사 또는 시장·군수·구청장에게 협조 요청할 수 있으며, 요청을 받은 시·도지사 또는 시장·군수·구청장은 정당한 사유가 없는 한 이에 응하여야 한다. <개정 2016. 3. 22., 2019. 1. 15.>
⑩ 제2항 및 제5항에 따른 상담, 건강검진, 심리검사 및 가정환경에 대한 조사, 제8항에 따른 범죄경력 조회 및 제9항에 따른 신원확인의 요청 절차·범위 등에 필요한 사항은 대통령령으로 정한다. <개정 2016. 3. 22.>

제17조(금지행위) 누구든지 다음 각 호의 어느 하나에 해당하는 행위를 하여서는 아니 된다. <개정 2014. 1. 28.>
    1. 아동을 매매하는 행위
    2. 아동에게 음란한 행위를 시키거나 이를 매개하는 행위 또는 아동에게 성적 수치심을 주는 성희롱 등의 성적 학대행위
    3. 아동의 신체에 손상을 주거나 신체의 건강 및 발달을 해치는 신체적 학대행위
    4. 삭제 <2014. 1. 28.>

5. 아동의 정신건강 및 발달에 해를 끼치는 정서적 학대행위
6. 자신의 보호·감독을 받는 아동을 유기하거나 의식주를 포함한 기본적 보호·양육·치료 및 교육을 소홀히 하는 방임행위
7. 장애를 가진 아동을 공중에 관람시키는 행위
8. 아동에게 구걸을 시키거나 아동을 이용하여 구걸하는 행위
9. 공중의 오락 또는 흥행을 목적으로 아동의 건강 또는 안전에 유해한 곡예를 시키는 행위 또는 이를 위하여 아동을 제3자에게 인도하는 행위
10. 정당한 권한을 가진 알선기관 외의 자가 아동의 양육을 알선하고 금품을 취득하거나 금품을 요구 또는 약속하는 행위
11. 아동을 위하여 증여 또는 급여된 금품을 그 목적 외의 용도로 사용하는 행위

제22조(아동학대의 예방과 방지 의무) ① 국가와 지방자치단체는 아동학대의 예방과 방지를 위하여 다음 각 호의 조치를 취하여야 한다.
1. 아동학대의 예방과 방지를 위한 각종 정책의 수립 및 시행
2. 아동학대의 예방과 방지를 위한 연구·교육·홍보 및 아동학대 실태조사
3. 아동학대에 관한 신고체제의 구축·운영
4. 피해아동의 보호와 치료 및 피해아동의 가정에 대한 지원
5. 그 밖에 대통령령으로 정하는 아동학대의 예방과 방지를 위한 사항

② 지방자치단체는 아동학대를 예방하고 수시로 신고를 받을 수 있도록 긴급전화를 설치하여야 한다. 이 경우 그 설치·운영 등에 필요한 사항은 대통령령으로 정한다. <개정 2014. 1. 28.>
③ 보장원은 아동학대예방사업의 활성화 등을 위하여 다음 각 호의 업무를 수행한다. <신설 2019. 1. 15.>
1. 아동보호전문기관에 대한 지원
2. 아동학대예방사업과 관련된 연구 및 자료 발간
3. 효율적인 아동학대예방사업을 위한 연계체계 구축
4. 아동학대예방사업을 위한 프로그램 개발 및 평가
5. 아동보호전문기관 및 학대피해아동쉼터 직원 직무교육, 아동학대예방 관련 교육 및 홍보
6. 아동보호전문기관 전산시스템 구축 및 운영
7. 그 밖에 대통령령으로 정하는 아동학대예방사업과 관련된 업무

④ 보장원의 장은 제3항 각 호의 업무를 수행하기 위하여 필요한 경우 제28조의2에 따른 국가아동학대정보시스템의 아동학대 관련 정보 또는 자료를 활용할 수 있다. <신설 2019. 1. 15.>

제22조의2(학생등에 대한 학대 예방 및 지원 등) ① 국가와 지방자치단체는 「유아교육법」에 따른 유치원의 유아 및 「초·중등교육법」에 따른 학교의 학생(이하 이 조에서 "학생등"이라 한다)에 대한 아동학대의 조기 발견 체계 및 아동보호전문기관 등 관련 기관과의 연계 체계를 구축하고, 학대피해 학생등이 유치원 또는 학교에 안정적으로 적응할 수 있도록 지원하여야 한다. <개정 2019. 1. 15.>
② 교육부장관은 아동학대의 조기 발견과 신속한 보호조치를 위하여 대통령령으로 정하는 바에 따라 장기결석 학생등의 정보 등을 보건복지부장관과 공유하여야 한다.
③ 제1항에 따른 학교 적응 지원 등 대통령령으로 정하는 업무는 교육부장관 또는 「지방교육자치에 관한 법률」에 따른 교육감이 지정하는 기관에 위탁할 수 있다.
[본조신설 2017. 10. 24.]

[종전 제22조의2는 제22조의3으로 이동 <2017. 10. 24.>]

제22조의3(피해아동 등에 대한 신분조회 등 조치) ① 보장원의 장 및 아동보호전문기관의 장은 피해아동의 보호, 치료 등을 수행함에 있어서 피해아동, 그 보호자 또는 아동학대행위자에 대한 다음 각 호의 조치를 관계 중앙행정기관의 장, 시·도지사 또는 시장·군수·구청장에게 협조 요청할 수 있으며, 요청을 받은 관계 중앙행정기관의 장, 시·도지사 또는 시장·군수·구청장은 정당한 사유가 없으면 이에 따라야 한다. <개정 2018. 12. 11., 2019. 1. 15.>
1. 「출입국관리법」에 따른 외국인등록 사실증명의 열람 및 발급
2. 「가족관계의 등록 등에 관한 법률」 제15조제1항제1호부터 제4호까지에 따른 증명서의 발급
3. 「주민등록법」에 따른 주민등록표 등본·초본의 열람 및 발급
4. 「국민기초생활 보장법」에 따른 수급자 여부의 확인
5. 「장애인복지법」에 따른 장애인등록증의 열람 및 발급
② 제1항에 따라 관계 중앙행정기관의 장, 시·도지사 또는 시장·군수·구청장이 아동보호전문기관의 장에게 발급 등을 하는 서류에 대해서는 수수료를 면제한다. <신설 2018. 12. 11.>
[본조신설 2015. 3. 27.]
[제22조의2에서 이동 <2017. 10. 24.>]

제23조(아동학대예방의 날) ① 아동의 건강한 성장을 도모하고, 범국민적으로 아동학대의 예방과 방지에 관한 관심을 높이기 위하여 매년 11월 19일을 아동학대예방의 날로 지정하고, 아동학대예방의 날부터 1주일을 아동학대예방주간으로 한다.
② 국가와 지방자치단체는 아동학대예방의 날의 취지에 맞는 행사와 홍보를 실시하도록 노력하여야 한다.

제26조(아동학대 신고의무자에 대한 교육) ① 관계 중앙행정기관의 장은 「아동학대범죄의 처벌 등에 관한 특례법」 제10조제2항 각 호의 어느 하나에 해당하는 사람(이하 "아동학대 신고의무자"라 한다)의 자격 취득 과정이나 보수교육과정에 아동학대 예방 및 신고의무와 관련된 교육내용을 포함하도록 하여야 한다. <개정 2014. 1. 28., 2015. 3. 27.>
② 관계 중앙행정기관의 장 및 시·도지사는 아동학대 신고의무자에게 본인이 아동학대 신고의무자라는 사실을 고지할 수 있고, 아동학대 예방 및 신고의무와 관련한 교육(이하 이 조에서 "신고의무 교육"이라 한다)을 실시할 수 있다. <신설 2015. 3. 27.>
③ 아동학대 신고의무자가 소속된 기관·시설 등의 장은 소속 아동학대 신고의무자에게 신고의무 교육을 실시하고, 그 결과를 관계 중앙행정기관의 장에게 제출하여야 한다. <신설 2015. 3. 27., 2017. 10. 24.>
1. 삭제 <2017. 10. 24.>
2. 삭제 <2017. 10. 24.>
3. 삭제 <2017. 10. 24.>
4. 삭제 <2017. 10. 24.>
④ 제1항부터 제3항까지에 따른 교육내용·시간 및 방법 등 그 밖에 필요한 사항은 대통령령으로 정한다. <개정 2015. 3. 27.>

제26조의2(아동학대 예방교육의 실시) ① 국가기관과 지방자치단체의 장, 「공공기관의 운영에 관한 법률」에 따른 공공기관과 대통령령으로 정하는 공공단체의 장은 아동학대의 예방과 방지를 위하여 필요한 교육을 연 1회 이상 실시하고, 그 결과를 보건복지부장관에게 제출하여야 한다.

② 제1항에 따른 교육 대상이 아닌 사람은 아동보호전문기관 또는 대통령령으로 정하는 교육기관에서 아동학대의 예방과 방지에 필요한 교육을 받을 수 있다. <개정 2019. 1. 15.>
③ 보건복지부장관은 제1항 및 제2항에 따른 교육을 위하여 전문인력을 양성하고, 교육 프로그램을 개발·보급하여야 한다.
④ 제1항 및 제2항에 따른 교육내용·시간 및 방법, 그 밖에 필요한 사항은 대통령령으로 정한다.
[본조신설 2017. 10. 24.]

제27조의2(아동학대 등의 통보) ① 사법경찰관리는 아동 사망 및 상해사건, 가정폭력 사건 등에 관한 직무를 행하는 경우 아동학대가 있었다고 의심할 만한 사유가 있는 때에는 보장원 또는 아동보호전문기관에 그 사실을 통보하여야 한다. <개정 2019. 1. 15.>
② 사법경찰관 또는 보호관찰관은 「아동학대범죄의 처벌 등에 관한 특례법」 제14조제1항에 따라 임시조치의 청구를 신청하였을 때에는 보장원 또는 아동보호전문기관에 그 사실을 통보하여야 한다. <개정 2019. 1. 15.>
③ 제1항 및 제2항의 통보를 받은 보장원 또는 아동보호전문기관은 피해아동 보호조치 등 필요한 조치를 하여야 한다. <개정 2019. 1. 15.>
[본조신설 2014. 1. 28.]

제27조의3(피해아동 응급조치에 대한 거부금지) 「아동학대범죄의 처벌 등에 관한 특례법」 제12조제1항제3호 또는 제4호에 따라 사법경찰관리, 보장원 또는 아동보호전문기관의 직원이 피해아동을 인도하는 경우에는 아동학대 관련 보호시설이나 의료기관은 정당한 사유 없이 이를 거부하여서는 아니 된다. <개정 2019. 1. 15.>
[본조신설 2014. 1. 28.]

제28조(사후관리 등) ① 보장원의 장 또는 아동보호전문기관의 장은 아동학대가 종료된 이후에도 가정방문, 전화상담 등을 통하여 아동학대의 재발 여부를 확인하여야 한다. <개정 2019. 1. 15.>
② 보장원의 장 또는 아동보호전문기관의 장은 아동학대가 종료된 이후에도 아동학대의 재발 방지 등을 위하여 필요하다고 인정하는 경우 피해아동 및 보호자를 포함한 피해아동의 가족에게 필요한 지원을 제공할 수 있다. <개정 2019. 1. 15.>
③ 보장원 또는 아동보호전문기관이 제1항 및 제2항에 따라 업무를 수행하는 경우 보호자는 정당한 사유 없이 이를 거부하거나 방해하여서는 아니 된다. <신설 2016. 3. 22., 2019. 1. 15.>

제28조의2(국가아동학대정보시스템) ① 보건복지부장관은 아동학대 관련 정보를 공유하고 아동학대를 예방하기 위하여 대통령령으로 정하는 바에 따라 국가아동학대정보시스템을 구축·운영하여야 한다. <개정 2016. 3. 22.>
② 보건복지부장관은 피해아동, 그 가족 및 아동학대행위자에 관한 정보와 아동학대예방사업에 관한 정보를 제1항에 따른 국가아동학대정보시스템에 입력·관리하여야 한다. 이 경우 보건복지부장관은 관계 중앙행정기관의 장, 시·도지사, 시장·군수·구청장, 보장원, 아동보호전문기관 등에 필요한 자료를 요청할 수 있다. <개정 2016. 3. 22., 2017. 10. 24., 2019. 1. 15.>
③ 다음 각 호의 어느 하나에 해당하는 자는 아동의 보호 및 아동학대 발생 방지를 위하여 필요한 경우 국가아동학대정보시스템상의 피해아동, 그 가족 및 아동학대행위자에 관한 정보를 보건복지부장관에게 요청할 수 있다. 이 경우 대통령령으로 정하는 바에 따라 목적과 필요한 정보의 범위를 구체적으로 기재하여야 한다. <신설 2017. 10. 24., 2019. 1. 15.>
　1. 시·도지사 및 시장·군수·구청장

2. 판사, 검사 및 경찰관서의 장
3. 「초·중등교육법」에 따른 학교의 장
4. 제29조의7에 따른 아동학대 전담의료기관의 장
5. 제52조제1항제1호부터 제6호까지 및 제9호부터 제11호까지에 해당하는 아동복지시설의 장
6. 그 밖에 대통령령으로 정하는 피해아동의 보호 및 지원 관련 기관 또는 단체의 장

④ 보건복지부장관은 제3항에 따른 요청이 있는 경우 국가아동학대정보시스템상의 해당 정보를 제공할 수 있다. 다만, 피해아동의 보호를 위하여 필요한 경우로서 대통령령으로 정하는 경우에는 정보의 제공을 제한할 수 있다. <신설 2017. 10. 24.>

⑤ 제3항 및 제4항에 따라 피해아동관련 정보를 취득한 사람은 제3항에 따른 요청 목적 외로 해당 정보를 사용하거나 다른 사람에게 제공 또는 누설하여서는 아니 된다. <신설 2017. 10. 24.>

⑥ 보건복지부장관은 「사회보장급여의 이용·제공 및 수급권자 발굴에 관한 법률」 제29조에 따른 사회보장정보원에 제1항에 따른 국가아동학대정보시스템 운영을 위탁할 수 있다. <개정 2016. 3. 22., 2017. 10. 24., 2019. 1. 15.>

[본조신설 2014. 1. 28.]
[제목개정 2016. 3. 22.]

제29조(피해아동 및 그 가족 등에 대한 지원) ① 보장원의 장 또는 아동보호전문기관의 장은 아동의 안전 확보와 재학대 방지, 건전한 가정기능의 유지 등을 위하여 피해아동 및 보호자를 포함한 피해아동의 가족에게 상담, 교육 및 의료적·심리적 치료 등의 필요한 지원을 제공하여야 한다. <개정 2019. 1. 15.>

② 보장원의 장 또는 아동보호전문기관의 장은 제1항의 지원을 위하여 관계 기관에 협조를 요청할 수 있다. <개정 2019. 1. 15.>

③ 보호자를 포함한 피해아동의 가족은 보장원 또는 아동보호전문기관이 제1항에 따라 제공하는 지원에 성실하게 참여하여야 한다. <개정 2019. 1. 15.>

④ 보장원의 장 또는 아동보호전문기관의 장은 제1항의 지원 여부의 결정 및 지원의 제공 등 모든 과정에서 피해아동의 이익을 최우선으로 고려하여야 한다. <개정 2019. 1. 15.>

⑤ 국가와 지방자치단체는 「초·중등교육법」 제2조 각 호의 학교에 재학 중인 피해아동 및 피해아동의 가족이 주소지 외의 지역에서 취학(입학·재입학·전학·편입학을 포함한다. 이하 같다)할 필요가 있을 때에는 그 취학이 원활하게 이루어 질 수 있도록 지원하여야 한다. <신설 2014. 1. 28.>

⑥ 제5항에 따른 취학에 필요한 사항은 대통령령으로 정한다. <신설 2014. 1. 28.>

제29조의7(아동학대 전담의료기관의 지정) ① 보건복지부장관, 시·도지사 및 시장·군수·구청장은 국·공립병원, 보건소 또는 민간의료기관을 피해아동의 치료를 위한 전담의료기관(이하 이 조에서 "전담의료기관"이라 한다)으로 지정할 수 있다.

② 전담의료기관은 피해아동·가족·친족, 보장원의 장, 아동보호전문기관 또는 아동복지시설의 장, 경찰관서의 장, 판사 또는 가정법원 등의 요청이 있는 경우 피해아동에 대하여 다음 각 호의 조치를 하여야 한다. <개정 2019. 1. 15.>

1. 아동학대 피해에 대한 상담
2. 신체적·정신적 치료
3. 그 밖에 대통령령으로 정하는 의료에 관한 사항

③ 보건복지부장관, 시·도지사 및 시장·군수·구청장은 제1항에 따라 지정한 전담의료기관이 다음 각 호의 어느 하나에 해당하는 경우에는 그 지정을 취소할 수 있다. 다만, 제1호에 해당하는 경우에는 그 지정을 취소하여야 한다.

1. 거짓이나 그 밖의 부정한 방법으로 지정을 받은 경우
2. 정당한 사유 없이 제2항에 따른 의료 지원을 거부한 경우
3. 그 밖에 전담의료기관으로서 적합하지 아니하다고 대통령령으로 정하는 경우

④ 제1항과 제3항에 따른 지정 및 지정 취소의 기준, 절차 등에 필요한 사항은 대통령령으로 정한다.
[본조신설 2017. 10. 24.]

제30조(안전기준의 설정) 국가는 대통령령으로 정하는 바에 따라 아동복지시설과 아동용품에 대한 안전기준을 정하고 아동용품을 제작·설치·관리하는 자에게 이를 준수하도록 하여야 한다.

제31조(아동의 안전에 대한 교육) ① 아동복지시설의 장, 「영유아보육법」에 따른 어린이집의 원장, 「유아교육법」에 따른 유치원의 원장 및 「초·중등교육법」에 따른 학교의 장은 교육대상 아동의 연령을 고려하여 대통령령으로 정하는 바에 따라 매년 다음 각 호의 사항에 관한 교육계획을 수립하여 교육을 실시하여야 한다. <개정 2015. 12. 29.>
1. 성폭력 및 아동학대 예방
2. 실종·유괴의 예방과 방지
3. 감염병 및 약물의 오남용 예방 등 보건위생관리
4. 재난대비 안전
5. 교통안전

② 아동복지시설의 장, 「영유아보육법」에 따른 어린이집의 원장은 제1항에 따른 교육계획 및 교육실시 결과를 관할 시장·군수·구청장에게 매년 1회 보고하여야 한다.
③ 「유아교육법」에 따른 유치원의 원장 및 「초·중등교육법」에 따른 학교의 장은 제1항에 따른 교육계획 및 교육실시 결과를 대통령령으로 정하는 바에 따라 관할 교육감에게 매년 1회 보고하여야 한다.

제32조(아동보호구역에서의 영상정보처리기기 설치 등) ① 국가와 지방자치단체는 유괴 등 범죄의 위험으로부터 아동을 보호하기 위하여 필요하다고 인정하는 경우에는 다음 각 호의 어느 하나에 해당되는 시설의 주변구역을 아동보호구역으로 지정하여 범죄의 예방을 위한 순찰 및 아동지도 업무 등 필요한 조치를 할 수 있다. <개정 2012. 10. 22.>
1. 「도시공원 및 녹지 등에 관한 법률」 제15조에 따른 도시공원
2. 「영유아보육법」 제10조에 따른 어린이집
3. 「초·중등교육법」 제38조 따른 초등학교 및 같은 법 제55조에 따른 특수학교
4. 「유아교육법」 제2조에 따른 유치원

② 제1항에 따른 아동보호구역의 지정 기준 및 절차 등에 필요한 사항은 대통령령으로 정한다.
③ 국가와 지방자치단체는 제1항에 따라 지정된 아동보호구역에 「개인정보 보호법」 제2조제7호에 따른 영상정보처리기기를 설치하여야 한다. <신설 2012. 10. 22.>
④ 이 법에서 정한 것 외에 영상정보처리기기의 설치 등에 관한 사항은 「개인정보 보호법」에 따른다. <개정 2012. 10. 22.>
[제목개정 2012. 10. 22.]

제37조(취약계층 아동에 대한 통합서비스지원) ① 국가와 지방자치단체는 아동의 건강한 성장과 발달을 도모하기 위하여 대통령령으로 정하는 바에 따라 아동의 성장 및 복지 여건이 취약한 가정을 선정하여 그 가정의 지원대상 아동과 가족을 대상으로 보건, 복지, 보호, 교육, 치료 등을 종합적으로 지원하는 통합서비스를 실시한다.

② 제1항에 따른 통합서비스지원의 대상 선정, 통합서비스의 내용 및 수행기관·수행인력 등에 필요한 사항은 대통령령으로 정한다.
③ 보건복지부장관은 통합서비스지원사업의 운영지원에 관한 업무를 법인, 단체 등에 위탁할 수 있다.

제3절 방과 후 돌봄서비스 지원 <신설 2019. 1. 15.>
제44조의2(다함께돌봄센터) ① 시·도지사 및 시장·군수·구청장은 초등학교의 정규교육 이외의 시간 동안 다음 각 호의 돌봄서비스(이하 "방과 후 돌봄서비스"라 한다)를 실시하기 위하여 다함께돌봄센터를 설치·운영할 수 있다.
  1. 아동의 안전한 보호
  2. 안전하고 균형 있는 급식 및 간식의 제공
  3. 등·하교 전후, 야간 또는 긴급상황 발생 시 돌봄서비스 제공
  4. 체험활동 등 교육·문화·예술·체육 프로그램의 연계·제공
  5. 돌봄 상담, 관련 정보의 제공 및 서비스의 연계
  6. 그 밖에 보건복지부령으로 정하는 방과 후 돌봄서비스의 제공
② 시·도지사 및 시장·군수·구청장은 다함께돌봄센터의 설치·운영을 보건복지부장관이 정하는 법인 또는 단체에 위탁할 수 있다.
③ 국가는 다함께돌봄센터의 설치·운영에 필요한 비용의 일부를 지방자치단체에 지원할 수 있다.
④ 다함께돌봄센터의 장은 시·도지사 및 시장·군수·구청장이 정하는 바에 따라 아동의 보호자에게 제1항 각 호의 방과 후 돌봄서비스 제공에 필요한 비용의 일부를 부담하게 할 수 있다.
⑤ 다함께돌봄센터의 설치기준과 운영, 종사자의 자격 등에 관한 사항은 보건복지부령으로 정한다.
[본조신설 2019. 1. 15.]

제65조(비밀 유지의 의무) 아동복지사업을 포함하여 아동복지업무에 종사하였거나 종사하는 자는 그 직무상 알게 된 비밀을 누설하여서는 아니된다. <개정 2016. 3. 22.>

• 아동학대범죄의 처벌 등에 관한 특례법[시행 2018.6.20.][법률 제15255호, 2017.12.19., 일부개정]
제1조(목적) 이 법은 아동학대범죄의 처벌 및 그 절차에 관한 특례와 피해아동에 대한 보호절차 및 아동학대행위자에 대한 보호처분을 규정함으로써 아동을 (보호)하여 아동이 건강한 사회 구성원으로 성장하도록 함을 목적으로 한다.

제2조(정의) 이 법에서 사용하는 용어의 뜻은 다음과 같다. <개정 2016.1.6., 2016.5.29.>
  1. "아동"이란 「아동복지법」 제3조제1호에 따른 아동을 말한다.
  2. "보호자"란 「아동복지법」 제3조제3호에 따른 보호자를 말한다.
  3. "아동학대"란 「아동복지법」 제3조제7호에 따른 아동학대를 말한다.
  4. "아동학대범죄"란 보호자에 의한 아동학대로서 다음 각 목의 어느 하나에 해당하는 죄를 말한다.
  4의3. "아동학대범죄신고자등"이란 아동학대범죄신고등을 한 자를 말한다.
  5. "아동학대행위자"란 아동학대범죄를 범한 사람 및 그 공범을 말한다.
  6. "피해아동"이란 아동학대범죄로 인하여 직접적으로 피해를 입은 아동을 말한다.
  7. "아동보호사건"이란 아동학대범죄로 인하여 제36조제1항에 따른 보호처분(이하 "보호처분"이라 한다)의 대상이 되는 사건을 말한다.
  8. "피해아동보호명령사건"이란 아동학대범죄로 인하여 제47조에 따른 피해아동보호명령의 대상이 되는 사건을 말한다.

CHAPTER 10

   9. "아동보호전문기관"이란 「아동복지법」 제45조에 따른 아동보호전문기관을 말한다.
   9의2. "가정위탁지원센터"란 「아동복지법」 제48조에 따른 가정위탁지원센터를 말한다.
   10. "아동복지시설"이란 「아동복지법」 제50조에 따라 설치된 시설을 말한다.
   11. "아동복지시설의 종사자"란 아동복지시설에서 아동의 상담·지도·치료·양육, 그 밖에 아동의 복지에 관한 업무를 담당하는 사람을 말한다.

제4조(아동학대치사) 제2조제4호가목부터 다목까지의 아동학대범죄를 범한 사람이 아동을 사망에 이르게 한 때에는 무기 또는 5년 이상의 징역에 처한다.

제5조(아동학대중상해) 제2조제4호가목부터 다목까지의 아동학대범죄를 범한 사람이 아동의 생명에 대한 위험을 발생하게 하거나 불구 또는 난치의 질병에 이르게 한 때에는 (3)년 이상의 징역에 처한다.

제7조(아동복지시설의 종사자 등에 대한 가중처벌) 제10조제2항 각 호에 따른 아동학대 (신고의무자)가 보호하는 아동에 대하여 아동학대범죄를 범한 때에는 그 죄에 정한 형의 2분의 1까지 가중한다.

제10조(아동학대범죄 신고의무와 절차) ① (누구든지) 아동학대범죄를 알게 된 경우나 그 의심이 있는 경우에는 (아동보호전문기관) 또는 (수사기관)에 신고할 수 있다.
② 다음 각 호의 어느 하나에 해당하는 사람이 직무를 수행하면서 아동학대범죄를 알게 된 경우나 그 의심이 있는 경우에는 (아동보호전문기관) 또는 (수사기관)에 (즉시) 신고하여야 한다. <개정 2016.5.29.>
  1. 가정위탁지원센터의 장과 그 종사자
  2. 아동복지시설의 장과 그 종사자(아동보호전문기관의 장과 그 종사자는 제외한다)
  3. 「아동복지법」 제13조에 따른 아동복지전담공무원
  6. 「다문화가족지원법」 제12조에 따른 다문화가족지원센터의 장과 그 종사자
  11. 「응급의료에 관한 법률」 제2조제7호에 따른 응급의료기관등에 종사하는 응급구조사
  12. 「영유아보육법」 제7조에 따른 육아종합지원센터의 장과 그 종사자 및 제10조에 따른 어린이집의 원장 등 보육교직원
  13. 「유아교육법」 제20조에 따른 교직원 및 같은 법 제23조에 따른 강사 등
  16. 「장애인복지법」 제58조에 따른 장애인복지시설의 장과 그 종사자로서 시설에서 장애아동에 대한 상담·치료·훈련 또는 요양 업무를 수행하는 사람
  23. 「아이돌봄 지원법」 제2조제4호에 따른 아이돌보미
  24. 「아동복지법」 제37조에 따른 취약계층 아동에 대한 통합서비스지원 수행인력
  25. 「입양특례법」 제20조에 따른 입양기관의 장과 그 종사자
③ 누구든지 제1항 및 제2항에 따른 신고인의 인적 사항 또는 신고인임을 미루어 알 수 있는 사실을 다른 사람에게 알려주거나 (공개) 또는 (보도)하여서는 아니 된다.

제12조(피해아동에 대한 (응급조치)) ① 제11조제1항에 따라 현장에 출동하거나 아동학대범죄 현장을 발견한 사법경찰관리 또는 아동보호전문기관의 직원은 피해아동 보호를 위하여 (즉시) 다음 각 호의 조치(이하 "(응급조치)"라 한다)를 하여야 한다. 이 경우 제3호의 조치를 하는 때에는 (피해아동)의 (의사)를 존중하여야 한다(다만, (피해아동)을 보호하여야 할 필요가 있는 등 특별한 사정이 있는 경우에는 그러하지 아니하다).
  1. 아동학대범죄 행위의 제지

2. 아동학대행위자를 피해아동으로부터 격리
  3. 피해아동을 아동학대 관련 보호시설로 인도
  4. 긴급치료가 필요한 피해아동을 의료기관으로 인도
② 사법경찰관리나 아동보호전문기관의 직원은 제1항제3호 및 제4호 규정에 따라 피해아동을 분리·인도하여 보호하는 경우 지체 없이 피해아동을 인도받은 보호시설·의료시설을 관할하는 특별시장·광역시장·특별자치시장·도지사·특별자치도지사 또는 시장·군수·구청장에게 그 사실을 통보하여야 한다. <개정 2016.5.29.>
③ 제1항제2호부터 제4호까지의 규정에 따른 응급조치는 (72)시간을 넘을 수 없다. 다만, 검사가 제15조제2항에 따라 임시조치를 법원에 청구한 경우에는 법원의 임시조치 결정 시까지 연장된다.
④ 사법경찰관리 또는 아동보호전문기관의 직원이 제1항에 따라 (응급조치)를 한 경우에는 (즉시) (응급조치결과보고서)를 작성하여야 하며, 아동보호전문기관의 직원이 (응급조치)를 한 경우 아동보호전문기관의 장은 작성된 (응급조치결과보고서)를 지체 없이 관할 (경찰서)의 장에게 송부하여야 한다.
⑤ 제4항에 따른 (응급조치결과보고서)에는 피해사실의 요지, (응급조치)가 필요한 사유, (응급조치)의 내용 등을 기재하여야 한다.
⑥ 누구든지 아동보호전문기관의 직원이나 사법경찰관리가 제1항에 따른 업무를 수행할 때에 폭행·협박이나 응급조치를 저지하는 등 그 업무 수행을 (방해)하는 행위를 하여서는 아니 된다.

제35조((비밀엄수) 등의 의무) ① 아동학대범죄의 수사 또는 아동보호사건의 조사·심리 및 그 집행을 담당하거나 이에 관여하는 공무원, 보조인, 진술조력인, 아동보호전문기관 직원과 그 기관장, 상담소 등에 근무하는 상담원과 그 기관장 및 제10조제2항 각 호에 규정된 사람(그 직에 있었던 사람을 포함한다)은 그 직무상 알게 된 (비밀)을 누설하여서는 아니 된다.
② 신문의 편집인·발행인 또는 그 종사자, 방송사의 편집책임자, 그 기관장 또는 종사자, 그 밖의 출판물의 저작자와 발행인은 아동보호사건에 관련된 아동학대행위자, 피해아동, 고소인, 고발인 또는 신고인의 주소, 성명, 나이, 직업, 용모, 그 밖에 이들을 특정하여 파악할 수 있는 인적 사항이나 사진 등을 신문 등 출판물에 싣거나 방송매체를 통하여 방송할 수 없다.
③ 피해아동의 교육 또는 보육을 담당하는 학교의 교직원 또는 보육교직원은 정당한 사유가 없으면 해당 아동의 취학, 진학, 전학 또는 입소(그 변경을 포함한다)의 사실을 아동학대행위자인 (친권자)를 포함하여 누구에게든지 (누설)하여서는 아니 된다.

• 아동복지법 시행령[시행 2019. 1. 1][대통령령 제28822호, 2018. 4. 24, 일부개정]
제18조(사후관리) 시·도지사 또는 시장·군수·구청장은 법 제13조제1항에 따른 아동복지전담공무원 등 관계 공무원으로 하여금 제14조에 따라 대리양육 또는 가정위탁하여 보호 중인 아동의 가정을 방문하여 해당 아동의 복지 증진을 위하여 필요한 지도·관리를 하게 하여야 한다. <개정 2018. 4. 24.>

제18조의2(보호대상아동에 대한 상담 등) ① 법 제15조제2항 후단에 따른 보호대상아동에 대한 상담, 심리검사 및 가정환경에 대한 조사는 별표 1의 방법으로 실시한다. 다만, 「아동학대범죄의 처벌 등에 관한 특례법」 제12조에 따른 응급조치가 필요한 경우 및 시·도지사 또는 시장·군수·구청장이 긴급한 보호조치가 필요하다고 인정하는 경우에는 법 제15조제1항제3호부터 제5호까지의 조치가 이루어진 후에 상담, 심리검사 및 가정환경에 대한 조사를 실시할 수 있다.
② 법 제15조제5항 후단에 따른 보호대상아동에 대한 상담, 심리검사 및 가정환경에 대한 조사는 별표 2의 방법으로 실시한다.

③ 법 제15조제2항 후단 및 같은 조 제5항 후단에 따른 보호대상아동에 대한 건강검진은 「건강검진기본법」 및 보건복지부장관이 정하여 고시하는 기준에 따라 실시하되, 그 세부사항에 관하여는 보건복지부장관이 정한다.
[본조신설 2018. 3. 6.]

제19조(일시 보호의 의뢰) 시·도지사 또는 시장·군수·구청장은 법 제15조제5항 전단에 따라 보호대상아동을 일시 보호하게 하려는 경우에는 법 제48조제2항에 따른 지역가정위탁지원센터의 장, 법 제52조제1항제2호에 따른 아동일시보호시설의 장 또는 적당하다고 인정하는 자에게 보건복지부령으로 정하는 일시 보호 의뢰서를 발급하여야 한다. <개정 2018. 3. 6.>

제24조(긴급전화의 설치·운영) ① 보건복지부장관, 시·도지사 및 시장·군수·구청장은 법 제22조제2항에 따라 법 제45조에 따른 아동보호전문기관(이하 "아동보호전문기관"이라 한다)에 긴급전화를 설치하여야 한다. 이 경우 긴급전화는 전용회선으로 설치·운영하여야 한다. <개정 2016. 9. 22.>
② 제1항에 따른 긴급전화는 전국적으로 통일된 번호로 매일 24시간 동안 운영하여야 한다.
③ 제1항과 제2항에서 규정한 사항 외에 긴급전화의 설치 및 운영에 필요한 사항은 보건복지부장관이 정한다.

제25조(학생등에 대한 학대 예방 및 지원 등) ① 교육부장관은 법 제22조의2제2항에 따라 다음 각 호의 정보를 보건복지부장관과 공유하여야 한다.
　1. 「유아교육법」 제7조 각 호의 유치원에서 교육을 받고 있는 유아 중 월별 교육일이 6일 미만인 유아의 정보
　2. 「초·중등교육법 시행령」 제27조의2제2항 각 호의 정보
② 교육부장관은 제1항 각 호의 정보를 공유하는 경우 보건복지부장관과 협의하여 「유아교육법」 제19조의2에 따른 유아교육정보시스템 및 「초·중등교육법」 제30조의4에 따른 교육정보시스템을 「사회보장기본법」 제37조제2항에 따른 사회보장정보시스템과 연계하여야 한다.
③ 법 제22조의2제3항에서 "학교 적응 지원 등 대통령령으로 정하는 업무"란 다음 각 호의 업무를 말한다.
　1. 법 제29조제5항에 따라 취학지원을 받은 피해아동 및 그 가족의 학교 적응 지원 업무
　2. 학대로 인하여 피해를 입은 「유아교육법」에 따른 유치원의 유아 및 「초·중등교육법」에 따른 학교의 학생(이하 이 조에서 "학생등"이라 한다)에 대한 심리상담, 진로상담 등의 상담 지원 업무
　3. 「학교보건법」 제7조에 따른 건강검사 등의 업무
④ 교육부장관 또는 「지방교육자치에 관한 법률」에 따른 교육감은 법 제22조의2제3항에 따라 학교 적응 지원 등의 업무를 위탁하는 경우 예산의 범위에서 그 비용의 전부 또는 일부를 지원할 수 있다.
⑤ 교육부장관 또는 「지방교육자치에 관한 법률」에 따른 교육감이 법 제22조의2제3항에 따라 지정하는 기관의 지정 기준 및 절차 등에 필요한 사항은 교육부장관이 정한다.
[본조신설 2018. 4. 24.]

제26조(아동학대 신고의무자에 대한 교육) ① 법 제26조제1항부터 제3항까지의 규정에 따른 아동학대 예방 및 신고의무와 관련한 교육에는 다음 각 호의 사항이 포함되어야 한다.
　1. 아동학대 예방 및 신고의무에 관한 법령
　2. 아동학대 발견 시 신고 방법
　3. 피해아동 보호 절차
② 관계 중앙행정기관의 장은 법 제26조제1항에 따라 아동학대 신고의무자의 자격 취득 과정이나 보수교육과정에 아동학대 예방 및 신고의무와 관련된 교육을 1시간 이상 포함시켜야 한다.

③ 아동학대 신고의무자가 소속된 기관·시설 등의 장은 법 제26조제3항에 따라 소속 신고의무자에게 아동학대 예방 및 신고의무와 관련된 교육을 매년 1시간 이상 실시하여야 한다. <개정 2018. 4. 24.>
④ 삭제 <2018. 4. 24.>
⑤ 법 제26조제1항부터 제3항까지의 규정에 따른 교육은 집합 교육, 시청각 교육 또는 인터넷 강의 등의 방법으로 할 수 있다.
[본조신설 2015. 10. 6.]

제26조의2(아동학대 예방교육의 실시) ① 법 제26조의2제1항에서 "대통령령으로 정하는 공공단체"란 다음 각 호의 기관 또는 단체를 말한다.
　1. 「고등교육법」 제2조 각 호의 학교
　2. 「공직자윤리법 시행령」 제3조의2제2항에 따라 인사혁신처장이 관보에 고시한 공직유관단체(같은 조 제3항에 따라 공직유관단체에서 제외된 것으로 보는 기관 및 단체는 제외한다)
② 법 제26조의2제1항에 따라 아동학대 예방교육을 실시하여야 하는 기관 또는 단체의 장은 교육내용에 다음 각 호의 사항을 포함하여 매년 1시간 이상 아동학대 예방교육을 실시하여야 한다. 이 경우 교육은 집합 교육 또는 인터넷 강의 등의 방법으로 실시할 수 있다.
　1. 아동학대 예방에 관한 법령
　2. 아동학대의 주요 사례
　3. 아동학대 발견 시의 신고방법
③ 법 제26조의2제2항에서 "대통령령으로 정하는 교육기관"이란 다음 각 호의 기관을 말한다.
　1. 「한국보건복지인력개발원법」에 따른 한국보건복지인력개발원
　2. 국가나 지방자치단체가 설치·운영하는 아동복지 관련 기관
　3. 「사회복지사업법」 제2조제3호에 따른 사회복지법인으로서 정관이나 규약 등에서 아동학대 예방·방지 및 피해자 보호를 사업 내용으로 하고 있는 비영리법인 중 보건복지부장관이 아동학대 예방교육을 실시할 수 있다고 인정하여 고시하는 기관
④ 보건복지부장관은 필요한 경우 법 제45조에 따른 중앙아동보호전문기관(이하 "중앙아동보호전문기관"이라 한다), 아동복지에 관한 인적·물적 자원을 갖춘 연구기관·법인 또는 단체에 법 제26조의2제3항에 따른 교육 프로그램 개발을 의뢰할 수 있다.
[본조신설 2018. 4. 24.]
[종전 제26조의2는 제26조의3으로 이동 <2018. 4. 24.>]

제27조(아동복지시설 및 아동용품의 안전기준) 법 제30조에 따른 아동복지시설의 안전기준은 별표 4와 같고, 아동용품의 안전기준은 별표 5와 같다. <개정 2018. 3. 6.>

[별표 4] <개정 2018. 3. 6.> 아동복지시설의 안전기준(제27조 관련)
1. 주요 시설물은 피난시설 및 화재방지시설을 갖추어야 한다.
2. 다치거나 병든 사람에 대한 응급조치를 할 수 있는 비상약품, 구호설비·기구 등을 갖추어야 한다.
3. 위험한 장소에는 위험표지물 등 안내문을 설치하여야 한다.
4. 안전사고나 응급환자 발생 등에 대비하여 긴급수송대책을 마련하여야 한다.
5. 비상시의 대피경로를 잘 볼 수 있는 장소에 안내문을 게시하여야 한다.
6. 아동복지시설 종사자에 대하여 정기적으로 안전교육을 하여야 한다.
7. 사고 발생 후에는 사고 발생 요인을 분석하여 이에 대한 시정조치계획 등 재발 방지대책을 마련하여야 한다.

CHAPTER 10

[별표 5] <개정 2018. 3. 6.> 아동용품의 안전기준(제27조 관련)

구분	안전기준
1. 아동을 위한 제품	가. 제품의 성분·함량·구조 등에 대한 정보를 제공하여야 한다. 나. 제품 사용 적정 연령을 표시하여야 하며, 연령에 따른 주의사항을 명확하게 표시하여야 한다. 다. 제품의 사용 방법 및 안전사고와 관련된 정보를 제공하여야 한다. 라. 그 밖에 위해(危害) 방지를 위하여 필요한 사항을 표시하여야 한다.
2. 아동이 이용하는 놀이시설물	가. 놀이시설물의 어떠한 부분에도 아동의 살을 베거나 찌를 수 있는 날카로운 부분, 모서리, 뾰족한 부분이 없도록 하여야 한다. 나. 놀이시설물의 돌출 부분인 볼트와 너트는 위로 튀어나오지 않도록 하여야 하며, 볼트와 너트가 위를 향하고 있는 경우에는 그 높이가 3.2밀리미터를 넘지 않도록 하여야 한다. 다. 아동이 추락할 가능성이 있는 놀이시설물 아래와 주변의 공간(안전지대)은 충격을 흡수할 수 있도록 하여야 하며, 아동이 걸려 넘어지거나 부딪칠 수 있는 방해물이 없도록 하여야 한다. 라. 움직이는 부분들이 서로 맞물리는 놀이시설물의 경우 아동의 신체 일부분이 끼지 않도록 그 맞물림의 형태 및 힘을 점검하여야 한다. 마. 놀이시설물에 구멍이나 틈이 있는 경우 주의 깊게 디자인하여 아동의 몸이 빠지거나 끼는 사고가 없도록 하여야 한다. 바. 놀이시설물 사이에 연결되거나 바닥과 놀이시설물에 45° 이내로 연결된 줄은 아동이 많이 다니는 곳에 설치하지 말아야 한다. 사. 놀이시설물은 안전하게 설치하여야 하며, 제조업자의 취급설명서에 따라 설치하여야 한다. 아. 안전사고 예방을 위하여 관리인은 각 놀이시설물에 대한 적절한 점검 일정을 세우고 이를 지켜야 하며, 안전관리를 위하여 한 모든 행위는 기록으로 보관하여야 한다.

제28조(아동의 안전에 대한 교육) ① 아동복지시설의 장, 「영유아보육법」에 따른 어린이집의 원장, 「유아교육법」에 따른 유치원의 원장 및 「초·중등교육법」에 따른 학교의 장은 법 제31조제1항에 따라 교육계획을 수립하여 교육을 실시할 때에는 별표 6의 교육기준에 따라야 한다. <개정 2018. 3. 6.>

② 법 제31조제2항 및 제3항에 따라 아동복지시설의 장 및 「영유아보육법」에 따른 어린이집의 원장은 시장·군수·구청장에게, 「유아교육법」에 따른 유치원의 원장 및 「초·중등교육법」 제2조에 따른 학교의 장은 교육감에게, 각각 교육계획 및 교육실시 결과를 매년 3월 31일까지 보고하여야 한다. <개정 2014. 9. 26.>

③ 아동복지시설의 장은 그 아동복지시설에 입소한 아동 중 「영유아보육법」에 따른 어린이집, 「유아교육법」에 따른 유치원 또는 「초·중등교육법」에 따른 학교에서 실시하는 법 제31조제1항 각 호의 사항에 관한 교육을 받은 아동에 대해서는 법 제31조제1항에 따른 교육을 실시하지 아니할 수 있다.

[별표 6] <개정 2018. 3. 6.> 교육기준(제28조제1항 관련)

구분	성폭력 및 아동학대 예방 교육	실종·유괴의 예방·방지 교육	감염병 및 약물의 오용·남용 예방 등 보건위생관리 교육	재난대비 안전 교육	교통안전 교육
실시 주기 (총 시간)	6개월에 1회 이상 (연간 8시간 이상)	3개월에 1회 이상 (연간 10시간 이상)	3개월에 1회 이상 (연간 10시간 이상)	6개월에 1회 이상 (연간 6시간 이상)	2개월에 1회 이상 (연간 10시간 이상)

교육내용	초등학교 취학 전	1. 내 몸의 소중함 2. 내 몸의 정확한 명칭 3. 좋은 느낌과 싫은 느낌 4. 성폭력 예방법과 대처법	1. 길을 잃을 수 있는 상황 이해하기 2. 미아 및 유괴 발생 시 대처방법 3. 유괴범에 대한 개념 4. 유인·유괴 행동에 대한 이해 및 유괴 예방법	1. 감염병 예방을 위한 개인위생 실천 습관 2. 예방접종의 이해 3. 몸에 해로운 약물 위험성 알기 4. 생활 주변의 해로운 약품·화학제품 그림으로 구별하기 5. 모르면 먼저 어른에게 물어보기 6. 가정용 화학제품 만지거나 먹지 않기 7. 어린이 약도 함부로 많이 먹지 않기	1. 화재의 원인과 예방법 2. 뜨거운 물건 이해하기 3. 옷에 불이 붙었을 때 대처법 4. 화재 시 대처법 5. 자연재난의 개념과 안전한 행동 알기	1. 차도, 보도 및 신호등의 의미 알기 2. 안전한 도로 횡단법 3. 안전한 통학버스 이용법 4. 날씨와 보행안전 5. 어른과 손잡고 걷기
	초등학교	1. 성폭력을 포함한 아동학대 개념 2. 성폭력의 위험 상황 3. 성폭력 예방법과 대처법 4. 나와 타인의 권리 인식	1. 길을 잃을 수 있는 상황 이해하기 2. 유괴범에 대한 개념 3. 유인전략 및 위험 상황 알기 4. 유괴사고 발생 시 대처법 및 예방법 5. 유괴·유인 상황 목격 시 신고 요령	1. 감염병 예방을 위한 개인위생 실천 습관 2. 예방접종의 이해 3. 약물·화학제품의 필요성과 위험성 이해하기 4. 중독·오용·남용의 개념 알기 5. 중독사고의 대처법과 예방법 6. 약물·화학제품 오용·남용의 원인 알기 7. 오용·남용의 대처법과 예방법 8. 올바른 약물·화학제품 사용법	1. 화재의 원인과 예방법 2. 화재 시 대처법 3. 화재 신고 요령 4. 화상 대처법 5. 소화기 사용법 6. 자연재난의 개념과 안전한 행동 알기	1. 안전한 통학로 알기 2. 상황에 따른 안전한 보행법 3. 바퀴 달린 탈것의 안전한 이용법 4. 교통수단의 안전한 이용법 5. 교통법규 이해하기

중·고등학교	1. 학대 및 성폭력의 개념 2. 위험상황에 따른 대처법 및 예방법 3. 학대·성폭력 범죄 신고 요령 4. 나와 타인의 권리 존중하기	1. 유인전략 및 위험상황 알기 2. 유괴사고 발생 시 대처법 및 예방법 3. 유괴·유인 상황 목격 시 신고 요령 4. 가출예방 관련 교육	1. 감염병 예방을 위한 개인위생 실천 습관 2. 예방접종의 이해 3. 항정신성 물질에 대한 위험성·피해 알기 4. 중독성 물질에 대한 위험성·피해 알기 5. 항정신성 의약품의 피해와 법적 처벌규정 6. 약물·화학제품 오용·남용의 원인 알기 7. 오용·남용의 대처법과 예방법 8. 올바른 약물·화학제품 사용법	1. 화재의 원인과 예방법 2. 화재 시 대처법 3. 소방기구 사용법 4. 자연재난, 인적 재난 발생 시 행동방법 5. 재난안내시스템 활용법	1. 자전거의 안전한 이용과 점검 2. 이륜차와 자동차의 물리적 특성 3. 인간 능력의 한계와 위험 예측 4. 교통법규와 사회적 책임 5. 교통사고와 방지 대책
교육 방법	1. 전문가 또는 담당자 강의 2. 장소·상황별 역할극 실시 3. 시청각 교육 4. 사례 분석	1. 전문가 또는 담당자 강의 2. 장소·상황별 역할극 실시 3. 시청각 교육 4. 사례 분석	1. 전문가 또는 담당자 강의 2. 시청각 교육 3. 사례 분석	1. 전문가 또는 담당자 강의 2. 시청각 교육 3. 실습교육 또는 현장학습 4. 사례 분석	1. 전문가 또는 담당자 강의 2. 시청각 교육 3. 실습교육 또는 현장학습 4. 일상생활을 통한 반복 지도 및 부모 교육

제29조(아동보호구역의 지정) ① 법 제32조제1항제1호에 따른 도시공원의 관리자(「도시공원 및 녹지 등에 관한 법률」 제20조제1항에 따라 도시공원을 위탁받아 관리하는 자 또는 같은 법 제21조제1항에 따라 도시공원을 관리하는 자를 말한다) 또는 법 제32조제1항제2호부터 제4호까지의 시설의 장은 법 제32조제1항에 따라 해당 도시공원 또는 시설을 관할하는 특별자치도지사·시장·군수·구청장에게 보건복지부령으로 정하는 바에 따라 아동보호구역 지정을 신청할 수 있다.

② 법 제32조제1항에 따라 법 제32조제1항제1호에 따른 도시공원의 관리자(「도시공원 및 녹지 등에 관한 법률」 제20조제1항에 따른 공원관리청을 말한다. 이하 이 항에서 "공원관리청"이라 한다)는 다음 각 호의 구분에 따라 아동보호구역 지정을 요청하거나 아동보호구역을 직접 지정할 수 있다.

  1. 공원관리청이 특별시장·광역시장인 경우: 시장·군수·구청장에게 아동보호구역의 지정 요청
  2. 공원관리청이 특별자치도지사·시장·군수인 경우: 아동보호구역 직접 지정

③ 특별자치도지사·시장·군수·구청장은 제1항에 따른 지정 신청을 받은 경우 또는 제2항에 따른 지정 요청을 받

거나 직접 지정을 하려는 경우에는 해당 시설과 그 주변구역에 관한 다음 각 호의 사항을 조사하여야 한다.
1. 해당 시설 주변구역 내의 연간 아동범죄 발생 현황
2. 해당 시설을 통학하거나 이용하는 아동 수
3. 해당 시설의 주변구역이 범죄 발생 우려가 높은지 여부

④ 특별자치도지사·시장·군수·구청장은 제3항에 따른 조사 결과 아동보호구역으로 지정하는 것이 필요하다고 인정되면 다음 각 호의 구분에 따라 아동보호구역을 지정한다.
1. 법 제32조제1항제1호의 도시공원: 도시공원의 출입문을 중심으로 반경 500미터 이내의 일정 구역
2. 법 제32조제1항제2호부터 제4호까지의 시설: 해당 시설 부지의 외곽 경계선으로부터 반경 500미터 이내의 일정 구역

⑤ 특별자치도지사·시장·군수·구청장은 제3항 및 제4항에 따른 조사와 아동보호구역의 지정에 관하여 관할 경찰서장과 협의하여야 하며, 관계 기관의 장에게 조사 및 아동보호구역의 지정을 위하여 필요한 자료를 요청할 수 있다.

⑥ 특별자치도지사·시장·군수·구청장은 제4항에 따라 아동보호구역을 지정한 경우에는 해당 아동보호구역을 특별자치도·시·군·구의 인터넷 홈페이지 및 게시판 등을 통하여 공고하여야 하며, 제1항에 따른 신청인에게 그 내용을 알려야 한다.

제30조(영상정보처리기기의 설치 및 관리 등) ① 법 제32조제1항에 따라 특별자치도지사·시장·군수·구청장은 예산의 범위에서 제29조제4항에 따라 지정된 아동보호구역에 영상정보처리기기를 설치하여야 한다. <개정 2013. 1. 22.>
② 특별자치도지사·시장·군수·구청장은 영상정보처리기기를 고장·노후화 등의 이유로 교체·수리하거나 영상정보처리기기의 설치 장소를 변경할 필요가 있는 경우에는 지체 없이 그에 필요한 조치를 하여야 한다. <개정 2013. 1. 22.>
③ 제29조제4항에 따라 지정된 아동보호구역을 관할하는 경찰서장은 아동에 대한 범죄 예방 및 수사를 위하여 해당 아동보호구역에 설치된 영상정보처리기기의 화상정보를 적극 활용하여야 한다. <개정 2013. 1. 22.>
[제목개정 2013. 1. 22.]

제32조(아동안전 보호인력의 업무범위) 법 제33조제1항에 따른 아동안전 보호인력의 업무범위는 다음 각 호와 같다.
1. 순찰활동 및 아동지도
2. 위험에 처한 아동에 대한 일시적 보호 및 안전사고 예방을 위한 임시 조치
3. 그 밖에 실종 및 유괴 등 아동에 대한 범죄의 예방을 위하여 필요한 조치

제36조(급식지원) ① 보건복지부장관, 시·도지사 및 시장·군수·구청장은 법 제35조제4항 단서에 따라 「국민기초생활 보장법」 제2조제2호에 따른 수급자나 「한부모가족지원법」 제5조에 따른 보호대상자인 아동 등 저소득층에 해당하는 아동 중에서 결식 우려가 있는 아동을 대상으로 급식지원을 하여야 한다.
② 제1항에 따라 급식지원을 받으려는 아동이나 그 가족 또는 아동 업무를 담당하는 공무원 등은 보건복지부장관, 시·도지사 또는 시장·군수·구청장에게 급식지원을 신청할 수 있다.
③ 제2항에 따른 신청을 받은 보건복지부장관, 시·도지사 또는 시장·군수·구청장은 해당 아동이 제1항에 따른 급식지원 대상 아동에 해당하는지를 확인하여 급식지원 대상자 포함 여부를 결정하여야 하며, 그 결과를 신청인에게 알려야 한다.
④ 제3항에 따라 급식지원 대상자에 해당하지 아니한다는 결과를 통보받은 신청인은 보건복지부장관, 시·도지사 또는 시장·군수·구청장에게 이의를 신청할 수 있다.
⑤ 제1항부터 제4항까지에서 규정한 사항 외에 급식지원의 대상 및 기준 등에 관하여 필요한 사항은 해당 지방자치단체의 조례로 정한다.

CHAPTER 10

제37조(취약계층 아동에 대한 통합서비스지원 등) ① 보건복지부장관, 시·도지사 및 시장·군수·구청장은 법 제37조제1항에 따라 다음 각 호에 해당하는 가정 중에서 보건복지부장관이 아동의 발달수준 및 양육 환경 등을 고려하여 정하는 기준에 따라 통합서비스지원 대상을 선정한다.
  1. 「국민기초생활 보장법」에 따른 수급자 또는 차상위계층 가정
  2. 그 밖에 보건복지부장관이 정하는 아동의 성장 및 복지 여건이 취약한 가정
② 법 제37조제1항에 따른 통합서비스의 내용은 다음 각 호와 같다.
  1. 건강검진 및 질병예방교육 등 건강증진을 위한 서비스
  2. 아동의 기초학습 및 사회성·정서 발달 교육 지원
  3. 부모의 양육 지도
  4. 그 밖에 아동의 성장과 발달을 도모하기 위하여 필요한 서비스
③ 보건복지부장관, 시·도지사 및 시장·군수·구청장은 법 제37조제2항에 따라 통합서비스지원 업무를 수행하기 위한 통합서비스지원기관을 설치·운영하여야 한다. 이 경우 통합서비스지원기관에는 보건복지부장관이 정하는 바에 따라 공무원과 민간 전문인력을 배치하여야 한다.
④ 보건복지부장관은 제3항에 따른 통합서비스지원기관별로 매년 다음 각 호의 사항을 점검·평가하고, 성과가 미흡한 기관에 대해서는 그 개선을 지원하며, 성과가 우수한 기관에 대해서는 포상을 할 수 있다. <신설 2018. 3. 6.>
  1. 통합서비스지원기관의 조직·인력·시설 및 운영체계
  2. 통합서비스지원에 관한 계획·실시·사후관리의 전문성 및 효율성
  3. 지역 인프라의 활용
  4. 그 밖에 보건복지부장관이 점검·평가를 위하여 필요하다고 인정하여 정하는 사항
[제목개정 2018. 3. 6.]

- **아동복지법 시행규칙[시행 2019. 1. 1][보건복지부령 제606호, 2018. 12. 28, 타법개정]**

제2조(위탁가정의 기준) 「아동복지법」(이하 "법"이라 한다) 제3조제6호에서 "보건복지부령으로 정하는 기준"이란 다음 각 호의 기준을 말한다.
  1. 위탁된 보호대상아동(이하 "위탁아동"이라 한다)을 양육하기에 적합한 수준의 소득이 있을 것
  2. 위탁아동에 대하여 종교의 자유를 인정하고 건전한 사회 구성원으로 자랄 수 있도록 양육과 교육을 할 수 있을 것
  3. 가정위탁보호를 하려는 사람은 25세 이상(부부인 경우에는 부부 모두 25세 이상)으로서 위탁아동과의 나이 차이가 60세 미만일 것. 다만, 특별시장·광역시장·도지사·특별자치도지사(이하 "시·도지사"라 한다) 또는 시장·군수·구청장(자치구의 구청장을 말한다. 이하 같다)이 위탁아동을 건전하게 양육하기에 위탁가정의 환경이 적합하다고 인정하는 경우에는 그러하지 아니하다.
  4. 자녀가 없거나 자녀(18세 이상인 자녀는 제외한다)의 수가 위탁아동을 포함하여 4명 이내일 것
  5. 가정에 성범죄, 가정폭력, 아동학대, 정신질환 등의 전력이 있는 사람이 없을 것
  6. 그 밖에 보건복지부장관이 필요하다고 인정하는 기준

제3조(아동종합실태조사의 내용 및 방법 등) ① 법 제11조제1항에 따라 보건복지부장관은 전국 단위로 아동 및 그 가구 등을 대상으로 아동종합실태조사(이하 "실태조사"라 한다)를 실시한다.
② 보건복지부장관은 실태조사를 아동에 관한 전문인력 및 장비를 갖춘 연구기관, 법인 또는 단체에 의뢰하여 실시할 수 있다.
③ 실태조사에는 다음 각 호의 사항이 포함되어야 한다.

1. 소득·재산 등 경제 상태 및 가구 구성 등 아동의 가구 환경에 관한 사항
2. 아동의 신체적·정신적 건강 및 아동의 언어·인지·정서·사회적 발달에 관한 사항
3. 아동 양육실태 및 가족관계에 관한 사항
4. 정부 또는 민간에서 제공하는 아동복지서비스 이용 현황 및 이용 욕구에 관한 사항
5. 아동안전, 아동학대, 빈곤아동 등 아동의 권리 및 인권에 관한 사항
6. 그 밖에 보건복지부장관이 필요하다고 인정하는 사항

④ 보건복지부장관은 법 제11조제1항 단서에 따라 정책수요 등을 반영하여 아동학대, 빈곤아동 등 특정 영역 또는 계층에 대한 분야별 실태조사를 할 수 있다.

⑤ 보건복지부장관은 사회환경의 급격한 변동 등으로 추가적인 조사가 필요한 경우에는 실태조사 외에 임시조사를 실시하여 실태조사를 보완할 수 있다.

제27조(아동전용시설의 설치기준 등) ① 법 제53조제1항에 따른 아동전용시설은 아동의 선호도 및 지역적 입지여건을 고려하여 안전하게 설치되어야 한다.

② 법 제53조제3항에 따른 아동전용시설의 설치기준은 「도시공원 및 녹지 등에 관한 법률」, 「체육시설의 설치·이용에 관한 법률」, 「공연법」 및 「청소년기본법」 등 관계 법령에서 정하는 바에 따른다.

③ 보건복지부장관은 제2항에 따른 설치기준 외에 아동의 안전사고 예방 및 편의증진을 위하여 필요한 경우 그에 관한 설치기준을 정하여 고시할 수 있다.

• 아동학대범죄의 처벌 등에 관한 특례법 시행령[시행 2014.9.29.][대통령령 제25620호, 2014.9.24., 제정]

제2조((피해아동 (보호)의 원칙)) 검사, 사법경찰관리, 보호관찰관, 「아동복지법」 제45조에 따른 (아동보호전문기관)(이하 "아동보호전문기관"이라 한다)의 장과 그 직원 등은 「아동학대범죄의 처벌 등에 관한 특례법」(이하 "법"이라 한다)에 따른 처분 또는 청구 등을 할 경우에는 피해아동의 (안전)과 (보호)를 우선적으로 고려하여야 한다.

제5조(피해아동의 의견 청취 등) ① (아동보호전문기관)의 직원이나 사법경찰관리는 피해아동이 법 제12조에 따른 (응급조치) 또는 법 제47조에 따른 피해아동보호명령 등에 따라 보호시설, 의료기관 또는 아동복지시설 등에 인도 또는 위탁된 경우에는 주기적으로 피해아동을 방문하여 (보호자)와의 의사소통을 중개하거나 피해아동의 상황 등에 관한 의견을 청취할 수 있다. 다만, (보호자)와의 의사소통 중개는 피해아동이 원하는 경우에만 할 수 있다.

② (아동보호전문기관)의 직원이나 사법경찰관리는 제1항에 따라 의사소통을 중개하거나 의견을 청취할 때 피해아동이 편안한 상태에서 말할 수 있는 환경을 조성하도록 노력하여야 한다.

제7조(민감정보 및 고유식별정보의 처리) ① 법무부장관 등 관계 행정기관의 장, 검사, 보호관찰소의 장, 교정시설의 장, 사법경찰관리, 보호관찰관, 아동복지전담기관·아동복지시설의 장과 그 종사자, 수탁기관의 장과 그 직원은 다음 각 호의 사무를 수행하기 위하여 불가피한 경우 「개인정보 보호법」 제23조에 따른 건강 및 성생활에 관한 정보, 같은 법 시행령 제18조제1호 및 제2호에 따른 (유전)정보와 범죄경력자료에 해당하는 정보 및 같은 영 제19조에 따른 (주민등록번호), 여권번호, 운전면허의 면허번호 또는 외국인등록번호가 포함된 자료를 처리할 수 있다.

② 수사기관, 아동보호전문기관의 장과 그 종사자, 신고의무자는 법 제10조에 따른 신고 등에 관한 사무를 수행하기 위하여 불가피한 경우 「개인정보 보호법」 제23조에 따른 건강에 관한 정보 및 같은 법 시행령 제19조에 따른 (주민등록번호), 여권번호, 운전면허의 면허번호 또는 외국인등록번호가 포함된 자료를 처리할 수 있다.

④ 다음 각 호의 자는 해당 업무와 그에 부수되는 업무를 수행하기 위하여 불가피한 경우 제3항에 따른 개인정보가 포함된 자료를 처리할 수 있다.

CHAPTER 10

> 1. 법 제16조에 따라 준용되는 「성폭력범죄의 처벌 등에 관한 특례법」 제27조에 따른 피해아동의 변호사: 피해아동에 대한 법률적 지원 업무
> 2. 법 제17조에 따라 준용되는 「성폭력범죄의 처벌 등에 관한 특례법」 제35조에 따른 진술조력인: 피해아동에 대한 의사소통 중개나 보조 업무
> 3. 법 제48조에 따른 보조인 또는 법 제49조에 따른 국선보조인: 피해아동을 위한 절차행위

3) 아동학대의 합격기출

- 유치원 교사는 유아가 성폭력을 당한 사실을 알게 되었을 때, (①   )법에 따라 의무적으로 즉시 (②   ) 또는 (③   )에 신고한다.

04 카두신(Kadushin)의 아동복지 서비스의 유형

1) 카두신의 아동복지 서비스 유형의 합격단어
2) 카두신의 아동복지 서비스 유형의 합격내용
3) 카두신의 아동복지 서비스 유형의 합격기출

1) 카두신의 아동복지 서비스 유형의 합격단어

- 아동복지, 아동복지 서비스, 지지적 서비스(=지원적 서비스), 보완적 서비스(=보충적 서비스), 대리적 서비스(=대리적 서비스), 지지적 서비스의 종류(개별지도서비스 : 아동상담, 학대 및 방임아동보호, 미혼부모상담 등 / 집단서비스 프로그램 : 가정교육 프로그램, 집단상담 프로그램 등 / 지역사회 프로그램 : 가정상담소, 집단활동기관, 미혼부모기관 등 사회복지기관과 아동상담소), 보완적 서비스의 종류(보육 사업, 소득유지사업, 가정조성사업, 강제보호서비스 등), 대리적 서비스의 유형(가정위탁보호사업, 입양, 시설보호 등)

2) 카두신의 아동복지 서비스 유형의 합격내용

구분	내용
지지적 서비스 (지원적 서비스)	• 가족구성원인 부모와 자녀가 각자의 책임을 효율적으로 수행할 수 있도록 그들의 능력을 지원하고 강화시켜 주는 서비스를 의미한다. • 지지적 서비스는 아동이 가정에서 생활하면서 받을 수 있는 서비스로서, 아동복지기관은 부모와 아동이 자신들의 역할을 제대로 수행할 수 있도록 원조하는데 국한된다. • 아동문제를 예방하기 위한 1차 방어선으로 아동을 가정에 머물게 하면서 부모와의 좋은 관계를 계속 유지할 수 있도록 상담 등의 서비스를 통해서 가족들의 기능을 강화시키고 부모-자녀 간의 긴장을 완화시켜 주기 위한 서비스이다. • 서비스가 바로 주어지지 않으면 가족 내에 균열이 일어나 이혼, 별거, 유기 등의 문제가 일어날 수 있다. • 지지적 서비스는 부모와 자녀들이 더 많은 만족감을 갖고 갈등을 최소화하여 원만한 관계를 유지하면서 생활할 수 있도록 변화시키며, 결국 가족구성원의 사회적 기능수행을 향상시켜 가족해체의 위험성을 감소시키는 것을 목적으로 할 수 있다. • 지지적 서비스의 종류로는 일반적으로 개별지도서비스와 가족상담 및 가족치료, 집단서비스, 그리고 지역사회 정신건강 상담 등 지역사회 프로그램 등이 있다. - 개별지도서비스 : 개별적인 면접을 통하여 서비스를 제공하며, 가족이 직면하고 있는 사회적·정서적 압력을 감소시켜 주고 그들이 만족스러운 사회적 기능을 하도록 능력을 향상시켜 주는 것으로 아동상담, 학대 및 방임 아동보호, 미혼부모상담 등이 있다. - 집단서비스 프로그램 : 가정교육 프로그램과 집단상담 프로그램 등이 있다. - 지역사회 프로그램 : 가정상담소, 집단활동기관, 미혼부모기관 등 사회복지기관과 아동상담소에서의 제공 등을 통해서 이루어지는데, 아동상담소는 아동에 대한 서비스를 제공함으로써 문제해결을 시도한다.
보완적 서비스	• 아동문제에 대처하기 위한 2차 방어선으로 가정 및 가족의 형태는 그대로 있으나 부모의 역할이 매우 부적절하므로 가정 외부에서 지원해 줌으로써 부모의 역할을 대행하거나 도와주는 것이다.

CHAPTER 10

(보충적 서비스)	• 보완적 서비스의 종류에는 보육 사업, 소득유지사업, 가정조성사업, 강제보호서비스 등이 있다. - 어린이가 그의 가정에서 정상적인 양육을 받기 어려운 경우에 하루 중의 일정한 시간 동안 타인에 의해 주어지는 보호를 의미하는 보육 사업이 있다. - 공공부조 및 사회보험이 중심이 되는 경제적 지원책의 하나인 소득유지사업과 가정이 위기에 직면했을 때 그 가사 전반을 돌보게 하여 건전한 가족생활의 유지와 창조에 기여하는 가정조성사업 등이 있다. - 유기와 학대받는 아동을 위하여 특수한 도움을 제공하는 강제보호서비스가 있다.
대리적 서비스 (대체적 서비스)	• 대리적 서비스는 부모와 자녀 및 가족관계가 일시적 혹은 영구히 해체된 정도의 상황이 발생한 경우 개입하는 아동보호 수단이다. • 아동문제에 대한 3차 방어선으로 부모-자녀 관계가 임시적 또는 영구적으로 해체되었을 때 아동을 다른 가정이나 시설에 있게 함으로써 아동을 보호하는 것이다. • 대리적 서비스의 유형에는 대표적인 서비스로 가정위탁보호사업, 입양, 시설보호 등이 있다. - 가정위탁보호사업은 부모의 이혼, 사망, 아동유기 등으로 가정이 파괴된 경우 혹은 아동이 가정환경에서 정상적으로 성장하는데 문제를 가지고 있는 경우 일정한 기간 동안 대리적으로 가정적 보호를 받는 것이다. - 입양은 자기 아이가 아닌 다른 아동과 법적·사회적 과정을 통해 영원한 부모-자녀 관계를 맺어 양육·보호하는 것이다. - 시설보호는 아동의 부모가 그 자녀를 양육할 의사나 충분한 능력이 없을 때 혈연관계가 없는 타인이 부모역할을 대리하여 일정한 시설에서 일시적 또는 장기적으로 집단 보호하는 사업이다. 시설보호의 대상은 장애아동, 비행아 등 요보호문제를 가진 아동 중 사정상 가정 내에서 욕구를 만족시킬 수 없거나 위탁보호도 불가능한 경우에 이루어진다.

3) 카두신의 아동복지 서비스 유형의 합격기출

(1) 카두신의 아동복지 서비스의 유형

- (①   )는 부모와 아동의 능력을 지원하고 강화시켜 주는 서비스를 의미한다.
- (②   )는 가정 내 부모역할의 일부를 보조·보충해 주는 서비스를 의미한다.
- (③   )는 정상적 가정을 유지하기 어려울 때, 부모 양육을 일시적 혹은 영구적으로 대리해 주는 서비스를 의미한다.

(2) 관련 우리나라 아동복지 정책

- (④   )사업은 어려운 환경과 여건에 있는 아동들이 교육의 기회, 과정, 결과에서 나타내는 주요 취약성을 보완해 주기 위한 교육, 문화, 복지 등의 통합지원체제구축사업이다.
- (⑤   )사업의 해당 학교는 이 사업의 초점 대상이 되는 집중지원학생을 지원하기 위하여 전담부서를 두고, (⑥   )위원회를 구성하여 운영한다.
- (⑦   )사업의 예로는 카두신의 아동복지 유형 중 (⑧   )와 (⑨   )에 해당하는 학업성취도 향상을 위한 수준별 맞춤형 프로그램과 대학생 멘토링 프로그램, 자격증 취득을 통해 진로개발을 도모하는 진로 멘토링 프로그램, 학교 적응력 향상과 학교 만족도 증진을 위한 사제동행 프로그램이 있고, 방과후 보육 및 교육이 필요한 유아와 아동들을 위한 방과후 교실 프로그램 등이 있다.

아동복지 합격기출 정답

01 국제연합(UN) 아동권리협약

정답

①	②	③	④	⑤
아동권리협약	아동권리협약	최우선	의사존중	참여
⑥	⑦	⑧	⑨	⑩
무차별	생존	보호	발달보장	무차별
⑪	⑫	⑬		
생존	보호	발달보장		

02 우리나라 아동권리 선언

정답

①	②	③	④	⑤
대한민국 어린이 헌장	존엄성	놀이	보호	차별
⑥	⑦			
존엄성	존중			

03 아동학대

정답

①	②	③
• 아동복지(2012년) • 아동학대범죄의 처벌 등에 관한 특례(현재)	아동보호전문기관	수사기관

04 카두신(Kadushin)의 아동복지 서비스의 유형

정답

①	②	③	④	⑤
지지적 서비스 (=지원적 서비스)	보완적 서비스 (=보충적 서비스)	대리적 서비스 (=대체적 서비스)	교육복지우선지원사업	교육복지우선지원사업
⑥	⑦	⑧	⑨	*⑧⑨ - 정답 순서 무관
교육복지위원회	교육복지우선지원사업	지지적 서비스	보완적 서비스	

합격다짐

CHAPTER 11

유아교육과 교사 합격비계

I. 유아교육과 교사 합격목차
II. 유아교육과 교사 합격내용

Ⅰ. 유아교육과 교사 합격목차

1. 교사 발달
2. 교사의 반성적 사고
3. 교사의 실천적 지식
4. 원내 자율 장학
5. 자기장학
6. 동료장학
7. 수업장학
8. 멘토링
9. 컨설팅 장학
10. 교사의 자질과 의무
11. 교사의 역할
12. 교사의 신념
13. 유아를 위한 교수-학습의 원리

II. 유아교육과 교사 합격내용

01 교사 발달

1) 교사 발달의 합격단어
2) 교사 발달의 합격내용
3) 교사 발달의 합격기출

1) 교사 발달의 합격단어

- 교사 발달 단계 모형(직선적·순환적 모형, 순환적·역동적 모형), 캐츠(L. Katz)의 교사 발달 단계(생존기, 강화기, 갱신기, 성숙기), 풀러(F. Fuller)와 보온(O. Bown)의 교사 관심사 단계(교직 이전 관심사 단계, 생존에 대한 초기 관심사 단계, 교수 상황 관심사 단계, 학생에 대한 관심사 단계), 버크(P. Berke)와 크리스텐슨(J. Christensen) 및 훼슬러(R. Fessler)의 교사 발달 순환 모델(교직준비기, 입문기, 유능감 형성기, 열중과 성장기, 좌절기, 정체기), 하그리브스와 풀란의 교사발달에 대한 관점(지식과 기술 발달로서의 교사 발달, 자기 이해로서의 교사 발달, 생태학적 변화로서의 교사 발달), Huberman의 복합주기이론(생존 단계 및 발견 단계, 안정화 단계, 실험주의 및 행동주의 단계, 회의 및 자기의심 단계, 평온 단계, 보수주의 단계, 이탈 단계), Staffey와 Wolfe의 교사의 생애 순환적 발달모형(초보단계, 견습 단계, 전문성 형성 단계, 숙련 단계, 수훈 단계, 명예교사 단계)

2) 교사 발달의 합격내용

구분	내용
교사 발달 단계 모형	• 직선적·순환적 모형은 교사의 발달이 경력이나 관심사 또는 연령에 따라 이루어지는 것으로 보고, 발달은 한 단계에서 다음 단계로 이동하며, 높은 수준의 발달단계에 있는 교사는 질적으로 더 높은 수준의 발달을 이루고 있다고 가정한다(박명희, 박은혜, 1999). • 순환적·역동적 모형은 개별 교사의 변화·발달이 순차적으로 이루어지는 것이 아니라 교사의 개인적 영역과 조직적 영역의 환경적인 영향으로 인해 역동적, 불규칙적으로 또는 여러 방향으로 이루어질 수 있다는 것을 가정한다. 또한 상위단계가 하위단계보다 반드시 바람직하거나 가치 있다고 가정하지 않고 한 가지 이상의 복합적이고 역동적인 관점으로 보는 것이 특징이다(이윤식, 1999).
캐츠 (L. Katz)의 교사 발달 단계	• 생존 단계(생존기, 교직 입문~1년) - 교육현장에서 부딪히는 여러 가지 문제를 원활히 처리해 나갈 수 있을지에 대하여 관심을 보인다. 원장이나 선임교사 등의 지원은 물론 이해·격려·확신·위로와 같은 심리적 안정과 교수에 대한 통찰력과 같은 기술적 지원이 필요한 시기이다. • 강화 단계(강화기, 1~3년) - 교직에 대한 어느 정도의 안정감과 자신감이 있고, 지금까지 배운 것들을 확고히 하려고 하며, 다른 업무나 기술을 숙달하고, 개별적인 문제 유아와 상황에 관심을 갖기 시작한다. 전문가와의

	만남, 동료 및 상담자의 충고가 필요한 시기이다. • 갱신 단계(갱신기, 3~5년) - 무언가 새로운 것을 시도하려 하고, 다양한 프로그램에 관한 정보와 도움을 얻고자 노력한다. 갱신기의 교사들은 일에 지루함과 싫증을 느끼기 시작하여 매너리즘에 빠지게 될 가능성이 있다. 교사는 이 시기를 극복하기 위하여 새로운 아이디어와 교수기술, 교수자료 등 교수행위와 관련된 다양한 활동을 모색하고 시도하고자 한다. 다른 프로그램을 운영하는 동료 교사와의 만남, 각종 협회, 전문직 단체, 저널, 잡지, 시범 프로젝트 및 교사센터 방문과 같은 훈련이 필요한 시기이다. • 성숙 단계(성숙기, 5년 이후) - 교사는 자신을 인정하고, 자아 갱신을 위한 전략과 관습을 개발, 철학, 성장과 학습의 본질, 학교와 사회의 관계, 교직 등에 관한 문제에 대해 나름의 안목과 관점을 갖게 된다. 성숙기의 교사들은 자신의 장점과 단점을 인정하고 교사로서 높은 자신감을 가진다. 세미나, 교육기관, 학위 과정, 책, 저널 및 협의와 같은 훈련이 필요한 시기이다.
풀러 (F. Fuller)와 보온 (O. Bown)의 교사 관심사 단계	• 교직 이전 관심사 단계 - 막연하고 불안한 기대를 하는 시기, 예비교사의 상황으로, 교사보다는 학생에 대해 관심이 많다. • 생존에 대한 초기 관심사 단계 - 자아에 대한 관심 / 실제 교직을 경험하면서 이전의 학생에 대한 이상적인 관심사가 교사로서 자신의 생존에 대한 관심으로 변화 / 학급 통제·가르칠 내용의 숙달·장학사의 평가 등에 관심을 보이는 단계이다. • 교수 상황 관심사 단계 - 과제에 대한 관심 / 교수 상황에 대한 좌절과 한계를 느끼고, 많은 학생, 과다한 업무, 비용통제인 상황, 교수 자료의 부족과 같은 교수 환경적 요인과 교사 자신의 교수 수행에 관심을 보이게 되는 단계이다. • 학생에 대한 관심사 단계 - 학생과 교수 영향에 관한 관심 / 학생의 학습 및 사회 정서적인 요구, 학생에 대한 공정한 대우, 개별 학생에게 맞는 교육내용 구성, 학생에 대한 개인적 관계 등에 관심을 보이는 단계이다.
버크(P. Berke), 크리스텐슨 (J. Christensen) 과 훼슬러 (R. Fessler)의 교사 발달 순환 모델	• 교직 이전 단계(=교직 준비기) - 대학에서 교사가 되기 위해 교육받는 시기, 교사의 역할을 수행하기 위해서 준비하는 시기, 이미 교사가 된 경우에라도 대학원 등 상급학교에 진학하거나 주임교사나 원감, 원장 등 새로운 역할을 수행하기 위한 자격연수를 받는 경우도 해당함 • 교직 입문 단계(=입문기) - 교직입문 후 3년차까지 교사로서 생존하고자 노력하는 시기, 교사로 임용된 후 초기 몇 년 동안 교직 생활에 적응해 나가는 시기, 초임교사는 매일 직면하게 되는 과제들을 해결해 나가면서 학생, 동료교사, 부모의 인정을 받기 위해 노력하게 된다. • 능력구축 단계(=유능감 형성기) - 교수능력 향상을 위해서 노력하는 시기, 새로운 교수자료, 방법, 전략 등 교수행위와 관련된 기술증진에 집중하는 시기, 새로운 교구와 교수전략을 시도하며 새로운 아이디어를 얻고자 각종 워크숍이나 학술대회에 참여하며 대학원에 진학하기도 한다. 교직 생활이 주는 도전에 직면하여 더 나은 교사가 되기 위해서 노력을 아끼지 않는다. • 열중과 성장 단계 - 높은 수준의 유능감을 형성하였으나 계속 성장하기 위해서 도전하는 시기, 교직수행에 높은 수준의 만족도를 가지고, 전문가로서 계속적인 발전을 추구하는 시기, 교직에 대한 애정을 가지게 되고 학생들을 가르치는 것을 좋아한다. 이 단계에 있는 교사들의 특징은 교직에 대한 열정과 높은 만족도를 지닌다는 것이다. • 좌절 단계 - 교직에 대한 좌절감을 경험하는 시기, 교직에 대한 만족도가 사라지고 회의감을 경험하는 시기, 교직 수행에 좌절감을 느끼고, 직무만족도가 낮아지고 교직이직률이 높아지는 시기, 일반적으로는 교직 생활 중반에 접어들어서 이러한 느낌을 갖게 되지만 교직 초기에 좌절감을 경험하는 경우도 상당히 많다. • 안정과 침체 단계(=정체기) - 최소한의 교사 역할을 수행하고, 현실에 안주하려고 하는 시기, 의무적인 일은 수행하지만 새로운 일에 대해서는 수동적인 태도를 지니게 되는 시기, 교직 생활을 어느 정도 잘하고는 있지만 최고의 교사가 되기 위해서 크게 노력하지는 않으며 교사의 발달을 위해 계획된 재교육 프로그램에 참여하려고 하지 않거나 참여하더라도 수동적인 태도를 지니는 경향이 있다.

	• 교직 쇠퇴 단계 - 교직을 떠날 준비를 하는 시기, 은퇴를 준비하고, 은퇴를 긍정적 혹은 부정적으로 받아들이는 시기, 이 시기는 몇 주 혹은 몇 달 간의 짧은 기간이 될 수도 있고 수 년 간 지속될 수도 있다. • 교직 퇴직 단계 - 교사가 교직을 떠나는 시기, 휴직·은퇴·이직·대안을 찾는 시기, 수 년 간의 교직 생활을 마치고 퇴직한 경우뿐만 아니라 자녀양육을 위해서 잠깐 휴직을 하는 경우 혹은 이직을 위해서 일시적으로 퇴직한 경우도 이에 해당된다.
하그리브스(A. Hargreaves)와 풀란(M. Fullan)의 교사발달에 대한 관점	• 지식과 기술 발달로서의 교사 발달 - 교사의 효과적인 교수를 위하여 교사에게 교수학적 지식과 기술을 학습하고 향상시킬 수 있는 기회를 주어야 한다는 관점이다. • 자기 이해로서의 교사 발달 - 교사의 연령, 성, 생활방식, 발달단계, 특정한 관심과 욕구, 교직경력, 생애사 등의 개인적 측면은 교사 자신과 그의 교수 방식 등 교사의 전문성 발달에 중요한 영향을 미친다는 관점이다. • 생태학적 변화로서의 교사 발달 - 교사의 근무환경, 교수 상황 등의 생태학적 상황이 교사발달에 효과적인 영향을 줄 수 있다는 관점이다.
Huberman의 복합주기 이론	• 생존 단계 및 발견 단계(1~3년) - 교직입문 단계, 교직 경험이 없던 교사들이 교수활동의 복잡성과 우연성에 직면하면서 발생하는 현실에 대한 충격을 경험하는 단계, 교직을 맡게 됨으로써 열정적으로 무언가를 추구하고자 노력하는 양상을 보인다. • 안정화 단계(4~6년) - 헌신, 안정감, 책임 수행 등의 특징이 나타나는 시기, 영유아교사로서의 자아상을 갖추면서 역할 혼란이나 역할 불확실성을 극복하고 자신의 직업에 헌신하여 맡겨지는 일에 책임을 다한다. • 실험주의 및 행동주의 단계(7~18년) - 수업에 대한 지식을 점진적으로 통합하기 위해 동료 교사, 장학사 등의 영향을 증대시키려고 노력하는 시기, 수업에 관한 능력을 향상시키기 위해 다양한 교재를 준비하고 다양한 학습 집단을 구성하여 실천하려고 노력한다. 교육현장에서 교육을 실천할 때 여러 가지의 장애가 있기 때문에 새로운 도전과 자극을 준비해야 할 필요성을 느낀다. • 회의 및 자기의심 단계(7~18년) - 교사들이 교직에 대해 다양한 의식을 하면서 중견교사로서 직업적 위기의식을 느낀다. 교육개혁의지에 환멸을 느끼기도 하며 자신의 교직 생활에 대하여 재평가를 하는 시기 • 평온 단계(19~30년) - 교사들이 기계적으로 교직에 임하기도 하지만 학급에서 보다 유연하고 자기 수용적으로 변해간다. 힘과 정열의 감소는 자신감과 자기 수용감으로 보상된다. • 보수주의 단계(19~30년) - 문제해결력에 대한 분별력은 커지지만 개혁에 대해서는 저항감을 느낀다. 성적 불량, 동기 부족, 교육자에 대한 학생들의 부정적 이미지, 학교행정가에 대한 기회주의적 속성, 젊은 교사들의 교직에 대한 헌신감의 부족을 개탄한다. • 이탈 단계(31~40년) - 교사들은 직업 생활의 끝으로 외적인 관심보다는 자신의 내적 성찰에 관심을 갖는다. 교사들의 사고는 긍정적이며 수단적이기보다는 반성적으로 변해가며, 교사는 점차적으로 직무로부터 벗어나 다른 일을 추구하려고 한다.
Staffey와 Wolfe의 교사의 생애 순환적 발달모형	• 초보단계 - 교사가 되기 전에 이루어지는 직전교육을 받는 중에 처음으로 현장 실습을 시작하는 시기, 학생들을 대상으로 실제로 수업을 시작하지는 않지만 교육 현장에서 교사로서의 역할을 처음으로 경험하게 되는 시기 • 견습 단계 - 실제로 수업을 행하는 역할을 하게 되면서 시작하는 시기, 교사 생활을 시작한 후 첫 2~3년 동안에 해당되는 시기, 자신이 가지고 있는 전문적 지식을 실천해 나가는 초기 교직 단계 • 전문성 형성 단계 - 교사로서의 자신감을 가지게 되는 단계, 교사에 대한 학생의 존경과 학생에 대한 교사의 존중이 이 시기 교사의 전문성 형성에 핵심적인 역할을 한다. • 숙련 단계 - 교사에게 요구되는 높은 기준을 충족하는 단계, 모든 교사들이 이 단계에 도달할 수 있도록 지원하는 것이 생애 순환적 발달모형의 목표이다. • 수훈 단계 - 우수한 교사에게 기대되는 수준을 능가하는 단계, 교직경력이 많다고 해서 모든 교사들이 이 단계에 도달할 수 있는 것은 아니다. 교사들은 그들이 의무적으로 해야만 하는 것을 뛰어넘어 더 높은 경지의 일을

추구한다.
- 명예교사 단계 - 교사로 재직하고 퇴직한 후에도 명예교사로 일하는 시기, 사회에서 긍정적인 평가를 받고 인정받는 교사들은 퇴직 후에도 멘토나 교사 교육자로 일하는 경우가 많다.

3) 교사 발달의 합격기출

- 하그리브스와 퓰란(A. Hargreaves & M. Fullan)이 제시한 교사 발달 단계 중 '원장 선생님이 교사들의 근무 환경 개선에 관심이 많고, 동료 교사뿐 아니라 학부모와도 협력적 문화가 잘 형성'되었다는 내용과 관련된 것은 (①   )로서의 교사 발달이고, '교사 스스로 자신의 신념이나 교육활동을 반성하면서 지속적으로 교수행동의 변화를 이루어 나가는 것'과 관련된 것은 (②   )로서의 교사 발달 이다.

- 풀러(F. Fuller)와 보온(O. Bown)이 제시한 교사 관심사 단계는 교직 이전 관심사 단계, 생존에 대한 초기 관심사 단계, 교수 상황 관심사 단계, 학생에 대한 관심사 단계이다. 이 중 "저는 민수 같은 유아들이 아직은 눈에 들어오지 않아요. 학교에서 배운 이론과 현장의 실제가 다르다는 것을 정말 실감하고 있어요. 일단 배운 것을 적용하는 일이나 업무도 아직은 익숙하지 않아서 매일 바쁘게 지내고 있어요."라고 말하는 경우에 교사는 (③   )에 해당하고, "민수 같은 유아들이 성역할 고정관념을 갖는 것은 나름대로 이유가 있다고 생각해요. 특히 민수는 로봇놀이를 할 때, 여자 유아들과는 전혀 놀이하려고 하지 않아요. 작년에 저도 민수 담임으로서 민수와 긍정적인 관계를 맺으면서 민수의 개별적인 특성이나 요구 등을 파악하려고 노력했어요. 무엇보다 유아들 개인에게 관심을 갖는 것이 중요하다는 걸 깨달았어요."라고 말하는 교사는 (④   )에 해당한다.

- 버크(P. Burke), 훼슬러(R. Fessler)와 크리스텐슨(J. Christensen)이 제안한 교직 발달 (⑤   ) 모델에 근거하면, '어느 정도 교사 생활에 적응했을 때 계속 발전하고 싶어 전문서적을 읽고, 연수도 다녔어요. 배운 것을 활용해서 수업을 계획하고 실행, 평가하면서 혼자 열심히 노력했어요. 그리고 주임 교사 때는 대학원도 다녔고, 저의 능력을 향상시키기 위해 노력을 많이 했던 것 같아요.'라고 하는 교사는 (⑥   )의 단계에 해당한다.

- 풀러(F. Fuller)와 보온(O. Bown)의 교사 관심사 4단계 중 '아이들과 하고 싶은 활동은 많은데, 어떻게 하면 효율적으로 할 수 있을지 고민이 많아요. 어떻게 하면 수업에서 보다 효과적으로 발문을 할 수 있을지, 새로운 교수법을 활동유형에 따라 어떻게 적절하게 적용할 수 있을지에 대해서도 관심이 많아요.'라고 말하는 교사는 (⑦   ) 단계에 해당하고, 이 단계의 다음 단계는 (⑧   ) 단계이다.

- '담임인 경력1년차 홍 교사는 지연이 어머니 때문에 마음이 몇 번 불편한 적이 있었다. 며칠 전에는 유치원홈페이지에 올려놓은 지연이 생일사진이 마음에 들지 않는다고 지연이 어머니로부터 전화를 받았는데, 당황하여 제대로 답변조차 하지 못했다.'는 캐츠(L.G. Katz)가 제시한 4단계의 유아교사 발달단계 중 (⑨   )에 해당한다.

CHAPTER 11

02 교사의 반성적 사고

1) 교사의 반성적 사고 합격단어
2) 교사의 반성적 사고의 합격내용
3) 교사의 반성적 사고의 합격기출

1) 교사의 반성적 사고 합격단어

- 듀이, 반성적 사고, Spark-Langer와 Colton이 제시한 반성적 사고의 중요한 요소(인지적 요소, 비판적 요소, 교사의 내러티브), 듀이의 반성적 사고과정(제안의 단계, 질문 발견 단계, 가설 설정 단계, 개인 이론 구성 단계), 킬리온과 토드넴이 제시한 반성적 사고의 형태(실천행위에 대한 반성적 사고, 실천 행위 중의 반성적 사고, 실천행위를 위한 반성적 사고), 반 매논의 반성적 사고의 수준(기술적 수준, 전문가적 수준, 비판적 수준)

2) 교사의 반성적 사고 합격내용

구분	내용
반성적 사고의 개념	• 듀이(J. Dewey)는 반성적 사고란 자신의 신념이나 실천행위에 대해 그것의 원인이나 궁극적인 결과를 적극적이고 끈기 있게, 그리고 주의 깊게 고려하는 것이라고 하였다. 듀이는 반성적 사고를 통해 경험이 재구성되거나 지식이 획득되므로 반성적 사고를 통한 교육을 강조하였다. • 반성적 사고는 1933년에 듀이(Dewey)가 그의 초기 연구에서 강조했던 것으로, 교사가 의식하지 못하고 있는 바람직하지 않은 신념이나 편견을 드러내어 검토하고 분석할 수 있는 기회를 제공하며, 교사의 자율적인 의사결정 능력을 길러주는 훌륭한 방법이다. • 듀이의 반성적 사고 이론을 교사교육에 적용한 Schon(1987)은 교사가 자신의 교수 행위를 검토하고, 교실에서 자신의 역할을 다양한 맥락에서 주의 깊게 고려하며, 분석된 결과를 통해 바람직한 의사결정을 하는 것으로 반성적 사고를 정의하였다. • 반성적 사고는 교사의 경험과 신념을 재구성할 수 있도록 도와주고, 교사의 문제해결능력을 향상시켜주며, 교사의 결정능력을 향상시켜 준다.
반성적 사고의 중요성	• 반성적 사고는 교사가 인식하지 못했던 교사의 경험과 신념을 검토하고 분석할 수 있는 기회를 제공한다. • 반성적 사고는 교사의 문제해결능력을 향상시켜 준다. 반성적 사고능력이 있는 교사는 문제점을 인식하고 이를 해결하기 위한 방안을 모색한다. • 반성적 사고는 교사의 결정능력을 향상시켜 준다. 반성적 사고는 교사들의 의사결정 과정과 이에 대한 평가를 내릴 수 있도록 해주기 때문에, 교사들이 적절하고 바람직한 판단을 내리는데 도움을 둔다.
반성적 사고의 요소 (Spark-Langer와 Colton)	• 인지적 요소 - 반성적 사고의 인지적 요소는 교수활동을 계획하고 의사결정을 하는 데 있어서 교사가 사용하는 지식을 의미한다. • 비판적 요소 - 교사들의 경험, 신념, 철학, 사회·정치적 가치 등이 있으며, 그러한 것들에 비추어 사회적 열망과 정의에 대한 도덕적이고 윤리적인 측면을 고려하는 것이다. • 교사 내러티브 - 반성적 사고에서 교사 내러티브의 측면은 지금까지의 교사연구가 교사들 자신이 제시하는 의문점들, 그들의 목소리, 그들이 자신의 교수실천을 이해하고 향상시키기 위해 사용하는 해석적 틀과 같은 것들

을 간과하였다는 것을 전제로 하면서 전문적인 의사결정이 이루어지는 맥락에 대한 교사 자신의 해석을 강조한다. 이는 교사 자신의 경험으로부터 나온 판단이 타당성 있다는 생각에서 나온 것이다.

듀이의 반성적 사고 과정	1단계 : 제안의 단계 해결해야 할 문제 인식 ⇩ 2단계 : 질문 발견 단계 해결해야 할 문제의 어려움이나 곤란함을 설명하는 단계 해결책에 대한 질문 발견 ⇩ 3단계 : 가설 설정 단계 관찰을 통해 가설 설정 ⇩ 4단계 : 개인 이론 구성 단계 생각이나 추론을 논리적으로 검증하여 개인이론 구성
로스(Ross, 1989)의 반성적 사고 과정 다섯 단계	1단계 : 교육적 문제나 딜레마 인식하기 ⇩ 2단계 : 다른 상황과 유사한 점과 다른 점을 인지하는 것으로 문제에 대해 반응하기 ⇩ 3단계 : 2단계의 분석 결과에 비추어 문제를 다시 생각하기 ⇩ 4단계 : 여러 가지 문제의 해결책을 시도해 보기 ⇩ 5단계 : 나타난 결과를 검토해 보기

	반성적 사고과정	개념
써백과 그의 동료들의 반성적 사고 과정	1. 반응	교실에서 일어나는 모든 상황에 대해 보이는 최초의 반응을 의미한다.
	• 긍정적 느낌	자신이나 다른 사람에 대한 만족이나 기쁨을 표현하는 것이다.
	• 부정적 느낌	자신이나 타인에 대한 불만족이나 불평을 하는 것이다.
	• 보고서	개인적인 관심이나 느낌을 포함하지 않고 사실만 언급하는 것이다.
	• 개인적 관심	자신이 교실에서 벌어진 상황에 대하여 개인적 관심을 표현하는 것이다.
	• 이슈	교육적 이슈, 문제, 지식을 나타내는 것이다.
	2. 정당화	자신이 보였던 반응을 설명하고 정당화하며 예를 제시함으로써 확장시키는 과정을 말한다.
	• 구체적 정당화	반응을 보였던 그 상황에 초점을 맞추어 확장시키는 것이다.
	• 비교 정당화	반응을 보였던 상황을 과거의 경험이나 다른 학급 또는 다른 상황과 비교하면서 최초의 반응을 확장시키는 과정을 말한다.

CHAPTER 11

	• 일반화된 정당화	최초의 반응을 일반적 원리, 이론 또는 광범위한 철학적 배경을 이용하여 정당화하는 과정을 말한다.
	3. 의사결정	첫 번째 반응을 확장하고 정당화한 것에 기초하여 개인적, 전문적, 사회적, 윤리적 문제에 대한 의사결정을 한다.
	• 개인적 초점	개인적 차원에서 의사결정을 한다.
	• 전문가적 초점	교육적 문제, 이슈, 이론, 교수 방법, 미래의 목표, 교사로서의 태도, 아이들의 능력과 특성에 기초하여 의사결정을 한다.
	• 사회적 윤리적 초점	사회적 이슈, 윤리적 문제 또는 도덕적 차원에서 의사를 결정한다.
반성적 사고의 형태 (킬리온과 토드넴)	• 실천 행위 중의 반성적 사고는 교사가 가르치는 중에 일어나는 것으로 교사가 수업을 하다가 유아의 반응을 보고 판단하여 교수 내용이나 방법을 변경할 때 바로 실천행위 중의 반성적 사고가 일어났다고 할 수 있다. • 실천 행위에 대한 반성적 사고는 이미 일어난 상황에 대하여 나중에 반성적 사고를 하게 되는 경우를 말한다. • 실천 행위를 위한 반성적 사고는 다른 두 가지의 반성적 사고의 결과가 바람직하게 나타나도록 하는 좀 더 적극적인 개념이라고 볼 수 있다.	
반 매논 (M. van Manen)의 반성적 사고의 수준	• 기술적 수준(=기계적 반성 수준) - 주어진 목적을 달성하기 위해 교육적 지식을 기술적으로 적용하는 것에 주된 관심사를 둔다. 교사의 주된 관심사는 특정 교육 목표를 얼마나 잘 달성했는가에 있다. 목표 자체나 준거가 적절한가에 대해서는 어떠한 의문도 없으며, 당연히 달성해야 하는 것으로 생각한다. 다만 그러한 목표를 달성하기 위해 어떠한 방법이 가장 효과적인가에만 관심이 있다. • 전문가적 수준(=실천적 수준) - 교사는 아주 기술적이고 도구적인 교수활동에서 벗어나지만 모든 결정이 교육학적인 원리에만 기초를 두고 있다. 교사들은 자신이 취한 행위가 적절한가 그리고 자신의 행위를 이끌어낸 목표가 적절한가에 대해서도 반성한다. 모든 교육적인 행위는 특정한 가치관과 연결되어 있다고 보며 여러 가지 교육 목표들 가운데 어떤 것이 더 교육적으로 추구할 만한 가치가 있는지에 대한 고려도 함께 한다. 실천적 수준에서 교사들은 의사결정의 순간에 직면했을 때 그러한 상황이 일어난 배경, 문제점 등에 대해 분석하고 자신의 결정이 어떠한 교육적인 효과가 있을 것인가를 고려한 후에 행동을 취하게 된다. • 비판적 수준 - 교사의 실천행위 안에 도덕적·윤리적 기준이 포함된다. 비판적 수준에서 교사들의 주된 관심사는 교육목표, 교육활동, 교육경험이 도덕적·윤리적으로 정의, 평등, 배려, 동정심과 같은 삶의 방식을 지향하는가에 있다. 이 단계에서 논의 대상은 어떤 교육적인 경험이나 활동이 공평하고, 평등하며, 행복한 삶으로 이끌어 줄 것인가에 초점이 맞추어지게 된다. 비판적 수준에서의 반성적 사고는 실천적 수준에서 관심을 가졌던 교사 행위 이면의 가정들과 교사 행위의 교육 효과뿐만 아니라, 교실에서 일어나는 다양한 상황들을 정치, 경제, 사회적 상황 및 조건들과 연결시켜 생각해 봄으로써 교육활동과 경험들이 도덕적, 윤리적 목적 하에 행해지고 있는가에 대한 의문을 포함한다.	

3) 교사의 반성적 사고 합격기출

- "나의 수업을 평가해 보니, 유아들에게 '매미의 허물'에 대해 탐구하는 기회를 제공하지 못했다는 생각이 들어 반성하게 되었다. 오늘 잠깐의 시간을 내어 승우가 가져 온 '매미의 허물'을 소개했다면, 유아들은 개미뿐만 아니라 매미도 탐구하는 기회를 가졌을 것이다. 계획한 수업을 고집하는 것보다 유아의 관심에 귀 기울이는 융통성을 발휘할 때, 유아들이 주도하는 수업이 되어 교육적 가치가 더 클 것이라는 생각이 들었다. 내일은 반드시 승우의 매미 허물을 소개하는 시간을 가져 교사의 계획과 유아의 흥미가 균형을 이루는 수업을 펼쳐나가야겠다."고 말하는 교사는 반 매논(M. van Manen)의 반성적 사고 수준 중 (①   ) 수준에 속한다.

- '오늘 유아가 보인 흥미를 반영하여 내일 제공할 나비 관련 활동을 계획할 때는 유아가 보일 수 있는 흥미나 반응을 좀 더 다양한 측면에서 고려해야겠다.'고 생각하는 교사는 반성적 사고의 유형 중 이전에 한 활동을 반성해서 다음 날 활동의 바람직한 결과를 도모하는 (②   )에 해당한다.

- '이 활동을 계획할 때는 유아가 들꽃 외에 나비 등 다른 대상에 관심을 가질 수 있는 상황이 일어날 가능성이 많은 공원이라는 장소의 특성을 미처 생각하지 못했다. 좋은 교사가 되기 위해서는 더 많은 생각과 고민이 필요한 것 같다.'고 생각하는 교사는 반성적 사고의 유형 중 이미 일어난 상황에 대하여 나중에 반성적 사고를 하게 되는 경우인 (③   )에 해당한다.

03 교사의 실천적 지식

1) 교사의 실천적 지식 합격단어
2) 교사의 실천적 지식 합격내용
3) 교사의 실천적 지식 합격기출

1) 교사의 실천적 지식 합격단어

- 실천적 지식, 엘바즈(실천적 지식 : 실천적, 개인적, 상호작용적)

2) 교사의 실천적 지식 합격내용

구분	내용
실천적 지식의 개념	• 교사의 실천적 지식이란 오랜 기간의 교직 경험을 통해 형성된 교육 실제에 관한 나름대로의 신념과 지식 체계로서 자신이 직면하는 교실 상황을 해석하는 방식이다. • 실천적 지식이란 제삼자에게서 배울 수 있는 것이 아니라, 교사가 현장에서 문제를 해결하거나 결정을 내려야 하는 경우 그 상황에 맞도록 교사 스스로가 창조한 전문자적인 지혜를 의미한다. • 엘바즈(Elbaz, 1981)에 의하면, 교사의 실천적 지식은 자신의 교육 실제로부터 직접 나온 지식이란 점에서 '실천적(practical)'이며, 교사의 자기 인식(self-knowledge)일 뿐만 아니라 교수과정에서 개인적으로 의미 있는 목적을 위해 활용하는 지식이란 점에서 '개인적(personal)'이고, 주변 환경 속에서 동료 교사, 학생, 행정가, 연구자 등의 다양한 사람들과의 상호작용에 의해 형성된다는 점에서 '상호작용(interaction)적'인 측면이 있다. • 실천적 지식은 강의나 교과서 등을 통하여 얻은 지식만으로는 형성할 수 없으며 반드시 현장의 경험이 필요하다.
실천적 지식 형성의 의미	• 실천적 지식을 형성한다는 것은 교사가 문제 상황에 직면했을 때 이를 해결하기 위하여 강의나 책을 통해서 이미 배운 이론이나 지식, 또는 다른 사람에게서 배운 교수 기술이나 방법 등을 그대로 적용하는 것이 아니라, ①문제에 관계된 유아와 상황을 바르게 이해하고, ②문제와 관계되는 이론과 지식, 교수 기술 등을 참고로 하며, ③교사 자신과 사회의 가치관을 고려하고, ④교사 자신의 직접, 간접적인 현장 경험을 참고로 하여 그 문제 해결에 가장 적절한 방안을 새로이 만들어 내는 것을 의미한다(배소연, 1993).

3) 교사의 실천적 지식 합격기출

- 지금은 내 나름의 방법으로 변형도 시켜보고 새로운 시도도 해 보면서 유아들에게 더 효과적인 방법을 찾아가는 재미를 느끼고 있어요. 이론적으로 배웠던 지식을 유아 교육 현장의 상황과 맥락에 맞게 적용하고 재구성하면서 (①)이 형성되거든요. 엘바즈(F. Elbaz)가 제시한 (②)은 교사가 교직생활의 경험을 통해 능동적으로 구성하는 것이에요.

04 원내 자율 장학

1) 원내 자율 장학의 합격단어
2) 원내 자율 장학의 합격내용
3) 원내 자율 장학의 합격기출

1) 원내 자율 장학의 합격단어

- 원내 자율 장학

2) 원내 자율 장학의 합격내용

구분	내용
원내 자율 장학의 개념	• 원내 자율 장학은 단위 영유아교육기관에서 교육활동의 개선을 위해 원장, 원감, 주임교사를 중심으로 전체 교직원들이 공동으로 노력하는 자율적인 과정이다. • 원내 자율장학이라는 용어에서 자율이라는 개념은 외부의 규제나 간섭 없이 스스로 결정하고 실천하며 그 결과에 대해 책임을 지는 것을 의미한다.
원내 자율 장학의 특징	• 효과적인 원내 자율장학을 위해서 교사들의 요구나 필요사항, 그리고 경험과 특성을 반영한 장학 형태와 방법을 결정하는 것이 중요하다. • 원내 자율 장학 방법으로 수업장학, 동료장학, 자기장학, 약식장학, 자체연수 등이 주로 사용된다. • 바람직한 원내 자율 장학을 위해서는 전문가와 교사들이 참석하는 원내 장학위원회를 구성하여 운영하는 것이 좋다.

3) 원내 자율 장학의 합격기출

- 원내 자율 장학 시 장학의 내용은 장학을 돕는 담당자와 장학 대상 교사의 (①   ) 하에 이루어져야 하며, 특히 장학 대상 교사의 특정한 필요성이나 (②   )의 반영이 중요하다.

05 자기장학

1) 자기장학의 합격단어
2) 자기장학의 합격내용
3) 자기장학의 합격기출

1) 자기장학의 합격단어

- 자기장학, 자기장학의 모형(계획수립, 실행, 결과협의), 자기장학의 방법[자기수업의 녹음, 녹화 등을 통한 자기분석과 자기반성 / 자신의 지도활동에 대한 영유아 또는 부모들의 반응을 통한 자기반성 / 교직 전반에 관련된 전문서적, 자료를 활용한 자기발전 노력 / 상급학교 과정(대학원, 방송대학 등) 수강을 통한 자기발전 노력 / 전문기관이나 전문단체 방문, 전문가 면담을 통한 자기발전 노력 / 각종 연수회·연구회·발표회·강연회·시범수업 참관, 영유아 교육·보육기관 상호방문 프로그램 참석을 통한 자기발전 노력 / 라디오, TV, 비디오 등 대중매체가 제공하는 교원연수 프로그램 시청으로 자기발전 노력 / 반성적 저널쓰기, 교사 이야기 쓰기 등의 방법으로 반성적 사고하기]

2) 자기장학의 합격내용

구분	내용
자기장학의 개념	• 자기장학이란 독립적으로 자신의 전문성 신장을 위하여 연구하는 과정, 즉 교사 자신의 전문적인 발달을 위해 능동적이고 자발적으로 연구하고 노력하는 것이다. • 자기장학은 정해진 형식이나 절차가 있는 것이 아니다. 자기장학은 교사 개인이 발전하기 위한 노력의 모든 과정을 의미한다. • 자기장학은 교사 스스로 자기발전을 위한 일정한 목표를 세워 놓고 그 목표를 향해 독립적으로 노력하는 것이므로 자기평가나 분석이 중요하며, 교사 개인의 목표나 성취방법, 필요한 자원, 평가방법 등을 제시하여 정기적으로 이행과정을 반성하는 교사의 자기평가나 자기수업을 분석하는 방법을 기본으로 한다. • 자기장학은 교사가 자신의 지식과 신념을 확장할 뿐만 아니라 교사로서의 전문적 자질 개발 및 향상을 위하여 외부의 간섭 없이 스스로 목표를 세우고 계획을 수립하며 실천하는 과정이다. • 자기장학의 영역과 방법에서 가장 기본적인 것은 자율이며, 자율은 자기계획, 자기실행, 자기평가의 의미를 포함한다. • 자기장학은 혼자 일하는 것을 좋아하고 또한 자기성장을 원하는 경험이 풍부하고 능력 있는 교사에게 가장 적합하고 유용한 방법이다.
자기장학의 모형	**계획수립** • 자기발전 목표 또는 연구, 추진 과제의 설정 • 활동계획 수립 • 요구되는 지원 사항 추출 • 자기장학 계획의 발전 • 요구되는 지원 사항 확보 ▶ **실행** • 자기장학 실행 • 실행과정 중 협의 ▶ **결과협의** • 자기반성 • 자기장학의 결과 협의

유아리 유아교육개론 합격비계

자기장학의 방법	• 자기수업의 녹음, 녹화 등을 통한 자기분석과 자기반성 • 자신의 지도활동에 대한 영유아 또는 부모들의 반응을 통한 자기반성 • 교직 전반에 관련된 전문서적, 자료를 활용한 자기발전 노력 • 상급학교 과정(대학원, 방송대학 등) 수강을 통한 자기발전 노력 • 전문기관이나 전문단체 방문, 전문가 면담을 통한 자기발전 노력 • 각종 연수회·연구회·발표회·강연회·시범수업 참관, 영유아 교육·보육기관 상호방문 프로그램 참석을 통한 자기발전 노력 • 라디오, TV, 비디오 등 대중매체가 제공하는 교원연수 프로그램 시청으로 자기발전 노력 • 반성적 저널쓰기, 교사 이야기 쓰기 등의 방법으로 반성적 사고하기

3) 자기장학의 합격기출

- (①   )의 방법 - 계속 발전하고 싶어 전문서적을 읽고, 연수도 다녔어요. 배운 것을 활용해서 수업을 계획하고 실행, 평가하면서 혼자 열심히 노력했어요.

- (②   )의 방법 - 선생님이 자신의 문제를 진단한 후 자기발전 계획서를 작성하거나, 자신의 수업을 분석·평가하거나, 개선이 필요한 학급문제에 대해 연구하거나, 전문서적을 읽고, 대학원에 진학하는 등 스스로 자기발전을 위해 노력하면 좋은 성과가 있을 거예요.

- 자기수업의 녹음, 녹화 등을 통한 자기분석과 자기반성, 자신의 지도활동에 대한 영유아 또는 부모들의 반응을 통한 자기반성, 교직 전반에 관련된 전문서적과 자료를 활용한 자기발전 노력, 상급학교 과정(대학원, 방송대학 등) 수강을 통한 자기발전 노력, 전문기관이나 전문단체 방문 및 전문가 면담을 통한 자기발전 노력 등은 (③   )의 방법이다.

06 동료장학

1) 동료장학의 합격단어
2) 동료장학의 합격내용
3) 동료장학의 합격기출

1) 동료장학의 합격단어

- 동료장학(상호 협력적 장학), 동료장학의 방법(반성적 저널쓰기, 교사의 이야기 쓰기, 유아 관찰, 전문서적 읽기와 토론, 멘토링, 동료 간 협의, 동료 코칭, 수업사례분석), 수업사례분석의 절차(수업 전 협의, 수업안 작성, 수업안 협의, 수업 실시, 수업 후 협의)

2) 동료장학의 합격내용

구분	내용
동료장학의 개념	• 동료장학이란 동료교사들끼리 상호 협력하여 전문성 개발을 도모함으로써 동료교사에 대한 존경심, 교사의 일에 대한 자신감, 만족감 및 동기 유발 등을 크게 증가시키는 활동으로 볼 수 있다. • 2~3명의 교사가 자신의 전문성 발달을 위해 함께 협력하는 비교적 형식화된 과정인 수업관찰 및 피드백 제공에 국한되지 않고 공동의 관심사나 경험 등에 대해 공유함으로써 상호 협력적으로 전문성 발달을 이루어가는 것이다.
동료장학의 목적	• 교사 자신의 교수기술 향상을 위해 끊임없이 노력하는 교사 공동체를 형성하기 위한 것이다. • 새로운 지식과 기술에 대해 함께 연구하기 위하여 공동의 언어를 찾고 이해를 추구하기 위한 것이다. • 새로운 교수기술과 전략을 배울 수 있는 장을 마련하기 위한 것이다. • 문제가 되는 교수 상황을 해결하고 지속적으로 나타나는 문제를 해결하기 위한 것이다.
동료장학의 방법	• 반성적 저널쓰기 - 반성적 사고는 과거나 현재에 일어나고 있는 실천적 행위에 대한 사려 깊고 분석적인 사고로부터 미래 행위에 대한 방향을 결정하는 자연스러운 과정이다. 반성적 사고를 촉진하는 반성적 저널쓰기는 교사들로 하여금 감추어진 신념들을 드러내어 검토하고 분석할 수 있는 기회를 제공해 주는 것이다. 반성적 저널쓰기는 교사 자신이 쓰는 것을 즐겨하고 기록하는 가운데 자신을 반성할 수 있는 기본적인 능력이 갖추어져 있을 때 효과적인 방법이다. • 교사의 이야기 쓰기 - 교사가 역할을 수행하고 교사가 되는데 영향을 준 개인의 발달과 개인의 이전 경험을 조명할 수 있게 해주는 역할을 한다. 수업 실제에 대한 반성이다. 교사의 과거에 대한 회상과 미래에 대한 예상이 담겨있는 교사의 자전적 내용을 바탕으로 한 자아인식의 과정이다. • 유아 관찰 - 유아 관찰하기는 일반적으로 유능한 교사에게 요구되는 것으로 세밀하게 유아를 관찰하고 이에 대해 피드백하고 분석하는 일련의 반성적 과정은 교사의 전문성 발달을 위해 중요하다. 유아에 대한 객관적인 관찰은 교사라면 누구나 지녀야 할 기본적인 기술이지만 특별한 관찰 기술을 개발하는 것은 경력교사에게 보다 더 필요한 것이다. • 전문서적 읽기와 토론 - 전문서적 읽기란 교사들이 정기적으로 전문서적을 읽는 것이다. 전문서적 읽기와 토론하기는 교사들이 배우고 싶어 하는 이론 서적을 각자 읽는 과정에서 자신의 지식을 구성하게 되고, 이를 다른 교사들과 토론하고 공유하므로 보다 폭넓은 새로운 지식 형성이 가능하다.

- 멘토링 - 경력이 있고 능숙한 교사들이 초임이나 기술이 서툰 교사들의 전문적이고 개인적인 발달을 증진시키기 위한 것으로, 충고, 격려, 상담하는 방법이다.
- 동료 간 협의 - 동료 간 협의는 기관장과의 수직적인 관계에서 오는 부담감이 없기 때문에 교사들은 동료 간의 협의 과정을 통해 많은 것을 배운다. 상호 신뢰할 수 있는 동료끼리 교육계획안을 함께 작성한 뒤 서로 분석해보거나 구체적인 교수 방법에 대해 협의할 수 있는 기회는 교사의 교수법 향상을 돕는다.
- 동료 코칭 - 동료코칭은 교수 과정을 되돌아보고 검토할 목적으로 실시하는 것으로 동료 교사 간의 신뢰를 전제로 한다. 동료코칭은 교사들이 바라는 자기 분석, 반성, 그리고 성장을 위한 기회를 제공해 주는데 매우 도움을 준다. 동료코칭의 일반적인 방법 세 가지는 지적할 것을 기록하지만 교수 행동에 간섭하지는 않고 있는 그대로 반영하기, 원하는 도움을 주지만 교수 행동에 간섭하지 않는 협력적인 코칭, 관찰자가 교사의 학습 또는 특정 기술이 향상되도록 피드백을 제공하는 전문가적인 코칭 이다.
- 수업사례분석 - 자신이나 동료 교사의 수업 또는 관련 사례를 분석해 보는 방법이다. 수업사례분석의 절차는 아래와 같다.

단계	명칭	내용
1단계	수업 전 협의	• 각 교사가 관심 있는 수업에 대해 이야기 하며 팀을 구성한다.
2단계	수업안 작성	• 수업을 계획하고 수업안을 작성한다.
3단계	수업안 협의	• 수업안에 대한 협의를 한다. - 일안과 수업 시간의 적절성 문제 - 수업목표나 내용의 일관성 문제 - 수업 전개 과정의 적절성 - 유아 발달 수준에 따른 내용의 적합성 - 활동 제시 방법의 적절성 - 수업 실시에 사용할 평가 도구 - 수업 참관 시 각 반의 유아들을 돌보는 방법(학부모 자원봉사자 활용, 보조원 활용)
4단계	수업 실시	• 수업을 실시하고 동료 교사들은 참관한다.
5단계	수업 후 협의	• 수업 분석 및 평가를 한다. - 수업 후 협의는 되도록 빠른 시간 안에 이루어지도록 한다. - 수업을 실시한 교사가 자기 분석을 한다. - 초기 협의회는 자기 분석이 어려우므로 평가도구를 활용한다. *수업에 대한 평가 시 잘된 부분에 대해 이야기 한 후 개선점에 대해 이야기한다.

3) 동료장학의 합격기출

- 수업사례분석, 전문서적 읽기와 토론, 멘토링 등은 (① 　　　　)의 방법이다.

- 동료장학이 효과적으로 이루어지기 위해 참여 교사들은 (② 　　　)적인 자세를 갖추어야 한다. 그리고 교사들은 스스로 발전에 책임을 지고 동료 간에 (③ 　　)해 나가는 과정을 중요하게 여겨야 한다.

- (④ 　　　　　)은 교사들이 계획한 활동을 실행하면서 비디오로 촬영한 후, 서로의 교수행위에 대해 객관적으로 분석하는 방법으로, 교사들의 반성적 사고를 기르는데 도움이 되는 동료장학의 방법이다.

07 수업장학

1) 수업장학의 합격단어
2) 수업장학의 합격내용

1) 수업장학의 합격단어

- 수업장학, 수업장학의 절차(사전 협의회, 수업관찰, 사후협의회)

2) 수업장학의 합격내용

구분	내용
수업장학의 개념	• 수업장학은 교수-학습 과정을 성공적으로 수행할 수 있도록 지도 조언하여 교수-학습 개선에 직접적으로 영향을 줄 수 있는 장학의 한 형태이다. • 수업장학은 교사에게 새로운 교수기술과 전략을 연구하고 배울 수 있는 장을 마련해 주는 지원체계이다. • 수업장학은 원장 혹은 원감이 교육청의 장학사와 연계하여 주도하는 체계적인 지도 및 조언 과정으로, 교사의 교수 행위에 직접적으로 영향을 줄 수 있다. • 수업장학은 장학의 범위를 교실로 좁히며, 특히 수업에서 진단된 문제점을 개선하기 위해 구체적인 목표를 설정해 주고, 교사의 수업전문성을 향상시키기 위한 활동이다. • 주로 학습지도안계획, 교수활동, 유아생활지도, 평가 등의 내용을 다룬다. • 지구별 자율장학, 수업개선 연구 등 다양한 형태로 이루어진다.
수업장학의 절차	**사전협의회** - 수업 관련 지도·조언 활동계획 수립 • 신뢰로운 관계 조성 • 수업연구 과제 선정 • 수업에 대한 정보교환 • 수업관찰 계획 수립 ▶ **수업관찰** - 수업 관련 지도 및 조언 활동의 실행 • 교육계획안 검토 및 지도 • 수업관찰 • 수업관찰 결과 정리 ▶ **사후협의회** - 수업연구과제 해결 및 수업개선 방안 설정 • 수업관찰 결과 논의 • 추후 수업 발전 노력 지원

08 멘토링

1) 멘토링의 합격단어
2) 멘토링의 합격내용
3) 멘토링의 합격기출

1) 멘토링의 합격단어

• 멘토링, 멘토, 멘티, 멘토링의 유형(형식적 멘토링, 비형식적 멘토링), 사전 협의회, 반성적 사고, 멘토링 과정(찾아가기, 지켜보기, 파악하기, 가르치기, 기회주기, 비춰주기, 채워주기, 확증하기)

2) 멘토링의 합격내용

구분	내용
멘토링의 개념	• 멘토링(Mentoring)이란 풍부한 경험과 신뢰를 갖춘 사람(멘토 : Mentor)이 성장을 원하는 사람(멘티 : Mentee)에게 인품과 역량 그리고 삶의 기술들을 제공하여 자아실현을 돕는 과정을 의미한다. • 유아교육 및 보육현장에서의 멘토링은 입문하는 초임교사들에게 선배교사들이 전문적인 지식을 전달하고 초임교사가 영유아교육기관에 정착하기 위한 심리정서적인 지지를 동시에 제공하며, 조직문화에 적용하고 실무능력을 향상시킬 수 있는데 긍정적인 작용을 한다. • 멘토링 과정은 선배교사인 멘토가 초임교사인 멘티에게 학급경영과 교수기술, 생활지도 등을 조언해주는 동료장학이다.
멘토링의 유형	• 형식적 멘토링 - 관할 교육청의 장학사 또는 원장, 원감이 정해진 형식 내에서 멘토와 멘티를 관계 지어 주는 형태이다. • 비형식적 멘토링 - 멘티가 처한 문제의 상황적인 필요에 의해 자발적·개인적으로 이루어지는 형태이다.
효과적인 멘토링 진행을 위한 방법과 기술	• 멘토링에서 가장 중요한 것은 멘토와 멘티 간의 신뢰 관계 형성 및 유지, 그리고 이를 토대로 한 멘티의 교수 전문성의 함양이다. 이를 위해 상호 간에 반영적 경청하기, 반성적 사고를 촉진하는 질문하기, 적절한 피드백 제공하기, 비밀 유지하기 등 효과적인 의사소통 기술을 활용할 수 있다. 그러나 정서적 지원 상황에서 지나치게 사적 대화로 흐르지 않도록 유의하여야 한다. • 멘토링의 과정은 강의-시범-연습-피드백-실제 적용, 문제 진단 또는 문제 인식-수업 관찰-문제해결 방안 협의-실제 적용 등 순환적 시스템을 활용하여 체계적인 과정으로 이루어져야 한다. 그리고 문제해결을 위한 사전, 사후 협의회를 통해 개선해야 할 내용과 추후 멘토링의 방향을 설정하는 절차가 필요하다. → 멘토링 과정에서 사전 협의회가 필요한 이유 - 멘토링에 있어서 멘토와 멘티 간의 사전 협의회는 이를 통해 신뢰를 기반으로 수용적이고 지지적인 관계를 확립할 수 있는 기대를 할 수 있게 된다. 또한 사전에 멘티의 요구와 필요를 정확히 파악하여 멘토에게 도움의 방향과 목표를 설정하는 데 기여할 수 있게 된다. • 반성적 사고는 멘티의 자율성과 전문성을 발달시키는 추동력이 된다. 따라서 멘토는 반성적 저널쓰기, 그룹토의, 수업사례분석 등을 활용하여 멘티가 반성적 사고를 할 수 있도록 도와야 한다.

멘토링 과정	• 제1단계 - 멘토링은 멘토가 '찾아가는 것'으로 시작된다. 찾아가기가 이루어지는 실마리인 문제나 주제는 멘토의 관찰을 통해서 또는 면담 중에 그리고 초임 교사의 저널 등에서 발견될 수 있는데, 중요한 것은 초임교사가 필요로 하는 점이 중심이 되어야 한다는 것이다. • 제2단계 - '지켜보기'로서 멘토가 교사들의 수업을 비판 없이 관찰하거나 어려움을 들어주는 것이다. 이것은 교사가 그들 나름대로의 지식에 의존하여 교수를 실천하도록 기회를 주고 다음 단계의 반성을 위한 경험을 하도록 하는데 그 의미가 있다. • 제3단계 - '파악하기'는, 초임교사로 하여금 현실을 보게 하고 멘토는 성인학습자인 초임교사의 현재 수준(신념, 의사결정 이유, 관심 등)을 파악하는 단계이다. • 제4단계 - '가르치기'로, 이때 멘토는 교사가 발견한 문제들에 대한 원인을 진단하고 이론적 지식과 상황을 연결시키는 교량적 역할을 하거나 문제를 더 큰 맥락 속에서 보도록 안내하고 대안을 제시하기도 하면서 초임교사와 함께 문제의 해결방법을 찾는다. • 제5단계 - '기회주기' 단계에서 멘토는 초임교사가 도전감을 가지고 배운 것을 적용해 볼 수 있도록 용기를 주고 격려한다. 초임교사는 전 단계에서 멘토가 제시한 방향을 따라 배운 것을 실행한다. • 제6단계 - '비춰주기'는 초임교사가 적용한 결과를 가지고 반성하고, 멘토는 그에 대해 피드백을 주는 단계이다. 멘토는 교사가 구체적으로 반성할 수 있도록 체크리스트를 제공한다거나 적절한 질문으로 반성을 돕고 적용 결과에 대한 칭찬과 격려를 하거나, 초임교사의 느낌에 대해 공감해 주는 등의 정서적으로 반영해 준다. • 제7단계 - '채워주기' 단계는 이제까지 나타난 교사의 부족한 부분들을 보완해 주는 것이다. 멘토의 적극적인 협력과 수고가 가장 많이 이루어진다. • 제8단계 - '확증하기' 단계에서 교사는 그동안 이전 단계들을 거치면서 학습한 것들을 바탕으로 좀 더 확신을 가질 수 있도록 다져주고, 성취감과 자신감을 가지고 역할 수행을 할 수 있도록 도와준다.

교수활동에서 멘토링의 효과	• 멘토에게 미치는 멘토링의 효과
	  - 전문적 측면 : 교수 실제에 대한 방법 및 기술을 재확인하거나 새롭게 개발하는 등 스스로를 개발할 수 있는 기회를 가진다.
	  - 정서적 측면 : 멘티를 지원해 주는 과정에서 멘티로 부터 신뢰를 얻으며 보람을 느끼게 된다. 아울러 긍정적인 자존감이 강화되며 다른 사람의 성장을 돕는다는 긍지를 갖게 된다.
	  - 멘토는 궁극적으로 자아반성을 통해 자신을 새롭게 인식하며 긍정적인 삶을 추구하는 자세와 가치관을 확립하여 지도자로서의 역할을 수행하도록 고취시킨다.
	• 멘티에게 미치는 멘토링의 효과
	  - 전문적 측면 : 반성적 사고를 통하여 교과내용 지식, 교수법, 교수 행동 등 교수 전문가로서의 정체감을 형성하게 된다.
	  - 정서적 측면 : 교실에서의 불안과 딜레마, 갈등, 어려움 등을 해결하고, 도덕적이고 정서적인 지지와 지원을 받는다.
	  - 반성적 사고를 하게 되어 자신의 교육학적 사고를 공유하고 나눌 수 있는 멘토와 협력적인 공동체를 구성하게 된다.

멘토링 시 유의점	• 특정 교수 행위에 초점을 두고 멘토링을 제공 받는 교사의 변화되어야 할 행위에 대해 구체적으로 언급해준다. • 일반적인 칭찬이나 언급은 피하고 즉각적이고 구체적인 피드백을 제공한다. • 제공된 피드백이 이해되었는지의 여부를 확인한다. • 멘티는 피드백을 경청하며 주어진 피드백의 유용성을 판단하고 지적된 내용을 반영하는 태도를 취한다. • 주어진 피드백 방법에 대해 불만이 있을 경우 바로 방어적인 태도를 취하기보다는 이를 표현하여 함께 의논하여 해결한다.

3) 멘토링의 합격기출

- 멘토링에 있어서 (①)와 (②) 간의 (③)는 이를 통해 신뢰를 기반으로 수용적이고 지지적인 관계를 확립할 수 있는 기대를 할 수 있게 된다. 또한 사전에 (②)의 요구와 필요를 정확히 파악하여 (①)에게 도움의 방향과 목표를 설정하는 데 기여할 수 있게 된다.

09 컨설팅 장학

1) 컨설팅 장학의 합격단어
2) 컨설팅 장학의 합격내용
3) 컨설팅 장학의 합격기출

1) 컨설팅 장학의 합격단어

- 컨설팅 장학, 컨설팅 장학의 절차(준비, 진단, 문제해결 방안 구안, 실행, 종료), 컨설팅 장학의 원리(자발성의 원리, 전문성의 원리, 한시성의 원리, 독립성의 원리, 학습성의 원리), 수업 컨설팅의 과정(준비, 진단, 해결 및 실천 방안 제안, 실행, 종료)

2) 컨설팅 장학의 합격내용

구분	내용

주요 컨설팅의 개념	• 학교 컨설팅은 학교의 자생적 활력 함양과 학교교육의 질 향상을 위하여 단위학교와 학교구성원들의 요청에 따라 전문성을 갖춘 교육체제 내외 전문가들이 문제와 과제의 해결을 도와주는 활동이다.
	• 컨설팅 장학은 학교 컨설팅의 방법과 절차가 장학에 적용된 것이다. 컨설팅 장학은 교원의 자발적인 의뢰를 바탕으로 교과지도, 생활지도, 학급운영 등에 관한 교사의 전문성을 개발하기 위해 교내외의 전문성을 갖춘 사람들이 문제와 과제의 해결을 도와주는 활동이다.
	• 수업 컨설팅은 교원의 전문성 중 수업과 관련된 문제, 즉 교과지도를 해결하기 위해 도움을 주는 활동이다.
	• 컨설팅 장학의 목적은 일차적으로 양질의 교육을 제공하기 위함이며 이는 학생과 함께 교사, 학부모, 학교, 사회, 국가 모두의 성장과 발전에 필수적인 요소이다.
	• 유치원 컨설팅 장학의 목적
	  - 유치원별 맞춤식 장학으로 유치원의 창의적이고 자율적인 교육활동을 지원한다.
	  - 유치원 현안 문제의 해결 방안을 모색함으로써 유치원 교육력을 제고한다.
	  - 교원 중심의 자율적, 능동적 장학 분위기를 조성하여 교원 전문성을 신장한다.
	  - 컨설팅 영역을 유치원 교육정책에서부터 유치원 경영, 교육과정, 교수-학습법, 일상생활지도에 이르기까지 광범위하게 확대하여 전문성 있는 장학을 지원한다.

컨설팅 장학의 절차	**준비** 의뢰인과 컨설턴트가 컨설팅을 준비 • 의뢰 및 접수 • 컨설턴트의 선정 • 예비 진단 • 협약체결	▶ **진단** 해결해야 할 과제 규명, 이후 단계의 방향 및 방안 마련 • 자료의 수집 • 자료의 분석 및 최종 진단	▶ **문제해결 방안 구안** 해결방안 제시 • 해결방안의 구안 • 해결방안의 선택	▶ **실행** 선택한 방법을 실제 적용 • 의뢰인의 실행 • 컨설턴트의 관찰과 조언	▶ **종료** 컨설팅 마무리 • 평가 • 보고

컨설팅 장학의 원리	• 자발성의 원리 - 의뢰한 교사가 컨설팅에 관한 의사결정의 주체가 되어야 한다는 원리로서 컨설팅 장학에서 가장 핵심적이다. 컨설턴트는 의뢰한 교사가 스스로 문제를 진단하고 해결할 수 있도록 방향을 제시하고 조언하는 역할을 한다. 이는 기존의 장학과 가장 차이가 나는 부분이다. • 전문성의 원리 - 교사가 의뢰한 과제에 대한 조언활동이 해당 분야의 전문성을 가진 컨설턴트에 의해 이루어져야 한다는 원리이다. 이때 컨설팅을 의뢰한 교사가 컨설턴트의 전문성을 인정하는 것은 중요하다. • 한시성의 원리 - 컨설팅은 의뢰한 과제가 해결되면 종료가 되는 것이 원칙이다. 경우에 따라 협의를 통해 기간을 조정할 수 있다. • 독립성의 원리 - 컨설턴트와 의뢰인의 협의가 서로 독립적이고 수평적인 관계에서 의견 교류가 이루어져야 한다는 원리이다. 컨설턴트와 의뢰인은 이를 위해 서로 신뢰하며 존중하여야 한다. • 학습성의 원리 - 컨설팅 장학은 컨설턴트나 의뢰인 모두에게 학습의 과정이 되어야 하며, 서로 성장할 수 있는 기회가 되어야 한다. 의뢰한 교사는 과제 해결 과정에서 다양하고 전문적인 교수 지식과 기술을 습득하며, 컨설턴트는 반성적 사고를 통해 보다 효과적이고 효율적인 컨설팅을 할 수 있는 기회가 되어야 한다.
수업 컨설팅의 목적	• 수업 컨설팅은 수업에서 나타나는 문제를 진단하고 해결방안을 모색하여 실행하는 과정을 통해 실질적으로 수업을 질적으로 개선하기 위한 것이다. 이를 위하여 교사의 전문성을 인정하고 교사의 자발적 참여 및 교사와 컨설턴트 간의 수평적 관계를 유지하고 상호 협력하는 것을 강조한다.

	단계별	주요 내용 및 활동
수업 컨설팅의 과정	준비	• 컨설팅 의뢰 및 접수 / 컨설턴트 선정 / 예비 진단 / 협약체결 • 컨설턴트(또는 컨설팅 팀)와 유치원의 첫 만남 • 유치원 전체 구성원 또는 담당자를 대상으로 설명회 • 컨설팅 주제 협의 및 선정
	진단	• 유치원의 상황 및 환경 분석 • 컨설팅 주제 / 문제 및 관련 요소 분석 • 컨설팅 세부 주제 확인 및 확정 • 유치원의 개선 요구 분석
	해결 및 실천 방안 제안	• 개선 방향 모색 • 해결 및 실천 방안 / 전략 모색 방안 • 구성원 및 담당자에 대한 제안
	실행	• 해결 및 실천 방안에 따른 실제 실행 지원

	• 각종 정보 및 자료 제공 지원 • 해당 주제 / 문제의 개선 상황 점검 및 추가 방안 제안
종료	• 컨설팅 결과 정리 및 개선 방안 제안 • 교육청 요청할 사항 등 추후 필요조치 제시 • 결과보고서 작성 및 제출 • 컨설팅 만족도 조사

3) 컨설팅 장학의 합격기출

- 장학의 유형 중 (①   )은 '교육지원청 홈페이지에는 부모교육 자료도 있고 유치원 운영에 관한 내용도 있어요. 제 수업 내용을 업로드 했었는데 다음 날 바로 피드백을 보내 주더라구요. 현장의 애로사항이 있을 경우 이메일을 통해 신속한 처방과 지원을 받을 수 있어 편리해요. 온라인으로 운영되니 시공간적 제한이 없고 비공개 상담도 가능해서 저는 자주 이용하고 있어요.'와 관련된다.

- '제가 원해서 신청한 거예요.'는 컨설팅 장학의 원리 중 (②   )의 원리를 나타낸다.

- '컨설팅 과정에서 저는 지식과 기술을 배우고, 그 분도 저랑 만나면서 계속 배우고 성장할 수 있어서 좋다고 하시더라고요.'는 컨설팅 장학의 원리 중 (③   )의 원리의 예이다.

10 교사의 자질과 의무

1) 교사의 자질과 의무 합격단어
2) 교사의 자질과 의무 합격내용
3) 교사의 자질과 의무 합격기출

1) 교사의 자질과 의무 합격단어

- 유치원 교사의 전문적 자질(전문적 지식, 교수 기술, 올바른 교육관과 직업윤리), 유치원 교사의 개인적 자질(신체적 및 정신적 건강, 온정적인 성품, 인간과 생명에 대한 존엄성, 성실하고 열성적인 태도), 유치원 교사의 적극적 의무(성실의 의무, 복종의 의무 등), 유치원 교사의 소극적 의무(정치운동 및 집단행동 금지 의무, 영리 업무 금지의 의무 등)

2) 교사의 자질과 의무 합격내용

(1) 유치원 교사의 전문적 자질 및 개인적 자질

구분		내용
유치원 교사의 전문적 자질	전문적 지식	• 유아교육에 대한 전문적인 지식을 갖추기 위하여 교사는 유아의 성장과 발달에 대한 지식을 가져야 하며, 유치원 교육과정이나 교수-학습 과정 및 평가에 대한 폭넓고도 정확한 지식을 가지고 있어야 한다. • 교사는 유아교육에 영향을 주는 사회·문화적인 제반 분야에 관한 일반교양 지식도 갖추고 있어야 한다.
	교수 기술	• 유치원 교사는 교육 현장에서 교육 프로그램을 계획하고 실천하는 능력이 있어야 하며, 교수-학습 과정에서 필요한 교재·교구를 제작하고 효과적으로 활용할 수 있는 기술도 갖추어야 한다. • 교사는 항상 발전적이고 창의적인 사고 능력을 가져야 하며, 날씨의 변화와 유아나 유치원의 상황에 맞추어 교육 프로그램을 융통성 있게 운영할 수 있는 능력도 지녀야 한다. • 효율적인 유아교육을 수행하기 위해서는 유아뿐만 아니라 부모 교육도 실시해야 하므로, 부모 및 관련 전문가들과의 상호 협조 체제를 유지하고 이러한 자원 인사들을 유아교육에 참여시킬 수 있는 능력도 갖추어야 한다.
	올바른 교육관과 직업윤리	• 유치원 교사는 자신의 전문성을 계속해서 함양하기 위하여 노력해야 하며, 교육에 대한 소명감을 가지고 교사로서의 직업윤리를 가져야 한다. • 유치원 교사로서 지켜야 할 윤리 - 유아를 사랑하고 믿음으로써 공평하게 지도하고 유아의 개성을 존중할 수 있어야 한다. - 다른 동료들과 협동하고 사회에 봉사함으로써 교육의 발전과 더 나아가 교사의 지위 향상에 동참할 수 있는 태도를 갖추어야 한다.

유치원 교사의 개인적 자질	신체적 및 정신적 건강	• 유아 교사는 하루 일과가 진행 되는 동안 계속해서 유아를 관찰하고 요구에 반응하면서 풍부한 교육 활동을 제공해 주어야 하므로 신체적인 건강은 교사가 갖추어야 할 기본 능력이다. • 신체적 및 정신적으로 건강한 교사는 유아의 요구에 민감하게 반응할 수 있고, 다른 사람을 편안하게 해줄 수 있으며 교사로서의 책임과 의무를 다할 수 있다.
	온정적인 성품	• 유치원은 유아들이 가정을 떠나 처음으로 집단생활을 경험하는 곳이므로 교사의 온화한 성품과 수용적인 태도는 환경의 변화에 따른 불안감을 해소하여 주고, 정서적 안정감을 가질 수 있도록 해준다. • 온정적 성품을 지닌 교사는 유아를 있는 그대로 수용하고 인정하며 존중하여 준다. • 교사는 유아와 더불어 생활할 때 무한한 기쁨을 느끼고, 다른 사람과 함께 생활하는 것을 즐겁게 느끼며 항상 명랑하고 풍부한 유머 감각을 지닌 사람이어야 한다.
	인간과 생명에 대한 존엄성	• 유아의 고유한 권리와 가치를 인정하고 존중하며, 유아들의 성장 가능성에 대한 믿음을 지녀야 한다. 즉, 유아의 생각이나 느낌, 반응 등을 소중히 하고 수용해 줌으로써 유아들로 하여금 자신에 대한 긍정적인 자아개념을 형성할 수 있도록 돕는다. • 더 나아가 유아만이 아니라 주변의 모든 사람들을 존중하고 생명체와 자연을 존중하는 태도를 지녀야 한다.
	성실하고 열성적인 태도	• 교사는 유아를 위한 교육뿐만 아니라 자신의 삶에 의욕을 가지고 최선을 다하여 교직에 임해야 한다. 왜냐하면 자신이 맡은 바 임무에 최선을 다하여 노력하는 교사의 성실하고 열성적인 태도는 유아들에게 좋은 본보기가 되기 때문이다. • 특히 유아교육을 위해 필요한 효과적인 교육 방법이나 전문적 지식과 기술을 끊임없이 탐색하는 태도야말로 유아 교사로서의 전문성을 향상시키며 현장 교육을 발전시키는 원동력이 된다. • 교사는 진보적인 생각을 지니고 모든 일에 적극적으로 임하는 자세를 갖추어야 한다.

(2) 유치원 교사의 권리와 의무

구분	내용
개요	• 교사는 국가에 대하여 학생의 권리를 보호할 권리와 교사 자신의 권리를 지켜야 할 이중적인 책임을 지닌다. 유치원 교사의 권리에는 교육할 권리, 신분상의 권리, 재산상의 권리, 노동에 대한 권리가 있다. • 유치원 교사는 권리와 동시에 국가공무원법과 사립학교법이 정한 의무를 가진다. 성실의 의무, 법령 준수의 의무, 복종의 의무, 비밀 엄수의 의무 외에 직무 전념의 의무, 청렴의 의무, 친절·공정의 의무, 품위 유지의 의무, 정치운동 및 집단행동 금지 의무 등이 있다. 이 중 성실의 의무와 복종의 의무 등은 적극적 의무에 포함되며, 정치운동 및 집단행동 금지 의무와 영리 업무 금지의 의무 등은 소극적 의무에 해당한다.
국가 공무원법 [시행 2016.1.1.] [법률 제13618호, 2015.12.24., 일부개정] 제7장 복무	제55조(선서) 공무원은 취임할 때에 소속 기관장 앞에서 대통령령 등으로 정하는 바에 따라 선서(宣誓)하여야 한다. 다만, 불가피한 사유가 있으면 취임 후에 선서하게 할 수 있다. <개정 2015.5.18.> [전문개정 2008.3.28.] 제56조(성실 의무) 모든 공무원은 법령을 준수하며 성실히 직무를 수행하여야 한다. [전문개정 2008.3.28.] 제57조(복종의 의무) 공무원은 직무를 수행할 때 소속 상관의 직무상 명령에 복종하여야 한다. [전문개정 2008.3.28.]

CHAPTER 11

제58조(직장 이탈 금지) ① 공무원은 소속 상관의 허가 또는 정당한 사유가 없으면 직장을 이탈하지 못한다.
② 수사기관이 공무원을 구속하려면 그 소속 기관의 장에게 미리 통보하여야 한다. 다만, 현행범은 그러하지 아니하다.
[전문개정 2008.3.28.]

제59조(친절·공정의 의무) 공무원은 국민 전체의 봉사자로서 친절하고 공정하게 직무를 수행하여야 한다.
[전문개정 2008.3.28.]

제59조의2(종교중립의 의무) ① 공무원은 종교에 따른 차별 없이 직무를 수행하여야 한다.
② 공무원은 소속 상관이 제1항에 위배되는 직무상 명령을 한 경우에는 이에 따르지 아니할 수 있다.
[본조신설 2009.2.6.]

제60조(비밀 엄수의 의무) 공무원은 재직 중은 물론 퇴직 후에도 직무상 알게 된 비밀을 엄수(嚴守)하여야 한다.
[전문개정 2008.3.28.]

제61조(청렴의 의무) ① 공무원은 직무와 관련하여 직접적이든 간접적이든 사례·증여 또는 향응을 주거나 받을 수 없다.
② 공무원은 직무상의 관계가 있든 없든 그 소속 상관에게 증여하거나 소속 공무원으로부터 증여를 받아서는 아니 된다.
[전문개정 2008.3.28.]

제62조(외국 정부의 영예 등을 받을 경우) 공무원이 외국 정부로부터 영예나 증여를 받을 경우에는 대통령의 허가를 받아야 한다.
[전문개정 2008.3.28.]

제63조(품위 유지의 의무) 공무원은 직무의 내외를 불문하고 그 품위가 손상되는 행위를 하여서는 아니 된다.
[전문개정 2008.3.28.]

제64조(영리 업무 및 겸직 금지) ① 공무원은 공무 외에 영리를 목적으로 하는 업무에 종사하지 못하며 소속 기관장의 허가 없이 다른 직무를 겸할 수 없다.
② 제1항에 따른 영리를 목적으로 하는 업무의 한계는 대통령령 등으로 정한다. <개정 2015.5.18.>
[전문개정 2008.3.28.]

제65조(정치 운동의 금지) ① 공무원은 정당이나 그 밖의 정치단체의 결성에 관여하거나 이에 가입할 수 없다.
② 공무원은 선거에서 특정 정당 또는 특정인을 지지 또는 반대하기 위한 다음의 행위를 하여서는 아니 된다.
　1. 투표를 하거나 하지 아니하도록 권유 운동을 하는 것
　2. 서명 운동을 기도(企圖)·주재(主宰)하거나 권유하는 것
　3. 문서나 도서를 공공시설 등에 게시하거나 게시하게 하는 것
　4. 기부금을 모집 또는 모집하게 하거나, 공공자금을 이용 또는 이용하게 하는 것

5. 타인에게 정당이나 그 밖의 정치단체에 가입하게 하거나 가입하지 아니하도록 권유 운동을 하는 것
③ 공무원은 다른 공무원에게 제1항과 제2항에 위배되는 행위를 하도록 요구하거나, 정치적 행위에 대한 보상 또는 보복으로서 이익 또는 불이익을 약속하여서는 아니 된다.
④ 제3항외에 정치적 행위의 금지에 관한 한계는 대통령령 등으로 정한다. <개정 2015.5.18.>
[전문개정 2008.3.28.]

제66조(집단 행위의 금지) ① 공무원은 노동운동이나 그 밖에 공무 외의 일을 위한 집단 행위를 하여서는 아니 된다. 다만, 사실상 노무에 종사하는 공무원은 예외로 한다.
② 제1항 단서의 사실상 노무에 종사하는 공무원의 범위는 대통령령 등으로 정한다. <개정 2015.5.18.>
③ 제1항 단서에 규정된 공무원으로서 노동조합에 가입된 자가 조합 업무에 전임하려면 소속 장관의 허가를 받아야 한다.
④ 제3항에 따른 허가에는 필요한 조건을 붙일 수 있다.
[전문개정 2008.3.28.]

3) 교사의 자질과 의무 합격기출

- 유치원 교사의 전문적 자질은 전문적 지식, 교수 기술, (①   )이다.

- 유치원 교사의 개인적 자질은 신체적 및 정신적 건강, 온정적인 성품, (②   ), 성실하고 열성적인 태도이다.

- 유치원 교사의 의무 중 성실의 의무와 복종의 의무 등은 (③   ) 의무에 포함되며, 정치 운동 및 집단행동 금지 의무와 영리 업무 금지의 의무 등은 (④   ) 의무에 해당한다.

CHAPTER 11

11 교사의 역할

1) 교사의 역할 합격단어
2) 교사의 역할 합격내용
3) 교사의 역할 합격기출

1) 교사의 역할 합격단어

- Kats의 유아교사의 역할 3가지(어머니 모형, 치료 모형, 교수 모형), Spodek의 유치원교사의 역할 3가지(양육역할, 교수역할, 관련적 역할), Saracho의 유아교사의 역할 4가지(교육과정 설계자, 교수조직자, 진단자, 상담자 및 조언자), Dowling의 교사의 역할 5가지(관찰자, 계획자, 대화자, 교수자, 모델로서의 역할), Schickedanz, York, Stewart와 White의 교사의 역할 4가지(지식 전달자, 계획자·조직자·평가자, 훈육자, 의사결정자), 제6차와 2007 개정 유치원 교육과정 지도서 총론에서 제시한 교사의 역할(교육과정 설계자, 일과 계획 및 운영자, 상담자 및 조언자, 생활 지도자, 현장 연구자, 행정 업무 및 관리자, 의사 결정자, 동료와의 협력자, 양육자로서의 역할, 관찰자로서의 역할, 교육 프로그램 계획자로서의 역할, 교수 조직자로서의 역할)

2) 교사의 역할 합격내용

(1) 학자별 교사 역할의 유형

구분	내용
Kats의 유아교사의 역할 3가지	• 어머니 모형 - 유아들이 안전하고 편안하며 행복하게 하는 것에 중점을 둔다. • 치료 모형 - 유아들이 자신의 감정을 표현하도록 돕고, 긴장을 풀어주고, 내적 갈등을 해결하는 데 중점을 둔다. • 교수 모형 - 지식과 정보를 전달하고, 유아들이 기술을 발달시키도록 하는데 중점을 둔다.
Spodek의 유치원교사의 역할 3가지	• 양육 역할 - 유아기의 건강, 보호, 안전을 배려해야 하는 측면으로 교사가 유아들에게 사랑과 편안함을 제공하는 역할을 하는 것이다. • 교수 역할 - 교육과정 설계자, 진단자, 교수조직자로서의 역할을 하는 것이다. 지식 전달의 직접 교수뿐만 아니라 학습상황의 조성, 학습자원의 제공을 통해 유아가 현실세계를 지각하도록 하고 평가하는 교수의 간접적인 형태까지 포함한다. 또한 교사는 진단자로서 프로그램을 계획할 때, 각 유아에 대한 관련 정보를 수집하며 유아의 행동을 관찰하고 유아의 작품을 분석하며 표준화된 검사와 교사 제작용 검사들을 실시함으로써 학급 유아에 대한 정보를 체계적으로 수집하고 기록하는 역할을 한다. • 관련적 역할 - 교사가 유아와의 상호작용뿐만 아니라 다양한 상황에서 확장된 역할을 하는 것이다.
Saracho의 유아교사의 역할 4가지	• 교육과정 설계자 - 교육과정의 단원 및 주제를 선정하고 목표를 계획하고 유아의 흥미에 기초한 경험을 제공하며 교육과정과 교수를 통합하는 역할을 한다. • 교수조직자 - 다양한 학습 자원을 발견하여 교육환경 구성 및 학습활동을 수행하고 주제·학습도구·게시판 등을 제시하는 등 교수절차를 실천하는 역할을 한다. • 진단자 - 유아의 행동을 진단하고 유아의 성숙단계를 판단하며, 다양한 평가기술을 사용하여 교육과정 및 자원을 평가하는 역할을 한다.

	• 상담 및 조언자 - 유아들의 개성표현을 돕고 자아실현 및 창의적 성장을 도모하며 다양한 방법의 상호작용적 역할을 한다.
Dowling의 교사의 역할 5가지	• 관찰자로서 교사는 오랜 시간을 두고 유아를 관찰하고 정보를 기록한다. • 계획자로서 교사는 유아 개개인에게 적합한 활동들을 계획하고 배려할 수 있도록 중재자가 되어야 한다. • 대화자로서 교사는 유아에게 귀를 기울이며 교사 자신의 개인적인 경험을 유아와 공유하는 등 여러 가지 전략을 사용하여 대화를 촉진한다. • 교수자로서 교사는 유아에게 도움을 주고 지식을 전달하며 기술을 가르치는 것에 중점을 둔다. • 모델로서 교사는 유아의 사회적 능력에 영향을 주며 유아의 지적 기술을 강화시킨다. 이외에 평가자로서의 역할도 수행해야 한다.
Schickedanz, York, Stewart와 White의 교사의 역할 4가지	• 지식 전달자로서 교사는 유아가 지식을 구성할 수 있도록 언어적·비언어적으로 도움을 주어야 한다. • 계획자·조직자·평가자로서 교사는 교수의 가장 중요한 측면인 계획, 조직, 평가를 수행한다. • 훈육자로서 교사는 유아가 자아존중감을 갖고 다른 유아들과 협력할 수 있도록 하며, 활동을 잘 계획하고 조직함으로써 문제 행동 발생을 예방하며, 기대되는 행동에 대한 모델이 되어야 한다. • 의사결정자로서 교사는 항상 유아들을 관찰함으로써 이를 프로그램 수정에 반영하고 기본적인 프로그램이 설정되면 언제, 어디서, 어떻게 상호작용할 것인지를 결정한다.

(2) 제6차와 2007 개정 유치원 교육과정 지도서 총론에서 제시한 교사의 역할

구분	내용
교육과정 설계자	• 교육과정 설계자로서의 교사의 역할은 유아교육 이론과 실제를 토대로 유아의 능력에 적합하면서 지역 사회 및 기관에서 중요하다고 여기는 가치나 신념 등을 반영하여 '왜, 무엇을, 어떻게, 어느 수준과 범위로 가르치고 평가하느냐'를 계획하는 것이다. • 교육과정 설계자로서의 역할을 수행하기 위해서 유치원 교사는 기관의 철학이나 자신의 철학을 명확히 설정해야 하고, 지역적·문화적 상황이나 특성 및 유아의 발달·욕구·흥미를 정확하게 파악하고 반영해야 한다.
일과 계획 및 운영자	• 일과 계획 및 운영자로서의 교사의 역할은 자신이 수립한 연간·월간·주간 교육계획에 의거하여 체계적이고 구체적인 일과를 계획하고 융통성 있게 일과를 수행하는 것이다. • 유아는 환경과의 적극적인 상호작용을 통해 많은 것을 학습하므로 교사는 적합한 환경 및 학습 활동을 계획해야 하고, 유아가 활동에 참여할 때 지속적으로 관찰하고 적절한 개입과 의사소통을 해야 한다.
상담자 및 조언자	• 상담자 및 조언자로서의 교사의 역할은 유아와 상호작용 하면서 정서적으로 지지하고 지원해 주는 보호자의 역할을 하는 것이다. • 이 역할을 효율적으로 수행하기 위해 가정과의 협력이 필요할 경우에는 부모를 대상으로 상담자 및 조언자의 역할을 수행하는 것도 포함된다.
생활 지도자	• 생활 지도자로서의 교사의 역할은 유아가 지켜야 할 예절이나 질서 또는 규칙에 대해 올바른 습관을 형성하도록 지원하는 것이다. • 유아기는 기본생활습관이 형성되는 중요한 시기일 뿐만 아니라 이 시기에 형성된 습관이 평생 동안 영향을 미치게 되므로 유치원 교사는 매일의 생활을 통해 그리고 놀이 상황을 통해 유아가 올바른 습관을 형성할 수 있도록 도와주어야 한다.
현장 연구자	• 현장 연구자로서의 교사의 역할은 유치원 현장에서 부딪히는 실제적인 문제 상황을 해결하기 위해 노력하거나 새로운 이론 및 활동을 현장에 적용하는 것이다. • 현장 연구자로서의 역할을 수행하기 위해 교사는 유아와의 상호작용에서 문제 상황에 직면할 때, 이러한 문제를 현장 연구의 적합한 자료로 활용할 수 있어야 한다.

CHAPTER 11

행정 업무 및 관리자	• 행정 업무 및 관리자로서의 교사의 역할은 시설·설비, 교재·교구 구입 및 관리, 원장·동료·학부모·장학사와의 관계 형성, 원아 모집 및 학급 편성, 유아의 영양·건강·안전 지도 등과 관련된 역할을 수행하는 것이다.
의사 결정자	• 의사 결정자로서의 교사의 역할은 유치원 현장에서 일어나는 모든 일에 대해 전문적으로 판단하고 결정을 내리는 것이다. • 의사 결정자로서의 역할을 수행하기 위해 교사는 항상 유아들을 관찰하고 기록해야 하며, 이를 프로그램 수정 시에 반영하고, 기본적인 프로그램이 설정되면 언제, 어디서, 어떻게 상호작용할 것인지를 결정해야 한다. 또한 교사는 끊임없이 유아에 대한 활동, 교육 목표, 내용, 방법 등에 대한 결정을 내려야만 한다. • 교사는 계속적으로 의사 결정을 하는데, 때로는 교육과정을 계획하는 데 있어서, 또 때로는 실제 교수하는 동안 즉각적인 의사 결정을 한다. • 교사는 각 역할 내에서 항상 의사 결정을 해야 하며 의사 결정한 것을 수행하는 데 관련된 수행 역할을 담당해야 한다.
동료와의 협력자	• 동료와의 협력자로서의 교사는 유치원 조직의 일원으로서 동료 구성원들과 협력적인 관계를 형성하여 경험을 공유하며, 공동의 책임감과 목적을 갖고 유치원 교육의 질을 높이는 데 참여한다. • 동료와의 협력자로서의 역할을 수행하기 위해 교사는 비교적 형식화된 과정인 수업 관찰 및 피드백 제공뿐만 아니라 공동의 관심사나 경험 등에 대해 공유함으로써 상호 협력적으로 전문성 발달을 이루어가는 것이 바람직하다. 이를 위한 내용은 지식과 기술, 자기 이해, 생태적 측면의 발달을 도모하는 데 도움이 되는 교육관·가치관·교육 신념 확립, 교수 기술 향상, 자아상 확립, 대인 관계 능력 배양, 지원적 환경 조성과 연관된 내용을 폭넓게 다루는 것이 필요하다.
양육자로서의 역할	• 유치원 교사는 유아를 신체적, 정신적인 위험에서 안전하게 보호하고, 정상적인 발달을 보조하여 주는 양육자 역할을 수행해야 한다. • 이러한 경향은 최근 유아교육 대상 연령이 하향화되고, 유치원 운영 시간이 늘어남에 따라 더욱 중요하게 부각되고 있다.
관찰자로서의 역할	• 효과적인 교육을 수행하기 위해서 교사는 무엇보다도 먼저 유아의 발달 수준 및 개인적인 요구를 이해해야 한다. 즉, 교사는 유아의 개인적인 능력이나 요구, 개인차를 파악하여 개별화된 교육을 수행해야 한다. • 교사는 항상 유아의 건강 상태나 행동, 생각, 느낌을 유심히 관찰한 후 기록하고, 그 결과를 교육계획에 반영해야 한다.
교육 프로그램 계획자로서의 역할	• 교육 프로그램 계획자로서의 교사의 역할은 교수의 가장 중요한 측면인 학습 활동의 계획 및 조직, 평가에 이르는 일련의 과정을 계획하고 수행하는 것이다. • 우선 교사는 유아의 발달 수준과 유치원의 상황, 부모나 지역 사회의 요구, 국가 수준교육과정 등을 기초로 교육계획을 수립한다. • 유아를 위한 교육계획은 월간 교육계획을 포함하는 연간 교육계획, 주간 교육계획 및 일일 교육계획으로 나누어 세밀하게 구성해야 한다. • 교사가 수립한 교육계획은 유아의 요구나 흥미, 상황에 따라 융통성 있게 운영되어야 하며, 교육계획에 따라 활동을 수행하고 난 후, 교사는 반드시 활동에 대한 유아의 반응을 관찰하면서, 그 결과를 다음 교육계획에 반영해야 한다.
교수 조직자로서의 역할	• 유아는 기존 지식이나 개념을 교사로부터 일방적으로 전달받기보다는 구체적인 경험과 다른 사람들과의 적극적인 상호작용을 통하여 더욱 효과적으로 학습할 수 있다. • 교사는 유아들에게 적절한 질문이나 동기를 유발시켜, 유아들이 스스로 문제를 해결하여 나갈 수 있게 격려해 주고, 그들의 학습을 적절히 보조하여 주는 조력자로서의 역할을 수행하며, 풍부한 교재·교구를 포함한 물리적 환경을 구성해 주어야 한다.

3) 교사의 역할 합격기출

- 사라쵸(O. Saracho)가 제시한 유아 교사의 역할인 '진단자, 교육과정 계획자, 교육 조직자, 학습 관리자, (①   ), (②   )' 중 (①   )로서의 역할은 교육현장에서 일어나는 모든 일에 대해 전문적으로 판단하고 그때그때 상황에 적합한 최선의 방안을 찾아내어 결정을 내리는 역할이고, (②   )로서의 역할은 '개별 유아들의 정서에 관심을 가지고 지원하는 것도 수업 못지않게 중요하고 이를 위해 자녀의 발달이나 또래 관계에 대해 부모님과 이야기 나누는 것'이다.

- '단기, 중기 등 시기별로 세웠던 계획을 반영하여 교육목표를 달성할 수 있도록 교육활동을 적절히 구성하는 역할이 가장 중요하다고 생각해요. 그 역할에는 교육활동에 필요한 자원을 찾고 활용하는 것도 포함 되고요.'는 사라쵸(O. Saracho)의 교사 역할 중 (③   )로서의 역할을 설명한다.

- 교사의 역할은 교사가 하루의 활동을 계획하여 운영하고, 활동 중 유아들의 특성을 반영하여 활동 내용을 변경하여 융통성 있게 운영하는 (④   )로서의 역할과 교사가 활동 중에 활동 계획을 바꾸는 것과 같이 유치원 현장에서 일어나는 모든 일에 대해 전문적으로 판단하고 결정을 내리는 (⑤   )로서의 역할이다.

- (⑥   )로서의 역할 - 유아와 상호작용하면서 정서적으로 지지하고 지원해 주는 보호자의 역할을 한다.

- (⑦   )로서의 역할 - 유치원의 연간, 월간, 주간 교육계획에 따라 하루의 일과를 계획하고 운영하고 평가한다.

- (⑧   )로서의 역할 - 유치원 현장에서 부딪히는 실제적인 문제를 해결하기 위해 새로운 이론 및 활동을 현장에 적용하는 연구자의 역할을 한다.

- (⑨   )로서의 역할 - 유치원의 시설, 교재·교구 구입 및 관리, 원장, 동료, 학부모, 장학사와의 관계형성, 원아 모집 및 학급 편성, 유아의 영양·건강·안전 지도와 관련된 역할을 한다.

- 교사가 놀이 선택이 어려운 을이에게 동화책 내용을 상기시켜주어 새로운 놀이를 찾도록 한 것은 (⑩   )로서의 교사 역할을 보여준다. 그 이유는 을이의 문제해결을 위해 비고츠키의 사회적 상호작용이론을 적용하기 때문이다. 이러한 역할이 필요한 이유는 교사의 전문성 신장과 유아의 전인발달 지원을 위해서이다.

- (⑪   )의 역할 - 상처를 살피고 다친 정도에 따라 적절하게 처치한다.

- (⑫   )의 역할 - 발생한 사례와 비슷한 문제 상황을 다루는 수업을 계획한다.

- (⑬   )의 역할 - 부모에게 일어난 상황을 알리고, 부모의 반응에 따라 이해할 수 있도록 충분히 상담한다.

CHAPTER 11

12 교사의 신념

1) 교사의 신념 합격단어
2) 교사의 신념 합격내용
3) 교사의 신념 합격기출

1) 교사의 신념 합격단어

- 교사 신념, 성숙주의 교사 신념, 행동주의 교사 신념, 상호작용주의 교사 신념

2) 교사의 신념 합격내용

구분	내용
성숙주의 교사 신념	• 철학적으로는 루소에 근원을 두며, 심리학적으로는 다윈과 홀의 이론과 표준행동 발달 기준을 제시한 게젤의 이론에 그 기초를 둔다. • 성숙주의는 인간은 태어나면서부터 모든 발달에 필요한 잠재력을 가지고 태어나며, 이는 시간의 흐름에 따라 서서히 발현되어지며 성숙해 간다는 이론이다. • 성숙주의는 아동을 적극적으로 가르치기 보다는 여유 있게 기다려 주고 학습자의 흥미를 존중해 주는 교사 신념을 만들어 낸다. • 자아확신, 자발성, 호기심, 자아규율 등의 고양을 통한 유아의 정서적이고 사회적인 발달을 돕는 것이다(사회 정서 영역의 발달 강조). • 인간의 성장발달에서 생득적인 측면을 강조하며 교육을 내적 덕목과 능력이 펼쳐지는 것으로 본다. • 발달을 개인 내에서 구조가 성숙되는 결과로 보며, 인간 행동의 변화를 유전자에 의해 조절되는 신경계의 신체적 성숙이라고 설명한다. 성숙된 준비에 맞추어 동기화가 일어나므로 유아가 무엇을 배울 준비가 되었을 때 배우고자 하는 열망을 느끼게 된다고 간주한다. • 교사는 유아가 자신의 욕구와 흥미를 따르도록 따뜻하고 안정된 환경을 제공해야 하며, 유아가 틀린 반응을 하더라도 정정해 주거나 틀렸다고 말하지 않는다. • 교사는 유아-유아, 유아-교구 간 상호작용의 중재자 역할을 하며, 특히 유아-유아 간 상호작용을 중시하고 다양한 경험과 연결된 학습, 유아 스스로의 활동을 강조한다.
행동주의 교사 신념	• 철학적으로는 로크에 근원을 두며, 심리학적으로는 홀, 손다이크, 왓슨, 그리고 특히 스키너의 S-R 이론에 그 기초를 둔다. • 행동주의는 인간은 처음부터 모든 가능성을 가지고 태어난다는 성숙주의에 반대하여, 인간은 백지상태에서 태어나므로 적당한 자극과 반응에 따라 행동이 강화되고 수정되어야 한다고 주장한다. • 행동주의는 교사에게 아동이란 기다려주고 존중해주기 보다는 칭찬과 격려, 벌과 통제를 통해 바람직한 행동을 가르치고 더 강화된 학습으로 이끌어주어야 한다는 교사 신념을 이끌어낸다. • 유아 초기에 특별한 기술을 많이 학습시키고 의사전달, 사고기술, 읽기와 산수 등의 학문적 기술에 집중적인 관심을 갖는다. • 성숙주의 이론과는 달리 준비도와 능력은 경험에 의한 것이라고 주장한다. • 지식은 어린이 내부의 성숙에 의해 형성되는 것이 아니라 외부 환경에 의해 복잡한 개념이 어린이에게 조금씩

	전달되기 때문에 학습은 작은 단계로, 연속적으로, 체계적으로 이루어진다고 본다. • 유아의 바람직한 반응을 강화하기 위해 사회적·언어적 칭찬, 미소, 끌어안기, 캔디, 토큰 등으로 보상한다는 입장이므로 의사 전달, 사고 기술, 읽기와 산수 등의 학문적 기초에 집중적인 관심을 보인다. • 학습활동은 단일 활동을 중심으로 개념과 지시적, 반복적 교수형태로 행해지며, 교사의 역할은 강화, 조절, 모델링을 통해 바람직한 학습과 행동이 일어나도록 지도, 교정, 훈련하는 것이다.
상호작용 주의 교사 신념	• 철학적으로는 칸트와 듀이에 근원을 두며, 심리학적으로는 헌트, 블룸 및 피아제의 이론에 그 기초를 둔다. • 상호작용주의는 성숙주의와 행동주의의 두 입장을 보완하면서 인간이 주변 환경과의 능동적인 상호작용을 통해 전인적, 통합적으로 발달해 간다는 입장이다. • 상호작용주의에 대한 믿음에 기초하여 형성되는 구성주의는 피아제의 인지발달론에 힘 입어 아동은 환경과 인간의 적극적인 상호작용에 의해 인간 스스로 지식을 구성해 간다는 이론으로 성숙주의와 행동주의를 중재하고 진화된 교육 신념을 만들어내는데 공헌하였다. • 유아의 독특성, 능동성, 자발성 등에 초점을 두고, 교사나 성인에 의해 마련된 환경과 유아와의 상호작용을 통해 전인 발달을 지향한다. • 인간 발달은 고정된 것이지만 발달 속도와 시간은 개인에 따라 다르며 다양하다고 본다. • 지식이란 어느 곳에도 존재하지 않으며 인간이 주위 환경과의 상호작용을 통해 구성해 가는 것이다. • 이전의 경험을 기초로 새로운 경험을 해 나가므로 흥미나 지속적인 참여에 의하여 동기화가 나타난다. • 교사는 유아가 학습할 때 자발적으로 참여하게 하고 실험 학습의 기회를 주고, 자원을 이용하여 풍부한 환경을 제공하는 등 유아와 환경의 상호작용을 조성해 줄 때, 인지·사회·정서 발달이 자연스럽게 일어난다고 한다. • 학습과정의 주도권은 유아와 교사 모두에게 주어지며, 교사는 학습 조정자 및 안내자, 촉진자 역할을 하여 유아 스스로 해답을 발견하도록 안내하면서 실험하고 탐구하기 위한 폭넓은 기회를 제공한다.

3) 교사의 신념 합격기출

• 철학적으로는 (①)에 근원을 두며, 심리학적으로는 표준행동 발달 기준을 제시한 (②)의 이론에 그 기초를 둔 (③)는 인간은 태어나면서부터 모든 발달에 필요한 잠재력을 가지고 태어나며, 이는 시간의 흐름에 따라 서서히 발현 되어지며 (④)해 간다는 이론이다. (④)된 (⑤)에 맞춰 동기화가 일어나므로 유아가 무엇을 배울 (⑤)가 되었을 때 배우고자 하는 열망을 느끼게 된다고 간주한다.

• 철학적으로는 (⑥)에 근원을 두며, 심리학적으로는 (⑦)의 S-R 이론에 그 기초를 둔 (⑧)는 인간은 처음부터 모든 가능성을 가지고 태어난다는 (⑨)에 반대하여, 인간은 (⑩)에서 태어나므로 적당한 자극과 반응에 따라 행동이 (⑪)되고 수정되어야 한다고 주장한다.

• (⑫)는 성숙주의와 행동주의의 두 입장을 보완하면서 인간이 주변 (⑬)과의 능동적인 (⑭)을 통해 전인적, 통합적으로 발달해 간다는 입장이다.

13 유아를 위한 교수-학습의 원리

1) 유아를 위한 교수-학습 원리의 합격단어
2) 유아를 위한 교수-학습 원리의 합격내용
3) 유아를 위한 교수-학습 원리의 합격기출

1) 유아를 위한 교수-학습 원리의 합격단어

- 놀이 중심의 원리, 생활 중심의 원리, 개별화의 원리, 집단 역동성의 원리, 자발성의 원리, 융통성의 원리

2) 유아를 위한 교수-학습 원리의 합격내용

구분	내용
놀이 중심의 원리	• 놀이 중심의 원리는 교육 활동이 놀이를 통해 이루어지도록 하는 것이다. • 유아의 학습에서 놀이는 학습 그 자체라고 할 수 있다. • 유아는 놀이를 하면서 놀이와 관련된 사물을 탐색하고 상황을 파악하며, 사물과 상황을 이해하는 지식, 가치 및 태도, 기능 등을 발달시킨다.
생활 중심의 원리	• 생활 중심의 원리는 실제 생활환경 및 일상생활 경험을 통하여 사물이나 상황에 대한 지식과 태도, 다양한 기술을 학습하도록 하는 것을 뜻한다. • 학습의 시작은 유아가 실제 생활에서 나타내 보이는 흥미와 관심, 욕구, 질문 등으로부터 시작되는 것이 바람직하다.
개별화의 원리	• 개별화의 원리는 개별 유아의 흥미 및 이해 정도에 따라 교육 활동을 선정하고, 학습 속도에 맞게 제시하며, 교수·학습 방법을 달리 적용하는 것을 말한다. • 개인은 지능, 성격, 흥미, 욕구, 발달 속도, 선행 경험 등의 면에서 각자 차이가 있다. • 교사는 학습자를 개별적 존재로 인정해야 하고, 그 개인에 맞는 교육 활동 및 교수·학습 방법을 제공해야 한다. • 교사는 유아의 생활과 놀이 활동을 세심하게 관찰하여 유아의 참여도, 자발성, 지속성, 발달 수준 및 발달 속도 등에 대해 잘 파악해야 한다.
집단 역동성의 원리	• 유아들 간에, 그리고 유아와 교사들 간에 서로 역동적인 힘과 영향을 주고받으며 모든 활동에 상승적 효과를 일으키는 것을 의미한다. • 바람직한 집단의 역동은 구성원들이 서로 다른 생각의 상호 교섭을 통해 다양한 정보를 공유하게 해 주고, 지적 자극을 주며, 탈중심화를 촉진시키고, 서로 협동하게 해 준다.
자발성의 원리	• 외부의 강제나 영향 없이 자기 내부의 원인과 힘에 의하여 학습이 이루어지는 것을 말한다. • 학습은 학습자 스스로가 배우고자 하는 자발적인 의욕을 가지고 있을 때 가장 효과적으로 이루어진다. • 동기가 내재된 학습을 하는 것이 중요함을 일컫는 것으로, 이는 흥미의 원리, 자기 활동의 원리라고도 한다.
융통성의 원리	• 상황에 따라 적절하게 유아들의 흥미나 욕구, 우발적인 사태 등을 고려하여 활동 내용이나 방법, 자료 등을 변경하는 것이다. • 교사는 일과, 활동상황 또는 놀이상황 등에서 유아들의 흥미나 욕구, 교육적 필요에 따라 순발력 있게 여러 요인들을 반영해야 한다.

3) 유아를 위한 교수-학습 원리의 합격기출

- (①   )의 원리가 적용되고 있는 사례는 '유아들이 나비에 관심을 갖게 되어, 계획했던 들꽃 관찰하기 활동을 잠시 중단하고 활동 내용을 나비로 변경하여 계획하지 않았던 나비의 생김새와 움직임을 유아들이 자유롭게 탐색하도록 한 것'이다.

- 쌓기놀이영역에서 초가집을 만들고 놀이하는 것은 (②   )의 원리이고, 교사가 놀이를 선택하지 못하는 을이의 개인 특성을 고려해서 활동을 안내한 것은 (③   )의 원리이며, 교사·을이·성운·순호 간의 상호작용을 통한 놀이 확장은 (④   )의 원리이다.

유아교육과 교사 합격기출 정답

01 교사 발달

정답

①	②	③	④	⑤
생태학적 변화	자기 이해	생존에 대한 초기 관심사 단계	학생에 대한 관심사 단계	순환
⑥	⑦	⑧	⑨	
능력구축의 단계 (=유능감 형성기)	교수 상황 관심사	학생에 대한 관심사	생존기 (=생존단계)	

02 교사의 반성적 사고

정답

①	②	③		
전문가적인	실천행위를 위한 반성적 사고	실천행위에 대한 반성적 사고		

03 교사의 실천적 지식

정답

①	②			
실천적 지식	실천적 지식			

04 원내 자율 장학

정답

①	②			
협의	요구			

05 자기장학

정답

①	②	③		
자기장학	자기장학	자기장학		

06 동료장학

정답

①	②	③	④	
동료장학	협력	협의	수업 사례 분석	

08 멘토링

정답

①	②	③		
멘토	멘티	사전협의회		

CHAPTER 11

09 컨설팅 장학

정답

①	②	③
컨설팅 장학 혹은 학교 컨설팅 장학	자발성	학습성

10 교사의 자질과 의무

정답

①	②	③	④
올바른 교육관과 직업윤리	인간과 생명에 대한 존엄성	적극적	소극적

11 교사의 역할

정답

①	②	③	④	⑤
의사결정자	상담 및 조언자	교수조직자	일과 계획 및 운영자	의사결정자
⑥	⑦	⑧	⑨	⑩
상담자 및 조언자	일과 계획 및 운영자	현장연구자	행정 업무 및 관리자	현장연구자
⑪	⑫	⑬		
보호자	계획자	상담자		

12 교사의 신념

정답

①	②	③	④	⑤
루소	게젤	성숙주의	성숙	준비
⑥	⑦	⑧	⑨	⑩
로크	스키너	행동주의	성숙주의	백지상태
⑪	⑫	⑬	⑭	
강화	상호작용주의	환경	상호작용	

13 유아를 위한 교수-학습의 원리

정답

①	②	③	④
융통성	놀이 중심	개별화	집단역동성

CHAPTER 12

유아교육과 부모 합격비계

I. 유아교육과 부모 합격목차
II. 유아교육과 부모 합격내용

I. 유아교육과 부모 합격목차

1. 드라이커스(R. Dreikurs)의 민주적 부모교육이론

2. 기노트(H. Ginott)의 인본주의 부모교육이론

3. 번(E. Berne)의 상호교류 분석이론
   (T.A : Transactional Analysis)

4. 고든(T. Gordon)의 부모효율성 훈련이론
   (P.E.T : Parent Effectiveness Training)

5. 행동수정이론

6. 제6차·2007개정 유치원교육과정 지도서 총론에서 제시한 부모교육론

II. 유아교육과 부모 합격내용

01 드라이커스(R. Dreikurs)의 민주적 부모교육이론

1) 드라이커스의 민주적 부모교육이론 합격단어
2) 드라이커스의 민주적 부모교육이론 합격내용
3) 드라이커스의 민주적 부모교육이론 합격기출

1) 드라이커스의 민주적 부모교육이론 합격단어

- 드라이커스, 민주적 부모교육이론, 아들러의 개인심리학 이론, 부모와 자녀 관계의 평등성 강조, 부모-자녀의 수평적 관계, 민주적인 양육태도, 질서 있는 자유, 가족 내에서 일어나는 사회화 과정 중시, 민주적인 가족 분위기 강조, 상호존중감, 민주적인 의사결정, 사회적으로 책임감 있는 아동 양성, 유아의 잘못된 행동 4가지 유형(관심 끌기, 힘 행사하기, 앙갚음, 무능함 보이기), 목표(=잘못된 행동을 통해 어떤 것을 성취하려고 한다는 의미의 범주), 행동통제 방법(자연적 귀결방법, 논리적 귀결방법)

2) 드라이커스의 민주적 부모교육이론 합격내용

구분		내용
개요		• 드라이커스는 아들러의 개인심리학을 바탕으로 부모교육이론을 제시하였다. 아들러(A. Adler)는 부모와 자녀관계는 평등주의에 입각해야 된다고 주장한다. 이는 부모-자녀 관계가 상하 수직관계가 아니라 평등한 관계, 즉 수평적 관계가 되어야 한다는 것이다. • 드라이커스의 민주적 부모교육이론은 부모가 자녀의 행동을 이해하고 부모-자녀 간의 평등한 인간관계를 형성하고자 하는 데 주된 목적이 있다. • 민주적 부모교육이론의 목표는 부모와 자녀 관계를 평등성에 기초하여 보다 바람직한 방향으로 발전시키는 것이다. 이러한 목표에 따라 부모와 성인에게 평등의 개념과 부합하는 양육 방법을 가르친다.
	생활 양식	• 생활양식이란 사회화 과정을 통하여 형성되는 인성, 태도, 신념, 능력 등을 의미한다. • 유아기에 형성된 생활양식은 전 생애에 영향을 미친다. • 유아기 자녀는 부모에게 상대적 열등감을 가지게 되는데, 이를 가상의 목표를 세워 보상하고자 한다. • 가상적 목표 달성을 위해 어떤 행동을 하게 되고, 이러한 행동을 반복하는 것이 유아의 생활양식이 되므로, 부모는 자녀가 달성하려는 행동 목표가 무엇인지 파악하고 바람직한 방법으로 목표를 달성할 수 있게 해야 한다.
		• 가상적 목표란 현재 유아의 행동에 영향을 주는 목표로 실제로 미래에 실현될 것과는 상관이 없는 목표로, 이 목표를 부모가 이해하기 위해서는 가상적 목표를 이해할 수 있어야 한다. • 유아는 가상적 목표를 달성하기 위해 관심 끌기, 힘 행사하기, 보복, 부적절성 혹은 무능함 보이기 등의 행동을 하는 경우가 많다.

- 이러한 행동 목표는 가족 집단에서 소속감을 획득하기 위해 잘못 설정된 방법이다. 그러나 부모가 자신을 사랑한다고 느끼며 소속감과 안정감을 가지는 유아는 긍정적 방향으로 목표를 세우고 잘 적응하게 된다.
- 부모는 유아의 행동 목표를 파악하여 유아가 또 다시 잘못된 행동으로 목표를 달성하지 못하도록 하고, 유아가 바람직한 모습으로 목표를 달성할 수 있도록 배려해야 한다.
- 잘못된 행동 목표

		목표 행동	자녀의 잘못된 생각	부모의 느낌과 반응	부모의 행동에 대한 아동의 반응	부모를 위한 해결방안
민주적 부모교육의 원리	가상적 목표	관심 끌기 (주의 집중)	내가 관심을 끌 때에만 나는 소속감을 느낀다.	느낌-귀찮다. 반응-관심을 보이고 달래려고 한다.	일시적으로 잘못된 행동을 그만두고, 후에 다시 재개한다.	잘못된 행동을 무시하고 고의적인 관심을 얻으려 하지 않을 때, 긍정적 행동에 대해 관심을 보인다. 부모가 벌주거나 보상, 달라고 시중드는 것은 지나친 관심이다.
		힘 행사하기	내가 모든 것을 마음대로 할 수 있고, 누구도 나를 지배하지 못할 때만 소속감을 느낀다.	느낌-흥분한다. 반응-싸우거나 포기한다.	적극적, 수동적, 공격적이며 그 행동이 심해지거나 반항적 순종을 한다.	갈등에서 한걸음 물러선다. 아동에게 도움을 청하거나 협동하게 함으로써 힘을 건설적으로 어떻게 사용하는지 알려준다.
		앙갚음 (보복하기)	내가 상처받은 만큼 다른 사람도 아프게 해야 소속감을 느낀다. 나는 사랑받지 못하고 있다.	느낌-깊이 상처받는다. 반응-보복하려는 경향을 보인다.	더욱 심하게 잘못된 행동을 함으로써 복수심을 나타내거나, 다른 무기를 선택한다.	감정을 상하지 않도록 벌을 주지 않는다. 신뢰적 관계를 바탕으로 사랑받고 있다는 것을 확신시켜준다.
		부적절성 나타내기 (희망 포기)	다른 사람이 나에게 아무것도 기대하지 않게 함으로써 소속감을 느낀다. 나는 무능하고 무기력하다.	느낌-절망, 포기, 무기력해진다. 반응-어떤 일도 할 수 없다고 인정하려고 한다.	어떤 것에든지 수동적으로 반응하거나 반응하지 않는다. 어떠한 향상도 보이지 않는다.	절대 어린이를 비난하지 않는다. 어떠한 긍정적 시도라도 격려하고 조그만 일에도 관심을 보인다. 무엇보다 동정하거나 포기하지 않아야 한다.

CHAPTER 12

창조성	• 유아는 자신의 욕구 충족을 위해 가상적 목표를 설정하고, 목표의 성공을 위해 다양한 행동 양식을 창조한다. • 이러한 과정에서 잘못된 행동을 창조하는 것으로, 행동의 목표를 달성하는 경험을 한 유아는 그것이 생활양식이 되어 성인이 되어서도 바람직한 방법보다는 잘못된 방법으로 자신의 목표를 달성하고자 한다. • 따라서 부모는 자신의 태도를 먼저 변화시키고 자녀의 긍정적인 행동을 격려하며 자녀의 바람직한 창조성을 지지해야 한다. • 이러한 과정에서 부모의 반응은 중요하며 잘못된 행동에 대해 자녀의 의도대로 반응하게 되면 바람직한 방법보다는 잘못된 방법으로 목표를 달성하고자 한다. • 따라서 부모는 자녀의 잘못된 행동을 변화시키기 위해서 부모 자신의 태도를 먼저 변화시키고 다음으로 자녀의 긍정적인 행동을 격려해 줌으로써 자녀가 바람직한 방법으로 자신을 창조해 나가도록 한다.
행동 통제	• 유아는 사회적 상호작용의 영향을 받아 가상적 목표를 달성하기 위해 자신의 행동을 결정하게 된다. • 따라서 부모는 자녀가 설정한 목표를 긍정적인 행동을 통하여 성취할 수 있도록 적절한 방법으로 자녀의 행동 통제를 도와주어야 한다. • 민주적 부모교육이론에서는 부모가 유아에게 스스로 책임 있는 결정을 하도록 자연적 귀결과 논리적 귀결의 행동 통제 방법을 사용하도록 제시하고 있다. • 자연적 귀결은 자연스러운 상황에서 유아 자신의 행동으로 인해 자신이 보상 받는다고 느낄 수 있는 방법이다. • 논리적 귀결은 상황에 따른 결과가 유아 자신의 행동뿐만 아니라 부모에 의해 행동 결과가 정해지는 방법이다. 이 때 행동결과에 대한 판단 준거는 미리 정해 놓은 규칙에 근거한다.

3) 드라이커스의 민주적 부모교육이론 합격기출

- 드라이커스는 부모-자녀 간의 대등한 관계를 강조하는 (①   )이론을 수립하였다.

- 영유아의 인성을 형성하는 데 있어 부모들이 큰 영향을 미친다고 하면서 다음과 같이 밝히고 있다. "삶의 형태는 일련의 행동으로 구성되는 데 이 행동들은 아이들이 삶의 (②   )를 세울 때 사용된다. 유아기 아이들이 세우는 삶의 (②   )는 대개 '나는 인정받고 싶다.', '난 이집에서 중요한 사람이다.'와 같은 감정을 느낄 수 있기를 바라는 것이다."

- 드라이커스는 아이들의 잘못된 행동이 잘못된 (③   )에서 비롯된다고 본다.

- 유아들의 잘못된 (④   )는 (⑤   ), (⑥   ), (⑦   ), (⑧   )이다. (⑨   )를 나타내는 사례를 들면, 평소 착하던 아이가 동생이 태어난 후 엄마가 동생에게만 애정을 보이고 자신에게는 소홀하게 대한다고 생각하여 동생을 자꾸 꼬집고 울리곤 하는 것이다.

- 드라이커스가 제시한 자녀양육방법인 (⑩   )은 자녀의 행동결과에 대해 부모와 자녀가 합의하여 결정한 것을 자녀가 따르도록 함으로써 자신의 잘못된 행동에 대해 책임을 수용하는 법을 배울 수 있도록 도와주는 방법이다. 벌은 (⑪   )시점의 행동에 초점을 두는 반면, (⑫   )은 (⑬   )시점의 행동에 초점을 둔다.

- (⑭   )의 민주적 부모교육이론은 (⑮   )의 개인심리학을 적용하여 발전시킨 부모교육 이론이다. 해당 부모교육이론에서는 부모-자녀 관계, 성인-유아 관계를 (⑯   )에 기초하여 보다 바람직한 (⑰   ) 유형으로 발전시키고자 한다.

- 부모는 자녀가 자신의 기대나 목표를 달성하기 위해 관심 끌기, 권력 행사, 보복, 부적절성과 같은 (⑱   )를 행동 전략으로 설정한다는 것을 파악하고 대처해야 한다.

- 자녀가 자신의 행동 결과로 인해 배우게 되는 (⑲   ), 행동 결과에 대해서 부모와 성인들이 자녀와 합의하여 논리적으로 정하는 (⑳   )의 경험을 많이 하도록 함으로써 자녀 스스로 자기 훈련을 통해 (㉑   )을 기르도록 한다.

02 기노트(H. Ginott)의 인본주의 부모교육이론

1) 기노트의 인본주의 부모교육이론 합격단어
2) 기노트의 인본주의 부모교육이론 합격내용
3) 기노트의 인본주의 부모교육이론 합격기출

1) 기노트의 인본주의 부모교육이론 합격단어

- 기노트, 인본주의 부모교육이론, K. Rogers, Maslow, Axline 등의 인본주의 심리학, 부모-자녀 간 의사소통기술 증진, 인본주의 부모교육이론의 자녀양육 원리 : 의사소통 전략(대화, 칭찬이나 긍정적 강화 남용 지양, 부모의 화나는 느낌을 가질 권리, 위협·뇌물공세·빈정대기 등의 상호작용방법 지양, 처벌 지양), 인본주의 부모교육의 원리(부모와 자녀 간의 의사소통, 유아의 행동지도, 훈육방법, 부모교육 프로그램의 적용), 부모교육 프로그램 4단계[제1단계 : 털어놓기 단계(경험과 불평 늘어놓기 단계), 제2단계 : 감수성 높이기 단계(감수성 증진 단계), 제3단계 : 개념형성 단계, 제4단계 : 기술 익히기 단계]

2) 기노트의 인본주의 부모교육이론 합격내용

구분	내용
개요	• 인본주의 부모교육이론은 기노트에 의해 정립된 이론으로 정신의학이론과 부모교육을 연결시켜 자녀의 정서적 장애는 부모의 자녀양육에 문제가 있는 것으로 보고 부모-자녀 간 의사소통기술을 증진시키는 것이 주된 목적이다. 즉, 부모와 자녀는 상호 인간적으로 존중하고 이를 기초로 의사소통이 이루어져야 함을 강조한다. • 기노트는 자녀를 있는 그대로 받아들이고 유아 중심적 사고를 하며 부모는 자녀와 진솔한 대화를 할 것을 강조하였다. 결국 부모가 자녀를 사랑하고 존중하는 것을 대화로서 표현해야 하고, 대화를 하는 데는 기술이 있음을 강조하며 의사소통 기술을 익히고 배우는 것도 필요하다고 보았다. • 기노트는 자녀에게 생기는 문제점이 부모의 양육 태도에 있다고 생각하고 유아를 중심으로 하는 교육을 강조하여 부모 자녀 사이에 긍정적인 상호 경험의 기회를 강조하였다.
인본주의 부모교육 이론의 목적	• 부모가 자녀에게 문제가 생겼을 때, 도움을 줄 수 있도록 자녀가 부모의 도움을 받아들일 수 있도록 해야 한다. 이를 위해서 효과적인 상호작용 기술을 익히고, 부모와 자녀 간의 긍정적인 인간관계가 형성되어야 한다. 이러한 기술이 선행된 부모와 자녀의 관계는 자녀에게 자신감을 길러주는 동시에 정서적, 지적, 사회적 발달을 촉진시킨다.
인본주의 부모교육 이론의 자녀양육 원리	• 유아와의 대화는 인격을 존중하는 태도를 가지고 해야 하며, 대화는 기술이 필요하다. • 부모는 칭찬이나 긍정적 강화를 남용하지 말아야 한다. • 부모는 자녀와의 상호작용에서 생기는 갈등이나 압박감을 다룰 때 자녀들의 행동에 대해 화나는 느낌을 가질 권리가 있다. • 위협, 뇌물공세, 빈정대기 등의 상호작용 방법을 사용하지 않는다. • 부모와 자녀 사이의 신체적인 차이점이 적을 때 의사소통은 더 효과적으로 이루어진다. • 유아들은 나이가 들면서 자기 행동에 책임지는 것을 배우게 된다. • 유아들은 자신이 이해할 수 있는 범위 내에서 그 한계가 합리적으로 주어질 때 규율과 책임감 등 좋은 습관을 형성할 수 있다. • 유아에게 처벌은 언어적 의사소통보다 효과가 없을 뿐만 아니라 해가 더 많다.

인본주의 부모교육의 원리	부모와 자녀 간의 의사소통	• 자녀와의 의사소통에서 부모의 자존심과 유아의 자존심을 모두 존중해야 한다.
		• 유아는 자신이 인정받고 있다는 느낌을 받으면 신뢰감을 가지고 대화에 적극적으로 참여 한다.
		• 부모는 자녀와의 대화에서 자녀의 행동 자체 보다는 그 행동에 관한 자녀의 감정에 집중하여 반응을 보여야 한다.
		• 부모는 유아의 행동을 비판하기 보다는 기본적으로 이해하려는 태도를 가져야 한다. 그리고 자녀와의 눈높이를 맞추어 대화하는 것이 좋다.
		• 기노트의 의사소통의 전략(Badcock & Keepers, 1976)
		  - 유아와의 대화는 인격을 존중하는 태도를 가지고 해야 하며 대화는 기술이 필요하다.
		  - 부모는 칭찬이나 긍정적 강화를 남용하지 말아야 한다.
		  - 부모는 자녀와의 상호작용에서 생기는 갈등이나 압박감을 다룰 때 자녀들의 행동에 대해 화나는 느낌을 가질 권리가 있다.
		  - 위협, 뇌물 공세, 빈정대기 등의 상호작용 방법을 사용하지 않는다.
		  - 부모와 자녀 사이의 신체적 차이점이 적을 때 의사소통은 더 효과적으로 이루어진다.
		  - 유아들은 나이가 들면서 자기행동에 책임지는 것을 배우게 된다.
		  - 유아들이 이해할 수 있는 범위 내에서 그 한계가 합리적으로 주어질 때 규율과 책임감 등 좋은 습관을 형성할 수 있다.
		  - 유아에게 체벌을 삼가도록 한다.

	유아의 행동 지도	• 자녀의 행동에 대한 칭찬과 강화가 남용되어서는 안 된다. • 자녀의 실수에 대해 훈계나 설교보다는 자녀의 말을 진정으로 들어주고 함께 해결책을 마련한다. • 자녀를 비하하는 표현을 하지 않는다. • 자녀 앞에서 지나친 분노를 억누르고 적절한 분노를 표현할 수 있어야 한다. • 자녀가 책임감 있게 자신의 임무를 완수할 수 있도록 믿고 기다려준다.
	훈육 방법	• 부모는 자녀에 대해 신뢰를 기초로 훈육할 수 있어야 한다. • 체벌을 절대 삼가야 하며 자녀가 이해할 수 있는 간결한 언어를 사용한다. • 효과적인 훈육의 4단계

		1단계	자녀가 원하는 바를 인정하고 간단한 말로 반복해서 말해준다.
		2단계	잘못된 행동에 대해 분명하고 단호하게 통제하는 말을 해준다.
		3단계	자녀가 원하는 바를 최소 일부분이라도 수용할 수 있는 방법을 제시해준다.
		4단계	부모가 자녀의 행동을 통제할 때, 자녀에게 일어날 수 있는 분노의 감정을 표현할 수 있도록 허용하고 도와준다.

	부모교육 프로그램의 적용	• 부모교육 프로그램은 10~20명의 부모집단을 대상으로 1주에 1회 1시간 30분 정도의 모임을 15주 동안 계속한다. • 기노트는 부모교육을 받기 위해 모인 부모들에게 부모-자녀 간의 갈등이 있을 때 올바른 훈육을 할 수 있도록 하기 위해 부모교육 프로그램 4단계를 제시하였다. • 부모교육 프로그램 4단계

		제1단계 털어놓기 단계 (경험과 불평 늘어놓기 단계)	• 부모와 자녀 간에 어떤 갈등이 있는지 지도자에게 자신이 느끼는 자녀에 대한 불만, 기대, 분노, 슬픔에 대한 모든 것을 솔직하게 털어놓아야 한다. • 모든 부모들은 저마다 각기 다른 양상으로 부모-자녀 간 갈등을 겪고 있다. • 비단 자신만이 겪고 있는 갈등과 문제가 아님을 인지할 수 있도록 하고 그 과정에서 서로 위안이 되고 격려도 된다.

제2단계 감수성 높이기 단계 (감수성 증진 단계)	• 감수성 높이기 단계에서 부모는 자녀의 입장에서 문제를 인식하고 자녀의 생각과 느낌, 감정에 대해 느껴본다. • 문제행동을 할 때 자녀의 생각은 어떠했을까, 그 때의 자녀의 느낌과 감정 상태는 어떠했을까 등에 대해 자녀의 입장에서 이해하려고 노력한다. • 이 과정에서 부모는 객관적으로 갈등이 일어난 상황에 대해 자신의 행동에 대해서 반성하게 되고 자신도 잘못된 행동을 했음을 스스로 지각하고 깨닫게 된다.
제3단계 개념 형성 단계	• 부모는 자녀와 갈등상황에 대해 무엇이 잘못되고 무엇 때문에 부모-자녀 간에 해결이 안되고 갈등상태가 지속되는가에 대해 생각해 본다. 그 과정에서 문제의 원인을 파악하게 되고 해결하기 위해 이를 실제에 적용해 본다. • 자녀의 부정적인 감정 상태를 이해하게 되며 화를 표현하고 좌절을 경험하는 등의 감정 상태에 대해 자연스러운 것이라고 인식하게 된다. • 그러나 감정 상태는 인정하되 그 바탕 위에 잘못된 행동이 일어났을 때에는 용납하지 않는다는 것도 분명히 인식하도록 한다. • 부모는 이 단계에서 자신의 문제를 객관적으로 보고 평가해 보고 해결할 수 있도록 한다.
제4단계 기술 익히기 단계	• 부모는 그 동안 배운 기술을 이용하여 자녀와의 문제를 해결할 수 있도록 기술을 개발하고 적용해 보도록 한다. • 각자가 상황에 맞게 개발한 해결책에 대해 후에 토론도 하고 의견도 나누면서 자녀와 바람직한 관계가 될 수 있도록 한다.

3) 기노트의 인본주의 부모교육이론 합격기출

• 부모를 대상으로 (①   ) 단계, (②   ) 단계, (③   ) 단계, (④   ) 단계로 구분하여 부모교육 프로그램을 운영한다.

• 부모는 자녀를 있는 그대로 받아들여야 하며, 부모-자녀 간 바람직한 (⑤   )을 위한 부모교육의 과정은 불평 늘어놓기, 감수성 높이기, 개념 형성, 기술 습득의 4단계를 거친다.

03 번(E. Berne)의 상호교류 분석이론(T.A : Transactional Analysis)

1) 번의 상호교류 분석이론 합격단어
2) 번의 상호교류 분석이론 합격내용
3) 번의 상호교류 분석이론 합격기출

1) 번의 상호교류 분석이론 합격단어

- 번, 상호교류 분석이론, 교류, 쓰다듬기(스트로크, =자극), 자아상태(어린이 자아상태, 성인 자아상태, 부모 자아상태), 어린이 자아상태(천성적 어린이 자아상태, 개조된 어린이 자아상태), 부모 자아상태(양육적 부모 자아상태, 비판적 부모 자아상태), 상호교류, 상호교류의 종류[보완적(상보적) 상호교류, 교차적 상호교류, 잠재적 상호교류], 생(生)의 네 가지 형태(자기 긍정-타인 긍정, 자기 긍정-타인 부정, 자기 부정-타인 긍정, 자기 부정-타인 부정)

2) 번의 상호교류 분석이론 합격내용

구분	내용
개요	• 번은 태어나면서 인간은 환경과 상호작용하면서 성장·발달하게 되고 특히 다른 사람과의 교류를 통해 인간관계를 형성한다고 보았다. 인간과 교류를 하면서 문제도 해결하게 되는데 이때 긍정적 혹은 부정적 생활 습관이 생기게 된다고 보았다. • 교류는 의사소통에서 한 사람의 자극에 대해 다른 사람이 반응하는 것을 의미한다. 유아는 사회 환경에서 교류를 통하여 자신과 외부 세계에 대한 생활 자세를 형성한다. 이는 자기 긍정과 타인 긍정, 자기 부정과 타인 긍정, 자기 긍정과 타인 부정, 자기 부정과 타인 부정의 형태이다. • 번의 상호교류 분석이론은 의사소통에서 한 사람의 자극에 대해 다른 사람이 반응하는 것으로, 모든 인간은 자극을 받기를 원하며 자극을 통해 자기인식을 하고 자기 성장을 하며 이 자극과의 상호작용을 통해 인성이 형성되고 자기가 완성된다고 한다. 여기서 번은 자극이란 쓰다듬기(stroking)라고 표현하였다. 쓰다듬기를 위해 언어적, 비언어적 표현을 모두 함께 사용해야 한다고 강조한다. • 번의 이론에 의하면 인간은 환경과의 상호작용을 통하여 가치와 신념들을 이해하고 개인의 인성 형성에 영향을 받게 되나, 한편으로는 스스로 자신의 행동유형과 삶의 양식을 결정하려는 자율적 자극을 지닌다. 이 자율적 자극의 욕구는 인간을 인식하는 기본단위로서 스트로크(쓰다듬기)를 통하여 이루어진다. 인간 인식의 기본단위인 스트로크는 언어, 표정, 감정, 몸짓 등 다양한 교류단위로서 언어적 또는 비언어적 방법으로 표현된다. • 역동적인 상호작용의 쓰다듬기를 통해 유아는 세상 사람들과 그들 스스로에 대한 느낌을 정의한다. 사람들이 그들 자신과 다른 사람들에 관하여 어떻게 느끼는가 하는 것이 기본적인 삶의 형태를 만든다.
목적	• 상호교류 분석 프로그램의 목적은 부모와 자녀 모두 긍정적인 자아상태를 자율적으로 선택하여 활용할 수 있는 능력을 기르고 긍정적인 생활 태도를 가질 수 있도록 하는 것이다. 부모와 유아가 과거 경험으로부터 형성한 부정적인 생활 자세를 버리고 자기 긍정과 타인 긍정의 보다 바람직한 생활 자세를 가지도록 한다.

CHAPTER 12

인간의 인성구조		• 번에 의하면 개인의 인성은 자아상태라고 표현하는 것으로 구성되어 있다. 자아상태란 현실에 대한 정의, 정보 처리, 그리고 외부세계에 대한 반응들로 조직된다. • 자아상태란 한 개인이 의식적으로 깨달을 수 있고 눈으로 볼 수 있는 행동적인 것들, 가치, 느낌의 총체라고 할 수 있다. • 상호교류이론에서는 자아상태를 부모 자아상태, 성인 자아상태, 어린이 자아상태의 관찰 가능한 세 가지 자아상태로 나눈다. • 자아상태의 세 가지 유형
	어린이 자아 상태	• 어린이 자아상태는 인성의 가장 중요한 부분으로 실제 생활에서 인성이 매력 있고 유쾌하며 창의적인 자아상태이다. • 어린이 자아상태는 한 개인의 생리적 욕구와 기본 감정의 저장소이다. • 어린이 자아상태는 한 개인으로 하여금 자신이 누구인가를 느끼도록 하므로 그 사람의 가장 실제적인 모습으로 체험되기도 한다. • 개개인의 어린이 자아는 그들 삶에서 가장 중요한 정서적 사건들 뿐만 아니라 영아기의 경험까지도 모두 기록한다. • 이 상태는 감정에 많이 의존하고 솔직하고 진솔한 감정 상태를 드러내며, 매우 유아기적인 특성을 보인다. • 어린이 자아상태는 천성적 어린이 자아상태와 개조된 어린이 자아상태로 나눌 수 있다.
	성인 자아 상태	• 성인 자아상태는 성격의 한 부분으로서 자료를 수집하고, 그것을 처리하며, 논리적인 법칙에 따라 판단하고 어떤 결론에 도달하도록 진행시키는 것 등을 포함한다. • 성인 자아상태는 자료를 처리하고 외부 세상을 효과적으로 다루며 부모와 아동 자아의 활동을 조절하고 객관적으로 중재하는 자아상태이다. • 성인 자아상태는 외부세계를 관찰하며 예측하는 기능을 지닌 컴퓨터와 같은 무감각기관으로 간주되기도 한다. • 교류분석이론에서 말하는 성인이란 발달연령이나 생활연령에 의해 구분되는 성인이 아니다. • 성인 자아상태는 본능적이고 생리적인 욕구에서 벗어나 매우 현실적이고 논리적이고 이성적인 자아 상태이다. • 자신의 충동적 자질과 기본적 욕구를 조절할 수 있고 환경에 능동적으로 대처하며 효율적으로 일을 처리한다.
	부모 자아 상태	• 부모 자아상태는 행동의 규율이나 예절, 규범, 가치, 도덕, 전통 등을 배우고 익히는 것을 중요하게 생각하고, 자신의 삶에 영향을 미치는 부모나 형제 그 밖의 권위적인 위치에 있는 사람들을 통해 학습한다. • 부모 자아상태는 사람들이 해야 할 일과 하지 말아야 할 일 등의 규칙을 배우는 것, 태도·전통·가치 등 사람이 살아가는 데 무엇이 중요한가 하는 것을 배우는 것이 포함된다. • 부모 자아상태는 인생 초기에 부모와의 관계에서 경험한 격려, 명령, 훈계, 벌 등의 영향을 받아서 형성된다. • 부모 자아상태는 부모 및 권위적인 사람들에 대한 모방을 통해 자기 내면화를 이루어 행동하고 사고한다. • 부모 자아상태는 양육적 부모 자아상태와 비판적 부모 자아상태가 있다.
		• 자아상태 오염과 배제 - 아동 자아나 부모 자아에 의해 성인 자아가 오염되는 경우 성인 자아는 제대로 기능을 하지 못한다.

⊙ 부모 자아에 의해 오염된 경우, 자기 자신이나 타인을 통제하고 엄격하게 대하며 지나치게 일을 한다.
ⓒ 아동 자아에 의해 오염된 경우, 일을 처리할 때 충동적이고 부적절한 결정을 내린다.
- 부모 자아와 아동 자아 양쪽으로 오염된 경우 부모 또는 권위 있는 존재들이 일러준대로 결정하려는 경향과 정서적으로 갑자기 충동적으로 결정하려는 경향이 함께 공존한다.
- 한 개인의 성격에서 각 자아상태가 배제되는 경우에도 문제를 나타낸다.
⊙ 부모 자아상태가 배제되면, 문화적 규범·사회질서·사회통제 등을 무시한다.
ⓒ 성인 자아상태가 배제되면, 일을 결정할 때 객관적으로 판단하는 능력이 부족하다.
ⓒ 아동 자아상태가 배제되면, 자신의 생활에 기쁨을 느끼지 못한다.

구분		내용	
상호교류의 종류	보완적 (상보적) 상호교류	• 부모, 성인, 어린이 자아상태에서 자극과 반응이 평행하거나 상호보완적이어서 의사소통이 부드럽게 진행되는 유형의 상호교류를 보완적 또는 상보적 상호교류라고 한다. • 한 사람이 다른 사람과 교류할 때 세 자아 상태와 다른 사람의 세 자아상태가 작용하여 부모-부모, 어린이-어린이, 성인-성인, 부모-아동, 부모-성인, 성인-아동으로 의사소통이 되는 경우이다. • 두 사람의 사회적 자극에 대한 요구가 서로 바라는 방향이기 때문에 문제가 일어나지 않는다.	예) A: 시간 좀 내줘 B: 무슨 일인데? A: 속상해 죽겠어 B: 그래 말해보렴
	교차적 상호교류	• 만약 한 사람이 다른 한 사람에게 어떤 신호를 보내 메시지를 전달하려고 하는데 그 사람이 거기에 대하여 상호보완적으로 반응을 해 오지 않으면 대화가 끊어져 버려 교류는 이루어질 수 없게 된다. 이러한 의사전달법은 대화가 계속 진행되는 것을 잘라 버리기 때문에 교차적 상호교류라고 한다. • 두 사람의 자아상태가 교차되는 경우로 의사소통이 중단된다.	예) A: 자료 좀 찾아줄래? B: 도와달라고 하지 말고 혼자서 좀 해봐라!
	잠재적 상호교류	• 잠재적 상호교류는 협의사항 및 주제, 즉 전달하고자 하는 메시지가 심리적으로 숨겨져 있는 것이다. • 보완적 상호교류와 교차적 상호교류는 자아상태가 외적으로 나타나나, 잠재적 상호교류는 명백한 메시지는 있으나 그 메시지가 심리적으로 숨겨져서 겉으로 드러나고 있는 사회적 수준과 숨겨져 있는 심리적 수준이 다르게 일어나는 것을 말한다. • 표면적 메시지(사회적 메시지) 속에 숨겨진 심리적 메시지가 있으며, 숨겨진 심리적 의사소통이 인지되어 다시 숨은 메시지로 반응이 이루어진다.	예) 사회적 수준 – A: 새 앨범 샀는데 우리 집에 놀러 와 B: 좋은 생각인데 심리적 수준 – A: 새 앨범 부럽지? B: 뭐길래 폼을 재지?

CHAPTER 12

생(生)의 네 가지 형태	자기 긍정 -타인 긍정 (I'm OK, You're OK)	• '나는 옳다. - 너도 옳다.'의 형태이다. • 자신과 타인 모두를 인정하고 받아들이며 자신에 대해서도 긍정적으로 생각하고 타인에 대해서도 긍정적으로 받아들이고 생각한다. • 자기 긍정-타인 긍정은 가장 이상적인 형태로 긍정적이고 바람직한 심리상태이다. • 이 형태의 사람은 스스로 문제를 해결하려고 하며 자기의 성장과 발전을 위해 노력한다.
	자기 긍정 -타인 부정 (I'm OK, You're not OK)	• '나는 옳다-너는 옳지 않다.'의 형태이다. • 자신이 하는 행동에 대해서는 수용하고 자신은 인정하면서 타인은 무시하거나 부적절하거나 가치 없는 존재로 여기는 것이다. • 타인의 위에 군림하려고 하는 특성이 강하다. 이 경우에는 부모에 대한 신뢰감이 없는 관계로 부모에 대한 적대감이나 타인에 대한 불신감 등이 높게 나타난다. • 자기 방어적이고 자만심이 많으며 타인이 조금만 잘못된 행동을 보여도 심하게 비난을 하거나 조롱하거나 멸시하는 경향이 높다.
	자기 부정 -타인 긍정 (I'm not OK, You're OK)	• '나는 옳지 않다-너는 옳다'의 형태이다. • 자신이 타인에 비해 열등하고 가치 없는 존재로 인식하게 되어 스스로 버림받았다고 느끼거나 자기 부정을 많이 한다. • 이러한 경우는 타인과의 관계 형성이 제대로 이루어지지 못하게 되고 모든 사람에게 분노를 표현하거나 혼자서 지내는 시간이 많아 우울 증세를 보인다. • 스스로 무능력하다고 느끼고 하는 일에 대해서도 열정적인 모습을 보이지 않으며 쉽게 좌절하고 쉽게 자포자기하는 경향이 높다.
	자기 부정 -타인 부정 (I'm not OK, You're not OK)	• '나는 옳지 않다-너도 옳지 않다'의 형태이다. • 자신에 대해서도 부정적이고 더불어 타인에 대해서도 부정적이다. • 이 경우에는 원만한 인간관계 형성이 이루어지지 않고 언제나 자신을 실패자, 패배자로 보고 더불어 이 세상을 적대시한다. 따라서 삶을 가치 없는 것으로 여기고 반사회적 행동을 보인다.

3) 번의 상호교류 분석이론 합격기출

- 번(E. Berne)의 교류분석에 의하면 (①)는 자극에의 욕구, 구조화에의 욕구, 태도에의 욕구를 충족시키기 위해 이루어진다. 사람들 간의 상호대화는 (②)로 이루어지며, (③)는 3가지 (④)가 어떻게 관여하는 지에 따라 3가지 (⑤)유형으로 분류된다.

- 부모가 자녀를 지나치게 통제함으로 자녀의 (⑥) 자아상태, (⑦) 자아상태, (⑧) 자아상태의 3가지 자아상태가 오염되거나 봉쇄되지 않도록 적절히 조절하고 중재한다.

- 부모는 자녀와의 의사소통과 상호교류 방법을 개선시키기 위하여 (⑨), (⑩), (⑪)의 3가지 자아 상태가 있음을 인식하고 상황에 따라 적절하게 대응하도록 한다.

- Berne의 상호교류 유형 중 대인관계 문제가 가장 많이 발생되는 경우는 (⑫)이다.

04 고든(T. Gordon)의 부모효율성 훈련이론(P.E.T : Parent Effectiveness Training)

1) 고든의 부모효율성 훈련이론 합격단어
2) 고든의 부모효율성 훈련이론 합격내용
3) 고든의 부모효율성 훈련이론 합격기출

1) 고든의 부모효율성 훈련이론 합격단어

- 고든, 부모효율성 훈련이론, 로저스의 인본주의 심리학, 모든 인간관계에 관한 원리(모든 인간관계에서의 기본적인 사실은 서로 상호관계를 맺고 있다.), 교육과정 '부모효율성 훈련', 부모효율성 훈련의 원리[수용성 수준 파악하기, 문제의 소유자 가려내기(=문제의 소지자 파악하기), 자녀문제에 대처하는 새로운 통찰력 갖기, 상호작용을 돕는 경청기술(침묵 또는 소극적인 경청, 인식 또는 인정하는 반응, 말문 열기 또는 격려, 반영적 경청), 나-전달법, 무승부법(=무패방법, 비권위적 방법), 무승부법의 6단계(갈등 확인 단계, 해결책 탐색 단계, 해결책 평가 단계, 최상의 해결책 결정 단계, 결정한 해결책 수행 방법 결정 단계, 평가 단계), 부모-자녀 간 문제 해결 방법 5가지(수용성 수준 파악하기, 문제의 소지자 파악하기, 자녀문제에 대처하는 새로운 통찰력 갖기, 상호작용을 돕는 경청기술, 나-전달법), 자녀양육의 원리 3가지[들어주기 기술, 나-전달법, 비권위적 방법(=무승부법, 무패법)], 들어주기 기술(조용히 들어주기, 인식반응 보이기, 격려하기, 적극적으로 들어주기)

2) 고든의 부모효율성 훈련이론 합격내용

구분	내용
개요	- 부모효율성 훈련은 미국의 임상 심리학자인 고든이 칼 로저스(K. Rogers)의 인본주의 심리학에 입각하여 만든 부모교육 이론이다. - 부모효율성 훈련의 목적 - 부모는 완벽한 부모 노릇을 할 수 없다는 것을 인식하고, 부모 자신의 감정을 솔직하게 표현할 수 있는 기술을 습득한다. 의사소통 기술을 터득하고 부모-자녀 간의 문제에 효과적으로 대처할 수 있다. - 고든은 부모-자녀 문제는 일상생활에서 겪게 되는 많은 인간관계의 어려움을 성공적으로 해결할 수 있는 방법이나 기술이 부족하여 생기는 것이므로 정신의학적 문제로 다룰 것이 아니라, 친자관계를 개선시킬 수 있는 방법과 기술을 훈련시켜야 함을 강조하여 PET 프로그램을 개발하였다.
수용성 수준 파악하기	- 부모는 일상생활에서 자녀들의 행동을 보는 견해가 항상 일정하지는 않다. 자녀들의 행동이 부모에게는 수용적인 행위 또는 비수용적인 행위 중 하나로 보인다. 부모는 자신의 행동의 수용성 수준이 어느 정도인가를 파악할 수 있어야 한다. - 수용형 부모는 정서적으로 안정되고 개방적이며 허용 수준이 높다. 그리고 자기 자신에 대한 만족감도 높은 편이고 스스로 감정 통제를 잘하며 주위 영향에 감정의 영향을 받지 않는다. - 비수용형 부모는 불안정 되어 있고 까다롭기 때문에 융통성이 없다. 자녀의 관계에서도 자신의 견해를 강요하여 일일이 간섭하기도 한다. - 부모는 자신이 어느 유형의 부모인지 파악한 후, 자녀의 행동에 대하여 판단한다.

CHAPTER 12

부모 효율성 훈련의 원리	문제의 소유자 가려내기 (=문제의 소지자 파악하기)	• 부모의 수용성 정도를 파악한 후, 부모와 자녀 중 누구에게 문제가 있는지를 파악한다. 아동이 문제 소지자인 경우, 부모인 경우 그리고 부모 자녀관계에 아무 문제가 없는 경우가 있다. • 아동이 문제인 경우 자신이 스스로 문제를 해결하는 것이 가장 바람직한 방법이다. • PET 프로그램에서는 문제의 소유자가 누구인지에 따라 각각 다른 기술을 적용하게 된다. 효과적인 의사소통을 위하여 세 가지 기술을 사용할 것을 제시하고 있다. 즉 상담기술, 직면기술, 문제해결기술 등인데, 이 모든 기술의 기초는 수용하는 것을 나타내는 언어를 사용하는 것이다.
	자녀문제에 대처하는 새로운 통찰력 갖기	• 자녀들이 문제를 느끼고 있을 때 부모들은 새로운 통찰력을 가질 수 있는 훈련이 필요하다. • 부모들은 평상 시 사용했던 대화법이나 상호작용의 유형을 바꾸기가 쉽지 않다. • PET에서는 자녀들이 문제에 직면했을 때 습관적으로 이야기하던 것을 중단하고 경청하는 방법을 배우라고 권고한다.

	상호작용을 돕는 경청기술	• 침묵 또는 소극적인 경청
		  - 부모가 계속 말을 하거나 말을 많이 하게 되면 자녀들은 자신들의 문제를 이야기할 수 없게 된다.
		• 인식 또는 인정하는 반응
		  - 부모가 잘 듣고 있다는 것을 알리는 언어적, 비언어적 신호를 보내야 하는데, 이러한 신호를 인식반응 또는 인정하는 반응이라고 한다.
		• 말문 열기 또는 격려
		  - 자녀들이 때때로 자신의 감정과 문제에 대하여 부모에게 말하려고 할 때 격려가 필요하다.
		  - 처음에 마음의 문을 열고 말문을 열 수 있도록 대화를 이끈다.
		  - "그것에 대해 말하고 싶니?", "그것에 대해 듣고 싶구나", "좀 더 이야기해 주겠니?"와 같은 말은 더 계속해서 많은 이야기를 할 수 있도록 격려하는 것이 된다.
		• 반영적 경청(=적극적 경청)
		  - 자녀의 말을 잘 경청하는 가장 효율적인 기술은 부모의 의견이나 메시지를 포함하지 않고 다만 자녀가 말한 메시지를 반영해 주거나 확인해 주는 언어적 반응이다.
		  - 부모는 자녀로 하여금 자신이 이야기한 것과 이야기하지 않은 이면의 숨은 감정을 다 안다는 것을 주지시키는 것이다.
		  - 부모는 자녀가 보낸 메시지의 의미를 새로운 표현으로 되돌려 보냄으로써 자녀로 하여금 자신을 좀 더 분명하게 볼 수 있게 하는 일종의 거울 역할을 한다.

	나-전달법 (I-Message)	• 나-전달법은 부모의 생각이나 감정을 효과적으로 자녀에게 전달하기 위해 사용하는 방법이다. • 자녀의 행동을 판단하지 않으면서 부모 자신의 감정을 전달하기 때문에 자녀의 행동을 변화시키는데 유용하게 활용할 수 있다. • 나-전달법은 부모가 자녀의 행동으로 인해 화가 날 때 자녀에게 부모 자신의 감정 상태를 전달하는 방법으로 아동의 행동을 판단하지 않으면서 그 행동이 부모에게 어떤 영향을 주고 있는지를 확실하게 전달한다. • 나-전달법은 부모들이 수용하지 못하는 행동을 자녀가 수정하도록 하는데 효과적이며 유아의 저항과 반항을 줄일 수 있다. • 나-전달법은 자녀의 행동이 부모에게 문제가 될 때 부모 스스로 느끼는 감정과 경험을 표현하는 의사소통 방법이다. • 부모 자신이 "나는 문제를 소유하고 있단다. 나를 도와줄 기회가 너희들에게 있단다."와 같은 것을 전달하는 것이다. • 나-전달법은 한 가지 상황에 대하여 행동, 느낌, 결과의 세가지 요소를 말한다. 행동 서술, 느낌 서술, 결과 서술

	- 나-전달법의 세 가지 구성 요소
	  - 부모에게 문제를 소유하게 하는, 부모를 괴롭히는 자녀의 행동은 무엇인가?
	  - 자녀의 그 행동이 부모에게 어떤 영향을 끼치고 있는가?
	  - 부모는 그 결과에 대해 어떻게 느끼고 있는가?

무승부법 (No-Lose Method, =무패방법, 비권위적 방법)	• 부모-자녀 간에 갈등 상황이 일어났을 때 부모가 권위적인 태도를 취하여 승자가 되든지 허용적인 태도를 취하여 자녀가 승자가 되든지 하게 되면 어느 한편이 패배감을 느껴 관계 형성에 나쁜 영향을 끼치게 된다. 그러나 PET에서 제시하는 무승부법은 부모와 자녀가 함께 수용하여 합의하는 결정이기 때문에 누구도 저항하지 않아서 효과적인 갈등 해결방법이다. • 부모와 자녀 사이에 갈등이 생길 때, 부모는 자녀가 어떻게 해결해야 하는지 그 해결을 결정하여 따르도록 강요한다. 만약 여기서 자녀가 순종하지 않으면 힘과 권력으로 위협하는 부모는 이기고 자녀는 진다. 이런 방법을 편의상 제1의 방법이라고 부른다. • 반면에 부모-자녀 간에 갈등이 생길 때 자녀가 말을 듣지 않으면 부모는 자녀가 하고 싶은 대로 하도록 허용하거나 포기한다. 더 이상 대책을 세우지 않으면 자녀는 이기고 부모는 진다. 이런 방법을 제2의 방법이라고 부른다. • 위의 두 가지 방법은 모두 어느 한쪽이 패배감을 느끼게 하고 분개하거나 화를 내게 하므로 바람직한 방법이 아니다. • 제3의 방법은 부모-자녀가 타협적인 해결책을 찾으므로 서로의 욕구를 만족시킬 수 있으며 어느 쪽도 지는 사람이 없이 양쪽 모두 이기게 되는 무패방법이다. • 적극적 경청이나 나-전달법을 활용하고도 문제가 해결되지 않는다면 무승부법을 사용할 수 있다. • 자녀, 부모 모두 지지 않고 이기는 문제 해결 방법 보다는 함께 논의하고 타협하여 문제를 해결 할 수 있도록 무승부법을 사용한다. • 무승부법의 6단계 | 구분		내용
---	---	---
1단계	갈등 확인 단계	• 갈등이 되는 문제를 같은 의미로 이해하는지 파악한다.
2단계	해결책 탐색 단계	• 동등한 입장에서 해결책을 마련해 본다.
3단계	해결책 평가 단계	• 해결 방안을 검토하고 모두 수용 가능한 방안을 찾는다.
4단계	최상의 해결책 결정 단계	• 서로 간의 합의 하에 선택한 해결책에 대해 모두 지켜야 할 책임이 있음을 인식한다.
5단계	결정한 해결책 수행 방법 결정 단계	• 자녀의 수행 능력을 믿는다. 만약 자녀가 약속한 것을 수행하지 못하는 경우 나-전달법을 사용하여 의사소통 한다.
6단계	평가 단계	• 최선의 것이었는지를 평가한다.	

들어주기 기술	• 조용히 들어주기
	  - 부모는 자녀의 생각과 감정에 대해 조용히 들어주도록 한다.
	  - 자녀가 자신의 생각을 전달하기 위해서는 온정적인 분위기를 조성하고 자유롭고 개방적인 분위기를 만들어 주도록 한다.
	• 인식반응 보이기
	  - 자녀가 자신의 이야기를 할 때 부모는 자녀의 이야기를 잘 듣고 있음을 알려 줄 필요가 있다.
	  - 끄덕인다거나 미소를 짓는다거나 인식반응을 보여주도록 한다.
	• 격려하기

자녀 양육의 원리		- 자녀가 자신의 이야기를 끝까지 할 수 있도록 부모는 격려해 준다. - 만약 부모가 자녀의 이야기를 가로막거나 방해하거나 심리적으로 위협적이거나 빈정거리는 투의 인식을 보인다면 자녀는 자신의 이야기를 끝까지 하지 않을 것이다. • 적극적으로 들어주기 - 적극적으로 들어주는 부모는 자녀의 이야기를 무조건 수용하고 받아들이며 자녀의 감정을 이해하려고 노력한다. - 그리고 스스로 문제를 해결할 수 있도록 질문을 던지기도 하고 자녀가 자신의 문제점을 발견할 수 있도록 도와준다.
	나-전달법	• 부모와 자녀와의 관계 속에서 문제가 발생했을 때 부모는 자녀와의 갈등으로 인해 화가 나고 분노라고 슬퍼지고 좌절감을 맛본다. 이런 경우 부모는 자신의 메시지를 자녀에게 전달하도록 한다. • 부모 자신이 자녀로 인해 느끼는 감정에 대해 솔직하게 표현하는 것이 나-전달법이다. • 문제행동을 보일 때 무조건 화를 내거나 일방적으로 바람직한 행동을 요구하려고 하다보면 오히려 문제는 해결되지 않고 갈등이 더욱 더 깊어진다.
	무승부법	• 비권위적 방법은 부모와 자녀 간의 갈등을 해결하는 민주적인 방법으로 무패방법이라고 표현한다. • 부모의 권위를 내세우지 않고, 그렇다고 자녀가 하는 대로 무조건 허용해 주지도 않고 갈등상황에서 가장 효율적으로 문제를 해결하기 위해 부모와 자녀가 함께 이기는 방법이다. • 서로 지지 않는 방법, 무승부법, 무패방법이 비권위적 방법이라고 표현할 수 있다. • 갈등이 발생하는 것은 어떤 문제가 일어났을 때 상대방을 이기고자 하기 때문에 더욱 더 갈등이 깊어지고 악화된다. 이러한 갈등을 해결하기 위해서는 서로 존중해주고 인정해주는 방법, 서로가 지지 않고 이기는 방법인 무패방법이 효율적이다.

3) 고든의 부모효율성 훈련이론 합격기출

• 아래 교사의 대화가 설명하는 대화 기법으로 고든(T. Gordon)이 제안한 방법은 (①   )이다.

> 박 원감 : 자신의 생각이나 기분을 그대로 표현하는 방법을 알려 주면 어떨까요? 주로 부모들에게 소개되었던 방법이어서 유아들에게는 좀 어려울 수도 있지만 시도해 볼 만한 것 같아요.
> 김 교사 : 네. 자신의 감정이나 생각에 대한 책임을 상대방에게 전가하지 않아 상대방의 감정도 상하지 않게 하는 방법이라고 배웠어요. 문제가 생긴 상황과 그 결과에 대한 자신의 느낌을 표현하는 방법이지요.

• 고든(T. Gordon)의 (②   )이론에서는 부모의 성격이나 자녀의 특성, 혹은 자녀의 행동이 발생하는 시간이나 장소와 같은 상황적 요인이 부모의 (③   ) 수준에 영향을 미친다고 보았다. 또한 (④   )가 되는 사람이 누구인가에 따라 그 해결 방식이 상이하므로 (⑤   )가 되는 사람이 누구인지를 파악하는 것이 중요하다고 보았다.

• 유아에게 문제가 있을 때 부모의 (⑥   )은 유아가 하는 말을 잘 들어주고, 마음을 읽어주는 것이다. 이때 비판이나 판단 없이 진심으로 이해하려는 태도가 중요하다. 그리고 유아의 속마음을 파악해서 유아를 이해하고 있다는 것을 알려주는 것이다.

- (⑦   ) 하기 - 유아의 어머니가 동생이 태어나기 전에는 유아가 어리광을 부려도 받아줬는데, 동생이 생기면서 유아가 더 의젓하게 행동하기를 바라는 것을 아는 것이다.

- (⑧   ) 알리기 - "엄마가 전화를 받고 있는 중이니, TV 소리를 작게 해 줄래?"

- 부모가 적극적 경청, 나-전달 기법(I-message), 무승부 또는 비권위적 방법과 같은 전략을 사용하여 부모 (⑨   )을 효율적으로 수행하도록 한다.

- (⑩   )의 부모교육 이론은 부모와 자녀, 교사와 유아 간 효과적인 의사소통과 유아 생활지도를 위해 폭넓게 적용되는 인간관계이론이다.

- 고든은 부모-자녀 사이에 갈등이 생길 경우, (⑪   )가 누구인가에 따라 다양한 (⑫   )방법을 사용할 필요가 있다고 한다. 문제의 소유자가 자녀일 경우 (경청)의 방법을, 부모일 경우 (⑬   )을, (⑭   ) 또는 (⑮   )을 사용했음에도 자녀의 행동이 변화되지 않고 부모와 자녀 모두에게 문제가 남게 될 경우 (⑯   )을 사용하는 것이 효과적이라고 한다.

- (무승부법) 6단계

문제 해결의 절차	교사-유아 상호작용의 예
문제 정의하기	…… (중략) ……
↓	↓
⑰	교사 : 풀 뚜껑을 잃어버리지 않고 꼭 닫아 두려면 어떻게 해야 할까? 철수 : ……. 교사 : 뚜껑과 몸에 철수 이름을 적어 두면 잘 잃어버리지 않을 것 같은데, 또 다른 방법은 없을까? 철수 : 뚜껑이 도망가지 않게 끈을 달아요.
↓	↓
⑱	…… (중략) ……
↓	↓
⑲	교사 : 그럼, 철수가 말한 방법대로 사용해 볼까? 철수 : 좋아요.
↓	↓
⑳	"뚜껑이 도망가지 않게 끈을 달려면 어떤 방법이 좋을까?"
↓	↓
사후 평가하기	교사 : 철수야, 네가 말한 방법대로 해 보니까 풀 뚜껑을 잃어버리지 않는 데 도움이 되었니? 철수 : 네. ○○해서 도움이 되었어요.

CHAPTER 12

05 행동수정이론

1) 행동수정이론의 합격단어
2) 행동수정이론의 합격내용
3) 행동수정이론의 합격기출

1) 행동수정이론의 합격단어

- 행동수정이론, 행동주의 심리학, 왓슨, 스키너, 학습, 훈련, 조작적 조건형성, 모방, 강화, 행동을 증가시키는 방법(정적 강화, 부적 강화, 행동형성, 프리맥 원리), 행동을 감소시키는 방법(벌, 소멸, 상반 행동의 강화)

2) 행동수정이론의 합격내용

구분	내용
개요	• 부모교육에서 행동수정이론은 행동주의 심리학에 기초하여 부모교육이론으로 적용한 것으로 왓슨과 스키너의 이론에 근거하였다. • 행동수정이론을 부모교육에 적용시키는 기본 가정은 인간의 행동이 학습의 결과라는 것을 전제한다. 부모교육에 있어서 인간의 학습은 개인과 환경과의 상호작용의 결과라는 점을 중요시 한다. 유아의 행동을 변화시키기 위해서는 유아가 상호작용하는 주위 환경을 먼저 고려해야 한다. • 행동주의 이론에서는 인간의 모든 행동은 학습된 것이므로 부모역할에 좋은 모델을 강조한다. 즉, 좋은 모델을 자녀가 모방함으로써 자녀의 행동이 학습되고 형성된다는 것이다. • 행동주의 심리학에서는 바람직한 행동은 강화해 주고 부적절한 행동은 벌, 혐오자극, 소거, 자극-반응 등을 통해 조성해 나간다고 주장한다. • 행동수정이론에 기초한 부모교육은 부모가 객관적이고 과학적인 방법으로 자녀의 행동을 관찰하고 기술하여 행동수정원리를 통해 자녀의 행동을 수정·조성해 나가는 것이 주된 목적이다. • 행동수정이론에 기초한 부모교육의 형태에는 집단 형태로, 워크북 활동, 짧은 퀴즈, 행동기법을 적용한 부모의 경험 교환 등이 있다. 행동수정이론에 기초한 부모교육은 부모가 구체적 행동기법을 익혀서 적용해 보고, 서로의 경험 교환을 통해 문제를 해결해 나가는데 초점을 둔다.
부모-자녀의 관계	• 자녀의 행동은 부모가 형성을 위해 훈련하기 나름으로, 부모역할과 책임의 절대성을 강조한다. • 자녀의 바람직하지 못한 행동은 학습과 훈련이 부족하기 때문이다. • 바람직한 행동에 대해 긍정적 강화를 사용한다. • 바람직하지 않은 행동에 대해 혐오자극이나 벌을 사용한다. • 부모-자녀 관계는 자극과 반응을 통해 부모가 모델을 보임으로써 자녀의 행동을 조성해가는 관계이다.
부모교육의 목적	• 부모가 스스로 유아의 환경에서 가장 중요한 영향을 미치는 요소이므로 유아의 문제 행동을 변화시킬 책임을 가진 존재라는 점을 인식한다. 이로써 행동수정이론의 기본 원리를 배우고 자녀에게 행동수정의 원리를 적용하여 자녀의 행동 변화를 이루도록 한다.

부모교육의 원리	• 객관적이고 과학적인 방법을 사용하여 자녀의 행동과 환경 자극 간의 조작적 조건형성을 함으로써 자녀의 행동에 변화를 유도한다. • 자극과 반응을 짝지어 반복적으로 제공하여 조건 형성을 하거나 소거시킨다. • 자녀는 부모의 행동을 모방하여 학습하므로 부모가 모범이 되어야 한다.
행동을 증가시키는 방법	• 구체적인 방법 - 정적 강화 : 유아의 행동이 더 자주 강하게 일어나도록 미소, 칭찬, 보상 등의 자극을 사용한다. - 부적 강화 : 유아의 바람직한 행동을 증가시키기 위해 유아가 싫어하는 어떤 자극을 제거한다. - 행동형성(Shaping) : 어떤 목표 행동을 설정해 놓고 계획적인 강화 기법을 사용하여 그 목표 행동을 습득하게 하는 방법이다. 대게 유아에게 전혀 발생하지 않거나 아주 가끔 발생하여 정적 강화의 방법을 사용할 수 없을 때 사용한다. - 프리맥 원리 : 빈도가 높은 행동이 빈도가 낮은 행동을 강화시키는 것이다. • 강화 시 유의점 - 바람직한 행동이 발생한 즉시 강화가 이루어져야 한다. - 긍정적인 행동의 강화는 목표한 결과가 성취될 때까지 진행되고 목표가 달성되면 강화를 점차 감소시켜 강화가 없이도 긍정적인 행동이 일어날 수 있도록 해야 한다. - 바람직한 행동 강화와 행동 소거를 동시에 진행할 때 더욱 효과적이다.
행동을 감소시키는 방법	• 벌 - 유아의 바람직하지 않은 행동이 일어나지 않도록 하고 그 빈도를 줄이기 위하여 사용한다. • 소멸 - 이제까지 그 행동을 강화시켜준 자극을 제거하는 것이다. 정적 강화와 함께 사용하면 더욱 효과적이다. • 상반 행동의 강화 - 유아의 바람직하지 않은 행동을 직접 고치려고 하는 대신에 그 행동과 상반되는 행동을 강화시킴으로써 바람직하지 못한 행동을 감소시킬 수 있다.

3) 행동수정이론의 합격기출

• 행동수정 기법 중 한 가지인 (①   )은 처음 유치원에 와서 부모와 헤어지는 것을 불안해하는 자녀를 둔 부모에게 도움을 줄 수 있는 방법이다. (①   )을 적용한 예를 들면 다음과 같다. 먼저 엄마는 헤어지기 싫어하는 자녀와 함께 하루 종일 놀이실에서 놀이한 후 귀가한다. 다음으로 엄마는 자녀와 함께 오전 자유선택활동 시간 동안만 놀이하고 귀가한다. 그 다음에 엄마는 자녀와 유치원 현관에서 잠시 이야기를 나눈 후 헤어져 귀가한다. 마지막으로 엄마는 자녀와 유치원 앞에서 헤어지고 바로 귀가한다.

CHAPTER 12

06 제6차·2007개정 유치원교육과정 지도서 총론에서 제시한 부모교육론

1) 제6차·2007개정 유치원교육과정 지도서 총론에서 제시한 부모교육론의 합격단어
2) 제6차·2007개정 유치원교육과정 지도서 총론에서 제시한 부모교육론의 합격내용
3) 제6차·2007개정 유치원교육과정 지도서 총론에서 제시한 부모교육론의 합격기출

1) 제6차·2007개정 유치원교육과정 지도서 총론에서 제시한 부모교육론의 합격단어

- 집단으로 실시하는 부모교육 방법(강연회, 토론회·좌담회·독서회, 실습이나 워크숍 형태, 비디오 및 영화 시청), 개별적으로 이루어지는 부모교육 방법(면담 또는 협의, 방문), 통신을 통하여 이루어지는 부모교육 방법[인쇄 자료(안내서, 편지, 쪽지), 전화 및 컴퓨터 통신], 관찰, 참여, 부모참여(부모 수업 참관 및 참여, 부모 자원 봉사, 의사 결정자), 부모교육 방법[통신 및 책자를 통한 부모교육(가정 통신, 부모용 소책자, 게시판, 도서 안내 및 대출, 쪽지 및 전화, 인터넷), 집단 모임을 통한 부모교육(부모 오리엔테이션, 부모 강연회, 토론회 및 좌담회), 부모 면담(라포 형성, 면담 내용 비밀 유지, 개인 면담, 집단 면담)

2) 제6차·2007개정 유치원교육과정 지도서 총론에서 제시한 부모교육론의 합격내용

(1) 제6차 유치원 교육과정 지도서 총론의 부모교육론(부모교육법 및 부모교육 시 고려할 점)

구분	내용
집단으로 실시하는 부모교육 방법	• 강연회 　- 강연회는 동시에 많은 사람들에게 정보를 전하는 장점이 있다. 　- 입학 초기에는 새로운 환경에 진입하는 부모들에게 유치원의 교육목적, 교육과정, 활동, 교사의 학급 운영, 부모의 역할 등에 대한 내용을 강연회를 통하여 알려주면 그 효과가 크다. 이 때 대집단으로 먼저 개최하여 유치원에 대한 일반적인 내용을 알리고 난 뒤에, 학급별 소집단으로 나누어 학급에 관한 사항을 구체적으로 알리면 더욱 효과가 크다. • 토론회, 좌담회, 독서회 　- 토론회와 좌담회는 자녀 교육의 특정 문제를 주제로, 관심이 있는 부모들이 모여서 자신의 문제나 경험을 서로 이야기하거나 토론을 하는 방법이다. 　- 독서회는 공통의 관심사를 가진 부모들이 책을 선정하여 읽고 의견을 교환하는 방법이다. • 실습이나 워크숍 형태 　- 부모들이 유아 교육과 아동 발달에 유용한 자료나 교구를 직접 만들어 보는 모임이다. 　- 유아들과 함께 할 수 있는 언어 및 수 놀이 활동, 노래 부르기, 책 읽기 등을 부모들이 직접 배우고 실습하여 보기도 하며, 부모 자신들의 여가 선용이나 취미 활동을 이러한 방법으로 배우기도 한다. • 비디오 및 영화 시청 　- 유아 발달에 관한 비디오나 영화를 비롯해서, 유치원을 소개하는 비디오나 슬라이드 등을 부모들에게 보여주는 방법이다. 　- 이 방법은 시청을 한 뒤에 서로 의견을 교환하는 방법까지 포함하는 것이 더 효과적이며, 시청각 자료의 내용에 따라서 시청 시기나 대상 등을 사전에 미리 계획하여 운영하는 것이 바람직하다.

개별적으로 이루어지는 부모교육 방법	• 면담 또는 협의 - 부모 또는 교사의 요청에 의하여 이루어지며, 정기적인 기간을 두고 계획적으로 이루어지기도 하고, 수시로 이루어지기도 한다. - 이 방법은 유아의 부적응 행동이나 문제 행동을 예방하거나 치료할 수 있으며, 유치원과 가정에서 이루어지는 교육을 자연스럽게 연결하여 줄 수 있다. - 특히 유아의 행동이나 발달에 관한 사항은 관찰이나 조사 결과와 같은 구체적이고 실증적인 자료를 토대로 면담과 협의가 이루어지는 것이 바람직하다. • 방문 - 지역 사회나 가정의 환경이 특히 열악하거나 도서 벽지 지역, 또는 특별한 사정이 있어서 부모들이 유치원에 모이기 어려운 경우에는 방문을 통하여 부모교육을 실시할 수가 있다. - 방문이 필요한 경우에는 반드시 사전에 연락을 하여 허락이 있는 경우에만 실시해야 한다.
통신을 통하여 이루어지는 부모교육 방법	• 인쇄 자료 - 안내서, 편지, 쪽지 등의 방법이 여기에 속한다. - 안내서는 유치원에 대한 전반적인 정보를 주기 위해서 제공하기도 하고, 연간 교육계획이나 1학기 또는 한 달의 교육계획을 알리기 위해서 만들기도 한다. - 유치원 행사, 교육 활동 계획을 비롯해서 견학이나 집단 회의 등이 있을 때에는 편지를 통하여 행사를 알리기도 하고, 또 그 결과를 적어 보내기도 한다. - 쪽지는 유아의 행동에 갑작스러운 변화가 있을 때나 작은 사건 등이 일어났을 때 비공식적으로 간단한 내용을 쪽지에 적어 유아 편에 보내는 방법이다. • 전화 및 컴퓨터 통신 - 최근 들어 더욱 많이 이용하는 방법이다. - 전화는 특히 직장이 있어서 바쁜 부모들에게는 매우 효과적인 방법으로 사용할 수 있다. - 컴퓨터 통신을 이용한 방법은 급격하게 증가하고 있는데, 유치원이 웹사이트를 개설하여 수시로 정보를 올리면 부모들이 수시로 방문하여 정보를 얻어 가거나 의견을 개진하기도 하고, 경우에 따라서는 유아들의 유치원 일과 활동을 컴퓨터 통신으로 보내어 중개하여 주기도 한다.
관찰과 참여	• 부모들에게 유아의 유치원 생활을 관찰할 수 있는 기회를 제공하거나 유치원에서 하는 활동에 참여할 수 있는 기회를 제공하는 방법이다. • 유아 교육에 대한 부모의 관심을 높이고, 부모들이 교사의 유아 지도 방법을 익힐 수 있는 기회가 될 수 있기 때문에, 자녀 지도 방법을 개선시키거나 향상 시킬 수가 있다.
부모교육 실시 시 고려할 사항 (임재택, 1992)	• 유아 교육 기관의 여건, 교육 대상 부모와 지역 사회의 특성 등을 고려하여 실천 가능한 범위 내에서 계획하고 실행한다. • 부모교육이 유치원의 전체적인 교육 및 운영 계획의 일부가 되도록 교육계획을 연간, 월간으로 수립하고, 절차나 방법 등을 가능한 한 구체적으로 마련한다. • 부모들의 직업, 학력, 생활 순준, 시간적 여유 등은 물론, 그들의 필요와 요구를 사전에 파악하여 계획하고 운영한다. • 유치원 주도의 부모 교육보다는 부모들이 스스로 주도하여 부모교육이 시행될 수 있도록 한다. • 부모뿐만 아니라 조부모, 형제들에게도 기회를 제공하고, 교육내용의 폭도 넓히며, 방법도 다양화하는 등 부모교육을 활성화한다.

CHAPTER 12

(2) 2007 개정 유치원 교육과정 지도서 총론의 부모교육론

구분		내용

부모참여		• 부모 수업 참관 및 참여
		  - 부모 수업 참관 및 참여는 부모로 하여금 유아가 유치원에서 보내는 하루 일과를 관찰하게 함으로써 유아의 발달에 대해 이해할 수 있는 기회를 제공하는 것이다.
		  - 수업 참관은 부모가 한 자리에 앉아 자녀의 행동을 관찰하는 것이고, 수업 참여는 유아가 하는 활동에 참여하여 자녀를 관찰함과 동시에 유아가 하는 활동을 직접 경험해 보는 것이다.
		• 부모 자원 봉사
		  - 부모는 유아 교육의 자원 봉사자로 유아 발달에 적합한 활동을 구성하는 데 도움을 줄 수 있다.
		  - 학기 초에 부모에게 부모 자원 봉사의 필요성 및 자원할 수 있는 분야에 대하여 조사하고 그 자료를 비치하는 것이 도움이 된다(신화식, 진명희, 2008).
		  - 부모 자원 봉사에는 전문지식을 활용한 봉사, 교육 자료 제작, 수업 보조 교사로서의 봉사 등과 같은 방법을 다양하게 활용할 수 있다.
		  - 부모가 교육 기관에 오기 힘들거나 부모의 직장에서 수업을 진행하는 것이 더 효과적이라고 판단되는 경우, 부모의 직장을 방문하는 형태로 이루어질 수 있다.
		  - 교육 자료 제작은 유치원에 필요한 여러 가지 자료 제작 시 부모의 도움을 받는 활동이다.
		  - 수업 보조 교사로서의 봉사는 유아 교육에 대해 일정한 교육을 받은 부모로부터 도움을 받는 활동이다.
		• 의사 결정자
		  - 의사 결정자로서의 참여는 부모가 유치원의 새로운 교육 프로그램 계획에 참여하거나, 부모 교육의 주제 선정에 참여하는 등 보다 적극적인 동반자로서 유치원의 운영에 참여하는 것을 의미한다.
		  - 부모 자문 위원회나 운영 위원회와 같은 정기적인 기구를 구성하여 부모를 의사 결정자로 참여하게 할 수도 있다.

부모교육	통신 및 책자를 통한 부모교육	• 가정 통신
		  - 유치원에서 실시하는 부모와의 일차적인 의사소통 방법은 가정 통신이다.
		  - 가정 통신은 부모를 위해 작성되어 각 가정으로 전달됨으로써 자녀에 대한 부모 참여의 중요성을 지속적으로 알려주는 매체가 된다.
		  - 가정 통신문의 내용에는 유치원에서 이루어지는 활동이나 행사에 대한 정보, 현장 학습이나 특별 활동에 대한 안내, 유치원에 가져와야 할 물건이나 공통적인 부탁 사항 등이 포함된다.
		  - 가정 통신은 유치원에서 진행되어지는 제반 활동들을 부모에게 단순히 알려 주는 기능뿐만 아니라 부모의 의사를 수렴하는 기능도 함께 활용함으로써 부모의 적극적인 참여를 촉진하는 것이 바람직하다.
		• 부모용 소책자
		  - 부모용 소책자는 시간과 공간의 제약을 받지 않고 유용하게 사용될 수 있는 부모교육 방법 중 하나이다.
		  - 부모용 소책자는 유아의 발달에 대한 이해에서부터 유치원 교육의 철학 및 목적, 교육내용 및 방법과 부모의 역할에 대한 내용에 이르기까지 다양한 내용을 포함하여 제공할 수 있다.
		  - 부모용 소책자는 부모에게 꼭 필요한 내용이 무엇인지 파악한 후 이를 반영하여 주요 정보를 간결하게 정리하여 구성한다. 이때 교사가 부모들에게 필요하다고 생각되는 정보뿐만 아니라 부모들이 원하는 정보가 무엇인지를 알아보고 이를 반영하는 것이 바람직하다.
		  - 부모용 소책자는 교직원과 유아들의 가족 구성원 간의 긴밀한 관계와 협력의 필요성을 알려 주고 교직원들의 전문성을 알리는 좋은 방법이다.
		• 게시판
		  - 유치원의 게시판은 등·하원 시 바쁘게 움직이는 부모와 효과적으로 의사소통을 할 수 있는 방법 중 하나이다.

- 유아가 등원하거나 하원할 때 함께 온 부모들이 게시판을 통해 유치원에서 진행하는 활동에 대해 알 수 있도록 구성한다. 이를 위해서는 부모의 눈에 쉽게 띌 수 있는 곳에 게시판을 두고 유치원 생활에서의 중요한 정보들을 게시한다.

• 도서 안내 및 대출
- 부모의 바람직한 역할 및 자질 습득을 위해 정보를 제공하는 방법으로 도서 안내 및 도서 대출이 있다.
- 도서 대출 프로그램을 실시할 때는 도서의 내용 선정에 유의하고 부모의 요구에 맞는 적절한 도서를 기간별로 추천해 주는 것이 보다 효과적이다.

• 쪽지 및 전화
- 쪽지 및 전화는 유치원을 방문할 시간이 없는 바쁜 부모들에게 매우 효과적인 방법이다.
- 교사가 부모에게 알려야 할 내용이 있거나 상담할 사항이 있으나 만나기가 어려울 때 쪽지나 전화를 하여 부모와 정보를 교환할 수 있으며, 반대로 부모가 교사에게 알려야 할 사항이 있거나 상담할 내용이 있으나 직접 만나기 어려울 때 사용하면 효과적으로 정보를 교환하고 협력할 수 있다.
- 교사가 알리는 간단한 쪽지를 통해 가족들은 유아의 발달과 일상생활에 대해 알게 될 뿐만 아니라 유치원과 가족 간의 긴밀한 유대관계를 형성할 수 있게 된다. 이 쪽지를 통해 부모는 유아의 발달과 유아 교육 기관의 생활에 대해 잘 이해하게 된다.
- 전화는 교사와 직접 만나서 이야기하는 것보다 전화로 이야기하는 것을 더 편하게 느끼는 부모에게 더욱 적절한 방법 중 하나이다.
- 전화로는 긴 시간 동안 심도 있는 이야기를 나누기는 어려우므로 심각한 내용에 대한 상담은 개별 면담을 정해서 하는 것이 좋다.

• 인터넷
- 인터넷은 부모와의 효율적인 정보 교환을 위해 최근 들어 가장 급격하게 증가하는 방법 중 하나이다.
- 유치원에서 운영하는 홈페이지의 게시판에 부모와 교사가 수시로 정보를 올려 의견을 교환할 수도 있고, 개인 이메일을 활용하여 정보를 교환할 수도 있다.

집단 모임을 통한 부모 교육

• 부모 오리엔테이션
- 부모 오리엔테이션은 주로 학기 초에 이루어진다. 부모 오리엔테이션은 신입생 부모와 재학생 부모로 나누어 하는 것이 좋다.
- 부모 오리엔테이션 때 사용할 수 있도록 '부모를 위한 유치원 안내 책자'를 제작해 두면 편리하다. 안내 책자에는 유치원의 설립 목적이나 연혁, 유치원 프로그램의 철학과 목표, 교육내용, 하루의 일과, 간식 및 점심 식단, 운영 방침과 규칙, 부모 참여 및 교육 프로그램, 주요 행사, 교직원 소개 등의 내용이 포함될 수 있다.

• 부모 강연회
- 부모 강연회는 정해진 주제에 대해 부모가 강연을 듣는 형식으로 진행된다.
- 부모 강연회를 실시하는 목적은 유아 교육에 대한 올바른 이해 및 인식을 돕고, 유아 발달에 대한 이론과 기술을 습득하며, 바른 양육 태도를 가지도록 돕는 데 있다. 또한 부모가 유아 발달의 촉진자로서 필요한 환경 구성, 상호작용 방법, 역할 모델을 습득하도록 돕고, 부모들의 자아실현을 돕는 데 있다.
- 부모 강연회를 실시할 때 고려할 점은 무엇보다도 그 내용이나 실시 방법에서 부모의 요구를 충분히 반영해야 한다는 점이다.
- 강연회의 주제는 교사가 중요하다고 생각하는 주제 이외에도 부모들이 관심을 갖는 주제 등을 기초로 1년 단위로 계획하여 실시하는 것이 바람직하다.
- 부모가 많이 참석할 수 있는 시간과 시기를 잘 선택하는 것이 필요하다.
- 강연회를 개최하기 전에 부모들에게 질문지를 통해 편리한 시간과 주제에 대해 미리 조사하여 반영한다.

CHAPTER 12

	- 강연회가 끝나면 그날 강연에 대해 간단한 평가를 할 수 있도록 하고, 평가 결과는 다음 강연을 계획할 때 반영하면 좋다. • 토론회 및 좌담회 - 토론회와 좌담회는 자녀 교육이나 생활 전반의 문제들을 주제로 하여 부모들이 자신의 경험과 문제를 서로 토론하거나 대화를 나눔으로써 나름대로의 문제 해결 방안을 모색할 수 있는 부모교육 방법 중 하나이다. - 토론회 및 좌담회는 몇 사람이 모여 앉아서 유아교육에 대해 어떤 정해진 문제를 놓고 그것을 중심으로 각자의 의견을 나누는 모임이다.
부모 면담	• 부모 면담은 교사와 부모의 가장 적극적인 의사소통 방법 중 하나이다. 면담을 통해 교사는 유아의 가정환경을 알 수 있고 부모는 유치원에서의 유아의 생활을 이해할 수 있다. • 교사와 부모의 면담은 공식적 또는 비공식적으로 이루어질 수 있다. 비공식적 면담은 등, 하원 시간에 부모를 만나서 간단하게 대화를 나누는 것과 같은 것으로 비공식적 면담에서는 충분한 대화를 나누기가 어렵기 때문에 공식적인 부모-교사 면담이 계획되어야 한다. • 면담이 효율적으로 이루어지기 위해서는 무엇보다도 교사와 부모가 서로를 신뢰하고 편안한 감정으로 대화를 나눌 수 있는 분위기의 형성이 중요하다. 또한 부모와의 면담 내용은 비밀이 유지된다는 원칙을 가지고 있어야 한다. • 부모 면담은 개인 면담과 집단 면담으로 나눌 수 있는데 유아와 부모의 상황, 문제의 유형에 따라 적절하게 선택될 수 있다. - 개인 면담은 교사와 부모가 일대일로 만나 유아에 대한 의견을 교환함으로써 바람직한 유아 지도 방안을 모색하는 활동이다. - 형식적인 개별 면담을 준비하고 실시하는 과정 : 면담 시기와 방법을 결정한다. → 전체 부모에게 면담 실시에 대해 공지하고 안내한다. → 면담 시간표를 작성하여 부모와 시간을 정한다. → 누적된 관찰기록을 토대로 면담 기록지를 준비한다. → 면담 장소를 준비한다. → 약속한 시간표에 따라 면담을 실시한다. → 면담 직후에 부모의 건의나 문의 등을 정리한다. → 면담 결과를 평가한다. → 면담기록지는 개별 영유아 파일에 정리하여 보관, 관리한다. - 부모 면담 시 교사가 유의해야 할 내용 : 부모를 미소로 맞이한다, 부정적인 표현보다는 긍정적인 표현을 사용한다, 부모가 말할 수 있는 기회를 많이 주고 교사는 주의 깊고 민감하게 듣는다, 전문 용어를 사용하지 말고 부모 수준에 맞추어 이야기한다, 교사는 부모가 제안하는 정보에 민감하게 반응해야 하며, 특히 교사의 생각을 강요하는 것은 피해야 한다, 질문은 개방적이고 간결하며 명확한 것이 좋다, 직접적인 충고보다는 해결책 중에서 부모가 결정을 하게 한다, 언어적인 표현뿐만 아니라 비언어적인 표현에도 주의를 기울여야 한다, 부모에게 유아에 대한 더 많은 정보를 원한다는 뜻을 표현해야 한다. - 집단 면담은 집단의 크기에 따라 대집단 면담과 소집단 면담으로 나눌 수 있다. 집단의 크기는 10명 이내가 바람직하며, 일회적으로 그치지 않고 지속되어지는 것이 바람직하다.

3) 제6차·2007개정 유치원교육과정 지도서 총론에서 제시한 부모교육론의 합격기출

- 브라운리(C. Brownlee), 하워드(C. Howard) 등은 1900년대 초반부터 우리나라의 유치원과 교회에 자모회를 조직하여 어머니들을 계몽하였다. 특히 하워드는 아버지교육에도 관심을 가지고 어머니와 아버지가 함께 월례회에 참석하도록 지도하였다. 이러한 역사적 배경을 바탕으로 오늘날 유치원에서는 가정통신문, 워크숍, 강연회, 대·소집단 모임, 면담 등의 다양한 방법을 활용하여 누리과정 운영이 가능한 범위 내에서 하루일과, 교사 구성 등을 고려하여 (①   )을 실시하고 있다.

- 부모 면담 내용의 (②   ) - 지난번에 승연이 어머니도 비슷한 일로 고민하시길래 이 방법을 알려드렸더니, 나중에 하시는 말씀이 효과적이었다고 하시더라고요.

- 부모교육 프로그램을 계획할 때 유의할 점
  - 부모들의 사회경제적 배경, (③   )에 대한 기대, (④   )의 역할에 대한 기대, (⑤   ) 양육에 대한 견해나 방법 등을 알아보는 것이 필요하다.
  - 교사는 부모의 요구나 기대를 반영하여 실천 가능성이 높고 구체적이고 쉬운 일부터 시작하여 점차적으로 활동의 폭을 확대해 나가는 방향으로 계획한다.
  - 부모 참여 및 부모교육은 무엇보다도 부모들이 편안함을 느낄 수 있도록 배려하여 유아교육기관과 정서적으로 밀접한 관계를 유지하도록 계획한다.
  - 부모교육 활동이 부모들의 가정생활에 피해를 주거나 (⑥   )인 부담을 주지 않는 범위 내에서 계획한다.

- 부모 참여도를 높이는 방법
  - 부모의 요구도를 파악하여 언제라도 계획을 (⑦   )시킬 수 있어야 한다.
  - 모든 교직원은 따스한 미소와 친절로 부모를 맞이하며, 각 부모에게 골고루 관심을 보여 (⑧   )을 느끼는 부모가 없도록 한다.
  - 부모의 능력과 요구, 기대 등을 파악하여 부모 모두에게 (⑨   )할 기회를 제공한다.
  - 부모 전체가 (⑩   )으로 결정하고 서로 존중하며 적극적으로 참여할 수 있는 기회를 제공한다.

- 학부모를 학급보조 자원봉사자로 활용함으로써 얻을 수 있는 효과
  - 유아교육의 (①   )을 높일 수 있다.
  - 유치원과 가정 간의 (②   )가 이루어질 수 있다.
  - 유치원 교육에 대한 인식 및 (③   )를 넓힐 수 있다.
  - 건전한 여가 선용과 유휴 (④   )을 활용할 수 있다.
  - 자원봉사자가 갖고 있는 (⑤   )이나 특기를 활용할 기회를 제공한다.
  - 타인을 (⑥   )할 수 있다.

- 학부모를 학급보조 자원봉사자로 활용함으로써 얻을 수 있는 효과를 극대화하기 위한 방법
  - 자원자를 대상으로 하는 (⑦   )를 사전에 실시한다.
  - 부모의 전공이나 재능을 살린 (⑧   )의 역할을 부여한다.

CHAPTER 12

- (⑨　　)를 주기적으로 실시한다.

• 전화나 컴퓨터 통신을 이용한 부모교육의 장점
  - 필요 시 부모의 개별적인 요구나 의견을 (①　　)하면서도 신속하게 조사할 수 있다.
  - 유치원에 자주 올 수 없는 바쁜 부모들에게 유치원에서 이루어지는 교육을 (②　　)시키고 협조를 구하는 데 효과적이다.
  - 집단 모임을 통한 부모교육은 참석한 부모만을 대상으로 하지만 (③　　)을 통한 부모 교육은 모든 부모를 대상으로 할 수 있다.
  - 부모들이 필요할 때 수시로 (④　　)를 얻어가거나 (⑤　　)을 개진할 수 있고 부모들의 요구나 의견에 대한 개별적인 (⑥　　)을 지속적으로 제공해 줄 수 있다.

• 전화나 컴퓨터 통신을 이용한 부모교육의 단점
  - 교사의 (⑦　　)이 증가할 수 있다.
  - (⑧　　) 통신의 경우 가정에 컴퓨터가 없거나 부모가 컴퓨터 활용 능력이 부족하면 사용이 어렵다.
  - 글이나 목소리만으로 의사소통이 이루어지기 때문에 상대방의 표정이나 마음을 읽고 (⑨　　)하는 데 제한이 있다.

• 부모들이 유치원에 자원봉사자로서 참여할 수 있는 상황
  - 현장 학습에서 유아들을 (①　　)하거나 차량이 필요한 경우 차량을 제공한다.
  - 언어 영역에서 개별 유아나 혹은 소집단에게 (②　　)을 읽어준다.
  - 유아들과 바깥 놀이터 주변을 (③　　)하거나 바깥놀이에서 유아들을 (④　　)하는 역할을 담당한다.
  - 교사의 도움이 특히 필요하거나 혹은 감독하지 않으면 위험한 요리, 물놀이, 바느질과 목공놀이, 덤블링 등의 (⑤　　) 영역에서 유아를 (⑥　　)한다.
  - 유아들의 활동 작품이나 (⑦　　)를 정리하는 등 유아와 직접 상호작용하지 않는 일을 수행한다.

유아교육과 부모 합격기출 정답

01 드라이커스(R. Dreikurs)의 민주적 부모교육이론

정답

①	②	③	④	⑤
민주적 부모교육	목표	행동목표	행동목표	관심 끌기
⑥	⑦	⑧	⑨	⑩
힘 행사하기	보복하기	부적절성 나타내기	관심 끌기	논리적 귀결
⑪	⑫	⑬	⑭	⑮
과거	논리적 귀결	현재와 미래	드라이커스	아들러
⑯	⑰	⑱	⑲	⑳
평등성	상호관계	직접적 목표	자연적 귀결	논리적 귀결
㉑				
책임감				

※ ⑤⑥⑦⑧ - 정답 순서 무관

02 기노트(H. Ginott)의 인본주의 부모교육이론

정답

①	②	③	④	⑤
경험과 불평 늘어놓기	감수성 증진	개념 형성	기술 익히기	의사소통
정답 순서 무관				

CHAPTER 12

03 번(E. Berne)의 상호교류 분석이론(T. A : Transactional Analysis)

정답

①	②	③	④	⑤
교류	교류	교류	자아상태	상호교류
⑥	⑦	⑧	⑨	⑩
부모	아동	성인	아동 자아	성인 자아
⑪	⑫		※ ⑥⑦⑧ - 정답 순서 무관	
부모 자아	교차적 상호교류		※ ⑨⑩⑪ - 정답 순서 무관	

04 고든(T. Gordon)의 부모효율성 훈련이론(P.E.T : Parent Effectiveness Training)

정답

①	②	③	④	⑤
부모 효율성 훈련	수용성	문제	문제	반영적 경청 (=적극적 경청)
⑥	⑦	⑧	⑨	⑩
수용성 수준 파악	부모의 입장	역할	고든	문제의 소유자
⑪	⑫	⑬	⑭	⑮
의사소통	경청	나-전달법	경청	나-전달법
⑯	⑰	⑱	⑲	⑳
무승부법 (=무패법)	실행 가능한 해결책 찾기	실행 가능한 해결책 평가하기	최선의 해결책 선택하기	해결책을 수행하는 방법을 결정하고 실행하기

05 행동수정이론

정답

	①			
	체계적 둔감법(=체계적 감감법)			

06 제6차·2007개정 유치원교육과정 지도서 총론에서 제시한 부모교육론

정답

①	②	③	④	⑤
부모교육	비밀 유지	유아교육기관	교사	자녀
⑥	⑦	⑧	⑨	⑩
경제적	변경	소외감	참여	공동
①	②	③	④	⑤
효율성	연계	이해	자원	재능
⑥	⑦	⑧	⑨	
이해	연수	봉사	평가	
①	②	③	④	⑤
간단	이해	통신	정보	의견
⑥	⑦	⑧	⑨	
의견	업무량	컴퓨터	이해	
①	②	③	④	⑤
지도	책	산책	감독	흥미 영역
⑥	⑦			
감독	포트폴리오			

CHAPTER 13

유아교육과 특수교육 합격비계

I. 유아교육과 특수교육 합격목차
II. 유아교육과 특수교육 합격내용

Ⅰ. 유아교육과 특수교육 합격목차

1. 통합교육 및 개별화 교육
2. 장애인 등에 대한 특수교육법

II. 유아교육과 특수교육 합격내용

01 통합교육 및 개별화 교육

1) 통합교육 및 개별화 교육의 합격단어
2) 통합교육 및 개별화 교육의 합격내용
3) 통합교육 및 개별화 교육의 합격기출

1) 통합교육 및 개별화 교육의 합격단어

- 통합교육, 정상화, 최소 제한 환경, 일반 학급 주류화, 일반 주도 특수교육(일반교육주도), 완전 통합, 사회적 통합, 역통합, 탈수용시설화, 개별화 교육, 개별화 교육 프로그램(IEP : Individual Education Program)

2) 통합교육 및 개별화 교육의 합격내용

구분	내용
통합교육의 개념	• 통합교육이란 다양한 교육적인 필요와 능력을 지닌 아동들이 함께 교육받는 프로그램으로서 그 특징은 특수아동과 일반아동이 사회적 활동이나 교수활동에서 의미 있는 상호작용을 하는 것이다. • 통합교육 관련 기본 개념 - 정상화 : 정상인과 같은 행동이나 특성을 형성하고 유지하기 위해 장애인을 가능한 한 정상적인 사회에 통합한다는 것을 의미한다. - 최소 제한 환경 : 장애아들이 교육받는 특수 학급이 일반 학급과 가장 유사한 환경, 즉 장애아와 일반아와의 교류가 보장된 환경을 의미한다. 특수아동의 삶이 가능한 한 "정상적"이어야 한다는 의미이다. - 일반 학급 주류화 : 장애아가 특수학급으로 등교하여 수업을 받고, 특별한 범위 내에서 일반 학급으로 보내어 일반 아동과 수업을 받는 것을 의미한다. - 일반 주도 특수교육(일반교육주도) : 학교 밖에 있는 특수 교육 프로그램을 일반 학교 안으로 끌여들여 일반 교사들이 특수교사 역할까지 맡아서 교육하는 것을 의미한다. - 완전 통합 : 장애아가 전적으로 일반 학급 내에서 일반 교육은 물론 특수 교육까지 겸하여 받는 것을 의미한다. - 사회적 통합 : 장애 아동과 일반 아동으로 각각 구성된 서로 다른 두 개의 집단을 합한다는 개념이다. - 역통합 : 장애 아동을 위한 교육 환경에 일반 아동을 포함시키는 개념이다. - 탈수용시설화 : 1960년대 많은 수용시설에서 적절한 교육과 양육을 제공하지 못하고 있다는 전문가의 인식에 따라 사회 운동의 일환으로 장애인을 분리된 시설에서 지역사회로 이동시키기 시작하는 것이다.
	• 장애 아동에게 기대되는 효과 - 나이에 맞는 행동을 관찰, 모방하여 바람직한 행동을 학습한다. - 상호작용을 통한 의사소통과 사회성 영역의 발달을 이룬다.

통합교육의 효과	– 부모와의 밀착 관계에서 벗어나 자기 자신의 존재감을 인식한다.
	   – 내재되어 있던 잠재력의 발견을 통한 자기 신뢰감을 획득한다.
	   – 발달, 행동, 학업에 있어서의 성취를 촉진한다.
	• 일반 아동에게 기대되는 효과
	   – 장애인을 사회의 구성원으로 인식, 수용한다.
	   – 지역 사회가 장애아를 수용하고 포용할 수 있다는 사회적 책임을 학습한다.
	   – 장애아들에게 상호 협력자, 모델 등의 역할을 함으로써 양보심, 배려심과 같은 사회적 행동을 학습한다.
	   – 사회성 발달에 긍정적인 영향을 미친다.
	   – 장애인에 대한 긍정적인 태도와 행동 변화를 돕는다.
	   – 자신의 지식을 장애아에게 가르쳐줌으로써 재학습의 기회를 갖는다.

통합교육을 위한 교사의 역할

• 통합 상황에서의 일반교사와 특수교사의 역할

구분	직접적인 서비스 제공자	협력자
일반 교사	• 전반적인 학습 환경과 활동을 개발한다. • 특수아동과 일반 아동 간의 사회적 상호교환능력을 증진시켜 주기 위하여 학습환경과 활동 등을 개발한다. • 교육 프로그램의 모든 측면을 통합하여 다면적인 교육방법을 제공한다. • 특수아동의 발달을 확장할 수 있는 정보와 지원을 제공한다. • 프로그램의 효율성을 평가한다.	• 특수아동의 문제의 본질과 심각성에 대하여 의견을 제공하고 목표행동을 설정하는데 도움을 준다. • 특수아동을 위한 교수 전략이나 사회적 통합에 대한 문제들을 특수교사와 함께 협력하여 해결한다. • 교과과정에 대하여 특수교사의 자문 역할을 담당한다. • 집단 관리 기술에 대하여 특수교사의 자문 역할을 담당한다.
특수 교사	• 특수아동을 판별하고 아동발달에 대한 검사를 실시한다. • 각 아동을 위한 개별화교육프로그램을 개발한다. • 특수아동의 교육적인 성취를 평가한다. • 각 아동에게 적합한 학업 및 행동적인 교육방법들을 실시한다. • 프로그램의 효율성을 평가한다.	• 다양한 측면에서 특수아동의 행동을 관찰하여 행동분석에 대한 정보를 제공한다. • 특수아동을 위한 교수방법이나 사회적 통합과 관련된 다양한 서비스를 기획하고 조정한다. • 통합적이고 개별화된 교육방법에 대하여 일반교사들의 자문 역할을 담당한다. • 특수아동이나 그들 가족의 욕구에 대한 의견을 파악하여 전달한다.

• 통합 운영의 예

구분	내용
개별활동	• 장애유아들에게 개별화된 활동을 실시할 수 있다. 교실 내의 대그룹 활동, 자유선택활동, 실외활동, 견학 등 모든 교육과정 내에서 이루어질 수 있다.
소그룹 활동	• 소그룹 활동은 대부분 대그룹으로 이루어지는 교실 내의 활동에 능동적으로 참여하기에 부족한 여러 요소들을 소그룹을 통하여 보충하는 활동이 된다.
치료 레크레이션	• 장애유아들에게 다양한 놀이 형태를 제공함으로써 취미활동의 기초가 되게 하고, 통합환경에서 제시되는 놀이활동에 있어 자신감과 참여율을 높여 주기 위한 활동이다.

CHAPTER 13

	구분	내용
유아교육 기관의 통합교육	평가	• 최소한 2개월마다 개별활동에 따른 평가서를 작성하며 유아교사들 간의 토의, 체크리스트, 관찰 등에 의해 이루어지며 유아 발달상황을 평가한다.
	부모교육 및 상담	• 정기적으로 평가에 따른 부모 상담 및 교육이 이루어지고 매학기 2회 이상 부모모임을 통해서 주제별 부모교육을 실시할 수 있다.
	치료교육	• 장애유아의 심리적, 인지적 문제를 돕기 위해 전문가의 지원 서비스가 주 2회 이상 병행되면 좋을 것이다.

• 일과 운영 시 통합교육 활동의 유의점

구분	내용
이야기 나누기 시간	• 유아의 주의를 효과적으로 모으기 위해 의자나 매트를 활용한다.
작업활동	• 유아 개인에 따라 많은 차이가 나타나지만 작업 활동을 공간에 따라 나누어서 배치하는 것이 장애유아 작업 활동을 이해하는데 도움이 된다.
음률활동	• 유아의 주의환기를 시키기 위한 각종 음률활동이나 활동의 전환에 따른 교사의 신호체계 등은 장애유아가 쉽게 이해하고 수행할 수 있도록 정확하게 제시되어야 한다.
상호작용	• 장애유아와 일반유아의 상호작용은 교사가 일반아동과 짝지어주기, 책임 담당활동에 장애유아를 참여시키기와 같은 교사의 의도가 있었을 때 많이 일어났으나, 일반적으로 장애유아는 교사가 주도하지 않는 한 유아 교육기관에서 일반 아동과 상호작용이 활발하지 못하다. 또한 혼합연령 집단에 있는 장애유아는 자기보다 나이가 어린 유아와 놀기를 원하는 특성을 보인다.
게임 활동	• 규칙이 복잡하고 통제가 많은 활동은 유아의 참여가 어려우나 비교적 자유로운 형식의 게임활동에서는 잘 적응할 수 있다.

장애유아 통합 촉진 방법 (사회적 통합 촉진을 위한 교수 전략)

• 환경 구성 : '또래 간 상호작용을 증진하기 위한 환경 구성'
  - 불필요한 다툼을 줄이고 적절한 상호작용을 할 가능성을 높이기 위해 적절하게 놀이 공간을 제한해 준다(예 자유선택활동 시간에 한 영역에 들어가는 유아의 수를 제한하기, 놀이하는 공간을 제한하여 상호작용할 가능성을 높이기).
  - 상호작용을 유발할 가능성이 높은 교재나 장난감을 비치해 둔다(예 퍼즐보다는 게임 자료가 상호작용하기에 더 적합함).
  - 상호작용을 할 수 있도록 교재 수를 조절하거나(예 미술 시간에 점토를 하나만 주고 옆친구와 나누어 갖도록 함), 교재를 나누어주는 방법을 조절한다(예 색연필을 색깔별로 통에 담아주고 필요한 색깔을 나누어 쓰도록 함).
  - 하루 중 일부는 대집단 활동 대신 소집단으로 활동을 구성하여 상호작용을 증진시킨다.
  - 소집단 활동을 할 때 장애 유아가 좋아하거나 장애 유아에게 관심을 보이는 유아, 또는 리더십이 있거나 다른 친구들을 잘 배려해주는 유아를 배치하여 장애 유아와의 상호작용을 돕는다.
• 교사의 직접 교수 : '짝을 이용한 상호작용 촉진'
  - 장애 유아에게 짝을 정해주어 짝이 여러 가지 도움을 주거나 활동의 모델이 되게 하는 전략은 통합된 환경에서 자주 사용하는 유용한 전략이다.
  - 짝에게 장애 유아가 연습을 통해 배울 수 있다는 것을 알려주고 적절한 상호작용 방법을 알려줌으로써 장애 유아의 학습 기회를 빼앗지 않도록 한다.
  - 짝이 된 유아가 장애 유아를 지나치게 도와줌으로써 학습의 기회를 빼앗고 있지는 않은지 지속적으로 점검하고 필요한 경우 적절한 역할을 상기시킨다.

- 짝으로서의 역할을 부담스러워 하지는 않는지 지속적으로 점검한다.
- 짝이 장애 유아에게 교사 및 형이나 언니처럼 말하고 있는지 점검한다.
- 교사의 말과 행동은 그대로 유아들의 모델이 된다. 따라서 교사가 장애 유아에게 너무 지시적인 말만 하는 것은 아닌지, 장애 유아가 활동을 할 수 있도록 충분한 시간을 제공하는지 등을 스스로 점검한다.
- 장애 유아와 짝 간에 친구로서의 동등한 관계가 맺어지도록 교사가 최대한 지원해 준다.

통합학급에서의 장애유아 지도 방법

- **개별화 교육 프로그램(IEP : Individualized Educational Program)**
  - 개별화 교육은 장애 유아의 신체 조건, 경험적 배경, 흥미, 인성적 요구, 학습 능력, 기타의 조건 등이 고려된, 유아의 독특한 교육적 요구에 부응한 최적의 프로그램과 교수·학습 방법에 의한 교육을 의미한다.
  - 개별화 교육은 수업의 초점을 유아 개인에게 두고 가능한 한 모든 유아가 의도한 교육 목표에 도달하도록 하기 위한 것이다. 이를 위해 각 개인의 능력, 적성, 동기 등을 고려하여 변별성 있게 수업 절차나 자료의 선택, 평가 등을 적절하고 타당하게 수정하여야 한다.

- **짝을 이용한 상호작용 촉진**
  - 장애 유아에게 짝을 정해주어 짝이 여러 가지 도움을 주거나 활동의 모델이 되게 하는 전략은 통합된 환경에서 자주 사용하는 유용한 전략이다.
  - 짝에게 장애 유아가 연습을 통해 배울 수 있다는 것을 알려주고 적절한 상호작용 방법을 알려줌으로써 장애 유아의 학습 기회를 빼앗지 않도록 한다.
  - 짝이 된 유아가 장애 유아를 지나치게 도와줌으로써 학습의 기회를 빼앗고 있지는 않은지 지속적으로 점검하고 필요한 경우 적절한 역할을 상기시킨다.
  - 짝으로서의 역할을 부담스러워 하지는 않는지 지속적으로 점검한다.
  - 짝이 장애 유아에게 교사 및 형이나 언니처럼 말하고 있는지 점검한다.
  - 교사의 말과 행동은 그대로 유아들의 모델이 된다. 따라서 교사가 장애 유아에게 너무 지시적인 말만 하는 것은 아닌지, 장애 유아가 활동을 할 수 있도록 충분한 시간을 제공하는지 등을 스스로 점검한다.
  - 장애 유아와 짝 간에 친구로서의 동등한 관계가 맺어지도록 교사가 최대한 지원해 준다.

- **유치원 교육과정 수정 전략**

구분	내용
환경적 지원	- 예 정리 활동에 참여하기 위해 교구장에 교구 사진을 찍어 표시해 주거나 청각 장애 유아의 자리를 교사의 입 모양이 잘 보일 수 있는 앞쪽 중앙으로 배치해 주는 것 등이 있다.
교재 수정	- 조형 활동 작품에 이름을 써야 하는 경우, 글쓰기가 어려운 장애유아를 위해 점선으로 된 이름본을 제시하고 따라 써 보도록 하는 것을 예로 들 수 있다.
활동의 단순화	- 색종이 접기와 같이 여러 단계가 있는 조형 활동을 할 때 단계를 간략화하는 것이다. - 예 8단계에서 4단계로 간단하게 조정하는 것을 말한다.
선호도 활용	- 색칠하기 활동에서 유아가 선호하는 그림을 선정하여 이를 색칠하도록 하는 것을 예로 들 수 있다.
적응 도구의 사용	- 점심을 먹을 때 수저 잡기 자세가 어려운 경우 보조 숟가락, 포크를 제시해 주는 것을 말한다.
교사의 지원	- 놀잇감을 가지고 그 용도에 적절하지 않게 놀고 있는 경우, 해당 놀잇감의 기능에 맞는 시범을 교사가 보이는 것을 예로 들 수 있다. - 자동차를 이용하여 유아 곁에서 "자동차가 부릉부릉하며 간다."라고 말하며 놀이의 시범을 보이는 것이다.

CHAPTER 13

	또래 지원	- 예 견학을 가거나 교실 도우미를 하는 경우 장애 유아가 선호하는 또래가 짝이 되어 도와주도록 하는 것이다.
청각장애 유아 지도방법		• 손상된 청력이 언어 발달에 미치는 부정적인 영향을 최소화하기 위해 구화 외에도 수화를 함께 사용함으로써 전반적인 의사소통능력을 향상시킨다. • 말하는 사람의 입 모양, 표정 등이 가려지지 않도록 하고 빛을 등지고 서서 이야기하지 않는다. • 양쪽 귀의 상태에 따라 잘 들리는 쪽으로 교사가 설 수 있게 자리를 배치한다. • 보청기를 착용하는 유아의 경우 교실 내의 모든 소리가 확대되어 들리기 때문에 소음의 수준을 조절해 주어야 한다. • 청각 이외의 다양한 감각(예 시각, 촉각 등)을 이용하여 학습을 돕는다.
시각장애 유아 지도방법		• 적절한 조명을 제공하고 필요한 경우 부분조명을 설치한다. • 자리를 배치할 때 그림자가 생기는 곳이나 빛이 반사되는 곳을 피한다. • 소리를 통해 정보를 파악하는 경우가 많기 때문에 소음이 지나치게 많은 곳에 앉지 않도록 주의한다. • 교실 내의 모든 영역에 혼자서 접근할 수 있도록 환경을 구성한다. 특히 교실환경 내에서 혼자 이동할 수 있는 능력, 동선과 주변환경에서 사물이 나를 중심으로 어떻게 배치되어 있는지를 알 수 있도록 감각을 사용하는 능력, 공간감각을 훈련하는 것이 필요하다. • 색상의 대비가 뚜렷하거나 명암이 분명한 교재나 교구를 사용한다. • 소리 나는 장난감이나 오디오 테이프 등을 비치한다. • 소리가 나거나 상황에 변화가 생겼을 때에는 무슨 소리인지, 무엇을 하고 있는지 등을 설명해 주는 것이 좋다. • 눈으로 보고 따라할 수 없기 때문에 유아의 뒤에서 손을 잡고 움직이게 하여 자연스러운 움직임을 경험할 수 있게 한다.
개별화 교육 프로그램	개요	• 개별화 교육은 장애 유아의 신체 조건, 경험적 배경, 흥미, 인성적 요구, 학습 능력, 기타의 조건 등이 고려된, 유아의 독특한 교육적 요구에 부응한 최적의 프로그램과 교수·학습 방법에 의한 교육을 말한다. • 개별화 교육은 수업의 초점을 유아 개인에게 두고 가능한 한 모든 유아가 의도한 교육 목표에 도달하도록 하기 위한 것이다. 이를 위해 각 개인의 능력, 적성, 동기 등을 고려하여 변별성 있게 수업 절차나 자료의 선택, 평가 등을 적절하고 타당하게 수정하여야 한다. • 통합교육 환경에서 장애아, 일반아는 개개인의 능력과 개인적 특성에 차이가 있다는 것을 이해해야 한다. 특히 개인차가 큰 장애아의 경우 장애 정도나 유형에 따라 진단, 평가를 달리하므로 개별화 교육 프로그램(IEP)의 적용은 중요하다.
	법적 배경	• 장애인 등에 대한 특수교육법 - 제2조(정의) ⑦"개별화교육"이란 각급학교의 장이 특수교육대상자 개인의 능력을 계발하기 위하여 장애유형 및 장애특성에 적합한 교육목표·교육방법·교육내용·특수교육 관련서비스 등이 포함된 계획을 수립하여 실시하는 교육을 말한다. - 제22조(개별화교육) ① 각급학교의 장은 특수교육대상자의 교육적 요구에 적합한 교육을 제공하기 위하여 보호자, 특수교육교원, 일반교육교원, 진로 및 직업교육 담당교원, 특수교육 관련서비스 담당 인력 등으로 개별화교육지원팀을 구성한다. ② 개별화교육지원팀은 매 학기 마다 특수교육대상자에 대한 개별화교육계획을 작성하여야 한다. ③ 특수교육대상자가 다른 학교로 전학할 경우 또는 상급학교로 진학할 경우에는 전출학교는 전입학교에 개별화교육계획을 14일 이내에 송부하여야 한다. • 장애인 등에 대한 특수교육법 시행 규칙 - 제4조(개별화교육지원팀의 구성 등) ① 각급학교의 장은 매 학년의 시작일로부터 2주 이내에 각각 특수교육

		대상자에 대한 개별화교육지원팀을 구성하여야 한다. ② 개별화교육지원팀은 매 학기의 시작일로부터 3일 이내에 개별화교육계획을 작성하여야 한다. ③ 개별화교육계획에는 특수교육 대상자의 인적사항과 특별한 교육지원이 필요한 영역의 현재 학습수행 수준, 교육목표, 교육내용, 교육방법, 평가계획 및 제공할 특수교육 관련 서비스의 내용과 방법 등이 포함되어야 한다. ④ 각급 학교의 장은 매 학기마다 개별화교육계획에 따른 각 특수교육 대상자의 학업 성취도 평가를 실시하고, 그 결과를 특수교육 대상자 또는 그 보호자에게 통보하여야 한다.
실제적용	교수방법의 수정	• 주의집중력이 짧아서 과제를 오래 못하는 경우 - 과제를 작은 단위로 나누어 주거나, 양을 줄여준다. - 수업 시간을 단축한다. - 수업 내용과 활동을 지루하지 않게 바꾸어 준다. • 지시 사항을 이해하지 못하거나 쉽게 잊어버리는 경우 - 지시 사항을 짧고 쉽게 말해 준다. - 교사의 지시를 잘 기억하도록 시간적으로 간단한 표시를 해준다. • 장애를 고려한 자신의 능력을 표현하는 방법 - 의사소통 보조 기구를 사용한다. - 말하는 것이 어려운 경우 쓰거나, 쓰기가 어려운 경우 구두로 시험이나 발표를 하게 한다.
	일반교육과 특수교육의 협력	• 통합 환경 속에서 일반 교육과 특수 교육의 친밀한 관계 유지는 장애아와 일반아의 효과적인 교육을 위해서 중요하다. 때로는 일반 교사와 특수 교사의 학습 내용에 있어 연결이 되지 않아 교육의 효과가 떨어지거나, 교사들을 혼란스럽게 만들기도 한다. 이러한 문제에 좀 더 쉽게 적응하기 위한 방법은 다음과 같다. - 학생이 일반 학급을 떠나기에 가장 좋은 시간에 갈 수 있도록 특수 교육 교사와 논의한다. - 학급의 시간표를 규칙적으로 운영하여 장애 학생이 매일 어떤 시간에 빠지는지를 알 수 있게 한다. - 장애 학생이 스스로 특수 교육 서비스를 받기 위해 교실을 떠나는 일에 책임을 지게 한다. - 학생이 교실에 돌아왔을 때 무엇을 해야 하는지 알 수 있는 의사소통 체계를 만들어 둔다. - 학생이 교실을 떠남으로써 손해를 생각하지 않도록 유의한다. 특별하거나 즐거운 활동을 그 동안에 하지 말고, 교실을 떠난 동안의 뒤진 부분을 보충하기 위해 과제를 늘리거나 방과 후 수업을 받지 않도록 한다.

3) 통합교육 및 개별화 교육의 합격기출

(1) 장애 유아와 일반 유아의 또래관계 형성을 위한 지도 방안

- 통합교육이라고 해서 일반유아가 장애유아를 무조건 도와주거나 양보해서 장애유아와 또래관계를 형성하도록 하는 것은 (①   )해야 한다.

- 카페트와 매트는 (②   )에 단단하게 고정하고, 일반유아들에게는 (③   )를 책상 밑에 밀어 넣도록 요청하여 시각장애 유아가 놀이 영역 간을 이동할 때 위험하지 않도록 해야 한다. 그러면 시각장애 유아가 일반유아와 놀이 영역을 함께 오가면서 놀이 참여가 원활하게 이루어진다.

- 일반유아를 대상으로 시각장애 유아에 대한 이해를 높일 수 있는 (④   ) 활동을 실시하는 것이 좋다. 시각장애를 일반유아들이 이해한다면 시각장애 유아가 또래 관계를 형성하는 데 도움이 된다.

(2) 통합학급에서 장애 유아들을 위한 지도 방안

- 일반 교사는 발달지체 유아를 위한 (①   ) 교수 계획을 특수 교사와 함께 세운다.

- 지역사회의 특수교육관련서비스 자원에 대한 정보를 (②   )에게 제공하였다.

- 장애 유아들을 위한 개별화교육계획(IEP)의 실행을 위해 (③   ) 전문가의 도움을 받았다.

- 청각 장애 유아의 자리를 교사의 (④   )모양이 잘 보일 수 있는 앞쪽 자리에 배치에 주었다.

- 시력이 낮은 시각장애 유아의 수업 참여를 장려하기 위해 수업 자료를 (⑤   )하여 제시해 주었다.

02 장애인 등에 대한 특수교육법

1) 장애인 등에 대한 특수교육법의 합격단어
2) 장애인 등에 대한 특수교육법의 합격내용

1) 장애인 등에 대한 특수교육법의 합격단어

- 교육기본법, 자아실현, 사회통합, 특수교육, 통합교육, 개별화교육, 순회교육, 특수학급, 의무교육, 만 3세미만의 장애영아교육은 무상, 의무교육 및 무상교육에 드는 비용은 대통령령으로 정하는 바에 따라 국가 또는 지방자치단체가 부담, 교육기회에 있어서 차별을 하여서는 아니 된다, 특수교육교원의 자질향상을 위한 교육 및 연수를 정기적으로 실시, 특수교육대상자의 통합교육을 지원하기 위하여 일반학교의 교원에 대하여 특수교육 관련 교육 및 연수를 정기적으로 실시, 교육부장관은 특수교육정책의 수립을 위한 실태조사를 3년마다 실시하고 그 결과를 공표, 만 3세 미만의 장애영아의 보호자는 조기교육이 필요한 경우 교육장에게 교육을 요구, 특수학교의 장은 교육감의 승인을 받아 유치원·초등학교·중학교·고등학교과정을 통합하여 운영, 특수교육기관의 유치원·초등학교·중학교·고등학교과정의 교육과정은 장애의 종별 및 정도를 고려하여 교육부령으로 정하고, 영아교육과정과 전공과의 교육과정은 교육감의 승인을 받아 학교장이 정한다, 개별화교육지원팀은 매 학기 마다 특수교육대상자에 대한 개별화교육계획을 작성, 유아교육법 제2조제6호에 따른 방과후 과정을 운영하는 유치원 과정의 교육기관에 특수교육대상자가 배치되는 경우 해당 각급학교의 장은 특수교육대상자에 대한 방과후 과정 운영을 담당할 인력을 학급당 1인 이상 추가로 배치, 유치원 과정의 경우 : 특수교육대상자가 1인 이상 4인 이하인 경우 1학급을 설치하고, 4인을 초과하는 경우 2개 이상의 학급을 설치, 만 3세 미만의 장애영아(이하 이 조에서 "장애영아"라 한다) 교육의 수업일수는 매 학년도 150일을 기준으로 하되, 장애영아의 건강 상태 및 교육과정의 운영상 필요한 경우에는 교육부장관, 교육감 또는 교육장의 승인을 받아 30일의 범위에서 줄일 수 있다, 장애아 3명마다 보육교사 1명을 배치한 어린이집(보육교사가 3명 이상인 경우에는 보육교사 3명 중 1명은 「초·중등교육법」 제21조제2항에 따른 특수학교 유치원교사 자격증을 소지한 교사여야 한다), 일반학교의 장은 법 제21조제2항에 따라 통합교육을 실시하는 경우에는 특수교육대상자의 교내 이동이 쉽고, 세면장·화장실 등과 가까운 곳에 위치한 66제곱미터 이상의 교실에 특수학급을 설치하여야 한다. 다만, 배치된 특수교육대상자의 수 및 그 학교의 여건 등을 고려하여 시·도 조례로 정하는 바에 따라 44제곱미터 이상의 교실에 학급을 설치, 방과후 과정을 운영하는 유치원 과정의 교육기관의 장은 교육과 보육을 연계하고 정규교육과정을 포함하여 1일 8시간 이상으로 운영하며, 그 밖에 운영에 필요한 사항은 교육감이 정한다, 법 제27조제3항에 따라 배치하는 특수교육 담당 교사는 학생 4명마다 1명으로 한다. 다만, 도시와 농촌·산촌·어촌 교육의 균형발전, 특수교육지원센터의 운영현황 및 특수교육대상자의 지역별 분포 등을 고려하여 특별시·광역시·도·특별자치도별 교사는 교육부장관이, 단위 학교·학급별 교사는 해당 교육감 또는 교육장이 배치 기준의 40퍼센트의 범위에서 가감하여 배치, 유치원 교육과정 : 만 3세부터 초등학교 취학 전까지의 어린이를 대상으로 하고, 「유아교육법」 제13조제2항에 따라 교육부장관이 정하는 유치원 교육과정에 준하여 편성된 과정

CHAPTER 13

2) 장애인 등에 대한 특수교육법 합격내용
(1) 장애인 등에 대한 특수교육법(약칭 : 특수교육법)[시행 2018. 5. 22][법률 제15367호, 2018. 2. 21, 일부개정]

제1조(목적) 이 법은 「교육기본법」 제18조에 따라 국가 및 지방자치단체가 장애인 및 특별한 교육적 요구가 있는 사람에게 통합된 교육환경을 제공하고 생애주기에 따라 장애유형·장애정도의 특성을 고려한 교육을 실시하여 이들이 자아실현과 사회통합을 하는데 기여함을 목적으로 한다.

제2조(정의) 이 법에서 사용하는 용어의 정의는 다음과 같다. <개정 2012. 3. 21.>
  1. "특수교육"이란 특수교육대상자의 교육적 요구를 충족시키기 위하여 특성에 적합한 교육과정 및 제2호에 따른 특수교육 관련서비스 제공을 통하여 이루어지는 교육을 말한다.
  2. "특수교육 관련서비스"란 특수교육대상자의 교육을 효율적으로 실시하기 위하여 필요한 인적·물적 자원을 제공하는 서비스로서 상담지원·가족지원·치료지원·보조인력지원·보조공학기기지원·학습보조기기지원·통학지원 및 정보접근지원 등을 말한다.
  3. "특수교육대상자"란 제15조에 따라 특수교육을 필요로 하는 사람으로 선정된 사람을 말한다.
  4. "특수교육교원"이란 「초·중등교육법」 제2조제4호에 따른 특수학교 교원자격증을 가진 자로서 특수교육대상자의 교육을 담당하는 교원을 말한다.
  5. "보호자"란 친권자·후견인, 그 밖의 사람으로서 특수교육대상자를 사실상 보호하는 사람을 말한다.
  6. "통합교육"이란 특수교육대상자가 일반학교에서 장애유형·장애정도에 따라 차별을 받지 아니하고 또래와 함께 개개인의 교육적 요구에 적합한 교육을 받는 것을 말한다.
  7. "개별화교육"이란 각급학교의 장이 특수교육대상자 개인의 능력을 계발하기 위하여 장애유형 및 장애특성에 적합한 교육목표·교육방법·교육내용·특수교육 관련서비스 등이 포함된 계획을 수립하여 실시하는 교육을 말한다.
  8. "순회교육"이란 특수교육교원 및 특수교육 관련서비스 담당 인력이 각급학교나 의료기관, 가정 또는 복지시설(장애인복지시설, 아동복지시설 등을 말한다. 이하 같다) 등에 있는 특수교육대상자를 직접 방문하여 실시하는 교육을 말한다.
  9. "진로 및 직업교육"이란 특수교육대상자의 학교에서 사회 등으로의 원활한 이동을 위하여 관련 기관의 협력을 통하여 직업재활훈련·자립생활훈련 등을 실시하는 것을 말한다.
  10. "특수교육기관"이란 특수교육대상자에게 유치원·초등학교·중학교 또는 고등학교(전공과를 포함한다. 이하 같다)의 과정을 교육하는 특수학교 및 특수학급을 말한다.
  11. "특수학급"이란 특수교육대상자의 통합교육을 실시하기 위하여 일반학교에 설치된 학급을 말한다.
  12. "각급학교"란 「유아교육법」 제2조제2호에 따른 유치원 및 「초·중등교육법」 제2조에 따른 학교를 말한다.

제3조(의무교육 등) ① 특수교육대상자에 대하여는 「교육기본법」 제8조에도 불구하고 유치원·초등학교·중학교 및 고등학교 과정의 교육은 의무교육으로 하고, 제24조에 따른 전공과와 만 3세미만의 장애영아교육은 무상으로 한다.
② 만 3세부터 만 17세까지의 특수교육대상자는 제1항에 따른 의무교육을 받을 권리를 가진다. 다만, 출석일수의 부족 등으로 인하여 진급 또는 졸업을 하지 못하거나, 제19조제3항에 따라 취학의무를 유예하거나 면제받은 자가 다시 취학할 때의 그 학년이 취학의무를 면제 또는 유예받지 아니하고 계속 취학하였을 때의 학년과 차이가 있는 경우에는 그 해당 연수(年數)를 더한 연령까지 의무교육을 받을 권리를 가진다.

③ 제1항에 따른 의무교육 및 무상교육에 드는 비용은 대통령령으로 정하는 바에 따라 국가 또는 지방자치단체가 부담한다.

제4조(차별의 금지) ① 각급학교의 장 또는 대학(「고등교육법」 제2조에 따른 학교를 말한다. 이하 같다)의 장은 특수교육대상자가 그 학교에 입학하고자 하는 경우에는 그가 지닌 장애를 이유로 입학의 지원을 거부하거나 입학전형 합격자의 입학을 거부하는 등 교육기회에 있어서 차별을 하여서는 아니 된다.
② 국가, 지방자치단체, 각급학교의 장 또는 대학의 장은 다음 각 호의 사항에 관하여 장애인의 특성을 고려한 교육시행을 목적으로 함이 명백한 경우 외에는 특수교육대상자 및 보호자를 차별하여서는 아니 된다. <개정 2018. 2. 21.>
  1. 제28조에 따른 특수교육 관련서비스 제공에서의 차별
  2. 수업, 학생자치활동, 그 밖의 교내외 활동에 대한 참여 배제
  3. 개별화교육지원팀에의 참여 등 보호자 참여에서의 차별
  4. 대학의 입학전형절차에서 장애로 인하여 필요한 수험편의의 내용을 조사·확인하기 위한 경우 외에 별도의 면접이나 신체검사를 요구하는 등 입학전형 과정에서의 차별
  5. 입학·전학 및 기숙사 입소 과정에서 비장애학생에게 요구하지 아니하는 보증인 또는 서약서 제출을 요구
  6. 학생 생활지도에서의 「장애인차별금지 및 권리구제 등에 관한 법률」 제4조의 차별

제8조(교원의 자질향상) ① 국가 및 지방자치단체는 특수교육교원의 자질향상을 위한 교육 및 연수를 정기적으로 실시하여야 한다.
② 국가 및 지방자치단체는 특수교육대상자의 통합교육을 지원하기 위하여 일반학교의 교원에 대하여 특수교육 관련 교육 및 연수를 정기적으로 실시하여야 한다.
③ 제1항과 제2항에 따른 교육 및 연수 과정에는 특수교육대상자 인권의 존중에 관한 내용이 포함되어야 한다. <신설 2013. 12. 30.>
④ 제1항과 제2항에 따른 교육 및 연수에 필요한 사항은 대통령령으로 정한다. <개정 2013. 12. 30.>

제9조(특수교육대상자의 권리와 의무의 안내) 국가 및 지방자치단체는 제15조제1항 각 호의 장애를 가지고 있는 자를 알게 되거나 제15조에 따라 특수교육대상자를 선정한 경우에는 2주일 이내에 보호자에게 해당 사실과 의무교육 또는 무상교육을 받을 권리 및 보호자의 권리·책임 등을 통보하여야 한다.

제13조(특수교육 실태조사) ① 교육부장관은 특수교육대상자의 배치계획·특수교육교원의 수급계획 등 특수교육정책의 수립을 위한 실태조사를 3년마다 실시하고 그 결과를 공표하여야 한다. <개정 2008. 2. 29., 2013. 3. 23., 2015. 12. 22.>
② 교육부장관은 대학에 취학하는 장애학생의 교육여건을 개선하기 위하여 필요하다고 인정하는 경우 장애학생의 교육복지 실태조사를 3년마다 실시하고 그 결과를 공표하여야 한다. <개정 2008. 2. 29., 2013. 3. 23., 2015. 12. 22.>
③ 교육부장관은 제1항과 제2항에 따른 실태조사를 위하여 필요한 경우 관계 중앙행정기관의 장, 지방자치단체의 장 및 「공공기관의 운영에 관한 법률」에 따른 공공기관의 장, 대학의 장, 그 밖의 관련 법인 또는 단체의 장에 대하여 자료의 제출 또는 의견의 진술을 요청할 수 있다. 이 경우 요청을 받은 자는 정당한 사유가 없으면 이에 협조하여야 한다. <신설 2015. 12. 22.>

CHAPTER 13

④ 제1항과 제2항에 따른 조사의 내용과 방법, 그 밖에 조사에 관하여 필요한 사항은 대통령령으로 정한다. <개정 2015. 12. 22.>

제14조(장애의 조기발견 등) ① 교육장 또는 교육감은 영유아의 장애 및 장애 가능성을 조기에 발견하기 위하여 지역주민과 관련 기관을 대상으로 홍보를 실시하고, 해당 지역 내 보건소와 병원 또는 의원(醫院)에서 선별검사를 무상으로 실시하여야 한다.
② 교육장 또는 교육감은 제1항에 따른 선별검사를 효율적으로 실시하기 위하여 지방자치단체 및 보건소와 병·의원 간에 긴밀한 협조체제를 구축하여야 한다.
③ 보호자 또는 각급학교의 장은 제15조제1항 각 호에 따른 장애를 가지고 있거나 장애를 가지고 있다고 의심되는 영유아 및 학생을 발견한 때에는 교육장 또는 교육감에게 진단·평가를 의뢰하여야 한다. 다만, 각급학교의 장이 진단·평가를 의뢰하는 경우에는 보호자의 사전 동의를 받아야 한다.
④ 교육장 또는 교육감은 제3항에 따라 진단·평가를 의뢰받은 경우 즉시 특수교육지원센터에 회부하여 진단·평가를 실시하고, 그 진단·평가의 결과를 해당 영유아 및 학생의 보호자에게 통보하여야 한다.
⑤ 제1항의 선별검사의 절차와 내용, 그 밖에 검사에 필요한 사항과 제3항의 사전 동의 절차 및 제4항에 따른 통보 절차에 필요한 사항은 대통령령으로 정한다.

제15조(특수교육대상자의 선정) ① 교육장 또는 교육감은 다음 각 호의 어느 하나에 해당하는 사람 중 특수교육을 필요로 하는 사람으로 진단·평가된 사람을 특수교육대상자로 선정한다. <개정 2016. 2. 3.>
  1. 시각장애
  2. 청각장애
  3. 지적장애
  4. 지체장애
  5. 정서·행동장애
  6. 자폐성장애(이와 관련된 장애를 포함한다)
  7. 의사소통장애
  8. 학습장애
  9. 건강장애
  10. 발달지체
  11. 그 밖에 대통령령으로 정하는 장애
② 교육장 또는 교육감이 제1항에 따라 특수교육대상자를 선정할 때에는 제16조제1항에 따른 진단·평가결과를 기초로 하여 고등학교 과정은 교육감이 시·도특수교육운영위원회의 심사를 거쳐, 중학교 과정 이하의 각급학교는 교육장이 시·군·구특수교육운영위원회의 심사를 거쳐 이를 결정한다.

제17조(특수교육대상자의 배치 및 교육) ① 교육장 또는 교육감은 제15조에 따라 특수교육대상자로 선정된 자를 해당 특수교육운영위원회의 심사를 거쳐 다음 각 호의 어느 하나에 배치하여 교육하여야 한다.
  1. 일반학교의 일반학급
  2. 일반학교의 특수학급

3. 특수학교

② 교육장 또는 교육감은 제1항에 따라 특수교육대상자를 배치할 때에는 특수교육대상자의 장애정도·능력·보호자의 의견 등을 종합적으로 판단하여 거주지에서 가장 가까운 곳에 배치하여야 한다.
③ 교육감이 관할 구역 내에 거주하는 특수교육대상자를 다른 시·도에 소재하는 각급학교 등에 배치하고자 할 때에는 해당 시·도 교육감(국립학교의 경우에는 해당 학교의 장을 말한다)과 협의하여야 한다.
④ 제3항에 따라 특수교육대상자의 배치를 요구받은 교육감 또는 국립학교의 장은 대통령령으로 정하는 특별한 사유가 없는 한 이에 응하여야 한다.
⑤ 제1항부터 제4항까지의 규정에 따른 특수교육대상자의 배치 등에 관하여 필요한 사항은 대통령령으로 정한다.

제18조(장애영아의 교육지원) ① 만 3세 미만의 장애영아의 보호자는 조기교육이 필요한 경우 교육장에게 교육을 요구할 수 있다.
② 제1항에 따른 요구를 받은 교육장은 특수교육지원센터의 진단·평가결과를 기초로 만 3세 미만의 장애영아를 특수학교의 유치원과정, 영아학급 또는 특수교육지원센터에 배치할 수 있다.
③ 제2항에 따라 배치된 장애영아가 의료기관, 복지시설 또는 가정 등에 있을 경우에는 특수교육교원 및 특수교육 관련서비스 담당 인력 등으로 하여금 순회교육을 제공하도록 할 수 있다.
④ 국가 및 지방자치단체는 장애영아를 위한 교육여건을 개선하고 설비를 정비하기 위하여 노력하여야 한다.
⑤ 그 밖에 장애영아의 교육지원에 필요한 사항은 대통령령으로 정한다.

제19조(보호자의 의무 등) ① 특수교육대상자의 보호자는 그 보호하는 자녀에 대하여 제3조제1항에 따른 의무교육의 기회를 보호하고 존중하여야 한다.
② 부득이한 사유로 취학이 불가능한 의무교육대상자에 대하여는 대통령령으로 정하는 바에 따라 제1항에 따른 취학 의무를 면제하거나 유예할 수 있다. 다만, 만 3세부터 만 5세까지의 특수교육대상자가 「영유아보육법」에 따라 설치된 어린이집 중 대통령령으로 정하는 일정한 교육 요건을 갖춘 어린이집을 이용하는 경우에는 제1항에서 정하는 유치원 의무교육을 받고 있는 것으로 본다. <개정 2011. 6. 7.>
③ 제2항에 따라 취학의무를 면제 또는 유예 받은 자가 다시 취학하고자 하는 경우에는 대통령령으로 정하는 바에 따라 취학하게 할 수 있다.

제20조(교육과정의 운영 등) ① 특수교육기관의 유치원·초등학교·중학교·고등학교과정의 교육과정은 장애의 종별 및 정도를 고려하여 교육부령으로 정하고, 영아교육과정과 전공과의 교육과정은 교육감의 승인을 받아 학교장이 정한다. <개정 2008. 2. 29., 2013. 3. 23.>
② 특수교육기관의 장 및 특수교육대상자가 배치된 일반학교의 장은 제1항에 따른 교육과정의 범위 안에서 특수교육대상자 개인의 장애종별과 정도, 연령, 현재 및 미래의 교육요구 등을 고려하여 교육과정의 내용을 조정하여 운영할 수 있다.
③ 특수학교의 장은 교육감의 승인을 받아 유치원·초등학교·중학교·고등학교과정을 통합하여 운영할 수 있다.

제21조(통합교육) ① 각급학교의 장은 교육에 관한 각종 시책을 시행함에 있어서 통합교육의 이념을 실현하기 위하여 노력하여야 한다.

② 제17조에 따라 특수교육대상자를 배치받은 일반학교의 장은 교육과정의 조정, 보조인력의 지원, 학습보조기기의 지원, 교원연수 등을 포함한 통합교육계획을 수립·시행하여야 한다.
③ 일반학교의 장은 제2항에 따라 통합교육을 실시하는 경우에는 제27조의 기준에 따라 특수학급을 설치·운영하고, 대통령령으로 정하는 시설·설비 및 교재·교구를 갖추어야 한다.

제22조(개별화교육) ① 각급학교의 장은 특수교육대상자의 교육적 요구에 적합한 교육을 제공하기 위하여 보호자, 특수교육교원, 일반교육교원, 진로 및 직업교육 담당 교원, 특수교육 관련서비스 담당 인력 등으로 개별화교육지원팀을 구성한다.
② 개별화교육지원팀은 매 학기 마다 특수교육대상자에 대한 개별화교육계획을 작성하여야 한다.
③ 특수교육대상자가 다른 학교로 전학할 경우 또는 상급학교로 진학할 경우에는 전출학교는 전입학교에 개별화교육계획을 14일 이내에 송부하여야 한다.
④ 특수교육교원은 제1항부터 제3항까지의 규정에 따른 업무를 수행하기 위하여 각 업무를 지원하고 조정한다.
⑤ 제1항에 따른 개별화교육지원팀의 구성, 제2항에 따른 개별화교육계획의 수립·실시 등에 관하여 필요한 사항은 교육부령으로 정한다. <개정 2008. 2. 29., 2013. 3. 23.>

제25조(순회교육 등) ① 교육장 또는 교육감은 일반학교에서 통합교육을 받고 있는 특수교육대상자를 지원하기 위하여 일반학교 및 특수교육지원센터에 특수교육교원 및 특수교육 관련서비스 담당 인력을 배치하여 순회교육을 실시하여야 한다.
② 교육감은 장애정도가 심하여 장·단기의 결석이 불가피한 특수교육대상자의 교육을 위하여 필요한 경우 순회교육을 실시하여야 한다.
③ 교육감은 이동이나 운동기능의 심한 장애로 인하여 각급학교에서 교육을 받기 곤란하거나 불가능하여 복지시설·의료기관 또는 가정 등에 거주하는 특수교육대상자의 교육을 위하여 필요한 경우 순회교육을 실시하여야 한다.
④ 교육장 또는 교육감은 제3항에 따른 순회교육의 실시를 위하여 의료기관 및 복지시설 등에 학급을 설치·운영하는 등 필요한 조치를 강구하여야 한다. <신설 2015. 12. 22.>
⑤ 국가 또는 지방자치단체는 제4항에 따라 학급이 설치·운영 중인 의료기관 및 복지시설 등에 대하여 국립 또는 공립 특수교육기관 수준의 교육이 이루어질 수 있도록 대통령령으로 정하는 바에 따라 행정적·재정적 지원을 할 수 있다. <신설 2015. 12. 22.>
⑥ 제1항부터 제4항까지의 규정에 따른 순회교육의 수업일수 등 순회교육의 운영에 필요한 사항은 대통령령으로 정한다. <개정 2015. 12. 22.>

제26조(방과후 과정을 운영하는 유치원 과정의 교육기관) ①「유아교육법」제2조제6호에 따른 방과후 과정을 운영하는 유치원 과정의 교육기관에 특수교육대상자가 배치되는 경우 해당 각급학교의 장은 특수교육대상자에 대한 방과후 과정 운영을 담당할 인력을 학급당 1인 이상 추가로 배치할 수 있다. <개정 2012. 3. 21.>
② 제1항에 따른 방과후 과정 담당 인력의 자격기준, 운영방법 등에 관하여 필요한 사항은 대통령령으로 정한다. <개정 2012. 3. 21.>
[제목개정 2012. 3. 21.]

제27조(특수학교의 학급 및 각급학교의 특수학급 설치 기준) ① 특수학교와 각급학교의 장은 다음 각 호의 기준에 따라 학급 및 특수학급을 설치하여야 한다.
  1. 유치원 과정의 경우 : 특수교육대상자가 1인 이상 4인 이하인 경우 1학급을 설치하고, 4인을 초과하는 경우 2개 이상의 학급을 설치한다.
  2. 초등학교·중학교 과정의 경우 : 특수교육대상자가 1인 이상 6인 이하인 경우 1학급을 설치하고, 6인을 초과하는 경우 2개 이상의 학급을 설치한다.
  3. 고등학교 과정의 경우 : 특수교육대상자가 1인 이상 7인 이하인 경우 1학급을 설치하고, 7인을 초과하는 경우 2개 이상의 학급을 설치한다.
② 교육감은 제1항에도 불구하고 순회교육의 경우 장애의 정도와 유형에 따라 학급 설치 기준을 하향 조정할 수 있다.
③ 특수학교와 특수학급에 두는 특수교육교원의 배치기준은 대통령령으로 정한다.

제28조(특수교육 관련서비스) ① 교육감은 특수교육대상자와 그 가족에 대하여 가족상담 등 가족지원을 제공하여야 한다.
② 교육감은 특수교육대상자가 필요로 하는 경우에는 물리치료, 작업치료 등 치료지원을 제공하여야 한다.
③ 각급학교의 장은 특수교육대상자를 위하여 보조인력을 제공하여야 한다.
④ 각급학교의 장은 특수교육대상자의 교육을 위하여 필요한 장애인용 각종 교구, 각종 학습보조기, 보조공학기기 등의 설비를 제공하여야 한다.
⑤ 각급학교의 장은 특수교육대상자의 취학 편의를 위하여 통학차량 지원, 통학비 지원, 통학 보조인력의 지원 등 통학 지원 대책을 마련하여야 한다.
⑥ 각급학교의 장은 특수교육대상자의 생활지도 및 보호를 위하여 기숙사를 설치·운영할 수 있다. 기숙사를 설치·운영하는 특수학교에는 특수교육대상자의 생활지도 및 보호를 위하여 교육부령으로 정하는 자격이 있는 생활지도원을 두는 외에 간호사 또는 간호조무사를 두어야 한다. <개정 2008. 2. 29., 2013. 3. 23., 2013. 4. 5.>
⑦ 제6항의 생활지도원과 간호사 또는 간호조무사의 배치기준은 국립학교의 경우 교육부령으로, 공립 및 사립 학교의 경우에는 시·도 교육규칙으로 각각 정한다. <신설 2013. 4. 5.>
⑧ 각급학교의 장은 각급학교에서 제공하는 각종 정보(교육기관에서 운영하는 인터넷 홈페이지를 포함한다)를 특수교육대상자에게 제공하는 경우 특수교육대상자의 장애유형에 적합한 방식으로 제공하여야 한다. <개정 2013. 4. 5.>
⑨ 제1항부터 제8항까지의 규정에 따른 특수교육 관련서비스의 제공을 위하여 필요한 사항은 대통령령으로 정한다. <개정 2013. 4. 5.>

CHAPTER 13

(2) 장애인 등에 대한 특수교육법 시행령(약칭 : 특수교육법 시행령)[시행 2018. 10. 30][대통령령 제29258호, 2018. 10. 30, 일부개정]

제2조(의무교육의 실시) 「장애인 등에 대한 특수교육법」(이하 "법"이라 한다) 제3조 및 법률 제8483호 부칙 제1조 단서에 따라 특수교육대상자에 대한 의무교육은 다음 각 호에 따라 차례로 각각 실시한다.
　1. 2010학년도: 만 5세 이상 유치원 과정 및 고등학교 과정
　2. 2011학년도: 만 4세 이상 유치원 과정
　3. 2012학년도: 만 3세 이상 유치원 과정

제3조(의무교육의 비용 등) ① 법 제3조제3항에 따라 국가 또는 지방자치단체가 부담하여야 하는 비용은 입학금, 수업료, 교과용 도서대금 및 학교급식비로 한다.
② 국가 및 지방자치단체는 제1항의 비용 외에 학교운영 지원비, 통학비, 현장·체험학습비 등을 예산의 범위에서 부담하거나 보조할 수 있다.

제5조(교원의 자질 향상) ① 교육부장관 및 교육감은 통합교육에 대한 이해를 높이기 위하여 일반학교의 교원(특수교육교원은 제외한다. 이하 이 조에서 같다)에게 연수를 받게 하는 경우 특수교육에 관한 내용을 포함하여야 한다. <개정 2013. 3. 23.>
② 교육부장관 및 교육감은 통합교육을 효율적으로 시행하기 위하여 통합교육을 지원하는 일반학교의 교원에 대하여는 특수교육과 관련된 직무연수 과정을, 특수교육교원에 대하여는 일반교과 교육에 관한 직무연수 과정을 개설·운영하여야 한다. <개정 2013. 3. 23.>

제8조(실태조사) ① 법 제13조에 따라 실태조사할 사항은 다음 각 호와 같다.
　1. 특수교육대상자의 성·연령·장애유형·장애정도별 현황
　2. 특수교육기관 및 그 교육과정의 운영 실태
　3. 특수교육 관련서비스의 제공 현황
　4. 특수교육 지원을 위한 행정조직 및 지원 현황
　5. 특수교육재정의 확보·분배·활용 현황
　6. 특수교육대상자의 교육성과 및 학교 졸업 후의 생활상태
　7. 장애인 평생교육과정 및 장애인 평생교육시설의 운영 현황
　8. 특수교육대상자 및 그 보호자, 특수교육에 관한 전문가 등 특수교육 관련자의 특수교육 지원에 대한 만족도 및 요구 사항
② 실태조사는 표본조사의 방법으로 시행하되, 특수교육에 관하여 정확한 현황을 파악하고 조사항목의 특성상 필요한 경우에는 전수조사(全數調査)의 방법으로 시행할 수 있다.

제9조(장애의 조기발견 등) ① 교육장 또는 교육감은 매년 1회 이상 법 제14조제1항에 따른 홍보를 하여야 한다.
② 교육장 또는 교육감은 장애의 조기발견을 위하여 관할 구역의 어린이집·유치원 및 학교의 영유아 또는 학생(이하 "영유아 등"이라 한다. 이하 이 조에서 같다)을 대상으로 수시로 선별검사를 하여야 한다. 이 경우 「국민건강보험법」 제52조제1항 또는 「의료급여법」 제14조제1항에 따른 건강검진의 결과를 활용할 수 있다. <개정 2011. 12. 8., 2012. 8. 31.>

③ 교육장 또는 교육감은 선별검사를 한 결과 장애가 의심되는 영유아 등을 발견한 경우에는 병원 또는 의원에서 영유아 등에 대한 장애 진단을 받도록 보호자에게 안내하고 상담을 하여야 한다.
④ 교육장 또는 교육감은 선별검사를 받은 영유아 등의 보호자가 법 제15조에 따른 특수교육대상자로 선정받기를 요청할 경우 영유아 등의 보호자에게 영유아 등의 건강검진 결과통보서 또는 진단서를 제출하도록 하여 영유아 등이 특수교육대상자에 해당하는지 여부를 판단하기 위한 진단·평가를 하여야 한다.
⑤ 교육장 또는 교육감은 제3항에 따라 진단·평가한 결과 영유아 등에게 특수교육이 필요하다고 판단되면 보호자에게 그 내용과 특수교육대상자 선정에 필요한 절차를 문서로 알려야 한다.
⑥ 제2항부터 제5항까지의 규정에 따른 선별검사 및 진단·평가에 필요한 사항은 교육부령으로 정한다. 이 경우 제2항에 따른 선별검사에 관한 사항은 보건복지부장관과 협의하여야 한다. <개정 2010. 3. 15., 2013. 3. 23.>

제11조(특수교육대상자의 학교 배치 등) ① 교육장 또는 교육감은 법 제17조제1항에 따라 특수교육대상자를 학교에 배치할 때에는 해당 학교의 장과 특수교육대상자에게 각각 문서로 알려야 한다.
② 교육장 또는 교육감은 특수교육대상자를 일반학교의 일반학급에 배치한 경우에는 특수교육지원센터에서 근무하는 특수교육교원에게 그 학교를 방문하여 학습을 지원하도록 하여야 한다.
③ 각급학교의 장은 특수교육대상자에 대한 교육지원의 내용을 추가·변경 또는 종료하거나 특수교육대상자를 재배치할 필요가 있으면 법 제22조제1항에 따른 개별화교육지원팀의 검토를 거쳐 교육장 및 교육감에게 그 특수교육대상자의 진단·평가 및 재배치를 요구할 수 있다.

제13조(장애영아의 교육지원) ① 만 3세 미만의 장애영아(이하 이 조에서 "장애영아"라 한다) 교육의 수업일수는 매 학년도 150일을 기준으로 하되, 장애영아의 건강 상태 및 교육과정의 운영상 필요한 경우에는 교육부장관, 교육감 또는 교육장의 승인을 받아 30일의 범위에서 줄일 수 있다. <개정 2013. 3. 23.>
② 법 제18조제2항에 따라 특수교육을 받는 영아학급 등의 교원 배치에 관한 사항은 교육부장관, 교육감 또는 교육장이 정한다. <개정 2013. 3. 23.>
③ 교육감이나 교육장은 법 제18조제2항에 따라 장애영아를 특수교육지원센터에 배치하여 교육을 하는 경우 「특수학교시설·설비기준령」 별표에 따른 보통교실을 그 특수교육지원센터에 갖추어야 한다.
④ 장애영아 담당 교원은 「초·중등교육법」 제21조제2항에 따른 특수학교 유치원교사 자격증을 소지한 사람으로 한다. <개정 2014. 12. 23.>

제15조(어린이집의 교육 요건) 법 제19조제2항 단서에서 "대통령령으로 정하는 일정한 교육 요건을 갖춘 어린이집"이란 다음 각 호의 사항을 모두 충족하는 어린이집을 말한다. <개정 2011. 12. 8.>
 1. 「영유아보육법」 제30조제1항에 따른 평가인증을 받은 어린이집
 2. 장애아 3명마다 보육교사 1명을 배치한 어린이집(보육교사가 3명 이상인 경우에는 보육교사 3명 중 1명은 「초·중등교육법」 제21조제2항에 따른 특수학교 유치원교사 자격증을 소지한 교사여야 한다)
 [제목개정 2011. 12. 8.]

제16조(통합교육을 위한 시설·설비 등) ① 일반학교의 장은 법 제21조제2항에 따라 통합교육을 실시하는 경우에는 특수교육대상자의 교내 이동이 쉽고, 세면장·화장실 등과 가까운 곳에 위치한 66제곱미터 이상의 교실에 특수학급을

설치하여야 한다. 다만, 배치된 특수교육대상자의 수 및 그 학교의 여건 등을 고려하여 시·도 조례로 정하는 바에 따라 44제곱미터 이상의 교실에 학급을 설치할 수 있다.
② 일반학교의 장은 법 제21조제2항에 따라 통합교육을 실시하는 경우에는 배치된 특수교육대상자의 성별, 연령, 장애의 유형·정도 및 교육활동 등에 맞도록 정보 접근을 위한 기기, 의사소통을 위한 보완·대체기구 등의 교재·교구를 갖추어야 한다.

제20조(순회교육의 운영 등) ① 교육장이나 교육감은 법 제25조제1항에 따른 순회교육을 하기 위하여 순회교육을 받는 특수교육대상자의 능력, 장애 정도 등을 고려하여 순회교육계획을 작성·운영하여야 한다.
② 순회교육의 수업일수는 매 학년도 150일을 기준으로 하여 각급학교의 장이 정하되, 순회교육을 받는 특수교육대상자의 상태와 교육과정의 운영상 필요한 경우에는 지도·감독기관의 승인을 받아 30일의 범위에서 줄일 수 있다.
③ 삭제 <2016. 6. 21.>

제21조(유치원 과정의 방과후 과정 담당 인력의 자격기준 및 운영방법) ① 법 제26조제1항에 따라 특수교육대상자에 대한 방과후 과정 운영을 담당하는 인력은 「영유아보육법」 제21조제2항에 따른 보육교사의 자격 또는 「유아교육법」 제22조 및 「초·중등교육법」 제21조에 따른 교원의 자격을 가지고 있는 사람으로 한다. <개정 2012. 4. 20.>
② 방과후 과정을 운영하는 유치원 과정의 교육기관의 장은 교육과 보육을 연계하고 정규교육과정을 포함하여 1일 8시간 이상으로 운영하며, 그 밖에 운영에 필요한 사항은 교육감이 정한다. <개정 2012. 4. 20.>
③ 교육감은 방과후 과정을 운영하는 유치원 과정의 교육기관에 대하여 그 교육에 소요되는 경비를 부담하거나 보조하여야 한다. <개정 2012. 4. 20.>
[제목개정 2012. 4. 20.]

제22조(특수학교 및 특수학급에 두는 특수교육교원의 배치기준) 법 제27조제3항에 따라 배치하는 특수교육 담당 교사는 학생 4명마다 1명으로 한다. 다만, 도시와 농촌·산촌·어촌 교육의 균형발전, 특수교육지원센터의 운영현황 및 특수교육대상자의 지역별 분포 등을 고려하여 특별시·광역시·도·특별자치도별 교사는 교육부장관이, 단위 학교·학급별 교사는 해당 교육감 또는 교육장이 배치 기준의 40퍼센트의 범위에서 가감하여 배치할 수 있다. <개정 2013. 3. 23.>

제26조(각종 교구 및 학습보조기 등 지원) 교육감은 법 제28조제4항에 따라 각급학교의 장이 각종 교구·학습보조기·보조공학기기를 제공할 수 있도록 특수교육지원센터에 필요한 기구를 갖추어 두어야 한다.

제27조(통학 지원) ① 교육감은 각급학교의 장이 법 제28조제5항에 따른 통학 지원을 원활하게 할 수 있도록 통학 차량을 각급학교에 제공하거나 통학 지원이 필요한 특수교육대상자 및 보호자에게 통학비를 지급하여야 한다.
② 각급학교의 장은 특수교육대상자가 현장체험학습, 수련회 등 학교밖 활동에 참여할 수 있도록 조치를 취하여야 한다.

(3) 장애인 등에 대한 특수교육법 시행규칙(약칭 : 특수교육법 시행규칙)[시행 2016.6.23.][교육부령 제101호, 2016.6.23., 일부개정]

제2조(장애의 조기발견 등) ① 교육장 또는 교육감은 「장애인 등에 대한 특수교육법」(이하 "법"이라 한다) 제14조제1항 또는 제3항에 따른 선별검사나 진단·평가를 실시하는 경우에는 별표에 따른 검사를 각각 실시하여야 한다.
② 보호자 또는 각급학교의 장은 법 제15조제1항 각 호에 해당하는 장애를 가지고 있거나 장애를 가지고 있다고 의심되는 영유아 및 학생을 발견하여 진단·평가를 의뢰하고자 하는 경우에는 별지 제1호서식에 따른 진단·평가의뢰서를 작성하여 교육장 또는 교육감에게 제출하여야 한다.
③ 교육감 또는 교육장은 「장애인 등에 대한 특수교육법 시행령」(이하 "영"이라 한다) 제9조제5항에 따라 진단·평가의 결과를 영유아 및 학생의 보호자에게 알릴 때에는 별지 제2호서식에 따른다.

제3조(특수교육대상자의 학교 배치) 교육감 또는 교육장이 영 제11조제1항에 따라 특수교육대상자를 학교에 배치할 때에는 별지 제3호서식에 따라 해당 학교장과 특수교육대상자에게 통지하여야 한다.
제3조의2(교육과정) ① 법 제20조제1항에 따른 특수교육기관의 교육과정은 유치원 교육과정, 공통 교육과정, 선택 교육과정 및 기본 교육과정으로 구분한다.
② 제1항에 따른 교육과정의 대상 및 내용은 다음 각 호와 같다. <개정 2013.3.23.>
　1. 유치원 교육과정: 만 3세부터 초등학교 취학 전까지의 어린이를 대상으로 하고, 「유아교육법」 제13조제2항에 따라 교육부장관이 정하는 유치원 교육과정에 준하여 편성된 과정
　2. 공통 교육과정: 초등학생 및 중학생을 대상으로 하고, 「초·중등교육법」 제23조제2항에 따라 교육부장관이 정하는 초등학교 및 중학교 교육과정에 준하여 편성된 과정
　3. 선택 교육과정: 고등학생을 대상으로 하고, 「초·중등교육법」 제23조제2항에 따라 교육부장관이 정하는 고등학교 교육과정에 준하여 편성된 과정
　4. 기본 교육과정: 특수교육대상자의 장애 종별 및 정도를 고려하여 제2호 및 제3호의 교육과정을 적용하기 어려운 학생을 대상으로 하고, 대상자의 능력에 따라 학년의 구분 없이 다음 각 목의 어느 하나에 해당하는 교과의 수준을 다르게 적용할 수 있도록 편성된 과정
　　가. 국어, 사회, 수학, 과학, 실과, 체육, 음악, 미술 및 교육부장관이 필요하다고 인정하는 교과
　　나. 특수교육대상자의 진로 및 직업에 관한 교과
③ 제1항 및 제2항에서 규정된 사항 외에 교육과정의 내용 및 기준에 관하여 필요한 세부사항은 교육부장관이 정하여 고시한다. <개정 2013.3.23.>
[본조신설 2010.12.20.]

제4조(개별화교육지원팀의 구성 등) ① 각급학교의 장은 법 제22조제1항에 따라 매 학년의 시작일부터 2주 이내에 각각의 특수교육대상자에 대한 개별화교육지원팀을 구성하여야 한다.
② 개별화교육지원팀은 매 학기의 시작일부터 30일 이내에 개별화교육계획을 작성하여야 한다.
③ 개별화교육계획에는 특수교육대상자의 인적사항과 특별한 교육지원이 필요한 영역의 현재 학습수행수준, 교육목표, 교육내용, 교육방법, 평가계획 및 제공할 특수교육 관련서비스의 내용과 방법 등이 포함되어야 한다.
④ 각급학교의 장은 매 학기마다 개별화교육계획에 따른 각각의 특수교육대상자의 학업성취도 평가를 실시하고, 그 결과를 특수교육대상자 또는 그 보호자에게 통보하여야 한다.

유아교육과 특수교육 합격기출 정답

01 통합교육 및 개별화 교육

(1) 정답

①	②	③	④
지양	바닥	의자	장애체험

(2) 정답

①	②	③	④	⑤
개별화	부모	특수교육	입	확대

유아교육개론 합격비계

ISBN : 979-11-94613-00-8

발행일 · 2025年 1月 24日   초판 1쇄
저 자 · 유아리
발행인 · 이용중
발행처 · (주)배움출판사
주소 · 서울시 영등포구 영등포로 400 신성빌딩 2층 (신길동)
주문 및 배본처 | Tel · 02) 813-5334 | Fax · 02) 814-5334

본서는 저작권법 보호대상으로 무단복제(복사, 스캔), 배포, 2차 저작물 작성에 의한 저작권 침해를 금합니다. 또한 저작권법 제136조에 따라 5년 이하의 징역 또는 5천만 원 이하의 벌금에 처하거나 이를 병과할 수 있으며, 저작권법 제125조에 따라 1억 원 이상의 손해배상책임이 발생할 수 있습니다.

저작권 침해 제보 · 이메일 : baeoom1@hanmail.net | 전화 : 02) 813-5334

정가 28,000원